# DAS FENG SHUI LEXIKON

Dipl.-Ing. Eva Prignitz
Dipl.-Ing. Petra Ruf

# DAS FENG SHUI LEXIKON

風水

südwest

# VORWORT

**FENG SHUI**, die chinesische Geomantie, ergründet den Standort des Menschen zwischen Erde und Himmel. Der Mensch begreift sich darin als Teil der Natur. So zielt diese Jahrtausende alte Lehre darauf ab, den Menschen wieder in Einklang mit seinem Umfeld zu bringen. Als Teil des Ganzen sind wir mit Allem verbunden. Wie wir diese Verbindung und den Austausch gestalten, ob ausgewogen oder einseitig, in Anerkennung oder Ignoranz, liegt ganz bei uns. Unser Wohlbefinden und unsere Kräfte werden in dieser Verbindung genährt oder geschwächt.

Die Fähigkeit, den richtigen Ort zu wählen und zum richtigen Zeitpunkt die passende Handlung zu vollbringen, liegt in der Natur des Menschen. Doch Anforderung und Tempo unseres heutigen Lebens entfernen uns oft weit von der eigenen Natürlichkeit. Die Hinwendung zu Funktionalität und Zweckmäßigkeit haben Intuition und Gespür verdrängt.

Feng Shui bringt das Wissen um den natürlichen Lauf der Dinge, die Zyklen der Natur und die Erkenntnis Ihres Platzes und Ihrer Möglichkeiten im großen Spiel des Lebens zurück. Zusammenhänge zwischen innerem Erleben und der äußeren Welt werden offenbar. Mit Feng Shui erfahren wir eine Rückbesinnung auf die eigene Intuition. Feng Shui ist somit nicht nur eine große Hilfe, um den täglichen Anforderungen der modernen Zeit gerecht zu werden, sondern auch eine Herausforderung für jeden, der sich ernsthaft weiterentwickeln möchte.

Mittlerweile gibt es auch im westlichen Kulturkreis viele Veröffentlichungen zum Thema der chinesischen Geomantie. Das Wissen um Feng Shui ist sehr umfangreich, so dass viele Publikationen immer nur einen Zweig, eine Schule oder eine besondere Methodik zum Inhalt haben.
Diese unterschiedlichen Vorgehensweisen sowie auch die Übertragung der Lehre aus der chinesischen Sprache mit ihrem ganz speziellen kulturellen Hintergrund in unseren westlichen Kulturkreis, führen zu großer Verwirrung.

Dieses Buch soll zum Verständnis der chinesischen Lehre des Feng Shui im Westen beitragen, Missverständnisse klären und Zusammenhänge zu angrenzenden Fachgebieten transparent machen. Es bietet nicht nur Fachkundigen eine reiche Quelle zum vertieften Verständnis der Materie, sondern wendet sich auch an alle Interessierten, die besonders im Praxisteil des Buches viele Anregungen zur konkreten Anwendung im eigenen Umfeld finden.

Wir wünschen den Lesern im Umgang mit diesem Buch viel Freude. Wenn es gelingt, Ihnen mit diesem Werk die Weisheit des Feng Shui ein wenig näher zu bringen und das Verständnis für die Eingebundenheit des Menschen in Natur und Kosmos zu wecken, dann hat sich die Arbeit gelohnt.

Eva Prignitz/Petra Ruf
Hamburg, Mai 2001

# Benutzerhinweise

Dieses Nachschlagewerk mit Praxisteil orientiert sich so nah wie möglich am traditionellen Feng Shui, bezieht dabei aber aber auch die modernen Facetten dieser Lehre mit ein. Ist eine klare Unterscheidung zwischen der traditionellen und der modernen Variante des Feng Shui möglich, wird darauf verwiesen.

Das Buch gliedert sich in zwei Teile. Das Lexikon im vorderen Part bietet einen ausführlichen alphabetischen Stichwortteil zum Nachschlagen.

Ab Seite 226 findet der Leser einen Anwendungsteil, der die praktische Umsetzung von Feng Shui im Wohn- und Arbeitsbereich anhand von vielen Beispielen erläutert.

Neben der Nutzung als Nachschlagewerk, kann man sich mit diesem profunden Werk auch Stück für Stück in die faszinierende Materie der chinesischen Harmonielehre des Feng Shui einarbeiten.

Phonetische und linguistische Aspekte der chinesischen Sprache werden in diesem Werk vernachlässigt, da Hinweise zur Aussprache chinesischer Wörter in einem Nachschlagewerk über Feng Shui unserer Meinung nach nicht zwingend sind.

In diesem Buch werden Querverweise auf andere Einträge zu einem Themenbereich im Text mit einem orangefarbenen Pfeil ( ▸ ) gekennzeichnet.

Beispiel: **Lo Pan** – Eine der Bezeichnungen für den Feng-Shui-Kompass, siehe unter ▸ **Lo-Pan.**

Der Pfeil kennzeichnet, unter welchem Begriff im Buch weiterführende Informationen zu finden sind.

Besitzt ein Begriff verschiedene Bedeutungen, werden die Deutungen im Einzelnen aufgeführt.

Beispiel: **Kristalle** – **1.** Modernes Hilfsmittel im Feng Shui, das beispielsweise den ▸ **Chi-Fluss** im Bereich von Fenstern abbremsen kann ...

**2.** Feste Materie in einer geometrischen Ordnung ... .

Mit der Anwendung des Feng Shui entstehen heute immer neue Begriffe mit neuen Wortschöpfungen. Diese wurden nur dann im Nachschlagewerk erfasst, wenn sie sich bereits in der westlichen Sprache des Feng Shui eingebürgert haben.

Hilfreiche Adressen für Beratung, Messung und Planung sowie weiterführende Literatur zu einzelnen Themen sind ab Seite 307 aufgeführt.

# Inhalt

# Lexikon

# A

## Abflüsse

Abflüsse insbesondere von Schmutzwasser, also Abwässer, werden im Feng Shui besonders beachtet. Da ein Abfluss, z. B. in einem Bad, immer eine Art Öffnung darstellt, wird hierdurch auch das den Raum durchströmende ▸ **Chi** abfließen. So rauscht mit dem Abwasser immer ein Teil der belebenden Energie davon, bevor sie im Raum zirkulieren konnte. Vom Abfluss geht sozusagen ein energetischer Sog aus, der zu Energieverlusten führt.

**Abflüsse in Bad und WC –** Liegt ein Bad und/oder WC, das in der Regel über viele Abläufe verfügt, in ungünstiger Position (z. B. gegenüber dem Eingang), so kann das die Energieversorgung einer ganzen Wohnung schwächen. Auch ein Schlafraum mit einer Verbindungstür zum Bad kann davon betroffen sein. Für einen Schlafplatz, Wand an Wand mit dem Bad, kommen noch weitere Nachteile hinzu. Näheres siehe Seite 240.

**Abflüsse in der Küche –** Die Abflüsse der Küche werden als nicht so gravierend eingeschätzt, können aber auch zu Energieverlusten beitragen.

**Abflüsse und Bagua –** Die Lage der Abflüsse spielt bei der Betrachtung des ▸ **Bagua** ebenfalls eine Rolle, da Abflüsse den entsprechenden Bagua-Bereich bzw. den zugehörigen Lebensbereich schwächen können. Bereiche mit Abflüssen bedürfen besonderer Unterstützung. Betrachtet man dazu auch noch die ▸ **Günstigen und ungünstigen Bagua-Bereiche,** so kann ein Abfluss in einem »ungünstigen« Bereich allerdings sehr von Vorteil sein, da er hier den »negativen« Energiefluss fortspült und somit der genannte ungünstige Aspekt ausgeglichen ist.

**Das Chi umlenken –** Es gibt mehrere Möglichkeiten, den ▸ **Chi-Fluss** vor Erreichen eines Raums mit Abflüssen, abzubremsen oder umzuleiten. Näheres finden Sie unter ▸ **Hilfsmittel,** ▸ **Bagua,** ▸ **Günstige und ungünstige Bagua-Bereiche** sowie Bad und WC (Seite 230), Eingang und Empfang (Seite 265) und Schlafzimmer (Seite 236) im Praxisteil des Buches.

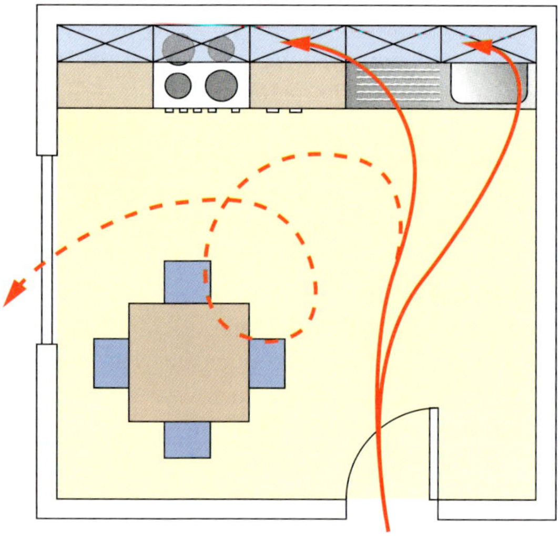

*Ungünstig: Die Tür liegt den Abflüssen von Spülbecken und Spülmaschine direkt gegenüber. Chi geht verloren.*

## Abwasser

Näheres zum Thema »Abwasser« finden Sie unter dem Stichwort ▸ **Abflüsse.**

## Acht Paläste

Der Begriff »Acht Paläste«, chinesisch »ba gong«, bezeichnet eine der ▸ **Palast-Methoden** als Teil der Prognosetechniken der ▸ **Chinesischen Astrologie.**

## Achtsamkeit

Ein wichtiger Aspekt des Feng Shui und auch anderer chinesischer Wissenschaften. Ein Ziel des Feng Shui ist es, den Menschen in Einklang mit den naturgegebenen Zyklen und den Gesetzmäßigkeiten des Kosmos zu bringen. Da wir, als Teil dieses Kosmos, auch nach eben diesen Gesetzmäßigkeiten funktionieren, brauchen wir nur in uns hineinzuspüren, um zu erkennen, was zur Harmonie nötig ist. Wenn wir jetzt beginnen, jeden Augenblick bewusster wahrzunehmen, werden wir bald merken, was uns gut tut und was nicht. Achtsamer Umgang mit uns selbst, mit unserer Umwelt und mit den Menschen, die uns umgeben, ist ein Ziel des Feng Shui. Die Anregungen und vielfältigen Möglichkeiten, die das Feng Shui uns bietet, sind ein Mittel dazu, unsere Achtsamkeit zu schulen. Mit den Veränderungen, die wir vornehmen, lernen wir wieder zu erkennen, wie es ist, sich im Einklang zu fühlen. Stück für Stück besinnen wir uns auf unsere Intuition, unsere innere Stimme oder wie immer Sie es nennen möchten, und das Vertrauen in uns kann wachsen. Wenn wir die Methodik des Feng Shui nicht mehr brauchen, beginnt die Meisterschaft. Am Anfang jeder Meisterschaft steht die Achtsamkeit.

## A- bis H-Bereiche

Bei einigen Feng-Shui-Praktizierenden ist »A- bis H-Bereiche« die übliche Bezeichnung für eine Klassifizierung der ▸ Bagua-Bereiche in gute und schlechte bzw. positive und negative Bereiche.
Zur Methode und Anwendung siehe ▸ **Günstige und ungünstige Bagua-Bereiche.** Bezogen auf den Einfluss der Richtung siehe ▸ **Beste Richtung.**

## Ahnen

**1. Ahnen in der Familie –** Die Vorfahren, insbesondere die verstorbenen Ahnen, genießen in der chinesischen Gesellschaft hohes Ansehen. Sie werden geehrt und ihre Grabstätten mit äußerster Sorgfalt ausgewählt und gepflegt. Grundsätzlich sind die Familienbindungen wesentlich enger als im Westen. Zudem besteht die Auffassung, dass die Verstorbenen im Reich der Geister einen erheblichen Einfluss auf die Lebensumstände ihrer Nachkommen haben. So ist das Wohlwollen der Ahnen von sehr großer Bedeutung für Schicksal, Erfolg und Misserfolg, kurz das Wohlergehen der Lebenden. Aus diesem Grund waren die Hinterbliebenen auch immer darauf bedacht, für ihre Ahnen möglichst günstig gelegene ▸ **Grabstätten** zu finden, die sie sehr gewissenhaft nach den Regeln des Feng Shui platzierten und ausrichteten. Damit sollte der Teil der Seele des Verstorbenen, der am Grab verbleibt, freundlich gestimmt werden. Ein weiterer Teil der Seele, so glaubt man, findet seinen Platz an der Ahnentafel des Hausaltars. Dort wurden dem Ahnen regelmäßig Speisen und andere Notwendigkeiten, die er zu Lebzeiten zur Verfügung hatte, dargebracht. Der dritte Teil der Seele geht in die »andere Welt« über. Diese Form der Ahnenverehrung, mit starkem Glauben an den Einfluss der Toten auf die Lebenden, erklärt die gebräuchliche Tradition des Ausrichtens der Grabstätten nach Feng-Shui-Prinzipien. Vielleicht erscheint Ihnen diese Art, mit seinen Ahnen den Frieden zu suchen, sehr fremd und eigen. Doch auch wir Europäer streben zunehmend wieder nach Aussöhnung mit unseren Vorfahren, wohl eher in Form der Aufarbeitung des Vergangenen mittels einer Psycho-analyse oder z. B. der Technik der »Familienaufstellung«. Festzustellen bleibt, dass der Mensch, gleich wie, erst im Zustand des Friedens mit seiner Herkunft die eigenen Stärken ganz entwickeln kann.
**2. Ahnen und Bagua –** Der Begriff »Ahnen« ist eine Bezeichnung für den Lebensbereich des Bagua. Er wird im Bagua bzw. ▸ **Lo Shu** durch das traditionell nach Osten gelegene Feld repräsentiert. Der Bereich wird in diesem Buch mit »Familie und Gemeinschaft« benannt und ist unter ▸ **Bagua** erläutert.

*Die Verehrung der Ahnen besitzt in der chinesischen Tradition eine große Bedeutung für die Familie.*

## Alter Himmel

Eine weit verbreitete Bezeichnung für die Sequenz der ▸ **Trigramme** des I Ging in der Reihenfolge des ▸ **Früheren Himmels** nach dem chinesischen Gelehrten ▸ **Fu Hi.** Ausführliches hierzu finden Sie unter dem Begriff ▸ **I Ging.**

## Alte Möbel

Antiquitäten und Erbstücke bringen die Einflüsse ihrer Geschichte mit in den Raum, in dem sie stehen. Mehr dazu unter dem Begriff ▸ **Antiquitäten.**

## An chien

Chinesische Bezeichnung für ▸ Geheime Pfeile, d.h. negative Energie, die einen Standort ständig attackiert und in seiner Kraft schwächen kann. Darunter versteht man etwa die spitze Ecke eines Gebäudes, die auf einen gegenüberliegenden Eingang gerichtet ist, oder aber scharfe Möbelecken und Kanten innerhalb eines Raumes (siehe Illustration unten).

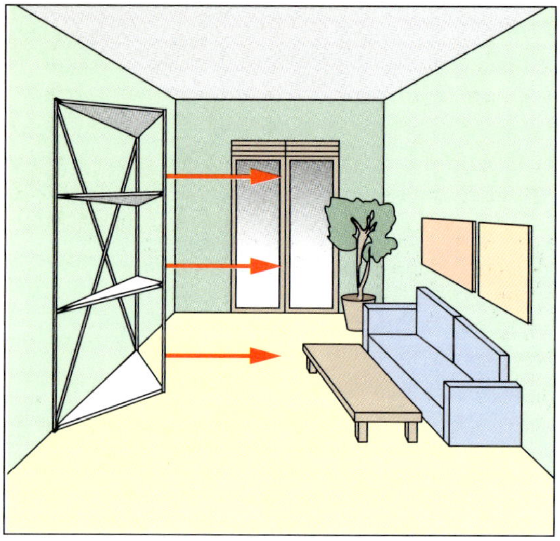

*»Geheime Pfeile« werden hier durch die scharfe Kante des Regals erzeugt und attackieren den Sitzbereich.*

## Anerkennung

»Anerkennung« (auch »Ruhm und Ansehen«) ist eine übliche Bezeichnung für einen der neun Bereiche des Bagua. Er wird im Bagua bzw. im ▸ Lo Shu durch das traditionell nach Süden gelegene Feld repräsentiert. In diesem Buch ist er durchgehend mit dem Begriff »Ansehen und Erleuchtung« bezeichnet und wird unter ▸ Bagua genau erläutert. Im Lo Shu ist diesem Bereich die ▸ Kua-Zahl 9 zugeordnet.

## Ansehen und Erleuchtung

»Ansehen und Erleuchtung« ist eine übliche Bezeichnung für einen der neun Bereiche des Bagua. Er wird im Bagua bzw. im ▸ Lo Shu durch das traditionell nach Süden gelegene Feld repräsentiert und in diesem Buch unter dem Stichwort ▸ Bagua genauer erläutert. Im Lo Shu ist dem Bereich »Ansehen und Erleuchtung« die ▸ Kua-Zahl 9 zugeordnet.

## Antiquitäten

Wie alle alten Möbel haben Antiquitäten meist ihre eigene Geschichte. Oft sind sie durch viele Hände gegangen und haben tagtäglich die Schwingungen des Lebens ihrer Vorbesitzer aufgenommen. Im Feng Shui erfahren sie daher besondere Beachtung. Zu ihrer oft prächtigen Erscheinung kommt noch ihre individuelle Ausstrahlung hinzu.

Die Energien von Freud und Leid sind nicht immer spurlos an Antiquitäten vorübergegangen, sondern prägen die Ausstrahlung, die ein solches – oft dominantes – Stück in den Raum abgibt.

So, wie man beim Betreten eines Zimmers manchmal die Stimmung einer vorangegangenen Handlung spüren kann, so haben auch alte Möbel ihre eigene Schwingung.

**Reinigung –** Um trotz der Schwingungen nicht auf ein geliebtes Erbstück verzichten zu müssen, empfiehlt es sich, solche Möbelstücke vor Benutzung zu reinigen. Neben der bekannten Reinigung, dem Säubern, ist auch eine Klärung der feineren ▸ Energien mittels Räucherwerk (▸ Räuchern), Rosenwasser oder anderer ▸ Reinigungsrituale vorzunehmen. Wird ein Möbel neu aufgearbeitet, so werden dadurch alte Schwingungen aufgelöst. Man kann es sich sozusagen auf diese Weise zu Eigen machen. Sollte auch nach einer gründlichen Reinigung noch ein ungutes Gefühl zurückbleiben, ist es meist besser, sich von dem alten Stück zu trennen oder ihm einen untergeordneten Platz zuzuweisen.

**Auf Antiquitäten verzichten –** Alte Möbelstücke sollten Sie möglichst nicht in einem Kinderzimmer platzieren, denn dieses Zimmer gibt Wachstum und Entwicklung eines jungen Menschen Raum und sollte nicht durch alte Geschichten, die die Antiquitäten meist an sich haben, belastet werden. Auch der Schlafbereich ist ein sehr wichtiger Ort, der möglichst von allen Fremdeinflüssen – und deshalb auch von alten Möbeln – freigehalten werden sollte.

## Aquarien

Wer ein chinesisches Restaurant betritt, wird dort meistens ein Aquarium entdecken. Es ist ein klassisches ▸ Hilfsmittel im Feng Shui, das in China nicht nur in Restaurants, sondern auch in Firmen, Hotels, Geschäften und Büros eingesetzt wird.

**Chi** – Ein schön gestaltetes Aquarium mit prächtigen Fischen und Pflanzen, gut gepflegt und beleuchtet, zieht die Aufmerksamkeit auf sich – und damit auch ▸ **Chi.** So haben Aquarien die Eigenschaft, das Chi im Raum zu erhöhen, vorausgesetzt, das Wasser im Aquarium ist klar und frisch und die Fische darin gesund.

**Symbolik** – In der Literatur über Feng Shui ist oft die Rede von den neun Glück bringenden Goldfischen, nämlich von acht roten oder goldenen Fischen und einem schwarzen Fisch. Der schwarze Fisch im Aquarium soll das Unglück an sich ziehen und es ableiten. Es wird vermutet, dass der Aquarienkult in China daher rührt, dass die umgangssprachliche chinesische Bezeichnung für Geld sehr ähnlich klingt wie das Wort für »wegfließen«. Da das Wasser im Aquarium aber symbolisch für das Geld steht, welches nicht wegfließen kann, könnte dies ein Indiz dafür sein, dass sich die Aquarien nach und nach als ein Reichtumssymbol eingebürgert haben.

**Ein guter Standort für ein Aquarium** – Wer länger vor einem Aquarium verweilt, wird sehr schnell die angenehm beruhigende Wirkung feststellen.

Da es sich beim Aquarium hauptsächlich um das Element ▸ **Wasser** handelt, wird das Aquarium bevorzugt dort platziert, wo sich laut dem Kreislauf der ▸ **Fünf Elemente** das dem Raum entsprechende Element, nämlich Wasser oder ▸ **Holz** befindet. Dies wären die Bereiche »Lebensweg« im Norden, »Familie und Gemeinschaft« im Osten sowie »Wachstum und Erfolg« im Südosten des ▸ **Bagua.**

Ganz besonders im Lebensbereich für »Wachstum und Erfolg« soll ein Aquarium sehr förderlich sein, da es Lebendigkeit und Fülle symbolisiert und somit diesen Bereich damit unterstützt.

**Ein ungünstiger Standort für ein Aquarium** – Unvorteilhaft sind Aquarien in Schlafzimmern, da sie dort den Schlaf stören können.

**Das Aquarium am richtigen Ort** – Da das Element ▸ **Wasser** im Feng Shui eine besondere Stellung hat, ist es empfehlenswert, beim Installieren einen Experten zurate zu ziehen, damit sich der positive Aspekt des Aquariums im Raum voll auswirken kann.

*Goldfische gelten im Feng Shui als Glücksbringer und als Symbol für Reichtum und Wohlstand.*

## Arbeitsplatz/Arbeitszimmer

Ausführliches zu diesem Themenbereich finden Sie im Kapitel »Die Privaträume« (Seite 244ff.) und im Kapitel »Die Geschäftsräume« (Seite 270ff.) im Praxisteil des Buches.

## Aromatherapie

Ätherische Öle werden zur Linderung von Krankheiten und zum körperlichen und psychischen Wohlbefinden eingesetzt oder zur Raumbeduftung verwendet. Ätherische Öle als modernes ▸ **Hilfsmittel** werden auch unter dem Stichwort ▸ **Düfte** ausführlicher erläutert.

## Astrologie

Näheres zu diesem Themenbereich finden Sie unter dem Stichwort ▸ **Chinesische Astrologie.**

## Aufräumen/Ausmisten

Das Aufräumen und Ausmisten ist ein wichtiger Aspekt des Feng Shui. Aufräumen bringt den ▸ **Chi-Fluss** in Gang und hilft, Festgefahrenes wieder in Bewegung zu bringen. Ausmisten und Loslassen, was man nicht mehr braucht, ist immer auch ein Stück Vergangenheitsbewältigung und schafft Platz für Neues. Ausführlichere Informationen hierzu finden Sie auch unter ▸ **Ordnung.**

## Aura

Hiermit bezeichnet man den feinstofflichen Energiekörper des Menschen und anderer Lebewesen. Der menschliche Körper, den wir zunächst als physischen Körper aus Fleisch und Blut kennen, ist umgeben von einem feinen Energiefeld. Man spricht beispielsweise von einer besonderen Ausstrahlung einer Person. In dieser feinstofflichen Hülle können mehrere Schichten unterschieden werden. Die verschiedenen Auraschichten können sich in ihrer Ausdehnung und Farbe, abhängig von der individuellen Persönlichkeit und ihrem jeweiligen Zustand, stark unterscheiden. Diese feinstofflichen Hüllen durchdringen einander gegenseitig.

**Die Schichten der Aura –** Es sind verschiedene Theorien zum Aufbau der menschlichen Aura bekannt. Eine recht geläufige Einteilung benennt vier hauptsächliche Auraschichten: den Ätherleib, der unmittelbar den physischen Körper umgibt; den Emotionalleib, der mit dem emotionalen Zustand des Menschen verbunden ist; den Mentalleib, in Resonanz zu unseren rationalen und intuitiven Erkenntnisprozessen; den spirituellen Leib, der die Verbindung zum göttlichen Sein spiegelt. Zum Teil werden diese Schichten weiter differenziert oder anders benannt. Weiterführende Literatur dazu im Anhang.

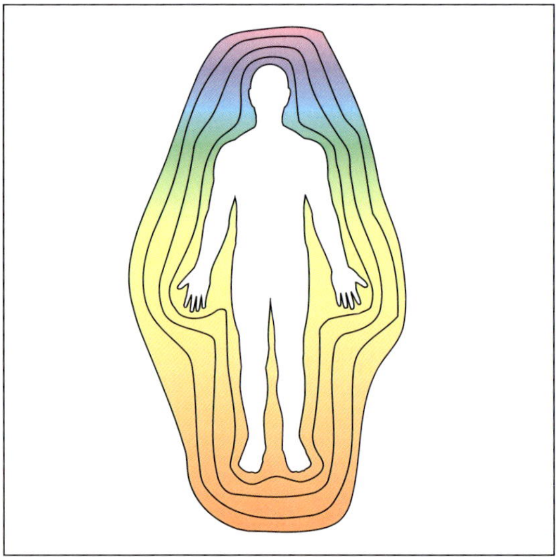

*Die Aura, das feinstoffliche Energiefeld, das den Menschen umgibt, in einer vereinfachten schematischen Darstellung.*

Ebenfalls zum feinstofflichen Strahlungsfeld des Menschen gehören die ▸ **Chakren.** Sensitive Personen können die Aura und die Chakren spüren, ertasten oder manchmal sogar in verschiedenen Farben sehen. Die Energie dieses feinstofflichen Körpers könnte man als einen persönlichen Aspekt des alles belebenden ▸ **Chi** bezeichnen. Ein gesunder und ausgeglichener Mensch hat eine starke Ausstrahlung und ist durch das ihn umgebende Strahlungsfeld seiner Aura sozusagen geschützt.

*Auch die Chakren gehören zum feinstofflichen Strahlungsfeld. Die Illustration stellt das Muladhara-Chakra (Wurzelchakra) dar, dem die Farbe Rot zugeordnet wird.*

# B

## Ba Gong

Chinesische Bezeichnung für ▸ **Acht Paläste;** bezeichnet eine der ▸ **Palast-Methoden,** als Teil der Prognosetechniken der ▸ **Chinesischen Astrologie.**

## Bäche

Sie gelten als Träger der Lebensenergie ▸ **Chi** und werden auf Fließrichtung, Größe und Flussverlauf hin untersucht und bewertet. Mehr zu diesem Stichwort unter ▸ **Wasserdrachen.**

# BAGUA

# Bagua

Der Begriff »Bagua«, auch »Pakua« in der älteren Schreibweise, kommt aus dem Chinesischen: »ba« oder »pa« bedeutet acht, und »guas« bzw. »kuas« werden die einzelnen ▸ Trigramme in den Segmenten genannt, die diesem Raster zugrunde liegen.

## 1. Einführung

Bagua ist eine Darstellung der acht ▸ Trigramme. Das sind, vereinfacht ausgedrückt, Einheiten aus jeweils drei gebrochenen und ungebrochenen Linien des ▸ I Ging, entsprechend der Vorhimmlischen Reihenfolge oder auch der ▸ Nachhimmlischen Reihenfolge. In Anerkennung der Weisheit des I Ging, dem Buch der Wandlungen, werden Baguas in China sehr geachtet und gern als Schutzsymbol oder als Glücksbringer genutzt. So werden beispielsweise häufig ▸ Bagua-Spiegel, kleine runde oder achteckige Spiegel, an deren Rand die acht Trigramme angeordnet sind, zum Schutz gegen böse Geister über die Haustüren gehängt.

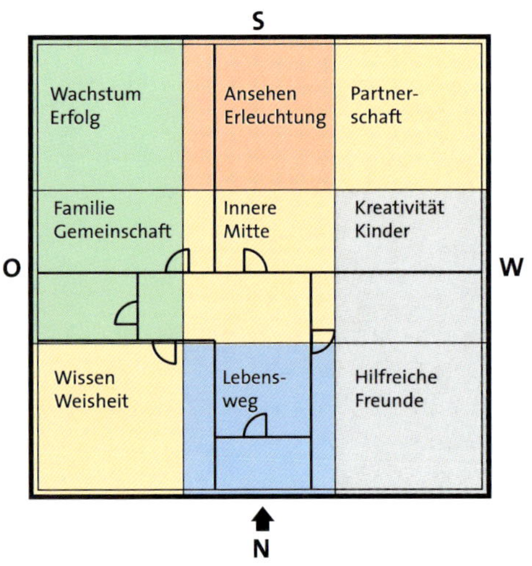


*Beispielgrundriss einer Wohnung mit Baguaraster.*

**Bagua und Feng-Shui –** Im Feng Shui ist das Bagua ein wichtiges Hilfsmittel zur Beurteilung von Räumen. Zu diesem Zweck wird das Raster etwa über den Grundriss einer Wohnung gelegt. Die Allgemeingültigkeit dieses Prinzips erlaubt es, das Bagua im Großen wie im Kleinen anzuwenden. Man kann also sowohl ein Haus, einen Raum oder einen Schreibtisch durch das Bagua betrachten als auch einen Garten, eine Siedlung oder eine ganze Stadt. Wie die einzelnen Bereiche des Bagua gestaltet sind und welcher Nutzung sie dienen, zeigt interessante Parallelen zu dem jeweiligen Lebensbereich.

## 2. Die Lebensbereiche des Bagua

Im Bagua werden neun Lebensbereiche unterschieden: Familie und Gemeinschaft, Wachstum und Erfolg, Ansehen und Erleuchtung, Partnerschaft, Kreativität und Kinder, Hilfreiche Freunde, Lebensweg, Wissen und Weisheit, Innere Mitte.

**Bereich »Familie und Gemeinschaft« –** Eine weitere Bezeichnung für dieses Feld ist »Ältere«. Das diesem Feld zugehörige ▸ Trigramm ist der »Donner«. Das Bagua-Feld »Familie und Gemeinschaft« steht für den Ursprung, der beim Menschen in der Familie wurzelt. Wie eine junge Pflanze ihre Kraft aus dem gerade gekeimten Samen zieht, so werden zu Beginn unseres Lebens auch unser Potenzial und unsere Kraft in der Familie entwickelt.

In der Entwicklung eines Menschen steht der »Donner« für die Geburt, ein impulsives »In-das-Geschehen-Treten«. Daher entspricht dieses Bagua-Feld auch dem sichtbaren Beginn einer Unternehmung, dem Aufbruch zu neuen Taten. Dieser Lebensbereich stellt sozusagen die Basis dar, aus der sich Wachstum entwickeln kann.

Dazu gehört auch unsere Haltung gegenüber der Familie, den Ahnen und älteren Menschen allgemein oder den Vorgesetzten, die vielleicht vor uns den gleichen Weg gegangen sind, also Menschen, in deren Fußstapfen wir treten.

Alle Dinge, die das Zusammenspiel in einer Gemeinschaft betreffen – sei es nun die Ursprungsfamilie, ein neuer Familienverband oder auch eine selbst gewählte Gemeinschaft, wie beispielsweise ein Freundeskreis, der Sportverein oder die Arbeitsgemeinschaft –, spiegeln sich alle in diesem Bagua-Lebensbereich »Familie und Gemeinschaft« wider. Mit der »Familie« im Frieden zu sein ist die Basis für die eigene Entfaltung.

**Bereich »Wachstum und Erfolg« –** Weitere Bezeichnungen für dieses Feld sind »Reichtum und Erfolg«, »Glückhafte Segnungen«, »Wohlstand«. Das zugehörige ▸ **Trigramm** ist »Wind« bzw. »Holz«.
Dieser Bereich steht für Wachstum und Entwicklung auf verschiedenen Ebenen. Hier wird sowohl inneres Wachstum als auch äußeres Wachstum angesprochen. Das Erste verhilft uns zu innerem Reichtum, das Zweite eher zu materiellem Wohlstand. Den größten Erfolg bringt aber die Verbindung beider Qualitäten.

Das Bagua-Feld »Wachstum und Erfolg« spiegelt einerseits eine sehr aktive, willensorientierte Energie wider, die mit einer sanften und beharrlichen Schaffenskraft an der Umsetzung ihrer Ziele arbeitet. Andererseits werden diesem Bereich ebenso auch die glücklichen Umstände, die das »Schicksal« uns beschert, zugeschrieben.

Das dem Feng Shui zugrunde liegende Gedankengut geht jedoch davon aus, dass der Mensch stets mit seiner Umgebung verbunden ist. In dieser Resonanz begegnen ihm Dinge nicht rein zufällig, sondern werden durch sein Tun mit angezogen.

Die Harmonie im »Haus des Windes« hängt auch von unserer Einstellung zu Glück und Reichtum ab. Für viele Menschen wäre heutzutage ein dicker Gewinn in der Lotterie das größte Glück und das gute Einkommen der einzige Erfolg. Doch ist der innere Reichtum nicht entwickelt, dann ist dieses Glück oft nur von sehr kurzer Dauer. Einer Studie zufolge konnten nur wenige Lottogewinner dauerhaft ihre alte Situation verbessern.

Ein Potenzial für Wachstum liegt gerade darin, sein Glück zu erkennen und bewusst wahrzunehmen, wie gesegnet man mit dem Leben ist und welche Möglichkeiten einem offen stehen. Im Erkennen des Moments öffnet sich erst die Tür für den nächsten Schritt. Ist dann jemand zur richtigen Zeit am richtigen Ort, so sagen wir: »Er hat Glück gehabt«.

Die eigene Wertschätzung spielt auch hier eine wesentliche Rolle beim Erlangen seiner Wünsche. Ein fünfjähriges Kind drückte dies einmal so aus: »Reichtum ist, dass man etwas erreicht, und Glück ist, dass man alles machen kann und dass man eine Schatzkiste hat.«

**Bereich »Ansehen und Erleuchtung« –** Eine weitere Bezeichnung für dieses Feld ist »Ruhm und Anerkennung«. Das zugehörige ▸ **Trigramm** ist das »Feuer«. Das Bagua-Feld steht traditionell im Süden und bezeichnet den Höhepunkt der äußeren sichtbaren Entwicklung. Mensch und Natur stehen in ihrer vollen Kraft. Im Geschäftlichen entspräche das dem Anteil, mit dem man an die Öffentlichkeit tritt, etwa einer Ausstellung. Das Feuer bringt Licht und lässt uns die Dinge erkennen. Es schafft Klarheit und erhellt unser Bewusstsein. Themen wie Selbstbewusstsein, Anerkennung, Ruhm, Ansehen und welchen Stellenwert wir der Meinung anderer beimessen, spiegeln sich in diesem Bereich.

»Sehen und gesehen werden« oder »Schein und Sein« beschreiben einen Aspekt dieses Feldes. Im Inneren hilft das Licht uns auf dem Weg zur Selbsterkenntnis und befreit uns von dem Urteil anderer oder dem Drang nach äußerer Anerkennung. Manchmal kann man erleuchteten Menschen »ansehen«, wie sie von innen leuchten. Große Popularität wirkt vielleicht ähnlich, ist aber von innerer Erleuchtung völlig unabhängig.

**Bereich »Partnerschaft« –** Weitere Bezeichnungen für dieses Feld sind »Ehe« oder »Beziehungen«. Das zugehörige ▸ **Trigramm** ist »Erde«, das Empfangende. In diesem Bagua-Bereich geht es um die Beziehungen zu den Mitmenschen.

Die Kraft des vorangehenden Feuers hat sozusagen den Boden bereitet, und man kann jetzt die Früchte ernten. Die Erkenntnis aus dem vorherigen Lebensabschnitt öffnet unser Herz, so können wir jetzt unseren Partner mit offenen Armen aufnehmen.

Dieses Bagua-Feld, das traditionell im Südwesten liegt, spiegelt ganz unterschiedliche Beziehungen wider. Es geht einerseits um uns sehr nahe stehende Menschen, andererseits aber auch um die Beziehungen zu Nachbarn oder einem Geschäftspartner. Fühlt man sich wohl im Austausch mit den Menschen seiner Umgebung und ist man angenommen im Kreis seiner Freunde, so ist das ein Zeichen dafür, dass auch Harmonie im Lebensbereich »Partnerschaft« herrscht.

Das Gedeihen einer Beziehung hängt sehr von der Empfänglichkeit der Partner ab; dieses Prinzip wird durch das Trigramm »Erde« verkörpert. Die Bereitschaft, den anderen mit seinen Bedürfnissen und Wünschen aufzunehmen, offen zu sein für sein Anliegen und ihm zuzuhören, spielt eine große Rolle. Ebenso wichtig sind der nährende Aspekt der Erde und die Hingabe an die Gemeinsamkeit.

**Bereich »Kreativität und Kinder« –** Eine weitere Bezeichnung für dieses Bagua-Feld ist »Nachkommen«. Das zugehörige ▸ **Trigramm** ist der »See«, das Heitere. Der Westen ist im Bagua traditionell der Platz für den Lebensbereich der Kreativität. Es ist die Zeit der Muße, in der man nach getaner Arbeit zur Ruhe kommt und vielleicht Freude an Kunst oder dem kreativen Spiel seiner Kinder hat. Die Anspannung des Tages weicht der Heiterkeit. In einer gelösten, eher verspielten Stimmung kann Kreativität entstehen. Man kann sie nicht erzwingen, man kann sie nur zulassen – ihr Raum geben.

Kreativität entsteht absichtslos im Nebenbei. So steht dieser Bereich in Zusammenhang mit Ihrer eigenen Fähigkeit, Neues zu kreieren. Das kann ein Kunstwerk, ein Sechs-Gänge-Menü oder die Idee für eine geschäftliche Unternehmung sein.

Der Begriff »Kinder« beschreibt sowohl leibliche als auch ideelle Kinder, etwa ein neues Projekt, dem man seine Aufmerksamkeit widmet. Ebenso gehört die Fähigkeit, Schönes zu genießen und sich zu lösen von den Sorgen des Tages und »das Heitere« zuzulassen, zu diesem Aspekt des Bagua. Der »See« mit seiner glatten Oberfläche spiegelt das Gewesene. Durch Verdunstung des Wassers entstehen Nebel, und das Bild löst sich auf – ein Hinweis auf die Veränderlichkeit der Dinge und darauf, dass der Mensch das Leben nicht zu ernst nehmen sollte.

**Bereich »Hilfreiche Freunde« –** Eine weitere Bezeichnung für dieses Bagua-Feld sind »Hilfreiche Menschen« und »Geister, Sponsoren«. Das zugehörige ▸ **Trigramm** für diesen Lebensbereich ist der »Himmel«, das Schöpferische. Dieses Bagua-Feld steht für die Unterstützung, die uns zuteil wird. Das kann die Hilfe eines guten Freundes, eines geistigen Lehrers oder der Rat eines Unbekannten sein, der Schaden abwenden konnte. Ebenso angesprochen ist unsere Bereitschaft, für andere da zu sein und zu helfen, selbst wenn es mal nicht in den Zeitplan passt. Anderen ein hilfreicher Freund zu sein erfordert Offenherzigkeit und Selbstlosigkeit. Wollen wir selbst in den Genuss von Unterstützung kommen, so müssen wir auch Hilfe annehmen können. Alle Themen, die sich um Geben und Nehmen ranken, sind in diesem Bagua-Feld angesprochen.

Seine Energie entspricht einer Zeit des Loslassens von äußerem Streben hin zur Besinnung auf uns selbst und unsere geistige Herkunft. Dazu gehört die Meditation, die zu innerer Klärung führt.

Das zugrunde liegende Trigramm ist der »Himmel«, der für uns immer die Unterstützung bereithält, die wir brauchen. Sind wir in äußeren Aktivitäten gebunden, so wird es uns schwer fallen, die Segnungen des Himmels zu erkennen.

Wenn auch unsere Gedanken zur Ruhe kommen, so können wir vielleicht sogar die feine Stimme unseres Schutzengels hören. Das Bibelwort »Geben ist seliger denn Nehmen« weist darauf hin: Wenn wir von Herzen geben, setzen wir eine Kraft in Gang, die uns schließlich stärken wird.

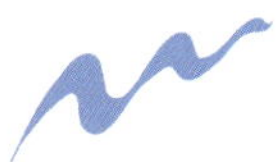

**Der Bereich »Lebensweg« –** Weitere Bezeichnungen für dieses Feld sind »Karriere« und »Reise«. Das zugehörige Trigramm ist das »Wasser«, das Abgründige. Dieser Bereich des Bagua steht traditionell im Norden.

Das »Abgründige« wird mit der Nacht und mit dem Winter assoziiert, einer ruhigen Zeit, deren Kraft weniger im Äußeren sichtbar wird. Als Keimzelle allen Lebens birgt Wasser sein großes Potenzial im Inneren. Der Winter ist auch eine Zeit der Besinnung, in der wir rückblickend erkennen, was wir ändern möchten, und neue Vorsätze für das kommende Jahr fassen. So beschreibt der Bereich »Lebensweg« unsere Suche nach unserem ganz persönlichen Weg, durch das Leben zu gehen: Haben wir beispielsweise einen Beruf, der uns entspricht, und führen wir ein Leben, von dem wir überzeugt sagen: »Ja, das bin ich«? Oder bleiben Zweifel wie: »... eigentlich wollte ich ja immer...«, »... aber man muss doch...«,

»... ich habe mich nicht getraut...«, »... man hat mir immer gesagt, ich soll ...«, »... was sollen denn die anderen denken... « usw. Im Außen werden wir unseren individuellen Weg nicht finden, wenn wir aber in uns hineinhorchen, kommen wir ihm auf die Spur. Es geht um das Sicheinlassen auf die Reise des Lebens mit ihren Höhen und Tiefen. Dabei zeigt uns die Tiefe des »Abgründigen« unsere eigenen Tiefen. Nur so können wir erkennen, was uns hindert oder festhält. Sind wir mit der Energie des »Lebenswegs« im Einklang und haben unseren Weg gefunden, so gelingen die Dinge leichter. Türen stehen uns plötzlich offen und auch der Weg zur Karriere.
Auch dieses Bagua-Feld spiegelt kein festes zu erlangendes Ziel, sondern eine Entwicklung innerhalb eines Zyklus. Wie die »Reise« eine stete Bewegung ausdrückt, so will auch das Wasser immer fließen, sonst verliert es seine Lebenskraft. Wenn wir festhalten an dem Erreichten, so wird unsere Entwicklung gebremst. Wenn wir loslassen, Dinge »passieren« lassen, kann der Fluss seinem Lauf folgen, wir können auf unserem Weg fortschreiten. Das Vertrauen in eine höhere Ordnung ist der Schlüssel zur Leichtigkeit in diesem Prozess. Alles fließt, und wir schwimmen vertrauensvoll mit im Fluss des Lebens.

**Bereich »Wissen und Weisheit« –** Eine weitere Bezeichnung für dieses Bagua-Feld ist »Kontemplation«. Das zugehörige ▸ **Trigramm** ist der »Berg«, das Stillhalten. Dieser Bereich steht sowohl für erlerntes Wissen als auch für tiefere Erkenntnisse. Was nützt das schönste theoretische Wissen, wenn ein ganzheitliches, inneres Erfassen fehlt und man das Erlernte nicht im alltäglichen Leben umsetzen kann?
Das Trigramm »Berg« beschreibt den Moment des Innehaltens am Ende einer Entwicklungsphase und gleichzeitig den Beginn einer neuen Phase.
In diesem Moment der Ruhe, den wir beispielsweise auch aus der Meditation kennen, kann tiefe Erkenntnis reifen. Früher haben sich die Weisen zurückgezogen in die Höhle eines Berges oder in ein Kloster, um in Abgeschiedenheit und Kontemplation ihr Verständnis für den Lauf des Lebens zu vertiefen. Meditation und Innenschau führen uns ebenso zur Selbsterkenntnis. Auf dieser Grundlage kann inneres Wissen reifen. Natürlich sind auch die erlernten intellektuellen Fähigkeiten wertvoll für das Fortkommen im Leben. Kommt beides zusammen, Wissen und Weisheit, so liegt darin ein großes Potenzial. Auch die Einstellung zur Macht des Wissens spiegelt sich in diesem Bereich.
Man kann diese Macht missbrauchen, sein Wissen teuer verkaufen – oder aber es freudig an andere Menschen weitergeben und der Gemeinschaft damit einen Dienst erweisen.

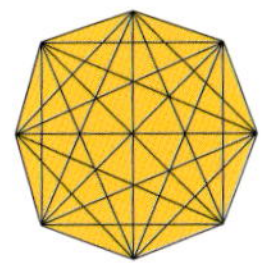

**Bagua-Bereich »Innere Mitte« –** Weitere Bezeichnungen für dieses Bagua-Feld sind »TAO«, »Meditation« und »T'ai-Chi«. Dieser Bereich liegt in der Mitte und ist damit keiner Himmelsrichtung und auch keinem Trigramm zugeordnet.
Im Zentrum verbinden sich alle Einflüsse, und gleichzeitig gliedert und verteilt sich die Energie von hier aus in die acht umliegenden Felder des Bagua. Die »Innere Mitte« ist ein wichtiger Bereich mit zentraler Funktion für die Gesamtharmonie. Wie im menschlichen Körper etwa das Hara (bezeichnet den Körperschwerpunkt und das energetische Kraftzentrum, mit dem die asiatischen Kampfsportarten arbeiten) wichtig ist für die innere Stabilität, so steht auch das Zentrum – etwa einer Wohnung – für Stabilität und Ausgeglichenheit.
Wie das Auge im Sturm, so bildet die Mitte einen Ruhepunkt im lebhaften Treiben drumherum. In dieser Ruhe liegt die Kraft, im »Sturm des Lebens« nicht davongepustet zu werden. Geht diese Stabilität verloren, so kann sich auch das in gesundheitlichen Schwächen widerspiegeln.
Das Bagua-Feld »Innere Mitte« steht also für unsere innere Stabilität, für Ausgeglichenheit, Vitalität und Gesundheit. In der Verbindung aller Aspekte des Bagua ist die Mitte gleichzeitig ein Ort der Einheit. Diesen Ort zu pflegen, sauber und aufgeräumt zu halten ist grundlegend für die Harmonie der Gesamtheit. Die Mitte beschreibt wie das TAO »Alles« und »Nichts« zugleich.
Die innere Struktur des I Ging sagt: »TAO – der formlose Grund, aus dem alle Formen hervorgehen.« (Lama Anagarika Govinda, »Die innere Struktur des I Ging«).

## ÜBERSICHT DER LEBENSBEREICHE DES BAGUA

| BEREICH | TRIGRAMM | CHINESISCH | ELEMENT | HIMMELS-RICHTUNG | JAHRESZEIT | TAGESZEIT |
|---|---|---|---|---|---|---|
| FAMILIE UND GEMEINSCHAFT | DONNER | Chen | Holz | Osten | Frühling | Morgen |
| WACHSTUM UND ERFOLG | WIND<br>HOLZ | Sun | Holz | Südosten | Frühsommer | Vormittag |
| ANSEHEN UND ERLEUCHTUNG | FEUER | Li | Feuer | Süden | Hochsommer | Mittag |
| PARTNER-SCHAFT | ERDE | Kun | Erde | Südwesten | Spätsommer | Nachmittag |
| KREATIVITÄT UND KINDER | SEE | Tui | Metall | Westen | Herbst | früher Abend |
| HILFREICHE FREUNDE | HIMMEL | Chien | Metall | Nordwesten | Spätherbst | später Abend |
| LEBENSWEG | WASSER | Kan | Wasser | Norden | Winter | Nacht |
| WISSEN UND WEISHEIT | BERG | Ken | Erde | Nordosten | später Winter, früher Frühling | vor Sonnen-aufgang |

## 3. Die Ausrichtung des Bagua traditionell

Damit ist die Ausrichtung nach der traditionellen Methode des ▸ **Bagua Lo Shu Feng Shui** gemeint. Eine später entwickelte Variante, die so genannte Drei-Türen-Methode, die häufig in westlichen Veröffentlichungen zu finden ist, wird unter Punkt 5 (siehe Seite 23) genauer erläutert.

Um das Bagua als ein Raster auf eine Wohnung, einen Garten oder einen anderen Raum projizieren zu können, benötigt man als Erstes einen Grundriss und einen Kompass.

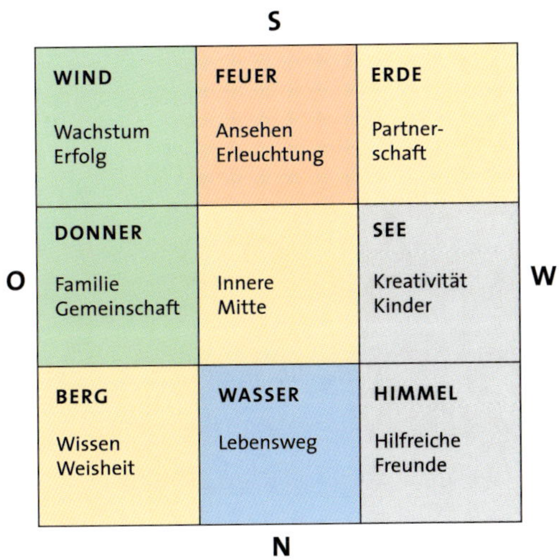


*Das Bagua in den Farben der Fünf Elemente.*

Zunächst muss die Lage des Hauses oder der Wohnung zu den Himmelsrichtungen ermittelt werden. Oft ist im Grundriss bereits ein Nordpfeil eingetragen, sicherer ist aber immer die Überprüfung mit einem Kompass. Es sollten mehrere Plätze innerhalb und außerhalb der Wohnung kontrolliert werden, da die Kompassnadel leicht durch Stahlträger oder andere Metallteile abgelenkt werden kann.

Indem Sie den Grundriss nun in Längsrichtung und in Querrichtung jeweils in drei gleiche Segmente aufteilen, erhalten Sie ein aus neun gleich großen Kästchen bestehendes Raster.

In dieses Bagua können Sie dann, entsprechend ihren Himmelsrichtungen, die neun Lebensbereiche eintragen, d.h. der Bereich »Lebensweg« befindet sich im Norden, der Bereich »Ansehen und Erleuchtung« im Süden, »Familie und Gemeinschaft« im Osten usw., wie in den Illustrationen auf dieser und den folgenden Seiten dargestellt. Da Grundrisse in den meisten Fällen nicht quadratisch sind, ergeben sich auch entsprechend neun schmale oder breite Kästchen.

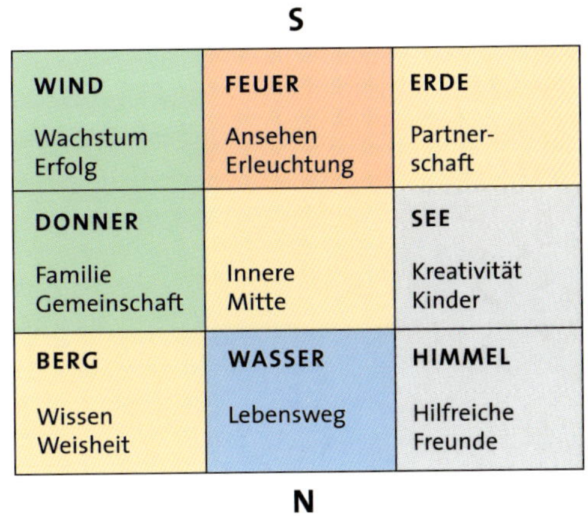


*Das Bagua passt sich immer dem Grundriss an.*

Das Bagua ist durch die ▸ **Trigramme** des ▸ **I Ging** auch mit den ▸ **Himmelsrichtungen** verbunden. Bei der Projektion des Bagua auf einen Grundriss bleiben die einzelnen Bereiche des Bagua immer in derselben, ihnen nach dem I Ging zugewiesenen Himmelsrichtung, der Ordnung des ▸ **Späteren Himmels** entsprechend.

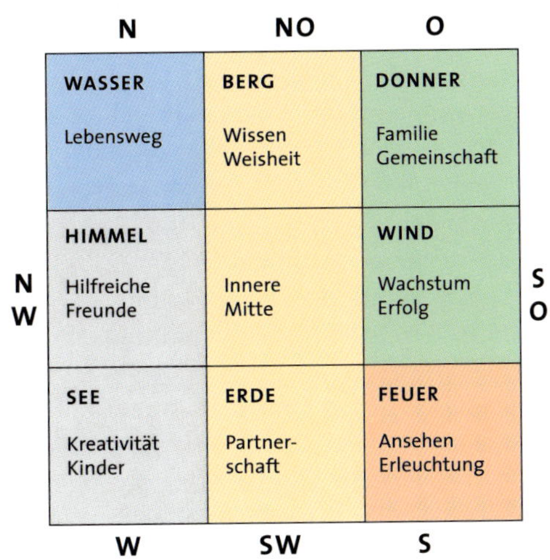


*Dieses Gebäude liegt diagonal zur Nord-Süd-Achse.*

Die Ordnung des ▸ **Früheren Himmels** spielt hauptsächlich bei sakralen Bauten eine Rolle, schimmert aber als Grundlage durch die zyklische Abfolge stets durch. Mehr über die Basis des Bagua ist unter dem Begriff ▸ **I Ging** zu finden.
Steht ein Gebäude diagonal zur Nord-Süd-Achse, so bleibt die Ausrichtung ebenfalls erhalten (siehe Illustration Seite 21 unten und folgende Illustration). Oft liegt der Grundriss nur leicht schräg zur Nord-Süd-Achse, und es ist schwer zu entscheiden, welches Bagua maßgebend ist. Unter Punkt 7 »Verschiedene Bagua-Formen« (Seite 24) erfahren Sie, wie Sie in so einem Fall zu einer genaueren Ermittlung der Bagua-Bereiche kommen.

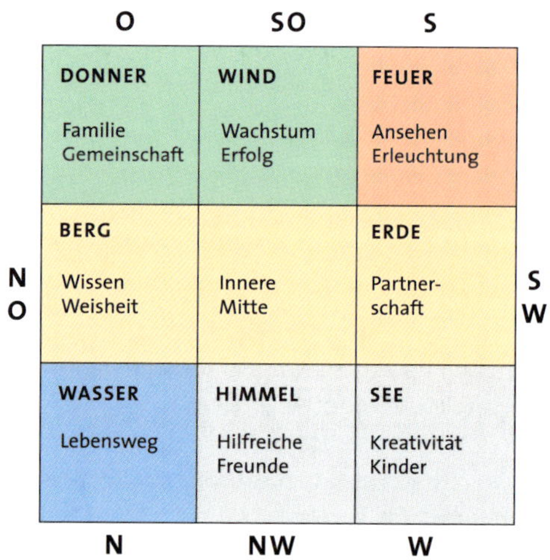


*Bagua für ein Gebäude diagonal zur Nord-Süd-Achse.*

Ist das Bagua nun über einen Grundriss gelegt, so gibt die Lage der einzelnen Lebensbereiche erste Aufschlüsse. Schnell wird klar, welche Bereiche gepflegt und geliebt werden und welche sich etwa mit Besenkammer oder Bad zufrieden geben müssen. Bei unregelmäßigen Grundrissen kommt es oft vor, dass ein Bereich kleiner ist oder ganz fehlt.

## 4. Fehlbereiche und Erweiterungen

Viele Grundrisse sind weder quadratisch, noch stellen sie ein gleichmäßiges Rechteck dar. Das Treppenhaus bildet oft einen Einschnitt, oder aber eine verwinkelte Form erschien dem Architekten bei der Bauplanung spannender. So kommt es zu Fehlbereichen oder Erweiterungen. Wenn z. B. eine Ecke des Hauses oder der Wohnung über das Raster hinausragt, so ist dadurch der angrenzende Bagua-Bereich erweitert. Gibt es einen Einschnitt oder fehlt eine Ecke, so ist der entsprechende Bagua-Bereich kleiner. So ein Fehlbereich kann auch ein ganzes Bagua-Feld betreffen. Entscheidend für die Ermittlung von Fehlbereichen oder Erweiterungen ist die jeweils längste Außenwand; sie begrenzt das Bagua-Raster (siehe hierzu Illustration Seite 300).

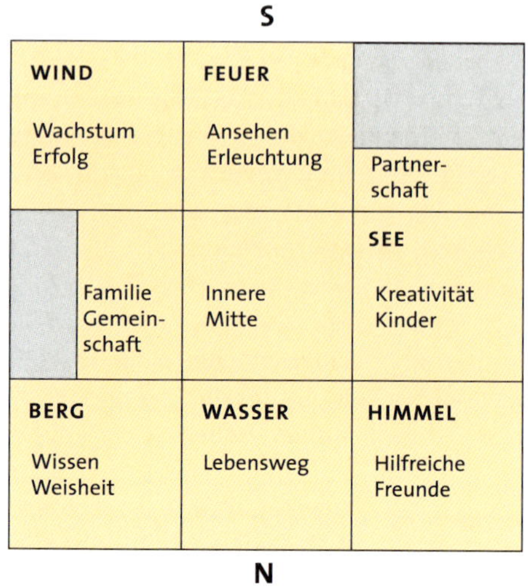


*Fehlbereiche im Bagua sind hier grau dargestellt.*

*Bereiche mit Erweiterungen sind orange dargestellt.*

## 5. Ausrichtung des Bagua nach der Drei-Türen-Methode

Eine weitere Möglichkeit, das Bagua über einen Grundriss zu legen, ist die ▸ **Drei-Türen-Methode**. Diese neuere Vorgehensweise des Feng Shui wird auch »Drei-Pforten-Methode« genannt und entstammt der ▸ **Schwarzhut-Linie** des tantrischen Buddhismus. Die Richtung möchte durch Modernisierung Feng Shui für Europäer und Amerikaner leichter nachvollziehbar machen und legt einen Schwerpunkt auf die Entwicklung spiritueller Aspekte. Selbstverständlich haben diese auch im traditionellen Feng Shui ihren Platz. Im Gegensatz zu der bereits in Punkt 3 (Seite 21 f.) beschriebenen traditionellen Vorgehensweise bei der Ausrichtung des Bagua orientiert sich bei der Drei-Türen-Methode die Ausrichtung des Bagua immer an der Lage der Tür, dem Haupt-Chi-Tor.

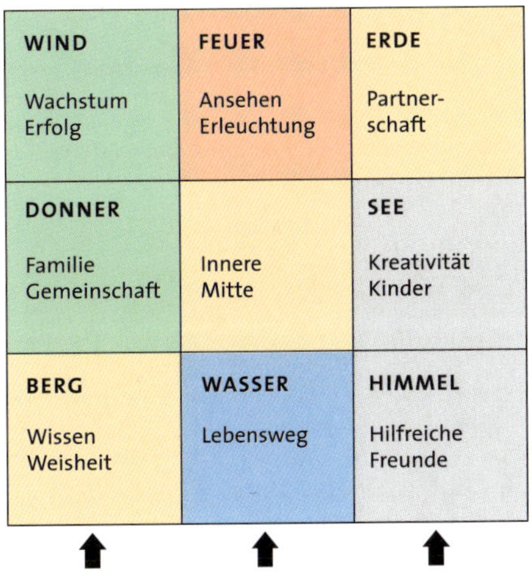


*Ausrichtung des Bagua nach der Drei-Türen-Methode.*

Der Grundriss wird bei dieser Methode so gedreht, dass die Eingangstür immer in einem der ursprünglich nach Norden zeigenden Sektoren zu liegen kommt, ganz unabhängig von der tatsächlichen Richtung. Anders ausgedrückt: Das Bagua wird so gedreht, dass der Eingang sich entweder im Bereich »Lebensweg«, »Hilfreiche Freunde« oder »Wissen und Weisheit« befindet. Die ursprüngliche Verbindung des Bagua zu den Qualitäten der Himmelsrichtungen wird bei dieser Methode aufgegeben.

## 6. Bagua und Lo Shu

Das ▸ **Lo Shu** bezeichnet ein Bagua, das den einzelnen Bereichen des Bagua die Zahlen eins bis neun zuordnet. Es handelt sich um ein so genanntes magisches Quadrat, in dem die Zahlen einer Reihe addiert jeweils 15 ergeben, horizontal, vertikal und diagonal. Dabei entspricht immer eine Zahl einem der ▸ **Trigramme** des ▸ **I Ging** und damit auch einem Lebensbereich des Bagua. Die Anordnung der Zahlen im Lo Shu bezieht sich auf die Reihenfolge des ▸ **Späteren Himmels** und ist entsprechend mit den Himmelsrichtungen verbunden.

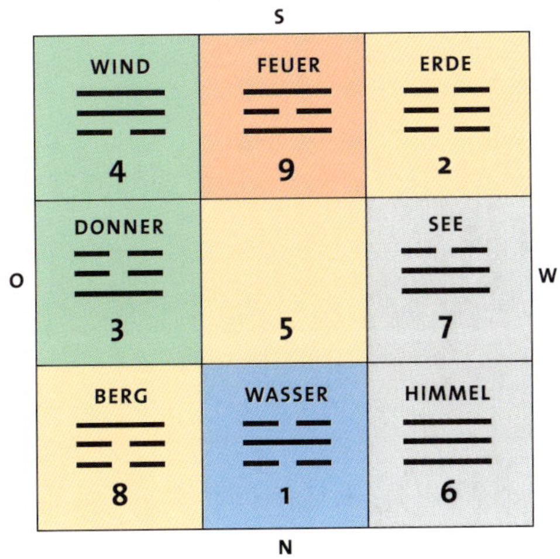


*Die Zahlen des Lo Shu ergeben ein »magisches Quadrat«.*

So bezeichnet die Zahl 1 das Trigramm »Wasser« mit dem Bagua-Bereich »Lebensweg«, die Zahl 2 das Trigramm »Erde« mit dem Bagua-Bereich »Partnerschaft« und so weiter.

Durch die Verbindung einer Zahl zu dem jeweiligen gua (ba-gua = acht Trigramme) spricht man von der Gua-Zahl oder ▸ **Kua-Zahl** (alte Schreibweise).

Zur Vereinfachung wird das Bagua oft nur mit den Zahlen dargestellt.

Auch in einigen Praktiken des Feng Shui, die sich mit individuellen oder zeitlichen Einflüssen beschäftigen, wird im Bagua nur noch mit den Zahlen dieses »magischen Quadrats« gearbeitet. Die Bedeutung der Zahlen bekommt dann allerdings zuweilen eine andere Färbung, wie im ▸ **Neun-Sterne-Ki** oder bei den ▸ **Fliegenden Sternen.**

## 7. Verschiedene Formen des Bagua

Das Raster, welches über den Grundriss eines Hauses oder eines Grundstücks gelegt wird, um die neun Lebensbereiche des Bagua räumlich zuzuordnen, kann unterschiedliche Formen annehmen.
Bereits erläutert haben wir die Aufteilung des Bagua in neun rechteckige, gleich große Kästchen (siehe Seite 21ff.). Ebenso gut lassen sich die einzelnen Felder des Bagua aber auch um eine Mitte herum wie eine Tortenform aufteilen. Ein Bagua mit Feldern, die auf ein mittleres Feld hin zentriert sind, hat

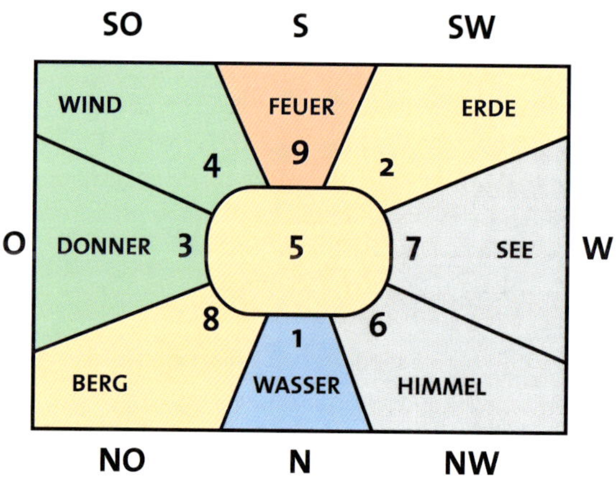


*Zentriertes Bagua für den Grundriss eines Hauses. Diese Bagua-Form hat den Vorteil, dass sie gedreht werden kann.*

einen entscheidenden Vorteil: Es lässt sich beliebig drehen. Das Raster des Bagua kann hiermit auch entsprechend der tatsächlichen Nord-Süd-Achse gedreht und auf das Gebäude gelegt werden.
Bei einem rechteckigen Raster kann dagegen die Abweichung zwischen den Gebäudefluchten und der Nord-Süd-Achse nicht berücksichtigt werden.
Für Grundrisse, die nicht parallel oder genau diagonal zur Nord-Süd-Achse liegen (siehe Illustration oben rechts), erhält man mit dieser auf ein mittleres Feld hin zentrierten Bagua-Methode eine genauere Zuordnung der Lebensbereiche als mit der rechteckigen Bagua-Form.
Auch bei einem sehr lang gestreckten Grundriss wird die Betonung einiger der neun Bagua-Lebensbereiche durch die Ausdehnung der einzelnen Felder viel augenscheinlicher.

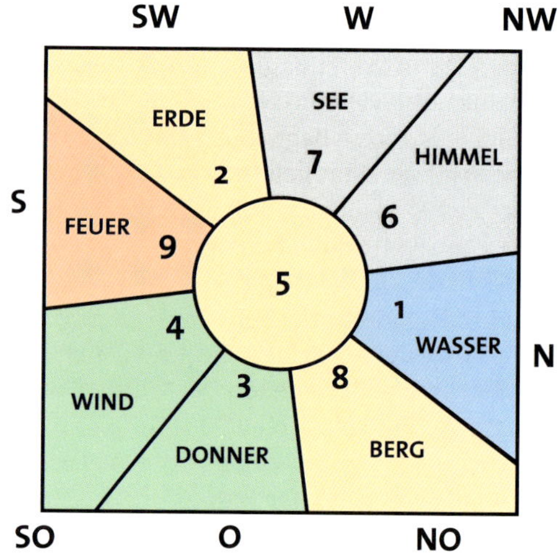


*Auf die Mitte hin zentriertes Bagua eines Gebäudes, das nicht parallel zur Nord-Süd-Achse liegt.*

## 8. Das Bagua intuitiv erspüren

Es gibt mehrere Methoden, das Bagua auf einen Grundriss zu legen. Bevor die Frage auftaucht, welche richtig ist, sei darauf hingewiesen, dass ein Schema nur ein Versuch ist, die Wirklichkeit darzustellen, sie begreifbar zu machen.
So kann auch das Bagua nur eine Annäherung an die Wirklichkeit bieten. Die Realität lässt sich nicht in Kästen zwingen und entspricht meist nicht dem Ideal. So können besondere räumliche Gegebenheiten, die Geschichte des Ortes oder der Menschen, die dort leben, Einfluss nehmen auf die tatsächliche Form und Ausdehnung der Bagua-Felder.
Wie ein feinfühliger Rutengänger eine Wasserader erspüren kann, so lassen sich die unterschiedlichen Qualitäten der einzelnen Lebensbereiche des Bagua im Raum erspüren. Wer geübt ist im Umgang mit den feinstofflichen Energien, etwa dem ▸ **Chi-Fluss**, der kann vielleicht, von der Mitte ausgehend, die acht umliegenden Sektoren im Raum wahrnehmen. Dabei wird sich herausstellen, dass ihre Form irgendwo zwischen den bekannten Schemata liegt und dass die einzelnen Lebensbereiche in der Größe oder in ihrer Anordnung leicht variieren können. Die im Bagua beschriebenen Lebensbereiche sind durch verschiedene Zyklen und Energieflüsse miteinander

verbunden, es handelt sich hier also um ein lebendiges System steter Wandlung und Erneuerung. Daher ist es nicht gravierend, wenn in der Arbeit mit den bereits erläuterten Bagua-Rastern nur eine Annäherung an die Realität gelingt.
Ein ausgeglichenes Bagua mit gleich großen Lebensbereichen geht vom harmonischen Idealzustand aus, den es zu fördern gilt.
Ein Tipp für Experimentierfreudige: Die intuitive Wahrnehmung der einzelnen Bagua-Bereiche ist nicht einfach, die verschiedenen Qualitäten der Bereiche lassen sich aber auch auf meditativem Weg erfahren. Wer einen guten Zugang zur Meditation hat, der kann sich dabei der Himmelsrichtung zuwenden, deren Qualitäten er genauer kennen lernen möchte. Dabei sollte man anfangs noch einmal das zugehörige Trigramm, dessen Bedeutung und den entsprechenden Lebensbereich bedenken.
Danach kann man, sozusagen absichtslos, in eine stille Meditation gehen. So lassen sich wertvolle Eindrücke in die entsprechende Wandlungsphase oder auch den persönlichen Bezug zu dem damit verbundenen Lebensthema gewinnen.
Natürlich ist der auf meditativem Weg gewonnene Eindruck ein ganz individueller, der immer auch vom Ort mit beeinflusst sein kann.

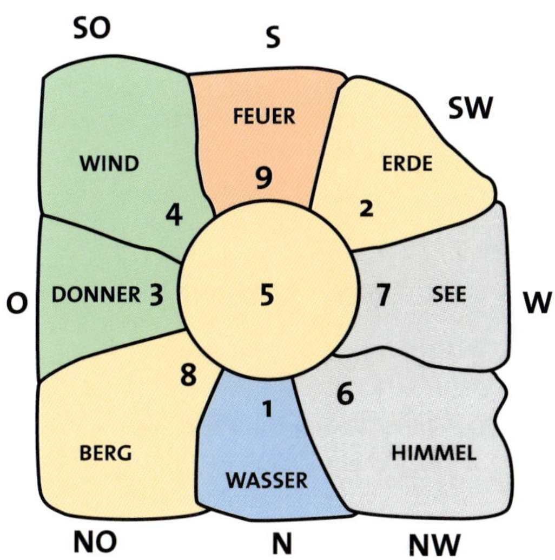


*So könnte die tatsächliche energetische Verteilung der einzelnen Bereiche des Bagua aussehen.*

## 9. Das Bagua und die Fünf Elemente

Im Zyklus der ▸ Fünf Elemente werden verschiedene Energiezustände beschrieben. Jedem der neun einzelnen Lebensbereiche des Bagua und den zugrunde liegenden ▸ Trigrammen des ▸ I Ging ist nun eines der Fünf Elemente zugeordnet.

**Das Element Holz –** Dieses Element ist mit dem Bagua-Bereich »Familie und Gemeinschaft« verbunden und mit dem nachfolgenden Bereich »Wachstum und Erfolg«. Wie das Wachstum einer jungen Pflanze, die emporstrebt und sich ausbreitet, steht das Element ▸ Holz für die Phase der Entwicklung.
Dabei liegt der Beginn einer Aktion, der Anfangsimpuls im Bereich »Familie und Gemeinschaft«, im Haus des ▸ Donners, der im Frühjahr die Natur erschüttert und das Durchbrechen der ersten jungen Triebe symbolisiert.
Unsere Entwicklung und unser Wachstum beginnen in der Familie, wir lernen von den Älteren. Mit dieser Kraft ausgestattet, setzt sich die Entwicklung fort im Bereich »Wachstum und Erfolg«.
Ein stetes, aktives Bemühen, das wie der Wind alles durchdringt, ermöglicht auch inneres Wachstum und führt zum Erfolg. Eine Pflanze beginnt als kleiner Trieb und wächst fast unbemerkt zu einem großen Baum heran; diese Entwicklung symbolisiert das Element Holz.

**Das Element Feuer –** Das Element wird dem Bagua-Bereich »Ansehen und Erleuchtung« zugeordnet. Im Licht des Feuers können wir die Dinge ansehen und begreifen. Das Element ▸ Feuer steht ganz allgemein für Kraft, Wärme und Licht. So wie die Flammen nach oben zum Himmel streben, steht das Feuer für den Höhepunkt der Aktivität. Das kann im Leben eines Menschen z. B. ein Höhepunkt in seiner Karriere sein, der ihm zu großem Ruhm verhilft, oder auch die große Ausstellung eines Künstlers, der mit seinem Werk ans Licht der Öffentlichkeit tritt. Die transformierende Kraft des Feuers leuchtet auch in unsere Herzen hinein und kann tiefe Erkenntnis schenken. Das dem Element zugehörige Trigramm ist das »Feuer«.

**Das Element Erde –** Den Lebensbereichen »Partnerschaft«, »Wissen« und »Innere Mitte« ist das Element ▸ **Erde** zugeordnet. Die stabilisierende, nährende Kraft der Erde ist von grundlegender Bedeutung für das Miteinander in unseren Beziehungen. Das dem Bagua-Bereich zugrunde liegende Trigramm »Erde«, auch »das Empfangende« genannt, weist auf die Offenheit und Aufnahmebereitschaft hin, die für eine harmonische Partnerschaft erforderlich sind. Es ist an der Zeit, auch die Erde, die uns ernährt, als Partner zu begreifen und sie nicht grenzenlos auszubeuten, sondern achtsam mit ihr umzugehen und einen Austausch anzustreben.
Das Element Erde steht für die nährenden und fürsorgenden Eigenschaften, die uns Geborgenheit schenken. Energetisch hält die Erde die Balance zwischen aktiv und passiv, zwischen ausbreitend und zurückziehend; so korrespondiert sie auch mit der Stabilität der »Inneren Mitte«.
Mit dem Bagua-Bereich »Wissen und Weisheit« ist die Erde durch ihre Ruhe und Ausgeglichenheit verbunden. Sind wir ausgeglichen und verfügen wir über innere Ruhe, so fällt uns das Lernen leicht. Das Trigramm »Berg« symbolisiert den Moment des Innehaltens, in dem das Erlernte zur tieferen Erkenntnis reift, bevor die Aktivität von neuem beginnt.

**Das Element Metall –** In diesem Element zieht die Energie sich bereits wieder nach innen zusammen. In der eigenen Mitte liegt das Potenzial für unsere Kreativität. Daher ist das Element ▸ **Metall** mit dem Bereich »Kreativität und Kinder« verbunden. Es ist keine aktive Kraft, der man sich willentlich bedienen kann. Vom gezielten, nach außen gerichteten Streben muss man loslassen, um der eigenen Phantasie Raum zu geben. Die Spannung des Tages löst sich – der Spiegel des Sees (der »See« ist das zugehörige Trigramm) reflektiert wie die glatte Oberfläche des Metalls das Geschehen – ,spielerisch können neue Ideen aufkommen. Außerdem entspricht das Metall der Zentrierung im Sinn der Meditation und Rückbesinnung auf unsere geistige Herkunft. So ist es mit dem Lebensbereich »Hilfreiche Freunde« und mit dem Trigramm »Himmel« verbunden. Um Hilfe von Freunden oder des Himmels erkennen und annehmen zu können, muss man still werden und sich besinnen. Auch wenn man selbst hilfreich sein möchte, muss man das eigene Wollen zurückstellen und selbstlos aus dem Herzen handeln.

**Das Element Wasser –** Es symbolisiert den Fluss des Lebens. Als Ausgangspunkt des Lebens ist dieses Element mit dem Bagua-Feld »Lebensweg« verbunden. Wie das Wasser eines Flusses immer weiterfließen will, so ist auch der Lauf unseres Lebens von steter Bewegung geprägt. Sträuben wir uns gegen diese ständige Veränderung (Entwicklung), so hindern wir damit auch den Aspekt des Fortschreitens auf unserem ganz persönlichen Weg und geraten ins Stocken. Jedes Leben ist Bewegung – Stillstand ist Tod. So steht das Element ▸ **Wasser** auch für Fruchtbarkeit und den Ozean der Gefühle, in dem wir im Laufe des Lebens lernen zu schwimmen. Auch wenn uns dabei die dunklen Tiefen des »Abgründigen« gezeigt werden, muss es kein Sprung ins kalte Wasser sein. Da es um den für uns bestimmten Weg geht, entspricht dieser auch unseren Möglichkeiten. Haben wir unseren Weg gefunden, so werden unsere Taten auf fruchtbaren Boden fallen, und das Wasser wird seine belebende Kraft in den Kreislauf einbringen. Mehr dazu unter dem Begriff ▸ **Fünf Elemente.**

S

| | | | | |
|---|---|---|---|---|
| | HOLZ<br>Wachstum<br>Erfolg | FEUER<br>Ansehen<br>Erleuchtung | ERDE<br>Partner-<br>schaft | |
| O | HOLZ<br>Familie<br>Gemeinschaft | ERDE<br>Innere<br>Mitte | METALL<br>Kreativität<br>Kinder | W |
| | ERDE<br>Wissen<br>Weisheit | WASSER<br>Lebensweg | METALL<br>Hilfreiche<br>Freunde | |

N

*Die Verteilung der Fünf Elemente im Bagua.*

## 10. Bagua - Bereiche aktivieren und stärken

Haben Sie mit Hilfe des Rasters die Lage der neun Bagua-Bereiche Ihrer Wohnung, eines einzelnen Raums oder Ihres Arbeitsplatzes ermittelt, dann können Sie diese gezielt unterstützen und anregen. Auch Bereiche, die Ihnen zur Zeit sehr wichtig sind oder aber durch den Grundriss benachteiligt sind, können Sie durch entsprechende Gestaltung gezielt aktivieren und stärken.

**»Familie und Gemeinschaft« stärken –** Dieser Bagua-Bereich gehört zum Element ▸ Holz; daher kann alles, was mit dem Wachstum und der Ausdehnung des Holzes assoziiert wird, zur Unterstützung eingesetzt werden. U.a. symbolisieren Pflanzen, Holzmöbel, längliche Skulpturen oder andere Objekte, die eine aufstrebende Energie ausstrahlen, und die Farbe Grün dieses Element. Dieser Bereich verbindet mit unserer Herkunft. So können Bilder der Familie oder Ahnen hier einen Platz finden. Es ist aber darauf zu achten, dass mit dem Bild und der Person eine positive Vorstellung verbunden ist. Traurige oder konfliktbeladene Erinnerungen stellen eher eine Belastung als eine Stärkung dar. Es geht hier nicht darum, jedem gerecht zu werden, sondern sich der Kraft seiner eigenen Wurzeln zu erinnern.
In China versucht man mit Ahnen, zu deren Lebzeiten kein guter Kontakt bestanden hat, durch Ehrerbietung Frieden zu schließen. Ansonsten wären unheilvolle Einflüsse zu befürchten. Die chinesische Ahnenverehrung auf die westliche Lebensweise zu übertragen ist für gutes Feng Shui nicht erforderlich. Trotzdem ist auch für unser Wachstum ein »innerer Friede« mit unserer Herkunft, sprich unseren Wurzeln, eine gute Ausgangsbasis.
Die Gemeinschaft, in der wir leben oder arbeiten, kann Rückhalt im Alltag bieten. Daher passt ein großer Esstisch in diesen Bagua-Bereich, an dem die ganze Familie oder der Freundeskreis Platz findet.
Das Element Holz wird außerdem durch Wasser genährt, so dass alle Dinge, die dem Wasser entsprechen, diesen Bereich anregen wie ein belebender Zimmerbrunnen oder eine Schale mit Wasser, auf der frische Blüten schwimmen. Weitere unterstützende Objekte sind Bilder, die die Kraft des Wassers darstellen, oder Symbole, die ganz persönlich mit dem genannten Thema verbunden werden. Auch die ▸ Farbe Blau, sei es als Vorhang, Kissen oder Wandfarbe, fördert dieses Bagua-Feld.

**»Wachstum und Erfolg« stärken –** Zur Anregung und Stärkung dieses Bagua-Bereichs kann all das, was auch dem Element ▸ Holz entspricht, herangezogen werden. Die Wachstumsenergie fördert den Erfolg und verhilft sowohl innerem als auch materiellem Reichtum, sich zu entfalten. Um »Reichtum« oder glückliche Umstände anzuziehen, muss man sich selbst den Wohlstand und das Glück zugestehen. Die Fülle braucht Platz. Ein bereits gefüllter Raum bietet keine Möglichkeit mehr, etwas Neues aufzunehmen. Das ▸ Aufräumen/Ausmisten schafft Freiraum für Neues. Dies können Sie auch symbolisch durch eine leere Schale oder einen Sammelbehälter betonen.
Auch das Element ▸ Wasser unterstützt das Wachstum und wird gern zur Belebung dieses sehr aktiven Bereichs eingesetzt. Seit alters her wird – nicht nur in der chinesischen Kultur – das Wasser als Quell des Lebens für Mensch, Tier und Pflanze und als Voraussetzung für alles Gedeihen und somit letztlich auch für die Entwicklung von Wohlstand und Reichtum gesehen. In China sind Brunnen, Wasserfallbilder und Aquarien mit Goldfischen sehr beliebt: Sie sollen symbolisch den Erfolg anregen.
Auch Dinge, die Sie mit Überfluss verbinden oder die Ihrer persönlichen Vorstellung von Glück und Erfolg entsprechen, können in diesem Bereich eingesetzt werden. Das Bild Ihres Traumhauses z. B. oder das Bild eines Baumes mit einer mächtigen Baumkrone, eine Darstellung des Windes, der durch eine blühende Wiese streift und den Blütenstaub verteilt, ein Glücksschwein, Münzen, Geldbäume und ähnliche Symbole stehen für den Aspekt des Wachstums und kräftigen diesen Bereich.

**»Ansehen und Erleuchtung« stärken –** Wie das ▸ Trigramm »Feuer«, das diesem Feld entspricht, so ist auch das zugehörige Element das ▸ Feuer. Diese Energie kann sich in aktiven leuchtenden Farben oder dyna-

mischen Kunstwerken widerspiegeln. Die Farbe Rot entspricht der anregenden warmen Kraft des Feuers. Aber zu viel davon wird sozusagen heiß, und man kann sich – symbolisch – schnell verbrennen. Daher sollten Sie mit Rot in der Gestaltung von Räumen eher vorsichtig umgehen.
Mehr dazu können Sie unter dem Stichwort ▸ **Farben** nachlesen. In kleinen Akzenten oder abgetönten Nuancen können Sie die anregende Kraft der Farbe Rot gut nutzen.
Weiter lassen sich alle Dinge, welche das Licht, die Kraft oder die Wärme des Elements Feuer widerspiegeln, zur Unterstützung dieses Bagua-Bereichs heranziehen.
Eine Kerze mit ihrer kleinen Flamme vermag einem ganzen Raum eine andere Atmosphäre zu geben. Will man etwas ansehen oder erkennen, dann sollte man es beleuchten. Sparen Sie also nicht mit Licht in diesem Bagua-Bereich. Mit Beleuchtung können Sie gezielt Akzente setzen, sozusagen »Licht ins Dunkel« bringen.
Dieser Lebensbereich entspricht außerdem dem Hochsommer, der Blütezeit und allgemein dem Höhepunkt, der zuweilen Ruhm nach sich zieht. Entsprechend der individuellen Neigung kann hier symbolisch mit einem Lorbeerkranz, einer Urkunde, angesehenen Werken aus Kunst und Musik, einer Glühbirne oder etwa dem Bild einer geöffneten Blüte eine Betonung gesetzt werden.
Dieses Bagua-Feld spiegelt auch das Thema »Schein und Sein«. Wenn der Schein Ihrem Sein entspricht, dann herrscht Harmonie.
Achten Sie zudem auf den Symbolwert in der bereits vorhandenen Gestaltung. Steht z. B. hier ein wackeliger, beschädigter Stuhl, der eine wackelige Position und ein beschädigtes Ansehen widerspiegelt? Oder hat man in diesem Raum als Erstes den Papierkorb im Blick, so dass Dinge, von denen Sie sich trennen möchten, immer wieder Ihre Aufmerksamkeit auf sich ziehen? Auch Kleinigkeiten haben eine Ausstrahlung und eine Aussagekraft.
Holz wirkt stärkend – Das Element ▸ **Holz** und alles, was diesem entspricht unterstützt das Element ▸ **Feuer**. Dieses Bagua-Feld kann auch mit Pflanzen, hölzernen Gegenständen und der Farbe Grün gestärkt werden.

**»Partnerschaft« stärken –** Dieses Thema besitzt für die meisten Menschen große Wichtigkeit, daher ist es nahe liegend, dem Raumbereich, in dem das zugehörige Bagua-Feld »Partnerschaft« liegt, Beachtung und Fürsorge zu schenken. Das Element dieses Bereichs ist ▸ **Erde.**
Bevor man mit der Gestaltung beginnt, sollte aufgeräumt und ausgemistet werden. Nicht förderlich für diesen Bereich sind z. B. nutzloser alter Plunder für den Flohmarkt, Haufen von Schmutzwäsche oder auch sonstige verstaubte Sammlungen. Dinge, die ihre eigene alte Geschichte haben und eine dementsprechende Energie mit sich bringen, wie z. B. das Erbstück der Großmutter, sollten nur dann in diesem Bereich platziert werden, wenn man sich ganz gewiss ist, dass die Ausstrahlung dieser Gegenstände das Thema »Partnerschaft« nicht belastet. Eine gute Beziehung verlangt Offenheit und Beweglichkeit der Partner. Dementsprechend sollte dieser Bereich offen gestaltet werden und Bewegungsfreiheit zulassen. Ein überfüllter Raum, selbst wenn er liebevoll mit Andenken geschmückt ist, lässt kaum Platz für Neues und schränkt die Bewegung ein, die für eine Weiterentwicklung jeder Partnerschaft Bedingung ist.
Da zu einer Partnerschaft immer zwei gehören, ist es förderlich, die unterstützenden Hilfsmittel möglichst paarweise einzusetzen. So sind beispielsweise zwei Rosenquarze hier passender als einer. Ein einzelner Sessel etwa bietet nur Platz für eine Person, stellen Sie einen weiteren Sessel dazu. Mittlerweile gibt es eine ganze Reihe von Symbolpaaren, die als Unterstützung für diesen Bereich gelten. Die wenigsten entstammen dem ursprünglichen Feng Shui, verfehlen aber dennoch ihre Wirkung nicht, sofern sie ganz persönlich mit dem Thema »Partnerschaft« assoziiert werden können.
Von den indischen Göttern Shiva und Shakti über das Yin-Yang-Symbol, zwei Delphine, zwei frische Rosen, zwei Ringe bis hin zu zwei Herzen kann man vieles zur Anregung heranziehen. Auch hier gilt ein persönliches, vielleicht sogar selbst geschaffenes Objekt, das Sie mit Ihren Wünschen und Zielen zu diesem Thema verbinden, als gute Anregung und Unterstützung des ▸ **Chi** in diesem Lebensbereich.

*Stärkendes Symbol für den Bereich »Partnerschaft«: die indischen Götter Shiva und Shakti in Vereinigung.*

Von den ▸ **Fünf Elementen** wird die nährende Erde mit diesem Bagua-Feld verknüpft. Das zugrunde liegende ▸ **Trigramm** ist ebenfalls »Erde«, auch »das Empfangende« genannt. Es wäre schön, wenn diese nährende, empfangende Qualität sich in diesem Bereich widerspiegelte. Sitzmöbel, weiche Polster und abgerundete Formen passen hier gut.

Warme Farben unterstützen die Behaglichkeit, die dieser Raum braucht. Gelb, Braun und alle Erdtöne sowie Orange und Rot sind Farben, die das Erd-Element stärken. Beachten Sie, dass die ▸ **Farben** Rot und Orange, je intensiver und knalliger sie ausfallen, sehr anregen und den Blutdruck erhöhen können. Für streitbare Gemüter können diese Farben wirken wie Öl im Feuer. In sparsamen Akzenten oder abgetönt verwendet entfalten sie jedoch ihre wohltuende, wärmende und lebensbejahende Ausstrahlung. Braun wird im Bodenbereich, durch Teppich oder auch Terrakottafliesen, als natürlich empfunden und stärkt die Erdung. In der Einrichtung oder als Wandfarbe ist Braun dagegen nicht empfehlenswert, da es den Raum erheblich dunkler machen kann und trübe Stimmungen länger festhält (Holz als ein natürlicher Baustoff ist damit jedoch nicht gemeint!). Besser für die Atmosphäre eines Raums sind generell helle Sand-, Vanille- und Gelbtöne – auch Orange, denn diese Farbe heitert das Gemüt auf.

Dem Element ▸ **Erde** werden auch Steine, Kristalle und Tongefäße zugerechnet, die ebenfalls zur Stärkung dieses Lebensbereiches eingesetzt werden können. Nicht vergessen werden sollte, dass sich dieses Bagua-Feld nicht nur auf eine Partnerschaft in Form einer Zweierbeziehung bezieht, sondern ebenso auf unseren Umgang mit Partnern allgemein. Das kann den Nachbarn wie den Arbeitskollegen betreffen. Auch die Beziehung des Menschen zur Erde sollte einer Partnerschaft entsprechen. Ausbeutung der Ressourcen und Raubbau an der Natur haben diese Beziehung stark aus dem Gleichgewicht gebracht. Wir können diesen Bereich unterstützen, indem wir die Erde als unseren Partner begreifen und wieder lernen, achtsam und liebevoll mit ihr umzugehen, sonst ist die innere Stabilität, die das Element Erde symbolisiert, in Gefahr.

**»Kreativität und Kinder« stärken –** Das Element dieses Bagua-Feldes ist das Element ▸ **Metall.** Da Metall durch das Element ▸ **Erde** genährt wird, können beide Elemente zur Stärkung des Lebensbereiches »Kreativität und Kinder« genutzt werden. Der Erde entsprechen alle Gelb- bis Brauntöne, dem Metall die Farben Weiß, Gold, Silber und alles Glänzende. Objekte, die aus Metall sind, eine kugelige Form oder glänzende Oberfläche aufweisen, bewir-

*Kreativität braucht Freiraum, um sich entfalten zu können.*

ken ebenfalls eine Unterstützung. Dieser Bagua-Bereich gründet sich auf das ▸ **Trigramm** »See«, auch »das Heitere« genannt, und steht somit in Verbindung mit der Fähigkeit, zu genießen und sich an den schönen Dingen des Lebens zu erfreuen. Daher sollten Sie besonders in diesem Feld Ihre Sinne verwöhnen, z. B. mit Kunstwerken, Düften, wohltuenden Klängen oder einem köstlichen Essen. Hier zeigt sich, ob Sie sich Muße und Zeit zum Genießen gönnen. Eigene Kreativität braucht Freiraum, um sich zu entfalten. Gönnen Sie sich einen Raum oder eine Ecke, wo Sie genug Platz finden zum Basteln, Malen, Schreiben oder für andere Formen des Selbstausdrucks. Kinder leben ihre Kreativität im Spiel aus, das hier ebenfalls die Energie anregt. Auch erste Ideen für neue Projekte entstehen meist spielerisch, wie nebenbei, in gelöster, heiterer Atmosphäre.
So unterstützt eine lockere, freundliche Raumstimmung den Aspekt der Kreativität. Natürlich bietet es sich an, gerade in diesem Lebensbereich, neben der Stärkung auf Basis der ▸ **Fünf Elemente,** selbst ans Werk zu gehen und Symbole für Ziele und Wunschvorstellungen räumlich zu manifestieren. Kümmern Sie sich dabei nicht um die Meinung anderer, was die Meisterschaft Ihres Werks angeht. Wichtig ist in diesem Fall vor allem Ihre Assoziation, schließlich geht es um Sie und Ihre Entwicklung und nicht um das, was andere davon halten. Aber auch kreative Werke von Kindern oder anderen Künstlern können die Energie in diesem Lebensbereich anregen.
Das Element ▸ **Feuer** ist hier jedoch zu spannungsgeladen und aktiv: Es bremst die sanftere, eher nach innen reflektierende Energie des Element ▸ **Metall** und sollte daher in diesem Bereich nur sehr sparsam verwendet werden.

**»Hilfreiche Freunde« stärken –** In diesem Bagua-Feld können Sie die Ausgeglichenheit zwischen Geben und Nehmen unterstützen. Hier spiegelt sich Ihre Fähigkeit, mit Hilfe umzugehen, wider. Nicht für jeden ist es leicht, Hilfe anzunehmen, denn dafür ist Offenheit erforderlich. Im zwischenmenschlichen Umgang betrifft dieser Bereich das Thema »Nähe und Abgrenzung«. Ein größerer Tisch, an dem man mit Freunden zusammensitzen kann und sich austauscht, passt zu diesem Ort. Die entsprechende Energie ist eine äußerlich eher passive, nach innen gerichtete Kraft und wird mit dem Element ▸ **Metall** verbunden. Wie in dem Bagua-Feld »Kreativität und Kinder« sind es auch hier die Elemente ▸ **Erde** und Metall, die zur Unterstützung des Lebensbereiches genutzt werden können. Stärkend wirken in diesem Bereich beispielsweise bauchige silberne Blumenvasen, goldene Bilderrahmen, runde, kugelige Formen, ein zartgelber Wandanstrich, ein schöner Kristall oder ein anderer Stein u.v.m.

*Auch das Bild eines Ihnen wichtigen spirituellen Meisters kann im Bereich »Hilfreiche Freunde« unterstützend sein.*

Das ▸ **Trigramm,** auf das sich das Bagua-Feld »Hilfreiche Freunde« gründet, ist der »Himmel« und weist auf die Hilfe hin, die uns aus unserer kosmischen Herkunft zuteil wird.
So ist dieser Bereich durchaus ein Ort, an dem Sie auch Ihrer religiösen Überzeugung entsprechend beten oder meditieren können.
Allgemein symbolisieren alle Motive der Verbundenheit, der Hilfe und des Schutzes diesen Lebensbereich. Das können Menschen sein, die sich die Hände reichen, eine Menschenkette, das Bild eines Schutzengels, eines spirituellen Meisters oder guter Freunde. Aber auch alle Objekte, die persönlich mit den Aspekten des Gebens und Nehmens verbunden werden, können die Energie in diesem Lebensbereich kräftigen.

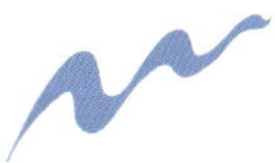

**»Lebensweg« stärken –** Einen Weg zu beschreiten heißt sich fortbewegen und im Fluss bleiben. Klarheit und Ordnung erleichtert die persönliche Wegfindung. Unordnung und Chaos verwirren die Orientierung, und wir wissen nicht mehr, wo es langgeht. Das ▸ **Aufräumen/Ausmisten** ist daher sehr hilfreich für diesen Bagua-Bereich. Wer zu viel zurückschaut, wird Schwierigkeiten haben, den vor ihm liegenden Weg zu finden. Im Leben voranzukommen, kann durch Festhalten an Vergangenem erheblich gebremst werden. Lassen Sie die Dinge »passieren« und trennen Sie sich von allem, was Sie jetzt nicht mehr benötigen, so kann der Fluss des Lebens frei fließen. Das Element ▸ **Wasser** steht für diese stete Bewegung. Auch der Raum, in dem dieses Feld liegt, sollte Platz für Bewegung bieten.

Alle Dinge, die dem Element Wasser oder auch dem Element ▸ **Metall** entsprechen, stärken diesen Lebensbereich. Das könnte z. B. das Bild eines Flusslaufes oder eines Wanderweges sein, ebenso das Wellenspiel an einem Strand oder ein persönliches Symbol, das einen Wunsch ausdrückt, wohin der Weg führen soll. Vielleicht haben Sie Lust, eine Collage zusammenzustellen, die Ihre Vorstellungen ausdrückt. Zugehörige ▸ **Farben,** wie Blau-, Weiß- und Metalltöne, können in der Gestaltung eines Raums das Thema »Lebensweg« unterstützen.

**»Wissen und Weisheit« stärken –** Hier geht es um die Fähigkeit unseres Intellekts, aber auch um tiefere Erkenntnisse, die ein gefühlsmäßiges, intuitives Verstehen der Dinge mit einbeziehen. Beides ist wichtig, um mit Leichtigkeit den Alltag zu meistern. Die mit diesem Bagua-Feld verbundene stabilisierende Energie entspricht dem Element ▸ **Erde.**

Alles, was der Erde oder auch dem Element ▸ **Feuer** zugerechnet wird, kann zur Stärkung von »Wissen und Weisheit« eingesetzt werden. Daher sind gelbe, erdige und rote Farbtöne hier förderlich, ebenso können Steine, Kristalle, Ton oder Kerzen die Energie in diesem Bereich anregen. Das dem Feld zugehörige ▸ **Trigramm** ist der »Berg«; es wird auch als »das Stillhalten« bezeichnet. Für das Aufnehmen von Wissen und Reifen von Erkenntnissen brauchen wir einen Moment des Innehaltens. Daher bietet es sich an, in diesem Bagua-Bereich einen kleinen Rückzugsort, z. B. mit dem Lieblingssessel oder als Meditationsplatz, zu gestalten. Auch Bilder, die den Moment der »Stille« in der Natur ausdrücken, wie eine schlafende Landschaft kurz vor Sonnenaufgang, können hier unterstützen. Wichtig für den Bereich der Erkenntnis ist auch Klarheit. Wie im Inneren Klarheit und Konzentration erforderlich sind, um etwas aufzunehmen, so lässt uns auch Klarheit und Ordnung im Äußeren schneller zur Ruhe kommen und die Gedanken auf eine Aufgabe fokussieren. Im Chaos geht schnell der Durchblick verloren. Außerdem kommt in diesem Bereich alles zum Tragen, was wir mit dem Thema »Wissen« verbinden, beispielsweise Bücher, Sprüche, Bilder erleuchteter Meister oder heiliger Plätze und Symbole wie Elefanten, die in der indischen Kultur für Weisheit stehen, Eulen, die in der griechischen Mythologie mit Athene, der Göttin der Klugheit, verbunden werden.

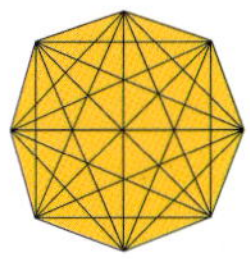

**»Innere Mitte« stärken –** Der Mittelpunkt ist von zentraler Bedeutung für die Stabilität und Ausgeglichenheit des Ganzen. Von der Mitte geht die Kraft aus, und in der Mitte treffen sich gleichzeitig die verschiedenen Energiequalitäten. Diesem Bagua-Bereich liegt kein ▸ **Trigramm** zugrunde, da er in der Mitte der zyklischen Abfolge keiner Himmelsrichtung entspricht. Diesem Feld ist das Element ▸ **Erde** zugeordnet. Die Kraft des Elements Erde verliert sich weder in der Ausdehnung, noch fließt sie nach unten oder verflüchtigt sich nach oben. Die Kraft der Erde ist in sich stabil und kann die Mitte gut unterstützen. Stabilität, Ruhe und Ausgeglichenheit sind die Merkmale, die in der Gestaltung dieses Lebensbereiches vorrangig sein sollten.

**Gestaltungstipps –** Vermeiden Sie Gegensätze und Objekte mit einer dramatischen, düsteren Symbolik. Wenn es der Grundriss zulässt, lassen Sie die Mitte frei. Eine Figur, ein Kunstobjekt, eine Betonung im Fußboden durch einen runden Teppich oder ein zentrisches Muster (▸ **Mandala)** in den Bodenfliesen ist passend.

*Stabilität, Ruhe und Harmonie der »Inneren Mitte« können Mandalas, religiöse Kreisbilder unterstützen.*

Ist gerade der Bereich »Innere Mitte« durch Flur und Wände verbaut, so schaffen Sie ersatzweise in direkter Nähe einen kleinen Ort der Besinnlichkeit und der inneren Sammlung. Die »Innere Mitte« ist auch ein geeigneter Platz für einen kleinen Hausaltar. Ist kein Raum für einen besinnlichen Ort vorhanden, dann sollte dieser Bereich wenigstens in der Gestaltung betont werden. Das kann, den Elementen ‣ **Erde** und ‣ **Feuer** entsprechend, durch die Farbgebung, durch einen Kristall oder durch eine Kerze geschehen. Auch ein Bild, das den inneren Frieden oder die Verbundenheit allen Lebens widerspiegelt, kann den Bereich »Innere Mitte« stützen.
Ungünstig ist die Situation allerdings dann, wenn genau im Zentrum das Bad, die Treppe oder ein Kamin gelegen ist – das stört die innere Ruhe und schwächt die Gesamtkonstellation. Im Bad fließt das ‣ **Chi** durch die ‣ **Abflüsse,** im Kamin verpufft es durch den Schornstein, die Mitte ist unruhig und energieloser, was sich auf alle Bereiche im Bagua auswirken kann. Auch ein ständiges »Auf und Ab« durch eine Treppe destabilisiert die Mitte und kann sich in einem labilen Gesundheitszustand der Bewohner widerspiegeln. Diese Störungen lassen sich nur schwer ausgleichen, man kann aber ersatzweise in anderen zentralen Räumen das jeweilige Zentrum besonders anregen. Dafür eignen sich u. a. ein ‣ **Regenbogenkristall** oder auch eine ‣ **Doppelhelix,** in die Mitte des Raumes gehängt. Oder Sie versuchen, durch andere Objekte, die für Sie dieses Thema unterstützen, einen Ort der Besinnung zu schaffen. Eine besondere Bedeutung kommt dabei selbst gefertigten Objekten zu, denn diese Objekte unterstützen die »Innere Mitte« im Außen, d. h. bei der Gestaltung des Bagua-Bereichs, wie im Innen (im Selbst). Speziell Objekte, die in einer persönlichen Auseinandersetzung mit dem Lebensthema entstehen, das einem Bagua-Bereich entspricht, kräftigen dieses.
Wünsche, Träume und Zielvorstellungen dürfen gern symbolisch oder abstrakt umgesetzt werden, um den jeweiligen Lebensbereich mit ihrer Energie anzuregen. Dabei ist die Meinung anderer Menschen, sofern sie nicht mit Ihnen gemeinsam diese Räume nutzen, zweitrangig. Gönnen Sie sich ruhig den nötigen Freiraum, denn Ihre Wohnung ist der Ort für Ihre Entfaltung.

**Symbole für die »Innere Mitte« –** Die Anregung dieses zentralen Bereichs fällt je nach Geschmack ganz unterschiedlich aus. Neben der Unterstützung durch die Elemente ‣ **Erde** und ‣ **Feuer** eignen sich spirituelle Symbole, wie etwa eine ‣ **Buddha**-Statue oder ein Kreuz, aber auch Motive aus der Natur oder persönliche Assoziationen zur inneren Stabilität, z. B. eine Blume, ein Edelstein (‣ **Steine)** oder auch ein ‣ **Mandala.**

## 11. Einfluss gegenüberliegender Bereiche und Ausgleich des gesamten Bagua

Bei der Unterstützung der einzelnen Bagua-Bereiche ist stets die Ausgewogenheit der Gesamtheit zu beachten. Ist ein Bereich oder ein Element stark überbetont, so kann dies die anderen schwächen, und der gesamte Kreislauf wird instabil. Das gilt sowohl für eine Wohnung insgesamt als auch für einen einzelnen Raum. Es ist gut, immer alle Elemente an einem Ort zu vereinen. Die zyklische Abfolge des ‣ **Späteren Himmels,** die dem Bagua zugrunde liegt, macht ebenfalls deutlich, wie die Energie der ‣ **Trigramme** und somit der Bagua-

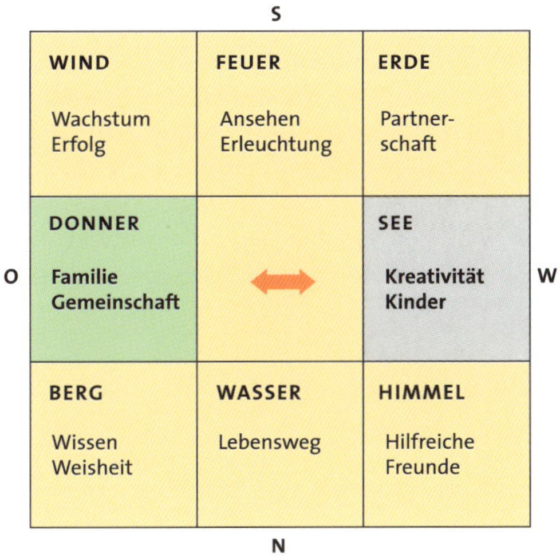


*Die im Bagua gegenüberliegenden Bereiche »Familie und Gemeinschaft« und »Kreativität und Kinder« beeinflussen sich gegenseitig und sollten ausgeglichen werden.*

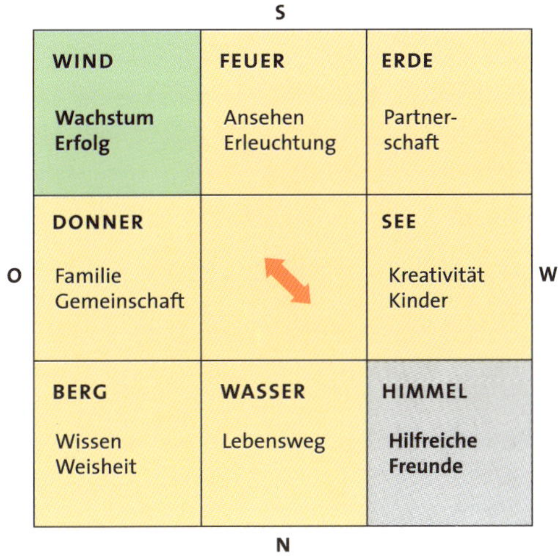


*Die im Bagua gegenüberliegenden Bereiche »Wachstum und Erfolg« und »Hilfreiche Freunde« beeinflussen sich gegenseitig und sollten ausgeglichen werden.*

Bereiche aufeinander aufbaut und eine stete Wechselwirkung untereinander besteht. Zur Verdeutlichung sei hier auf das Zusammenspiel der gegenüberliegenden Bagua-Bereiche hingewiesen. Es lässt erkennen, dass eine einseitige Stärkung nicht immer zum Erfolg führt und daher für eine Balance der beiden Bereiche gesorgt werden sollte.

**Bereich »Familie und Gemeinschaft« gegenüber dem Bereich »Kreativität und Kinder« –** Die Familie bildet unsere Wurzeln, aus denen wir Kraft schöpfen, auch für die Entwicklung unserer Kreativität. Ist der Energiefluss gestört und stecken wir noch in der Auseinandersetzung um Ansprüche seitens der Familie, so wird es uns nicht leicht fallen, die eigene schöpferische Kraft zu entfalten.

Ein Kind etwa, an das ständig hohe Ansprüche gestellt werden, ist die ganze Zeit damit beschäftigt, diese zu erfüllen; ihm bleibt kein Raum für die eigene Entwicklung. Druck und Leistungsansprüche vonseiten der Familie oder einer anderen Gemeinschaft hemmen seine Freiheit und Kreativität. Ist die familiäre Gemeinschaft hingegen überhaupt nicht interessiert, so kann das, vor allem bei Kindern, zu Lustlosigkeit und Frustration führen. Ein liebevolles begleitendes Interesse ohne hohe Ansprüche lässt dem Kind genügend Freiraum und bietet gleichzeitig auch den nötigen Rückhalt. Auch auf andere Weise kann das Gleichgewicht der Bereiche gestört sein. Ein verbissener Künstler etwa, der seine ganze Zeit in seine Arbeit investiert, wird kaum großen Anteil an einem harmonischen Familienleben haben. Andererseits benötigt aber vielleicht gerade dieser für seine kreative Arbeit den Rückhalt in der Familie.

**Bereich »Wachstum und Erfolg« gegenüber Bereich »Hilfreiche Freunde« –** Ein erfolgreicher Mensch, der über einen gewissen Reichtum verfügt, ist meist in der Lage, andere zu unterstützen. Wer im Überfluss lebt, sollte andere teilhaben lassen. Manche Menschen verlieren aber gerade dann, wenn sie großen Erfolg haben oder über Reichtum verfügen, das Verständnis für die Nöte anderer: Das Gleichgewicht ist gestört. Andererseits fällt es mit der Unterstützung guter Freunde leichter, ein blühendes Geschäft aufzubauen. Zu viel der gut gemeinten Unterstützung kann aber das Wachstum und die eigene Selbstständigkeit blockieren, und der gewünschte Erfolg bleibt aus. Wer seine ganze Kraft in die Unterstützung anderer gibt, schafft es oft nicht, für sich gut zu sorgen. Wenn Sie nicht nur anderen, sondern auch sich eine gewisse Fülle zugestehen, dann erschöpfen sich Ihre Kräfte nicht so leicht, und Sie können – langfristig – von größerem Nutzen für andere sein.

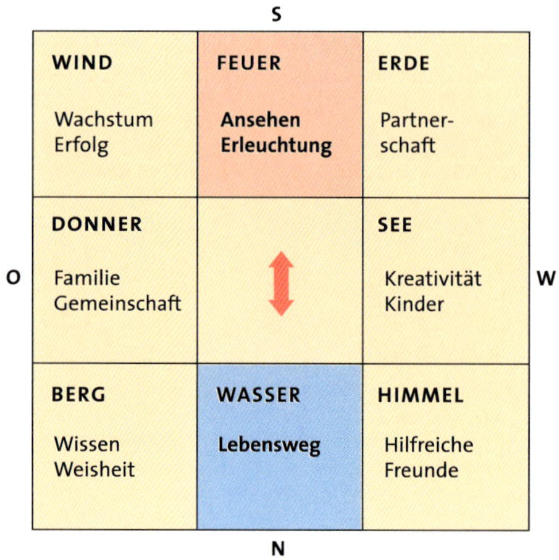


*Der Bereich »Ansehen und Erleuchtung« und der Bereich »Lebensweg« liegen im Bagua gegenüber und beeinflussen sich: Ein Ausgleich sollte geschaffen werden.*

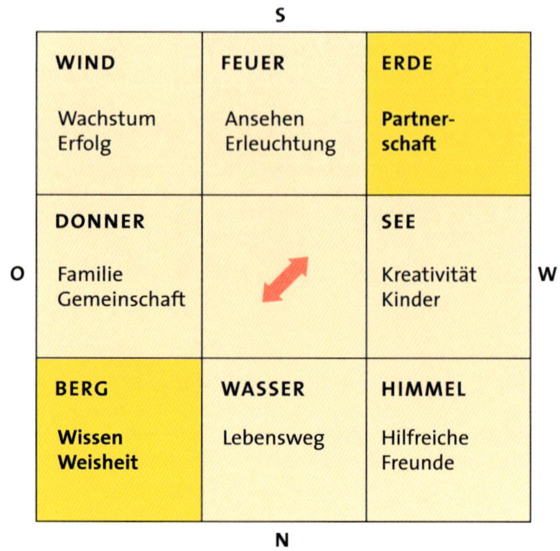


*Der Bereich »Partnerschaft« und der Bereich »Wissen und Weisheit« liegen im Bagua gegenüber und beeinflussen sich: Ein Ausgleich sollte geschaffen werden.*

**Bereich »Lebensweg« gegenüber Bereich »Ansehen und Erleuchtung« –** Menschen, die ihren ganz persönlichen Lebensweg bereits gefunden haben, kommen oft in der Öffentlichkeit leichter zu Ruhm und Ansehen als diejenigen, welche in den Spuren anderer wandern und immer nur als eine Kopie gerühmt werden. Im Vertrauen auf den eigenen Weg entwickelt sich erst die eigene Stärke und wird schließlich im Element ▸ Feuer erleuchtet und sichtbar für jedermann. Legt man jedoch zu viel Gewicht auf die Anerkennung und die Meinung anderer Menschen, so kann das schnell von der eigenen Bestimmung ablenken. Da Berühmtheit im Äußeren nicht immer mit innerer Erleuchtung einhergeht, kann das Ansehen eine in der Öffentlichkeit stehende Person schnell von ihren eigentlichen Zielen abbringen. Ist man hingegen zu verbissen auf der Suche nach dem individuellen Weg, so wird man vielleicht erste anerkennende Worte überhören und weiter suchen, vorbei an dem Weg, den man vielleicht gerade schon beschritten hatte.

Feuer und ▸ Wasser sind keine unvereinbaren Gegensätze. Wenn sie sich die Waage halten, dann stützen sie einander: Ist eines der Elemente geschwächt, dann ist immer auch das andere in Mitleidenschaft gezogen.

**Bereich »Partnerschaft« gegenüber Bereich »Wissen und Weisheit« –** Wissen und Weisheit sind eine große Stütze im Annehmen unseres Gegenübers. Erkenntnisse, in der »Stille« des ▸ Berges (der »Berg« ist das ▸ Trigramm des Bereichs »Wissen und Weisheit«) gewonnen, können zu Selbsterkenntnis führen und Geduld und Verständnis für den Partner aufkommen lassen. Wenn man die Ordnung des Lebens und seine Rolle darin beginnt zu erfassen, so kann man auch mehr Toleranz für sein Gegenüber aufbringen. Andererseits können zuweilen gerade aus der Auseinandersetzung in einer Partnerschaft tiefe Erkenntnisse reifen. So befruchten sich diese beiden Bereiche gegenseitig. Ist jedoch einer überbetont, wird etwa das ganze Augenmerk auf die Partnerschaft gelegt und es bleibt kein Moment der stillen Betrachtung, so kann man sich mit einer Fragestellung im Kreis drehen, ohne je weiterzukommen. Ebenso wird es eine Partnerschaft sehr belasten, wenn einer der Partner sich ständig in die »Höhle des Berges« zurückzieht und den Austausch dabei vernachlässigt. Auch hier ist das Gleichgewicht förderlich. Es lohnt sich also, wenn man gestalterisch einen Bereich unterstützen möchte, auch den gegenüberliegenden zu beachten und gegebenenfalls zu stärken.

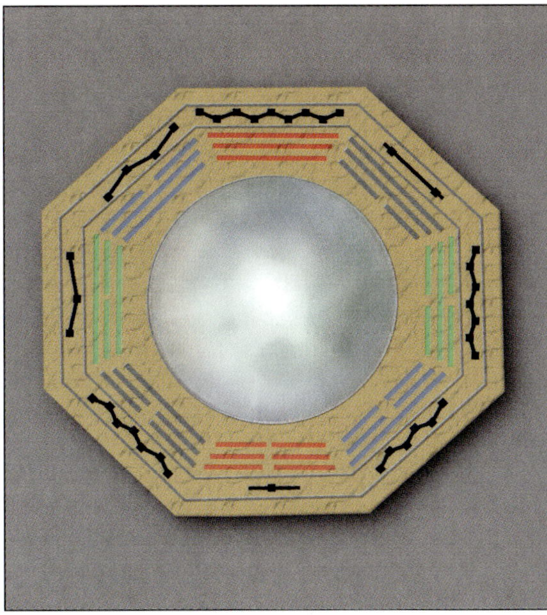

*Konvexer Bagua-Spiegel.*

*Konkaver Bagua-Spiegel.*

## Bagua Lo Shu Feng Shui

Ein Zweig der ▸ **Kompass-Schule,** in dem viel mit dem ▸ **Bagua** und dem ▸ **Lo Shu** gearbeitet wird. Siehe hierzu auch unter ▸ **Pakua Lo Shu Feng Shui.**

## Bagua-Spiegel

Bagua-Spiegel sind achteckige Spiegel mit und ohne Verzierung. Es gibt sie in vielen Ausführungen. Traditionell sind um einen kleinen Spiegel herum die acht ▸ **Trigramme** des ▸ **I Ging** angeordnet.

Der Bagua-Spiegel ist oft in eine bunt lackierte Holzplatte eingelegt, die meistens eine achteckige Form besitzt (siehe Abbildung oben).

Es gibt aber auch Spiegel in schlichterer Ausführung, bei denen die Trigramme direkt auf das Spiegelglas ohne Fassung eingeschliffen sind.

Da das Bagua als ein starkes Schutzsymbol betrachtet wird und Spiegel in ihrer reflektierenden Eigenschaft zudem auch noch ▸ **Sha** (negative Energie) zerstreuen können, gilt ein Bagua-Spiegel als wirkungsvoller Schutz, sowohl vor bösen Geistern als auch vor anderen unliebsamen Einflüssen.

Gern wird in chinesischen Haushalten ein derartiger Bagua-Spiegel über den Hauseingang gehängt. Für bestimmte Zwecke gibt es auch gewölbte Bagua-Spiegel (siehe Abbildungen oben), also konkav oder konvex gewölbte Spiegel, die aber wegen ihrer starken Wirkung nicht bedenkenlos aufgehängt werden sollten. Ausführliche Erläuterungen dazu finden Sie auch unter dem Stichwort ▸ **Spiegel.**

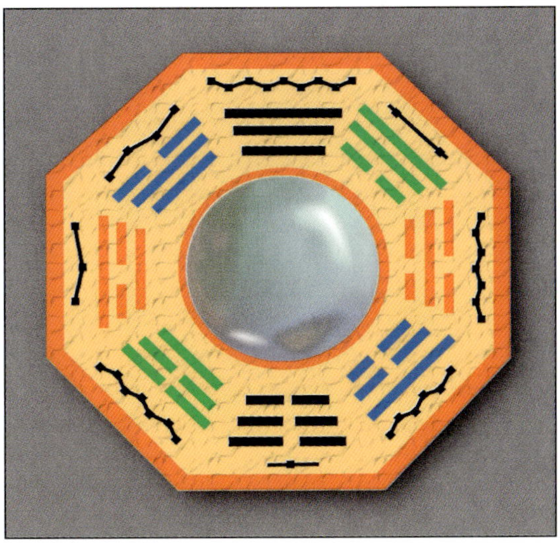

*Gängige Version des Bagua-Spiegels: Um den mittigen Spiegel herum sind traditionell die acht Trigramme des I Ging angeordnet.*

## Balken

Balken findet man meist in Form von Deckenbalken. Sie haben die Eigenschaft, den ▸ **Chi-Fluss** zu beeinflussen – und zwar nicht immer positiv. So sollten sich Balken beispielsweise nicht über einem Arbeits- oder Schlafplatz befinden: ▸ **Geheime Pfeile** können entstehen, die Unruhe erzeugen, oder der Balken wirkt bedrückend. Weitere Beschreibungen hierzu finden Sie unter dem Stichwort ▸ **Decken.**

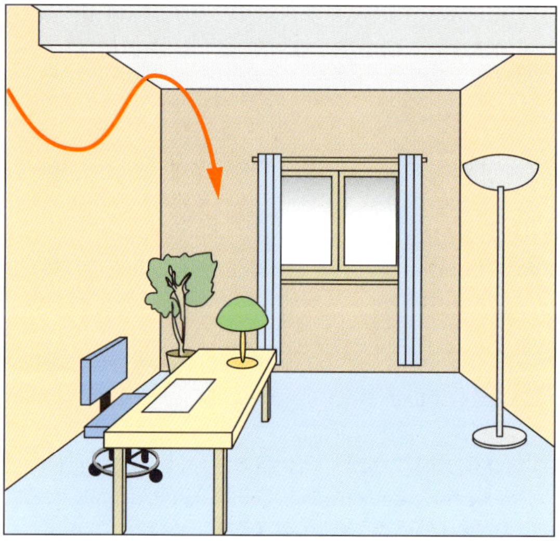

*Ungünstig: Deckenbalken direkt über einem Arbeitsplatz können als bedrückend empfunden werden.*

## Balkon

Wollen Sie das Prinzip des ▸ **Bagua** auf Ihr Haus oder Ihre Wohnung anwenden, stellt sich bei Balkonen die Frage, ob sie dem Bagua als so genannter Fehlbereich oder als Erweiterung zuzuordnen sind. Meist gilt der Balkon als Fehlfläche, da er nur bedingt genutzt wird und keiner vollwertigen Wohnfläche entspricht. Ist der Balkon dagegen so ausgestattet, dass er den Wohnbereich erweitert (Wintergarten) kann er als Erweiterung hinzugezogen werden (siehe nebenstehende Illustrationen).

**Balkon und Bagua –** Wie Sie Fehlflächen und Erweiterungen des Bagua voneinander unterscheiden, finden Sie unter dem Stichwort ▸ **Bagua** (siehe Seite 22ff.) genauer erläutert.

Unabhängig von der Anwendung des Bagua ist es nicht von Vorteil, wenn der Balkon direkt über dem Eingangsbereich liegt. Zwar schützt er so vor Regen, doch die optisch schwer wirkende Last hat man – ganz unterbewusst – ungern über dem Kopf. Der zum Eingang hereinströmende ▸ **Chi-Fluss** wird auf diese Weise sozusagen gebremst.

Wie bei allen anderen Bagua-Feldern gilt, dass auch dieser Lebensraum aufgeräumt sein sollte. Leider verkommt der Balkon allzu oft zum Abstellplatz, da in vielen Stadtwohnungen die Balkone viel zu klein sind und teils noch zur Hauptverkehrsseite liegen. Gerade in diesen Situationen kann man durch eine schöne Gestaltung des Balkons die Lebensqualität in der Wohnung positiv beeinflussen.

Und für die Pflanzen gilt: Umso mehr Pflanzen auf einem Balkon gedeihen, umso besser ist das für die Energie in den Innenräumen.

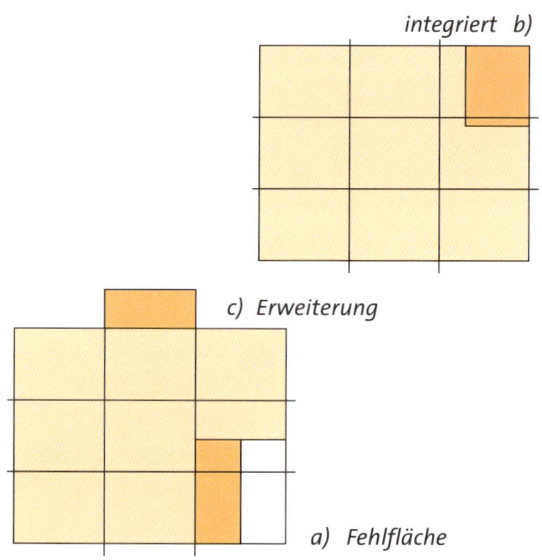


*Im Beispiel a) wird der Balkon als Fehlfläche des Bagua gewertet. Im Fall b) ist der Balkon in das Bagua-Feld integriert. Im Fall c) entspricht der Balkon einer Erweiterung.*

## Bambus

Gegenüber anderen Gewächsen erhält der Bambus seine Sonderstellung dadurch, dass er durch chinesische Pinselzeichnungen berühmt geworden ist. Bambus gibt es in vielen Variationen, die alle eines gemeinsam haben: Sie sind unglaublich hart und trotzdem biegsam. Diese Eigenschaft wird symbo-

lisch mit dem Lebensweg des Menschen verglichen. Kann ein Mensch weich und nachgiebig sein, so verleiht ihm das die Stärke, sich immer wieder aufzurichten und nicht zu zerbrechen.
Günstig ist es, diese Pflanze in einem der Bereiche des ▸ Bagua unterzubringen, der durch das Element ▸ Holz gestärkt wird, beispielsweise im Osten und im Süden, da Bambus durch seine aufstrebende Wuchsform diesem ▸ Element entspricht.

## Baubiologie

Gesundes Wohnen tritt immer mehr in den Vordergrund, nachdem die Entwicklung neuartiger, meist chemischer Baumaterialien trotz anfänglicher Faszination oft enttäuschend war. Nachdem sich bei Materialien wie Asbest, Formaldehyd und dem Pestizid Pentachlorphenol (PCP) in Holzschutzmitteln der Verdacht bestätigt hatte, dass diese gesundheitsschädlich sind, geht man vorsichtiger mit den neuen Errungenschaften um. So verursacht z. B. Formaldehyd, das aus Teppichklebern oder Spanplatten im Möbelbau entweicht, Kopfschmerzen, Unwohlsein, Atembeschwerden, Augenreizungen und Allergien. Der Verbraucher kann die schädlichen Stoffe meist nicht riechen und nur aufgrund von auftretenden Beschwerden Vermutungen anstellen, dass eine Raumluftbelastung vorliegt. Erst eine Raumluftmessung zeigt das Übel im sichtbaren Bereich auf dem Messgerät. Einfacher wäre es, bereits beim Kauf auf gute Materialien zu achten. Aufgabe der Baubiologie ist es, den Verbraucher zu informieren, Alternativen aufzuzeigen und schon bei der Planung gesunde Materialien auszuwählen.
Leider besteht immer noch die Annahme, dass die baubiologisch unbedenklichen Materialien sehr viel teurer sind als die herkömmlichen. Durch die steigende Nachfrage kann dies jedoch nicht mehr durchgängig bestätigt werden. Vielmehr fehlt es nach wie vor an den nötigen Informationen für die Verbraucher, die sich oft durch unzureichende Ökolabel, welche lediglich weniger Schadstoffbelastungen versprechen, in Sicherheit wiegen und sich nicht weiter informieren. Die rapide ansteigende Zahl der Allergien bei Kindern, Bronchialkrankheiten und Leukämiefällen sowie in diesem Zusammenhang aufgedeckte Skandale einiger Wirtschaftsunternehmen machen die Bevölkerung zwar immer sensibler, aber gleichzeitig unsicherer. Scheuen Sie sich deshalb nicht, sich bei Fragen an die Verbraucherzentralen oder einen Baubiologen zu wenden, denn als Endverbraucher hat man oft keine Möglichkeit, bei der Flut an Informationen zu unterscheiden, ob werbetechnisch gute Ökolabels etwas vortäuschen oder ob es sich dabei tatsächlich um ein qualitativ hochwertiges Produkt handelt.

### Einkaufsratgeber Baubiologie

**Möbel –** Meiden Sie Möbel aus Spanholz, und ziehen Sie Vollholzmöbel vor. Spanholzmöbel können meist nur einige Male ab- und aufgebaut werden. Wenn Sie bei Massivholzmöbeln auf zeitloses Design achten, haben Sie lange Freude daran. Selbstbauer, die Spanplatten kaufen, können darauf achten, formaldehydarme Platten zu kaufen, die mit »E1« bezeichnet werden. Produktlabel wie »Öko-Control« oder »Goldenes M« weisen auf emissionsarme Möbel hin.
**Tapeten –** Neben der harmlosen Papier- und Raufasertapete gibt es die etwas bedenklicheren Kunststoff- oder Glasfasertapeten. Die beiden zuletzt genannten Tapeten dichten die Wände ab, so dass sie nicht mehr atmen können. Die Ausdünstungen solcher Tapeten sind zudem nachteilig für das Raumklima.
Hier sind u. a. folgende Label zu empfehlen: »IBR–Institut für Baubiologie, Rosenheim«, »TÜV Rheinland«, »ECO-Umweltinstitut«.
**Farben –** Problematische Bestandteile in Farben sind Lösemittel, welche die Farben streichfähig machen und anschließend verdunsten. Reizungen der Augen und Schleimhäute sowie Kopfschmerzen sind oft die Folge. Der sicherste Weg, dies zu vermeiden, ist der Kauf im Naturstoffhandel. Kalk-, Kasein-, Leim- oder Silikatfarben enthalten keine Lösemittel. Dispersionsfarben auf Wasserbasis sind fast lösungsmittelfrei. Achten Sie auf die Aufschrift »lösemittelfrei«, die Label »ECO-Umweltinstitut« oder »Umweltzeichen Euroblume«.

**Teppiche** – Bevorzugen Sie Naturfasern und Teppichrücken aus Jute. In manchen Kunstfaserteppichen sind bis zu 116 chemische Verbindungen gefunden worden. Kinder können beim Spielen oft mit dem Mund in Kontakt mit dem Teppich kommen und nehmen somit Schadstoffe direkt auf. Fragen Sie nach, ob sich chemischer Mottenschutz in den Teppichen befindet. Greifen Sie bei Bedarf auf natürliche Mottenschutzmittel wie Zerstäuber mit Lavendel- oder Zedernholzöl zurück. Lose aufgelegte Teppiche können auf der Rückseite damit eingesprüht werden. Die Label »GuT – Gemeinschaft umweltfreundlicher Teppichböden« und »Rugmark« sind sehr empfehlenswert. Achten Sie zudem auf schadstofffreie Kleber, da viele Teppichkleber Formaldehyd enthalten.
**Elektrogeräte** – Wir sind zunehmend elektrischen und elektromagnetischen Strahlen ausgesetzt. Um negative Auswirkungen in verträglichem Rahmen zu halten, sollten Sie die Tipps unter den Stichworten ▸ **Elektrosmog** und ▸ **Computer** beachten.

**Gesund leben mit natürlichen Materialien** – In der Zeit, als Feng Shui entstand, baute man mit natürlichen ▸ **Materialien,** und es bestand noch keine Notwendigkeit, sich über Baubiologie Gedanken zu machen. Heute können qualitativ minderwertige Materialien die Gesundheit angreifen. Verantwortungsbewusste Feng-Shui-Berater sollten den Aspekt der Baubiologie daher nicht außer Acht lassen.

## Bäume

Ein gesunder Baum steht für Leben und Beständigkeit. In einer nordischen Sage hatte der Allvater den Weltenbaum Yggdrasil erschaffen, der symbolisch für das Leben steht.
In vielen Kulturen nimmt der Baum eine besondere Stellung ein und wird sehr verehrt. Durch seine Größe und Form wird er gern als Mittler zwischen Himmel und Erde dargestellt. Die Wurzeln stehen für die Erde, der Stamm für das Leben zwischen Erde und

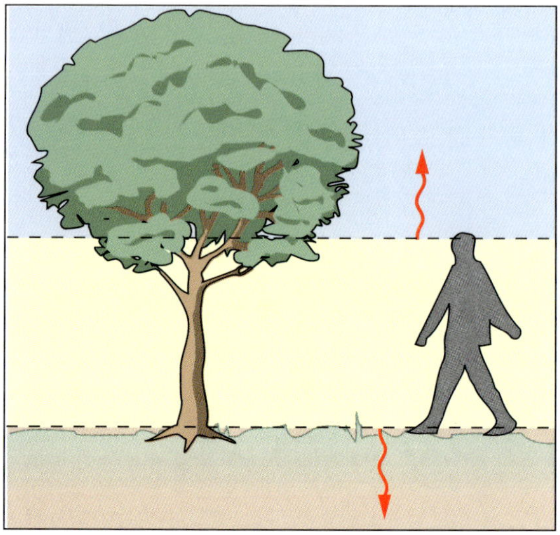

*Der Baum gilt als Mittler zwischen Himmel und Erde. Die Wurzeln des Baumes stehen für die Erde, der Stamm für das hiesige Leben und die Krone für den Himmel.*

Himmel und die Baumkrone für den Himmel (siehe Illustration oben). Aus der Sicht des Feng Shui wird darauf Wert gelegt, dass die Bäume gesund und kräftig sind. Wählt man Laubbäume, ist man – gemäß Feng Shui – dem natürlichen Zyklus der Natur etwas näher als bei immergrünen Gewächsen, da sich die Jahreszeiten in den Laubbäumen widerspiegeln. Bäume, die ihre Blätter im Herbst nicht abwerfen, symbolisieren Langlebigkeit und können als Ausgleich eine gute Ergänzung zu anderen Pflanzen sein. Wenn ein neuer Baum gepflanzt wird, ist es sinnvoll, sich von einem Fachmann beraten zu lassen. Vor allem ist es wichtig zu wissen, wie viel Platz der Baum einmal benötigt, wenn er ausgewachsen ist. Es kommt leider sehr häufig vor, dass Bäume gefällt werden müssen, da sie unbedacht gepflanzt wurden. Bäume sollten generell nicht zu dicht an das Haus gepflanzt werden – schon aus ganz praktischen Gründen, denn Sie könnten die Fundamente des Hauses zerstören und den Bewohnern außerdem zu viel Licht nehmen.
Bäume bieten Schutz. Sind Sie beispielsweise einem ▸ Geheimen Pfeil (attackierendes ▸ Sha) durch ein Nachbargebäude ausgesetzt, dann kann ein gut platzierter Baum das negative ▸ Chi zerstreuen (siehe folgende Illustration Seite 39).

*Die Ecke des rechten Gebäudes erzeugt einen Geheimen Pfeil, der das gelbe Haus attackiert. Der Baum schützt jedoch das gelbe Haus vor den ungünstigen Einflüssen.*

## Bazi Suanming

Schicksalsberechnung nach den acht Zeichen (auch »Vier-Säulen-Astrologie«, »Sizhu Suanming« oder »Four Pillars of Destiny« genannt). »Bazi« ist das chinesische Wort für »acht Zeichen« und »Suanming« für »Berechnung des Schicksals«.

Bazi Suanming ist eine weit verbreitete Methode der traditionellen ▸ **Chinesischen Astrologie** zur individuellen Schicksalsberechnung. Mit Hilfe des »Kalenders der 10.000 Jahre«, ▸ **Wannianli** genannt, werden die ▸ **Himmelsstämme** und ▸ **Erdzweige** für die Stunde, den Tag, den Monat und das Jahr ermittelt. So ergeben sich acht Zeichen, daher der Begriff »Berechnung nach den acht Zeichen«.

Die acht Zeichen beschreiben die Entwicklungsstadien einer Person, sowohl in physischer als auch in psychischer Hinsicht. Zudem werden die Zyklen und Veränderungen, die ein Leben durchläuft, aufgezeigt. Die »bazi« bilden somit die Grundlage für ein persönliches Horoskop.

Nach chinesischer Auffassung bleibt dem Menschen kraft seines Willens die Möglichkeit, sein Schicksal zu beeinflussen und zu lenken. Weiß man um die Stärken und Schwächen innerhalb der einzelnen Lebensrhythmen, so kann man sich darauf einstellen, etwaige Schwierigkeiten ausgleichen und aus den kraftvollen positiven Perioden großen Nutzen ziehen. Die Anfänge des Bazi Suanming können bis in die Han-Zeit, in das erste vorchristliche Jahrhundert, zurückverfolgt werden. Seit etwa 2.000 Jahren ist das Bazi Suanming ein wichtiger Bestandteil in der chinesischen Kultur, und die Tradition der Befragung eines Bazi-Suanming-Meisters vor wichtigen Entscheidungen ist noch heute sehr verbreitet. So können beispielsweise eine Hochzeit oder ein wichtiger Geschäftsabschluss nicht stattfinden, wenn nicht vorher Zukunftsprognosen von einem Fachmann eingeholt worden sind. Entsprechend genießen die Spezialisten dieses Faches in China hohes Ansehen und werden auch bei Krisen und Konflikten in der Familie zurate gezogen. Ihr Status ähnelt dem eines westlichen Therapeuten oder Lebensberaters.

In der Volksrepublik China war die Schicksalsberechnung nach den acht Zeichen in den Jahren von 1948 bis 1989 als vermeintlicher Aberglaube zum größten Teil verboten. Heute ist sie in Taiwan, Hongkong, in traditionellen chinesischen Gemeinden und Japan weit verbreitet. Die stärkste Nachfrage verzeichnet diese Wissenschaft in Taiwan, wo man auf eine ungebrochene Tradition im Bazi Suanming zurückblicken kann und umfangreiche Literatur zum Thema entstand. Inzwischen findet diese Form der Prognosestellung auch im Westen Verbreitung.

**Die Methode des Bazi Suanming –** Es würde den Umfang dieses Nachschlagewerks sprengen, wenn wir die chinesische Wissenschaft des Bazi Suanming ausführlicher erläutern wollten. Um Ihnen einen kleinen Einblick in die Methoden des Bazi Suanming zu vermitteln und gleichzeitig zur Klärung des Begriffs in der deutschsprachigen Literatur beizutragen, werden im Folgenden einige Grundzüge der Vorgehensweise zusammenfassend dargestellt.

Es bleibt noch anzumerken, dass die Schicksalsberechnung nach den acht Zeichen mit anderen chinesischen Wissenschaften, wie der chinesischen Medizin oder dem Feng Shui, eng verbunden ist.

So sind beispielsweise die hier genannten Begriffe wie ▸ **Himmelsstämme** und ▸ **Erdzweige** auch auf dem chinesischen Kompass der Feng-Shui-Experten, dem ▸ **Lo Pan,** wiederzufinden. Weiterführende Literatur zum Thema ist dem Literaturverzeichnis zu entnehmen.

**Die drei Hauptaspekte –** Um eine Prognose des Schicksals nach den acht Zeichen zu stellen, werden drei Hauptaspekte betrachtet. Zuerst wird die Grunddisposition ermittelt, welche die Persönlichkeit eines Menschen mit den Eigenschaften widerspiegelt, die er zum Zeitpunkt seiner Geburt mit auf die Erde gebracht hat.

Dann betrachtet man den so genannten Großen Lebenszyklus, der die individuelle Entwicklung eines Menschen mit den dynamischen Zyklen, in denen sich das Leben vollzieht, beschreibt.

Hinzu kommen die ▸ **Fließenden Jahre,** ein allgemein gültiger Einfluss, dem jeder Mensch gleichermaßen unterliegt. Die eigentlichen Möglichkeiten einer Prognose liegen in der Deutung des Zusammenspiels dieser drei Komponenten.

Um die Geburtsdaten eines Menschen zu den Zeitzyklen der Natur in Beziehung zu setzen, benötigt man den chinesischen ▸ **Wannianli,** auch »Kalender der 10.000 Jahre« genannt, mit seinen Angaben zu den Mondphasen, den Solareinheiten (Klimaphasen), den ▸ **Himmelsstämmen** und ▸ **Erdzweigen** sowie den zugeordneten Zahlen des ▸ **Lo Shu** und einem Bezug zum westlichen Kalender.

**Grunddisposition –** Die Grunddisposition wird aus dem Geburtsjahr, dem Geburtsmonat, dem Geburtstag sowie der Geburtsstunde ermittelt. Diese Daten werden den zehn Himmelsstämmen und den zwölf Erdzweigen zugeordnet.

Die Himmelsstämme (chinesisch »tiangan«) und Erdzweige (chinesisch »dizhi«) charakterisieren die Zyklen, die das Leben allgemein im Lauf eines Jahres durchläuft. Diese werden jeweils ▸ **Yin** und ▸ **Yang** sowie den ▸ **Fünf Elementen** zugeordnet, z. B. Yang-Holz, Yin-Holz, Yang-Feuer, Yin-Feuer usw.

Aus der Kombination der zehn Himmelsstämme mit den zwölf Erdzweigen ergeben sich 60 unterschiedliche Varianten. Dieser ▸ **60-stellige Zyklus** wird im Mondkalender auf Jahr, Monat, Tag und Stunde bezogen und zwar jeweils unabhängig voneinander.

Da also Jahr, Monat, Tag und Stunde jeweils einem Himmelsstamm und einem Erdzweig zugeordnet werden, erhält man, entsprechend der persönlichen Geburtsdaten, acht Zeichen, die »bazi«. Die Zeichen werden so übereinander geschrieben, dass jeweils für Jahr, Monat, Tag und Stunde eine Säule entsteht, die so genannte Jahressäule, Monatssäule, Tagessäule und Stundensäule. Daher die Bezeichnung »Vier-Säulen-Astrologie«. Dabei stellt der Himmelsstamm in der Tagessäule eine entscheidende Komponente für die Grunddisposition dar; er prägt sozusagen die Ich-Persönlichkeit. Diese Tagesdominante wird noch durch weitere Aspekte differenziert.

**Großer Lebenszyklus –** Die ermittelte Monatssäule kommt im ▸ **Großen Lebenszyklus** mehr zum Tragen. Mit ihr werden, bezogen auf den 60-stelligen Zyklus der Himmelsstämme und Erdzweige, die zehn Takte des Großen Lebenszyklus berechnet.

Jeder Takt beschreibt zehn Jahre und zeichnet sich durch eine andere Kombination der Himmelsstämme und Erdzweige aus.

Der Große Lebenszyklus für sich betrachtet oder zur Grunddisposition in Bezug gesetzt gibt dem Bazi-Suanming-Experten Aufschluss über die individuelle Entwicklung eines Menschen.

**Fließende Jahre –** Als dritte Komponente werden die ▸ **Fließenden Jahre** betrachtet. Sie entsprechen der im Mondkalender für jedes Jahr nachzulesenden Qualität des Himmelsstammes und des Erdzweiges und sind daher für alle Menschen gleichermaßen gültig. Betrachtet man diese Jahreskomponente jedoch bezogen auf die Grunddisposition und den Großen Lebenszyklus, so erhält man einen individuell sehr unterschiedlich zu bewertenden Einfluss.

Die Zuordnung der Himmelsstämme und Erdzweige der Fließenden Jahre entspricht der das Mondjahr bezeichnenden Zuordnung. So bestimmt der Himmelsstamm des Jahres das jeweilige Element (▸ **Fünf Elemente**), und der Erdzweig kennzeichnet das jeweilige chinesische ▸ **Tierkreiszeichen.**

Neben den hier genannten drei Hauptaspekten werden zur Schicksalsberechnung des Bazi Suanming noch weitere Komponenten herangezogen, auf deren Beschreibung aber aus Platzgründen verzichtet werden muss.

Im Ganzen ergibt sich eine enorme Vielfalt an Deutungsmöglichkeiten, die dem Fachkundigen bei der Ermittlung des Lebensverlaufs nach den acht Zeichen zur Verfügung stehen.

Bei dieser Prognosetechnik geht es nicht darum, gute und schlechte Einflüsse aufzuzeigen oder gar festzuschreiben. Vielmehr wird mit dieser Methode das Ziel verfolgt, dem Menschen zu helfen, die für ihn – und seine ganz individuelle Situation – entsprechend beste Vorgehensweise zu finden. Der Mensch hat dabei die freie Wahl. Die Deutungen des Bazi Suanming können für den Betreffenden nur als eine Entscheidungshilfe gelten.

## Belebender Atem

Übersetzung für den chinesischen Begriff »sheng chi«. Der Begriff »belebender Atem« findet Anwendung im ▸ **Bagua Lo Shu Feng Shui** und im ▸ **Neun-Sterne-Ki.** Erläuterungen hierzu auch unter den Stichworten ▸ **Günstige und ungünstige Bagua-Bereiche** sowie ▸ **Beste Richtung.**

## Beleuchtung

Licht ist ein wichtiges Element im Feng Shui. Es zieht das belebende ▸ **Chi** an und erhöht dadurch die Energie im Raum. Mehr zu diesem Thema finden Sie unter dem Stichwort ▸ **Licht.**

## Benker

Benker, oder auch Benker-Gitter genannt, ist ein gebräuchlicher Ausdruck für das »Kubensystem nach Benker«, das ▸ **Rutengänger** oder ▸ **Geomanten** als störenden Einfluss in Räumen aufspüren. Ausführlichere Informationen finden Sie unter dem Stichwort ▸ **Gitternetze.**

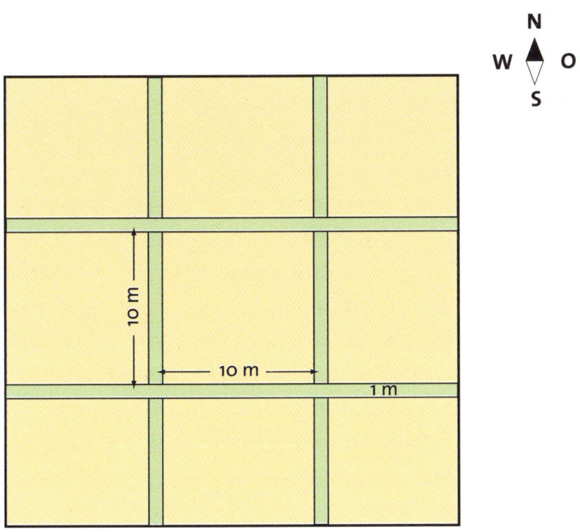


*Schematische Darstellung des Benker-Gitters.*

## Berg

Der Berg steht als Bild für eines der ▸ **Trigramme** aus dem I Ging. Die chinesische Entsprechung ist »ken«. Die Kraft des Berges ist ruhend und beständig, er beschreibt das Prinzip des Stillhaltens. Siehe unter ▸ **Bagua** und ▸ **I Ging.** Als Landschaftsform spielen Berge in der ▸ **Formen-Schule** eine wichtige Rolle.

## Bergstern

Wird auch »Sitzstern«, »Hintertürstern«, »Mountain Star« und »Chor Sin Star« genannt. Er ist Teil eines geomantischen Zeitdiagramms im Quadrat des ▸ **Lo Shu** und eng mit der ▸ **Chinesischen Astrologie** verwoben. Der Bergstern ist Bestandteil der ▸ **Fliegenden Sterne,** durch die zyklische Abläufe und deren energetische Auswirkung auf die einzelnen Lebensbereiche des ▸ **Bagua** beschrieben werden.

Eine fachmännische Erklärung zum Thema »Bergstern« liefert Manfred Kubny in seinem Buch »Traditioneller Chinesischer Mondkalender«: »Der Berg (bzw. der Bergeinfluss) beschreibt, wo das Chi letztendlich innerhalb des Raumes hinstrebt und wie es sich auswirkt oder wie es sich manifestiert. Somit erfüllt er die Eigenschaften einer Funktion gegenüber dem eintretenden Chi. Auf der mentalen Ebene des menschlichen Wesens stellt er dessen Wünsche und Ziele, aber auch seine Realität dar.«

Die genauere Methode zur Bestimmung des Bergsterns ist unter dem Stichwort ▸ **Fliegende Sterne** erläutert.

**Position des Bergsterns** – Er liegt meist gegenüber der Eingangstür im Feld des ▸ **Bagua,** das dem ▸ **Sitz** des Hauses entspricht. Die Zahl des Bergsterns wird in jedem Feld des Bagua links oben oder links unten dargestellt. Der Bergstern kann erst ermittelt werden, wenn die Basiszahl (Erd-Basis) ermittelt wurde.

## Berufserfolg

Aus der Sichtweise des Feng Shui sind die Lebensbereiche des Menschen nicht voneinander unabhängig und getrennt. Alles ist miteinander verwoben, und so tragen alle Aspekte des Feng Shui auch zum beruflichen Erfolg bei.

Trotzdem kann man sich mit dem ▸ Bagua-Bereich »Wachstum und Erfolg« und/oder »Lebensweg« besonders auseinander setzen, wenn man seinen beruflichen Erfolg steigern möchte. Wie ist derzeit dieses Feld des Bagua in Ihrer Wohnung oder an Ihrem Arbeitsplatz beschaffen? Ist der Bereich geordnet und übersichtlich, oder herrschen dort chaotische Zustände und liegen dort Stapel von unerledigter Arbeit? Dann wäre eine der ersten Maßnahmen nach Feng Shui das ▸ Aufräumen/Ausmisten.

Richten Sie im Bereich für »Wachstum und Erfolg« eine Ecke ein, die besonders wertvolle Gegenstände beherbergt oder Bilder mit Symbolcharakter für Fülle und Reichtum. Auch ▸ Pflanzen können diesen Bereich anregen, wobei besonders darauf zu achten ist, dass die Pflanzen gesund sind und üppig wachsen.

Unabhängig von dem Feld des Bagua sind weitere Kriterien zu untersuchen. Hat Ihr Sitzplatz ▸ Rückendeckung, und haben Sie die Tür im Blickfeld? Wenn nicht, wäre zu prüfen, ob diese Kriterien durch Umstellen der Möbel erfüllt werden. Sie können dabei ihre persönlich ▸ Beste Richtung ausprobieren.

Mehr dazu im Praxisteil unter Arbeitszimmer (Seite 244ff.) und Geschäftsräume (Seite 270ff.).

## Beste Richtung

Andere Begriffe hierfür sind »Persönlich beste Richtung«, »Positive und negative Richtungen«, »Förderliche Richtung« usw. Die Beste Richtung beschreibt die Möglichkeit, wichtige Tätigkeiten oder Standorte in eine bestimmte, persönlich förderliche Himmelsrichtung auszurichten. Diese Methode des Feng Shui ist mit der ▸ Chinesischen Astrologie verbunden. Auch im so genannten ▸ Neun-Sterne-Ki wird der hier beschriebene astrologische Ansatz weiterverfolgt. Dabei geht es nicht nur um die Richtung, sondern ebenso um die persönlich förderlichen und weniger förderlichen Bereiche innerhalb des ▸ Bagua. Im Folgenden wird nur die Möglichkeit der Ausrichtung in die persönlich günstigen ▸ Himmelsrichtungen beschrieben. Maßgebend für die Ermittlung der Richtungen ist das Geburtsjahr, das Aufschluss über die persönliche Kua-Zahl gibt, der wiederum immer eines der ▸ Fünf Elemente zugeordnet ist. Die Ihrem Geburtsdatum entsprechende persönliche Kua-Zahl können Sie in einer Tabelle unter dem Stichwort ▸ Kua-Zahl nachlesen. Es kann sein, dass Ihnen in anderem Zusammenhang schon einmal eine andere Kua-Zahl oder ein anderes Element zugeordnet wurde. Lassen Sie sich durch verschiedene Methoden nicht irritieren. So ist das Element des Jahres ein anderes als das zur Kua-Zahl gehörende Element. Die Astrologie kennt weitere Möglichkeiten, in denen zur Ermittlung der Elemente für Frauen und Männer gleiche Kreisläufe genutzt werden. Bei der hier beschriebenen Methode geht es um die Deutung auf der räumlichen Ebene des Feng Shui. Beim Nachschauen des Geburtsjahres in der Tabelle sollte darauf geachtet werden, dass sich der chinesische Kalender nach dem Mond richtet. Bezüglich des Jahreswechsels stimmt er nicht mit dem europäischen Kalender überein. Das chinesische Neujahr beginnt immer am zweiten Neumond nach der Wintersonnenwende, also jedes Jahr an einem anderen Tag unseres Kalenders. Im ▸ Lo Shu ist nun jedem Feld eine Kua-Zahl zugeordnet. Jedes Feld des Lo Shu steht zu den anderen in einer bestimmten Beziehung. Aus diesen Wechselwirkungen lassen sich die günstigen und ungünstigen Richtungen sowie die Bagua-Bereiche ableiten, die für Sie günstig oder ungünstig sind.

Haben Sie Ihre Kua-Zahl und Ihr ▸ Persönliches Element ermittelt, finden Sie unter ▸ Günstige und ungünstige Bagua-Bereiche eine Tabelle, aus der Sie die Abstufung Ihrer persönlich günstigen und ungünstigen Richtungen ablesen.

**Beispiel Arbeitsplatz** – Der Arbeitsplatz sollte so gestaltet werden, dass man bei der Arbeit in eine günstige Richtung schaut. Beispiel: Frau S. ist am 5. April 1969 geboren und hat in der Tabelle unter dem Stichwort ▸ Kua-Zahl ihre Kua-Zahl 2 ermittelt. Mit dieser Zahl kann sie in der Tabelle ▸ Günstige und ungünstige Bagua-Bereiche die für sie förderlichen Richtungen ablesen.

Ihre Beste Richtung ist der Nordosten, Zweitbeste der Westen, Drittbeste der Nordwesten und Viertbeste der Südwesten. Ungünstige Richtungen hat Frau S. nicht nachgeschaut, da es ihr darum geht, sich mit der neuen Position des Schreibtisches zu unterstützen. Die folgende Skizze zeigt die Himmelsrichtungen, die für Frau S. als Blickrichtungen an ihrem Arbeitsplatz unterstützend sind.

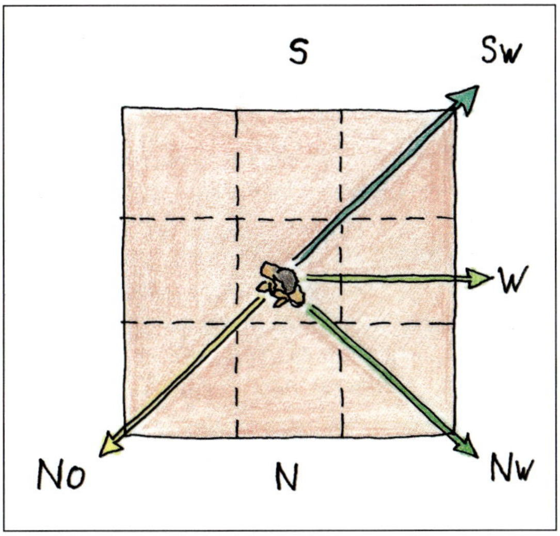


*Günstige Richtungen für Frau S.*

Blickt Frau S. von ihrem Schreibtisch nach Nordosten, blickt sie nicht nur in ihre Beste Richtung, sondern hat auch eine unterstützende Richtung im Rücken. Die anderen genannten Richtungen sind ebenfalls förderlich. Zu beachten ist, dass hierbei die ▸ Himmelsrichtung gemeint ist und nicht der günstige ▸ Bagua-Bereich. Es hilft nicht, zu dem förderlichen Bereich (Zimmerecke) hinzuschauen. Es geht um die Himmelsrichtung. Folgende Skizze zeigt förderliche Schreibtischpositionen für Frau S.

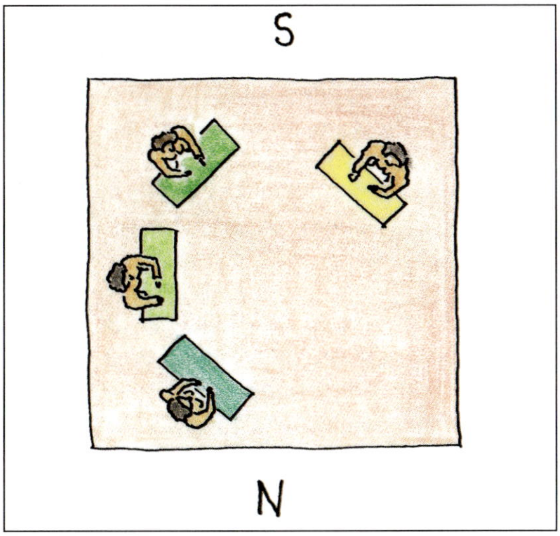


*So ist der Schreibtisch von Frau S. günstig ausgerichtet.*

Bei diesen Methoden sollten die anderen Aspekte des Feng Shui trotzdem nicht vernachlässigt werden. Es hilft Ihnen wenig, wenn Sie am Schreibtisch in Ihre Beste Richtung schauen, dabei aber leider die ▸ Tür im Rücken haben.

Frau S. in unserem Beispiel hätte eine Zimmerecke direkt hinter ihrem Rücken, wenn der Schreibtisch optimal ausgerichtet wäre. In diesem Fall empfiehlt es sich, die Ecke zu füllen, etwa mit einem Regal oder einer weichen ▸ Pflanze.

Wollen Sie zudem Ihren persönlich günstigen Bagua-Bereich nutzen, so müssten Sie sich in diesen hineinsetzen oder hineinlegen, unabhängig von der Richtung. Weitere Erläuterungen zur Nutzung der persönlich günstigen Bagua-Bereiche und zum Umgang mit ungünstigen Bagua-Bereichen sind unter dem Stichwort ▸ Neun-Sterne-Ki nachzulesen.

**Beispiel Schlafplatz –** Beim Schlafplatz ist nicht die Blickrichtung maßgeblich, sondern die Richtung, in die das Kopfende des Bettes zeigt.

Als Beispiel soll uns die Situation von Herrn K. dienen, der am 1. Februar 1962 geboren ist. Aus der entsprechenden Tabelle der Kua-Zahl, die Sie unter dem Stichwort ▸ Kua-Zahl finden (siehe Seite 135ff.), liest Herr K. seine persönliche Kua-Zahl, die 3, heraus und kann dann damit seine günstigen Richtungen aus der Tabelle »Günstige Bereiche und Himmelsrichtungen« (siehe Seite 119) herauslesen.

Für Herrn K. ist demnach Süden die Beste Richtung, Norden die Zweitbeste, Südosten die Drittbeste und Osten die Viertbeste Richtung. Demzufolge könnte Herr K. nun sein Bett mit dem Kopf nach Süden, seiner Besten Richtung, aufstellen.

Da Süden und Südosten aber – energetisch betrachtet – die aktivsten Richtungen mit der stärksten ▸ Yang-Energie sind, ist hier jedoch eine Ausnahme zu machen. Für einen ruhigen, entspannten Schlaf ist nämlich eine ruhige und eher ▸ Yin-betonte Umgebung förderlich.

Daher ist Herrn K. zu raten, das Kopfende seines Bettes nach Norden zu stellen, seiner Zweitbesten Richtung (siehe Illustration auf der folgenden Seite).

Einen Arbeitsplatz könnte Herr K. natürlich mit dem Blick nach Süden – seiner Besten Richtung – orientieren, denn hier wäre ja die Betonung der ▸ Yang-Energie der Arbeit von Herrn K. förderlich.

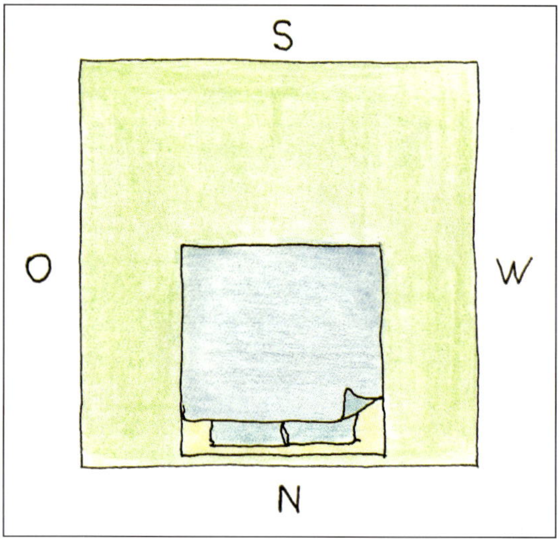


*Günstige Schlafrichtung für Herrn K.*

Schwieriger wird die Entscheidung, wenn Sie als Paar in einem Bett schlafen. Oft sind die förderlichen Richtungen entgegengesetzt zueinander. Dann kann nur einer der beiden durch die günstige Richtung Unterstützung erfahren.

Versuchen Sie dem Partner den Vorrang zu geben, der im Alltag stärker beansprucht ist oder durch seine Tätigkeit den Rückhalt der Familie bildet. Traditionell wurde meist der Mann als Ernährer der Familie gestärkt, heute sollten Sie selbst entscheiden, wessen Position es zu unterstützen gilt. Fällt die Entscheidung schwer, so belassen Sie das Bett einfach an seinem bisherigen Platz und konzentrieren sich auf die anderen Aspekte des Feng Shui. Siehe auch Seite 236ff. im Praxisteil des Buchs.

**Die beste Ausrichtung –** Wichtige Plätze, an denen man sich längere Zeit aufhält, können durch die Ausrichtung in eine gute Richtung zu unserer Stärkung und dem Gelingen eines Vorhabens beitragen. Allgemein kann man das Gelingen jeder wichtigen Tätigkeit mit der vorgenannten Methode unterstützen: beim Telefonieren in einer wichtigen Angelegenheit, bei einer geschäftlichen Besprechung oder einem Klärungsgespräch in der Familie: Die Richtung macht einen Unterschied!

## Betten

Sie spielen im Feng Shui eine wichtige Rolle. Ein guter Schlafplatz ist unerlässlich für die Regeneration. So sind auch Standort und Beschaffenheit des Bettes mit verantwortlich für den Schwung, mit dem Sie morgens in den Tag starten. Näheres dazu finden Sie im Kapitel »Die Privaträume« (Seite 236ff.) im Praxisteil des Buchs. Unter ▸ **Beste Richtung** wird die Ausrichtung des Schlafplatzes nach der persönlichen ▸ **Kua-Zahl** erläutert.

## Beziehungen/Beziehungsecke

Bezeichnung für einen der Lebensbereiche des Bagua (auch »Ehe- oder Partnerecke«). Der Bereich wird im Bagua bzw. ▸ **Lo Shu** durch das nach Südwesten gelegene Feld repräsentiert. Im Lo Shu ordnet man dem Bereich die ▸ **Kua-Zahl** 2 zu.

In diesem Buch wird dieser Bereich mit »Partnerschaft« benannt und ist unter dem Stichwort ▸ **Bagua** genauer erläutert.

## Bilder

Im Feng Shui wird Wert darauf gelegt, gezielt mit Bildern umzugehen, denn Bilder können durch ihre Farbe, Inhalte, Größe und Dynamik die Stimmung in einem Raum beeinflussen.

Die Symbolik, die Bildern und Objekten innewohnt, ist nicht außer Acht zu lassen. Eine Sammlung mittelalterlicher Schwerter im ▸ **Bagua**-Bereich, der mit der Familie assoziiert wird, fördert z. B. nicht den Frieden in der Gemeinschaft.

Bei der Arbeit ist es gut, auf etwas Motivierendes zu schauen, also ein aufbauendes Motiv im vorderen Blickfeld zu finden. Möchte man hinter dem Schreibtisch ein Bild aufhängen, so sollte ein stabiles, ruhiges Motiv gewählt werden, das einem sozusagen den Rücken stärkt.

Mit dem geeigneten Bild hinter sich kann man seine ▸ **Rückendeckung** kräftigen. Auch in Schlafräumen und in Kinderzimmern sollte darauf geachtet werden, dass die Inhalte und die Symbolsprache der Bilder nicht der Entspannung oder den jeweiligen Tätigkeiten zuwiderlaufen.

**Yin und Yang –** Bilder können so gewählt werden, dass ihr Inhalt mit seiner Aussage den Raum, eine Tätigkeit, eine Person oder deren Ziel unterstützt.

Je nachdem, wofür ein Raum dient, ob in ihm aktiv gearbeitet wird oder ob er eher der Entspannung dient, kann er durch ▸ Yang- oder ▸ Yin-betonte Kunstwerke unterstützt werden. So wäre etwa ein sehr dynamisches Werk mit hohem Rotanteil im Schlafbereich zu anregend, im Arbeitszimmer hingegen ein willkommener Muntermacher.

**Bagua** – Die Lage eines Raumes im Haus kann anhand des Bagua eingeschätzt werden, und demzufolge kann die Dekoration in ▸ Farbe und Inhalt den entsprechenden Lebensbereich der Bagua-Bereiche stärken. Welche Farben und Aussagen die jeweiligen Bereiche anregen, ist unter dem Stichwort ▸ Bagua erläutert. Anschließend finden Sie Vorschläge für die Bilderwahl:

**Bagua-Bereich »Familie und Gemeinschaft«** – Bilder der Familie und Ahnen; Abbildungen mit Gruppierungen aller Art; Familienwappen; alle Abbildungen mit Pflanzen.

**Bagua-Bereich »Wachstum und Erfolg«** – Bilder, die Fülle ausdrücken, z. B. Füllhornmotiv; Landschaftsmotive, die Blüte oder üppiges Wachstum symbolisieren; besonders wertvolle Bilder mit Goldrahmen; ein üppiges Blumenbild; das Motiv einer jungen, sprießenden Pflanze; Abbildungen mit Bäumen oder der Jahreszeit Frühling.

**Bagua-Bereich »Ansehen und Erleuchtung«** – Bilder mit einem Vorbildcharakter; Mandalas; Bild einer stolzen und anmutigen Gestalt; Motive mit Feuer bzw. mit Licht.

**Bagua-Bereich »Partnerschaft«** – Bilder von zwei Personen, zwei Gegenständen oder zwei Figuren etc.; Rosenbilder; alles, was Romantik, Liebe und Harmonie ausdrückt – ein negatives Beispiel wäre ein Bild mit zwei kämpfenden Hirschen etc. –; Abbildungen einer Landschaft in Blütezeit.

**Bagua-Bereich »Kreativität und Kinder«** – Bunte und sehr kreative Bilder; bunte Blumenwiese; Bilder, die Lebensfreude symbolisieren; alles, was verspielt wirkt und die Kreativität anregt.

**Bagua-Bereich »Hilfreiche Freunde«** – Bilder von Menschengruppen, von sich reichenden Händen, von Freunden, von schönen Reiseerinnerungen.

**Bagua-Bereich »Lebensweg«** – Bild von einer aufwärts führenden Treppe; Bild von einem Berggipfel, von einem zum Ziel führenden schönen Weg, von Wasser, von einem Schiff, von einem Flusslauf; Mandalas; selbst erstellte Collagen mit Abbildungen Ihrer eigenen Wünsche.

**Bagua-Bereich »Wissen und Weisheit«** – Abbildungen mit integrierten Buchstaben, Bild einer weisen oder sehr gebildeten Person oder Berühmtheit (z. B. Goethe oder Einstein); Bilder mit Darstellungen von Natur, von Bergformationen; Meditationsbilder.

**Bagua-Bereich »Innere Mitte«** – Darstellungen mit einem Mittelpunkt, von einem Labyrinth mit Mitte als Ziel; Mandalas; alles, was Zentriertheit symbolisiert; Darstellungen von Buddha oder ähnliche für Sie positive geistige Symbole.

**Persönliches Empfinden** – Trotz aller vorgenannten Vorschläge und Empfehlungen sollten Sie nicht vergessen: Der wichtigste Maßstab für die Beurteilung der Stimmigkeit des ausgewählten Platzes für ein Objekt bleibt immer das persönliche Empfinden. Entsprechend unserer Individualität reagieren wir unterschiedlich auf bestimmte Eindrücke. Ein Bild, das für den einen bereits aggressiv anmutet, ist für den anderen vielleicht nur belebend und anspornend. Vertrauen Sie also bei der Wahl eines Bildes ganz auf Ihr Gefühl. Sie spüren meist sehr genau, was Ihnen gut tut, Sie motiviert und kräftigt oder welches Objekt Sie vielleicht allzu nachdenklich stimmt, verunsichert oder ermüdet.

**Mehrere Nutzer** – Wird ein Raum von mehreren Personen genutzt, so ist es oft schwierig, allen bei der Einrichtung des Raums gerecht zu werden. Anzuraten ist es, auf alle Nutzer Rücksicht zu nehmen und auf ein Objekt, welches jemandem Unbehagen bereitet, lieber zu verzichten. Setzt sich der Stärkere durch, kann durch das latente Unbehagen eine disharmonische Schwingung im Raum entstehen.

**Eigene Kunstwerke** – Wer selbst gern Bilder malt, fotografiert (siehe auch ▸ Foto) oder Objekte anfertigt, der kann damit seine eigene Präsenz in einem Bereich stärken. Wenn die eigenen Werke Freude bereiten oder sonstwie als positive Anregung dienen, so sollten sie auch einen Platz in unserer Umgebung erhalten. Eine durch eigene Werke mitgeprägte Wohnung lässt uns schneller zu Hause fühlen, eigene Fotos, selbst hergestellte Objekte oder Bilder bringen eine eigene Ausstrahlung in den Raum und können zudem die Entfaltung der Persönlichkeit unterstützen. Vergessen Sie nicht: Bei diesem Thema geht es nicht um die Meinung der Nachbarn oder Verwandten, sondern es geht um Ihr persönliches Wachstum und Ihr Wohlbefinden.

## Blattformen

Beachten sollten Sie, dass ▸ **Pflanzen** mit spitz zulaufenden Blättern das ▸ **Chi** im Raum beschleunigen und ▸ **Geheime Pfeile** in den Raum senden. Pflanzen dieser Art können in unmittelbarer Nähe eines Sitzplatzes oder des Eingangsbereichs als sehr unangenehm empfunden werden. Bevorzugen Sie daher für Plätze, an denen Sie sich länger aufhalten, Pflanzen mit runden Blättern.

*a) Pflanzen mit spitzen Blättern neben einem Sitzplatz werden als unangenehm empfunden. b) Pflanzen mit runden Blättern neben einem Sitzplatz sind günstig.*

## Blau

Diese Farbe wird im Kreislauf der ▸ **Fünf Elemente** dem Element ▸ **Wasser** zugeordnet. Blau gilt als beruhigend und wird daher gern als Farbe für Räume gewählt, in denen man sich entspannen und erholen möchte. Mehr zu Blau unter ▸ **Farben.**

## Blumen

Blumen sind Energiespender schlechthin und verbreiten eine sehr belebende Energie. Wer keine Schnittblumen mag, kann sich der Vielfalt der Topfpflanzen zuwenden, die ebenfalls eine üppige Blütenpracht erzeugen können.

**Schnittblumen –** Manchmal sind Schnittblumen in Verruf geraten, da es sich dabei um »sterbende Blumen« handelt, die von ihren Wurzeln getrennt sind. Nicht zu übersehen ist dennoch die positive Ausstrahlung, die ein schöner Blumenstrauß mit sich bringt. Nicht ohne Grund sind Blumen zu den verschiedensten Anlässen als Geschenk gern gesehen. Trotz des Abschneidens der Blüten wird die Pflanze noch weiterleben. Die Blüten haben den Sinn, Blütenstaub zu entwickeln, Nahrung für viele Insekten zu sein, die den Blütenstaub wieder weitertragen. Diesen natürlichen Zweck können die Blumen auch nach dem Abschneiden in Form eines Blumenstraußes erfüllen. Sie leben ihren Zyklus weiter, vom Aufblühen bis hin zum Verwelken. Blumen bringen uns dadurch den natürlichen Zyklus der ständigen Veränderung näher. Umstritten sind jedoch schnell hochgezüchtete Blumen. Sie verbreiten ebenfalls eine positive Stimmung, doch werden sie die Ausstrahlung von Blumen nicht erreichen, die in natürlicheren Verhältnissen gewachsen sind.

> **Welke Blumen –** Wenn Blumen oder Blüten von Topfpflanzen verwelken, sollten sie ausgetauscht oder entfernt werden, da die kraftvolle Ausstrahlung der Blumen sich in eine welke, schwächliche Stimmung umwandelt.

**Künstliche Blumen –** Getrocknete Blumen werden im Feng Shui nicht benutzt, da es sich dabei um »totes Material« handelt. Sie können dennoch eine Alternative zu Topfpflanzen sein, solange sie natürlich und lebendig aussehen.
Bei künstlichen Blumen fehlt allerdings die energetisierend wirkende Frische und der unverwechselbare Duft jeder Sorte. Seidenblumen wirken etwas natürlicher und sind nach Möglichkeit den Plastikblumen vorzuziehen.

**Blumen und Bagua** – Blumen ziehen das ▸ Chi an und erhöhen dadurch die Raumenergie. Sie können als Stärkungselement in jedem Bereich des ▸ Bagua aufgestellt werden. Einige Tipps, welche Blumen für einige der Bereiche des Bagua besonders geeignet sind (mehr dazu unter ▸ Pflanzen):

**Bagua-Bereich »Partnerschaft«** – Alle Rosensorten, besonders aber Pfingstrosen.

**Bagua-Bereich »Wissen und Weisheit« (oder »Ansehen und Erleuchtung«)** – Lilien als Symbol der Reinheit und Weisheit.

**Bagua-Bereich »Hilfreiche Freunde«** – Vergissmeinnicht.

**Bagua-Bereich »Lebensweg« (oder auch »Familie und Gemeinschaft«)** – ▸ Bambus als Symbol für ein langes, beständiges Leben.

## Bonsai

Pflanzen, meist Bäume, die schon vom Beginn ihres Wachstums an so beschnitten werden, dass sie zur Miniatur heranwachsen, werden als Bonsai bezeichnet. Diese Kunstschnittform kommt aus Asien – für Liebhaber asiatischer Produkte also sehr attraktiv. Besonders schöne und alte Exemplare werden zu horrenden Preisen, oft als Sammlerstücke, verkauft. Aus der Sicht des Feng Shui werden Bonsai-Bäume allerdings nicht so gern in die nähere Umgebung eines Menschen integriert, da das kontrollierte und gehemmte Wachstum des Bonsai das Gegenteil von Fülle und Reichtum symbolisiert.

Wenn Sie bereits eine Bonsai-Pflanze besitzen oder sich trotzdem eine zulegen möchten, sollten Sie den Baum in den Teil der Wohnung stellen, die nach der Lehre der ▸ Fünf Elemente dem Element ▸ Holz zugeordnet wird.

Die Eigenschaft des Holzes steht für Wachstum und kann die Pflanze unterstützen. Auch der ▸ Norden der Wohnung wäre geeignet, da das dort herrschende Element ▸ Wasser ebenfalls das Holz nährt.

## Braun

Diese Farbe wird laut Kreislauf der ▸ Fünf Elemente dem Element ▸ Erde zugeordnet. Mehr hierzu unter dem Stichwort ▸ Farben. Braun wird bevorzugt für Räume ausgewählt, in denen eine Atmosphäre mit Ruhe und Bodenständigkeit erwünscht ist.

## Brücken

Eine Brücke symbolisiert immer eine Verbindung, von der einen Seite zur anderen Seite.

**Bagua** – Wenn Sie das ▸ Bagua auf den Grundriss des Grundstücks legen und das Haus als Zentrum betrachten, können Sie anhand der Richtung, in der die Brücke vom Haus aus gesehen zum nächsten Feld des Bagua zeigt, Schlüsse ziehen, welcher Bereich für Sie eine besondere Stellung einnimmt.

**Bereits vorhandene Brücken** – In der unten stehenden Illustration zeigen wir Ihnen ein Beispiel, in dem bereits eine Brücke vorhanden ist. Die Brücke zeigt in Richtung ▸ Bagua-Bereich »Wachstum und Erfolg«. Da dieses Feld nach hinten durch ▸ Pflanzen geschlossen ist, bleibt die Aufmerksamkeit in diesem Lebensbereich. Ungünstig wäre es in diesem Fall, wenn die schützende Pflanzenreihe fehlen würde, da sonst die Energie des Bagua-Bereichs zum Nachbargrundstück abfließen würde.

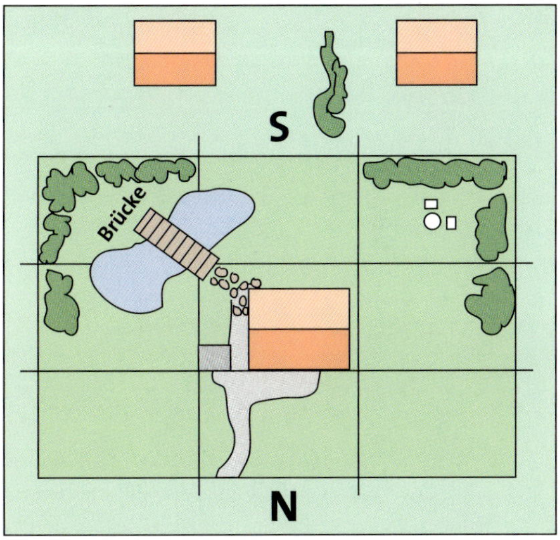


*Die Brücke weist vom Haus aus in Richtung des Feldes »Wachstum und Erfolg«. Pflanzen halten die Energie dort.*

**Grundstück ohne Brücken** – Falls noch keine Brücke vorhanden ist, können Sie sich vorher Gedanken darüber machen, welcher Lebensbereich des ▸ Bagua besonders genährt werden soll. Allerdings braucht der Bereich, der in Richtung der Brücke liegt, eine Art der ▸ Rückendeckung, damit das ▸ Chi nicht über die Brücke abfließt.

**Große und breite Brücken** strahlen extrem viel ‣ **Yang**-Energie aus. Je größer und breiter die Brücke ist, umso mehr Verkehr und Bewegung geht von ihr aus und umso mehr Unruhe bringt sie in ihre Umgebung.
Eine Wohnsituation in der Nähe einer großen Brücke hat erhebliche Nachteile, die sich nur schlecht ausgleichen lassen.

*Abbildung einer traditionellen chinesischen Brücke: Der halbkreisförmige Brückenbogen spiegelt sich auf der Oberfläche des Wassers wider und schließt somit den Kreis.*

**Chinesische Tradition –** In chinesischen Gärten wird sehr viel Wert darauf gelegt, dass Brücken nicht im rechten Winkel zum Flusslauf angelegt werden. Damit soll verhindert werden, dass der Fluss des Wassers im feinstofflichen Sinne, also der ‣ **Chi-Fluss,** nicht gebremst wird.
Die traditionellen Brücken in den chinesischen Gärten werden zur Anregung des ‣ **Chi** aus Stein gebaut und haben einen halbkreisförmigen Brückenbogen, der sich im Wasser spiegelt und durch die ergänzende Spiegelung zum vollständigen Kreis wird. Damit wird zum Wasser hin das weibliche Prinzip dargestellt.

## Brunnen

Sie werden im Feng Shui generell als ein belebendes Element eingesetzt, denn ‣ **Wasser** gilt als der Quell allen Lebens und sorgt – besonders in bewegter Form – in jedem Fall für eine Aktivierung des ‣ **Chi** in seiner Umgebung.

Mittlerweile gibt es eine Vielzahl von kleinen und großen Wasserobjekten im Handel. Gern werden Brunnen zur Belebung und Anregung von Innenräumen genutzt. Mehr dazu finden Sie unter dem Stichwort ‣ **Zimmerbrunnen.** Auch im Außenbereich findet man Springbrunnen und Wasserspiele.
**Brunnen vor dem Haus –** Bei langen geraden Wegen, die direkt auf ein Anwesen zulaufen, kann ein Brunnen am rechten Platz sehr gut für einen harmonischen ‣ **Chi-Fluss** sorgen, denn die Energie, die durch den geraden Lauf der Zufahrtswege mehr und mehr beschleunigt wird, entspricht eher dem attackierenden ‣ **Sha.** Wie bei einem begradigten Fluss, der viel Wasser führt, kann diese gerichtete Energie unangenehm wirken. Ein Brunnen vor dem Haus kann in so einem ungünstigen Fall dafür sorgen, dass der gerade Chi-Fluss den Brunnen erst umrunden muss und abgebremst wird. Er fließt daraufhin in geschwungenen Bahnen weiter und kann im Haus seine belebende Kraft entfalten.

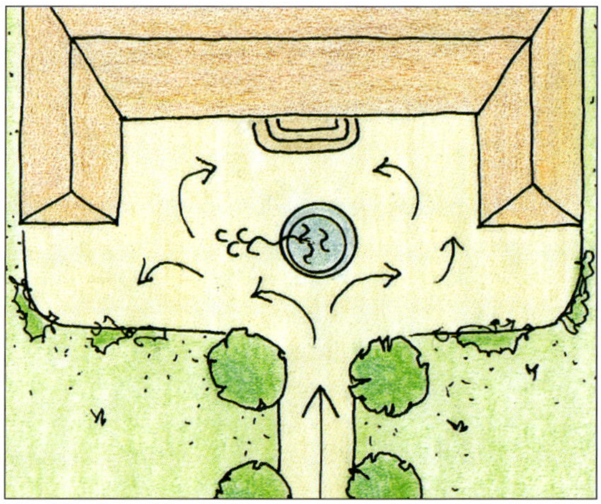

*Positiv: Der Springbrunnen auf dem Vorplatz lenkt das auf das Haus zuschießende Chi in geschwungene Bahnen um.*

**Belebende Wirkung eines Brunnen –** Brunnen oder Springbrunnen auf dem Vorplatz können das zum Haus strömende ‣ **Chi** positiv anregen. Der Brunnen sollte in seiner Größe angemessen sein. Ist er zu groß, etwa mit einer hohen Fontäne, so kann dies Unruhe verursachen und die Stabilität im Haus gefährden.

**Brunnen hinter dem Haus** – Ein Brunnen hinter dem Haus sollte gut überlegt sein. Handelt es sich um ein kleines, vor sich hin plätscherndes Gartenaccessoire, so ist das unbedenklich und kann, richtig platziert, zur Stärkung des entsprechenden ▸ **Bagua**-Bereiches beitragen. Ein groß angelegter ▸ **Springbrunnen** auf der Rückseite des Hauses aber schwächt möglicherweise die ▸ **Rückendeckung**, den Aspekt der ▸ **Schildkröte** (siehe ▸ **Fünf Himmlische Tiere**). Da ▸ **Wasser** flexibel ist und als Springbrunnen unruhig, wird das Prinzip der Rückendeckung sozusagen aufgeweicht. Natürlich ist hierbei die Größe des Anwesens zu berücksichtigen. Handelt es sich um einen großen Park, der sich hinter dem Haus ausbreitet, kann ein Springbrunnen darin Platz finden.

## Buch der Wandlungen

Eines der ältesten Bücher Chinas über das Zusammenspiel aller Kräfte des Universums. Es bildet für Feng Shui eine wichtige Grundlage. Ausführlich erläutert wird das Buch der Wandlungen unter dem ebenfalls gebräuchlichen Namen ▸ **I Ging.**

## Bücherregale

Im Feng Shui wird immer wieder erwähnt, dass Bücherregale nicht unbedingt offen sein sollten. Der Grund hierfür ist die Unruhe und Ablenkung, die durch die offenen Flächen entstehen. Es wird empfohlen, die offenen Flächen durch Türen oder Klappen zu schließen. Möchte man schöne Exemplare zur Schau stellen, sollten die Bücher nach Größe und Farben zusammengefasst werden und so weit wie möglich in geordneter Reihe an der Vorderkante der Regalbretter aufgestellt werden. Eine geordnete Aufstellung sorgt dafür, dass nicht zu viel Unruhe entsteht. Spüren Sie selbst den Unterschied, wie sich ein aufgeräumtes Regal gegenüber einem willkürlichen Durcheinander anfühlt.

Nach dem Aufräumen bekommt der Raum eine klare, frische Ausstrahlung, und das Lesen macht mehr Spaß. Ungünstig sind offene Aktenschränke, die an frühere Arbeiten oder unerledigten Papierkram erinnern. Wer massive, geschlossene Flächen nicht mag, kann Milchglastüren anbringen. Sie lassen ein Regal leicht wirken und können von hinten beleuchtet werden, was das ▸ **Chi** im Raum erhöht.

## Bucht

Beschreibung siehe unter dem Stichwort ▸ **Teich.**

## Buddha

Gautama Siddharta lebte vor ca. 2500 Jahren in Bihar in Indien. Er wurde als Prinz eines großen Königreiches geboren, wandte sich aber dem behüteten Leben des Palastes ab, um die Ursache des Leids zu ergründen, welches er außerhalb des Palastes entdeckt hatte. Nach vielen Jahren der Wanderung und des asketischen Lebens versuchte er, alle Bedürfnisse des Menschseins zu überwinden, da er diese für die Ursache des Leids hielt. Als er sich von seinem Martyrium lossagte und fast sein Streben aufgab, die Lösung finden zu können, erlangte er in einer Art entspannter Meditation die Erleuchtung. Er wurde daraufhin Buddha, der Erleuchtete, genannt. Er verbreitete seine Erkenntnisse, die in die ganze Welt – auch nach China – getragen wurden. Buddhas Lehre entwickelte sich zu einer der größten Religionen, dem Buddhismus.

**Buddha-Darstellungen** – Es gibt viele unterschiedliche Darstellungen des Buddha, obwohl sich anfangs die Buddhisten gegen Abbildungen, welcher Art auch immer, gewehrt hatten.

Da die Figur Buddhas einen sehr starken und positiven Symbolgehalt besitzt, wird sie im modernen Feng Shui auch als ein ▸ **Hilfsmittel** eingesetzt – und zwar als Schutz und zur Energetisierung von Räumen. In China werden Buddha-Figuren sehr gern am Hausaltar aufgestellt und sollen der Familie Frieden und Wohlstand bringen.

**Der liegende Buddha** zeigt Siddharta, den Erleuchteten, wie er kurz vor seinem Tod das Nirwana-Sutra, seine letzte Lehre, verkündete.

**Chinesische Buddhas,** auch »Dickbauch-Buddhas« oder »Happy Buddhas« genannt (chinesisch »mi-lo fo«), sind erst sehr spät entstanden (960-1280). Diese Art der Buddha-Darstellung wird teils mit oder ohne Gebetskette dargestellt.

**Buddha-Figuren,** die Beutel und Krüge mit sich tragen, sollen Fülle und Reichtum für den Menschen darstellen. Sie werden gern gut beleibt, mit fröhlicher Miene dargestellt, was den inneren und äußeren Reichtum, Weisheit und unendliches Glück ausdrücken soll.

*Eine seltenere Darstellung Buddhas zeigt den liegenden Siddharta, den Erleuchteten, der vor seinem Tod die letzte Lehre, das Nirwana-Sutra, verkündet.*

Viele Kulturkreise haben eigene Buddha-Darstellungen. Ganz gleich, welchen Buddha-Typ Sie aufstellen möchten, er wird das ▸ **Chi** im Raum erhöhen und den entsprechenden ▸ **Bagua**-Bereich positiv beeinflussen.

## Büro

Näheres dazu finden Sie unter ▸ **Berufserfolg** und im Praxisteil dieses Buchs im Kapitel »Geschäftsräume« (siehe Seite 270ff.).

# C

## Chakren

Damit werden die Energiezentren im feinstofflichen Körper des Menschen und anderer Lebewesen bezeichnet. Neben dem physischen Körper besitzt der Mensch ein komplexes System feinstofflicher Energien, die mit unseren physischen Sinnen nicht wahrzunehmen sind. Die asiatische Heilkunst weiß seit Jahrtausenden um die Existenz dieser feinen Kräfte und die Möglichkeiten, sie zu nutzen. So kennt beispielsweise das Yoga gezielte Übungen zum Anregen der einzelnen Chakren. Neben den sieben Hauptchakren sind noch eine Vielzahl verschiedener Energiezentren im Körper bekannt, die sich im physischen und im feinstofflichen Körper des Menschen ausbreiten.

Zu den Chakren gibt es unterschiedliche Theorien. Die unten stehende Abbildung zeigt eine der gängigen Darstellungen der sieben Hauptchakren und ihrer Position und Farbe im Körper. Weiterführende Literatur zum Thema finden Sie im Anhang.

*Die sieben Hauptchakren im menschlichen Körper.*

## Chen

Chinesische Bezeichnung für ▸ **Donner** und eine Bezeichnung für eines der ▸ **Trigramme** des ▸ **I Ging.** Chen steht für das erregende Prinzip. Es wirkt bewegend und aktivierend.

## Chen Wu

Chinesische Bezeichnung für einen Gegenstand oder ein Gebäude, das dem Schutz vor negativen Einflüssen dienen soll. Das kann eine Statue auf dem Vorplatz eines Hauses sein, die den Eingang hütet (siehe ▸ **Wächter**) oder eine Pagode im Garten.

## Chi

Chi (auch Qi oder Ki) ist die Kraft, die allen Dingen, Menschen, Tieren und Pflanzen innewohnt und ihnen Leben verleiht. Diese alles durchströmende Lebensenergie ist in verschiedenen Kulturen bekannt, etwa in Indien als Prana, in Japan als Ki und bei den alten Germanen als Od.

Dem Schriftzeichen Chi kommen mehrere Bedeutungen zu, u. a. Energie, Lufthauch, Nebel, Atem, Ausbreitung, Wandlung, Flüchtiges.

Chi ist für unser Auge zwar nicht sichtbar, aber dennoch spüren wir sehr deutlich seine Anwesenheit, etwa in der Präsenz einer Person mit starker Ausstrahlung oder in der belebenden, erfrischenden Atmosphäre einer Sommerwiese nach dem Regen.

*Kalligrafisches Zeichen für Chi.*

In der chinesischen Kultur gibt es viele Disziplinen, die mit dieser feinstofflichen Energie arbeiten:

**Akupunktur** – Sie reguliert den ▸ **Chi-Fluss** im menschlichen Körper entlang der Meridiane.

**Chi-Gong** – Das Chi-Gong nutzt das Energieleitsystem der Meridiane und lenkt mit Hilfe spezieller Übungen das Chi durch den Körper.

**Shiatsu** – Ebenso wie Chi-Gong und andere Disziplinen arbeitet Shiatsu. Die Massagetechnik bringt das Chi im menschlichen Körper wieder zum Fließen und löst somit Blockaden im Meridiansystem des menschlichen Körpers.

**T'ai-Chi** – T'ai-Chi sowie andere asiatische Arten der Bewegungskunst und des Kampfsports nutzen das Wissen um den Fluss des Chi ganz gezielt zur Selbstverteidigung.

**Feng Shui** – Die Disziplin des Feng Shui untersucht das Verhalten von Chi in den Wohnräumen und in der Lebensumgebung und reguliert das Chi dort zur Belebung und Stärkung seiner Nutzer.

**Die verschiedenen Qualitäten des Chi** – Im Feng Shui unterscheidet man unterschiedliche Ausprägungen der Lebensenergie Chi. Die wichtigsten Qualitäten des Chi werden im Folgenden kurz charakterisiert:

**Atmosphärisches Chi** – Im menschlichen Körper wird diese Qualität des Chi durch den Atem aufgenommen und wieder ausgeschieden.

In Gebäuden gelangt es mit dem Luftstrom in der Regel durch die Tür hinein und durch andere Öffnungen wieder hinaus.

Wichtig für die belebende Kraft der atmosphärischen Energie ist die Bewegung und daher auch die Bewegung der Luft. In einem Raum, in dem die Luft steht, kann das Chi nicht fließen und staut sich. Die belebende Kraft wirkt nicht.

**Chi im Licht** – Die Kraft des natürlichen Sonnenlichts wird vom Menschen über die Augen und die Haut aufgenommen.

In Gebäuden kann das energetisierende Sonnenlicht durch Fenster und Glasflächen einströmen. Zusätzlich dazu sorgen aber auch künstliche Lichtquellen für Helligkeit, die jedoch mit der Energie des natürlichen Sonnenlichtes nicht zu vergleichen ist.

**Nährendes oder wärmendes Chi** – Diese spezifische Qualität des Chi erhält der Mensch einerseits durch die Nahrungsaufnahme und andererseits durch die Sonne oder durch künstliche Wärmequellen.

In der kalten Jahreszeit halten unsere Kleidung und die beheizten Gebäude diese Energie und hindern das Chi vor einer zu schnellen Verteilung bzw. Verflüchtigung in der Umgebung.

Unsere Wohnungen und Häuser werden den Winter über beheizt und zudem durch unsere Anwesenheit belebt. In vielen alten Kulturen verbreitete sich die nährende und die wärmende Energie von einer meist zentral gelegenen Kochstelle aus im gesamten Haus.

**Bewegtes Chi** – Dieses Chi fließt entlang starker Bewegungen, etwa Flüssen, Straßen, Fußwegen und ▸ **Leylinien.** Im Haus sind die immer wieder genutzten Wege von dieser Energie belebt.
Der ▸ **Chi-Fluss** wird ähnlich wie der Wasserlauf eines Flusses gesehen, der Sand und Geröll mit sich führt, aber auch fruchtbare Erde wegschwemmt. Er kann Glück bringend sein oder Energie fortspülen (mehr dazu unter ▸ **Hilfsmittel**).
**Das dem Menschen eigene Chi** – Lebensenergie in Abhängigkeit von der Persönlichkeit wird durch die »Drei Schätze« Jing, Chi und Shen beschrieben. Dabei steht Jing als Struktur gebende Energie für sexuelle Kraft und Quelle des Lebens.
Chi steht für das Potenzial und die Stoffwechselenergie; es durchdringt das Universum und ist auf geistiger und körperlicher Ebene vorhanden. Shen steht für Vitalität und denkenden Geist; es interpretiert, beobachtet und unterscheidet.

## Chi-Fluss

Der Begriff »Chi-Fluss« beschreibt den Verlauf und die Beschaffenheit des ▸ **Chi.** Der Chi-Fluss wird im Feng Shui sowohl in der Landschaft als auch in geschlossenen Räumen ausführlich untersucht.
**Chi im Außenbereich** – In der Natur gibt die Topografie selten gerade verlaufende Begrenzungen vor, so dass das Chi meist in geschwungenen weichen Bahnen die Landschaft durchzieht. Die vom Menschen geschaffene städtische Landschaft kanalisiert es jedoch in langen, geraden Häuserschluchten, Straßen, engen Fluren und Ähnlichem. Die so gebündelte Energie wird oft zu schnell und wirkt daher eher attackierend als belebend und energetisierend.
Auch ein kanalisierter Fluss, der viel Wasser transportiert, ist eine Gefahr, kann über die Ufer treten und schwere Überschwemmungen verursachen. Diese zielgerichtete, schnelle Energie wird eher als bedrohend angesehen, die Chinesen sprechen dann von ▸ **Sha** oder Sha Chi.
Die Topografie der Landschaft mit ihren Bergen, Ebenen und Wasserläufen gibt Aufschluss über die Qualität eines Standortes.
Ein Feng-Shui-Experte erkennt am Chi-Fluss eines Ortes, ob der Platz günstig für den Hausbau ist oder eher Schwierigkeiten erwarten lässt.
Mehr zum Standort eines Hauses finden Sie unter ▸ **Landschaftsformen** und ▸ **Formen-Schule** sowie im Praxissteil des Buchs im Kapitel »Der Außenraum« (siehe Seite 288ff.).
**Chi-Fluss in Räumen** – Natürlich fließt diese unsichtbare Energie auch durch unsere Wohn- und Arbeitsräume. Chi belebt das gesamte Haus. Schon der Weg von der Straße bis zum Haus spielt hierbei eine wichtige Rolle (siehe unter ▸ **Wegeführung**). Wenn man erst erkannt hat, in welcher Art und Weise das Chi durch Räume fließt und sich verteilt,

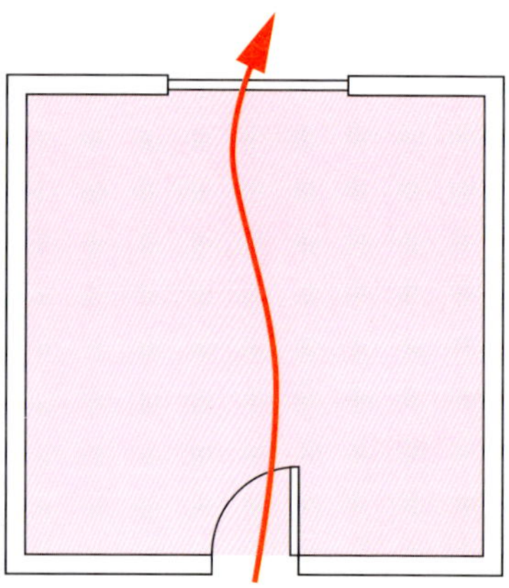

*Ungünstig: Fenster und Tür liegen in einem Raum direkt gegenüber. Das Chi verlässt den Raum sofort wieder, ohne ihn genügend mit Energie zu versorgen.*

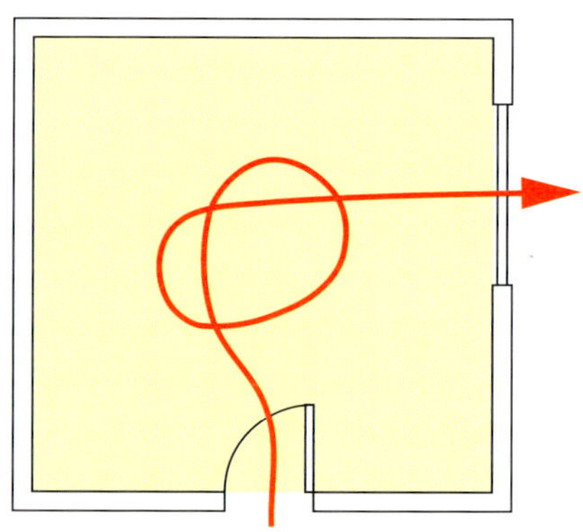

*Günstig: Der Chi-Fluss kann sich in diesem Raum gleichmäßig verteilen und ihn mit Energie versorgen, bevor er den Raum durch das Fenster verlässt.*

so kann man es lenken, anregen, bremsen, umleiten, zerstreuen, kanalisieren, abblocken und fördern. Nur festhalten kann man das Chi nicht, denn damit stirbt es. Da wir ständig in Resonanz mit unserer Umgebung stehen, sind belebende Wohn- und Arbeitsräume für uns sehr wichtig.
Besonders Räume, in denen wir uns mehrere Stunden aufhalten, sollten gut mit Chi versorgt sein. Dazu gehört insbesondere unser Schlafbereich, in dem wir regenerieren und Kräfte sammeln.

**Wenn Chi in einem Raum fehlt** – Eine Unterversorgung wichtiger Aufenthaltsbereiche mit Chi kann langfristig negative Auswirkungen haben: Ständige Müdigkeit und Abgespanntheit, Antriebslosigkeit, Häufung von Gesundheitsproblemen, geringer Arbeitseifer, mangelhafte Leistungen, allgemeine Gereiztheit und Unlust können die Folge sein.

Im Allgemeinen verläuft der Chi-Fluss geradlinig. Stößt er jedoch auf ein Hindernis oder wird abgelenkt, so nimmt sein Verlauf geschwungene Bahnen an. Das kann man im Feng Shui nutzen.
Es gibt in Gebäuden Haupt- und Nebenenergielinien, ähnlich den Meridianen im menschlichen Körper. Ein Ziel des Feng Shui ist es, den Chi-Fluss gleichmäßig durch Haus oder Wohnung zu lenken und damit alle Räume unserer Umgebung ausreichend zu energetisieren.
Dabei ist zu beachten, dass Chi, ähnlich dem Wasser eines Flusses, immer weiterfließen will, es will in Bewegung sein. Stagniert es, so beginnt es zu faulen wie der abgetrennte Seitenarm eines Flusslaufes und stirbt schließlich ab.
Um den Chi-Fluss in gewünschten Bahnen zu lenken, können die Kriterien des Feng Shui in die Einrichtung, Gestaltung und Planung von Gebäuden mit einbezogen werden. Mehr dazu finden Sie im Praxissteil ab Seite 226.
**Beispiel 1** – Ein Zimmer am Ende eines langen, mehrfach abgewinkelten Flures, der womöglich auch noch durch Gegenstände eingeengt ist, die achtlos dort abgestellt wurden, ist sozusagen vom Chi-Fluss abgeschnitten. Dieses Zimmer am Ende des langen Flurs wird kaum Energie bekommen, hat daher eine eher muffige Atmosphäre, lädt nicht zum Verweilen ein und kostet jeden Kraft, der sich längere Zeit dort aufhält. Nach der Lehre des Feng Shui würde man versuchen, diesen Raum mit geeigneten Maßnahmen wieder in den Energiekreislauf einzubinden: Das kann etwa durch eine gezielte Beleuchtung des hinteren Flurabschnittes geschehen oder ein schönes Kunstwerk, das die Aufmerksamkeit und damit auch Chi in diesen Bereich zieht. Hilfreich ist in so einem Fall vielleicht auch noch ein ▸ Fächer, der dem Chi die Richtung weist, in der es den genannten Raum findet. Natürlich muss der Flur von achtlos abgestellten Gegenständen befreit werden, um den Chi-Fluss nicht unnötig zu bremsen.

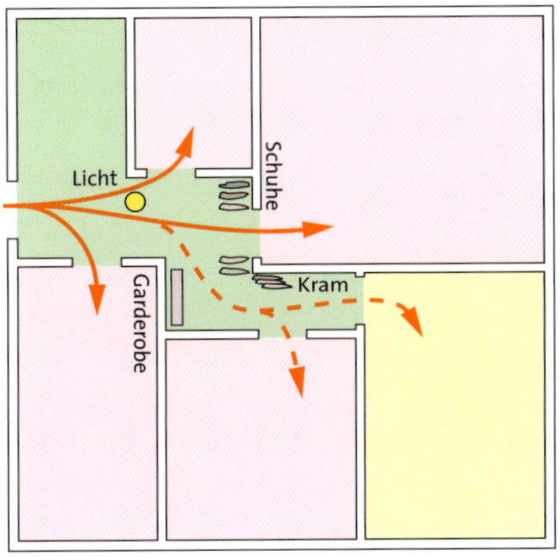


*Zu Beispiel 1: Durch im Flur abgestellte Gegenstände wird der Chi-Fluss gebremst. Die Räume am Ende des abgewinkelten Flurs werden dadurch zu wenig mit Chi belebt.*

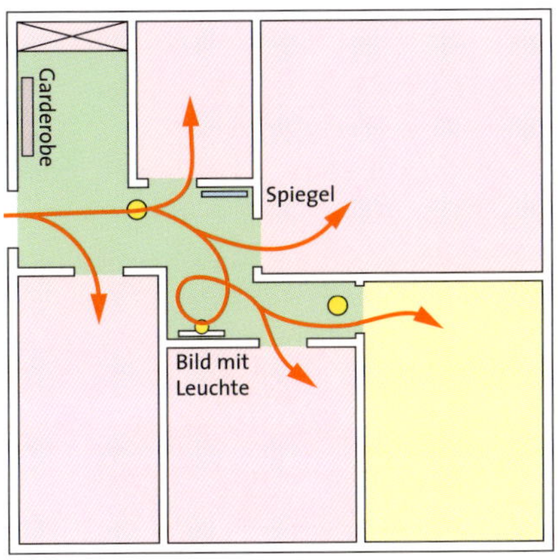


*Zu Beispiel 1: Garderobe und Schuhe hindern nicht den Chi-Fluss, ein Spiegel lenkt es um die Ecke, ein Bild zieht es an, und Licht lenkt Aufmerksamkeit in den hinteren Teil des Flurs.*

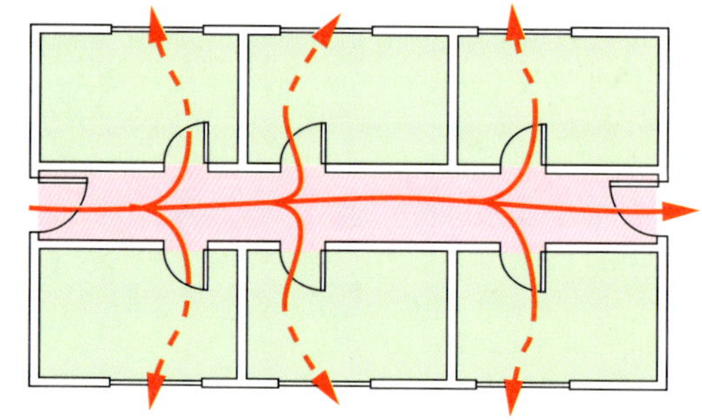

*Zu Beispiel 2: Die Eingangstür liegt der Hintertür direkt gegenüber. Das durch die Eingangstür strömende Chi fließt geradewegs zur hinteren Tür, ohne die Räume zu beleben.*

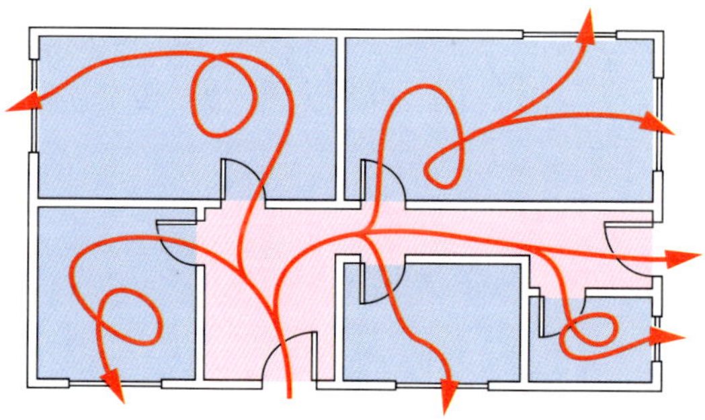

*Zu Beispiel 2: Durch den günstigen Schnitt der Wohnung verteilt sich das Chi gleichmäßig, und alle vom Flur abgehenden Räume werden ausreichend mit Energie versorgt.*

**Beispiel 2 –** Der Chi-Fluss gelangt hauptsächlich durch die Eingangstür in Gebäude oder Wohnungen, ein kleinerer Teil auch durch die Fenster.
Das Chi verteilt sich und verlässt die Räume dann durch alle Öffnungen, die das Haus bietet, meist Fenster und Abflüsse.
Ist der Weg zwischen Eingang und Ausgang zu gerade oder auch zu kurz, so verlässt das Chi ein Gebäude oft schnell, ohne seine belebende Kraft in allen Räumen zu verteilen.
Das ist der Fall, wenn der Eingang in einer direkten Linie mit der Hintertür liegt (siehe Illustration oben). Ein anderer ungünstiger Grundriss liegt vor, wenn das Badezimmer und/oder WC unmittelbar gegenüber dem Eingang liegt. So kann es passieren, dass das Chi vom Eingang aus sogleich gegenüber ins Bad fließt und dort im Abfluss weggespült wird.

## Chien

Chinesisches Wort für ▸ **Himmel,** auch als die Bezeichnung für eines der ▸ **Trigramme** des ▸ **I Ging** bekannt. Das Trigramm »Himmel« steht für das schöpferische Prinzip. Es wirkt stark und hell.

## Chinesische Astrologie

Auch Traditionelle Chinesische Astrologie genannt. Der Begriff »Astrologie« ist eigentlich ein wenig irreführend. Die chinesischen Künste der Zukunftsprognosen und Schicksalsberechnungen sind kaum mit der westlichen Astrologie zu vergleichen.
Allgemein kann man sagen, dass die verschiedenen Schulen der Divinationskünste (Voraussagen, Deutungen) in China seit jeher sehr beliebt waren.
Besonders im Kaiserlichen China hatten die Experten der Schicksalsberechnung großen Einfluss auf das individuelle Leben wie auf das politische Geschehen. Im 19. Jahrhundert waren die Künste, die Vergangenheit zu analysieren und die Zukunft vorherzusagen, in China weit verbreitet, besonders in Taiwan und Hongkong, wo diese Methoden auch heute noch sehr gefragt sind.
Die unterschiedlichen Herangehensweisen der Deutung sind im Lauf der Jahrtausende immer mehr miteinander verschmolzen. Sie sind mit den traditionellen chinesischen Wissenschaften zusammengeführt unter dem Begriff der »Quadrat-Künste« oder ▸ **Methoden-Künste,** auch »fangshu« genannt. Ein Meister dieser Künste wird daher als »fangshi« bezeichnet, sozusagen als »Quadrat«.
**Kalender –** Die asiatischen Deutungskalender unterscheiden sich von den bei uns in der westlichen Welt gebräuchlichen Kalendern erheblich. Es gibt:
**Mondkalender –** Der Mondkalender beginnt das Jahr jeweils mit dem zweiten Neumond nach der Wintersonnenwende.
**Sonnenkalender –** Ein astronomisch genauer Kalender mit den Zuordnungen von ▸ **Himmelsstämmen** und ▸ **Erdzweigen.**
**Kalender der 10.000 Jahre (▸ Wannianli) –** Dieser Deutungskalender beinhaltet neben den Daten unseres westlichen Kalenders, den Mondkalender, Angaben zu den Solareinheiten, die ▸ **Himmelsstämme** und ▸ **Erdzweige** für Stunde, Tag, Monat und Jahr sowie die zugeordneten Zahlen des ▸ **Lo Shu.**

## Berechnung des Schicksals durch die Sterne

**Berechnung nach den acht Zeichen**
Wird auch »Berechnung des Schicksals durch die Vier Säulen« oder »sizhu suanming« (»Four pillars of destiny«) genannt. Mehr dazu unter ▸ **Bazi Suanming.**

**Berechnung des Herrschers des Nordabschnitts, des Polarsterns**
Auch zi wei tong genannt.

**Berechnung der sieben Planeten**
Auch qizheng genannt.

**Berechnung der Fliegenden Sterne**
Auch feitian (▸ **Fliegender Himmel**) genannt.

**Berechnung nach den Palast-Methoden**
Auch gongfa genannt. Hier wird noch einmal unterschieden zwischen der Methode der Zwölf Paläste (shi'ergong), der Neun Paläste (jiugong) und der Acht Paläste (ba gong).

**Deutung nach den Zwölf Tierkreiszeichen**
Auch shi'ershou genannt oder Deutung nach den Zwölf Bildnissen (shi'erxiao) oder nach den Zwölf Zuordnungen (shi'ershu).

*Bekannt ist das I Ging in Europa vor allem als Orakel mit Schafgarbenstängeln oder Münzen.*

**Deutungstechniken**
Orakeldeutung mit Knochen oder Schildkrötenpanzern, I Ging, Gestalt-Orakel, Orakel des Himmelsbildes, Nummerologiesysteme, Physiognomiedeutung (Gesicht/Handlinien), Geomantie, Bestimmung von Glückszeiten, Berechnung des Schicksals durch die Sterne-Vermischte Arten von Orakeln.

**Techniken –** Die Vielfalt der Techniken, die sich im Lauf der Jahrtausende entwickelt haben, ist erstaunlich und macht einen Vergleich mit der westlichen Astrologie kaum möglich.

**»Meister« oder »Methoden-Meister« (Xingming) –** Diese Methoden kommen unserer westlichen Astrologie noch am nächsten. Doch auch diese sind nicht als direkte Sterndeutung im westlichen Sinn zu betrachten, da hierbei von den Himmelskörpern hauptsächlich nur Sonne, Mond und der Polarstern in die Deutung mit einbezogen werden. »Xing« bedeutet »Stern«, kann aber ebenso mit »Einfluss« übersetzt werden, und »xingming« daher mit »Einfluss auf das Schicksal«.

**Der Mensch und sein Schicksal –** Nach chinesischer Auffassung bleibt dem Menschen immer die Möglichkeit, sein Schicksal aktiv zu beeinflussen und zu lenken. Kennt er das Auf und Ab seiner Lebensrhythmen, so kann er größten Nutzen für sein Lebensglück daraus ziehen und mögliches Unheil schon im Voraus abwenden.

## Chinesische Medizin

Die Traditionelle Chinesische Medizin, gebräuchlich in der Abkürzung TCM, geht im Gegensatz zur westlichen Medizin von einer alles umfassenden Ordnung der Welt aus, in die der Mensch eingebunden ist. Der Mensch wird dabei nicht losgelöst von seiner Umgebung betrachtet, sondern als Teil des Ganzen – und demzufolge geht man davon aus, dass der Mensch auch nach denselben Gesetzmäßigkeiten funktioniert. In der chinesischen Medizin gilt der Grundsatz: Mikrokosmos ist gleich Makrokosmos. Förderlich für das Leben ist daher das dynamische

Gleichgewicht aller Komponenten. So kommt es auch, dass in der chinesischen Medizin die Ausgeglichenheit zwischen ▸ Yin und ▸ Yang, die unterschiedlichen Qualitäten der Lebensenergie in Form von Jing, Chi und Shen (▸ Drei Schätze) sowie die ▸ Fünf Elemente auf physischer und auf psychischer Ebene betrachtet werden.

**Therapieformen** – Zur Behandlung gibt es in der chinesischen Medizin folgende Therapieformen:

**Akupunktur** – Das ▸ Chi fließt im Körper in Energieleitbahnen, den so genannten Meridianen. Diese Energieleitbahnen werden von der Akupunktur genutzt, um dort durch das Setzen von Nadeln einen Energieausgleich zu setzen.

**Qi-Gong** – Setzt Körperübungen ein, um den Energiefluss im Körper zu lenken.

**Tuina-Massage** – Diese Massagetechnik arbeitet weniger an den Muskeln als an den Energiezuständen im ganzen Körper.

**Phytotherapie** – Chinesische Pflanzenheilkunde.

**Diätetik** – Die ▸ Fünf Elemente spielen in der Diätetik eine Rolle (»Ernährung nach Feng Shui«).

**Die Fünf Elemente** – Die Lehre der ▸ Fünf Elemente ist für die chinesische Medizin besonders wichtig. Die Elemente stehen für dynamische Qualitäten oder Wandlungsphasen, die im Körper unterschiedliche Entsprechungen finden. Einen Überblick über die Zuordnungen verschafft Ihnen die folgende Tabelle:

## DIE FÜNF ELEMENTE UND DER MENSCHLICHE KÖRPER

| | HOLZ | FEUER | ERDE | METALL | WASSER |
|---|---|---|---|---|---|
| MERIDIAN (ORGAN) | Leber Gallenblase | Herz, Dünndarm, Perikard Dreifacher Erwärmer | Milz Magen | Lunge Dickdarm | Nieren Blase |
| KÖRPERTEIL | Sehnen Muskeln | Blut Blutgefäße | Bindegewebe Fleisch | Haut Faszien | Knochen Knochenmark Zähne, Haar |
| SINNESORGAN | Auge | Zunge | Mund | Nase | Ohr |
| WAHRNEHMUNG | Sehen | Sprechen | Schmecken Tasten | Riechen | Hören |
| EMOTION | Wut Zorn | Freude Liebe | Sorgen Anteilnahme | Trauer | Angst (Urvertrauen) |
| GESCHMACK | sauer | bitter | süß | scharf | salzig |
| BEWEGUNG | nach außen, Expansion | nach oben | in sich ruhend | nach innen, Kontraktion | nach unten |

## Chinesische Tierkreiszeichen

Näheres zu diesem Themenbereich finden Sie unter dem Stichwort ▸ **Zwölf Tierkreiszeichen.**

## Chinesischer Kompass

Der Chinesische Kompass ( ▸ **Lo Pan** und Luo Pan genannt) ist eine runde oder auch rechteckige Platte mit einem Kompass in der Mitte. Weitere Informationen sind ringförmig um den Kompass herum angeordnet. Bei manchen Geräten lassen sich die Ringe verdrehen, was verschiedene Einstellungen möglich macht. Die auf dem Lo Pan abzulesenden Informationen und deren Bezüge untereinander lassen Schlüsse über den Zustand eines Ortes, Hauses oder einer Wohnung zu. Das Gerät ist ein wichtiges Instrument für den Feng-Shui-Berater, der mit der traditionellen ▸ **Kompass-Schule** arbeitet.

## Chueh Ming

Chinesischer Begriff für »totaler Verlust«. Bezeichnet den ungünstigsten Bereich bzw. die ungünstigste Richtung nach einer Methode des ▸ **Bagua Lo Shu Feng Shui.** Diese Bezeichnung ist auch unter den Techniken des ▸ **Neun-Sterne-Ki** zu finden. Beschreibung zur Anwendung unter ▸ **Beste Richtung** sowie ▸ **Günstige und ungünstige Bagua-Bereiche.**

## Computer

Im Feng Shui symbolisieren Computer Leben und Aktivität. Sie erzeugen ▸ **Chi** und vorwiegend aktive Energie ( ▸ **Yang-**Energie). In einem Büro mit mehreren Bildschirmen kann diese Yang-Energie zu viel werden. Deshalb kann man in solchen Fällen mit Objekten entgegenwirken, die eine beruhigende Wirkung ( ▸ **Yin-**Energie) erzeugen.

Eine solche Energie kann man mit blauen ▸ **Farben** – hier können Sie beispielsweise Bilder mit vorwiegend blauen Tönen im Raum aufhängen – und mit Hilfe von weichen Formen erzeugen.

**Die Fünf Elemente –** Nach der Lehre der ▸ **Fünf Elemente** wird der Computer meistens dem Element ▸ **Wasser** zugeordnet, da es sich um ein Gerät handelt, das zur Kommunikation dient (Internet).

Durch den starken elektronischen Anteil des Computers wird das Element ▸ **Feuer** mit ihm in Verbindung gebracht.

*Ein günstiger Standort für einen Computer: Er steht auf einem separaten Computertisch neben der eigentlichen Schreibtischplatte.*

**Der richtige Standort –** Der Standort des Computers sollte nicht direkt auf dem Schreibtisch sein, sondern auf einem eigens für den Computer vorgesehenen Tisch. Dem Schreibtisch würde sonst durch den Computer zu viel Platz entzogen, und es wäre unmöglich, dort die Bereiche des ▸ **Bagua** optimal einzurichten.

**Bagua und Computer –** Prüfen Sie, in welchem Bereich des ▸ **Bagua** der Computer im Raum steht und ob es eines Ausgleichs bedarf.

**Bereich »Partnerschaft« –** Steht der Computer in diesem Bereich, wirkt er sich nicht unbedingt förderlich für eine Partnerschaft aus, außer man sucht gern Kontakte über das Internet.

Eine bestehende Partnerschaft könnte in eine Krise geraten, wenn die Aufmerksamkeit zu stark auf den Computer gerichtet ist.

**Bereich »Wissen und Weisheit« –** Dieses Feld ist günstig für den Standort eines Computers.

**Bereich »Kreativität und Kinder« –** Arbeitet man beruflich in einer kreativen Branche, dann kann der Standort des Computers in diesem Bagua-Feld durchaus von Vorteil sein. Da dieses Bagua-Feld dem Element ▸ **Metall** angehört und der Computer dem Element ▸ **Wasser** zugeordnet wird, finden sie sich nach der Lehre von den ▸ **Fünf Elementen** im nährenden Zyklus.

**Bereich »Wachstum und Erfolg« –** In diesem Bereich ist ein Computerplatz noch günstiger als im Bereich »Kreativität und Kinder«, da in diesem Feld das Element ▸ Holz vorherrscht, welches durch das Element ▸ Wasser (Computer) genährt wird.

**Bereich »Ansehen und Erleuchtung« –** Ist der Standort des Computers im diesem Feld, würde das Element ▸ Wasser das Element ▸ Feuer löschen, wenn nicht das Element ▸ Holz hinzugefügt wird. Vielleicht ist das Holz in Form eines Holzfußbodens oder eines Holztisches bereits vorhanden, so dass kein besonderer Ausgleich nötig ist.

**Elektrosmog und Ionisierung –** Computer haben leider die Eigenschaft, ▸ Elektrosmog und Elektromagnetismus zu erzeugen. Zudem werden durch den Strom für uns gute, negativ geladene Teilchen aus der Luft in positiv geladene Teilchen (▸ Ionisierung) umgepolt. Diese nachteiligen Eigenschaften haben zur Folge, dass man sich schnell abgespannt fühlt und die Konzentration nachlässt. Dies ist mit ein Grund, weshalb Computer nicht in der Nähe von Schlaf- und Entspannungsplätzen stehen sollten.

## Kleiner Einkaufsratgeber

Beim Neukauf eines Computers sollten Sie einige Qualitätskriterien beachten, um eine Beeinträchtigung zu vermeiden:

**Elektrosmog –** Achten Sie darauf, strahlungsarme Bildschirme zu kaufen. Verlassen Sie sich beim Kauf nicht auf die Bezeichnung »strahlungsarm«, da dies keine genaue Aussage ist. Achten Sie auf das TCO-Siegel. Übrigens sind Siegel »TCO'92« nicht so gut wie Siegel »TCO'95« oder »TCO'99«. Aktuelle Informationen durch eine Verbraucherzentrale sollten Sie zu Rate ziehen. Ein weiteres Siegel ist das MPR-Zeichen, das allerdings höhere Grenzwerte als das TCO-Siegel zulässt. Die Version »MPR-III« ist »MPR-II« vorzuziehen.

**Bildschirm und Augen –** Für die Augen ist die Bildwiederholfrequenz entscheidend, die über 90 Hz liegen sollte. Achten Sie auch auf eine hohe Auflösung des Bildes. Eine gute Auflösung beträgt mindestens 640 x 480 Punkte.

**Salzkristallleuchten –** Die Ionisierung der Luft kann durch ▸ **Salzkristallleuchten** verbessert werden. Sie haben die Eigenschaft, die positiv geladenen Teilchen umzupolen, und machen die Atemluft wieder gesünder. Dies ist für Räume mit Computern empfehlenswert.

## Currygitter

Der Begriff »Currygitter« ist auch unter der Bezeichnung »Currynetz« bekannt. Ersteres ist die gängige Bezeichnung für das Diagonalnetzgitter nach Dr. Curry, welches von ▸ Rutengängern oder ▸ Geomanten als störender Einfluss in Räumen erspürt werden kann. Dieses Gitter verläuft diagonal zu den Haupthimmelsrichtungen: von Südost nach Nordwest und von Südwest nach Nordost.

Ausführlichere Information dazu finden Sie unter dem Stichwort ▸ Gitternetze.

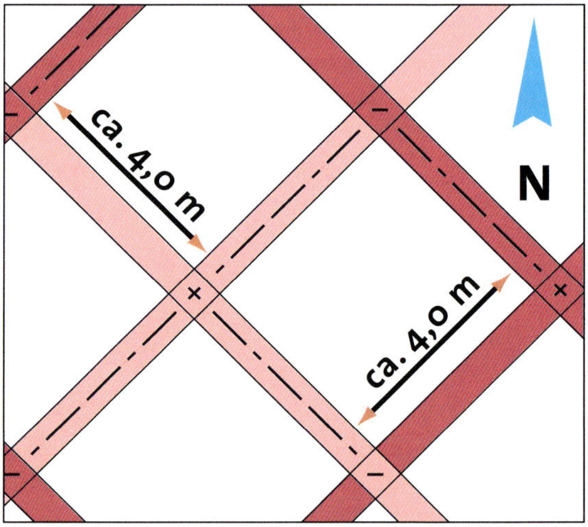


*Schematische Darstellung des Diagonalnetzgitters nach Dr. Curry, unter der Bezeichnung »Currygitter« bekannt.*

## Cutting Chi

Cutting Chi heißt übersetzt »schneidendes Chi« und ist eine andere Bezeichnung für ▸ Geheime Pfeile. Diese werden durch Ecken, Kanten und spitze Formen erzeugt. Der ▸ Chi-Fluss wird dadurch beschleunigt und attackiert die Umgebung. Eine ausführlichere Erklärung finden Sie unter den Stichwörtern ▸ Geheime Pfeile und ▸ Sha.

# D

## Dächer

Jede Dachform hat ihre spezifische Ausstrahlung und Wirkung auf das Umfeld. Im Feng Shui werden Dachformen, Dachneigung, Ausrichtung und die Zuordnung zu den ▸ **Fünf Elementen** untersucht.

**Chi –** Entlang der Dachkanten wird das ▸ **Chi** beschleunigt. Um Nachbargebäude davon nicht zu beeinträchtigen, kann man schon beim Grundrissentwurf darauf achten, wie das Gebäude ausgerichtet wird. Wenn man ein Gebäude vorfindet, welches bereits durch das Nachbargebäude beeinträchtigt wird, kann man ▸ **Geheime Pfeile** mit einem speziellen ▸ **Spiegel** zurückwerfen oder zerstreuen.

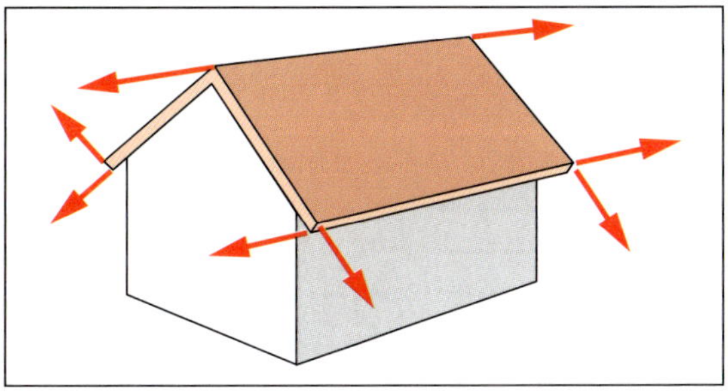

*Beschleunigtes Chi entlang der Dachkanten.*

Eine weitere Möglichkeit, um den beschleunigten ▸ **Chi-Fluss,** der entlang von Dachkanten entsteht, abzubremsen oder umzulenken, wäre eine Bepflanzung zum Schutz, eine Figur an geeigneter Stelle oder ein ▸ **Spiegel.** Mehr dazu finden Sie auch unter den Stichwörtern ▸ **Nachbarn** sowie ▸ **Sha.**

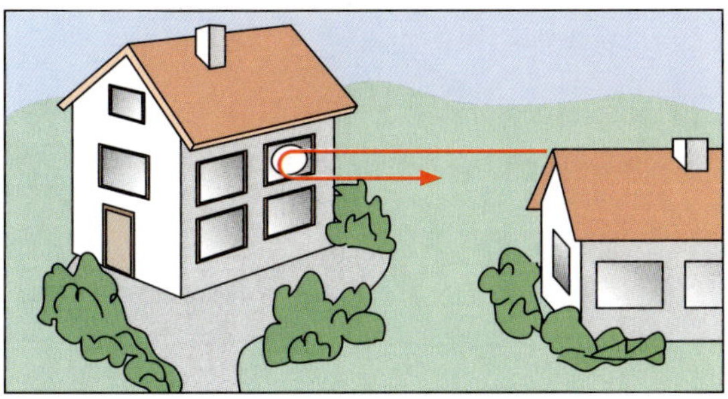

*Ein Spiegel wirft Geheime Pfeile der Dachkante zurück.*

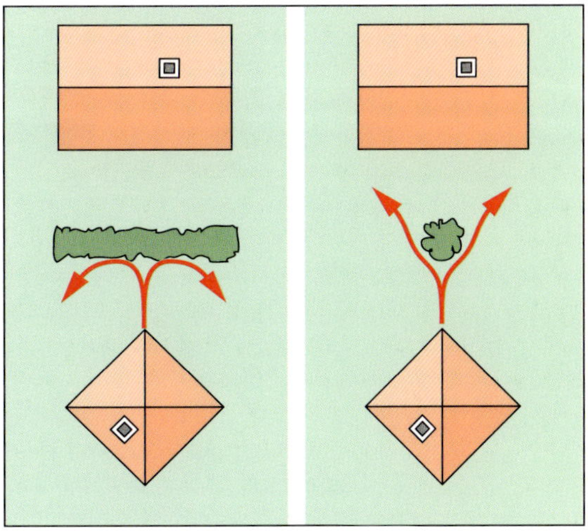

*Beschleunigtes Chi vom Dach des Nachbarhauses kann durch eine Bepflanzung entschärft werden.*

**Die Fünf Elemente –** Die verschiedenen Dachformen werden, ähnlich wie auch die Gebäudeformen, den ▸ **Fünf Elementen** Holz, Feuer, Erde, Metall oder Wasser zugeordnet. Es kann sich durch Gebäude- und Dachform eine gemischte Elementkombination ergeben, wie z. B. Gebäudeform ▸ **Erde** und Dachform ▸ **Feuer.** In diesem Fall passt die Konstellation gut zusammen, da das Feuer die Erde nährt.

Die Zuordnung zu den Elementen wird herangezogen, um festzustellen, ob die Elemente ausgewogen verteilt sind oder ungünstig aufeinander treffen. Mehr darüber finden Sie unter dem Stichwort ▸ **Formen-Schule** und im Praxisteil dieses Buchs im Kapitel »Der Außenraum« (siehe Seite 288ff.).

**Steildächer –** Es gibt verschiedene Variationen, wie Satteldächer, Walm- und Krüppelwalmdächer, Mansarden- und Pultdächer. Da der First und die Traufe

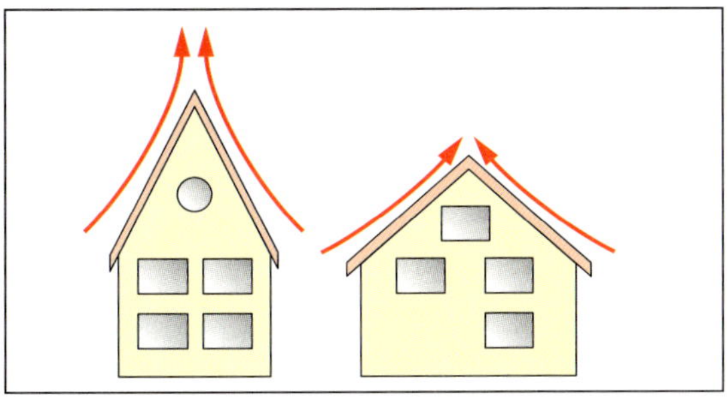

*Beschleunigtes Chi bei Steildächern.*

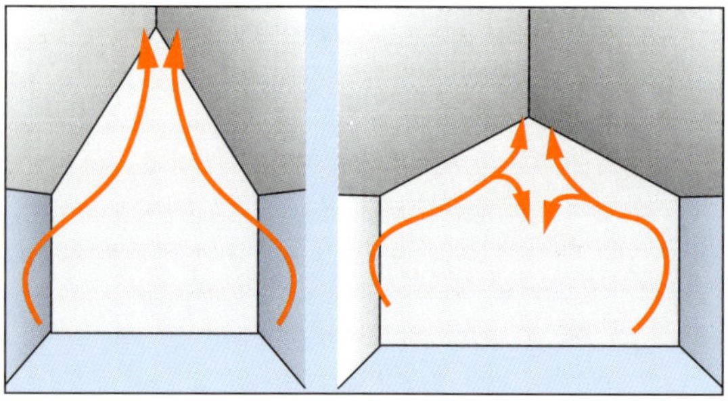

*Der Energieverlust im Dachbereich von Steildächern entsteht durch den Energiesog nach oben.*

dieser Dächer ▸ **Geheime Pfeile** erzeugen und die Umgebung damit attackieren können, ist auf die Ausrichtung besonders zu achten. Je steiler das Dach, umso stärker die Geheimen Pfeile. Steildächer mit mittlerer Neigung, die an einen Hügel erinnern, werden nicht ganz so negativ bewertet.

Ein Steildach hat die Eigenschaft, durch seine Form die Energie nach oben zu ziehen (siehe Illustration oben). Dadurch ist die Energie unter dem Dach oder in Räumen mit ▸ **Schrägen** oft niedriger als in den Geschossen darunter. Werden die Dachräume bewohnt, sollte ein Ausgleich getroffen werden.

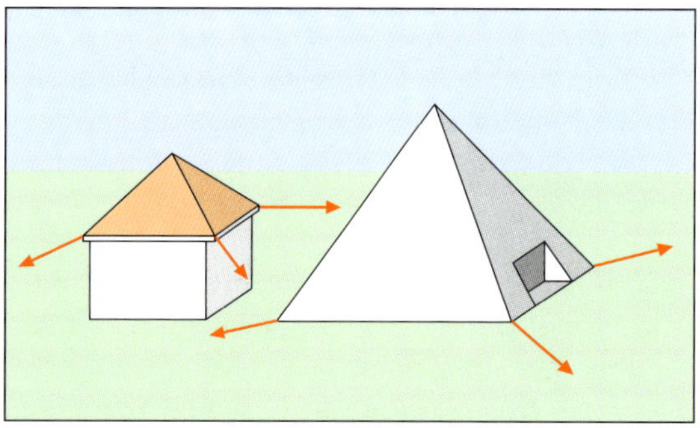

*Pyramidendach (Zeltdach) und Pyramide.*

**Pyramidendächer bzw. Zeltdächer –** Diese Dächer erinnern an die ägyptischen Pyramiden, die Grabmäler der Pharaonen. Da es sich bei den Pyramiden um Häuser für Tote handelt, ist der Symbolgehalt von Pyramidendächern nicht sehr vorteilhaft.

Bei den Pyramiden- oder Zeltdächern verteilen sich die ▸ **Geheimen Pfeile** von einem kräftigen Zentrum entlang der Dachkanten aus in alle vier Richtungen. Wohnbauten in Pyramidenform sollten nur mit einem fundierten Wissen über Pyramidenbau geplant werden, da man verschiedene Auswirkungen innerhalb dieser Gebäude nicht unterschätzen sollte. Eine Ausnahme kann bei Glaspyramiden gemacht werden, wie z. B. bei der »La Pyramide« im Louvre. Bei richtiger Platzierung kann von dem einem Kristall gleichenden Gebäude eine sehr positive Wirkung ausgehen.

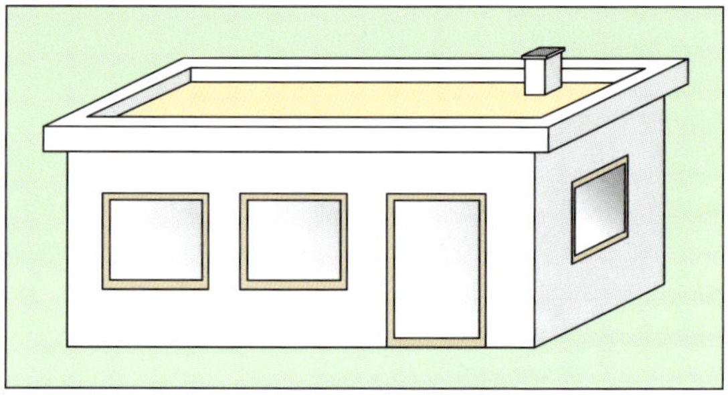

*Flachdächer erzeugen kein beschleunigtes Chi.*

**Flachdächer –** Sie haben den Vorteil, dass von der Dachfläche kein ▸ **Chi** beschleunigt wird. Die ▸ **Geheimen Pfeile** gehen hier lediglich von den Gebäudeecken und der Traufe des Daches aus. Da die Geheimen Pfeile meistens im 90°-Grad-Winkel von den Eckkanten ausgehen, wird durch die Kanten der Traufe nur selten ein Gebäude attackiert. Die obige Zeichnung verdeutlicht den Verlauf des beschleunigten ▸ **Chi-Flusses.** Die Ausrichtung des Gebäudes ist ebenfalls zu beachten.

**Kuppeldächer –** Sie haben meist einen runden Grundriss und den Vorteil, dass keine ▸ **Geheimen Pfeile** ausgesendet werden. Gebäude mit Kuppeldächern wirken harmonisch und fügen sich in fast jede Grundstücks- oder Umgebungssituation gut ein.

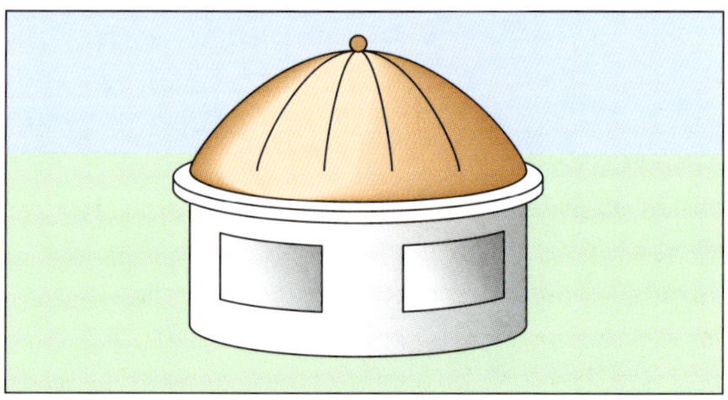

*Günstig: Kuppeldächer erzeugen kein beschleunigtes Chi.*

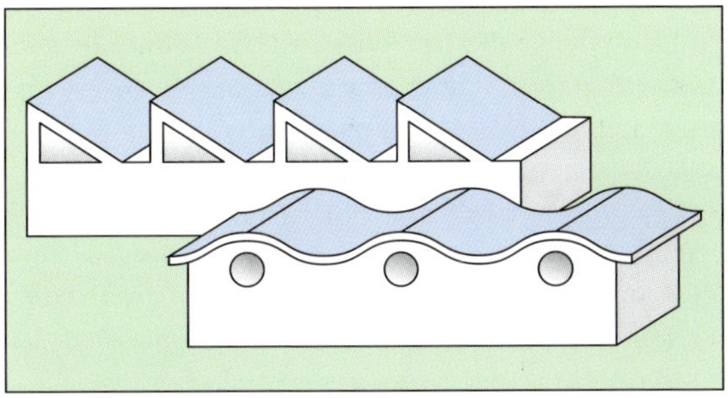

*Unregelmäßige Dächer verursachen viele Geheime Pfeile.*

**Unregelmäßige Dächer –** Unregelmäßige Dächer, wie z. B. das Sheddach, sind sehr unterschiedlich in ihren Formen und erzeugen meistens viele ▸ **Geheime Pfeile** in alle Richtungen. Diese Art von Gebäuden steht oft in Gewerbegebieten. Auch hier ist es wünschenswert, dass die Dachformen keine Nachbargebäude attackieren. Im ▸ **Power Feng Shui** wird dieser Umstand manchmal bewusst eingesetzt, um das Nachbarunternehmen zu schwächen. Feng-Shui-Wissen sollte aber in keinem Fall für solche Maßnahmen genutzt werden.

## Dayun

Chinesisches Wort für »Großer Lebenszyklus«. Bezeichnet einen der drei Hauptaspekte des Bazi Suanming, der Schicksalsberechnung nach den acht Zeichen. Hinzu kommt die Betrachtung der Grunddisposition und der ▸ **Fließenden Jahre.** Ausführliches unter dem Stichwort ▸ **Bazi Suanming.**

## Decken

Die Gestaltung von Innenraumdecken lässt viele Möglichkeiten zu.

**Betondecken –** Meistens werden Betondecken verwendet, die viele Bewehrungseisen in sich tragen. Problematisch ist diese Art von Decken aus der Sicht der ▸ **Geomantie.** Durch Eisenträger und Bewehrungen kann das natürliche Magnetfeld der ▸ **Erde** abgelenkt werden.

**Holzbalkendecken –** Sie sind aus geomantischer Sicht sehr viel gesünder für unser Raumklima. Es ist zum Teil Mode geworden, alte Deckenbalken freizulegen, um deren rustikalen Charakter sichtbar zu machen. Doch nicht alles, was auf den ersten Blick gemütlich aussieht, ist es auch dann noch, wenn wir längere Zeit damit verbringen. Sichtbare Deckenbalken haben die Eigenschaft, dass durch deren Ecken und Kanten das ▸ **Chi** beschleunigt wird. Dadurch entstehen unter Balken ▸ **Geheime Pfeile,** die besonders im Kopfbereich eines Schlafplatzes oder eines Arbeitsplatzes Unruhe erzeugen. Ein weiterer Nachteil ist, dass Balken das Energiefeld unter sich zusammendrücken und über dem Kopf als bedrückend empfunden werden können.

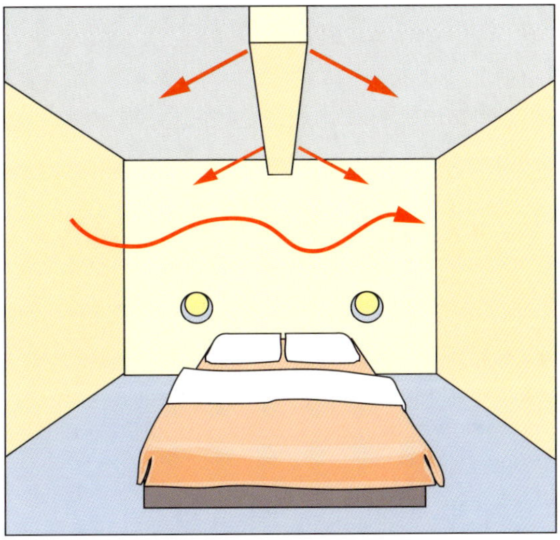

*Deckenbalken erzeugen beschleunigtes Chi und belasten dadurch Plätze, die direkt darunter liegen.*

### Abschwächen von Balken

**Stoffbaldachin –** Über einem Bett aufgespannt kann ein Baldachin die negative Wirkung der Balken gut abschirmen.

**Flöten –** Zwei Flöten, die in einer angedeuteten Bagua-Form aufgehängt werden, schwächen die Wirkung der Balken ab (siehe Seite 91).

**Kletterpflanzen –** Sie runden die Ecken der Balken ab. Allerdings gilt die Empfehlung nicht für das Schlafzimmer, da dort möglichst keine Pflanzen stehen sollten.

**Farbe –** Die Deckenbalken können in gleicher Farbe wie die Decke gestrichen werden. Sie treten dann optisch nicht zu sehr hervor und werden abgeschwächt.

Bei einer guten Neuplanung kann rechtzeitig auf Deckenvor- und -rücksprünge verzichtet werden. Wenn sie bereits vorhanden sind, gibt es optische Tricks, mit denen die Balken abgemildert werden.

**Gesunder Schlaf –** Sollten Sie Schlafprobleme haben, ist es empfehlenswert, einen Geomanten um Rat zu fragen. Dieser kann den Schlafplatz auf mögliche ▸ **Störzonen** untersuchen. Mehr darüber unter ▸ **Geomantie.**

## Delphine

Delphine gehören zu den modernen ▸ **Hilfsmitteln** im Feng Shui. Delphine symbolisieren Zuneigung und Lebensfreude. Ganz gleich, wo man Abbilder von Delphinen findet, haben sie stets eine sehr positive Ausstrahlung und eine Art Schutzwirkung.
Bereits im Altertum waren die Menschen von den Meeressäugetieren fasziniert, und es sind zahlreiche Sagen über Delphine überliefert.
Delphine und Menschen haben eine ungewöhnliche Verbundenheit, die sich nicht nur in Sagen ausdrückt, in denen Delphine einigen Menschen das Leben gerettet haben. So soll auch der Gott Apollon einst die Gestalt eines Delphins angenommen haben, um die Kreter nach Delphi zu tragen, wo sie Apollon dann einen Tempel bauten.

*Ein Delphinpaar ist passend für das Feld »Partnerschaft«.*

**Bagua –** Delphine werden gern in dem ▸ **Bagua**-Feld für »Partnerschaft« in Form einer Abbildung oder einer Plastik mit zwei Delphinen eingesetzt, um diesen Lebensbereich positiv zu stimulieren. Eine Delphingruppe kann sich im Bereich für »Familie und Gemeinschaft« oder »Hilfreiche Freunde« ähnlich positiv auswirken. Da Delphine als besonders verspielt gelten, sind sie auch im Bagua-Bereich »Kreativität und Kinder« gern gesehen.

## Diagonalnetzgitter

Übliche Bezeichnung für ein Gitternetzsystem, welches nach seinem Entdecker Dr. Curry auch als ▸ **Currygitter** bekannt ist und von ▸ **Rutengängern** oder ▸ **Geomanten** als störender Einfluss in Räumen erspürt wird. Ausführlicher beschrieben unter dem Stichwort ▸ **Gitternetze.**

## Dizhi

Chinesisches Wort für ▸ **Erdzweig.** Dizhi ist ein Begriff aus der ▸ **Chinesischen Astrologie.**

## DNS-Spirale

Zwei Spiralformen, die in gegenläufiger Drehrichtung ineinander aufgebaut sind und zu den modernen ▸ **Hilfsmitteln** zählen. Diese Spiralform verbindet und harmonisiert die Pole ▸ **Yin und Yang,** wobei die Energien der Erde und des Himmels miteinander verbunden werden.
Der Name der DNS-Spirale stammt von dem menschlichen Körperbaustein Desoxyribonukleinsäure. Dieser Baustein besteht ebenfalls aus einer Doppelspiralform, auch Doppelhelix genannt. Sie besteht aus 64 Paarkombinationen, die sich aus Dreiheiten zusammensetzen. Auffällig ist, dass auch im ▸ **I Ging** mit 64 Hexagrammen gearbeitet wird, die aus je zwei ▸ **Trigrammen** zusammengesetzt werden, die wiederum aus je drei Linien bestehen. Die DNS-Spiralen gibt es aus Glas, aus verschiedenen Metallen und in vielen ▸ **Farben.** Je nachdem, in welchem ▸ **Bagua**-Bereich die DNS-Spirale eingesetzt wird, kann mit Hilfe der passenden Wahl von Farben und ▸ **Materialien** eine stärkere Wirkung erzielt werden. In Schlafzimmern hat sich diese Art von Spirale nicht so bewährt, da sie eine zu hohe Schwingung erzeugt, die den Schlaf stören kann.

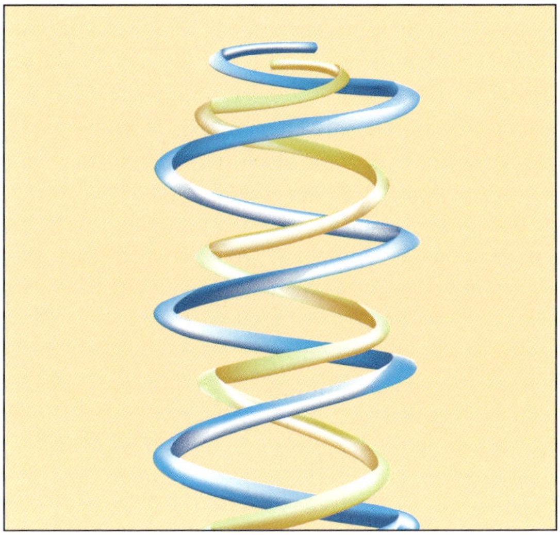

*DNS-Spiralen sind zum Zentrieren von Räumen geeignet.*

Sie sind gut zum Zentrieren eines Raumes. Es gibt linksdrehende DNS-Spiralen, die abladende Energie (▸ Yin-Energie) erzeugen, und es gibt rechtsdrehende DNS-Spiralen, die aufladende Energie (▸ Yang-Energie) erzeugen. Aufladende Spiralen benutzt man zur Erhöhung der Raumenergie, abladende Spiralen zur Harmonisierung von Räumen, bzw. man setzt sie an unruhigen Punkten ein.

**Bagua –** Durch die DNS-Spirale entsteht ein pulsierendes Energiefeld, denn sie erzeugt eine sehr hohe Schwingung, die sich auf die unmittelbare Umgebung überträgt, in der die Spirale aufgehängt ist. Es können dadurch gezielt ▸ Bagua-Bereiche mit mehr ▸ Chi aktiviert werden.

## Donner

Der Donner steht als Bild für eines der ▸ Trigramme aus dem I Ging. Die chinesische Entsprechung ist »chen«. Die Kraft des Donners ist bewegend und aktiv, er beschreibt das Prinzip des Erregenden. Siehe dazu auch die Stichworte ▸ Bagua und ▸ I Ging.

## Doppelhelix

Doppelhelix ist ein anderer Name für die DNS-Spirale und beschreibt die Form dieser DNS-Spirale, die einer Doppelhelix gleicht und aus zwei verbundenen gegenläufigen Spiralen besteht. Nähere Informationen unter ▸ DNS-Spirale.

## Drache

Die Figur des Drachen soll im 4. Jahrtausend v. Chr. entstanden sein, was Ausgrabungen in Pakistan und China belegen.

Der Sage nach schläft der Drache im Winter unter der Erde und steigt am zweiten Tag des zweiten chinesischen Monats empor. »Dabei verursacht er den Donner (▸ Trigramm des ▸ I Ging) und die ersten Regenfälle im neuen Jahr, die das Land befruchten. Dieser Tag wird vielerorts in China mit einem Drachenfest gefeiert.« (Ch. M. Bradler und J. A. P. Schreiner: »Feng Shui Symbole des Ostens«, Seite 54).

**Drachendarstellungen –** In China ist der Drache ein Glückssymbol und ist auf Gegenständen aller Art abgebildet. Die Drachenfigur als Objekt steht traditionell im Osten, symbolisiert das Element ▸ Holz und trägt die ▸ Farbe Grün. Als größere Figur kann er im Osten der Wohnung aufgestellt werden, allerdings nicht im Schlafzimmer, da er zu viel ▸ Yang-Energie ausstrahlt. In China wird die Drachenfigur mit einer Perle in ihren Krallen besonders verehrt.

**Formen-Schule –** Eine entscheidende Rolle spielt der Drache auch in der ▸ Formen-Schule des Feng Shui, da er als eines der Fünf Himmlischen Tiere traditionell die Ostseite eines Hauses, in Form einer Landschaftsformation, beschützt. Mehr dazu finden Sie unter dem Stichwort ▸ Himmlische Tiere.

## Drachenadern

Energiebahnen in der Landschaft, die an den Landschaftsformen ablesbar sind. Wege in der Natur, die von Tieren als Verbindungspfade genutzt werden und dadurch zu Vertiefungen führten, natürliche Formationen wie Schluchten, Bergfalten, geologische Formationen in Form von Erdspalten, Verwerfungen, geraden langen Linien und Furchen in der Natur – alle diese Landschaftsformen werden Drachenadern genannt. Die Interpretation der Form eines Drachen, meist ein Berg oder Hügel in der Landschaft, wird in der ▸ Formen-Schule zur Suche eines geeigneten Bauplatzes herangezogen.

**Gefahren von Drachenadern –** In China wird man es tunlichst vermeiden, auf solche Linien ein Gebäude zu stellen oder sie zu durchtrennen. Viel zu sehr fürchtet man das Unheil, das man durch solche Eingriffe in die Formen der Natur erwartet.

Als die künstlich erstellten Drachenadern in Form von Straßen und Bahnlinien hinzukamen, hat man diese Gesetzmäßigkeiten der Naturbeobachtungen auf sie übertragen. Sind die Drachenadern jedoch nicht mehr geschwungen, wie es in der Natur vorkommt, dann kann beispielsweise das Wasser nicht mehr abgebremst werden und erreicht eine hohe Geschwindigkeit und somit auch mehr Kraft, die als Energie des ▸ Sha bezeichnet wird.
Durch diese beschleunigte Energie, meist eine Folge des unachtsamen Umgangs des Menschen mit der natürlichen Umgebung, können Zerstörungen aller Art entstehen. Ebenso wie Bahnlinien werden daher im Feng Shui gerade verlaufende Straßen und Wasserläufe so weit wie möglich vermieden, ebenso wie im rechten Winkel zur Drachenader verlaufende Brücken oder Überquerungen.

**Gefährliche Drachenadern –** In China ging die Furcht vor dem ▸ **Sha,** das durch Drachenadern hervorgerufen werden kann, sogar so weit, dass ein chinesisches Syndikat eine ganze Bahnstrecke aufkaufte und abbaute. Denn da die Bahnlinie – eine Drachenader – direkt auf eine Stadt zulief, musste sie ihrer Meinung nach zerstört werden, bevor sie der Stadt Schaden zufügen konnte.

## Drachenfisch

Drachenfische werden in China Arrowana-Fische genannt. Sie gelten wie auch die Goldfische als beliebtes Glückssymbol.
Meist werden die Drachenfische in ▸ Aquarien in Dreier- oder Fünfergruppen gehalten. Der Drachenfisch glänzt silbrig; ist er gut gepflegt und gesund, dann schimmert er jedoch zart rosa oder golden. Der Goldschimmer macht den Drachenfisch auch zu einem Symbol für Reichtum.

## Drachenlinien

Andere Bezeichnung für ▸ Drachenadern.

## Drachennester

Drachennester werden im Chinesischen als »hsüeh« bezeichnet. Mehr dazu unter ▸ Hsüeh.

*Der Drachenfisch gilt als Symbol für Glück und Reichtum.*

## Drachenpferd

Figürliche Darstellung mit geschupptem Pferdekörper und Drachenkopf. Diese Figur soll Reichtum, Erfolg, Ruhm und Ehre ausdrücken. Das Drachenpferd wird mit unserem westlichen Einhorn gleichgesetzt. Drachenpferdfiguren werden in China als traditionelle Glücksbringer in den Wohnungen aufgestellt.
**Himmlische Tiere –** In alten Feng-Shui-Quellen gibt es Hinweise darauf, dass auch unser westliches Einhorn zu den ▸ Himmlischen Tieren (Drache, Phönix,

*Symbol für Reichtum, Erfolg und Ehre: das Drachenpferd.*

Schildkröte und Tiger) gehörte. Das Bild des Tigers nahm in späterer Zeit den Platz des Einhorns ein. Leider fehlen uns genauere Hinweise über diese Verwandlung zum Tiger und die Verbindung von Einhorn und Drachenpferd. Allen drei Tierfiguren – Einhorn, Drachenpferd und Tiger – ist jedoch eines gemeinsam: Sie gelten als unbesiegbar. Das Einhorn, das Reinheit, Kraft und Mut symbolisiert, kann der Sage nach nur besiegt und gezähmt werden, wenn man eine Jungfrau zu ihm schickt.

## Drachenschildkröte

Eine ▸ **Schildkröte** mit Drachenkopf, meist mit einer Babyschildkröte auf dem Rückenpanzer dargestellt. Diese Schildkröte soll acht Arten des Glücks, insbesondere Reichtum, bringen.

In der chinesischen Mythologie gelten der Drache und die Schildkröte als besondere Glückssymbole. Der ▸ **Drache** drückt dabei die ▸ **Yang**-Energie aus, wie Strenge und Courage. Die ▸ **Schildkröte** hingegen wird mit der ▸ **Yin**-Energie beschrieben, die der Ausdauer und Genügsamkeit einer Schildkröte entspricht. In der Verbindung der beiden Kräfte durch die Drachenschildkröte findet sich eine perfekte Kombination der gegensätzlichen Eigenschaften.

In chinesischen Supermärkten sind Figuren in dieser Darstellung sehr beliebte Verkaufsobjekte.

*Die Drachenschildkröte verbindet die Gegensätze Yin und Yang und gilt als Symbol für Glück und Reichtum.*

## Drachentränen

Kraftvolle, in Form von Rauten geschliffene Kristalle, die man heute im Feng Shui als ▸ **Hilfsmittel** einsetzt. Der Sage nach erstarren die Tränen der Drachen, die sie aus Glück vergießen, wenn sie vom Himmel zur Erde fallen, zu Kristallen. Drachentränen werden als Schutz in Fenster gehängt. Sie wirken ähnlich wie ▸ **Regenbogenkristalle,** die das ▸ **Chi** am Fenster aufhalten und in den Raum reflektieren.

*Drachentränen, in Fenster gehängt, halten das Chi auf und reflektieren es in den Raum.*

**Drachentränen haben Schutzwirkung –** Es gibt jedoch eine Ausnahme: Drachentränen sollten niemals direkt über einem Schlaf- oder Sitzplatz hängen: Die nach unten weisende Spitze kann unangenehme Wirkungen haben.

## Dreieck

1. Im Feng Shui symbolisiert die Dreiecksform das Element ▸ **Feuer.** Das Dreieck wird als eher ungünstige Form angesehen, denn es sendet ▸ **Geheime Pfeile** über seine Ecken aus und gilt als eine unausgewogene Form.
2. Auch in der westlichen Tradition wird das Element ▸ **Feuer** durch ein mit der Spitze nach oben weisendes Dreieck symbolisiert.

Mehr zum Thema »Dreieck« finden Sie unter dem Stichwort ▸ **Symbole.**

## Drei Schätze

Übliche Bezeichnung für drei unterschiedliche Qualitäten des körpereigenen Chi, auch »jing«, »chi« und »shen« genannt.

## Drei-Türen-Bagua-Methode

Diese Methode ist eine im Westen recht verbreitete moderne Vorgehensweise, um ein ▸ **Bagua** auf einen Grundriss zu projizieren. Damit wird die Lage der einzelnen Lebensbereiche, die den Bagua-Feldern entsprechen, deutlich. Ausführlich beschrieben ist diese Methode sowie die traditionelle Vorgehensweise unter dem Stichwort ▸ **Bagua.**

## Düfte

Der menschliche Geruchssinn reagiert sehr sensibel. Durch Gerüche werden wir erinnert, gewarnt, abgestoßen oder auch angelockt. Die Werbebranche hat schon seit langem die Wirkungsweisen der Düfte für sich entdeckt und setzt Duftstoffe gezielt ein, um Kunden anzulocken, eine angenehme Atmosphäre zu schaffen und die Verweildauer der Kunden in Geschäften auszudehnen.

So wird in Autohäusern beispielsweise der Gummigeruch neuer Autos mit dem weit exklusiveren Lederduft übertönt. Wohlriechende Verkaufsräume sollen den Kunden in Kaufstimmung versetzen. In Büros werden Gerüche zur Konzentrationsförderung mittels Beduftungsanlagen eingesetzt.

Der Einsatz von verschiedenen Duftstoffen ist Menschen aller Kulturen lange bekannt. Alte Kulturen haben Gerüche in Form von Räucherwerk für religiöse Zwecke genutzt, um zu reinigen und die Verbindung zur jenseitigen Welt zu unterstützen.

Düfte sind ▸ **Hilfsmittel,** mit denen auch traditionelle Feng-Shui-Berater gearbeitet haben, um z. B. Orte und Räume zu reinigen. Bei uns im Westen haben sich die Düfte über die religiösen Zwecke hinaus wieder durch die Wellnessszene eingebürgert. Da die Luftqualität, wozu auch der Geruch der Luft zählt, u. a. Einfluss auf unser Wohlbefinden hat, ist es nicht verwunderlich, dass auch das moderne Feng Shui viele Duftkreationen entwickelt hat. Ätherische Öle, Raumsprays, Räucherwerk und künstliche Riechsteine werden je nach Geruch gezielt für gewünschte Effekte eingesetzt.

**Aroma durch Rauch –** Zum Reinigen von Räumen benutzt man häufig Düfte, die durch das Anzünden von Räucherwerk entstehen. Die Auswahl von Räucherstäbchen und Räucherkegeln ist sehr groß, und sie sind leicht zu handhaben. Geeignete Halterungen, die als Brandschutz und als Auffanggerät für die entstehende Asche dienen, gibt es ebenfalls in vielen Variationen. Loses Räucherwerk, wie z. B. getrocknete Salbeiblätter, kann man sehr gut mit Hilfe von Räucherkohle benutzen. Die Räucherkohle wird auf ein feuerfestes und hitzebeständiges Gefäß gelegt und angezündet. Die Kohle fängt nach dem Durchbrennen sehr schnell an zu glühen. Nun kann das lose Räucherwerk auf die Kohle gestreut werden und entwickelt den erwünschten Rauch.

Bei einer Raumreinigung steht nicht der Duft im Vordergrund, sondern die reinigende Eigenschaft des Rauches. Nach der starken Rauchentwicklung und dem abgeschlossenen Reinigungsritual werden die Fenster weit geöffnet, um den Rauch wieder entweichen zu lassen.

*Zur Reinigung von Räumen ist ein Räucherritual geeignet.*

**Duftlampen –** Eine andere Möglichkeit, Düfte zu erzeugen, besteht durch den Einsatz von Duftölen, die sich am besten entfalten, wenn Wärme mit in das Spiel kommt. Eine Duftlampe hat eine Schale, die mit Wasser und ein paar Tropfen Duftöl gefüllt wird. Unter der Schale ist eine Vorrichtung für ein Teelicht, womit die erwünschte Wärme und Verdunstung des Wassers erzeugt wird. Duftöle können auch in ein Tuch, in das Badewasser oder, verdünnt mit warmem Wasser, in einen Wasserzerstäuber geträufelt werden, der beim Bügeln oder dem Befeuchten der Raumluft einen angenehmen Duft erzeugen kann.

**Düfte zum Reinigen von Räumen –** Zum Reinigen wird meist Räucherwerk verwendet. Bereits der Akt des Verbrennens unterstützt die Energie der Transformation. Zum Reinigen sind besonders geeignet: Salbei, Weihrauch und Zitrusdüfte. Ein Räuchermix mit Salbei, Weihrauch und Sandelholz reinigt nicht nur die Luft, sondern erhöht die Raumenergie und wird gern für ein Einzugsritual genutzt.

**Düfte zum Entspannen –** Es gibt eine Reihe von Düften, die die Entspannung fördern. Sie können entweder mittels Duftlampe, Badezusatz oder Körperöl eingesetzt werden. Hierzu zählen Rosenduft, Lavendel und Sandelholz. Diese Düfte werden u.a. gern für Schlafräume genutzt.

**Düfte zur Konzentrationsförderung –** In Arbeitsräumen kann die Konzentration durch Düfte von Zitruspflanzen gefördert werden, wie z.B. Zitrone, Orange, Lemongras und Grapefruit. Diese frischen Gerüche können den Stoffwechsel anregen und den Kopf freimachen.

**Düfte gegen Depressionen –** Hier hat sich die Pflanze Bergamotte bewährt, deren Duftnote sogar Depressionen mildern kann. Auch Sandelholz gilt als besonders ausgleichend. Mandarinenduft hat sich bei empfindlichen Menschen bewährt, die sich leicht verletzt fühlen.

**Düfte für die Sinnlichkeit –** Aus der Kosmetikbranche sind die Düfte von Rose, Moschus und Zimt bereits bekannt. Einzeln oder als Trio können sie eine sinnliche Atmosphäre schaffen.

**Bagua und Duft –** Auch im ‣ Bagua können Sie mit Düften arbeiten. Wir haben für Sie eine Auswahl an geeigneten Duftvorschlägen zusammengestellt, die Ihnen helfen können, die unterschiedlichen Bagua-Bereiche zu unterstützen.

**»Familie und Gemeinschaft«:** Duftnoten, die nach Holz, Wald oder Wiesen riechen, z.B. Latschenkiefer.
**»Wachstum und Erfolg«:** Sehr wertvolle und edle Gerüche, beispielsweise Zeder, Zypresse, Iriswurzel oder Geranium.
**»Ansehen und Erleuchtung«:** Frische und sehr edle Gerüche, z.B. Sandelholz, Kardamom, Ingwer.
**»Partnerschaft«:** Sinnliche und rassige Duftnoten, wie Rosenduft, Jasmin, Moschus, Ylang-Ylang.
**»Kreativität und Kinder«:** Fröhliche, blumige Düfte, beispielsweise Lavendel und Mandarine.
**»Hilfreiche Freunde«:** Metallische oder süßliche Düfte, beispielsweise Patchouli.
**»Lebensweg«:** Meditative und klare Düfte, beispielsweise Petitgrain.
**»Wissen«:** Konzentrationsfördernde, klare, frische Gerüche, auch erdige Düfte wie Eukalyptus, Lemon.

**Bei Düften gelten zwei Faustregeln – 1.** Gehen Sie einfach Ihrer Nase nach, d. h., das persönliche Empfinden geht vor! Wenn Sie einen Duft nicht mögen, sollten Sie ihn trotz Empfehlung nicht verwenden. Probieren Sie Alternativen aus – so lange, bis Sie das Richtige für sich gefunden haben. **2.** Gehen Sie mit der Dosierung von Düften vorsichtig um. Zu starke Gerüche können Kopfschmerzen und Abneigung gegen den Duft hervorrufen, auch wenn er gut ist.

## Ecken

Innen- und Außenecken von Räumen, Pfeilern, Gebäuden und Objekten beschleunigen das ‣ Chi. Mehr darüber finden Sie unter ‣ Geheime Pfeile.

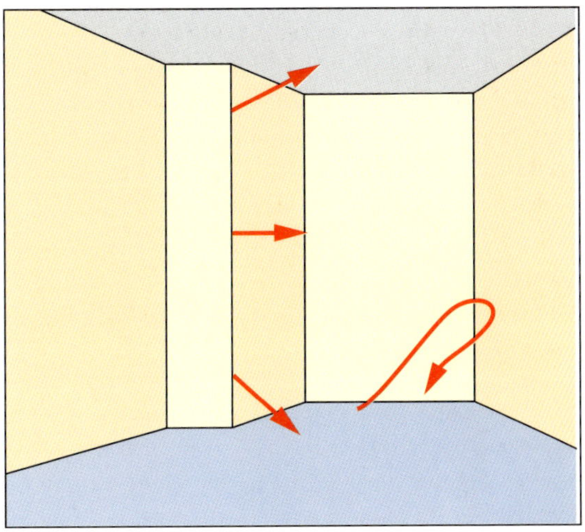

*Geheime Pfeile entstehen durch Ecken und Kanten im Raum.*

## Edelsteine

Informationen dazu unter dem Stichwort ▸ **Steine.**

## Ehe/Eheecke

Auch Partnerschafts- oder Beziehungsecke genannt. Bezeichnung für einen der Lebensbereiche des Bagua. Er wird im Bagua bzw. ▸ **Lo Shu** durch das traditionell nach Südwesten gelegene Feld repräsentiert. Dieser Bereich wird als Bereich »Partnerschaft« unter dem Stichwort ▸ **Bagua** erläutert. Im Lo Shu ist dem Feld die ▸ **Kua-Zahl** 2 zugeordnet.

## Eingang

Im Feng Shui wird dem Eingang große Bedeutung beigemessen. Nicht nur im geschäftlichen Bereich wird großer Wert auf eine gute Gestaltung des Empfangsbereiches im Sinn des Feng Shui gelegt. Auch zu Hause ist der Eingang mit ausschlaggebend für die Energiequalität der gesamten Wohnung bzw. des Hauses. Ausführlich erörtert wird dieses Thema im Kapitel »Die Privaträume« (Seite 228ff.) im Praxisteil des Buchs.

## Einhandrute

Die Einhandrute (auch Biotensor genannt) bezeichnet ein Instrument zum Verstärken intuitiver Wahrnehmungen, meist bezogen auf die energetischen Eigenheiten eines Ortes, etwa einer Störung in Form einer ▸ **Wasserader.** Auch positive Einflüsse können natürlich damit aufgespürt werden, wie etwa ein Kraftplatz. Die Einhandrute wird von einer Hand gehalten und besteht meist aus einem Griff mit einem langen biegsamen Stab, etwa aus Metall und einem schweren Endstück, z. B. in Form einer kleinen Kugel. So erhält man ein sehr labiles sensibles Instrument, das auf feine Impulse reagiert und den gesuchten Einfluss sichtbar macht. Mehr Information über Ruten und ihre Anwendung finden Sie unter dem Stichwort ▸ **Rute.**

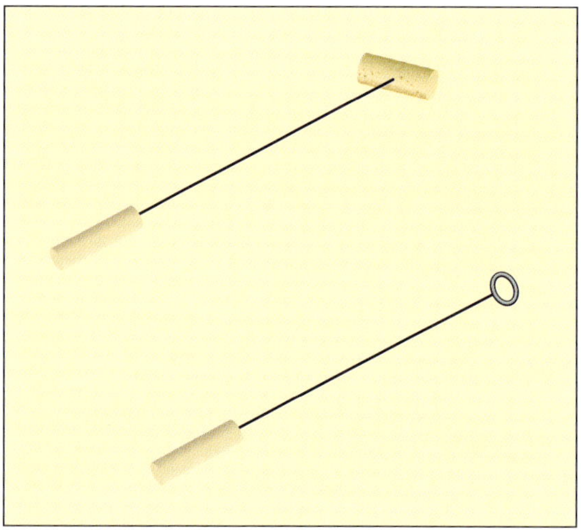

*Die Einhandrute verstärkt die intuitive Wahrnehmung.*

## Elektrogeräte

Alle Geräte, die elektrisch betrieben werden, erzeugen ein elektrisches Feld, welches in V/m (magnetische Flussdichte) gemessen werden kann. Man spricht vom ▸ **Elektrosmog,** der durch elektrisch betriebene Geräte entsteht. Je nach Gerätetyp gibt es Empfehlungen, welche Abstände man zu den Elektrogeräten halten soll, um keine gesundheitliche Beeinträchtigung in Kauf nehmen zu müssen.

## Elektromagnetismus

Damit bezeichnet man ein magnetisches Wechselfeld, das durch den Gebrauch von elektrischen Geräten und in erhöhtem Maße in der Nähe von Hochspannungsleitungen entsteht. Die Maßeinheit ist A/m, die magnetische Flussdichte wird in T (Tesla), bzw. nT (nano-Tesla), gemessen. Es gibt Richtwerte, die den Menschen vor überhöhten Wechselfeldern in seinem Lebensraum schützen sollen.

Elektromagnetismus und Elektrosmog können ab einer bestimmten Stärke gesundheitliche Beeinträchtigungen hervorrufen. Ab 100 nT sollten Abhilfemaßnahmen vorgenommen werden. Mehr dazu unter dem Stichwort ▸ **Elektrosmog.**

## Elektrosmog

Ein elektrisches Feld, das mittels Elektromessgeräten in V/m gemessen wird und ab bestimmten Werten in Verdacht steht, gesundheitliche Beeinträchtigungen beim Menschen hervorzurufen. Da das menschliche Umfeld aufgrund der zahlreichen elektrischen und elektromagnetischen Felder von einer großen Menge unsichtbarer elektrischer Wellen durchzogen ist, spricht man in diesem Zusammenhang von Smog (englisch »Dunstglocke«).

## Experten zum Thema »Elektrosmog«

Der wissenschaftliche Mitarbeiter am Hygiene-Institut der Universität Heidelberg, Dipl.-Ing. Dr. Andreas Varga, in seinem Buch »Krank durch Wellen- und Elektrosmog?«:

»Alle Wellen und Strahlen sind auf ihre Weise wirksam. Die niederfrequenten Wellen und Strahlen bilden im leitenden Körper Verschiebungs- und Wirbelströme; besonders die 50-Hertz-Frequenz bildet ausgeprägte Wirbelströme im menschlichen Körper, die die innere Zellkommunikation und wichtige Funktionen stören. Hochfrequente Strahlen dagegen erzeugen Wärme, die im Körper verschiedene Veränderungen auslösen können. Bei noch höheren Frequenzen kann es zur Veränderung an den körpereigenen Eiweißbausteinen kommen, die Folge von Blutgerinnseln und Unregelmäßigkeiten des Herzrhythmus.«

**Innenraum** – Innerhalb geschlossener Räume verbreiten Haushaltsgeräte, Stromleitungen, Fernsehgeräte, Mobilfunktelefone, ▸ **Computer,** elektrisches Kinderspielzeug etc. Elektrosmog.

**Außenraum** – Nicht nur der häusliche Bereich verursacht elektrische und elektromagnetische Felder, sondern auch Einflüsse von außen, wie Hochspannungsleitungen, Fernmelde- und Richtfunksender, Erdfunkstellen für Satelliten, elektrische Felder von Eisenbahn, Radaranlagen usw. Leider werden diese Störeinflüsse immer mehr. Private Strom- und Telekommunikationsanbieter richten eigene Netze ein und lassen die Funkwellen explosiv ansteigen.

**Gesundheit** – Wenn Sie berücksichtigen, dass der menschliche Körper u. a. aus vielen elektrisch geladenen Teilchen besteht, können Sie sich sicher vorstellen, dass sich Ärzte, Baubiologen und Betroffene immer mehr Sorgen über die noch nicht erforschten Auswirkungen des Elektrosmogs machen. Gesundheitliche Beschwerden, die im Zusammenhang mit erhöhten elektrischen Feldern auftreten, wurden durch Studien belegt. Statistisch gesehen leiden Kinder, die in der Nähe von Starkstromleitungen aufwachsen, häufiger unter Leukämie. Es gibt zwar mittlerweile Grenzwerte, die jedoch leider unzureichend sind. Die gewünschten vorgeschlagenen Grenzwerte der Baubiologen widersprechen zudem den staatlichen Vorgaben und Empfehlungen.

**Feng Shui** – Heute wird bei einer Feng-Shui-Beratung das Thema »Elektrosmog« oft mit einbezogen, z. B. durch eine Messung im Schlafzimmer. Die Praxis zeigt, dass die Grenzwerte meist weit überschritten werden. Da elektrische und magnetische Felder auch Wände durchdringen, kann z. B. eine Stereoanlage des Nachbarn an der Wand zum Schlafbereich erhebliche Schlafstörungen verursachen.

**Abhilfemaßnahmen** – Elektrosmog lässt sich leider nicht vermeiden. Trotzdem können Sie einiges tun, um die Belastung zu reduzieren:

**Die ideale Lösung ist,** die Möbel so umzustellen, dass möglichst wenig elektrische Felder in der Nähe sind. Leider ist das in den seltensten Fällen möglich.

**Es gibt Tapeten,** die geerdet werden können und die Elektrosmogbelastungen von der Wand (z. B. vom Nachbarn) auffangen und ableiten.

**Spiegel** können elektromagnetische Wellen sehr gut reflektieren und führen zudem zu sehr ungewöhnlichen Effekten, wie Stromüberlagerungen. Also verzichten Sie möglichst auf Spiegel im Schlafzimmer.

**Um nachts den Raum stromfrei zu bekommen,** gibt es Netzfreischalter, die im Sicherungskasten eingebaut werden. Diese Geräte haben den Vorteil, dass sie mit einem Relais ausgestattet sind und den Stromkreis im ganzen Zimmer unterbrechen, wenn Sie den letzten Verbraucher, beispielsweise die Leselampe, ausschalten. Sobald Sie die Lampe einschalten, wird durch den Spannungsunterschied sofort der Strom wieder bereitgestellt. Eine günstige und praktikable Lösung, die sich einfach von einem Elektriker einbauen lässt, solange es die örtlichen Bedingungen zulassen.

**Transformatoren von Halogenlampen** treiben den Elektrosmog in unglaubliche Höhen und sollten aus dem Arbeits- und Schlafbereich verbannt werden.

**Elektrische Uhren (Radiowecker)** haben in einer Entfernung bis zu 60 Zentimeter noch hohe Elektrosmogwerte.

**Fernsehgerät im Schlafzimmer** – Legen Sie sich eine Netzfreischaltung oder eine Fernbedienung zu, damit das Gerät nicht auf Stand-by steht.

Sie können dann das Gerät auch per Knopfdruck vom Bett aus an- und ausschalten. Das Gerät sollte nachts nicht auf Stand-by stehen.

**Elektrische Heizdecken** sind zwar angenehm warm, für den Körper jedoch eine Dusche mit Elektrosmog. Benutzen Sie die Heizdecken nur zum Vorwärmen, und ziehen Sie nach Gebrauch den Stecker. Besser wäre es, Heizdecken nicht zu benutzen.

**Sollten Sie nachts oft wach werden**, morgens schlecht aus dem Bett kommen, chronische Kopf- oder Nackenschmerzen etc. haben, die weder Arzt noch Heilpraktiker heilen konnten, sollten Sie einen Feng-Shui-Berater oder Baubiologen zur Messung ins Haus bitten.

## Elementarwesen

Begriff aus der westlichen ▸ **Geomantie** und Mythologie. In der westlichen Geomantie werden Kraftpunkte entsprechend ihrer Färbung und Qualität unterschieden. Neben vielen anderen Zuordnungen gibt es Punkte im Raum oder Orte in der Landschaft, deren Energie von ihrer Qualität her mit einem der westlichen vier Elemente, Erde, Wasser, Feuer und Luft, assoziiert werden (zum Teil auch fünf Elemente, das fünfte ist der Äther).

Ein Kraftpunkt wird dann – entsprechend seinem Element – als Erd-, Wasser-, Feuer- oder Luftelementarwesen bezeichnet. Diese westlichen Elemente sind trotz einiger Parallelen nicht mit dem Kreislauf der ▸ **Fünf Elemente** zu verwechseln.

Die für das normale Auge unsichtbaren Energiewesen haben entsprechend ihrer Größe und Ausstrahlung verschiedene Bezeichnungen.

So kennen wir sie aus der Welt der Mythen, Sagen, Legenden und Märchen etwa als Gnome, Zwerge, Pan, Elfen, Feen, Musen, Meerjungfrauen und Wassermänner, um nur einige zu nennen.

Mag mancher sich zwar diese Energiepunkte nicht als Wesenheiten vorstellen, so bleibt doch die positive belebende Ausstrahlung, die sie in ihre Umgebung abgeben. Diese Kraftpunkte haben mit Feng Shui an sich nichts zu tun, sie werden aber zuweilen in die Beurteilung der energetischen Konstitution eines Raumes mit einbezogen.

*Beschreibungen von Elementargeistern wie Elfen und Feen finden sich auch in vielen Märchen und Mythen.*

**Erdgeister –** Elementarwesen würde die chinesische Lehre wahrscheinlich als ▸ **Geister** bezeichnen – und da sie meist mit dem Standort und der Erde stark verbunden sind, wohl als Erdgeister. Weiterführende Literatur zu dem Thema »Elementarwesen« im Anhang.

## Elemente

Als Element versteht man im Allgemeinen einen Grundbaustein, einen letzten Bestandteil, einen Grundurstoff, ein Prinzip.

**Die Elemente im Feng Shui –** Im Feng Shui wird der Begriff »Element« immer im Zusammenhang mit dem Kreislauf der Fünf Elemente verwendet. Ihr Zusammenspiel beschreibt die Seinsformen, die die Materie durchläuft.

Die Fünf Elemente sind Holz, Feuer, Erde, Metall und Wasser. Sie sind grundlegender Bestandteil der Lehre des Feng Shui. Die Elemente sowie ihre Wechselwirkung werden im Einzelnen unter dem Stichwort ▸ **Fünf Elemente** ausführlich erläutert.

Zudem besteht die Möglichkeit, für jeden Menschen anhand seines Geburtsdatums ein Persönliches Element zu ermitteln. Genaueres zu den verschiedenen Vorgehensweisen bei der Bestimmung finden Sie unter dem Stichwort ▸ **Persönliches Element.**

**Die Elemente im Westen –** Die Fünf Elemente des Feng Shui sind nicht zu verwechseln mit den vier Elementen der westlichen Traditionen, auch wenn es einige Parallelen gibt. Im Westen spricht man von vier Elementen, zuweilen auch von fünf Elementen, die als eher fixe Zustandsbeschreibungen zu verstehen sind. Die westlichen Elemente sind Erde, Wasser, Feuer und Luft, mitunter wird der Äther mit hinzugenommen. Hinweise auf weiterführende Literatur dazu finden Sie im Anhang.

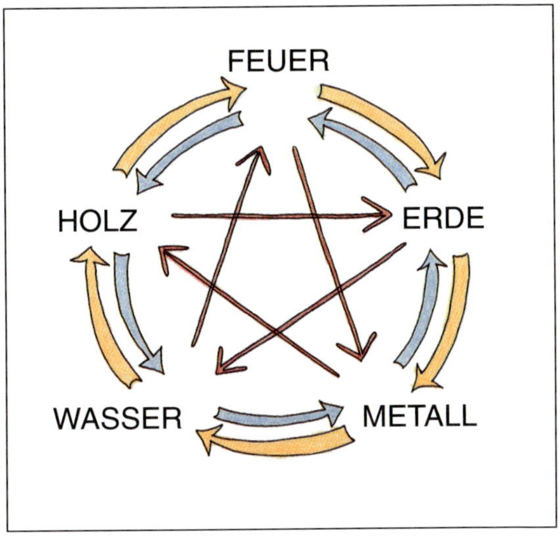


*Wandlungsphasen der Fünf Elemente: Gelbe Pfeile wirken nährend, die blauen bremsend, die roten kontrollierend.*

## Energie

Energie ist ein Begriff aus dem Griechischen und bezeichnet jede realisierbare Kraft, allgemein Tatkraft, Kraft, Nachdruck. Physikalisch gesehen ist Energie die Fähigkeit eines Körpers, Arbeit zu leisten. Energie gilt als Kraft, die einer Sache innewohnt und in der Lage ist, etwas zu bewegen, zu verändern. In der Physik unterscheidet man Bewegungs-Energie, Wärme-Energie, Ruhe-Energie, Masse-Energie und einige mehr. So ist auch der chinesische Begriff ▸ **Chi** oder Qi (ältere Schreibweise) ein Ausdruck für Energie, der heute sowohl in der chinesischen wie mittlerweile auch in der westlichen Kultur eine Vielzahl von Bedeutungen vereint. Da Chi, in seiner reinen Form, nicht sichtbar ist, nur im Wandel oder in der Veränderung erfahren werden kann, wird seine Existenz in der westlichen Welt zuweilen in Frage gestellt, obwohl man von der elektrischen und magnetischen Energie weiß, dass Energie für das menschliche Auge nicht immer sichtbar ist. Mittlerweile gibt es genügend Beispiele, die selbst kritische Menschen vom Wirken der feinstofflichen Energie überzeugen: Die Akupunktur arbeitet z. B. mit dem ▸ **Chi-Fluss** entlang der Meridiane im Körper. Und das so erfolgreich, dass sie von vielen Krankenkassen anerkannt ist. Mehr dazu unter ▸ **Chi.**

*Engel, die lichten Boten Gottes, begleiten uns Menschen schützend, helfend und inspirierend.*

## Engel

In der christlichen Kultur wird ein Gottesbote als Engel bezeichnet. An sich hat dieser Begriff nichts mit der chinesischen Geomantie des Feng Shui zu tun. Da im Feng Shui jedoch gern mit Symbolen gearbeitet wird, kommen auch die der westlichen Kultur entsprechenden Symbole zur Anwendung.

**Anwendung –** Viele Gesetzmäßigkeiten, die im Feng Shui genutzt werden, sind universell und lassen sich mit Elementen jeder Kultur umsetzen. So finden auch Darstellungen von Engelwesen in der Arbeit mit Feng Shui ihren Platz. Wir stellen Ihnen einige davon vor.

Allgemein werden Engel als die lichten Boten Gottes gern zum Beistand der Menschen als Beschützer, als Schutzengel, eingesetzt.

**Engel gelten als gute Quelle der Inspiration,** daher werden besonders Darstellungen von Engelwesen in der Meditation empfohlen.
**Bilder oder Skulpturen** von Engeln können als Schutzsymbol in einem Raum eingesetzt werden, um negative Wirkungen von ▸ **Sha** abzuwenden.
Günstige Orte für die Platzierung von Engelschutzbildern: oberhalb von Türen oder auch als beschützender Wächter des Schlafenden über dem Kopfende des Bettes.
**Engeldarstellungen im Bagua** können im Bereich »Hilfreiche Freunde«, der unsere Verbundenheit mit unserer geistigen Herkunft spiegelt, anregend wirken. Das ▸ **Bagua**-Feld »Innere Mitte« kann von einer Lichtgestalt beschützt werden.
Weitere Anregungen zum Schutz unter ▸ **Hilfsmittel** und ▸ **Symbole.**

## Entstehungszyklus

Gebräuchlicher Ausdruck für die aufbauende Reihenfolge im Kreislauf der Fünf Elemente (auch Fünf Wandlungsphasen genannt).
In diesem Buch wird der Entstehungszyklus auch als Schöpfungszyklus, Fütterungszyklus oder als Hervorbringezyklus bezeichnet. Erläuterungen hierzu finden Sie unter dem Stichwort ▸ **Fünf Elemente.**

## Erd-Chi

Damit bezeichnet man eine der vielen unterschiedlichen Qualitäten der Lebensenergie ▸ **Chi.** Erd-Chi ist die nährende Kraft der Erde, die in ihrer Richtung eher von unten nach oben fließt und sich von innen nach außen ausbreitet. Erd-Chi entspricht der Ausatmung und ist eher ▸ **Yin**-betont. Möchte man dieser Energie bestimmte ▸ **Farben** zuordnen, dann würden diese im Bereich zwischen Grün und Blau bis hin zu Violett und Indigo liegen. Der Mensch nimmt das Erd-Chi durch die Fußsohlen auf und durch das nach unten gerichtete Basischakra sowie zum Teil auch durch die ▸ **Chakren** in den Handflächen. Bezogen auf die westliche ▸ **Geomantie** findet man Erd-Chi u.a. auch in so genannten Ausgießungs- oder Ausatmungspunkten in der Landschaft. Allerdings handelt es sich hierbei meist um gemischte Energieströme, die sowohl mit Erd-Chi als auch mit ▸ **Himmels-Chi** angereichert sind.

## Erde

**1.** Die Erde steht als Bild für eines der ▸ **Trigramme** aus dem ▸ **I Ging.** Die chinesische Entsprechung ist »kun«. Die Kraft der Erde ist nährend und hingebend, sie beschreibt das Prinzip des Empfangenden. Mehr dazu unter den Stichpunkten ▸ **Bagua** und ▸ **I Ging.**
**2.** Erde bezeichnet auch eines der ▸ **Fünf Elemente** bzw. der Fünf Wandlungsphasen.
Das Element Erde entspricht dem Ursprung der Dinge, dem Substanziellen, es ist formspendend, stabil und steht für Sicherheit. Das Element Erde wird laut der Lehre der Fünf Elemente durch die ▸ **Farbe** Gelb ausgedrückt. Es gibt zwar Parallelen zwischen den Trigrammen und den Elementen der Fünf Wandlungsphasen, sie sind aber keineswegs gleich. Mehr dazu finden Sie unter den Stichpunkten ▸ **Fünf Elemente** und ▸ **Bagua.**

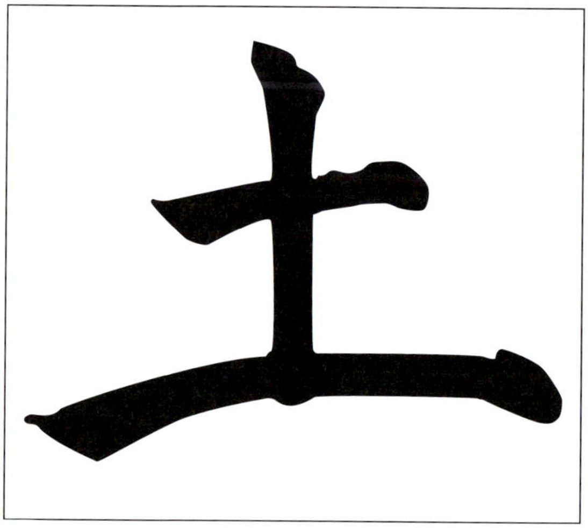

*Kalligrafie für das Element Erde.*

## Erdmagnetfeld

Hiermit bezeichnet man ein natürliches, von der Erde erzeugtes magnetisches Gleichfeld. Zugvögel z. B. orientieren sich auch am Magnetfeld der Erde.
**Abweichung des Erdmagnetfelds –** Durch magnetisierten Stahl kommt es zu Abweichungen vom Erdmagnetfeld. Stahlteile können sich magnetisch aufladen und so ein künstliches Magnetfeld verursachen. Da das Erdmagnetfeld unserem naturgemäßen Umfeld entspricht, bedeutet jede Abweichung eine Art Irritation für den Organismus.

**Es ist zu empfehlen,** besonders im Schlafbereich, auf Beeinflussung des natürlichen Magnetfeldes – etwa durch Stahlteile am Bettgestell oder in unmittelbarer Umgebung – zu verzichten.

**Schon bei der Planung von Wohngebäuden** sollte darauf geachtet werden, dass Schlafräume nicht über größeren Metallbehältern (Öltanks) oder Garagen zu liegen kommen.

**Der Standort eines Bettes** direkt über einem dicken Stahlträger ist sehr bedenklich. Weichen Sie auf Alternativen aus und/oder stellen Sie die Möbel um.

## Erdzweige

Im Chinesischen heißen Erdzweige »dizhi«; sie sind eine Bezeichnung aus der ▸ **Chinesischen Astrologie.** Die Erdzweige charakterisieren zusammen mit den ▸ **Himmelsstämmen** die Zyklen, welche die Natur im Laufe eines Jahres durchläuft. Dabei stehen die zwölf ▸ **Erdzweige** für die Topografie und formbare Materie der Erde mit den zyklischen Veränderungen in der Vegetation. Die zehn Himmelsstämme symbolisieren den Einfluss des Himmels auf die Erde, etwa mit den klimatischen Veränderungen.

Die Himmelsstämme und Erdzweige werden nach der vorherrschenden Qualität von ▸ **Yin und Yang** unterschieden und einem der ▸ **Fünf Elemente** zugeordnet. Aus der Kombination der zehn Himmelsstämme mit den zwölf Erdzweigen ergeben sich 60 unterschiedliche Varianten.

Durch den ▸ **Wannianli,** den Kalender der 10.000 Jahre, kann dieser ▸ **60-stellige Zyklus** auf Jahr, Monat, Tag und Stunde genau – und zwar jeweils unabhängig voneinander – ermittelt werden. Diese Aspekte kommen nur im Feng Shui und im ▸ **Bazi Suanming** zur Anwendung.

## Erfolg

1. Gängige Bezeichnung für einen der Lebensbereiche, die im Bagua gespiegelt werden. Die in diesem Buch verwendete Bezeichnung »Wachstum und Erfolg« ist unter dem Stichwort ▸ **Bagua** ausführlich erläutert.
2. Im geschäftlichen Sinn versteht man unter Erfolg den ▸ **Berufserfolg.** Mehr dazu finden Sie im Kapitel »Die Geschäftsräume« (Seite 288ff.) im Praxisteil des Buchs.

## Ernährung nach den Fünf Elementen

Im Zusammenhang mit Feng Shui wird heutzutage auch viel von Ernährung gesprochen, zuweilen wird sogar von einer eigenen »Feng-Shui-Ernährung« gesprochen, was so, de facto, nicht ganz richtig ist. Bei der beschriebenen Ernährungsmethode handelt es sich lediglich um die traditionelle Ernährungsweise nach den ▸ **Fünf Elementen** als Bestandteil der Diätetik der ▸ **Chinesischen Medizin.**

Das Wissen der chinesischen Medizin über die Stoffwechselvorgänge des Körpers im Zusammenhang mit den Geschmacksrichtungen und der thermischen Wirkung der Speisen bietet ein wirkungsvolles Mittel zur eigenen Stärkung.

Hinzu kommt die Möglichkeit, die Ernährung auf die individuelle Konstitution abzustimmen und damit persönliche Schwächen auszugleichen, Krankheiten vorzubeugen und den Genesungsprozess nachhaltig zu unterstützen.

Da es sich bei dieser Ernährungsweise um eine ganzheitliche Betrachtung handelt, wird immer auch das psychische Wohlbefinden mit einbezogen.

**Fünf Elemente –** Da mit Hilfe der ▸ **Fünf Elemente** alles klassifiziert werden kann, ist es natürlich auch möglich, die Nahrungsmittel den Elementen zuzuordnen. Über den Geschmack wird bestimmt, zu welchem Element ein Nahrungsmittel gehört.

So entspricht beispielsweise ein saurer Apfel dem Element ▸ **Holz,** ein süßer Apfel dagegen dem Element ▸ **Erde.** Rindfleisch wird beispielsweise als süß eingestuft und dem Erd-Element zugeordnet, Schweinefleisch ist salzig und gehört dadurch zum Element ▸ **Wasser.**

Die klassische Zuordnung der Speisen entspricht dabei nicht immer unserem Geschmacksbild, basiert aber auf jahrhundertealten Erfahrungen bezüglich der Wirkung auf unseren Organismus.

In der Literatur treten manchmal abweichende Zuordnungen auf; im Zweifelsfall aber sollte immer Ihr eigener Geschmackssinn entscheiden.

**Geschmacksrichtung und Element –** Den Fünf Elementen werden die Geschmacksrichtungen sauer (Holz); bitter (Feuer); süß (Erde); scharf (Metall); salzig (Wasser) zugeordnet.

Allgemein geht es hier wieder um den Ausgleich der unterschiedlichen Einflüsse. Auch das wechselnde Klima der Jahreszeiten spielt dabei eine Rolle: »Indem man darauf achtet, dass möglichst alle fünf Geschmacksrichtungen in einem Gericht vorhanden sind, ist gewährleistet, dass der Organismus umfassend und ausgewogen ernährt wird«. (Barbara Temelie/Beatrice Trebuth, »Fünf-Elemente-Kochbuch«).

**Thermische Wirkung –** Hinter der Zuordnung der Elemente zu den einzelnen Geschmacksrichtungen verbirgt sich allerdings noch etwas mehr. Die Nahrungsmittel werden zusätzlich noch nach ihrer thermischen Wirkung unterschieden. Es gibt dabei erfrischende, neutrale, warme und auch heiße Nahrungsmittel. Durch ihre thermische Wirkung können die entsprechenden Nahrungsmittel das körpereigene ▸ Chi und die ▸ Yin- und ▸ Yang-Konstitution beeinflussen.

## Esstisch

Die Form eines Esstisches wirkt auf die Menschen, die an dem Tisch sitzen. An quadratischen oder rechteckigen Tischen ist die Stimmung unter Umständen etwas förmlicher als bei rund geformten Tischplatten. Durch die Gestaltung am Essplatz bzw. durch den Einsatz von ▸ Farben und Formen können Sie mit beeinflussen, ob sich am Tisch eine angeregte Diskussion einstellt oder eher eine entspannte Atmosphäre. Kräftige Farben, klare Linien und eine Dekoration mit Spiegeleffekten am Essplatz erzeugen zudem eine dynamische bis festliche Grundstimmung. Weiche Formen, natürliche Materialien, sanfte Farben und runde Formen dagegen beruhigen und entspannen das Umfeld.

Orientierungshilfen bei der Wahl von Farben, Formen und Materialien für den Esstisch können auch die Prinzipien von ▸ Yin und ▸ Yang bieten (siehe Schaubild Seite 221). Die regen Ihre Phantasie für die Essplatzgestaltung an. Mehr zum Thema finden Sie in dem Kapitel »Die Privaträume« (Seite 260f.) im Praxisteil des Buchs.

## Esszimmer

Informationen und Gestaltungstipps zum Thema »Esszimmer« finden Sie in dem Kapitel »Die Privaträume« (Seite 260f.) im Praxisteil dieses Buchs.

# F

## Fächer

Klassisches ▸ Hilfsmittel im Feng Shui. Ein Fächer wird benutzt, um den ▸ Chi-Fluss umzulenken. Chi, das auf den Fächer trifft, wird in die Richtung, in die der Fächer die Luft fächern würde, weitergeleitet.

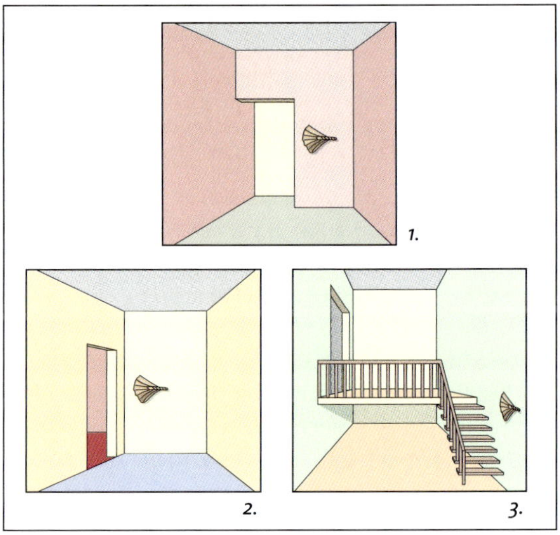


*Fälle, in denen ein Fächer den Chi-Fluss umlenkt. 1. Fächer am Ende eines Flurs. 2. Im Eingangsbereich wird blockiertes Chi geleitet. 3. Der Fächer bläst Chi in die obere Etage.*

**Fächer-Anwendung –** Um zu verdeutlichen, wo und wie Fächer eingesetzt werden können, um den Chi-Fluss umzulenken, haben wir drei Anwendungsbeispiele für Sie konstruiert (Illustrationen siehe oben):

1. Ein Raum am Ende eines langen Flures erhält in der Regel nur wenig ▸ Chi. Um den Raum mit Chi zu versorgen, kann ein Fächer aufgehängt werden. Er lenkt die Aufmerksamkeit und das Chi dorthin.
2. Ungünstig ist, wenn man unmittelbar nach Betreten eines Hauses, einer Wohnung oder eines Raumes auf eine Wand trifft. Hier kann das Aufhängen eines Fächers helfen. Der Chi-Fluss wird dadurch in die Richtung des nächstliegenden Raumes gelenkt.
3. Auch in oberen Stockwerken sollte oft noch ein bisschen nachgeholfen werden. Ein Fächer am Fuß einer Treppe kann das Chi nach oben blasen.

*Als Alternative für einen Fächer, der den Chi-Fluss umlenkt, kann auch ein Bild dienen, das, an entsprechender Stelle aufgehängt, dem Chi-Fluss die Richtung weist.*

**Fächerersatz –** Wenn Sie keine Fächer aufhängen möchten, können Sie auch mit richtungsweisenden Bildmotiven eine ähnliche Wirkung erzielen. Delphine, die in eine Richtung springen, Vögel, die in eine bestimmte Richtung fliegen, Gesichter im Profil mit Blickrichtung usw. eignen sich dafür. Blickt man auf das Motiv, wird die Aufmerksamkeit auch in die Richtung gelenkt, in die das Bildmotiv weist.

## Familie und Gemeinschaft

Auch Vorfahren oder Ältere genannt. »Familie und Gemeinschaft« ist die übliche Bezeichnung für einen der Lebensbereiche des Bagua. Er wird im Bagua bzw. ‣ **Lo Shu** durch das traditionell nach Osten gelegene Feld repräsentiert und ist unter dem Stichwort ‣ **Bagua** genau erläutert. Im ‣ **Lo Shu** ist diesem Bereich die ‣ **Kua-Zahl** 3 zugeordnet.

## Fang

Das chinesische Wort für Quadrat.

## Fangshi

Das chinesische Wort für Quadrat-Meister oder Methoden-Meister. Ein Fangshi ist der ausübender Experte in einer der Quadrat-Künste bzw. ‣ **Methoden-Künste.**

## Fangshu

Das chinesische Wort für Quadrat-Künste oder Methoden-Künste. Ausführliches dazu finden Sie unter dem Stichwort ‣ **Methoden-Künste.**

## Farben

Farben sind ein Bestandteil unseres Lebens und unserer Wahrnehmung. In der Natur sind Farben zahlreich vertreten und dienen zur Orientierung, Wiedererkennung, Warnung und Anziehung. Der Mensch benutzt Farben seit jeher, wie die frühen Funde von Höhlenmalerei beweisen. Farben haben eine große Bedeutung in religiösen Zeremonien und Ritualen und werden in diesem Zusammenhang symbolisch eingesetzt.

**Wirkung von Farben –** Die westliche Wissenschaft hat die Wirkung von Farben auf die Psyche und den Körper des Menschen bestätigt. Es konnte festgestellt werden, dass jede Farbe eine bestimmte Schwingungsfrequenz aufweist. Es wurden z. B. Versuche mit blinden und sehenden Menschen in verschiedenfarbig gestalteten Räumen durchgeführt. Die Äußerungen zu den Empfindungen, die durch den Aufenthalt in diesen Räumen gemacht wurden, deckten sich bei beiden Versuchsgruppen. So kann man belegen, dass die Farben nicht nur bei Licht betrachtet ihre Auswirkungen haben. Man hat festgestellt, dass unsere Organe einer bestimmten Schwingungsfrequenz unterliegen. So ist es nicht verwunderlich, dass z.B. in der Medizin Farben therapeutisch eingesetzt werden. Viele Beispiele über den wirkungsvollen Einsatz von farbigem Licht kennen wir mit ultraviolettem Licht, welches so kurzwellig ist, dass es Bazillen abtötet und zum Desinfizieren eingesetzt wird. Ein anderes Beispiel ist das infrarote Licht, mit dem wir Muskelverspannungen lockern können. Die einfachere Variante der Rotlichtlampe ist eine verbreitete Hilfe bei Verspannungen aller Art.

**Farbenwirkung –** Da Farben vielseitig eingesetzt werden können, spielen sie bei der Gestaltung von Innenräumen, Kleidung, Bildern, Licht und unserer gesamten Umgebung eine große Rolle für das Wohlbefinden.

**Farbwahrnehmung –** Um Farben wahrnehmen zu können, brauchen wir das Sinnesorgan Auge und Licht. Farbe existiert erst durch das Zusammenspiel unseres Sinneseindruckes und der Lichtreflektionen. Im Inneren des menschlichen Auges existieren rote, grüne und blaue Zäpfchen, welche durch die verschiedenen Lichtwellen über einen elektrischen Impuls angeregt werden. Deren Informationen ergeben im Gehirn einen Reiz, der an die Nervenzellen weitergeleitet wird. Diesen nimmt der Mensch als Sinneseindruck bzw. als Farbe wahr. Dadurch erklärt sich, dass man beim Hören von Musik Farben empfinden kann oder dass einem bei einem farbig dekorierten Tisch buchstäblich das Wasser im Munde zusammenlaufen kann.

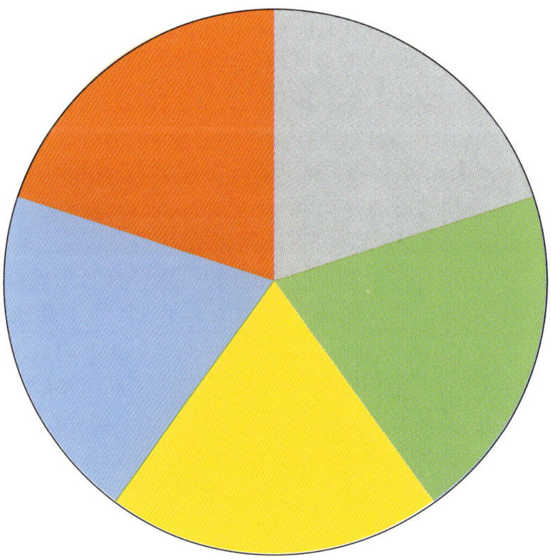

*Farbfolge nach den Fünf Elementen im Kontrollzyklus.*

**Farbenlehre –** Viele Denker haben sich mit dem Thema »Farben« beschäftigt, und es sind viele Theorien entstanden, die sich zum Teil decken. Bekannt sind u. a. die Farbkreise von Leonardo da Vinci, Leon Battista Alberti, Isaac Newton und Johann Wolfgang Goethe. So hat Newton das Tageslicht künstlich mit Hilfe eines Prismas in Spektralfarben zerlegt, die den Regenbogenfarben entsprechen. Er vertrat die Meinung, dass die Regenbogenfarben durch Teilung von weißem Licht entstehen. Goethe dagegen glaubte, dass die Farben im menschlichen Auge entstehen. Dies ist ein schönes Beispiel dafür, wie oft mehrere Theorien zusammen ein Ganzes bilden. Es gibt noch andere Theorien in Bezug auf die Lichtwirkung und andere auf die Pigmentmischung. Allen gemeinsam ist jedoch, dass sie sich mit der faszinierenden Welt der Farben befassen, die dem Menschen – richtig eingesetzt – einen großen Dienst erweisen können.

**Farben und Feng Shui –** Im traditionellen Feng Shui gibt es, abweichend von den westlichen Farbtheorien, weitere Bereiche, die für den Einsatz mit Farben herangezogen werden. Diese Aussagen beruhen auf langen Beobachtungen in der Natur und dem Kosmos. Die im Westen bekannteste Theorie basiert auf der Lehre der ▸ **Fünf Elemente.** Die Farblehre des Feng Shui steht eng mit dem ▸ **Bagua** und den ▸ **Himmelsrichtungen** in Verbindung. Je nach Bagua-Bereich können Sie mit Farben die einzelnen Bagua-Bereiche aktivieren oder ausgleichen. Dabei ist es wichtig, die spezifische Wirkung der einzelnen Farben mit einzubeziehen. Ein Beispiel: Nach der Lehre der Fünf Elemente haben Sie zwar festgestellt, dass Rot für Ihr Schlafzimmer von Vorteil ist. Auf der anderen Seite wirkt Rot als Farbe aber für den Ruhebereich zu aktivierend und widerspricht der eigentlichen Funktion des Raumes. Um die positive Kraft der Farben zu nutzen, ist es daher sinnvoll, mehrere Wissensgebiete zu verknüpfen, um ein harmonisches Umfeld zu gestalten.

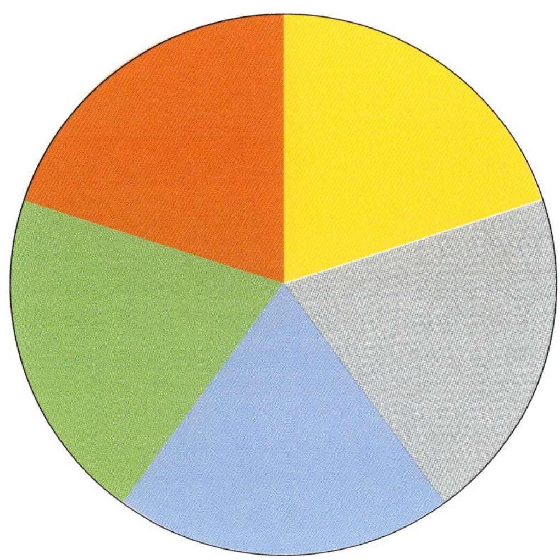

*Farbfolge nach den Fünf Elementen im Nährungszyklus.*

**Die Farben in der Lehre der Fünf Elemente –** Die im Westen bekannteste Theorie basiert auf der Lehre der ▸ **Fünf Elemente** Holz, Feuer, Erde, Metall und Wasser. Diese Elemente stehen symbolisch für die Eigenschaften der Materie. Sie können sich gegenseitig unterstützen oder schwächen. Den einzelnen Elementen sind Farben zugeordnet, die entsprechend dem ▸ **Nährungszyklus** (jedes Element nährt jeweils das nachfolgende) aufgezählt werden. Bei der Auswahl der Farbenkombinationen wird darauf geachtet, dass sie dem Nährungszyklus folgen.

> **Farben und Elemente im Nährungszyklus –** Holz = Grün, Feuer = Rot, Erde = Gelb und Braun, Metall = Metallfarben sowie Weiß und Grau, Wasser = Blau und Schwarz.

Weniger bekannt sind die Theorie der Sechs Wahren Farben und das Sieben-Farben-Spektrum, die über Feng-Shui-Experten aus den USA in den Westen überliefert wurden.

**Die Sechs Wahren Farben –** Die Theorie der Sechs Wahren Farben reiht Weiß, Rot, Gelb, Grün, Blau und Schwarz aneinander. Die Kombination dieser Farben symbolisiert eine heilige Figur und entspringt der Dualität von Leere und Substanz. Diese Farbanordnung kann nur als Kreis dargestellt werden.

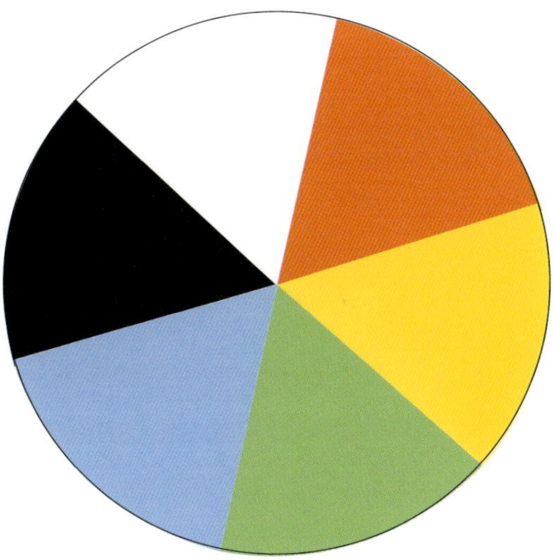

*Farbkreis mit den Sechs Wahren Farben.*

*Das Sieben-Farben-Spektrum.*

Weiß steht für die erste Farbe und für den Anfang – also für ▸ **Yang.** Die Farbenreihe endet mit Schwarz und symbolisiert das Ende – also ▸ **Yin,** das wieder in Yang, Weiß, übergeht.

Werden alle Zwischentöne addiert, dann ergeben sie Schwarz, d. h. die Leere oder alles Existierende. Diese Farbstellung wird hauptsächlich in spirituellen und meditativen Anwendungen eingesetzt.

**Das Sieben-Farben-Spektrum –** Diese Farbenordnung ging aus der Beobachtung des Regenbogens hervor. Diese Farben entstehen, wenn sich das Licht am Himmel oder durch ein Prisma bricht. Die Sequenzfolge der Regenbogenfarben verläuft von Rot, Orange, Gelb, Grün, Blau, Violett bis Purpur.

Der Farbverlauf des Sieben-Farben-Spektrums vereint die Farben der Natur und hat in vielen Bereichen eine sehr positive Symbolik. Das Sieben-Farben-Spektrum wird u. a. in spirituellen Meditationen aufgegriffen.

**Die Farben und die Lehre der Fünf Elemente –** Im Feng Shui werden die Farben, die nachfolgend vorgestellt werden, den ▸ **Fünf Elementen** zugeordnet. In den folgenden Farbbeschreibungen finden Sie neben den Zuordnungen und Wirkungsweisen der einzelnen Farben nach den Prinzipien des Feng Shui auch noch die in der westlichen Welt bekannten Zuordnungen der Farben und ihre spezifische Wirkung mit aufgelistet.

### Rot

Die Farbe des Feuers, aber auch des Blutes. Im Hebräischen haben die Worte »Blut« und »Rot« den gleichen Ursprung. Rot hat zwei sehr gegensätzliche Aussagen. Einerseits wird Rot der Aggression, dem Krieg, also dem Blutvergießen zugeordnet. Andererseits steht es für Kraft, Liebe, Wärme und Leidenschaft, aber auch für Warnung. Nicht nur in der chinesischen Theorie der ▸ **Fünf Elemente** steht Rot für eine kraftvolle und anregende Energie. Eine ganz andere Beobachtung hat man in Versuchsreihen gemacht: Die Versuchspersonen wurden in einem kräftig rot gestrichenen Raum getestet. Dort zeigte die Farbe die genau gegenteilige Wirkung. Durch eine Sättigung der Sinne bei längerem Aufenthalt wurden durch Rot sogar Ermüdungserscheinungen hervorgerufen. Da mit der Farbe so konträre Assoziationen verbunden sind, sollte sie in Wohnräumen eher sparsam und gezielt eingesetzt werden.

**Farbpalette –** Beim Einsatz von Rot ist zu beachten, dass die Palette weit gefächert ist. Sie reicht von Rosé über Terracotta bis zu kräftigem Bordeauxrot.

**Wirkung im physischen Bereich –** Rot wirkt kräftigend und regt an. Blutdruck und Pulsfrequenz steigen. Rot soll daher bei niedrigem Blutdruck und ständigem Frösteln hilfreich sein. Rote Blutkörperchen werden durch Rot angeregt, das Immunsystem unterstützt, die Nebenniere stimuliert. Rot sorgt für Vitalität und Stärke. Es fördert den Adrenalinausstoß. Bei Fieber sollten Sie jedoch Rot vermeiden.

**Element:** Feuer.
**Bagua-Bereich:** Ruhm, Anerkennung.
**Form:** Dreieck, Pyramide.
**Bewegung:** Nach oben.
**Sinnesorgan, Wahrnehmung:** Zunge.
**Meridian bzw. Organ:** Herz, Dünndarm, Perikard, dreifacher Erwärmer.
**Farbvarianten:** Burgunder, Ziegel, Wein, Bordeaux, Terracotta, Apricot.
**Körperteil:** Blut, Blutgefäße.
**Emotion:** Freude, Liebe.
**Geschmack:** Bitter.
**Symbolsprache:** Glück , Wärme, Kraft, Ruhm, Energie, Wohlstand.

**Wirkung im psychologischen Bereich –** Rot verstärkt die Dominanz und Selbstbehauptung, es steigert die Vitalität und Aktivität und regt das Nervensystem an. Rot fördert die Entschlossenheit. Nicht empfehlenswert ist es bei Neigung zu Wut, Panikattacken, Epilepsie und Hyperaktivität.

**Deko-Tipps –** Die Farbe kann als Einrichtungselement hilfreich sein, wenn energetisch schwache Räume in aktive Räume umgewandelt werden sollen. So ist für ein Arbeitszimmer, in dem Sie ständig müde sind, ein Anstrich in einem Rotton eine Hilfe. Auch punktuell kann Rot als Dekorationselement eingesetzt werden, um mehr Aktivität in die Räume zu bringen. Dunkle Hölzer bekommen in einem rötlich gestrichenen Raum einen gemütlichen, stilvollen Charakter. Menschen, die ohnehin sehr aktiv sind oder zu Nervosität neigen, sollten mit der Farbe Rot allerdings eher sparsam umgehen.

### Gelb

Diese Farbe wird in der chinesischen Elementlehre dem Element ▸ **Erde** zugeordnet. Die Ockerfarbe des Schlammes hat dem Gelben Fluss (Huang) seinen Namen gegeben. »Huang« heißt übersetzt »kaiserlich«, aber auch »Gold«, »Ruhm« und steht für Fortschritt und Beförderung.

Gelb ist wie sein zugehöriges Element Erde eine stabilisierende Farbe, die Offenheit und Wärme vermittelt. Die Farbe des Sonnenlichts, der Erkenntnis, des Gedeihens, der göttlichen Intelligenz, des Le-

**Element:** Erde.
**Bagua-Bereich:** Wissen und Weisheit, Partnerschaft, Innere Mitte.
**Form:** Quadrat, Rechteck.
**Bewegung:** In sich ruhend.
**Sinnesorgan, Wahrnehmung:** Mund.
**Meridian bzw. Organ:** Milz, Magen.
**Farbvarianten:** Primelgelb, Creme, Vanillegelb, Ocker, Sonnengelb.
**Körperteil:** Bindegewebe, Fleisch.
**Emotion:** Sorgen, Anteilnahme.
**Geschmack:** Süß.
**Symbolsprache:** Geduld, Weisheit, Sonne, Macht.

bendigen bzw. der Langlebigkeit sowie des Herbstes und der Reife. Im Mittelalter wurde der Farbe Gelb in der westlichen Welt der Neid und der negative Aspekt einer Schandfarbe zugeschrieben.
Die Farbe Gelb überstrahlt alle anderen Farben des Farbkreises; die Farbe wirkt erheiternd, optimistisch, freundlich und einladend.
**Wirkung im physischen Bereich –** Gelb stärkt das Nervensystem, die Muskeln und das Lymphsystem. Es hat einen reinigenden Einfluss, harmonisiert die Bauchspeicheldrüse und stimuliert den Stoffwechsel. Gelb regt die Insulinproduktion, den Fluss der Körpersäfte und den Appetit an. Nicht zu empfehlen ist Gelb bei Migräneanfälligkeit und Schlafstörungen.
**Wirkung im psychologischen Bereich –** Gelb schafft Klarheit, macht wach und wachsam. Es fördert Entschlossenheit und hilft Ängste oder Trägheit zu überwinden, fördert Harmonie, Genesungswillen, Ehrgeiz und Antrieb. Gelb ermuntert und löst festgefahrene Ansichten. Es wirkt sich günstig bei geistigen Tätigkeiten aus, wovon beispielsweise Besprechungsräume profitieren können.
**Deko-Tipps –** Die Farbe Gelb eignet sich gut für Räume wie Esszimmer, Wohnzimmer und Küche. In Räumen, in denen besonders viel geistige Tätigkeit gefordert ist, wie im Büro oder Arbeitszimmer, wirkt die Farbe Gelb ebenfalls sehr unterstützend.
Auch bei der Farbauswahl für die Einrichtung eines Raumes ist das dem ▸ Bagua-Bereich zugeordnete Element zu beachten. Zimmer mit vanillefarbenen Wänden sind wohnlich und einladend. Die gute Laune wird gefördert und Alltagssorgen werden vertrieben. Allerdings können auch Neid, Eifersucht und falscher Stolz durch zu viel Gelb angeregt werden.

### Grau

Grau gilt als ein neutraler Farbton. Unauffälligkeit und Abgrenzung gegen äußere Einflüsse können durch Grau demonstriert werden.
**Wirkung im physischen und psychischen Bereich –** Grau sollten Sie nicht bei Erschöpfungszuständen, bei depressiver Stimmung und einem Mangel an Vitalität einsetzen.
**Deko-Tipps –** Grau sollte immer mit einer farbigen Komponente verbunden werden. Die anderen Farben wirken dadurch stärker in ihrer Leuchtkraft.

**Element:** Metall.
**Bagua-Bereich:** Kreativität und Kinder, Hilfreiche Freunde.
**Form:** Kreis, Kugel.
**Bewegung:** Nach innen, Kontraktion.
**Sinnesorgan, Wahrnehmung:** Nase, Riechen.
**Meridian bzw. Organ:** Lunge, Dickdarm.
**Farbvarianten:** Blaugrau, Anthrazit, Hellgrau, Mausgrau.
**Körperteil:** Haut, Faszien.
**Emotion:** Trauer.
**Geschmack:** Scharf.
**Symbolsprache:** Zurückgezogenheit, Unauffälligkeit, Zurückhaltung.

### Weiß

Im Gegensatz zu Schwarz nimmt der Mensch Weiß als Farbe wahr, wenn alle Spektralfarben reflektiert werden und somit alle Farben vertreten sind. Vielleicht ist dies der Grund dafür, dass Weiß symbolisch für Vollkommenheit steht. In China ist Weiß die Farbe der Trauer und des Übergangs, die mit der Abkehr vom Weltlichen in Beziehung gebracht wird.
**Deko-Tipps –** Weiß wirkt ausdehnend und vergrößernd. Sollen Räume optisch größer erscheinen, wird dies mit Weiß unterstützt. Kommt allerdings zu viel Weiß zum Einsatz, können die Räume steril und kühl wirken. Auch aus der Werbung kennen wir die Farbe Weiß als Sinnbild für Klarheit und Reinheit. Geschirr in Weiß hebt optisch die Speisen hervor und suggeriert ebenfalls Reinheit.

**Element:** Metall
**Bagua-Bereich:** Kreativität und Kinder, Hilfreiche Freunde.
**Form:** Kreis, Kugel.
**Bewegung:** Nach innen, Kontraktion.
**Sinnesorgan, Wahrnehmung:** Nase, Riechen.
**Meridian bzw. Organ:** Lunge, Dickdarm.
**Farbvarianten:** Cremeweiß.
**Körperteil:** Haut, Faszien.
**Emotion:** Trauer.
**Geschmack:** Scharf.
**Symbolsprache:** Reinheit, Unschuld, Klarheit.

## Blau

Blau gilt, bedingt durch die Farbe des Himmels und des Wassers, als Farbe der Tiefe und deshalb auch der Meditation, bei der man in die eigenen Tiefen hinabtaucht. Blau entspricht auch dem weiblichen Prinzip und dem ▸ Yin. Himmelblau wird allerdings dem männlichen Prinzip bzw. dem ▸ Yang zugeordnet. Es ist mit dem göttlichen und geistigen Prinzip verbunden. Blau steht zudem für Klarheit.

**Wirkung im physischen Bereich** – Blau wirkt entspannend, kühlend und beruhigend auf das Nervensystem und den Atem. Blau lindert Kopfschmerzen und fördert den Schlaf. Es kann Entzündungen hemmen, Schmerz lindern sowie Gewebe straffen. Außerdem kann Blau Fieber, Blutdruck und Pulsfrequenz senken. Bei Kopfschmerzen, Fieber, müden Augen helfen speziell Umschläge mit einem dunkelblauen Tuch, die auf die Stirn gelegt werden.

**Wirkung im psychologischen Bereich** – Blau fördert die Konzentration, die Orientierung und das Vertrauen. Es regeneriert, balanciert Körper und Seele aus und wirkt beruhigend. Bei geistiger Erschöpfung kann ein Umschlag aus einem blauen Stoff auf der Stirn helfen. Blau ist nicht zu empfehlen bei chronischer Müdigkeit, Antriebsschwäche und Depressionen. Blau kann zudem Introvertiertheit verstärken.

**Deko-Tipps** – Blau ist die kühlste Farbe. Sie wirkt sehr beruhigend und fördert die Entspannung. Blau wird gern im Schlafbereich eingesetzt. Es kann sinnvoll sein, die Wände eines nach Süden gelegenen Schlafzimmers blau zu streichen, um die aktive Energie des Südens (▸ Yang) zu mildern.

**Element:** Wasser.
**Bagua-Bereich:** Lebensweg.
**Form:** Unregelmäßig, geschwungen.
**Bewegung:** Nach unten.
**Sinnesorgan, Wahrnehmung:** Ohr, Hören.
**Meridian bzw. Organ:** Nieren, Blase.
**Farbvarianten:** Grünblau, Königsblau, Himmelblau.
**Körperteil:** Knochen, Zähne, Haare.
**Emotion:** Angst, Urvertrauen.
**Geschmack:** Salzig.
**Symbolsprache:** Ruhe, Meditation, Verständnis.

Auch das Gegenteil kann der Fall sein. Bei längerem Aufenthalt in einem Raum mit viel Blau könnte die beruhigende Wirkung in eine aktiv machende umschwenken. Grundsätzlich ist es empfehlenswert, im Schlafbereich mit Pastelltönen zu arbeiten und Blau nur punktuell – je nach Ihrem persönlichen Empfinden – zu verwenden.

Blaue Akzente fördern die Ruhe und können sehr gut in Meditationsräumen eingesetzt werden. In einem Arbeitsraum ist die konzentrationsfördernde Wirkung von Blau hilfreich.

Um jedoch den Antrieb nicht zu schwächen, sollten Sie immer darauf achten, nicht zu viel Blau einzusetzen. Setzen Sie nur hier und da Akzente in blauer Farbe. Da Blau dem Element ▸ Wasser zugeordnet wird, ist hier besonders darauf zu achten, dass die Farbwahl auch mit dem Element des Bagua-Bereiches harmoniert (mehr Informationen dazu finden Sie auch unter ▸ Bagua).

Wenn das Element Wasser an einer Stelle im Haus oder der Wohnung zu übergewichtig ist, können andere positive Feng-Shui-Anwendungen zunichte gemacht werden.

## Schwarz

Schwarz entsteht, wenn alle Farben absorbiert werden. Es wirkt insgesamt zusammenziehend und verengend. Deshalb symbolisiert diese Farbe Zurückhaltung und wirkt introvertiert. In China wird die Farbe auch der Ehre zugeschrieben. Es kommt auch nicht von ungefähr, dass wir mit schwarzer Kleidung unseren Verstorbenen die letzte Ehre erweisen. Die Entsagung des Lebens wird durch Schwarz ausgedrückt. Schwarz gilt außerdem als lebensverneinende Farbe, da es der Dunkelheit entspricht.

**Wirkung im physischen und psychischen Bereich** – Zeitweise kann man Schwarz dazu benutzen, seine Energien zusammenzuhalten oder sich zurückzuziehen. Allerdings werden Ängste, Depressionen etc. durch dunkle Töne »festgehalten« und können sich schwer auflösen.

**Deko-Tipps** – In der Einrichtung sollten überwiegend schwarz gestaltete Räume unbedingt vermieden werden. Alternativ können gut Kontraste mit schwarzen Möbeln geschaffen werden, vorausgesetzt, der Rest ist sehr hell gestaltet.

**Element:** Wasser.
**Bagua-Bereich:** Lebensweg.
**Form:** Unregelmäßig, geschwungen.
**Bewegung:** Nach unten.
**Sinnesorgan, Wahrnehmung:** Ohr, Hören.
**Meridian bzw. Organ:** Niere, Blase.
**Farbvarianten:** Blauschwarz, dunkles Anthrazit.
**Körperteil:** Knochen, Zähne, Haare.
**Emotion:** Angst, Urvertrauen.
**Geschmack:** Salzig.
**Symbolsprache:** Trauer.

### Grün

Grün ist die Farbe der Hoffnung. Symbolcharakter haben dabei auch die Jahreszeiten: Der harte Winter ist vorüber, und neue Hoffnung entsteht durch das Erwachen der Natur – in sattem, üppigem Grün. Auch die jährliche Erneuerung wird durch Grün zelebriert. Grün steht außerdem für Gesundheit, Natur, Frische, Erholung und Wachstum. Diese Eigenschaften können Sie selbst wahrnehmen, wenn Sie sich in einer grünen Landschaft bewegen.

**Farbpalette –** Vorsicht bei unterschiedlichen Grüntönen. Denn Grün ist nicht gleich Grün. So kann z. B. ein Giftgrün sehr anregend wirken, obwohl Grün ganz allgemein als ausgleichende Farbe eingestuft wird. Und: Grüntöne vertragen sich nicht immer miteinander. Grün-in-Grün-Kombinationen erfordern daher ein gewisses Fingerspitzengefühl.

**Wirkung im physischen Bereich –** Die ausgleichende Wirkung von Grün verfügt über eine ausgezeichnete Heilkraft. Besonders das Herz kann von der positiven Ausstrahlung der grünen Farbe profitieren. Das Nervensystem wird beruhigt, und überanstrengte Augen können sich beim Betrachten dieser Farbe regenerieren. Grün wirkt außerdem ausgleichend, beruhigend, heilend und unterstützend für den Sehpurpur. Es wirkt zudem muskelentkrampfend, regt die Hirnanhangdrüse (Hypophyse) an, erhöht die Sauerstoffaufnahme, stärkt das vegetative Nervensystem und lindert Reizzustände. Bei Bluthochdruck kann man sich auf eine grüne Decke legen oder einen grünen Schal benutzen. Auch bei Nackensteifheit wirkt ein grünes Tuch um den Hals oder ein grünes Handtuch lindernd.

**Wirkung im psychologischen Bereich –** Grün unterstützt eine positive Stimmungslage. Es wirkt erholsam und steigert die Vitalität. Die Farbe gilt als heilungsfördernd und ausgleichend. Was für den körperlichen Bereich zutrifft, gilt auch hier: Grün wirkt positiv auf das Herz – und soll im übertragenen Sinn sogar Liebeskummer lindern. Bei Stress wird Ruhen auf einer grüne Decke empfohlen oder das Tragen eines grünen Schals. Geheimtipp für eine Schnellentspannung: Schließen Sie kurz die Augen, und versuchen Sie, die Farbe Grün zu visualisieren.

**Deko-Tipp –** Überall dort, wo Sie Energie auftanken möchten, ist der Einsatz von grüner Farbe zu empfehlen. Schwierig sind lediglich Ton-in-Ton-Kombinationen, da diese sich sehr schnell beißen können. Eine Einrichtung mit viel Grün eignet sich für natürlich wirkende Räume und kann gut mit Holz- oder Korbmöbeln kombiniert werden.

**Element:** Holz.
**Bagua-Bereich:** Familie, Gemeinschaft, Wachstum und Erfolg.
**Form:** Lang und aufstrebend, Säule.
**Bewegung:** Nach außen, Expansion.
**Sinnesorgan, Wahrnehmung:** Auge, Sehen.
**Meridian bzw. Organ:** Leber, Gallenblase.
**Farbvarianten:** Mint, Meergrün, Apfelgrün, Jade, Grüngrau, Maigrün, Flaschengrün.
**Körperteil:** Sehnen, Muskeln.
**Emotion:** Wut, Zorn.
**Geschmack:** Sauer.
**Symbolsprache:** Wachstum, Natur, Ruhe, Gesundheit, Hoffnung, Frische.

## Weitere Farbtöne

### Braun

Braun ist die Farbe der Erde und der Geborgenheit. Sie wirkt warm, natürlich und bodenständig.

**Farbpalette –** Die Farbskala der Brauntöne ist sehr breit, da zu Braun auch alle Ockertöne, Rotbraun und Olivbraun hinzukommen.

**Wirkung im psychischen Bereich –** Zu viel von dieser Farbe kann leicht düster wirken, die seelische und geistige Entwicklung hemmen sowie depressive

Stimmungen länger halten. Bei sehr gestressten oder hektischen Menschen können Brauntöne dagegen einen guten Ausgleich schaffen.

**Deko-Tipp –** Braun kann besonders vorteilhaft mit hellen und natürlichen Farben und Materialien kombiniert werden. Richtig eingesetzt erzeugt Braun ein Gefühl von Behaglichkeit und Wärme. Besonders geeignet sind Brauntöne für Böden, um die Standfestigkeit zu unterstützen. Als Deckenfarbe ist Braun allerdings zu drückend.

### Orange

Die Farbe liegt zwischen dem Element ▸ **Feuer** und dem Element ▸ **Erde.** Orange wirkt besonders warm und erheiternd und gilt als Farbe des Wagemutes, der Freiheit, der Lebensfreude und der Eroberung.

**Farbpalette –** Die Farbpalette der Orangetöne ist sehr vielseitig und reicht von einem zarten Apricot, einem leichten Pfirsichton bis hin zum kräftigen dunklen Orangerot.

**Wirkung im physischen Bereich –** Orange vitalisiert, unterstützt die Verdauung, regt die Fortpflanzungsorgane an, stärkt das Immunsystem, kräftigt Milz, Lunge und Bauchspeicheldrüse und bringt Körperflüssigkeiten zum Fließen. Es entspannt, entkrampft und wirkt appetitanregend. Es soll sogar Schwangerschaftsstreifen und Falten mildern.

*Der orangefarbene Pfirsich gilt in China als Symbol für ein langes und glückliches Leben.*

**Pfirsich –** In China steht der Pfirsich (orange) für Langlebigkeit. Durch den Verzehr von vielen Pfirsichen soll einem Ehepaar eine lange und glückliche Ehe beschieden sein. Andererseits kann diese Farbe in einer Ehe, wenn man bei der Kleidung Pfirsichtöne bevorzugt, auch zur Untreue verführen. Eine durch Pfirsichfarben herbeigeführte Affäre wird Pfirsichblütenglück genannt, da diese Liebelei und das damit verbundene Glück meist bald wieder verblüht und nicht von großer Dauer ist.

**Wirkung im psychologischen Bereich –** Orange stärkt praktische Fähigkeiten und fördert die Liebe zum Detail. Orange bringt Gefühle in Bewegung und hebt das Selbstbewusstsein. Es fördert Organisationstalent und Willenskraft, macht Mut, wirkt Depressionen entgegen und muntert auf. Die Lust an Weiterbildung und an einem Neubeginn werden durch diese Farbe gefördert.

Allerdings sollten Sie Orangetöne nicht in bereits stressanfälligen Ausgangssituationen einsetzen. Falls Sie sich jedoch mit eigenen Reaktionsmustern auseinander setzen möchten, die Stress verursachen, dann ist Orange wiederum sehr geeignet, um diese Muster erkennen zu können.

**Deko-Tipps –** Überall dort, wo Organisation und praktisches Vorgehen gefordert sind, ist Orange richtig platziert. In der Einrichtung kann ein Zuviel schnell aufdringlich wirken, denn Orange betont alle Formen und sollte daher nicht in zu kleinen Räumen verwendet werden. Kombiniert mit Grau, Schwarz und Weiß wirkt diese Farbe edel. Ein Badezimmer in Orange kann, sofern es das Element laut dem ▸ **Bagua-**Feld erlaubt, ein Muntermacher sein.

### Lemon

Wird aus Gelb und Grün gemischt. Es ist eine positive und heitere Farbe, die zudem zur Freude, Zufriedenheit und Verständnis untereinander beiträgt.

**Physische und psychologische Wirkung –** Wie die Frucht selbst, die Limone, stärkt diese Farbe das Immunsystem, da es die Thymusdrüse anregen kann. Lemon eignet sich gut, Energien in Fluss zu bringen und Blockaden aufzulösen. In geistiger Hinsicht hilft sie, Stagnationen besser zu überwinden.

### Türkis

Türkis ist eine Mischung von Blau und Grün und trägt die positiven Auswirkungen beider Farben in sich. Wir empfinden beim Betrachten von Türkis meist Kühle und Erfrischung.

**Wirkung im physischen Bereich –** Türkis kann bei der Infektionsabwehr helfen, da es die Thymusdrüse anregt. Schilddrüse und Lunge werden aktiviert.

**Wirkung im psychologischen Bereich –** Türkis kann uns dabei unterstützen, nein zu sagen und uns abzugrenzen. Diese Farbe baut Ängste ab, fördert geistige Klarheit und Kreativität. Sie kann eine stärkende Wirkung auf die Nerven haben. Zu viel von dieser Farbe lässt uns zu selbstbezogen werden.

**Deko-Tipps –** Besonders geeignet ist Türkis im Zusammenhang mit Computerarbeitsplätzen. Es erfrischt die Augen und soll sich positiv auf Plätze auswirken, die durch ▸ **Elektrosmog** belastet sind.

### Violett

Die Farbe Violett kühlt, beruhigt, reinigt. Da Violett aus der Mischung der Farben Rot und Blau entsteht, ist es laut dem Kreislauf der ▸ **Fünf Elemente** Polaritäten verbindend. Rot entspricht dem Element Feuer und löscht das Wasser, welches für Blau steht. Diese Polaritäten werden im Violett positiv verbunden, und so kann die Farbe uns helfen, zwischen Gegensätzen zu vermitteln und festgefahrenes Rollenverhalten zu transformieren.

**Wirkung im physischen Bereich –** Harmonisiert den Stoffwechsel; wirkt positiv auf Gehirn und Nerven.

**Wirkung im psychologischen Bereich –** Diese Farbe wird gern in Fastenzeiten verwendet, da sie die Auseinandersetzung mit den eigenen Gedanken fördert. Vermeiden Sie Violett bei Neigung zu Depressionen und Melancholie.

> **Violett und Spiritualität –** Besonders in den Bereichen der Spiritualität wird Violett wegen seiner Fähigkeit, sich für feinstoffliche Erfahrungen zu öffnen, bevorzugt eingesetzt, auch zu Transformationszwecken. Umgibt man sich zu viel mit dieser Farbe, kann die eigene Erdung verloren gehen und der Bezug zur Realität reduziert werden.

**Deko-Tipps –** In der Raumgestaltung wird Violett selten eingesetzt. Trotzdem erzeugen Abwandlungen der Farbe bestimmte Effekte: Blauviolett wirkt geheimnisvoll, Rotviolett feierlich. Die Farbe Flieder ist heller als Violett und strahlt Leichtigkeit aus.

### Rosa

Der Farbton Rosa hat im Allgemeinen eine aufbauende, entspannende und beruhigende Wirkung.

**Wirkung im psychologischen Bereich –** Rosa ist die Farbe der allumfassenden Liebe. Sie fördert die Sensibilität. Zu viel Rosa lässt uns ins Schwärmen geraten und realitätsfern werden.

### Magenta

Magenta setzt sich aus einem tiefen Rotton mit Violettanteil zusammen.

**Wirkung im feinstofflichen Bereich –** Hier gilt Magenta als Schutzfarbe, die für Umhänge oder Stolen verwendet wird und negative Schwingungen abwehrt. Die Farbe aktiviert und kräftigt die Psyche.

**Deko-Tipps –** Räume, die zur Entspannung dienen, sollten nicht zu viel Magenta enthalten, da sich der Rotanteil zu belebend auswirken kann.

### Purpur

Purpur ist die sanftere Variante von Magenta und nähert sich mehr dem Violett an.

**Wirkung im psychologischen Bereich –** Purpur gilt als die traditionelle König- und Kaiserfarbe und wird mit den Themen »Nächstenliebe« und »Gerechtigkeit« in Zusammenhang gebracht.

**Wirkung im physischen Bereich –** Der Farbton Purpur senkt Blutdruck und Fieber und soll auch Hyperaktivität ausgleichen können.

### Silber

Silber schafft ein Gefühl von Leichtigkeit, Freiheit und Klarheit: Es wirkt kühl und zurückhaltend.

### Gold

Gold hat neben seiner wertvollen materiellen Eigenschaft auch eine lebensbejahende Ausstrahlung. Gold soll zudem auch eine schützende Wirkung haben; es soll harmonisieren und vor allem das Herz entkrampfen.

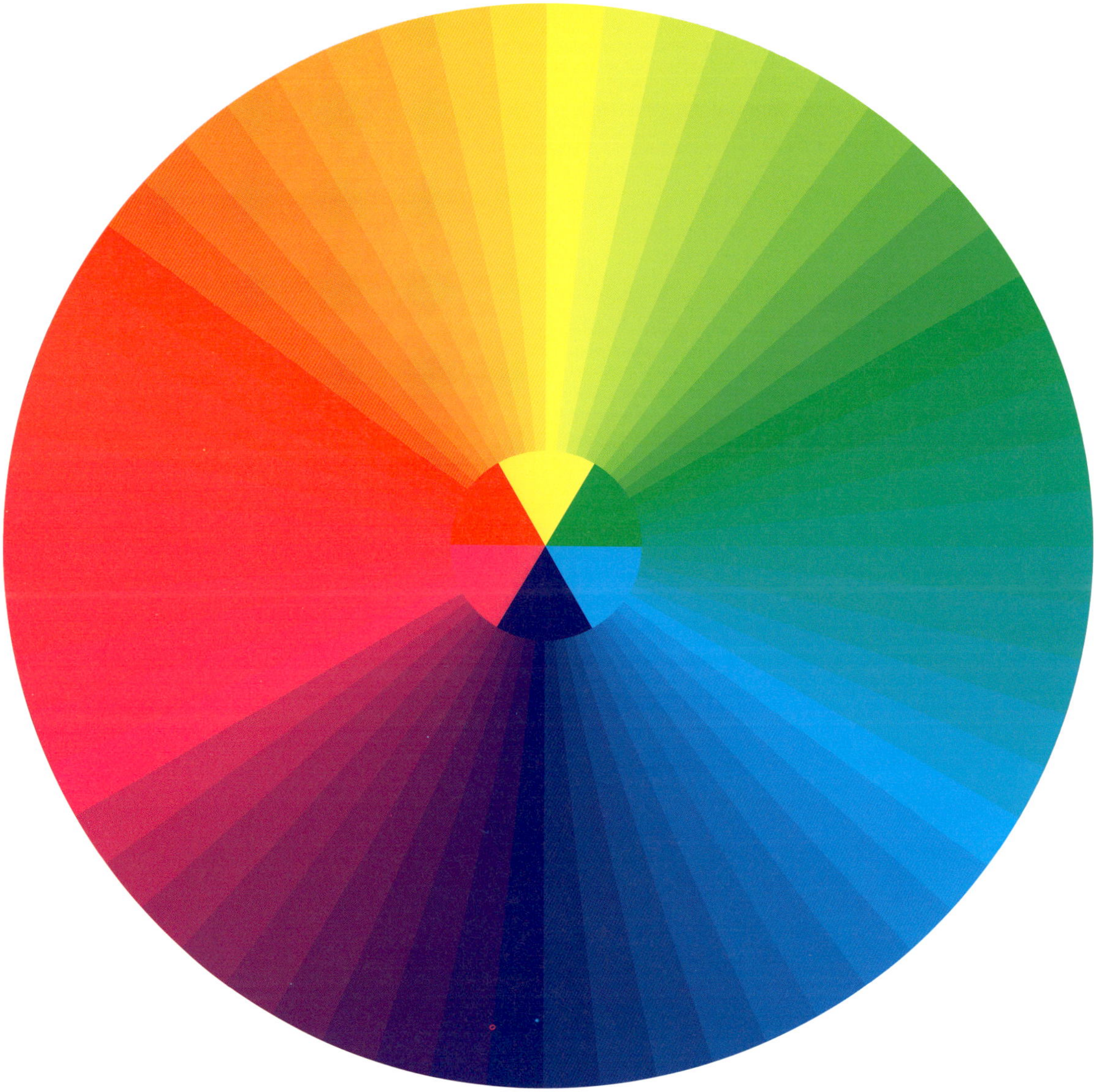

**Zur Anwendung von Farben:**

*Die Farbwirkung auf den menschlichen Körper und auf die Psyche ist immer abhängig von der Intensität und Leuchtkraft der gewählten Farbtöne. Die obige Farbpalette zeigt einen kleinen Ausschnitt der Bandbreite einiger Farben. Der Farbkreis verläuft im Uhrzeigersinn von Gelb über Grün und Cyan nach Blau hin, um dann über Magenta und Rot wieder zu Gelb zurückzukehren. Der kleine Kreis in der Mitte zeigt die sechs reinen Farben, während im großen Farbkreis die zusätzlichen Zwischentöne angegeben sind.*

*Unreine Farben wie Braun- und Grautöne sind hier nicht enthalten. Schwarz und Weiss sind keine Farben.*

## Feitian

Das chinesische Wort für »Fliegender Himmel«, auch bekannt unter der Bezeichnung ▸ **Fliegende Sterne.** Feitian ist eine der Prognosemethoden, die im Feng Shui und der ▸ **Chinesischen Astrologie** angewendet werden.

## Fels

**1.** Ein hoher spitzer Fels in einer Landschaft wird durch seine schroffe Form dem Element ▸ **Feuer** zugeordnet und spielt in der ▸ **Formen-Schule** des Feng Shui eine Rolle. Runde Findlinge werden ihrer Form nach dem Element ▸ **Erde** zugeordnet.
**2.** Ein Fels kann in Form eines Findlings im Garten auch als ▸ **Rückendeckung** dienen und damit eine fehlende ▸ **Schildkröte** ersetzen.
Felsen können in denjenigen Bereichen des ▸ **Bagua** unterstützend wirken, die dem Element ▸ **Erde** zugeordnet werden.

## Feng

Das chinesische Wort für ▸ **Wind.**

## Feng Sha

Der chinesische Begriff für »giftiger Wind, der Unheil bringen kann«. Näheres zu diesem Begriff finden Sie auch unter den beiden Stichwörtern ▸ **Sha** und ▸ **Geheime Pfeile.**

*Chinesisches Schriftzeichen für Feng Shui.*

## Feng Shui

Wörtlich übersetzt heißt Feng Shui »Wind und Wasser«. »Feng« und »Shui« sind zwei Begriffe, die den Einfluss der Natur auf die Lebensbedingungen des Menschen spiegeln. Sie weisen auf die verschiedenen Erscheinungen der Lebensenergie ▸ **Chi** hin, die alles belebt. Wind und Wasser sind zwei lebenswichtige ▸ **Elemente,** deren Kraft aber auch vernichtend sein kann. Wie der Regen die Felder nährt, so kann der Sturm die Ernte zerstören.
Im Feng Shui geht es immer wieder um die Ausgewogenheit der Kräfte, die Leben und Wachstum garantiert. Die Kunst, mit Wind und Wasser umzugehen, wird daher Feng Shui genannt.
Nach dem chinesischen Weltbild lebt der Mensch nicht isoliert von der Natur, sondern in ständigem Austausch mit ihr. Mensch und Natur unterliegen den gleichen Gesetzmäßigkeiten.
Wie die Menschen ihren eigenen Standort gestalten, wie sie mit ihrer Umgebung umgehen, wird sich spiegeln in ihrem inneren Frieden und ihrem Wohlergehen. Mit dem Universum im Einklang zu sein und zur richtigen Zeit am richtigen Ort zu sein, das ist Ziel des Feng Shui.
**Geschichte –** Die chinesische ▸ **Geomantie** des Feng Shui kann auf eine drei- bis viertausend Jahre alte Geschichte zurückblicken. Die ursprüngliche Bezeichnung der Geomantie, »kanyu« oder »kan-yü«, bedeutet so viel wie »Wagen mit Dach«. Dabei steht »kan« für Himmel und »yu« für Erde. Die Betrachtung des Himmels und der Erde diente ursprünglich sowohl der Schicksalsberechnung als auch der Geomantie im Sinn der harmonischen Gestaltung des Lebensumfeldes. Die Weiterentwicklung des Kanyu führte zum heutigen Feng Shui, das erstmals im 4. Jahrhundert. n. Chr. im »Zangshu« (»Das Buch der Gräber«) erwähnt wird. Im Lauf der Zeit entwickelten sich die zwei Schulen des Feng Shui, die ▸ **Formen-Schule** (chinesisch »xingshi pai«) und die ▸ **Kompass-Schule** (auch Struktur-Chi-Schule, chinesisch »liqi pai«). Im 20. Jahrhundert schließlich vermischten sich die beiden Ausrichtungen zu einer ganzheitlichen Betrachtung. Heute werden Methoden beider Schulen wahlweise zur Begutachtung eines Standortes herangezogen. Ausführlich erläutert werden die Theorien unter ▸ **Formen-Schule** und ▸ **Kompass-Schule.**

## Feng-Shui-Kompass
Kompass mit vielen Informationen als Arbeitsgerät für eine Feng-Shui-Analyse, gebräuchlich in der ▸ Kompass-Schule. Mehr dazu unter ▸ Lo Pan.

## Feng-Shui-Lineal
Ein Feng-Shui-Lineal, auch in Form eines Zollstocks erhältlich, zeigt die günstigen und ungünstigen Feng-Shui-Maßeinheiten. Näheres unter ▸ Maße.

## Feng-Shui-Maße
Im Feng Shui gibt es spezielle Empfehlungen für günstige und ungünstige Maße. Ausführliches dazu finden Sie unter dem Stichwort ▸ Maße.

## Fenster
Wenn man einen Raum betritt, orientiert man sich sehr schnell an der nächsten Raumöffnung, dem Fenster. Liegen in einem Raum Tür und Fenster direkt gegenüber, kann man oft beobachten, wie Besucher beim Betreten des Zimmers automatisch in Richtung Fenster gehen und einen Kommentar über den Ausblick verlauten lassen. Und mit der Aufmerksamkeit wird auch das ▸ Chi, die Lebensenergie, so aus dem Innen- in den Außenraum gezogen. Das Prinzip »Energie folgt der Aufmerksamkeit« wird im Weg des Chi beschrieben. Chi hat das Bestreben, geradlinig zu fließen. Da sich das Chi hauptsächlich durch die Türe in einen Raum begibt und durch die Fensteröffnungen wieder abfließt, spielen Größe und Form der Fenster eine Rolle für die Raumenergie. Je nach Größe und Form des Fensters verlässt das Chi den Raum schneller oder langsamer.

**Günstige Fensterformen –** Hiermit werden Fenster bezeichnet, die das Chi länger im Raum halten.

**Flügelfenster** werden im Allgemeinen großen Fenstern ohne Unterteilung vorgezogen.

**Fenster mit Unterteilungen,** u. a. Fenster mit Fensterkreuzen gelten als günstig.

**Runde Fenster** entsprechen Formen aus der Natur und gelten daher als günstige Form für Fenster.

**Ungünstige Fensterformen –** Als ungünstig gelten solche Fenster, bei denen das Chi schnell abfließt:

**Schiebefenster** stellen keine gute Verbindung zum Außenraum dar. Sie lassen sich nur halb öffnen und bieten beim Lüften wenig Chi- und Luftaustausch.

*Fenster mit Unterteilungen gelten als günstig, da die Fenstersprossen verhindern, dass zu viel Chi den Raum verlässt.*

*Diese Fensterformen ohne Sprossen gelten als ungünstig, da sie das Chi kaum im Raum halten können und wie große Löcher in den Räumen wirken.*

**Große Fenster ohne Unterteilung** lassen das Chi zu schnell aus dem Raum fließen.

**Panoramafenster** stellen eine direkte Verbindung zum Außenraum dar und richten die Aufmerksamkeit nach außen. Die Raumenergie fließt sofort ab. Es besteht die Gefahr, dass man sich in solchen Räumen schlecht konzentrieren kann.

*Abhilfemaßnahmen bei ungünstigen Fensterformen: Regenbogenkristalle oder Pflanzen auf der Fensterbank minimieren den Verlust von Chi durch das Fenster.*

*Eine Lösung, wenn im Innenraum mit Panoramafenster wenig Platz ist: Eine Figur hinter dem Fenster lässt den Blick aus dem Fenster nicht zu sehr ins Endlose schweifen.*

**Abhilfemaßnahmen –** So sehr man das Bestreben verstehen kann, möglichst einen hellen Raum mit freiem Blick in den Garten zu bekommen, sind bei ungünstigen Fenstern, speziell großen Fenstern ohne Unterteilung oder Panoramafenstern, folgende Abhilfemaßnahmen empfehlenswert: ▸ **Pflanzen, Klangspiele und Regenbogenkristalle**, vor dem Fenster platziert, halten den Chi-Fluss länger im Raum (siehe auch unter ▸ **Hilfsmittel**).

**Figuren oder ein Findling auf der Terrasse** lassen die Aufmerksamkeit und das Chi nicht zu schnell durch das große Fenster in den Garten abfließen. Sie bündeln den Blick (Illustration oben).

**Gardinen vor dem Fenster** können helfen, das Chi länger in einem Raum zu halten. Doch auch Gardinen haben wie die Fenster, in Abhängigkeit von ihrer Form, Farbe, Materialbeschaffenheit und Gestaltung, Auswirkungen auf das Chi.

## Feuer

1. Feuer steht als Bild für eines der ▸ **Trigramme** aus dem I Ging. Die chinesische Entsprechung dazu ist »li«. Die Kraft des Feuers ist leuchtend und bewusst; das Feuer beschreibt das Prinzip des Haftenden. Siehe dazu auch die beiden Stichwörter ▸ **Bagua** und ▸ **I Ging.**
2. Feuer bezeichnet ebenfalls eines der ▸ **Fünf Elemente** bzw. der Fünf Wandlungsphasen. Das Element Feuer steht für Wärme, Kraft und Helligkeit. Es ist sowohl mit dem Herzen als auch mit dem Bewusstsein verbunden.

Es gibt zwar Parallelen zwischen den ▸ **Trigrammen** und den einzelnen Elementen der Fünf Wandlungsphasen, sie sind aber keineswegs gleichzusetzen. Mehr dazu finden Sie auch unter den beiden Stichwörtern ▸ **Fünf Elemente** und ▸ **Bagua.**

*Chinesische Kalligrafie für Feuer.*

## Feuermund

Damit ist der Herd in der Küche gemeint. Mehr zu dem Thema »Küche« finden Sie im Kapitel »Die Privaträume« (Seite 256ff.) im Praxisteil des Buchs.

## Fische

Das chinesische Wort für Fisch klingt ähnlich dem chinesischen Wort für Überfluss. Wahrscheinlich haben sich deshalb die Fische als Symbol für Überfluss und Reichtum eingebürgert. Am Neujahrstag essen die Chinesen Fisch, um das neue Jahr mit dem Gedanken des Überflusses zu beginnen und in der Hoffnung, dass es das Jahr über so bleiben möge. Aber auch in anderen Kulturkreisen steht der Fisch für Fruchtbarkeit und Wohlstand.

> **Aufgrund des positiven Symbolcharakters** der Fische sind in China viele Haushalte und Geschäfte mit ▸ **Aquarien** ausgestattet, die den Reichtum vermehren sollen. Besonders beliebt sind die Arrowana-Fische, auch ▸ **Drachenfische** genannt, silbrig und mit schwertähnlichem Körper, und ▸ **Goldfische**.

## Fliegende Sterne

Fliegende Sterne werden auch »Flying Stars« oder auf Chinesisch ▸ **Feitian** (für »Fliegender Himmel«) genannt. Dabei handelt es sich um eine Art Prognosesystem für Räume, Städte oder Kontinente in Bezug auf zyklische Einflüsse. Die in diesem Deutungssystem ermittelten Einflüsse wirken auch auf die Menschen, die in den Räumen leben.

Ziel ist es, mit Hilfe dieses sehr komplexen Systems herauszufinden, wie die neun Sektoren des ▸ **Lo-Shu-**Quadrates von Haus-, Garten-, Landschafts- oder auch Grundriss des Kontinents zu einem bestimmten Zeitpunkt beschaffen sind, d. h. ob sich die jeweiligen Bereiche günstig oder ungünstig auf Umfeld und Mensch auswirken. Hierfür benötigt man den Chinesischen ▸ **Mondkalender,** das Baujahr des Gebäudes, die genaue Ausrichtung der Himmelsrichtung und ein numerologisches Zahlensystem.

Aus diesen Informationen wird eine Zahlenkombination ermittelt, die wiederum über die jeweiligen Einflüsse Deutungen zulässt.

So lässt sich beispielsweise für einen Hausgrundriss eine Berechnung für ein ganz bestimmtes Jahr aufstellen. Stellt sich dann etwa heraus, dass der Eingangsbereich oder der Wohnbereich des Hauses ungünstigen Grundstimmungen für dieses Jahr unterliegen, könnte man mit Hilfe der Lehre der ▸ **Fünf Elemente** den ungünstigen Einfluss ausgleichen und die günstigen Bereiche hervorheben.

**Geschichte –** Die Herkunft der Berechnung der Fliegenden Sterne ist umstritten. Der Legende nach soll der mythische Kaiser Yu der Große zwei magische Quadrate gefunden haben. So habe er eine Zeichnung auf dem Rücken eines Pferdes, dem ▸ **Drachenpferd,** entdeckt, das ihm am Gelben Fluss begegnet sei. Dort seien die Zahlen eins bis neun in einem ganz bestimmten Muster aufgezeichnet gewesen. Eine andere Version besagt, dass er diese Zeichnung von einem Drachen erhalten habe. Das zweite Quadrat fand er der Sage nach auf dem Rückenpanzer einer Schildkröte, die er im Fluss Luo gefunden hatte. Hier fand er ebenfalls die Zahlen von eins bis neun, jedoch in einer anderen Aufstellung. Die heute benutzte Zahlenanordnung entspricht dem »magischen Quadrat«, welches ▸ **Lo Shu** genannt wird. Das zuerst genannte Quadrat auf dem Drachenpferd entspricht dem ▸ **Späteren Himmel** und das Lo-Shu-Quadrat der Schildkröte dem ▸ **Früheren Himmel,** Anordnungen aus dem ▸ **I Ging.** Beide Quadrate stehen in engem Zusammenhang mit den ▸ **Trigrammen.** Das Lo Shu ist die Grundlage für die Berechnung der Fliegenden Sterne.

| | | |
|---|---|---|
| Südosten<br>4 | Süden<br>9 | Südwesten<br>2 |
| Osten<br>3 | Zentrum<br>5 | Westen<br>7 |
| Nordosten<br>8 | Norden<br>1 | Nordwesten<br>6 |

*Lo Shu, entsprechend der Ordnung des Späteren Himmels. Bemerkenswert ist, dass alle Zahlen, gleich in welcher Richtung addiert, die Zahl 15 ergeben.*

**Die Erd-Basis und die Paläste** – Bei der Ermittlung der Fliegenden Sterne spielen die zeitlichen Abläufe eine entscheidende Rolle. Hierfür wird der Chinesische ▸ Mondkalender herangezogen, in dem jeder Zyklus in neun Perioden à 20 Jahre unterteilt ist. Aus diesem Kalender würde man ersehen, dass z. B. das Jahr 2002 von der Zahl 7 regiert wird. Ist nun ein zu untersuchendes Gebäude im Jahr 2002 gebaut worden, wird die 7 dann in die Mitte des ▸ Lo Shu gestellt und wird Erd-Basis genannt. Die Felder des Lo Shu werden Paläste genannt. Die restlichen Zahlen werden laut dem Verlauf im folgenden Diagramm eingetragen.

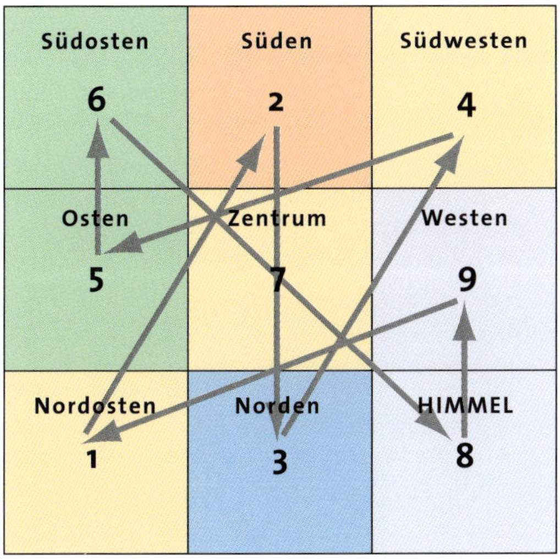


*Ein Zeitdiagramm für ein Haus, gebaut im Jahr 2002 mit der Erd-Basis-Zahl 7 im Zentralpalast.*

**Himmelsrichtung** – Um die Fliegenden Sterne zu ermitteln, wird zunächst eine Messung der Himmelsrichtung mit dem Kompass vorgenommen. Ausschlaggebend ist hierbei die Blickrichtung aus der Eingangstür bzw. der Hausfront beim Hinaustreten. Jede der acht Himmelsrichtungen ist in drei Untersektoren aufgeteilt, z. B. Süden in Süden 1 von 157,5° bis 172,5°, Süden 2 von 172,5° bis 187,5° und Süden 3 von 187,5° bis 202,5° usw.

Die Mitte des Nordsektors entspricht der Gradzahl 0°. Auf dem ▸ Lo Pan sind diese Gradzahlen abzulesen (siehe auch Manfred Kubny: »Traditioneller chinesischer Mondkalender«, Seite 372).

**Baujahr** – Als Nächstes muss die Zeitperiode anhand der nachfolgenden Tabelle ermittelt werden.

**Tabelle zur Ermittlung der Zeitperiode**

| Ursprung | **1. Ursprung** 60 Jahre (1846 – 1923) | | |
|---|---|---|---|
| Zeitperioden Je 20 Jahre | 1864 bis 1883 | 1884 bis 1903 | 1904 bis 1923 |
| Luoshu-Zahl (LS) Basis-Zahlen | 1 | 2 | 3 |
| Ursprung | **2. Ursprung** 60 Jahre (1924 – 1983) | | |
| Zeitperioden Je 20 Jahre | 1924 bis 1943 | 1944 bis 1963 | 1964 bis 1983 |
| Luoshu-Zahl (LS) Basis-Zahlen | 4 | 5 | 6 |
| Ursprung | **3. Ursprung** 60 Jahre (1984 – 2043) | | |
| Zeitperioden Je 20 Jahre | 1984 bis 2003 | 2004 bis 2023 | 2024 bis 2043 |
| Luoshu-Zahl (LS) Basis-Zahlen | 7 | 8 | 9 |

*Quelle: Manfred Kubny, »Traditioneller chinesischer Mondkalender«, Seite 98.*

**Die drei Zeitperioden** – In unserem Beispiel liegt das Jahr 2002 in der ersten Zeitperiode von 1984 bis 2003 und wird der Luoshu-Zahl 7, der Erd-Basis-Zahl, zugeordnet.

Der große Zeitzyklus von 180 Jahren ist in drei Ursprünge eingeteilt. Der Obere Ursprung steht für den Himmel, der Mittlere Ursprung für den Menschen und der Untere Ursprung für die Erde.

**Ermittlung der Zahlenkombination –** Nun müssen der Bergstern und der Flussstern sowie deren Flugrichtung ermittelt werden.

**Der Flussstern (blau)** entspricht der Zahl des Lo-Shu-Feldes, in dem sich der Eingang des Hauses befindet. Sie wird rechts unten (manchmal rechts oben) neben der Basis-Zahl im Quadrat eingetragen. In diesem Beispiel die Zahl 5.

**Der Bergstern (grün)** entspricht der Zahl, die den ▸ Sitz des Gebäudes bezeichnet. Der Sitz ist der Gegenpol des Eingangs eines Gebäudes. In unserem Beispiel ist das gegenüber dem Eingang die Zahl 9. Sie wird als Bergstern links unten (manchmal links oben) neben der Basis-Zahl eingetragen. Nun erhält man für das Zentrum die Zahlenkombination 7, 5, 9 (Basis-Zahl, Flussstern, Bergstern).

**Flugrichtungen –** Um die weiteren Zahlenkombinationen der anderen Felder zu erhalten, bedarf es der jeweiligen Flugrichtungen. Die Zahlen können, abhängig von der Palastzahl und dem Sektor der Himmelsrichtung, vorwärts oder rückwärts »fliegen«, d. h. in Richtung oder entgegen der Richtung des Verlaufs der Pfeile. Zur Visualisierung können Sie die Illustration auf Seite 89 »Zeitdiagramm für ein Haus, gebaut im Jahre 2002, mit der Erd-Basiszahl 7« im Zentralpalast hinzuziehen.

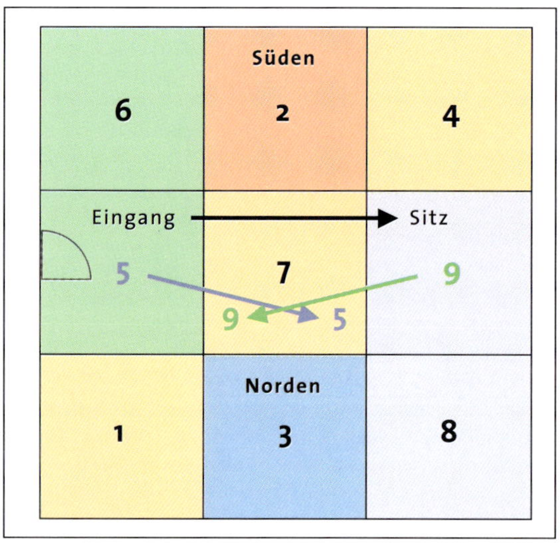


*Das Zeitdiagramm für ein Haus, das im Jahre 2002 gebaut wurde, mit der Erd-Basiszahl 7, dem Flussstern 5 (blau) und dem Bergstern 9 (grün).*

**Gradzahl der Himmelsrichtung –** Jetzt wird die Gradzahl der Himmelsrichtung des Gebäudes benötigt. Liegt der Eingang nun z. B. im Sektor Osten 2 (East 2 = Kurzform »E2«), d. h. dem Flussstern »E2«, wird in den meisten Fällen der Sitz gegenüber dem Eingang sein, nämlich im Sektor Westen 2 (West 2 = Kurzform »W2«).

In unserem Beispiel kann man nun unter der ersten Zeitperiode 1984 bis 2003, Basiszahl 7 im Zentrum finden (siehe Tabelle Seite 81 nach Manfred Kubny). Berg entspricht »E2« und Wasser »W2« (siehe Illustration unten). Nun können Sie alle weiteren Zahlen laut diesem Diagramm übertragen. Der Einfluss für den Eingangsbereich ergibt sich aus der Deutung der Zahlenkombination 5, 7, 2.

Der Einfluss für das Feld des Hausgrundrisses im Norden ergibt sich aus der Deutung der Zahlenkombination 3, 9, 4.

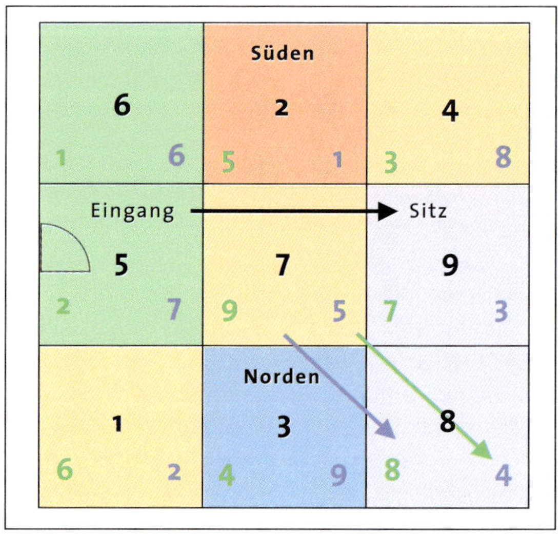


*Zeitdiagramm für ein Haus Baujahr 2002: Eingang im Osten zwischen 82,5° und 97,5°, »O2«, und Sitz gegenüber im Westen »W2«. Flussstern und Bergstern fliegen rückwärts.*

In der Fachliteratur zu den Fliegenden Sternen werden alle möglichen Zahlenkombinationen und deren Interpretationen genau beschrieben.

**Bewertung der Zahlen –** Die Zahlen 1, 4, 6 und 8 werden günstigen Einflüssen zugeordnet. Die Zahl 2 wird als ungünstig eingestuft. Die Zahlenkombination 5,5 (egal, ob als Basis-Zahl mit Flussstern oder

Flussstern und Bergstern etc.) wird als sehr ungünstig eingestuft. Ebenfalls ungünstig sind Kombinationen wie 1,5 oder 2,5 sowie 2,3 und 2,7.
Positiv zu bewertende Zahlen sind Kombinationen mit 7,7. Wie die Qualität der Einflüsse, d.h. ob günstig oder ungünstig, zustande kommt, dazu äußert sich der Experte Manfred Kubny folgendermaßen: »... weil die Numerologie des Loshu jedoch Ausdruck eines komplexen Kräftesystems in der Zeit ist, verändern sich die dahinter gestellten Bedingungen und Wirkungen der Trigramme je nachdem, welches Trigramm in welchem Jahr dominiert. Auf diese Weise verändern sich auch die Ausrichtungszuordnungen eines Trigrammes hinsichtlich der Aspekte ›glücklich‹ oder ›unglücklich‹ « (Manfred Kubny: »Traditioneller chinesischer Mondkalender«, Seite 96).
**Abhilfemaßnahmen –** Wenn Sie die ungünstigen Einflüsse bremsen möchten, dann können Sie mit Hilfe der ▸ **Fünf Elemente** Abhilfe schaffen. Haben Sie beispielsweise in einem Feld eine ungünstige Zahlenkombination, wie »2« als Erd-Basis und »5« als Flussstern, dann entspricht das einem Übergewicht des Elements ▸ **Erde.**
Da das Element ▸ **Metall** die Erde bremst, könnten hier Gegenstände aus Metall, die Farbe Weiß oder auch runde Formen vermehrt zum Einsatz kommen, um den negativen Einfluss zu bremsen.
In der Fachliteratur zu den Fliegenden Sternen werden Zahlenkombinationen und deren Interpretation beschrieben. Doch wie die Deutung, so ist auch die Auswahl der Abhilfemaßnahmen ein sehr komplexes Zusammenspiel, das sorgfältiges Abwägen erfordert und daher nur von einem Experten angewendet werden sollte.

**Hier sind Experten gefragt –** Es handelt sich bei der Arbeit mit den Fliegenden Sternen um einen äußerst sensiblen Bereich, der fundierte Kenntnisse und viel Erfahrung voraussetzt. An dieser Stelle können wir nur einen kleinen Ausschnitt, sozusagen ein Grundverständnis, vermitteln, wie man bei der Berechnung der Fliegenden Sterne vorgeht und wie eine Analyse mit anschließenden Korrekturmaßnahmen vorgenommen werden kann.

## Fließende Jahre

Chinesisch »liunian«, bezeichnet einen der drei Hauptaspekte des Bazi Suanming, der Schicksalsberechnung nach den acht Zeichen. Hinzu kommt die Betrachtung der Grunddisposition und des Großen Lebenszyklus. Ausführliches dazu finden Sie unter dem Stichwort ▸ **Bazi Suanming.**

## Flöten

Sie zählen zu den bekanntesten ▸ **Hilfsmitteln** im Feng Shui. In China sind Bambusflöten ein Symbol für ein langes Leben. Flöten werden immer paarweise benutzt und helfen, entweder mehr ▸ **Chi,** also mehr Energie, in Räume zu ziehen oder ▸ **Balken** zu entschärfen. Beim Einsatz von Flöten als Hilfsmittel existieren abweichende Empfehlungen für die Positionierung der Lage der Mundstücke. Bei Flöten, die über einer Tür platziert werden, können die Mundstücke entweder nach oben oder nach unten zeigen. Das Chi folgt der Blasrichtung.
Die verwendeten Flöten müssen nicht aus Bambus hergestellt sein. Sie können aus jedem beliebigen Material sein. Beim Befestigen der Flöten ist jedoch darauf zu achten, dass die Flöten nicht beschädigt werden, denn das einzige Kriterium ist der Klang der Instrumente: Er sollte möglichst klar sein.

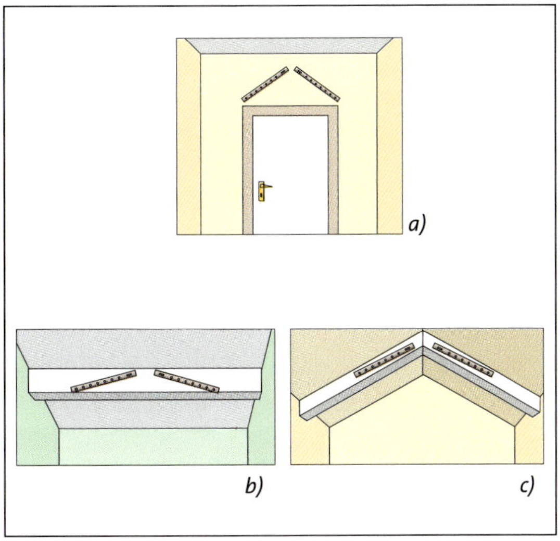


*a) Flöten über der Tür ziehen Chi an. b) Flöten an Deckenbalken mindern negative Wirkungen. c) Flöten an den Dachsparren versorgen den Raum mit mehr Chi .*

**Auch für die Flöten gilt –** Verwenden Sie nur Dekorationselemente, die Ihnen auch gefallen. Es lassen sich sicher Alternativen zu Flöten finden, wenn sie nicht zu Ihrem Einrichtungsstil passen oder ganz einfach nicht Ihrem Geschmack entsprechen.

**Anwendung –** Flöten sollen durch ihre Hohlräume Energie anziehen. Ist ein Raum schlecht mit Energie versorgt, werden Flöten leicht schräg – im Winkel von 45° – über der Tür in dem Raum aufgehängt, den Sie beleben sollen. Um Dachbalken zu entschärfen, werden Flöten in ähnlicher Anordnung an den Balken angebracht (siehe Ilustration auf Seite 91).

## Flur

Anregung zur Gestaltung von Fluren und Erschließungswegen sind unter ▸ **Chi-Fluss** sowie im Kapitel »Privaträume« (Seite 228ff.) und im Kapitel »Der Außenraum« (Seite 273f.) im Praxisteil dieses Buchs nachzulesen.

## Fluss

Informationen dazu finden Sie unter ▸ **Wasser.**

## Flussstern

Für den Flussstern gibt es noch weitere Bezeichnungen: »Wasserstern«, »Gegenüberliegender Stern«, »River Star«, »Siang Sin Star«, »Palastzahl des Eingangs«. Der Flussstern ist Teil eines geomantischen Zeitdiagramms im Quadrat des ▸ **Lo Shu.** Der Flussstern ist Bestandteil der ▸ **Fliegenden Sterne** und eng mit dem Lo Shu verwoben. Die Fliegenden Sterne sind ein Berechnungssystem in Abhängigkeit vom Chinesischen ▸ **Mondkalender** und beschreiben zyklisch verlaufende Raumenergien.

Der Flussstern liegt in dem neunteiligen Raster des Lo Shu im Eingangsbereich. Die Zahl, die sich im Eingangsbereich befindet, nachdem die Erd-Basis-Zahl feststeht und die die Zahlen in den Quadraten vorgibt, ist die Zahl des Flusssterns. Sie wird in jedem Quadrat rechts von der Erd-Basis-Zahl dargestellt. Weitere Zahlen können dann ergänzt werden, wenn die »Flugrichtung« des Flusssterns feststeht.

Manfred Kubny beschreibt den Flussstern in seinem Buch »Traditioneller chinesischer Mondkalender« folgendermaßen: Die »Ausrichtung« (bzw. der »Wassereinfluss«) beschreibt, in welchem Zustand das Qi in einen Ort hineintritt und ihn damit maßgeblich beeinflusst, weshalb sie auch als Substanz bezeichnet werden kann. Auf der mentalen Ebene des menschlichen Wesens stellt sie dessen Unterbewusstsein dar.« Mehr zu diesem sehr komplexen Thema finden Sie unter ▸ **Fliegende Sterne.**

## Formen-Schule

Die Formen-Schule ist im Süden Chinas entstanden, wo die Landschaft von vielen Hügeln und geschwungenen Wasserläufen ein sehr abwechslungsreiches Bild ergibt. Um Unglück zu vermeiden, wurden in früheren Zeiten bei der Errichtung von Niederlassungen und Häusern die Formen der Natur und deren Abläufe sehr genau beobachtet. Der chinesische Gelehrte Yang Yün-Sung (840 bis 880 n. Chr.) präzisierte im 9. Jahrhundert die so genannte Formen-Schule. Er entwickelte die Lehre der Gestaltung und Anordnung, das »hsing shih«, ein Grundbestandteil der damaligen und heutigen Feng-Shui-Ausübung. Die verschiedenen Formen der Landschaft wurden in der Formen-Schule symbolisch nach den ▸ **Fünf Himmlischen Tieren** benannt und den ▸ **Fünf Elementen** zugeordnet, womit sich feststellen ließ, ob es sich um einen guten oder weniger guten Ort handelt. So soll nach der Formen-Schule beispielsweise der rückwärtige Teil eines Hauses vor Winden und Unwetter durch einen Berg geschützt sein. Das Haus darf jedoch nicht an einem zu steilen Abhang stehen, da es sonst der Gefahr von Erdrutschen ausgeliefert ist. Auch eine Lage eines Hauses zu tief im Tal soll vermieden werden, da dort Überschwemmungen die Bewohner bedrohen könnten.

**Die Formen-Schule** wurde vor ungefähr 100 Jahren mit der im Norden Chinas entstandenen ▸ **Kompass-Schule** verbunden. Heute werden meist beide Schulen zusammen betrachtet, um den besten Standort für die Bewohner zu ermitteln. Die Formen-Schule ist nicht nur in einer ländlichen Umgebung umsetzbar, sondern kann auch auf eine Stadtlandschaft übertragen und angewendet werden.

### Unterteilung der Landschaftsformen

Nicht nur die Anordnung der umliegenden Formen in der Landschaft, sowie bei der Zuordnung zu den ▸ **Himmlischen Tieren,** sind für eine Feng-Shui-Beurteilung mit ausschlaggebend, sondern auch die Formen der umgebenden Berge und Hügel. Diese Formen werden den ▸ **Fünf Elementen** zugeordnet, dem Feuer, der Erde, dem Metall, dem Wasser und dem Holz. Im Einzelnen wird die Zuordnung wie folgt vorgenommen:

### 1. Dem Element Feuer entsprechende Bergformen

Solche Bergformationen haben spitze, nach oben züngelnde Formen, die an eine zu Stein erstarrte Flamme erinnern. Je mehr gezackte, spitze oder dreieckige Formen der Berg oder der Bergzug aufweist, umso stärker ist hier das Element ▸ **Feuer** vertreten. Vulkane werden wegen der großen Hitze und dem Feueranteil in ihrem Inneren ebenfalls dem Element Feuer zugeordnet.

*Bild einer Bergformation, die für das Element Feuer steht.*

### 2. Dem Element Erde entsprechende Bergformen

Berge und Hügelketten, die sanft ansteigen und eine große Plattform besitzen, werden in der Formen-Schule dem Element Erde zugeordnet.

Die Gipfel dieser Berge und Hügel sind nicht spitz zulaufend oder gezackt, sondern haben eine flache, weite Fläche (Tafelberg). Außerdem symbolisiert in der Formen-Schule ebenfalls das flache Land das

*Bild einer Bergformation, die für das Element Erde steht.*

Element ▸ **Erde.** Die Landschaftsflächen, die zu landwirtschaftlichen Zwecken genutzt werden, repräsentieren dabei den nährenden Aspekt des Elements Erde.

### 3. Dem Element Metall entsprechende Bergformen

Hier ist ein kuppelförmiger Berg oder auch Hügel gemeint. Die Basis ist breiter als die abgerundete Kuppe. Diese Bergformationen werden auch als »Goldberge« bezeichnet, da Gold auch zum Element ▸ **Metall** gehört.

*Bild einer Bergformation, die für das Element Metall steht.*

*Bild einer Bergformation, die für das Element Wasser steht.*

**4. Dem Element Wasser entsprechende Bergformen**
Meist erkennt man eine dem Element ▸ **Wasser** zugeordnete Bergform an einer Aufreihung mehrerer runder, verschieden hoher Bergkuppeln. Feuchtgebiete zählen ebenso zum Element Wasser.

**5. Dem Element Holz entsprechende Bergformen**
Hohe, aufstrebende bzw. säulenartige Formen werden dem Element ▸ **Holz** zugeordnet. Hierzu zählen z. B. Berge, die steil ansteigen und einen kleinen runden Gipfel haben. In der Natur ist die Landschaftsform »Holz« selten zu finden. In den USA gibt es jedoch einige Beispiele für solch eine Form, so z. B. das Monument Valley mit seinen hoch aufgetürmten Bergen in einer flachen Landschaft.

*Bild eines Bergs, der für das Element Holz steht.*

**Beurteilung der Landschaftsformen –** Wenn ein Standort nach günstigen oder ungünstigen Eigenschaften untersucht wird, werden die Landschaftsformen miteinander verglichen und den Elementen zugeordnet. Für eine Beurteilung ist es daher notwendig festzustellen, ob sich die verschiedenen Landschaftsformen in einem ▸ **Nährungszyklus** der ▸ **Fünf Elemente** zueinander befinden oder aber in einem ▸ **Kontrollzyklus.**
Zudem wird das persönliche Element des Bewohners hinzugezogen und verglichen. Besonders günstig ist es, wenn die Bergformen den Elementen in den entsprechenden Himmelsrichtungen der Fünf Elemente entsprechen. Dies wäre der Fall, wenn z. B. im Norden, der dem Element Wasser angehört, auch ein Wasser-Berg zu finden ist. Ist im Norden ein Metall-Berg zu finden, ist dies ebenfalls günstig, da nach der Elemente-Lehre Metall das Wasser nährt.

**Unterteilung der Stadtlandschaftsformen –** Auch in Städten können die Regeln der Landschaftsformen angewendet werden. In der Stadtlandschaft werden dabei die Häuser, deren Form, Höhe und Lage zueinander in Beziehung gesetzt. Das Zusammenspiel der Umgebung wird anhand der Zuordnung der Elemente durchgeführt.
Die verschiedenen Formen der Stadtlandschaft werden dabei nach den ▸ **Fünf Elementen** unterteilt in: 1. Dem Element ▸ **Feuer** entsprechende Häuserformen, 2. dem Element ▸ **Erde** entsprechende Häuserformen, 3. dem Element ▸ **Metall** entsprechende Häuserformen, 4. dem Element ▸ **Wasser** entsprechende Häuserformen und 5. dem Element ▸ **Holz** entsprechende Häuserformen.

**Mensch und Natur –** Der Mensch verändert sein Umfeld ständig in enormem Maße. Erst durch Naturkatastrophen, die aus diesen Veränderungen resultieren, haben wir erkennen müssen, dass es besser ist, Veränderungen immer im Einklang mit der Natur vorzunehmen.

### 1. Dem Element Feuer entsprechende Häuserformen

Häuser mit besonders spitzen Dachformen werden meistens dem Element ▸ **Feuer** zugeordnet. Je steiler das Dach des Hauses, umso stärker wirkt in ihm das Element Feuer.

In Räumen, die aufgrund ihrer spitz zulaufenden Decke diesem Element zugeordnet werden, wird das Raumgefühl dahingehend verändert, dass man das Gebäudeende über dem Kopf nicht mehr wahrnimmt und somit die Aufmerksamkeit nach oben hin verstärkt wird.

Je stärker die Neigung des Daches ist, umso stärker wird auch die Aufmerksamkeit – und damit die Energie im Raum – nach oben gezogen.

Dachzimmer sind daher in punkto ▸ **Chi-Fluss** problematisch und können den Bewohnern Energie entziehen. Früher diente das Dach als Klimapuffer, und erst in der Zeit des Raummangels wurden Dachräume zu Wohnräumen umfunktioniert.

Mit Hilfe einer ausgleichenden Innenraumgestaltung können Sie allerdings die Nachteile von Dachräumen mildern. Andererseits hat die nach oben gerichtete Energie in diesen Räumen für Künstler und andere kreative Berufe den Vorteil, dass für geistige Tätigkeiten mehr Raum über dem Kopfbereich gegeben ist, was die Inspiration fördern kann.

*Häuser mit spitzen Dachformen werden meist dem Element Feuer zugeordnet. Je steiler die Dachform angelegt ist, umso stärker wirkt hier das Feuer-Element.*

**Zum Himmel hin gerichtet –** Die meisten Kirchen und Kathedralen mit vielen spitzen Türmchen und aufstrebenden Dachformen entsprechen dem Element ▸ **Feuer.** Besonders gotische Bauten haben diesen Effekt der Feuerform genutzt. In den hohen und steilen Dachformen wird der aufstrebende Energiefluss zum Himmel gerichtet.

### 2. Dem Element Erde entsprechende Häuserformen

Quadratische oder rechteckige Häuser bzw. Bauten mit Flachdächern entsprechen dem Element ▸ **Erde.** Auch kubische Häuser mit sehr schwach geneigten Dächern gehören zum Erde-Element. Die Erdung wird in diesen Häusern stark empfunden und kann eine gewisse innere Stabilität mit sich bringen. Zu viel dieses Erde-Aspektes aber, z. B. wenn Haus und Umgebung das Element Erde zu stark betonen, können eventuell die Trägheit der Bewohner fördern.

*Bauten mit flachen Dächern, z. B. Bungalows, entsprechen dem Erde-Element. Die Erdung kann in diesen Häusern das Gefühl einer gewissen inneren Stabilität vermitteln.*

### 3. Dem Element Metall entsprechende Häuserformen

Gebäude mit Kuppeln oder Rundbögen werden dem Element ▸ **Metall** zugesprochen. Auch Walmdächer entsprechen dem Element Metall. Bauten mit diesen Formen gelten als positiv, da die Kuppelform ▸ **Chi** sammelt und im Kopfbereich zentriert.

*Aufgrund seines Kuppeldachs wird dieser Pavillon dem Element Metall zugeordnet. Die Kuppelform ist günstig, denn sie sammelt das Chi und zentriert es im Kopfbereich.*

### 4. Dem Element Wasser entsprechende Häuserformen

Sie besitzen stark geschwungene oder unregelmäßige Dachformen. Auch Gebäude mit viel Glasanteil werden diesem Element zugeschrieben.

### 5. Dem Element Holz entsprechende Häuserformen

Diese Form ist durch die lange, hoch gestreckte Form von Hochhäusern am besten dokumentiert. Die Wohnqualität eines Hochhauses ist umstritten. Untersuchungen haben gezeigt, dass viele Menschen nicht länger als vier Jahre dort wohnen bleiben. In den oberen Stockwerken geht der Kontakt zur Erde immer mehr verloren, und viele Bewohner beschreiben dies mit dem Gefühl des Entwurzeltseins. Die unteren Stockwerke tragen die ganze Last von oben. Bewohner von unteren Stockwerken haben in Untersuchungen diese Theorie auch tatsächlich bestätigt: Sie gaben an, dass sie sich erdrückt fühlen. Hinzu kommt, dass Hochhäuser nur mit viel aussteifendem Stahl gebaut werden. Laut der Lehre der ▸ **Fünf Elemente** sind die Elemente ▸ **Metall** und ▸ **Holz** eine sehr ungünstige Verbindung, die sich auch im Landwirtschaftsbau bestätigt: »Jeder auf landwirtschaftliche Bauten spezialisierte Architekt weiß, dass in Ställen aus Stahlbeton kein hochwertiges Zuchtvieh gehalten werden darf.« (T. Fröhling/K. Martin, in: »Feng Shui heute«, Seite 116). Es gibt auch einen positiven Aspekt für Holzformen. Sie wirken aktiv und wachstumsfördernd. Bei Neuanfängen wirkt Holz unterstützend und ist für kreative Berufe von Vorteil.

*Geschwungene, unregelmäßige Dachformen und Gebäude mit einem hohen Anteil an verglasten Flächen werden dem Element Wasser zugeordnet.*

*Aufstrebende, hoch gestreckte Baukörper wie dieses Hochhaus entsprechen dem Element Holz. Positiver Aspekt: Die Holzform wirkt aktiv und wachstumsfördernd.*

## Fotos

Bei Abbildungen welcher Art auch immer wird im Feng Shui stets auf den Symbolgehalt geachtet. Fotos mit positiver Ausstrahlung werden benutzt, um diese positive Stimmung auf den Raum zu übertragen. Im modernen Feng-Shui-Gebrauch haben sich viele Naturabbildungen in Form von Fotografien eingebürgert, wie z. B. ▸ **Wasserfallbilder.**

*Günstige Konstellation für ein Familienbild: Die drei Personen auf dem Bild werden nicht nebeneinander, sondern versetzt, d.h. in einer Dreiecksform, abgebildet.*

Fotos der Familie oder von anderen Personen verbreiten auch deren Ausstrahlung. Hier sollte ein Platz gewählt werden, an dem diese Energie auch willkommen ist. Von einer Ahnengalerie z. B. im Kinder- oder Schlafzimmer ist eher abzuraten.

Die Felder des ▸ **Bagua** betreffend, können Sie Familienfotos am besten in dem Bereich für »Familie und Gemeinschaft« aufhängen, allerdings nicht gegenüber der Toilette, einer Treppe oder der Eingangstür. Eine ständige direkte Konfrontation mit den Fotos könnte unangenehm wirken.

In China glaubt man, dass Abbildungen von drei Personen direkt nebeneinander zu Konflikten führen könnten. Das Problem wird gelöst, indem die Aufnahmen so arrangiert werden, dass die Personen in einer Dreiecksform angeordnet sind. Dies gibt eine ausgewogene Bildaufteilung.

## Four pillars of destiny

Englischer Ausdruck für die »Vier Säulen des Schicksals«. Er bezeichnet die Vier-Säulen-Astrologie, die auch unter dem Begriff »Sizhu Suanming« oder der »Schicksalsberechnung nach den acht Zeichen« bekannt ist. Die Vier Säulen des Schicksals sind eine Methode der ▸ **Chinesischen Astrologie.** Ausführliches dazu unter dem Begriff ▸ **Bazi Suanming.**

## Foyer

Allgemeine Informationen zum Eingangsbereich finden Sie im Kapitel »Die Privaträume«(Seite 228ff.) im Praxisteil des Buchs.

## Frosch

Der Frosch ist das Symbol der entstehenden und sich immer wieder erneuernden Fruchtbarkeit.

Da der Frosch die ungewöhnliche Entwicklung von der Kaulquappe im Wasser zum Frosch als Landtier durchläuft, werden ihm viele magische Fähigkeiten zugesprochen. In der westlichen Hexenküche werden beispielsweise einem Zaubertrank aus Fröschen unglaubliche Kräfte nachgesagt. Die Wandlungsfähigkeit des Frosches wird auch in dem Märchen »Der Froschkönig« deutlich.

**Chinesische Tradition –** In China findet man in Supermärkten oft Frösche als Figuren mit nur drei Beinen, den so genannten Dreibeinigen Frosch. Manche dieser Tiere haben Münzen im Maul und sollen besonders glücksbringend sein.

Um Geld ins Haus zu holen, werden die Dreibeinigen Frösche im Eingang platziert und schauen in das Zentrum des Hauses. Wenn sie in anderen Räumen stehen, soll der Blick des Frosches ebenfalls immer in Richtung zum Innenraum fallen.

Einem anderen Brauch nach werden die Froschfiguren zu ganz bestimmten Tages- oder Nachtzeiten mit verschiedenen Blickrichtungen umplatziert. In Küche, Schlafzimmer, Badezimmer oder im WC sollten sie nicht aufgestellt werden.

Leider gibt es für diese Empfehlungen keine genaueren Hinweise über deren Ursprung, und es fällt schwer, die Wirkungsweise zu belegen.

Wenn Sie jedoch Gefallen an den Fröschen finden, sollten Sie einfach selbst mit den Blickrichtungen experimentieren.

## Früherer Himmel

Andere Namen für den Früheren Himmel sind »Vorgeburtliche oder vorhimmlische Reihenfolge« sowie chinesisch »xiantian« für »Frühe Tage« oder »Früher Himmel«. Früherer Himmel ist jedoch die übliche Bezeichnung für die Sequenz der ▸ Trigramme des I Ging, in der Reihenfolge des chinesischen Gelehrten ▸ Fu Hi. In diesem eher abstrakten System werden die universellen Prinzipien in den sich ausgleichenden Polaritäten einander gegenübergestellt. Ausführliches unter ▸ I Ging.

## Fu Hi

Der Name Fu Hi wird auch Fu Hsi oder Fu Xi geschrieben. Fu Hi ist ein legendärer Kaiser der Xia-Zeit (etwa. 21.-16. Jahrhundert v. Chr). Er ist der Schöpfer der ▸ Trigramme und des Systems des ▸ Früheren Himmels und damit Begründer des I Ging. Näheres dazu unter dem Stichwort ▸ I Ging.

## Fu-Hunde

Fu-Hunde sind Figuren, die in China sehr beliebt sind und eine Mischung aus Hund mit Löwenkopf darstellen. Sie dienen meist als Wächter neben Eingangsbereichen. Mehr dazu finden Sie unter dem Stichwort ▸ Wächter.

## Fukien-Kompass-Schule

Auch Fujian-Kompass-Schule oder Hokkien-Kompass-Schule, im Westen nur ▸ Kompass-Schule genannt. Ihr Ursprung liegt wahrscheinlich in der chinesischen Provinz Fukien.

## Fünf Elemente

Fünf Elemente ist der Ausdruck für die fünf Wandlungsphasen, mit denen Energiezustände beschrieben werden, die alles Leben durchläuft. Es handelt sich hierbei nicht um die Beschreibung starrer Zustände, die separat zu verstehen sind. Vielmehr geht es um ineinander übergehende, sich zyklisch hervorbringende Phasen, die ständig in Bewegung sind und einander beeinflussen.
Zu den Elementen in der westlichen Tradition (Erde, Feuer, Wasser und Luft) kann man zwar einige Parallelen finden, diese sind aber keinesfalls identisch, sie beschreiben auch keine zyklischen Abläufe.

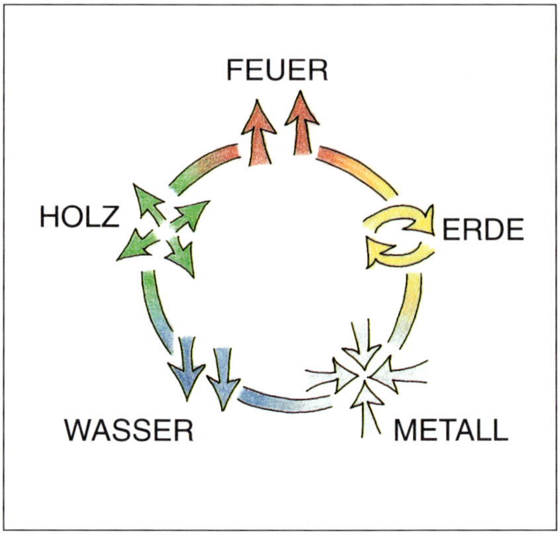


*Die Fünf Elemente in Formen und Farben.*

**Die Bedeutung der einzelnen Elemente im Feng Shui –** Die Elemente bezeichnet man im Einzelnen als: Holz, Feuer, Erde, Metall und Wasser. Da es sich bei den Fünf Elementen um eine zyklische Abfolge handelt, ist jedem Element eine Tages- und eine Jahreszeit zugeordnet. Jedes Element hat zudem ▸ Yin- und ▸ Yang-Anteile.
Bestimmte Formen – sowohl in der Natur als auch in der Architektur – finden in den einzelnen Elementen ihre Entsprechung. Außerdem werden die Fünf Elemente verschiedenen ▸ Farben zugeordnet.

**Das Element Holz**

**Bedeutung –** Holz bezeichnet Wachstum und Ausdehnung. Wie das Samenkorn, das im Frühjahr aufbricht, steht dieses Element auch für Aufbruch und Anfangsstadium einer Unternehmung. Aus dem Samen strebt dann ein Trieb nach oben zum Licht, schließlich verzweigt sich der Trieb, und dehnt sich in alle Richtungen aus. Diese Wachstumsenergie ist charakteristisch für das Holz-Element.

> **Die Lehre der Fünf Elemente** findet Eingang in viele Bereiche der asiatischen Kultur, u.a. in die ▸ **Chinesische Medizin,** die ▸ **Chinesische Astrologie,** die Ernährungslehre (▸ **Ernährung nach den Fünf Elementen**) ins ▸ **Qi-Gong,** und nicht zuletzt ins Feng Shui.

**Tageszeit –** Bei der Zuordnung zur Tageszeit steht das Holz für Morgendämmerung und Vormittag.
**Jahreszeit –** Im Jahreslauf symbolisiert das Holz-Element den Frühling.
**Yin und Yang –** Möchte man Holz entsprechend seiner Qualitäten nach ▸ Yin und ▸ Yang unterscheiden, so stehen z. B. der Stamm und die Wurzeln eines Baumes für den Yang-Aspekt. Sie sind mit der Erde verbunden und scheinbar unbewegt (das entspricht dem inneren Antrieb).
Der Yin-Aspekt wird bei einem Baum durch Äste, feine Zweige und Blätter vertreten, die dem Licht entgegenwachsen. Sie sind flexibel und stark bewegt (das entspricht dem äußeren Wachstum).
**Formen und Farben –** Das Element Holz zeichnet sich durch längliche, aufstrebende Formen aus. In der Natur entspricht das bewaldeten Gebieten, in der Stadt eher Telefonmasten, Türmen und Hochhäusern. Pflanzen symbolisieren sehr deutlich die Wachstumsenergie dieses Elementes. Daher wird dem Holz auch die ▸ Farbe Grün zugeordnet.

*Das Element Holz, symbolisiert durch einen Baum.*

**Das Material Holz** ist natürlich gewachsen und steht somit ebenfalls für dieses Element. So können Sie beispielsweise durch Zimmerpflanzen oder Möbel aus Vollholz das Element ▸ **Holz** in einem Raum betonen.

## Das Element Feuer

**Bedeutung –** Feuer ist das Element der Wärme, Kraft und Aktivität. Es bezeichnet eine dynamische Kraft, die Ausstrahlung und Leuchtkraft besitzt. Wie die Flammen des Feuers, so strebt diese Energie nach oben, sozusagen zur Spitze, und steht damit auch für den Höhepunkt eines Ereignisses, die Spitze und den Gipfel. Die Flamme des Feuers bringt uns Licht und beleuchtet die Dinge, so dass wir sie erkennen können. Daher werden Prozesse geistiger Erkenntnis mit diesem Element verbunden. Die Eigenschaft des Feuers, Stoffe zu verwandeln, etwa Papier zu Asche, bringt den Aspekt der Transformation hinzu.

*Das Element Feuer, symbolisiert durch Flammen.*

**Tageszeit –** Im Tageslauf entspricht das Feuer der Sonne im Zenit, also der Mittagszeit.
**Jahreszeit –** Im Jahreslauf verkörpert das Feuer-Element den warmen Hochsommer.
**Yin und Yang –** Dem ▸ Yang-Aspekt entspricht die Helligkeit und Hitze. Der ▸ Yin-Aspekt des Feuers ist eher in der Glut und der Wärme zu finden.
**Formen –** Die lodernden Flammen des Feuers spitzen sich nach oben zu, daher werden Dreiecke mit der Spitze nach oben und andere spitze Formen mit diesem Element assoziiert. In der Natur werden kegelförmige Berge und Vulkane dem Feuer-Element zugerechnet. Auch die spitze Form vieler Nadelhölzer steht für Feuer, wobei der Baum an sich eher

das Holz repräsentiert. Architektonische Formen, die diesem Element entsprechen, sind etwa ein Kirchturm, eine Glaspyramide oder spitze Satteldächer.

**Farben** – Zum Feuer-Element gehört die ▸ Farbe Rot, besonders ihre leuchtenden Nuancen.

> **Im häuslichen Bereich** geben Kerzen ein sehr schönes Beispiel für die Anregung des Elements ▸ **Feuer**. Natürlich können Sie auch durch Kunstwerke diese dynamische Kraft zum Ausdruck bringen. Ein Feuer speiender Vulkan oder ein Gemälde in Rottönen sowie rote Kissen repräsentieren diese Energie. Rot ist sehr anregend und sollte in der Raumgestaltung eher sparsam eingesetzt werden.

### Das Element Erde

**Bedeutung** – Erde ist das Element der Stabilität. Es stellt eine ausgewogene Kraft dar, die in sich ruht. Seine sammelnde Qualität wird mit Ernte und Nahrung allgemein assoziiert. Die Erde steht damit für die Substanz der Dinge und ist formspendend. Ein starkes Element Erde verleiht dem Menschen Sicherheit und Standfestigkeit.

**Tageszeit** – Seine Tageszeit ist der Nachmittag, wenn der Höhepunkt der Aktivität überschritten ist und eine ruhigere Energie die Stimmung prägt.

*Das Element Erde, symbolisiert durch Steine.*

**Jahreszeit** – Im Jahreslauf entspricht die Erde dem Spätsommer und der Erntezeit.

**Yin und Yang** – Die ▸ Yin-Qualität der Erde ist in feuchter Erde, in Erosion und Sediment vertreten. Die ▸ Yang-Qualität dieses Elements entspricht der trockenen Erde, größeren Landmassen, Bergen und Gesteinsformationen.

**Formen** – Dem Element Erde entsprechen gemäß seiner Natur solide, massive und ausgewogene Formen wie das Quadrat und das flache Rechteck. Der dazu passende Haustyp wäre ein Bungalow mit einem Flachdach. In der Natur steht das flache Land der Erde am nächsten.

**Farben** – Von den ▸ Farben her wird das Element Erde durch alle Gelb- bis Brauntöne vertreten.

> **Alle Materialien,** die mit dem Erdboden zu tun haben, wie Steine, Kristalle, Sand, Ton und Tongefäße oder gebrannte Tonziegel, symbolisieren das Element ▸ **Erde** In der Gestaltung Ihrer Umgebung können Sie zum Beispiel mit gelben Vorhängen, mit einer schönen Terrakottafliese oder einer Steinesammlung diese Energie betonen.

### Das Element Metall

**Bedeutung** – Metall beschreibt eine verdichtete und zentrierte Qualität. Die Kräfte dieses Elements sind nach innen gerichtet und stehen auch für geistige Sammlung und Meditation. Diese Energie hat eine eher passive Kraft, die weniger mit dem Wollen und mehr mit Zulassen zu tun hat. Da aber zuweilen das chinesische Schriftzeichen für Metall dem von Gold entspricht, wird es oft mit Reichtum, Begierde und Eitelkeit verbunden.

**Tageszeit** – Im Tageslauf beschreibt das Element Metall mit dem Abend die Zeit der Besinnung, in der auch die Natur zur Ruhe kommt.

**Jahreszeit** – Die zugehörige Jahreszeit des Metall-Elements ist der Herbst.

**Yin und Yang** – Die Zurückgezogenheit des Elements Metall spiegelt auch das Erz wider, das nur unter großer Kraftanstrengung (entspricht ▸ Yang) aus dem Erdboden geborgen werden kann. Erst in der Bearbeitung mit dem Feuer kann dieses Element

*Das Element Metall, symbolisiert durch eine Kugel.*

*Das Element Wasser, symbolisiert durch eine Welle.*

biegsam und flexibel werden; somit entsprechen feiner Metallschmuck und Instrumente aus Metall dem ▸ **Yin**-Aspekt dieses Elements.

**Formen –** Dem Element mit seiner zentrierenden Kraft werden runde, kugelige Formen zugeordnet. Die entsprechenden Landschaftsformen sind durch weiche, runde Bergkuppen oder eine hügelige Topografie gekennzeichnet. In der Architektur finden wir die Energie in Kuppelbauten, gewölbten Dachformen und Bogenkonstruktionen.

**Farben –** Die ▸ **Farben** des Elements sind Weiß und alle Metalltöne, sowie Gold, Silber, Kupfer.

**Alle glänzenden Gegenstände** (auch stark polierte Flächen) und Gegenstände aus Metall sind mit dieser Energie assoziiert, wie Metallteller, Schmuck, Christbaumkugeln, Klangspiele, Münzen, Besteck etc.

### Das Element Wasser

**Bedeutung –** Das Element Wasser ist das Element der Beweglichkeit und Flexibilität. Es passt sich jeder Situation und jeder äußeren Form an, ohne sich zu verlieren. Das Wasser fließt stets nach unten und ist kühl. Dieses Element hat eine verspielte Qualität, wird mit unserer Gefühlswelt in Verbindung gesehen und mit Fruchtbarkeit assoziiert. Wasser steht auch für Tiefe und Dunkelheit, wie das Sprichwort »Stille Wasser sind tief« beschreibt.

**Tageszeit –** Die zugehörige Tageszeit zum Element ist die Nacht, wenn es dunkel und ruhig ist.

**Jahreszeit –** Im Jahreslauf wird das Wasser-Element mit dem Winter verbunden, eine Zeit des Rückzugs und der Stille auch in der Natur.

**Yin und Yang –** Zusammenlaufendes Wasser in Flüssen und Ozeanen steht für den ▸ **Yang**-Apekt dieses Elements. Verdunstendes Wasser in Nebel und Wolken und befeuchtendes Wasser in der Erde und den Pflanzen spiegelt den ▸ **Yin**-Aspekt. Wasser ist wandelbar, von weich bis hart.

**Formen –** Das Element Wasser passt sich jeder Form an und steht damit auch für alle Objekte ohne eine klare Form. Verspielte und bewegte Formen gehören ebenso zu diesem Element.

In der Natur prägt das nasse Element durch Flussläufe, Seen, Moore oder sumpfigen, feuchten Boden die Landschaft.

Geschwungene Dachlandschaften, Wellen und Spiralen in der Kunst und Baukunst vertreten das Wasser-Element. Die verspielten Gebäude des Architekten und Künstlers Hundertwasser beispielsweise tragen diese Qualität besonders.

**Farben –** Die ▸ **Farben,** die diese Energie widerspiegeln, sind natürlich alle Farben des Wassers sowie die Farbe Schwarz.

**Der Zyklus der Wandlung –** Die Fünf Elemente stehen in ständigem Austausch miteinander. Die Beziehung der Elemente zueinander und ihre Wechselwirkung wird im Zyklus der Wandlung erläutert.

**Der Schöpfungszyklus –** Im Schöpfungszyklus wird ein Vorgang beschrieben, in dem die Elemente das jeweils Nachfolgende nähren und hervorbringen. Dieser Vorgang wird auch als Nährungszyklus, Fütterungszyklus oder Hervorbringezyklus bezeichnet. In der Grafik (unten) kennzeichnen gelbe Pfeile diese aufbauende Abfolge.

Das Element Holz stärkt das Element Feuer, indem es ihm Nahrung gibt. Das Feuer verbrennt das Holz zu Asche und nährt damit das Element Erde. Durch Verdichtung wird schließlich aus der Erde im Lauf der Zeit das Element Metall gewonnen.

Das Element Metall wiederum kann das Element Wasser mit Spurenelementen anreichern und wird durch Erhitzung selbst wieder flüssig. Anders ausgedrückt, kann das Wasser Metall aus der Erde herauswaschen. Das Wasser wiederum nährt das Holz und ist Voraussetzung für sein Wachstum.

Für dieses Verhältnis der Elemente zueinander findet man auch die Bezeichnung »Mutter-Kind-Beziehung«. Gemeint ist damit, dass ein Element jeweils das nachfolgende Element hervorbringt und sozusagen wie eine Mutter nährt. Das Kind ist von der Unterstützung der Mutter abhängig.

Andererseits nimmt das Kind aber auch Einfluss auf die Mutter: Ist das Kind etwa zu dominant, kann das die Mutter schwächen und ihre Kräfte auslaugen. Dieser bremsende Einfluss läuft in entgegengesetzter Richtung und ist in der Grafik (unten) durch die blauen Pfeile dargestellt. Beispiel für einen bremsenden Einfluss: Zu viel Metall bremst Erde und diese kann ihrerseits Feuer bremsen u.s.w.

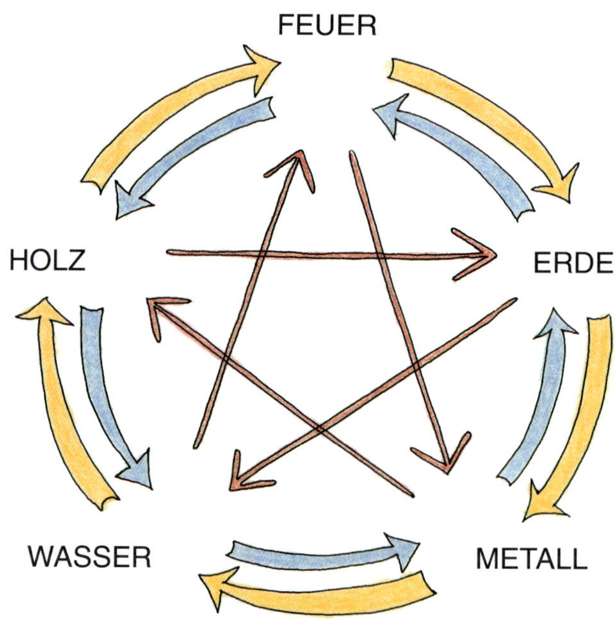


*Wandlungsphasen der Elemente: Gelbe Pfeile stehen für nährend, blaue Pfeile für bremsend, rote Pfeile für kontrollierend.*

**Der Kontrollzyklus –** Neben dem Schöpfungszyklus gibt es den Kontrollzyklus, der die destruktiven und kontrollierenden Möglichkeiten der Elemente untereinander aufzeigt. So kann die Intensität eines Elements durch das Übergewicht eines anderen stark beeinträchtigt und sogar zerstört werden. Andererseits kann ein Übergewicht wieder durch ein anderes Element kontrolliert werden.

In der Grafik auf der vorhergehenden Seite ist dies durch die roten Pfeile dargestellt. Holz kontrolliert Erde und hindert diese mit seiner sich ausdehnenden Wachstumsenergie an zu starker Verfestigung. Ist das Holz jedoch zu mächtig, so wird die Erde dadurch ausgezehrt und verliert nach und nach ihre stabilisierende Kraft.

Das Element Erde gibt dem Lauf des Wassers seine Form und kann es durch seine Solidität hindern, weiterzufließen. Erde kann Wasser Einhalt gebieten, Wasser kann in ihr versickern. Erdwälle, die das Land vor Überschwemmung schützen, kontrollieren ein Übergewicht. Ein Erdwall hingegen, der den Seitenarm eines Flusses von seinem Lauf abtrennt, nimmt dem Wasser seine natürliche Lebenskraft: Der Wasserlauf wird absterben.

Das Element Wasser, das stets nach unten fließen will, kann die Flammen des Feuers, welches nach oben strebt, kontrollieren und ihre Macht begrenzen. Natürlich kann es das Feuer auch löschen; damit erlischt auch seine Wärme und Leuchtkraft.

Das Element Feuer hat mit seiner Wärme die Kraft, das Metall zum Fließen zu bringen. Im Feuer kann Metall geschmiedet werden. Ist das Feuer jedoch zu heiß, so schmilzt das Metall und verliert Form und Festigkeit. Die aufstrebende, transformierende Kraft des Feuers steht deutlich der zusammenziehenden, verdichtenden Energie des Metalls entgegen.

Das Element Metall richtet seine Kraft nach innen, das Element Holz dagegen möchte sich ausbreiten. Daher kontrolliert das Metall das Holz und begrenzt es in seinem Wachstum.

Das Element Holz kann mit Werkzeugen bearbeitet werden und neue wertvolle Formen erhalten. Werden mit der sprichwörtlichen »Axt im Walde« jedoch große Baumbestände abgeholzt, so wird das Wachstum abrupt – vielleicht auf längere Zeit – gestoppt, wenn nicht sogar gänzlich vernichtet.

**Anwendung der Lehre der Fünf Elemente –** In dieser Lehre geht es in erster Linie darum, ein dynamisches Gleichgewicht der verschiedenen Energien anzustreben. Alle Elemente sollen möglichst in ausgewogenem Maße vorhanden sein. Das Übergewicht eines Elementes führt stets zur Störung eines anderen und schwächt somit die Gesamtkonstitution.

Im Feng Shui, das sich hauptsächlich auf die direkte Umgebung des Menschen bezieht, geht man davon aus, dass der Mensch immer im Austausch mit seinem Umfeld ist. Daher stört ein Ungleichgewicht der Umgebung auch die eigene Kraft und das Wohlbefinden. Trotzdem sollte bei der Raumgestaltung mit Hilfe der Fünf Elemente immer mit darauf geachtet werden, welcher Nutzung die Räume dienen und welche Menschen darin leben. Zwei Beispiele sollen dies verdeutlichen.

**Beispiel Kinderzimmer –** Der Schlafraum eines sehr aktiven, etwas zappeligen Kleinkindes braucht weniger aktivierende Energien, also weniger den Elementen Holz oder Feuer entsprechende Farben und Gegenstände. Das kühle Element Wasser sowie die Elemente Metall und Erde dürfen in diesem Fall stärker vertreten sein.

**Beispiel Arbeitsbereich –** Der Arbeitsplatz einer viel beschäftigten Geschäftsfrau hingegen verträgt die aktiven Elemente gut. Hier wäre ein Übergewicht der Elemente Wasser und Metall, z. B. in Form von weißen Wänden, grauen und blauen Möbeln, eher bremsend und ermüdend.

Holz und Feuer unterstützen die Aktivität. Wäre diese Geschäftsfrau aber eine eher nervöse Person, die zu hohem Blutdruck neigt, so sollte dies nicht mit Feuer noch angeheizt werden. Das Element Erde bremst das Feuer und darf daher hier ruhig etwas stärker betont werden.

**Chinesische Medizin –** Das Prinzip der Fünf Elemente finden wir auch in der ▸ Chinesischen Medizin. Die Funktionskreisläufe des menschlichen Körpers etwa, die Meridiane, welche in der Akupunktur genutzt werden, können ebenfalls den Fünf Elementen zugeordnet werden.

Auch im Feng Shui wird durchaus die persönliche Konstitution der Menschen mit einbezogen und bei der Gestaltung von Wohn- und Arbeitsräumen berücksichtigt.

## DIE FÜNF ELEMENTE

| | HOLZ | FEUER | ERDE | METALL | WASSER |
|---|---|---|---|---|---|
| RICHTUNG | nach oben und außen ausdehnend | nach oben zum Höhepunkt | sammelnd horizontal um die eigene Achse | nach innen zusammen-ziehend | nach unten zusammen-laufend |
| EIGENSCHAFT | wachsend ausdehnend beginnend | aktiv, warm, kraftvoll, transformierend, hell | stabil, solide, substanziell | verdichtend, verfestigt, zentrierend | flexibel, bewegt, verspielt, dunkel |
| TAGESZEIT | Vormittag | Mittag | Nachmittag | Abend | Nacht |
| FORM | aufstrebend, länglich  | spitz, dreieckig 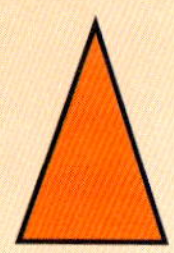 | massiv, schwer, rechteckig, quadratisch 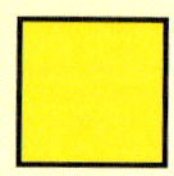 | rund, kugelig 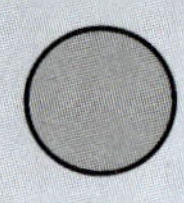 | flexibel, ohne Form  |
| FARBE | Grün | Rot | Gelb, Braun | Weiß, Gold, Silber, Glänzend | Blau, Schwarz |
| WIRD GENÄHRT VON | Wasser | Holz | Feuer | Erde | Metall |
| WIRD KONTROLLIERT VON | Metall | Wasser | Holz | Feuer | Erde |

### Fünf Flüche/Fünf Geister

Übersetzung für den chinesischen Begriff »wu kuei«. Er findet Anwendung im ▸ **Bagua Lo Shu Feng Shui** und im ▸ **Neun-Sterne-Ki.** Mehr hierzu finden Sie auch unter ▸ **Günstige und ungünstige Bagua-Bereiche** sowie unter ▸ **Beste Richtung.**

### Fünf Himmlische Tiere

Mehr dazu unter dem Begriff ▸ **Himmlische Tiere.**

### Fu Wei

Bezeichnet den Viertbesten Bereich bzw. die Viertbeste Richtung nach einer Methode des ▸ **Bagua Lo Shu Feng Shui.** Diese Methode ist auch unter den Techniken des ▸ **Neun-Sterne-Ki** zu finden.

Eine ausführlichere Beschreibung der Anwendung des Fu Wei finden Sie unter dem Begriff ▸ **Beste Richtung** sowie unter ▸ **Günstige und ungünstige Bagua-Bereiche.**

# G

## Geheime Pfeile

Eine Bezeichnung für beschleunigtes bzw. gebündeltes ▸ **Chi,** das punktuell als negative, attackierende Energie wirkt. Es gibt viele andere Bezeichnungen für diesen Begriff: Giftpfeile, Gestörtes Chi, Versteckte Pfeile, Schneidendes Chi, Tödlicher Atem oder Tödlicher Hauch. Siehe hierzu auch unter ▸ **Sha.**

Geheime Pfeile werden oft durch spitze oder eckige Gegenstände und Strukturen erzeugt. Damit sind spitz zulaufende Ecken von Dachkanten, Ecken eines hohen Gebäudes, Ecken und Kanten von Innenräumen und Möbeln, Deckenbalken, Raumstützen, Kirchturmspitzen, schroffe kantige Bergformen, aber auch Stromleitungs- und Laternenmasten gemeint. Sogar von spitzen Pflanzenblättern kann ein beschleunigter ▸ **Chi-Fluss** ausgehen.

Der Chi-Fluss sollte ruhig und gleichmäßig fließen. Geheime Pfeile aber beschleunigen das Chi. Ein längerer Aufenthalt im beschleunigten Chi ist deswegen ungünstig. Vermeiden Sie bei der Gestaltung Ihres Hauses, einer Wohnung oder einzelner Räume Geheime Pfeile.

**Auswirkungen –** Unter negativen Auswirkungen versteht man in diesem Zusammenhang allgemeinen Konzentrationsmangel, Anfälligkeit für Krankheiten und Unwohlsein, höhere Neigung zu Streitigkeiten und finanzielle Schwächung.

Richten Sie daher nach Möglichkeit Geheime Pfeile nicht auf Schlaf-, Arbeits- und Essplätze, Sitzgruppen sowie Nachbargebäude. Besonderes Augenmerk sollten Sie auf die Hauseingangstür legen: Sie sollte unbedingt vor Geheimen Pfeilen geschützt sein, denn ein geschwächter Eingang kann in einem gut gestalteten Haus viele positive Eigenschaften zunichte machen. Die folgenden Beispiele sollen den Begriff »Geheime Pfeile« veranschaulichen:

**Beispiel Pflanzen mit spitzen Blättern –** Ein Sitzplatz in unmittelbarer Nähe einer spitzblättrigen Palme wird von den meisten Menschen als unangenehm empfunden. Je spitzer die Formen, umso stärker sind die Geheimen Pfeile und ihre negativen Auswirkungen (siehe auch Illustration Seite 46).

**Beispiel Besprechungstisch –** Ein Besprechungstisch wird durch eine Raumecke von einem Geheimen Pfeil durchtrennt, so dass die Besprechungsteilnehmer Schwierigkeiten mit der Kommunikation haben. Personen, die direkt die Raumecke im Rücken spüren, kennen das unangenehme Gefühl: Man fühlt sich geschwächt und kann sich in der Gesprächsrunde nur schwer behaupten.

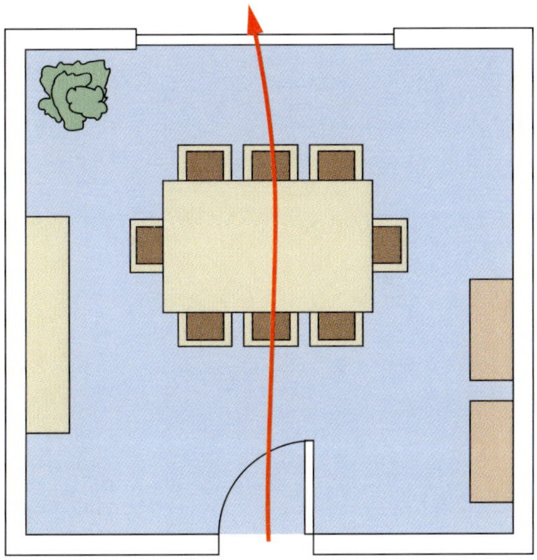

*Der Besprechungstisch wird durch einen Geheimen Pfeil gestört, der den Tisch wie eine Trennlinie durchläuft. An diesem Tisch sind gute Gespräche nur schwer zu führen.*

**Beispiel Gebäudeecken –** Negative Auswirkungen beispielsweise auf ein Gebäude können eintreten, wenn eine Häuserecke auf ein Nachbargebäude gerichtet ist. Davon werden energetisch die Menschen im Nachbargebäude »getrennt«. Streit und Kommunikationsprobleme können die Folge sein.

Im ▸ **Power-Feng Shui** wird dieser Effekt bewusst eingesetzt, um die Konkurrenz zu schwächen. Allerdings wird dabei der eigene Nutzen zum Schaden anderer und sollte deshalb vermieden werden, denn meistens fallen solche Maßnahmen irgendwann auf die Verursacher zurück.

Als ein Negativbeispiel für Geheime Pfeile durch Gebäudeecken kann das Weiße Haus in Washington genannt werden. Der Geheime Pfeil läuft hier über die Straße direkt auf die Eingangstür des Präsidentenwohnsitzes zu.

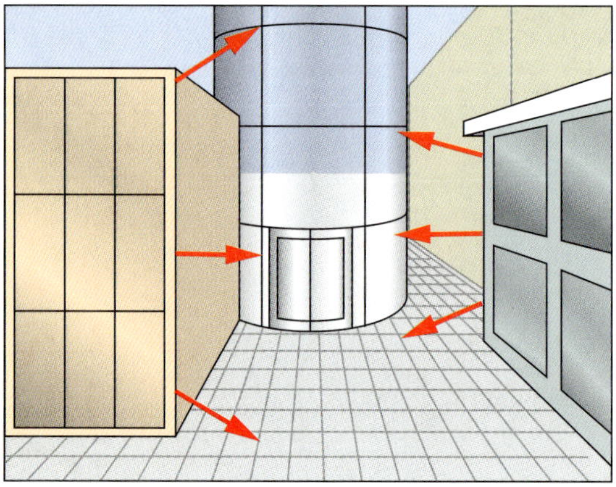

*Geheime Pfeile, die die Nachbargebäude attackieren, werden hier durch scharfe Gebäudeecken erzeugt.*

*Pflanzen dienen als Abhilfemaßnahme bei Geheimen Pfeilen, die durch Ecken und Kanten erzeugt werden.*

**Abhilfemaßnahmen –** Gegen Geheime Pfeile können Bepflanzungen in Außenanlagen, Ummöblierungen, verschiedene Dekorationselemente im Innenraum sowie Umbaumaßnahmen helfen. Jede Situation birgt vielfältige Möglichkeiten in sich, so dass die Abhilfemaßnahmen nur am speziellen Fall aufgezeigt werden können.

Ein weit verbreiteter Irrtum geht davon aus, dass in der Gestaltung nach Feng-Shui-Kriterien alles rund sein muss und nichts mehr eckig sein darf. Es können aber durchaus quadratische und rechteckige Formen eingesetzt werden, vorausgesetzt, man achtet darauf, wie sie ausgerichtet sind und wohin die Ecken zeigen.

## Geister

Früher basierte die allgemeine chinesische Religion hauptsächlich auf der Ahnenverehrung und dem Glauben an viele ortsgebundene Geister. Die Philosophien der konfuzianischen und taoistischen Zeit haben diesen Glauben überlagert, aber nicht verdrängt. So ist der Glaube an die Geisterwelt, besonders in ländlichen Gegenden, auch heute noch lebendig. Demzufolge sind in der Landschaft eine Vielzahl von Geistern zu finden, wie etwa die Geister der Quellen und Flüsse, die Geister der Berge, der Seen und der Bäume. Einige von ihnen wurden gefürchtet oder verehrt, man musste sie besänftigen oder konnte ihren Schutz erbitten. Die Erde verstand man als lebenden Organismus. Das erklärt auch den achtsameren Umgang mit dem Körper der Erde, der nicht ohne weiteres nach funktionalen Grundsätzen zerschnitten und bebaut werden durfte. Beim Erstellen von Bauplänen wurde auf die Geister Rücksicht genommen, und die Gebäude wurden in die Landschaft eingepasst.

Die chinesische Revolution und die Industrialisierung haben diese Grundsätze in China zurückgedrängt. Im Feng Shui wird weiterhin versucht, im Einklang mit der Umgebung zu bauen und zu gestalten. In den Methoden des Feng Shui finden sich Teile alten Brauchtums, und man ist nach wie vor bemüht, mit den Geistern in Frieden zu leben. Das zeigen beispielsweise die kleinen ▸ **Bagua-Spiegel,** die, über der Haustür angebracht, die bösen Geister verscheuchen, oder die Ausrichtung der ▸ **Grabstätten** nach Feng-Shui-Prinzipien, um die ▸ **Ahnen** freundlich zu stimmen. Auch werden Abbilder von hilfreichen Geistern gern als Schutzsymbol benutzt. Eine Parallele dazu findet sich auch in der westlichen ▸ **Geomantie,** die sich ebenfalls mit den energetischen Strukturen von Landschaften und Räumen beschäftigt. In der westlichen Geomantie werden energetische Qualitäten unterschieden, die man zuweilen als Naturgeister oder ▸ **Elementarwesen** bezeichnet.

## Gelb

Die Farbe Gelb wird laut dem Kreislauf der ▸ **Fünf Elemente** dem Element ▸ **Erde** zugeordnet. Mehr dazu finden Sie unter dem Stichwort ▸ **Farben.**

*Stonehenge in Südengland – eine der bekanntesten Kultstätten und Kraftorte.*

## Geomant

Als Geomant bezeichnet man einen Anwender der Geomantie. Geomanten spüren ▸ **Störzonen** wie z. B. ▸ **Wasseradern** und ▸ **Gitternetze** sowie andere geomantische Begebenheiten auf. Mehr unter dem folgenden Begriff ▸ **Geomantie.**

## Geomantie

Der Ursprung des Begriffs ist eine Zusammensetzung aus dem griechischen »geo«, Erde, und »mantie«, Deutung oder Wahrsagung. Heutzutage versteht man unter Geomantie oder Neogeomantie das Erspüren verschiedener Energien und Kraftströme (der Erde), die an einem Ort vorherrschen und ihn prägen. Bei uns am bekanntesten ist wohl die traditionelle Suche nach Wasserquellen zum Brunnenbau oder kraftvollen Plätzen zur Errichtung von Kirchen und anderen Heiligtümern. Die Erhabenheit und Harmonie mancher Sakralbauten und alter Kultplätze versetzt uns heute noch in Erstaunen. Diese Orte machen deutlich, dass die Baumeister damals sehr wohl wussten, im Einklang mit den kosmischen Gesetzen zu bauen. Industrialisierung und Fortschrittsglaube haben einen Großteil des geomantischen Wissens verschüttet, das erst langsam wieder entdeckt wird. Westliche Geomantie beschäftigt sich mit ▸ **Wasseradern,** ▸ **Gitternetzstrukturen,** ▸ **Leylinien** sowie Kraftpunkten und Systemen verschiedener Qualitäten. Die Geomantie kommt bei einer Untersuchung des Schlafplatzes nach ▸ **Störzonen** dem Menschen in seiner direkten Umgebung zugute. Weitläufigere Auswirkungen hat geomantische Arbeit in größeren Zusammenhängen, wie beim Anlegen eines Parks, einer Siedlung oder der Harmonisierung gestörter Orte z. B. durch Rituale, Steinsetzungen und gestalterische Mittel. Allgemeines Ziel der Geomantie ist die Harmonisierung menschlicher Aktivitäten mit der Umgebung, im sichtbaren wie feinstofflichen Bereich.

**Geschichte –** Im Mittelalter war die »Punktierkunst« als Zweig der Geomantie in Europa und im Vorderen Orient verbreitet. Zum Zweck der Wahrsagung wurden Erdbrocken, Steine oder Samen auf ein Brett geworfen, das die Erde darstellte, und die Lage der geworfenen Objekte nach genauen Regeln gedeutet. Auch auf Papier gemalte Punkte wurden mit Sternen, Elementen und Himmelsrichtungen in Verbindung gesetzt und als Orakel genutzt.

**In vielen Kulturen** haben sich eigene Geomantiesysteme entwickelt. Am bekanntesten ist derzeit das chinesische Feng Shui. In Indien spricht man von Vastu Vidya in Myanmar von Yattara, und auf Madagaskar bezeichnet man die traditionelle Geomantie als Vintana.

## Geopathische Zonen

Der Begriff »Geopathie« setzt sich zusammen aus dem griechischen »geo« für Erde und »pathos« für Leiden, Schmerz. Also handelt es sich hierbei um pathogene bzw. krank machende Zonen, die auf dem Einfluss geobiologischer Gegebenheiten beruhen. Schlafplätze oder sonstige Plätze, an denen Sie sich in der Regel länger aufhalten, sollten nach Möglichkeit nicht in einer geopathischen Zone liegen. Im Allgemeinen werden solche ‣ **Störzonen** von ‣ **Rutengängern,** ‣ **Geomanten** oder anderen Fachkundigen über einer ‣ **Wasserader** oder von ‣ **Gitternetzen** erspürt.

## Gesundheit

Da das Zusammenspiel sehr vieler Faktoren die menschliche Gesundheit beeinflusst, hat natürlich auch die räumliche Umgebung einen großen Einfluss auf unser körperliches Wohlbefinden.

**Feng Shui allgemein –** Fast alle im Feng Shui zu berücksichtigenden Faktoren spielen für die Gesundheit eine direkte oder indirekte Rolle. Wichtig ist in diesem Zusammenhang, gut zu schlafen, gut zu essen und dem Körper angemessene Bewegung zu geben. Daher liegt größere Aufmerksamkeit auf dem Schlafplatz, dem Arbeitsplatz, dem Essplatz oder anderen Plätzen, an denen man sich länger aufhält.

**Der Schlafbereich –** Ein ungünstiger Schlafplatz kann sehr kräftezehrend sein und auf Dauer die Gesundheit ernsthaft schädigen.

**Der Arbeitsbereich –** Ein Arbeitsplatz ohne eine gute ‣ **Rückendeckung** kann im wahrsten Sinn des Wortes auf die Nerven gehen.

**Der Essbereich –** Da die Ernährung für unseren Körper von essenzieller Bedeutung ist, kann ein unangenehmer Essplatz, an dem man sich nicht lange aufhalten mag, der zudem noch nervös macht oder wo das Essen gar im Stehen verzehrt werden muss, schon mal die Verdauung belasten.

**Der Küchenbereich –** Auch die Zubereitung der Speisen in der Küche spielt eine Rolle. Geschieht sie in ausgeglichener Atmosphäre, so werden Sie sicher auch die Mahlzeiten als bekömmlicher empfinden. Mehr Informationen finden Sie im Kapitel »Die Privaträume« (Seite 256ff.) und im Kapitel »Der Arbeitsbereich« (Seite 275) im Praxisteil des Buchs.

**Fünf Elemente und Bagua –** Eine Möglichkeit, mit Feng Shui die Gesundheit zu unterstützen, liegt in der Verbundenheit zur ‣ **Chinesischen Medizin.** Feng Shui und die Chinesische Medizin nutzen beide die Lehre der ‣ **Fünf Elemente.** Weiß man um den Bezug der jeweiligen körperlichen Schwäche zu dem entsprechenden Element nach der Lehre der Fünf Elemente, so stellen beispielsweise Herz-Kreislauf-Beschwerden eine Störung im Element ‣ **Feuer** des Körpers dar. Aufgrund dieser Ermittlung des Elements können Sie nun in Ihrer Wohnung den Bereich, der im Bagua mit dem entsprechenden Element verbunden ist, genauer betrachten (in unserem Beispiel wäre das das Element Feuer). Vielleicht gibt es im Bagua-Bereich, der dem Feuer zugeordnet wird, etwas aufzuräumen, zu säubern oder auch zu pflegen?

Die Pflege dieses Bagua-Bereichs und die Stärkung des entsprechenden Elements im Räumlichen können auch einen körperlichen Genesungsprozess unterstützen. Die Mitte des Bagua-Rasters, der Lebensbereich »Innere Mitte«, in dem alle Einflüsse vertreten sind, ist für die innere Stabilität besonders wichtig und damit auch grundlegend für unsere Gesundheit. Denken Sie außerdem immer daran, dass alle Bereiche des Bagua im Austausch miteinander sind und sich gegenseitig beeinflussen. Mehr dazu finden Sie unter ‣ **Bagua.**

> **Eine Stütze für die Gesundheit –** Oft ist die Zuordnung im Räumlichen nicht so eindeutig, und es empfiehlt sich, einen Feng-Shui-Experten zu Rate zu ziehen. Feng Shui ersetzt bei gesundheitlichen Problemen natürlich nicht eine qualifizierte heilkundliche Betreuung, kann diese aber gut ergänzen.

## Gezogene Dolche

Bezeichnung für eine Form von ‣ **Sha,** das durch die Beschleunigung des ‣ **Chi-Flusses** auf langen geraden Strecken entsteht. So erfahren Häuser mit langen geraden Fluren in ihrer Mitte oftmals eine energetische Spaltung in zwei Hälften, was zuweilen auch die Benutzer dieser Häuser spalten kann. Mehr zu diesem Thema finden Sie auch unter dem Stichwort ‣ **Geheime Pfeile.**

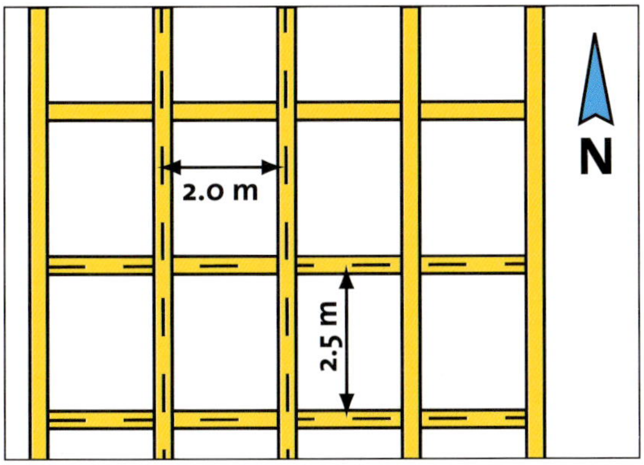


*Globalnetzgitter nach Dr. Hartmann.*

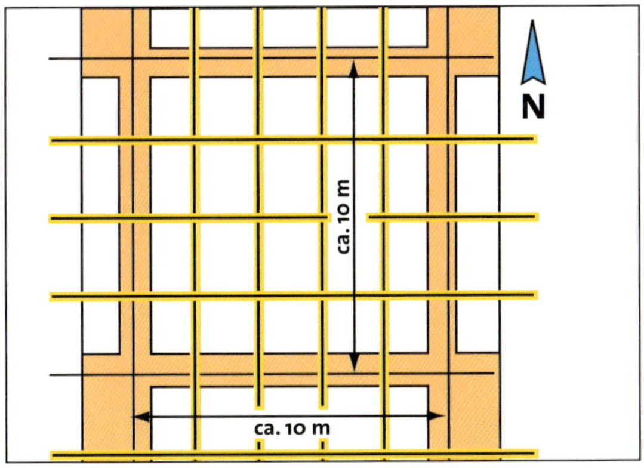


*Kubensystem (nach Benker) mit dem Globalnetzgitter.*

## Gitternetze

In der ▸ Radiästhesie unterscheidet man verschiedene Gitternetzstrukturen. Dabei handelt es sich um Strahlungsstrukturen, die sich gitterförmig über die Erdoberfläche ziehen und von ▸ Rutengängern oder Radiästheten aufgefunden werden. Vermutlich handelt es sich dabei um ein Resonanzphänomen zwischen Erdmagnetfeld und kosmischer Strahlung, etwa der elektromagnetischen Strahlung der Sonne.

**Verschiedene Gitternetzstrukturen –** Es sind viele Gitternetzstrukturen bekannt, deren Existenz zum Teil in Fachkreisen umstritten ist. Diese Netzsysteme bestehen meist aus kreuzweise verlaufenden Feldlinien, die in etwa gleichen Abständen auftreten. Örtlich und zeitlich können jedoch zuweilen starke Schwankungen dieser Strukturen auftreten. So wurden z. B. im Bereich einiger historischer Kultstätten starke Verschiebungen der Strukturen beobachtet. Anscheinend haben auch Materialauswahl sowie Abmessungen von Gebäuden Einfluss auf die Gitternetzstrukturen. Die bekanntesten Gitternetzstrukturen sind das Globalnetzgitter sowie das Kubensystem nach Benker und das Diagonalnetzgitter.

**Das Globalnetzgitter –** Die Gitterstreifen des Globalnetzgitters – auch nach seinem Entdecker, Dr. Ernst Hartmann, Hartmann-Gitter genannt – verlaufen in Nord-Süd- und Ost-West-Richtung. Die Feldweite beträgt in Nord-Süd-Richtung ca. zweieinhalb Meter und in Ost-West-Richtung ca. zwei Meter. Die Breite eines Reizstreifens liegt bei ungefähr 20 Zentimetern, ist aber variabel.

**Das Kubensystem nach Benker –** In gleicher Ausrichtung wie beim Globalnetzgitter finden sich in größeren Abständen so genannte Doppelzonen, die auch als Benkerstreifen oder Kubensystem nach Benker (Anton Benker) bezeichnet werden. Die Benkerstreifen verlaufen meist in Abständen von zehn Metern und überlagern damit in Nord-Süd-Richtung jeden fünften Globalnetzgitterstreifen, in Ost-West-Richtung jeden vierten Gitterstreifen. Dem Kubensystem wird unter Rutengängern meist eine schwächende und gesundheitsgefährdende Ausstrahlung nachgesagt, daher sollten Benkerstreifen und besonders deren Kreuzungspunkte als Schlaf- oder Arbeitsplätze gemieden werden.

**Das Diagonalnetzgitter –** Dieses Gitter stellt ein weiteres bekanntes Gitter dar. Dr. Curry fand – auf der Grundlage der polaren Felder nach dem Ingenieur Wittmann – dieses diagonale Gitter, das auch als Currynetz bekannt ist.

Es verläuft diagonal zu den Haupthimmelsrichtungen, d. h. von Südost nach Nordwest und von Südwest nach Nordost. Die Abstände der Gitter bildenden Zonen liegen zwischen dreieinhalb und viereinhalb Metern. Die einzelnen Gitterstreifen haben eine Breite von 50 bis 60 Zentimetern und sind wechselweise abladend und aufladend. Einige Kreuzungspunkte dieses Gitters sind daher stark auf- oder abladend (hier zu anregend oder Kräfte entziehend) und sollten für einen Schlafplatz gemieden werden. Die Zonen sind, ohne Überlagerung mit Wasseradern oder anderen Störungen, unbedenklich.

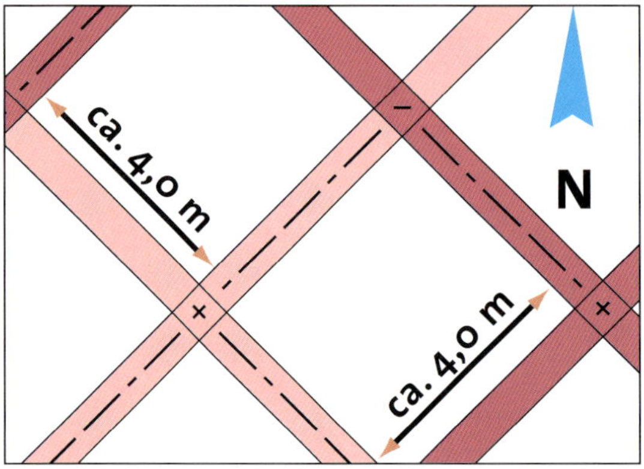


*Darstellung des Diagonalnetzgitters, das auch unter der Bezeichnung »Currygitter« bekannt ist.*

**Auswirkungen –** Den Reizstreifen dieser Netzgitter wird eine unterschiedliche Einflussnahme auf das menschliche Wohlbefinden nachgesagt. Wobei die Gitterstreifen an sich meistens nicht so großen Einfluss haben wie deren Kreuzungspunkte oder Überlagerungen mit anderen Phänomenen, beispielsweise ▸ **Wasseradern** oder ▸ **Verwerfungs-**Linien. Ein Platz, an dem sich eine Gitternetzkreuzung mit einer Wasserader überschneidet, ist als Schlafplatz nicht empfehlenswert. Dieser Standort könnte zu Entkräftung führen oder eine tiefe Entspannung verhindern und damit auf Dauer die körperlichen Abwehrkräfte schwächen und die Leistungsfähigkeit einschränken.

## Goldfische

In ▸ **Aquarien** oder einem ▸ **Teich** gehalten, symbolisieren Goldfische großes Glück. Allerdings ist die Anzahl der Goldfische nach alter Tradition genau festgelegt, nämlich acht goldene und ein schwarzer Fisch sollten es sein. Im ▸ **Bagua** steht die Zahl 9 für Ansehen und Ruhm. Der schwarze Fisch soll ganz bewusst das Unglück anziehen und umwandeln, so dass es den anderen Fischen nichts anhaben kann. Goldfische passen ihre Wachstumsgröße der Größe des Beckens an, können sehr dick und bis zu 30 Zentimeter lang werden, vorausgesetzt, ihr Lebensraum bietet genügend Platz. Vielleicht stehen Goldfische deshalb für Reichtum und für folgende Weisheit: Lässt man dem Reichtum genügend Raum, dann kann er sich auch ausbreiten und vermehren.

## Gongfa

Chinesisches Wort für ▸ **Palast-Methoden** und Bezeichnung unterschiedlicher Prognosemethoden in der ▸ **Chinesischen Astrologie.** Gongfa beinhaltet die Berechnungen nach den Zwölf Palästen (chinesisch »shi'ergong«), nach den Neun Palästen (chinesisch »jiugong«) und nach den Acht Palästen (chinesisch »ba gong«).

## Grabstätten

Die chinesische Kultur kennt eine lange Tradition der Ausrichtung von Grabstätten nach den Regeln des Feng Shui. Da anders als im Westen innerhalb der Familie kein Bruch zwischen den Lebenden und den Toten gemacht wird, sind die Behausungen für die Toten ebenso wichtig wie die für die Lebenden. Die Wohnstätten der Lebenden (Häuser) werden mit »yang chai« bezeichnet, die der Toten (Gräber) mit »yin chai«. Ein Großteil der Quellen zum Feng Shui beschäftigt sich mit der richtigen Platzierung und Ausrichtung von Grabstätten. Von einem geschützten und günstig gelegenen Grab mit gutem ▸ **Chi** versprach man sich einen positiven Einfluss für die Hinterbliebenen. Wenn es den Verstorbenen nach ihrem Tode an nichts mangelte und die Seele ihren Weg ins Paradies finden würde, so nahm man an, dass die Seele im Reich der Geister dafür sorgen werde, dass der Familie kein Missgeschick geschehe und es ihr wohl ergehe. Der Glaube an den Einfluss der Ahnen auf das Leben der Nachkommen konnte im Extremfall so weit führen, dass der Unterkunft einer Person nach ihrem Tode weit mehr Aufmerksamkeit geschenkt wurde als zu Lebzeiten. Weiteres hierzu unter ▸ **Ahnen.**

## Grau

Diese Farbe wird laut Kreislauf der ▸ **Fünf Elemente** dem Element ▸ **Metall** zugeordnet. Mehr hierzu unter dem Stichwort ▸ **Farben.**

## Großer Lebenszyklus

Er wird auf Chinesisch »dayun« bezeichnet und ist einer der drei Hauptaspekte des ▸ **Bazi Suanming,** der Schicksalsberechnung nach den acht Zeichen. Hinzu kommt im Großen Lebenszyklus die Betrachtung der Grunddisposition und der ▸ **Fließenden Jahre.**

## Grün

Diese Farbe wird laut Kreislauf der ▸ **Fünf Elemente** dem Element ▸ **Holz** zugeordnet. Mehr hierzu finden Sie unter dem Stichwort ▸ **Farben.**

## Grundstücksformen

Jeder Grundstückform wird eine bestimmte Eigenschaft und Wirkung auf die Bewohner zugeschrieben. Doch nicht nur die Lage, sondern auch die Form eines Grundstücks ist wichtig.

Die Grundstücksformen werden unterteilt in **1.** quadratische oder rechteckige Grundstücke, **2.** L-förmige Grundstücke, **3.** T-förmige Grundstücke, **4.** runde Grundstücke, **5.** halbkreisförmige Grundstücke, **6.** Grundstücke in Mischform von Halbkreis und Quadrat, **7.** dreieckige Grundstücke, **8.** trapezförmige Grundstücke, **9.** rhombenförmige Grundstücke, **10.** unregelmäßige und sonstige Grundstücke.

Für den Menschen der Frühzeit war es noch von weit größerer Bedeutung bzw. sogar lebensnotwendig, wohin er sich zum Schutz zurückziehen und eine Behausung ausfindig machen konnte. Höhlen waren hierfür ideal, sofern sie nicht schon von einem Tier in Beschlag genommen waren.

In Zeiten, in denen die Menschen ihre Behausung selbst bauten, haben sie lange vor dem Bau das Grundstück beobachtet, um festzustellen, ob der Platz durch Naturereignisse in Gefahr war.

So entstanden auch die Feng-Shui-Kriterien für einen guten Standort. Das Haus sollte schließlich nicht durch Erdrutsch, Steinschlag, wandernde Flussläufe oder Überschwemmungen bedroht sein. Einen guten Platz zu finden ist also ein Urbedürfnis, das auch bei modernen Stadtmenschen besteht. Allerdings ist im Lauf der Zeit immer mehr das Gefühl für einen guten Platz verloren gegangen, und viele Menschen wissen heute nicht mehr, wonach sie sich richten sollen.

Viele Informationen wurden zusammengetragen, zum Teil für uns nachvollziehbar, teils jedoch nicht sofort verständlich.

Die ▸ **Formenlehre** hat die Feng-Shui-Kriterien für ein gutes Grundstück weiter verfeinert. Die Lage eines guten Grundstücks wird in diesem Nachschlagewerk ausführlich unter den Stichworten ▸ **Formen-Schule** und ▸ **Himmlische Tiere** beschrieben.

Im Folgenden werden Ihnen die einzelnen Grundstücksformen nach Feng Shui kurz charakterisiert:

**1. Quadratische und rechteckige Grundstücke –** Sind laut Feng Shui sehr gute Grundstücksformen. Das neunteilige Raster mit den einzelnen Lebensbereichen des ▸ **Bagua** ist in dieser Form harmonisch vertreten. Steht das Gebäude hierbei nicht in der Grundstücksmitte, kann man mit Außenleuchten einen Ausgleich schaffen (siehe Abbildungen A, B, C auf Seite 112).

**2. L-förmige Grundstücke –** Gefahr besteht bei dieser Grundstücksform, dass ein Bereich des ▸ **Bagua** fehlt. Hier sollte der Grundriss mit dem Bagua-Raster überprüft werden: Ist es eine Fehlfläche oder Erweiterung? Eine Erweiterung ist wie ein Zusatz im entsprechenden Feld, Fehlflächen kann eine Außenleuchte in der Ecke ausgleichen (siehe Abbildungen D, E, F auf Seite 113).

**3. T-förmige Grundstücke –** Hier ist entscheidend, an welcher Seite des »T« der Hauptzugang liegt und welche zum ▸ **Bagua** fehlen. Eine rankende Bepflanzung kann Abhilfe schaffen (siehe Abbildung G auf Seite 113).

**4. Runde Grundstücke –** Diese Form kommt leider sehr selten vor. Wer dennoch ein rundes Grundstück findet, kann von einem Glücksfall sprechen. Wenn das Haus auch noch in der Mitte eines solchen runden Grundstücks liegen kann, ist das Glück laut Feng Shui perfekt. Sie sollten mit dem Kauf nicht länger zögern, wenn alle anderen Kriterien für Sie stimmig sind. Klären Sie aber unbedingt vorher ab, ob und wo ▸ **Wasseradern** und ▸ **Gitternetze** existieren. Sollten sich diese zufällig genau im Mittelpunkt überlagern, könnte das negative Wirkungen haben (siehe Abbildung H auf Seite 113).

**5. Halbkreisförmige Grundstücke –** Die Halbkreisform ist nicht ganz so selten wie die Vollkreisform. Auch ein halbkreisförmiges Grundstück ist nach Feng-Shui-Kriterien sehr günstig. Ideal ist, wenn das Gebäude in der Mitte des Grundstücks steht (siehe Abbildung I auf Seite 113).

**6. Die Mischform Halbkreis und Quadrat –** Eine solche Mischform ist ebenfalls vorteilhaft. Es sollte dabei allerdings vermieden werden, das Haus im vorderen Drittel des Grundstücks zu platzieren (siehe Abbildung J auf Seite 114).

**7. Dreieckige Formen –** Diese Form gehört nach Feng-Shui-Kriterien zu den ungünstigen Formen. Das Grundstück sollte nur dann bebaut werden, wenn viele andere Gründe absolut dafür sprechen. Ein Ausgleich könnte so erfolgen, dass die Spitze der hinteren Grundstücksecke mit einem Baum oder einer höheren Pflanze kaschiert wird.
Die Seiten des Dreiecks können mit Außenleuchten versehen werden. Das Haus sollte nach Möglichkeit nicht mit der Eingangstür zu einem der spitzen Winkel hin zeigen. Es ist besser, wenn das Gebäude im vorderen Teil oder der Mitte steht (siehe hierzu Abbildung K auf Seite 114).
**8. Trapezförmige Grundstücke –** Das Grundstück sollte so ausgerichtet sein, dass es an eine Geldbörsenform erinnert. Laut Feng Shui soll diese Form für materiellen Gewinn sorgen. Sie können die Geldbörsenform noch deutlicher hervorheben, indem Sie eine Pflasterung oder Bepflanzung einsetzen, die halbkreisförmig zur Straße hin zeigt, denn das soll noch gewinnbringender in finanzieller Hinsicht wirken. Die Gegenform symbolisiert eine Kehrschaufelform. Da diese Form auch der Muschelform zugeordnet wird, sollte das Haus auf dem »Muskel« der Muschel gebaut sein, denn so wird das ▸ Chi besser auf dem Grundstück festgehalten (siehe dazu Abbildungen L, M auf Seite 114).
**9. Rhombenförmige Grundstücke –** Sie zählen zu den günstigen Grundstücksformen mit einem positiven Standort des Hauses. Das Haus sollte am besten in der Mitte des Grundstücks oder aber im vorderen Teil platziert werden.
Bei einem rautenförmigen Grundstück sollten die Grundmauern des Gebäudes parallel zur Grundstücksgrenze stehen und der Eingang des Hauses nicht zu einer Ecke des Grundstücks hin weisen. Andernfalls können ein Baum, hohe Bepflanzung oder eine Außenleuchte in der Ecke als Ausgleich helfen (siehe Abbildungen N, O, P auf Seite 114 und 115).
**10. Unregelmäßige Grundstücksformen –** Bei solchen Grundstücksformen kann in den spitzen Ecken oder bei eventuell auftretenden Fehlflächen mit Pflanzen oder mit Außenleuchten ein guter Ausgleich geschaffen werden. Allgemein gilt dabei: Das Gebäude steht in der Mitte des Grundstücks am besten (siehe Abbildung Q auf Seite 115).

*Als sehr gute Grundstücksformen gelten Quadrat und Rechteck, da sie das Bagua-Raster harmonisch vertreten.*

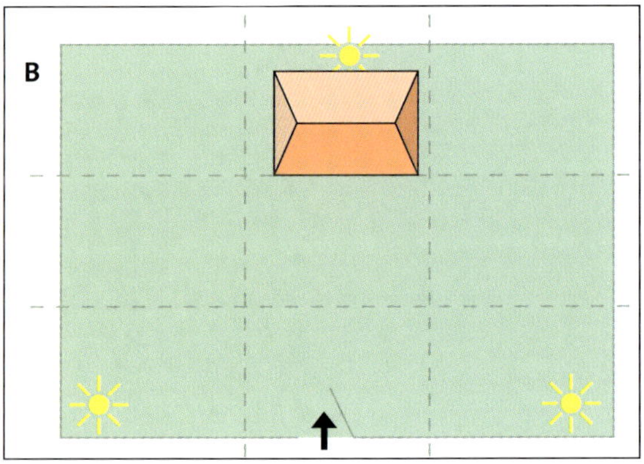


*Liegt das Haus im hinteren Bereich eines quadratischen oder eines rechteckigen Grundstücks statt in der Mitte, dann können Außenleuchten einen Ausgleich schaffen.*

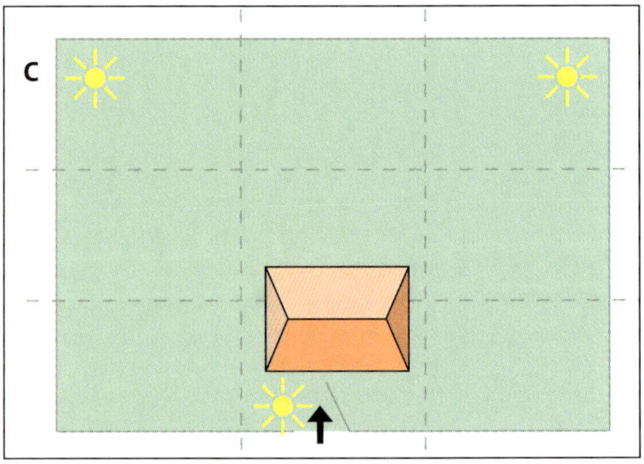


*Außenleuchten schaffen einen Ausgleich, wenn das Haus auf einem quadratischen oder rechteckigen Grundstück zu weit an der vorderen Begrenzung steht.*

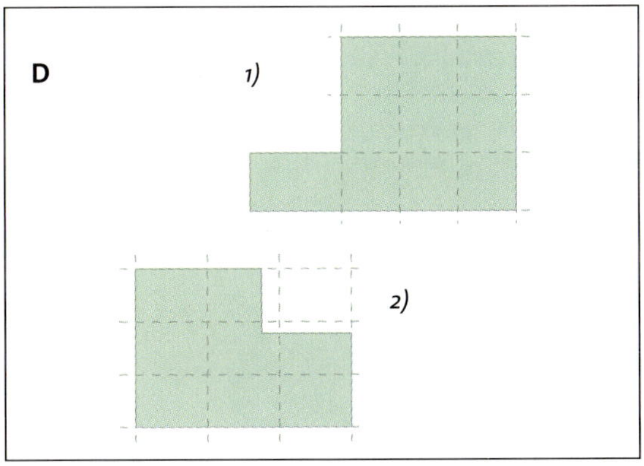


*Ein L-förmiges Grundstück mit dem Bagua-Raster: 1) mit Fehlfläche und 2) mit Erweiterung.*

*Ein Bereich des Bagua fehlt. Die Fehlfläche im L-förmigen Grundstück kann durch eine Außenleuchte in der Ecke ausgeglichen werden.*

*Ein Bereich des Bagua fehlt. Die Fehlfläche im Bagua wird hier durch die Lage des Hauses und eine entsprechende Bepflanzung ausgeglichen.*

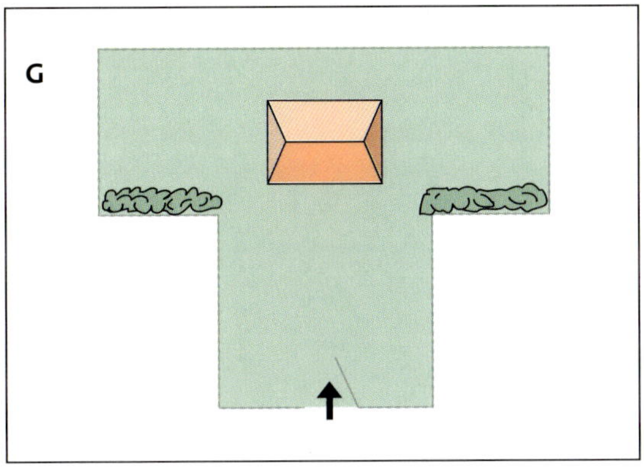


*Eine Bepflanzung an der richtigen Stelle kann dieses T-förmige Grundstück ausgleichen.*

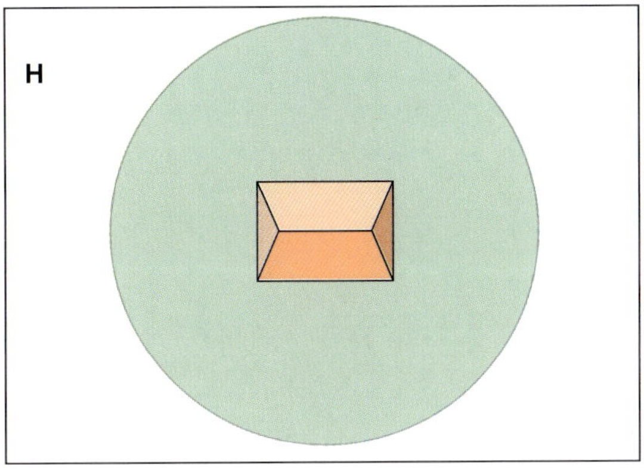


*Ein rundes Grundstück mit Haus in der Mitte ist ein seltener Fall, aber äußerst vorteilhaft. Geradezu perfekt ist das Grundstück, wenn das Haus in der Mitte liegt.*

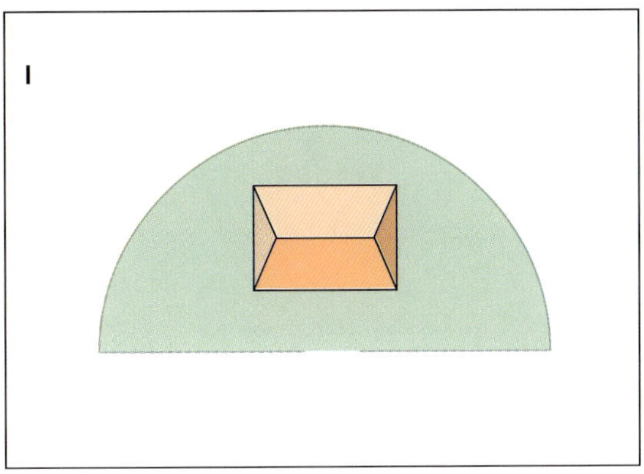


*Günstig: Ein Grundstück in Halbkreisform ist nach Feng Shui sehr vorteilhaft, besonders dann, wenn das Haus mittig platziert werden kann.*

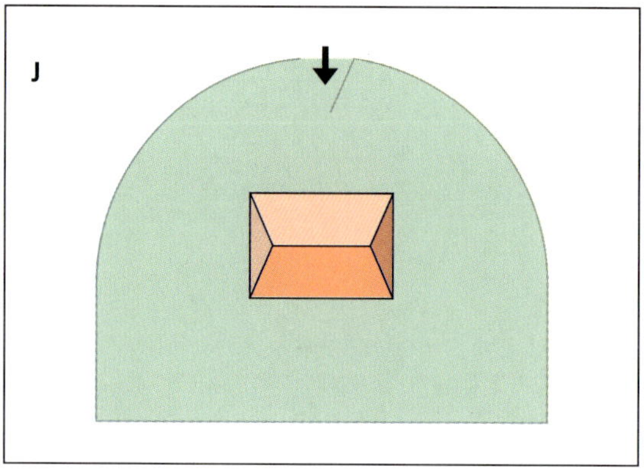


Ein Grundstück in der Mischform Halbkreis und Quadrat ist günstig – das Haus sollte möglichst in der Mitte stehen.

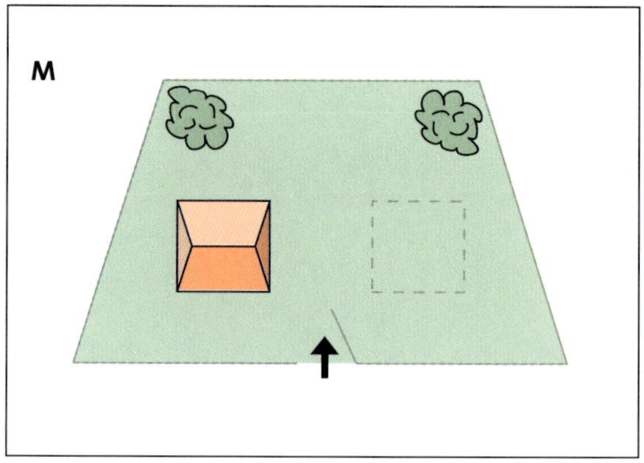


Ein Grundstück in Trapezform als Kehrschaufel- bzw. als Muschelform.

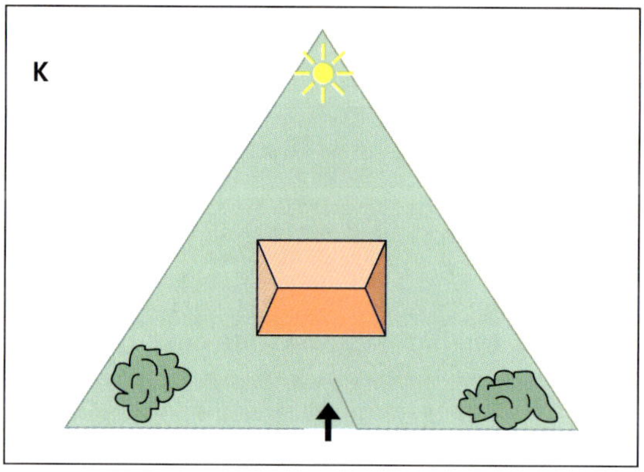


Die Dreiecksform ist ungünstig. Liegt ein dreieckiges Grundstück vor, sollten unbedingt Ausgleichsmaßnahmen in Form von Beleuchtung und Bepflanzung getroffen werden.

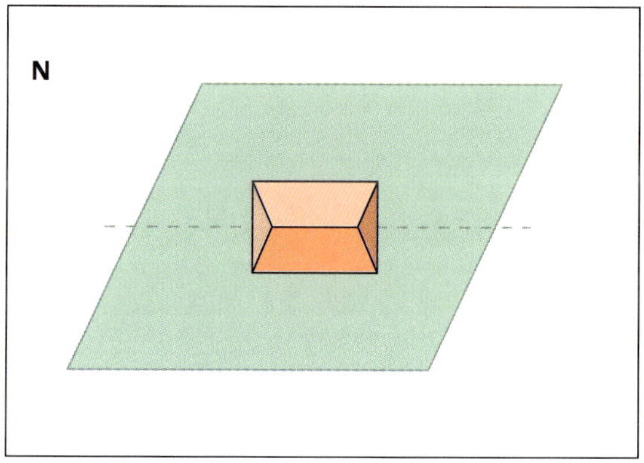


Ein rhombenförmiges Grundstück wird in den meisten Fällen positiv bewertet. Am besten steht das Haus auf einem solchen Grundstück mittig oder im vorderen Teil.

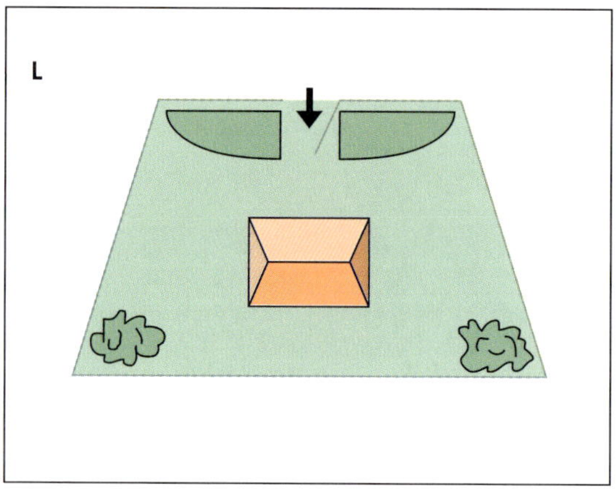


Ein trapezförmiges Grundstück als Geldbörsenform, die halbrunde Bepflanzung schafft einen Ausgleich.

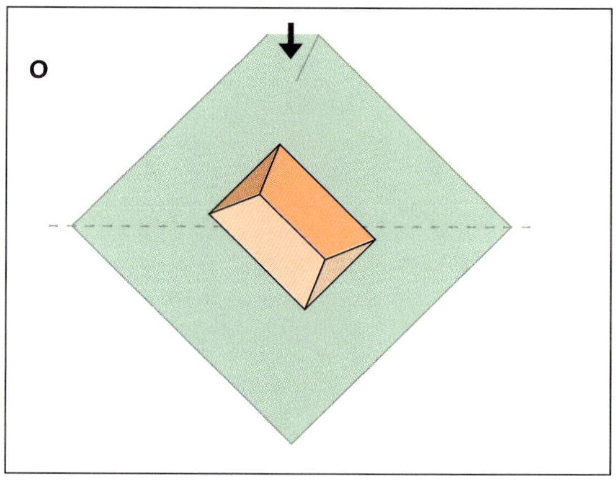


Bei Rautengrundstücken sollten die Mauern des Hauses möglichst parallel zur Grundstücksgrenze stehen.

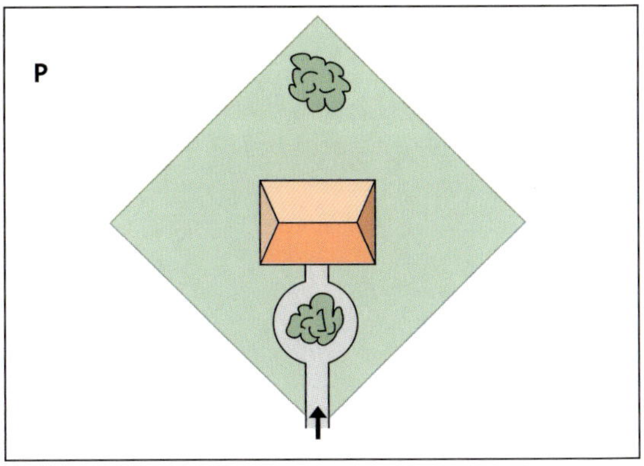


*Steht das Gebäude nicht parallel zur Grundstücksgrenze, können Bäume in den Ecken für einen Ausgleich sorgen.*

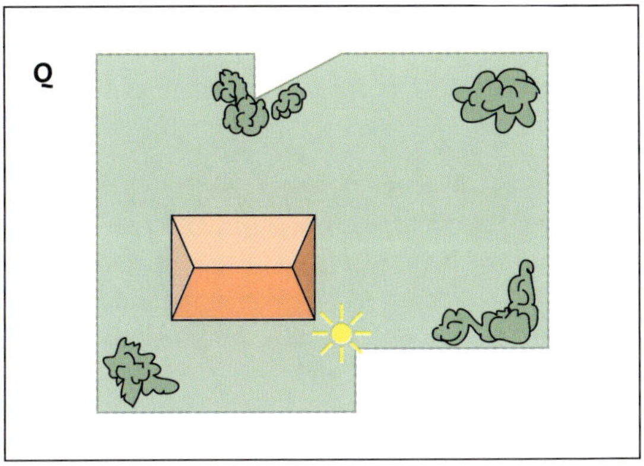


*Bei unregelmäßigen Grundstücksformen können Pflanzen und Außenleuchten die spitzen Ecken des Grundstücks ausgleichen. Die beste Position für das Haus ist die Mitte.*

## Gua

Gua (auch Kua geschrieben) ist die chinesische Bezeichnung für die ‣ **Trigramme** aus dem ‣ **I Ging**, dem Buch der Wandlungen. Mehr zu diesem Begriff und seiner Anwendung finden Sie unter dem Stichwort ‣ **Kua.**

## Gua-Zahl

Die Gua-Zahl wird auch Kua-Zahl oder ‣ **Lo-Shu-Nummer** genannt. Sie bezeichnet die Ziffer, die jeweils einem der acht ‣ **Trigramme** aus dem ‣ **I Ging** zugeordnet ist. Ausführliche Beschreibung der Gua-Zahl und ihrer Anwendung finden Sie unter dem Stichwort ‣ **Kua-Zahl.**

## Günstige und ungünstige Bagua-Bereiche

Diese Bereiche werden auch A- bis H-Bereiche genannt. Sie sind Teil der ‣ **Hokkien-Kompass-Schule** und beschreiben einen zusätzlichen Aspekt in der Betrachtung des ‣ **Bagua** eines Hauses oder einer anderen Räumlichkeit. Hierbei geht es darum, innerhalb des Bagua vier günstige und vier weniger günstige Bagua-Felder zu ermitteln, und zwar aufgrund der Lage des Hauses, seines Eingangs oder seiner Vorderfront zu den Himmelsrichtungen.

Abhängig von der Richtung, aus welcher das ‣ **Chi** eine Wohnung oder ein Haus belebt, ergibt sich eine Art Schwerpunkt, der so genannte ‣ **Sitz** der Wohnung bzw. Sitz des Hauses. Das Bagua-Feld, in dem der Sitz liegt, wird auch als ‣ **Kua** des Hauses bezeichnet, bzw. die diesem Feld zugeordnete Zahl aus dem ‣ **Lo Shu** (Bagua-Quadrat mit Zahlen) ist die ‣ **Kua-Zahl** des Hauses.

Für Fachkundige des Feng Shui sei der Bezug zu den Bezeichnungen der ‣ **Trigramme** aus dem ‣ **I Ging** erwähnt. So würde ein Haus mit dem Sitz im Norden als Kan-Haus bezeichnet werden, und die Zahl 1 wäre die Kua-Zahl dieses Hauses.

»Kan« ist der Name des Trigrammes, das in der Sequenz des ‣ **Späteren Himmels** des I Ging nach Norden weist, und steht für das Element ‣ **Wasser.**

Wie man den Sitz im Einzelfall ermitteln kann, ist unter dem gleichnamigen Stichwort erläutert. Die für eine Räumlichkeit maßgebende Kua-Zahl steht immer in Beziehung zu den anderen Zahlen bzw. Feldern des Bagua. Aus dieser Wechselwirkung der Bagua-Felder untereinander ergeben sich für jede Kua-Zahl günstige und weniger günstige Bereiche innerhalb des Bagua-Rasters.

**Beispiel –** Für ein Kan-Haus mit der Kua-Zahl 1 (siehe Illustration auf Seite 116) ist der im Südosten gelegene Bereich des Bagua am günstigsten. Hat man die Wahl, so sollte dieser Platz in der Wohnung wichtigen Funktionen vorbehalten bleiben. Ein Arbeitszimmer in diesem Bereich gilt als Erfolg versprechend, der Eingang als Glück bringend.

Das nach Osten gelegene Bagua-Feld ist im Kan-Haus der zweitgünstigste Bereich und ebenfalls geeignet, wichtige Wohnbereiche wie den Schlafplatz aufzunehmen. Der ungünstigste Bereich liegt in diesem Beispiel im Südwesten. Die Umsetzung

S ▼

| | | |
|---|---|---|
| SUN 4 | LI 9 | KUN 2 |
| CHEN 3 | 5 | TUI 7 |
| KEN 8 | KAN 1 | CHIEN 6 |

N

*Beispiel: Ein Kan-Haus mit der Kua-Zahl 1, entsprechend dem Sitz im Norden.*

S ▼

| | | |
|---|---|---|
| 4 Bester Bereich (A) | 9 Dritt-bester Bereich (C) | 2 Ungünstigster Bereich (H) |
| 3 Zweit-bester Bereich (B) | 5 Neutral | 7 Erster ungünstiger Bereich (E) |
| 8 Zweiter-ungünstiger Bereich (F) | 1 Viert bester Bereich | 6 Dritter ungünstiger Bereich (G) |

N

*Die günstigen und ungünstigen Bagua-Bereiche im Beispiel Kan-Haus mit der Kua-Zahl 1.*

wichtiger Aufgaben könnte hier erschwert sein. Traditionell wird dieser Einfluss mit Unheil verbunden. Kann man selbst entscheiden, welche Nutzung im Südwesten geplant wird, so empfiehlt es sich in diesem Beispiel, hier ein WC oder andere Räume mit Abflüssen unterzubringen. Mit dem ▸ Chi fließen so auch die negativen Einflüsse den Abfluss hinunter, und die Schwachstelle ist dadurch ausgeglichen.

Allen Bereichen wird eine spezielle Qualität zugeschrieben. Hat man die Verteilung dieser positiven und negativen Aspekte ermittelt, so kann man sie nutzen und Schwachstellen ausgleichen.

Steht die Kua-Zahl bzw. der Sitz des Hauses fest, dann können Sie die günstigen und ungünstigen Bagua-Bereiche in den Tabellen (Seite 119) ablesen. Die Kua-Zahlen werden dabei unterteilt in die ▸ Ost-Gruppe und ▸ West-Gruppe.

Ebenso wie für einen Raum oder ein Haus günstige und weniger günstige Bereiche ermittelt werden, so lassen sich auch für den Menschen persönlich förderliche und weniger förderliche Bereiche und Himmelsrichtungen ermittelt. Diese Möglichkeit einer individuellen Unterstützung ist unter dem Stichwort ▸ Beste Richtung erläutert. Die Tabelle (Seite 119) ist sowohl für die günstigen wie ungüns-tigen Bagua-Bereiche eines Hauses als auch für die persönlich Besten Richtungen maßgebend.

**Auszug aus der traditionellen Auslegung –** Die Bereiche und Richtungen, die traditionell als günstig oder ungünstig zu betrachten sind, werden entsprechend ihren Qualitäten unterschieden. Die nachfolgenden Erläuterungen sind sowohl für die günstigen und ungünstigen Bagua-Bereiche eines Hauses als auch für die persönlich Besten Richtungen und Bereiche maßgebend.

Stellen Sie nun fest, dass etwa ein für Sie wichtiger Raum in Ihrer Wohnung in einem ungünstigen Bagua-Bereich liegt, so sollte Sie diese Tatsache nicht ängstigen, vielmehr dazu auffordern, besonders diesen Bereich gut zu pflegen und mit den Mitteln des Feng Shui zu stärken. Haben Sie die Möglichkeit, so können Sie den genannten wichtigen Raum natürlich in einen günstigeren Bagua-Bereich des Hauses verlegen.

**Bitte beachten Sie –** Die hier beschriebene Methode ist nur ein Aspekt des Feng Shui, ein Stein im großen Puzzle der Einflüsse des menschlichen Umfelds. Der ▸ **Chi-Fluss,** die Persönlichkeit der Menschen, die einen Raum beleben, und viele andere Einflüsse können günstige und ungünstige Bereiche verändern oder ihre Wirkung manchmal ganz aufheben.

**Sheng Chi – Bester Bereich (A), Beste Richtung –** Sheng Chi könnte man mit »belebender Atem« übersetzen. Besonders geschäftliche Dinge erfahren in diesem Bereich Unterstützung. Das Gefühl für den richtigen Zeitpunkt sowie eine gute Position im öffentlichen Leben werden hier begünstigt, aber auch für Geldangelegenheiten scheint dieser Bereich bzw. diese Richtung förderlich. Weist der Haupteingang des Hauses in diesen Bagua-Bereich oder in diese Richtung, gilt das als besonders Glück bringend. Allgemein ist dieser Ort sehr geeignet für den Arbeitsplatz oder Schlafraum.

**Tien Yi – Zweitbester Bereich (B), Zweitbeste Richtung** Übersetzt bedeutet Tien Yi etwa »himmlischer Heiler«. Auch der Zweitbeste Bereich sowie die Richtung Wohlstand unterstützen ein gutes Auskommen und Freundschaften. Hier liegt ein guter Schlafbereich, der auch Genesungsprozesse fördert. Bei lang andauernden und seltenen Krankheiten soll es helfen, sein Bett in diesem Bereich aufzustellen.

**Nien Yen – Drittbester Bereich (C), Drittbeste Richtung** Frei übersetzt steht Nien Yen für Langlebigkeit und reichen Nachwuchs. Dieser Bereich und diese Richtung werden als förderlich für die Harmonie in der Familie angesehen. Familiäre Probleme, sogar Ehestreitigkeiten unterliegen hier einem positiven Einfluss, der Gutwilligkeit und Toleranz stärkt und klärende Aussprachen fördert.

**Fu Wei – Viertbester Bereich (D), Viertbeste Richtung** Der Viertbeste Bereich sowie diese Richtung entsprechen der Kua-Zahl des Hauses oder der persönlichen Kua-Zahl und gelten als schützend vor Unglück. Auch wird hier ein akzeptables Leben mit gutem Auskommen gefördert, aber eher ohne größere Reichtümer. Diese Richtung soll zudem helfen, einen klaren Kopf zu bewahren, und bietet daher eine unterstützende Ausrichtung für den Arbeitsplatz.

**Ho Hai – Erster ungünstiger Bereich (E), Erste ungünstige Richtung –** Ho Hai bedeutet »Unfälle« und »Missgeschick«. Dieser Bereich und diese Richtung sollen kleinere Missgeschicke mit sich bringen, in der Regel aber keine ernsthaften Probleme.

**Wu Kuei – Zweiter ungünstiger Bereich (F) und Zweite ungünstige Richtung –** Die Übersetzung für Wu Kuei wird mit »fünf Geister« angegeben. Dieser Bereich sowie diese Richtung scheinen Streitigkeiten zu fördern, sowohl im Geschäftsleben als auch im Zusammenleben in der Familie. Außerdem wird diesem Einfluss nachgesagt, dass er eine Gefahr von Verlust durch Feuer oder Einbruch mit sich bringen kann. Wenn etwa die Wohnbereiche mit den wichtigsten Funktionen in diesen Bereich zu liegen kommen, so können dadurch Ruhe und Frieden zu Hause wie im Geschäft gestört sein.

**Liu Sha – Dritter ungünstiger Bereich (G) und Dritte ungünstige Richtung –** Für den Begriff »Liu Sha« findet man die etwas dramatische Übersetzung »sechs Morde«. Ein Europäer würde diesen Energieeinfluss wohl eher mit »stark hinderlich«, »bremsend« oder »Häufung ungünstiger Umstände und Misslichkeiten« umschreiben. Dieser Bereich und diese Richtung werden sowohl für geschäftliche als auch für familiäre Angelegenheiten als sehr schädlich angesehen. So kann beispielsweise der Eingang in dieser ungünstigen Lage Unheil bringen. Dabei sind gerichtliche Streitigkeiten nicht ausgeschlossen. Die Mitglieder der Familie können häufiger von Krankheit bedroht sein, teils mit schweren Folgen.

Ein Ausgleich kann geschaffen werden, indem in diesem Bereich das WC oder Bad untergebracht wird. Der negative Einfluss wird dann sozusagen im Abfluss hinuntergespült. Ein Kamin an dieser Stelle kann den negativen Aspekt im Feuer wandeln.

**Chueh Ming – Ungünstigster Bereich (H) und Ungünstigste Richtung –** Chueh Ming kann mit »totaler Verlust« übersetzt werden. Traditionell wird mit diesem Bereich und dieser Richtung großes Unheil verknüpft. Sowohl gesundheitliche als auch geschäftliche und familiäre Belange können davon betroffen sein. Weist etwa die Eingangstür in diese Richtung oder liegt eine zentrale Funktion in diesem Bereich, so ist – laut traditioneller Auslegung – der totale Ruin nicht ausgeschlossen.

**Wichtig –** Bitte nehmen Sie die teils dramatisch und unheilvoll klingenden chinesischen Erläuterungen nicht wortwörtlich, sondern als Hinweis auf Schwachstellen in Ihrer Wohnung. Die chinesische Sprache neigt zu viel mehr bildhaften, schillernden Umschreibungen als unsere sachlichere Ausdrucksweise.

**Anwendung –** Die Methode der Ermittlung von günstigen und ungünstigen Bereichen und Richtungen liefert einen interessanten Aspekt in dem großen Puzzle der Einflussfaktoren der Umgebung des Menschen, seiner dritten Haut sozusagen, die ihn, nach der Kleidung, schützend umgibt. Um einen aussagefähigen ganzheitlichen Eindruck zu bekommen, müssen immer alle Teilaspekte gemeinsam betrachtet werden: So kann beispielsweise ein günstiger Bereich durch eine starke ‣ **Wasserader-Kreuzung** geschwächt werden.
Auch wenn ein günstiger Bereich eine Rumpelkammer beherbergt, die über und über mit altem Zeug voll gestopft ist, kommt seine fördernde Wirkung kaum zum Tragen. Andererseits kann ein ungünstiger Bagua-Bereich durchaus eine angenehme Atmosphäre verbreiten, wenn sich an diesem Platz beispielsweise ein positiver ‣ **Kraftort** befindet, der den negativen Einfluss ausgleicht.
Hinzu kommt immer auch der persönliche Einfluss des Menschen, der an diesem Ort lebt.
Die Deutung der günstigen und ungünstigen Bereiche sowie Richtungen kann daher im Einzelfall sehr von den Gegebenheiten vor Ort abweichen. Das heißt aber nicht, dass nicht in den meisten Fällen, zumindest in der Tendenz, die beschriebene Deutung zutrifft und auf die eine oder andere Weise bestätigt wird. Oft deckt sich das Bild auch, d. h., negative Einflüsse einer geomantischen Untersuchung (Wasserader etc.) befinden sich beispielsweise genau in den ungünstigen Bereichen des Bagua. Leider ist es nicht möglich, Räumlichkeiten zu finden, die nur günstige Bereiche aufweisen. Das Gesetz der Dualität beschert natürlich immer die ganze Bandbreite der Möglichkeiten. Die Frage ist daher, wie Sie damit umgehen.

**Nutzung von ungünstigen Bereichen –** Kennen Sie die Lage der Schwachstellen in Ihrer Umgebung, so können Sie gezielt eingreifen, diese unterstützen und dem negativen Einfluss seine Kraft nehmen.
**Raumplanung –** Ungünstige Bereiche sollten für Wohnbereiche mit sehr wichtigen Funktionen eher gemieden werden. Liegt aufgrund räumlicher Umstände jedoch ein Bereich, der für eine wichtige Tätigkeit genutzt wird, wie z. B. das Arbeitszimmer, in einem ungünstigen Bagua-Bereich, dann kann man sich selbst zusätzlich, etwa durch die Ausrichtung des Schreibtisches in seine persönlich ‣ **Beste Richtung,** noch unterstützen.
**Bagua –** Beheben Sie ungünstige Bereiche, indem Sie beispielsweise das diesen Bereichen des Bagua zugehörige Element betonen. Hinweise zu den einzelnen Bagua-Bereichen finden Sie unter ‣ **Bagua.**
**Schutzsymbol –** Hilfreich ist, wenn Sie symbolisch einen Schutz für diesen Bereich kreieren (z. B. ‣ **Bagua-Spiegel**). Siehe hierzu auch unter ‣ **Symbole.**
**Ordnung –** Achten Sie in ungünstigen Bereichen besonders auf ‣ **Ordnung,** und halten Sie den Raum stets sauber und gepflegt.
**Positive Nutzung –** Auch die Nutzung eines Raumes kann seine Schwingung verändern. Wird an einem Ort beispielsweise viel meditiert, gebetet oder eine heilende Tätigkeit ausgeübt, so hat das meist eine harmonisierende, befriedende Wirkung auf die Raumenergie.
**Energetische Reinigung –** Um auf der energetischen Ebene einen Raum zu reinigen, eignen sich Kerzen gut, denn deren Flamme steht für die transformierende Kraft des Feuers. Reinigend wirkt ebenfalls ein Ritual mit ‣ **Räucherwerk.**

**Nutzung günstiger Bereiche –** Wenn Sie die günstigen Bereiche in Ihrer Wohnung ermittelt haben, so sollten Sie deren positiven Einfluss so weit als möglich nutzen und gegebenenfalls noch verstärken.
**Förderung –** Verstärken Sie den positiven Einfluss dieser Bagua-Bereiche durch zusätzliche Unterstützung entsprechend dem Lebensbereich des ‣ **Bagua,** dem diesen Bereichen zugehörigen Element aus der Lehre der ‣ **Fünf Elemente** oder aber durch verschiedene ‣ **Hilfsmittel.**
**Raumplanung –** Nutzen Sie günstige Bereiche in Ihrer Wohnung für zentrale Tätigkeiten, und bringen Sie dort beispielsweise Ihren Arbeitsplatz oder Ihren Schlafplatz unter.

**Experten gefragt –** Eine Wohnung oder einen Ort in seiner Gesamtheit zu erfassen ist nicht einfach. Möchten Sie ganz sicher gehen, wenden Sie sich an einen Fachmann. Nur einem Experten fällt es leicht, bei der Vielfalt der Hinweise die wichtigen Aspekte zu erfassen.

## GÜNSTIGE BEREICHE (LO-SHU-NUMMER) UND HIMMELSRICHTUNGEN

| KUA-NUMMER | SHENG CHI BESTE/R | TIEN YI ZWEITBESTE/R | NIEN YEN DRITTBESTE/R | FU WEI VIERTBESTE/R |
|---|---|---|---|---|
| Kan 1 | 4 Südost | 3 Ost | 9 Süd | 1 Nord |
| Ken 8 | 2 Südwest | 6 Nordwest | 7 West | 8 Nordost |
| Chen 3 | 9 Süd | 1 Nord | 4 Südost | 3 Ost |
| Sun 4 | 1 Nord | 9 Süd | 3 Ost | 4 Südost |
| Li 9 | 3 Ost | 4 Südost | 1 Nord | 9 Süd |
| Kun 2 | 8 Nordost | 7 West | 6 Nordwest | 2 Südwest |
| Tui 7 | 6 Nordwest | 2 Südwest | 8 Nordost | 7 West |
| Chien 6 | 7 West | 8 Nordost | 2 Südwest | 6 Nordwest |

## UNGÜNSTIGE BEREICHE (LO-SHU-NUMMER) UND HIMMELSRICHTUNGEN

| KUA-NUMMER | HO HAI 1. UNGÜNSTIGE | WU KUEI 2. UNGÜNSTIGE | LIU SHA 3. UNGÜNSTIGE | CHUEH MING 4. UNGÜNSTIGE |
|---|---|---|---|---|
| Kan 1 | 7 West | 8 Nordost | 6 Nordwest | 2 Südwest |
| Ken 8 | 9 Süd | 1 Nord | 3 Ost | 4 Südost |
| Chen 3 | 2 Südwest | 6 Nordwest | 8 Nordost | 7 West |
| Sun 4 | 6 Nordwest | 2 Südwest | 7 West | 8 Nordost |
| Li 9 | 8 Nordost | 7 West | 2 Südwest | 6 Nordwest |
| Kun 2 | 3 Ost | 4 Südost | 9 Süd | 1 Nord |
| Tui 7 | 1 Nord | 9 Süd | 4 Südost | 3 Ost |
| Chien 6 | 4 Südost | 3 Ost | 1 Nord | 9 Süd |

**Neuplanung eines Gebäudes** – Wird ein Gebäude erst geplant, dann lassen sich die Funktionen von vornherein so aufteilen, dass die schwierigsten Bereiche des Bagua ausgeglichen werden: ▸ **Abflüsse**, ▸ **Kamine** oder Fehlbereiche an diesen ungünstigen Stellen können die negativen Einflüsse mindern. Auch die persönlich guten Richtungen und Bereiche können schon bei der Planung berücksichtigt werden. Hierbei wird man bemüht sein, dass die günstigen und ungünstigen Aspekte des Gebäudes mit den persönlichen Aspekten im Einklang stehen. Das bedeutet, dass die ▸ **Kua-Zahl** des Hauses mit der des Bauherrn identisch ist oder zumindest aus der gleichen Gruppe stammt (die Kua-Zahlen werden in zwei Gruppen unterschieden. Mehr dazu unter ▸ **Ostgruppe** und ▸ **Westgruppe**). Damit erzielt man eine gute Basis für ein harmonisches, den Menschen stärkendes Gebäude. Mehr zu dieser Vorgehensweise auch unter dem Stichwort ▸ **Neun-Sterne-Ki.** Natürlich sollten Sie dabei nicht vergessen, auch alle anderen Aspekte des Feng Shui in die Planung mit einzubeziehen.

# H

## Hartmanngitter

Gängige Bezeichnung für das Globalnetzgitter nach Dr. Hartmann, das ▸ **Rutengänger** oder ▸ **Geomanten** als störenden Einfluss in Räumen aufspüren können. Ausführliches unter ▸ **Gitternetze.**

## Herd

Nach Feng-Shui-Prinzipien sollte der Herd in der Küche unbedingt richtig positioniert sein. Am besten ist es, wenn der Kühlschrank und die Spüle nicht unmittelbar neben dem Herd stehen. Bei einer Neuplanung sollten Sie darauf achten, dass der Herd in einer Glück bringenden Richtung steht (siehe hierzu ▸ **Beste Richtung** sowie ▸ **Günstige und ungünstige Bagua-Bereiche**). Zudem sollte er so platziert sein, dass Köchin oder Koch gute ▸ **Rückendeckung** haben. Der Herd sollte zudem stets sauber gehalten werden. Mehr zum Thema »Küche« finden Sie im Praxisteil des Buchs (Seite 256).

## Hervorbringezyklus

Dieser Zyklus bezeichnet die aufbauende Reihenfolge im Kreislauf der ▸ **Fünf Elemente** (auch Fünf Wandlungsphasen). Mehr dazu unter den Stichworten ▸ **Entstehungszyklus** und ▸ **Fünf Elemente.**

## Hexagramme

Einheiten, die jeweils aus zwei ▸ **Trigrammen** des I Ging, dem Buch der Wandlungen, gebildet werden. Die Hexagramme setzen sich aus sechs gebrochenen und ungebrochenen Linien zusammen, wobei die gebrochenen für das ▸ **Yin**-Prinzip und die ungebrochenen Linien für das ▸ **Yang**-Prinzip stehen. Aus den acht Trigrammen lassen sich 64 Hexagramme bilden, deren Bedeutung im I Ging genau beschrieben ist. Soll das I Ging als Orakel dienen, so werden u.a. aus dem Werfen von Schafgarbenstängeln oder Münzen die sechs Linien eines Hexagrammes abgeleitet. Ausführlicheres dazu finden Sie unter dem Stichwort ▸ **I Ging.**

*Hexagramm Yü, die Begeisterung. Jedes der 64 Hexagramme des I Ging setzt sich aus zwei Zeichen der acht Trigramme (oder aus zweimal dem gleichen Zeichen) zusammen.*

## Hilfreiche Freunde

Bezeichnung für einen der Lebensbereiche des Bagua, »Hilfreiche Freunde« (auch »Hilfreiche Menschen« oder »Sponsoren«). Er wird im Bagua bzw. im ▸ **Lo Shu** durch das traditionell nach Nordwesten gelegene Feld repräsentiert. Näheres unter ▸ **Bagua.** Im Lo Shu ist diesem Bereich die ▸ **Kua-Zahl** 6 zugeordnet.

## Hilfreiche Menschen
Näheres hierzu unter ▸ **Hilfreiche Freunde.**

## Hilfsmittel
Allgemein werden unter Hilfsmitteln im Feng Shui Dinge und Accessoires verstanden, die gezielt zur Harmonisierung und Energetisierung des eigenen Umfeldes eingesetzt werden.

Dabei geht es um unterschiedliche Aspekte, wie das Lenken des ▸ **Chi-Flusses,** das Anregen der Raumenergie, das Zerstreuen von Sha oder das gezielte Betonen eines Lebensbereiches im Bagua, um nur einige zu nennen. So kann man mit geeigneten Mitteln den Chi-Fluss abbremsen, beschleunigen, umlenken, blockieren, anregen, reflektieren, zerstreuen, verteilen oder anziehen. Anregungen für den Umgang sind unter ▸ **Chi,** ▸ **Sha** und ▸ **Bagua** im Praxisteil des Buchs zu finden.

*Beliebtes Hilfsmittel: das Bild eines Wasserfalls.*

**Hilfsmittel finden sie unter den Stichworten**
Aquarien, Bagua-Spiegel, Bilder, Blumen, Buddha, Delphine, DNS-Spirale, Drache, Düfte, Engel, Fächer, Fische, Farben, Flöten, Fotos, Kerzen, Klangspiele, Kristalle, Licht, Mandala, Mobiles, Münzen, Musik, Paravent, Pflanzen, Räuchern, Springbrunnen, Steine, Symbole, Wasserfallbilder, Zimmerbrunnen.

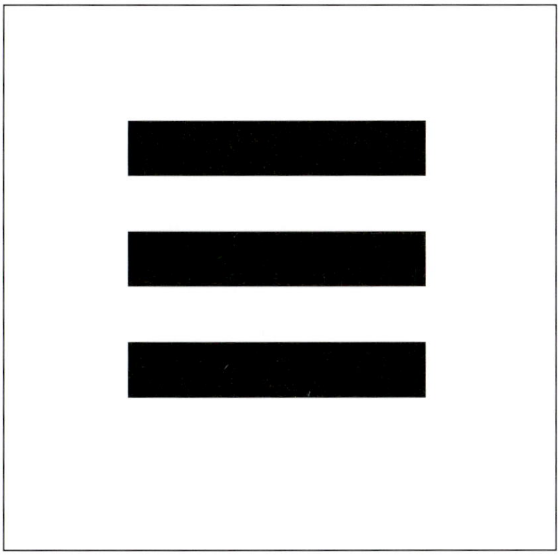

*Trigramm »Himmel«.*

## Himmel
Bild für eines der ▸ **Trigramme** aus dem I Ging. Die chinesische Entsprechung ist »chien«. Die Kraft des Himmels ist stark und hell, er beschreibt das Prinzip des Schöpferischen. Siehe dazu auch die Stichworte ▸ **Bagua** und ▸ **I Ging.**

## Himmels-Chi
Eine der vielen Qualitäten der Lebensenergie ▸ **Chi.** Himmels-Chi ist die Energie aus den himmlisch-kosmischen Welten. Sie fließt von oben nach unten und ist eher von außen nach innen gerichtet (zentriert). Himmels-Chi entspricht der Einatmung und wird als ▸ **Yang** bezeichnet.

Der Mensch erspürt diese Energie meist durch die oberen ▸ **Chakren,** insbesondere durch das Kronenchakra und durch die Chakren in den nach oben geöffneten Handflächen. Von den ▸ **Farben** sind dem Himmels-Chi der Bereich Gelb, Rot und Purpur (Sonnenkraft) zugeordnet.

Bezogen auf die westliche ▸ **Geomantie,** findet man das Himmels-Chi in so genannten Einstrahlpunkten und Einatmungspunkten in der Natur und in Gebäuden. Diese kosmische Energie fließt senkrecht und gebündelt am Einstrahlpunkt in die Erde hinein, um dann, in Resonanz mit der Erde und angereichert bzw. gewandelt durch Erdenergie, an mehreren Ausstrahlungspunkten als lebensfördernde

Kraftquelle wieder auszutreten. Diese Energie ist weich fließend und dehnt sich nach allen Seiten aus. Sie entspricht daher vom Charakter her nicht mehr dem Himmels-Chi, sondern eher dem Erd-Chi.

## Himmelsrichtungen

Sie spielen im Feng Shui eine große Rolle. Jeder Himmelsrichtung wird eine andere energetische Qualität beigemessen. So ist es bedeutsam, wie etwa ein Gebäude zu den Himmelsrichtungen ausgerichtet ist. Man betrachtet dabei, aus welcher Richtung die Energie in ein Haus fließt, zu welcher Richtung die Hauptfront des Hauses hinweist oder wie die Tätigkeiten im Haus mit den Energien der einzelnen Himmelsrichtungen harmonieren.

Die verschiedenen Schulen des Feng Shui legen sehr unterschiedliche Gewichtung auf den Umgang mit den Himmelsrichtungen. Besonders die ▸ **Kompass-Schule** (auch Richtungs-Schule) hat einige teils recht komplexe Vorgehensweisen entwickelt, um den Einfluss der Himmelsrichtungen zu nutzen.

**Mehr zum Thema »Himmelsrichtungen«** finden Sie unter den Stichwörtern ▸ **Kompass-Schule,** ▸ **Lo Pan,** ▸ **Beste Richtung,** ▸ **Günstige und ungünstige Bagua-Bereiche** sowie ▸ **Bagua Lo Shu Feng Shui** und ▸ **Neun-Sterne-Ki.**

## Himmelsstämme

Himmelsstämme (chinesisch »tiangan«) ist eine Bezeichnung aus der ▸ **Chinesischen Astrologie.** Die Himmelsstämme charakterisieren zusammen mit den ▸ **Erdzweigen** die Zyklen, welche die Natur im Lauf eines Jahres durchläuft. Dabei symbolisieren die zehn Himmelsstämme den Einfluss des Himmels auf die Erde, etwa mit den klimatischen Veränderungen. Die zwölf Erdzweige stehen für Topografie und formbare Materie der Erde mit den zyklischen Veränderungen in der Vegetation. Die Himmelsstämme und Erdzweige werden nach der jeweils vorherrschenden ▸ **Yin-** bzw. ▸ **Yang-**Qualität unterschieden und einem der ▸ **Fünf Elemente** zugeordnet. Aus der Kombination der zehn Himmelsstämme mit den zwölf Erdzweigen ergeben sich schließlich 60 unterschiedliche Varianten. Dieser ▸ **60-stellige Zyklus** kann dann mit Hilfe des ▸ **Wannianli,** des Kalenders der 10.000 Jahre, auf Jahr, Monat, Tag und Stunde bezogen, und zwar jeweils unabhängig voneinander, ermittelt werden. Diese Aspekte kommen im Feng Shui und im ▸ **Bazi Suanming** zur Anwendung.

## Himmlische Tiere

Es gibt noch weitere Bezeichnungen für die Himmlischen Tiere: »Die Vier Himmlischen Tiere«, »Die Vier Richtungen«, »Die Fünf Tiere«, »Die Vier Tiergeister«, und aus der Beobachtung von ungünstigen oder günstigen Landschaftsformen für den Standort eines Hauses wurde symbolisch der Begriff »Die Fünf Himmlischen Tiere« manifestiert. Die Tiersymbole stammen aus der ▸ **Chinesischen Astrologie,** die »den Himmel in vier große Konstellationen einteilt: den Grünen Drachen im Osten, den Roten Vogel im Süden, den Weißen Tiger im Westen und die Schwarze Schildkröte im Norden.

Daher kommt auch der Name Die Himmlischen Tiere.« (Derek Walter, »Kunst und Praxis der chinesischen Geomantie«, Seite 22). Im modernen Feng Shui wird diese Anordnung der Himmlischen Tiere beispielsweise auch auf die Ordnung auf einem ▸ **Schreibtisch** übertragen.

*Die Symbolik der Fünf Himmlischen Tiere stammt ursprünglich aus der chinesischen Astrologie.*

## Die Fünf Himmlischen Tiere

**Die Schildkröte** im Norden und auf der Rückseite des Gebäudes.

**Der Phönix** im Süden und auf der Vorderfront des Hauses.

**Der Drache** im Osten oder links vom Haus.

**Der Tiger** im Westen oder rechts vom Haus.

**Die Schlange** im Zentrum des Hauses bzw. vom Standort des Betrachters aus.

### Die Schildkröte

1. Die Schildkröte im Feng Shui (auch die »Schwarze Schildkröte« genannt) steht als Symbol für die hintere Seite eines Gebäudes und für die Himmelsrichtung Norden. Vom Norden und vom Westen, der so genannten Wetterseite, kommen die kalten Winde. Aus diesem Grund liegt ein Haus günstig, wenn es auf seiner Rückseite bzw. zum Norden hin durch einen Berg vor Wind und Wetter geschützt wird. Dieser Berg bietet einerseits schützende ▸ Rückendeckung und führt andererseits auch wichtige Wasserläufe mit sich, die den Boden fruchtbar machen. Die Schildkröte beschreibt symbolisch den Schutz, den sie durch ihren Rückenpanzer demonstriert. Auch wenn wir uns in der heutigen Zeit vor direkten feindlichen Übergriffen aus dem Hinterhalt weniger Sorgen machen müssen, als es früher der Fall gewesen sein mag, spricht uns dieser Schutz der Rückseite intuitiv positiv an und stärkt unsere Position und unser Auftreten nach außen.

2. In anderen Kulturen hat die Schildkröte sehr unterschiedliche Bedeutungen. In der Antike galt sie als Symbol für Fruchtbarkeit. Im Christentum dagegen steht die Schildkröte mehr für das Dämonenhafte. Ihr robuster Rückenpanzer, in den sie sich bei Gefahr zurückzieht, gab der Schildkröte den Ruf der Unsterblichkeit und der Unzerstörbarkeit.

*Die Schildkröte symbolisiert die hintere Seite eines Gebäudes und steht für den Norden.*

### Der Phönix

1. Der Phönix (auch der »Rote Phönix« genannt) ist im Feng Shui die symbolische Darstellung für einen weiten oder freien Platz vor dem Haus oder für einen Blick, der in die Ferne geht. Dieser freie Blick bzw. Überblick hat auch eine wichtige Funktion, denn so kann man sofort sehen, wer auf die eigene Behausung zukommt.

*Der Phönix gilt als Symbol für einen weiten, freien Platz vor dem Haus oder für einen schönen Blick in die Ferne.*

2. Der Phönix ist ein ägyptischer Sagenvogel. Laut Legende überliefert er sich bei nahendem Tode dem Feuer und steigt verjüngt aus der Asche empor.

3. Ein Sternbild am südlichen Sternenhimmel.

### Der Drache

1. Steht für Weisheit und Glück. Im Feng Shui ist der Drache (auch der »Grüne Drache«) Symbol für eine etwas höhere Landschaftsformation auf der linken Seite des Hauses bzw. im Osten. Der Drache soll höher liegen als der Tiger. Tiger und Drache treten immer als Paar auf. Gibt es einen Berg in Form eines Drachen, dann gibt es auch einen Tiger.

*Der Drache symbolisiert die linke Seite eines Gebäudes.*

2. Der Drache ist außerdem ein uraltes Sagen- und Märchentier, das Feuer speien kann und optisch eine Mischung aus Panzerechse und Riesenvogel darstellt. In China gilt der Drache als Glückssymbol. Er wird dort hoch verehrt und wurde sogar zum Wappentier erkoren. Im europäischen Raum gilt der Drache oft als grausames Ungeheuer.
Allerdings wurde in alten europäischen Märchen meist verschwiegen, dass sich das Ungeheuer zähmen lässt und dann zu einem lieben und friedlichen Wesen wird, welches nach der Verwandlung sogar goldene Schuppen trägt. Es steckt hier vielleicht ein Transformationsgedanke dahinter, der beschreibt, dass es dem Menschen möglich ist, seine Schattenseiten – sofern er sie ansieht und sich damit auseinander setzt – in eine helle, freundlichere Lichtseite zu verwandeln, d. h. Licht ins Dunkel zu bringen.
3. Der Drache zählt auch zu den Sternbildern am nördlichen Himmel.

### Der Tiger

Ursprünglich nannte man den Tiger in China den »Herrn der Erde«, da er in der Tierwelt keine natürlichen Feinde hat. Später veränderte sich der Symbolgehalt, und der Tiger wurde – laut Abbildungen – von Göttern oder Magiern geritten, welche die Unsterblichkeit erlangten. Der Tiger (auch der »Weiße Tiger«) ist im Feng Shui die symbolische Darstellung

*Der Tiger symbolisiert die rechte Seite eines Gebäudes.*

für die etwas niedrigere Landschaftsformation auf der rechten Seite des Hauses bzw. im Westen. Der Tiger soll etwas niedriger sein als der Drache. Im Feng Shui steht der Tiger – wie auch in westlichen Kulturen – für Tapferkeit, Mut und Stärke. Im Bereich Grundstück und Gebäude symbolisiert er den Schutzwall zur Westseite eines Grundstücks, die in Form von Naturgewalten Unheil bringen kann.

### Die Schlange

1. Im Feng Shui ist die Schlange (auch die »Gelbe Schlange«) das fünfte Tier im Bund der Himmlischen Tiere und steht symbolisch für den Mittelpunkt eines Grundstücks bzw. den Standort des Gebäudes oder des Betrachters. Die Schlange wird von den anderen vier Tieren umgeben und hat trotzdem alle Tiere unter Kontrolle. Sie zeigt, dass es wichtig ist, stets wachsam zu sein und darauf zu achten, dass alle anderen Tiere ihre Plätze eingenommen haben. Die Schlange soll jede Veränderung wahrnehmen.

2. In anderen Kulturen ist der Symbolgehalt der Schlange eher widersprüchlich. Die Deutungen, die diesem Tier zugesprochen werden, reichen von sehr positiven Aspekten, wie etwa dem Symbol für Unsterblichkeit, Erneuerung und kosmische Lebensenergie, bis hin zu der negativen Färbung im Christenum, das ihr die Rolle der Verführerin zuschreibt, die den Sündenfall im Paradies verursacht hat.

*Die Schlange symbolisiert die Mitte des Grundstücks.*

## Himmlischer Heiler

Übersetzung für den chinesischen Begriff »tien yi«. Der Himmlische Heiler wird im ▸ **Bagua Lo Shu Feng Shui** und im ▸ **Neun-Sterne-Ki** angewendet. Mehr hierzu auch unter den Stichworten ▸ **Günstige und ungünstige Bagua-Bereiche** und ▸ **Beste Richtung.**

## Ho Hai

Die chinesische Bezeichnung für »Unfälle und Missgeschick«. Ho Hai bezeichnet den Ersten ungünstigen Bereich bzw. die Erste ungünstige Richtung nach einer Methode des ▸ **Bagua Lo Shu Feng Shui,** die auch unter den Techniken des ▸ **Neun-Sterne-Ki** zu finden ist.
Eine Beschreibung, wie das Ho Hai angewendet wird, finden Sie unter den Stichworten ▸ **Beste Richtung** sowie ▸ **Günstige und ungünstige Bagua-Bereiche.**

## Hokkien

Nähere Informationen zu diesem Begriff finden Sie unter dem Stichwort ▸ **Fukien-Kompass-Schule.**

## Holz

1. Bezeichnung für eines der Fünf Elemente bzw. der Fünf Wandlungsphasen. Das Element Holz steht für Wachstum allgemein und für die belebte Natur. Es kennzeichnet den Beginn einer Aktion und deren Ausbreitung.
2. Als Holz wird manchmal auch eines der ▸ **Trigramme** des ▸ **I Ging,** und zwar Sun, der Wind, bezeichnet. Es ist aber nicht mit dem Element der Wandlungsphase identisch. Ausführlicheres dazu finden Sie unter ▸ **Fünf Elemente** und ▸ **Bagua.**

## Hsing

Chinesisches Wort für »sich bewegen«. Es steht für die ▸ **Elemente.** Mehr dazu unter ▸ **Fünf Elemente.**

## Hsüeh

Chinesisches Wort für Drachennest, ein guter Ort, an dem sich belebendes ▸ **Chi** angesammelt hat.

## Hsün Lung

Chinesisches Wort für die Suche nach dem ▸ **Drachen** gemäß Feng Shui, bezogen auf den Standort einer Grabstätte.

# I

## I Ching

Andere mögliche Schreibweise für das berühmte Buch der Wandlungen, das ▸ **I Ging.**

## I Ging

Auch als I Ching, Yijing oder als das Buch der Wandlungen bekannt. Es ist das wohl älteste Buch Chinas und beschreibt die Wandlungen, die alles Sein durchläuft. Das Leben einer Ameise und der Lauf der Gestirne folgen denselben Gesetzmäßigkeiten. Mikrokosmos ist gleich Makrokosmos. Im I Ging wird versucht, diesem Urmuster auf die Spur zu kommen, es zu umschreiben und dem Menschen einen Weg im Einklang mit seiner Bestimmung zu zeigen.

Der Legende nach trug eine Schildkröte auf ihrem Panzer die Zeichnung der acht Trigramme.

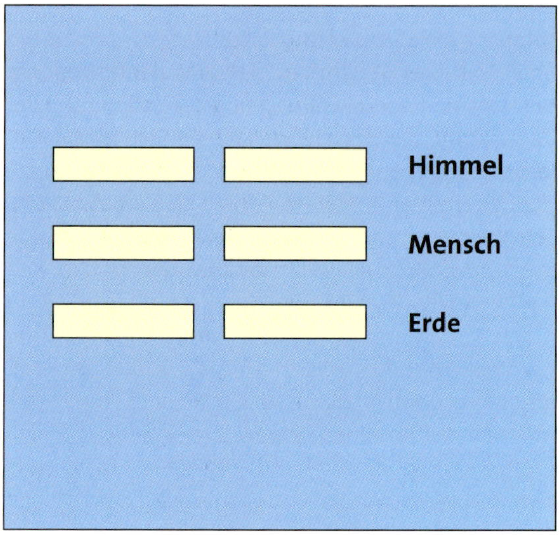


Der Mensch steht innerhalb der Trigramme symbolisch zwischen Himmel und Erde.

**1. Die Legende des I Ging –** Die Anfänge des I Ging liegen etwa fünftausend Jahre zurück und sind nicht mehr genau nachvollziehbar. So erzählt man sich in China die Geschichte, dass der weise Kaiser ▸ **Fu Hi** (auch Fu Hsi oder Fu Xi) eines schönen Tages am Ufer des Flusses Lo eine Schildkröte gefunden habe, die auf ihrem Rücken ein besonderes Muster trug. Laut Legende soll Kaiser Fu Hi darauf in einem Moment geistiger Erleuchtung erkannt haben, dass diese Zeichnung, bestehend aus gebrochenen und ungebrochenen Linien (den so genannten ▸ **Trigrammen**), die Ordnung der Welt darstellt.

**2. Entstehung und Entwicklung des I Ging –** Die Basis des I Ging sind die Trigramme. Sie bestehen aus jeweils drei Linien. Durch die Unterscheidung gebrochener und ungebrochener Linien wird die Dualität der Welt beschrieben. Dabei stehen die ungebrochenen Linien für das starke ▸ **Yang**-Prinzip und die gebrochenen Linien für das weiche ▸ **Yin**-Prinzip. Es ergeben sich acht verschiedene Möglichkeiten, drei Linien zu kombinieren: So entstehen die acht Trigramme, auch ▸ **Kuas** oder Guas genannt.
Jeder Linie innerhalb eines Trigrammes kommt eine andere Stellung zu. Die untere Linie steht für die Erde, die mittlere für den Menschen, und die obere Linie repräsentiert den Himmel. Der Mensch steht somit als Mittler zwischen Himmel und Erde.

In der Ordnung des ▸ **Früheren Himmels** und in der Ordnung des ▸ **Späteren Himmels** werden nun die acht Trigramme zueinander in Beziehung gesetzt. Neben den Bildern der Trigramme, die Vorgänge in der Natur beschreiben, gibt es auch eine abstrakte Zuordnung zu den Mitgliedern einer Familie. Hierbei entsprechen Vater und Mutter dem dualen Gegen-

*Bekannt ist das I Ging in Europa vor allem als Orakel mit Schafgarbenstängeln oder Münzen.*

satzpaar von Himmel und Erde. Die Söhne vertreten eher die Bewegung (mit dem Beginn der Bewegung, der Gefahr in der Bewegung und der Vollendung der Bewegung). Die Energie, welche die Töchter darstellen, ist hingebend, symbolisiert sanftes Durchdringen, Klarheit oder heitere Ruhe. Sie kann aber auch selbstverzehrend sein. Die unten stehende Tabelle zeigt die einzelnen Trigramme des I Ging und ihre jeweiligen Entsprechungen.

**3. Das I Ging als Orakel –** In Europa ist das I Ging vor allem in seiner Anwendung als Orakel bekannt. Kombiniert man die beschriebenen acht Trigramme miteinander, so erhält man 64 verschiedene Hexagramme (jeweils bestehend aus sechs Linien). Diese 64 Kombinationen beschreiben die Wandlung und ihre Richtung. Durch eine bestimmte Art des Werfens von Münzen oder Schafgarbenstängeln, das nach ganz speziellen Regeln verläuft, erhält man sechs Linien, die ein Hexagramm bilden. Zu jeder Linienkombination gibt das I Ging einen erklärenden Text, der anzeigt, in welche Richtung sich eine Situation verändern könnte, wo die Bewegung hinzielt und welche Position der Mensch dabei innehat.

Das I Ging wurde lange vor Entwicklung der Schrift mündlich überliefert – zum Zweck der Wahrsagung. Heute können Sie aus vielen Interpretationen und Kommentaren dazu auswählen.

**4. Die Ordnung des Früheren Himmels –** Der ▸ **Frühere Himmel** ist auch als Vorgeburtlicher Himmel, als Innerweltliche oder Urweltliche Ordnung sowie als Vorweltliche Reihenfolge bekannt. Die acht grundlegenden Kräfte, die in den Trigrammen dargestellt werden, hat Kaiser Fu Hi entsprechend ihrer polaren Gegensätze angeordnet, wobei sie sich stets die Waage halten. Diese Ordnung der Trigramme wird als Früherer Himmel bezeichnet.

## DIE ACHT TRIGRAMME DES I GING

| TRIGRAMM | BILD | CHIN. | NAME | EIGENSCHAFT | VERWANDTSCHAFT |
|---|---|---|---|---|---|
| ☰ | Himmel | Chien | das Schöpferische | stark hell | Vater |
| ☷ | Erde | Kun | das Empfangende | hingebend nährend | Mutter |
| ☲ | Feuer | Li | das Haftende | leuchtend bewusst | 2. Tochter |
| ☵ | Wasser | K'an | das Abgründige | gefährlich schwierig | 2. Sohn |
| ☶ | Berg | Ken | das Stillhalten | ruhend beharrlich | 3. Sohn |
| ☱ | See | Tui | das Heitere | fröhlich | 3. Tochter |
| ☴ | Wind Holz | Sun | das Sanfte | allmählich durchdringend | 1. Tochter |
| ☳ | Donner | Chen | das Erregende | bewegend aktiv | 1. Sohn |

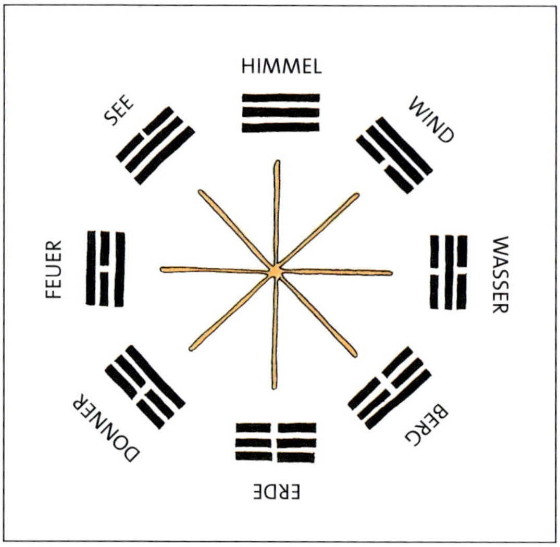


*Ordnung der Trigramme im Früheren Himmel.*

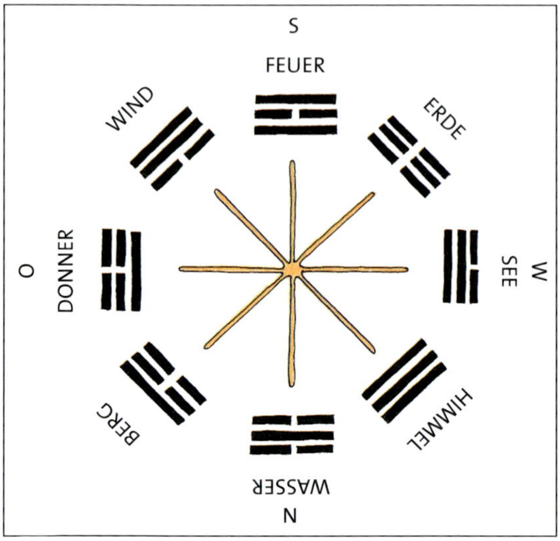


*Ordnung der Trigramme im Späteren Himmel.*

**Himmel und Erde** – Himmel und Erde bilden die Hauptachse und bezeichnen zwei gegensätzliche Pole derselben Kraft, die sich ergänzen: das Geistige und das Materielle als universelle Kräfte.

**Feuer und Wasser** – In der horizontalen Achse sind die elementaren Gegensätze Feuer und Wasser angeordnet. Das lichte Feuer steht im Osten, wo die Sonne aufgeht, und strebt nach oben zum Himmel. Das Wasser dagegen steht im Westen, wo das Licht sich verdunkelt, und fließt nach unten zur Erde.

**Donner und Wind** – In der einen Diagonalen sind das erregende Prinzip des Donners, das der Materie einen belebenden Impuls gibt, und die sanfte, verteilende Kraft des Windes angeordnet.

**Berg und See** – Die andere Diagonale wird vom Berg und vom See bestimmt, die Festigkeit und Transparenz darstellen. Der Berg ist unerschütterlich, der See hingegen wandelbar, mal spiegelt er den Berg, mal verdunstet sein Wasser zu Wolken, die zum Berg hinaufziehen. Diesem wiederum entspringen die Bäche, die den See speisen.

**5. Die Ordnung des Späteren Himmels** – Der ▸ **Spätere Himmel** ist auch als Nachgeburtliche oder auch ▸ **Nachhimmlische Reihenfolge** bekannt. Etwa ein Jahrtausend nach Fu Hi entwickelte König Wen Wang (Begründer der Chou-Dynastie) zusammen mit dem Herzog von Chou (auch Zhou geschrieben) die dynamische, zyklische Ordnung des Späteren Himmels. Indem sie die Komponente Zeit in ihre Betrachtung mit einbeziehen, beschreiben sie den Kreislauf des Lebens. Leben vollzieht sich in stetigem Wandel. Nichts bleibt, wie es ist. Stillstand oder Unveränderlichkeit wird als Gegenteil von Leben betrachtet. Es geht nicht um den Moment, sondern um den Übergang von einem Moment in den nächsten, in dem sich der Wandel vollzieht. So finden wir die Trigramme in der Nachhimmlischen Reihenfolge entsprechend ihrem Erscheinen im Jahreslauf oder im Tageslauf wieder. Mit dem Lauf der Sonne, die im Osten aufgeht, ergibt sich ein klarer Bezug zu den Himmelsrichtungen.

**Donner** – Im Osten steht der Donner, das »Erregende«, der Stimulus für das Erwachen in der Natur mit Frühlingsbeginn oder morgens bei Sonnenaufgang.

**Wind** – Dem Donner folgt der Wind, im Südosten, der mit seiner sanften, alles durchdringenden Kraft sowohl für innere Entfaltung als auch für Wachstum steht (Pflanzenwelt im Frühsommer). Diese stete Wachstumsenergie wird auch mit Holz bezeichnet.

**Feuer** – Die Wärme des Feuers im Süden lässt die Dinge reifen, und sein Licht lässt sie in Erscheinung treten. Wie die Sonne im Sommer ihren höchsten Stand erreicht, so steht das Feuer für den Höhepunkt individuellen Bewusstseins und der Lebenskraft. Die Tageszeit ist, entsprechend dem Höchststand der Sonne, 12 Uhr mittags.

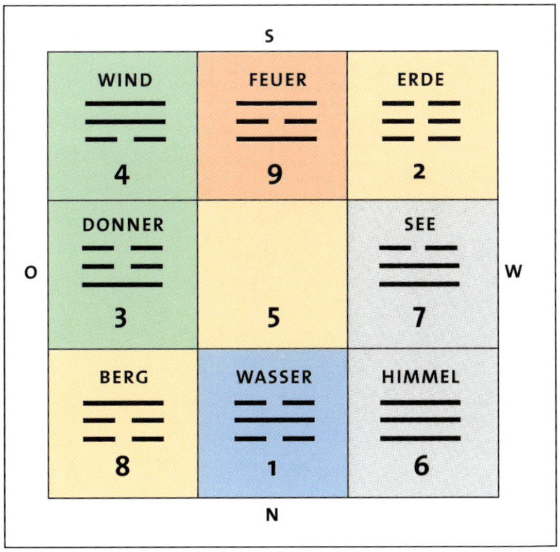


*Bagua mit den Trigrammen des Späteren Himmels.*

**Erde –** Im Südwesten steht die Erde, das »Empfangende«. Genährt durch die Wärme und das Licht des Feuers kann die fruchtbare Erde ihre Früchte ausbreiten und gleichsam für die Ernährung sorgen. So ist sie verbunden mit der Erntezeit im Frühherbst, wenn gemeinsam die Früchte eingebracht werden. Ihre Tageszeit entspricht dem Nachmittag.

**See –** Nach der eingebrachten Ernte folgt eine Zeit der Entspannung und Freude. Im Westen steht dafür der See, das »Heitere«. Nach getaner Arbeit, am Ende des Tages oder des Jahres kommt aber auch der Moment des Rückblicks. Die glatte Oberfläche des Sees spiegelt uns das Gewesene.

**Himmel –** Im Spätherbst schließlich werden die Tage kürzer, und es wird dunkler. Es hat sich gezeigt, ob die eingebrachte Ernte einen sorgenfreien Winter beschert oder ob eine strenge Zeit bevorsteht. Im Zeichen des Himmels, im Nordwesten, kommen wir zur Besinnung, äußere Aktivitäten ruhen. Unsere Aufmerksamkeit ist eher nach innen gerichtet. Es entsteht Platz für die »schöpferischen« Kräfte.

**Wasser –** Im Norden folgt das Wasser. Dem Wasser entspricht die dunkle, kalte Jahreszeit des Winters. Als Tageszeit entspricht dem Wasser die Mitternacht. Wie das Wasser immer der tiefsten Stelle zufließt, so lässt uns das »Abgründige« auch in unsere eigenen Tiefen schauen. Es ist eine Zeit geistiger Sammlung und Wegfindung.

**Berg –** Der Zyklus endet im Nordosten mit dem Berg und beginnt gleichzeitig neu. Das »Stillhalten« beschreibt den Moment des Übergangs von einem Zyklus in den nächsten. Vollendung und Neubeginn, Tod und Wiedergeburt sind im Bild des Berges vereint. Der Winter neigt sich gerade seinem Ende zu, während im Samenkorn das neue Wachstum bereits erwacht. Es ist ein Moment des Innehaltens, die Aufmerksamkeit ist nach innen gerichtet, doch birgt sie die Bereitschaft für Wandlung. Vergangenes wird losgelassen, der Blick kann sich Neuem zuwenden. Die »Nacht« ist vollendet, es herrscht Ruhe und Beständigkeit, bevor die ersten Sonnenstrahlen im Zeichen des Donners die Kräfte von neuem anregen.

**Die Nutzung des I Ging im Feng Shui –** Das I Ging ist von grundlegender Bedeutung für die Anwendung des ▸ **Bagua** im Feng Shui. Die ▸ **Trigramme** werden als ▸ **Kuas** oder Guas bezeichnet, Ba bzw. Pa bedeutet acht, Bagua bzw. Pakua daher also acht Trigramme. Um die Anordnung der Trigramme auf eine räumliche Ebene zu übertragen, werden diese, entsprechend ihren Himmelsrichtungen, auf eine Art Raster gelegt. Dieses Bagua-Raster kann dann auf einen Grundriss oder andere Räume Ihrer Umgebung projiziert werden. Die Aussagen der Trigramme werden im Feng Shui hauptsächlich auf Bereiche des alltäglichen Lebens bezogen. Für die Bezeichnung dieser Bereiche in den Bagua-Feldern werden daher heute oft vereinfachte Begriffe verwendet, wie in dem Raster (Seite 8). Wie die Bereiche des Bagua zu verstehen sind und wie man damit arbeitet, wird unter ▸ **Bagua** ausführlich erläutert.

**Die Tiefe und Weisheit der Aussagen** des I Ging können hier nur angedeutet werden. Wenn Sie sich näher für die Kreisläufe, in denen sich Leben vollzieht, interessieren, sollten Sie sich direkt mit dem I Ging beschäftigen.

## Innere Mitte

Übliche Bezeichnung für einen der Bereiche des ▸ **Bagua** (auch »t'ai-chi« oder »Zentrum«). Er wird im Bagua bzw. ▸ **Lo Shu** durch das im Zentrum gelegene Feld repräsentiert. Im Lo Shu wird diesem Bereich die ▸ **Kua-Zahl** 5 zugeordnet.

## Innerweltliche Ordnung

Bezeichnung für die Anordnung der ▸ **Trigramme** des I Ging nach dem Kaiser ▸ **Fu Hi.** Die innerweltliche Ordnung wird in diesem Buch ▸ **Früherer Himmel** genannt. Ausführliches unter ▸ **I Ging.**

## Intuitives Feng Shui

Intuitives Feng Shui ist ein nicht klar zu definierender Begriff, der für verschiedene intuitive Herangehensweisen im Feng Shui verwendet wird. So gibt es für die Projektion des ▸ **Bagua-**Rasters auf einen Grundriss zwei unterschiedliche Ansätze, von denen die so genannte ▸ **Drei-Türen-Methode** (auch Drei-Türen-Bagua) sich als Intuitives Feng Shui bezeichnet. Aber auch andere neuere Herangehensweisen, welche die alten traditionellen Techniken loser handhaben oder durch intuitiv gewonnene Erkenntnisse erweitern oder ersetzen, bezeichnen sich als Intuitives Feng Shui.

## Ionisierung

**1.** Das Wort »Ionisierung« hat seinen Ursprung in dem griechischen Wort »ion«, das so viel wie »gehen«, »wanderndes Teilchen« bedeutet. Ein Ion ist ein elektrisch geladenes atomares oder molekulares Teilchen. Die Ionisierung bezeichnet analog dazu den Vorgang, der Atome und Moleküle in einen elektrisch geladenen Zustand versetzt.

**2.** Die Luftqualität spielt im Feng Shui eine große Rolle. Da das Verhältnis von positiv und negativ geladenen Ionen die Luftqualität mit beeinflusst, wird der Begriff »Ionisierung« auch im modernen Feng Shui verwendet. Der zunehmende Gebrauch von Elektrogeräten hat zu einer allgemeinen Verschlechterung der Luftqualität geführt. Denn während des Betriebs von Elektrogeräten werden negativ geladene Teilchen in positiv geladene Teilchen umgewandelt. Die Folge davon: schlechte Luft. Durch Lüften können Sie dies bis zu einem gewissen Grad wieder ausgleichen. Die angenehme Frische, die man z. B. in direkter Nähe zu einem Wasserfall empfindet, liegt an der besonders großen Zahl negativ geladener Ionen, die dort freigesetzt werden. Viele negativ geladene Ionen bedeuten also Frische. Und als Umkehrschluss gilt: Umso mehr positiv geladene Ionen sich in der Luft befinden, umso weniger fühlt man sich frisch. Man ermüdet schneller und kann sich nur schlecht konzentrieren. Es gibt mittlerweile Geräte für den Hausgebrauch, um die Luft zu ionisieren. Beim Kauf sollten Sie sich jedoch unbedingt vorher ausreichend informieren und nach Möglichkeit das Gerät testen, da einige Angebote den versprochenen Zweck leider gar nicht oder nur teilweise erfüllen. Auch ▸ **Salzkristallleuchten** können in punkto Ionisierung die Raumluft verbessern.

# J

## Jahressäule

Bezeichnung aus dem Bazi Suanming, einer Prognosetechnik der ▸ **Chinesischen Astrologie.** In der Jahressäule werden die ▸ **Himmelsstämme** und ▸ **Erdzweige** für das Geburtsjahr ermittelt, jeweils nach ▸ **Yin** und ▸ **Yang** unterschieden, mit einer Zuordnung zu einem der ▸ **Fünf Elemente.** Ausführlicheres unter ▸ **Bazi Suanming**.

## Jiugong

Chinesisches Wort für »neun Paläste«; Bezeichnet eine der ▸ **Palast-Methoden** als Teil der Prognosetechniken der ▸ **Chinesischen Astrologie.**

# K

## Kalender der 10.000 Jahre

Auch unter dem chinesischen Begriff »Wannianli« bekannt. Er ist ein umfangreiches chinesisches Kalendarium, das meist eine Zeitspanne von etwa hundert Jahren umfasst. Dieses Kalendarium findet Anwendung u. a. im Feng Shui, in der ▸ **Chinesischen Astrologie** und der ▸ **Chinesischen Medizin.** Ausführliches finden Sie unter ▸ **Wannianli.**

## Kamin

Näheres rund um das Thema finden Sie unter dem Stichwort ▸ **Schornstein.**

## Kan/Ka'n

Chinesisches Wort für ▸ Wasser. Es ist auch als Bezeichnung für eines der ▸ Trigramme des ▸ I Ging bekannt. Das Trigramm »Wasser« steht für das abgründige Prinzip. Wasser wirkt gefährlich und schwierig.

## Kan-yü

Bezeichnung für eine frühe Form des Feng Shui. Kan-yü bedeutet auch »westliche Abdeckung« und »Stütze«, »Abdeckung und Wagen« bzw. »Wagen des Himmels und der Erde«.

## Kan-yü Chia

Bezeichnung für einen Kan-yü-Ausübenden.

## Karriere

1. Gängige Bezeichnung für einen der Lebensbereiche des Bagua. Die hier verwendete Bezeichnung »Lebensweg« ist unter dem Stichwort ▸ Bagua ausführlich erläutert.
2. Zu dem Begriff »Karriere«, den geschäftlichen Erfolg betreffend, finden Sie Näheres unter dem Stichwort ▸ Berufserfolg.

## Ken

Chinesisches Wort für ▸ Berg, auch Bezeichnung für eines der ▸ Trigramme des ▸ I Ging. Das Trigramm »Berg« steht für das stillhaltende Prinzip. Es wirkt ruhend und beständig.

## Kerzen

Sie stehen für das Element ▸ Feuer. Im religiösen Brauch steht das Licht der Kerzen für die Ewigkeit und das geistige Licht. Bestärkt wurde der Symbolgehalt der Kerze durch die Worte Jesu: »Ich bin das Licht der Welt«. Eine brennende Kerze erhellt die Umgebung des Menschen, sie spendet Licht im Dunkel, weshalb sie das Gefühl von Schutz und Sicherheit vermittelt. Kerzen verbrennen sozusagen negative Energie und transformieren negative Schwingungen.

## Kinder

Mehr dazu unter dem Stichwort ▸ Kreativität und Kinder.

## Klangspiele

Klangspiele (auch Windspiele) gibt es aus verschiedenen Materialien. Sie bestehen aus langen Röhren, die meist kreisförmig angeordnet aufgehängt sind und durch Luftbewegung zum Klingen gebracht werden. Die Röhren können in verschiedener Anzahl ausgewählt werden. Beim Kauf eines Klangspiels sollte man darauf achten, dass es schön klingt und nicht scheppert. Das Klangbild wird teilweise Planeten oder Elementen zugeordnet.

**Anwendung –** Klangspiele können im Feng Shui sehr verschiedene Zwecke erfüllen:

1. Sie haben die Eigenschaft, das ▸ Chi am Fenster aufzuhalten und es im Raum zu verteilen.
2. Sie können den Verlust des Chi durch eine gegenüberliegende Verbindung von Tür und Fenster abschwächen.
3. Sie sind geeignet, um, beispielsweise durch eine Häuserecke verursachte ▸ Geheime Pfeile abzuwehren.
4. Möchte man in einem Raum zwei Bereiche, die jeweils einen anderen Charakter haben, voneinander trennen, kann man ein Klangspiel dazwischenhängen. Dieses ist sinnvoll, wenn beispielsweise der Schlaf- und der Arbeitsbereich in einem Zimmer liegen.
5. Als Meldesignal für eintretende Personen, z. B. in einem Geschäft, können Klangspiele auch genutzt werden, vorausgesetzt, das Klangspiel ist nicht zu laut.

**Bagua –** Die Anzahl der Röhren sowie das Material spielen in der Lehre des Feng Shui eine Rolle.

**Röhrenanzahl –** Die Anzahl der Röhren kann sich am ▸ Bagua-Feld bzw. dem ▸ Lo Shu orientieren.

So steht der Bereich »Wachstum und Erfolg« mit der Zahl 4 im Zusammenhang, und so können vier Röhren das Klangspiel bilden. Dem mittleren Bagua-Feld ist die Zahl 5 zugeordnet, und es könnte dort ein Klangspiel mit fünf Röhren hängen. Fünf Stäbe sollen negative Energien abschwächen. Sechs oder acht Stäbe fördern Glück bringende Energie und sind im Bagua-Bereich »Hilfreiche Freunde« passend. Zwei, acht oder neun Stäbe sind für den Bereich »Partnerschaft« günstig. Die Zahl 9 steht für das Element ▸ Feuer und die Zahlen 2 und 8 für das Element ▸ Erde; beide Elemente stärken den Bereich »Partnerschaft«.

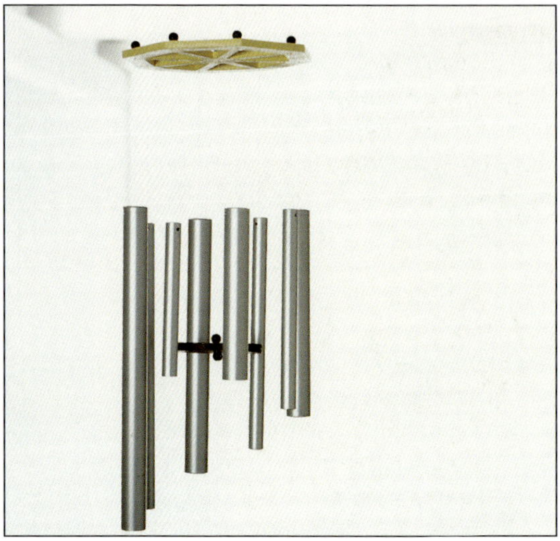

*Klangspiele werden im Feng Shui unterschiedlich eingesetzt, wobei Material und Röhrenanzahl eine Rolle spielen.*

**Röhrenmaterial –** Die Materialauswahl kann ebenfalls auf den ▸ **Bagua**-Bereich und das dazugehörige ▸ **Element** ausgerichtet werden. Es gibt Metall- und Holzklangspiele im Handel. Generell sind Klangspiele aus Metall kräftiger in ihrer Wirkung. Sie sind auch für Raumecken günstig, die ebenfalls dem Element ▸ **Metall** zugeordnet sind. Dasselbe gilt für die Klangspiele aus Holz: Sie sind im Bagua-Bereich »Familie und Gemeinschaft« sowie »Wachstum und Erfolg« günstig.

**Klangspiele richtig platzieren –** Wichtig ist, wo die Klangspiele hängen. Es gibt Erkenntnisse, die davon ausgehen, dass ein Klangspiel über einer ▸ Störzone (▸ Geopathische Zonen) die Störungen verstärkt in den Raum streut. Achten Sie daher auf Veränderungen in Ihrem Umfeld, nachdem Sie ein Klangspiel aufgehängt haben.

## Kompass-Schule

Für die Kompass-Schule gibt es viele weitere Bezeichnungen, zum Beispiel: »Fukien-Kompass-Schule«, »Schule der Richtungen und Positionen« (chinesisch »fang wei«), »Methode des Menschen«, »Methode der Häuser und Wohnstätten«, »Saal der Ahnen« (chinesisch »tsung miao chih fa«), »Struktur-Qi-Schule« oder »Min-Schule«.

**Entwicklung und Anwendung –** Die Kompass-Schule ist eine vermutlich im Norden Chinas entstandene Variante des Feng Shui. Die Landschaftsformen im Norden Chinas sind eher flach und weitläufig. Das Wohlergehen der Bewohner hing davon ab, woher die Stürme und der Regen kamen. Die Naturbeobachtungen stützten sich auf Aussagen über die Eigenschaften der verschiedenen Himmelsrichtungen und die kosmischen Zusammenhänge. Daraus entstand ein sehr komplexes System, mit dessen Hilfe man Glück bringende und Unglück bringende Richtungen sowie deren Einflüsse in Abhängigkeit von Zeitzyklen ausfindig machen konnte. Um die Auswirkungen zu interpretieren, galt es, viele Informationen zusammenzutragen, wie das persönliche Geburtsdatum und Geschlecht, das ▸ **Lo Shu,** die ▸ **Trigramme,** die Einflüsse der einzelnen ▸ **Himmelsrichtungen** und der ▸ **Mondkalender.** Daraus lassen sich dann Kriterien zur Planung eines neuen Hauses oder für Korrekturmaßnahmen an bestehenden Gebäuden oder Grundstücken herleiten.

Die Anordnung und Ausrichtung insbesondere von Eingängen, Räumen und Grundstücken bekommen durch die Kompass-Schule klare Vorgaben, damit das ▸ **Chi** von Mensch und Kosmos eine Glück bringende Verbindung eingeht.

Auch die Richtung, in die sich eine Reise oder ein Umzug bewegt, bringt Aufschluss über günstige oder ungünstige Einflüsse. Die Kompass-Schule liefert außerdem Informationen über die positive Ausrichtung eines Gebäudes, über einen günstigen Zeitpunkt für den Baubeginn sowie gute Umzugsrichtungen. Das Hauptwerkzeug der Kompass-Schule ist der ▸ **Lo-Pan,** ein Kompass, um dessen Mitte herum viele Informationen gruppiert sind.

**Geschichte –** Der erste genannte Vertreter der Kompass-Schule ist Wang Chih (auch Chao-khing oder Khung-chang), der in der Provinz Fukien lebte. Er hat die Lehre der Kompass-Schule in den Werken »Kanon des Kerns oder der Mitte« und »Abhandlungen über die Fragen und Antworten« aufgezeichnet. Man vermutet, dass sich der ursprüngliche Begriff ▸ **Kan-yü** auf die Kompass-Schule bezog. Der uns bekannte Begriff »Feng Shui« war anfangs wahrscheinlich die Bezeichnung für

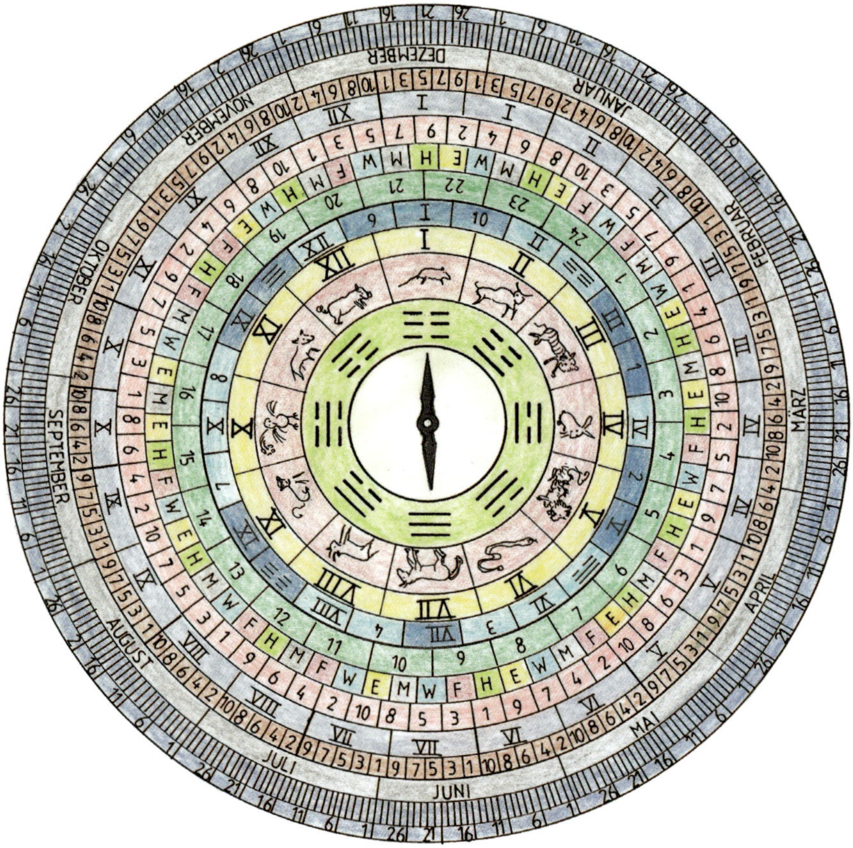


*Hauptwerkzeug der Kompass-Schule ist der Lo Pan.*

die ▸ **Formen-Schule** des Südens. Etwa im 19. Jahrhundert fanden beide Schulen zusammen und wurden mit dem Überbegriff »Feng Shui« bezeichnet. Im heute praktizierten Feng Shui ist die Kombination beider Schulen fast selbstverständlich und auch sehr sinnvoll. Manche Berater legen dabei mehr Gewicht auf die Formen-Schule und andere mehr auf die Kompass-Schule.

## Kontrollzyklus

Der gebräuchliche Ausdruck für die kontrollierende bis zerstörende Reihenfolge im Kreislauf der Fünf Elemente (auch Fünf Wandlungsphasen). Das Element Holz kontrolliert Erde, Erde kontrolliert Wasser, Wasser kontrolliert Feuer, Feuer kontrolliert Metall und dieses das Holz. Zuweilen wird diese Folge auch als Zerstörungszyklus bezeichnet. Mehr finden Sie unter dem Stichwort ▸ **Fünf Elemente.**

## Kraftort

Nicht eindeutig definierter Begriff für einen Standort mit starker, meist positiver Energie. Im Feng Shui könnte ein gut energetisierter Raum mit belebendem ▸ **Chi-Fluss,** einer harmonischen Ausstrahlung und einer erfrischenden, Kraft spendenden Atmosphäre als Kraftort bezeichnet werden. Auch ein Platz in der Natur, an dem sich das ▸ **Chi** sammelt, etwa ein so genanntes ▸ **Drachennest,** entspräche einem Kraftort. In der westlichen ▸ **Geomantie** würde man ebenfalls einen Ort besonderer Kraftausstrahlung so bezeichnen. Die westliche Geomantie unterscheidet viele Kraftstrukturen je nach ihrer Qualität und Beschaffenheit. Man weiß, dass viele Sakralbauten oder andere Kultstätten auf ▸ **Leylinien** liegen und oft Plätze besonderer »himmlischer« und »irdischer« Ausstrahlung bergen.

## Kreativität und Kinder

Übliche Bezeichnung für einen der Lebensbereiche des Bagua. Er wird im Bagua bzw. ▸ Lo Shu durch das traditionell nach Westen gelegene Feld repräsentiert und ist unter ▸ Bagua erläutert. Im Lo Shu ist diesem Bereich die ▸ Kua-Zahl 7 zugeordnet.

## Kristalle

**1.** Ein Kristall ist ein modernes ▸ Hilfsmittel im Feng Shui, welches z.B. den ▸ Chi-Fluss im Bereich von Fenstern abbremsen oder Fehlbereiche ausgleichen kann. Mehr dazu unter ▸ Regenbogenkristalle.

**2.** Ein Kristall ist eine feste Materie in einer geometrischen Ordnung. Im Feng Shui verwendet man als Hilfsmittel auch Halbedelsteine, wie z. B. einen Bergkristall. Der Einsatz dieser Kristalle dient zur Erhöhung der Raumenergie oder zum Ausgleich unbelebter Raumecken. Mehr dazu finden Sie unter dem Stichwort ▸ Steine.

## Kua

Das chinesische Wort »kua« bedeutet »Trigramm« und bezeichnet die ▸ Trigramme des ▸ I Ging.

## Kua-Zahl

Die Kua-Zahl – auch Gua-Zahl oder Lo-Shu-Nummer – ist eine Zahl, die je einem der acht ▸ Trigramme aus dem ▸ I Ging zugeordnet ist.

»Kua« oder »gua« bedeutet »Trigramm«, »pa« bedeutet »acht«, ▸ Bagua oder »Pa Kua« heißt daher »acht Trigramme«. Häufig sind die Kua-Zahlen auch in die Darstellungen des Bagua mit aufgenommen.

**Lo Shu –** Die Kua-Zahlen finden sich im ▸ Lo Shu wieder, dem »magischen Quadrat«.

Mit Hilfe des Geburtsdatums lässt sich eine persönliche Kua-Zahl ermitteln. Da jedes Trigramm bzw. jede Zahl zu den anderen Zahlen des Lo Shu in einer ganz bestimmten Beziehung steht, ergeben sich aus dieser Wechselwirkung günstige und ungünstige Himmelsrichtungen und Bagua-Bereiche.

Mit Ihrer persönlichen Kua-Zahl können Sie also förderliche und weniger förderliche Bereiche im Bagua sowie günstige oder ungünstige Himmelsrichtungen ermitteln. Siehe hierzu auch unter den Stichwörtern ▸ Beste Richtung sowie ▸ Günstige und ungünstige Bagua-Bereiche.

**Kompass-Schule –** Die Kompass-Schule des ▸ Pakua Lo Shu Feng Shui teilt die Kua-Zahlen außerdem in Ost- und Westgruppen auf. Dabei gehören die Zahlen 1, 3, 4 und 9 zur ▸ Ostgruppe und die Zahlen 2, 6, 7 und 8 zur ▸ Westgruppe. Wenn mehrere Kua-Zahlen eine Rolle spielen, etwa die eines Hauses und die der darin lebenden Person, so gibt die Zugehörigkeit zur Ost- und Westgruppe Aufschluss über Harmonien und Disharmonien beider Einflüsse.

**Der chinesische Kalender –** Achten Sie bitte darauf, dass sich der chinesische Kalender nach dem Mond richtet und somit bezüglich des Jahreswechsels nicht mit dem europäischen übereinstimmt. Das chinesische Neujahr beginnt immer am zweiten Neumond nach der Wintersonnenwende, meist Ende Januar bis Anfang Februar.

**Beispiele für die Berechnung der Kua-Zahl –** Sind Sie Ende Januar geboren, dann kann es durchaus sein, dass die Kua-Zahl des vorangegangenen Jahres maßgebend ist. Einem Mann etwa, der am 3.2.1975 geboren wurde, wird daher die Kua-Zahl 8 des Jahres 1974 mit dem Element Erde zugeordnet. Wäre er nach dem 10.2.1975 geboren, so wäre seine persönliche Kua-Zahl die 7 mit dem Element Metall.

Zu beachten ist bei der Bestimmung der Kua-Zahl auch die Unterscheidung von Männern und Frauen. Eine Besonderheit stellt dabei die Kua-Zahl 5 dar, die aufgrund ihrer zentralen Lage in der Mitte des Bagua keiner Himmelsrichtung zugeordnet werden kann. Diese Zahl wird wechselweise bei Männern der Kua-Zahl 2 und bei Frauen der Kua-Zahl 8 zugeschrieben. 5, 2 und 8 gehören zum Erd-Element. Eine Frau, die im April 1977 geboren wurde, hätte demnach die Kua-Zahl 1 mit dem Element Wasser. Hätte diese Frau einen Zwillingsbruder, so würde diesem die Zahl 5 bzw. stellvertretend die Kua-Zahl 2 mit dem Element Erde zugeordnet werden. An dieser

**Hinweise für die nachfolgende Tabelle –** Anhand Ihres Geburtsjahres können Sie aus der Tabelle Ihre persönliche Kua-Zahl ablesen und das dazugehörige persönliche ▸ **Element.** Für die Nutzung in der ▸ **Chinesischen Astrologie** sind zudem das ▸ **Tierkreiszeichen** sowie das Element des Jahres angegeben.

| Tierkreiszeichen | Geburtsjahr | | | Männer | | Frauen | |
|---|---|---|---|---|---|---|---|
| | | | | Kua-Zahl | Element | Kua-Zahl | Element |
| Erd-Pferd | 11.2.**1918** | – | 31.1.1919 | 1 | Wasser | 5/8 | Erde |
| Erd-Schaf | 1.2.**1919** | – | 19.2.1920 | 9 | Feuer | 6 | Metall |
| Metall-Affe | 20.2.**1920** | – | 7.2.1921 | 8 | Erde | 7 | Metall |
| Metall-Hahn | 8.2.**1921** | – | 27.1.1922 | 7 | Metall | 8 | Erde |
| Wasser-Hund | 28.1.**1922** | – | 15.2.1923 | 6 | Metall | 9 | Feuer |
| Wasser-Schwein | 16.2.**1923** | – | 4.2.1924 | 5/2 | Erde | 1 | Wasser |
| Holz-Ratte | 5.2.**1924** | – | 24.1.1925 | 4 | Holz | 2 | Erde |
| Holz-Ochse | 25.1.**1925** | – | 12.2.1926 | 3 | Holz | 3 | Holz |
| Feuer-Tiger | 13.2.**1926** | – | 1.2.1927 | 2 | Erde | 4 | Holz |
| Feuer-Hase | 2.2.**1927** | – | 22.1.1928 | 1 | Wasser | 5/8 | Erde |
| Erd-Drache | 23.1.**1928** | – | 9.2.1929 | 9 | Feuer | 6 | Metall |
| Erd-Schlange | 10.2.**1929** | – | 29.1.1930 | 8 | Erde | 7 | Metall |
| Metall-Pferd | 30.1.**1930** | – | 16.2.1931 | 7 | Metall | 8 | Erde |
| Metall-Schaf | 17.2.**1931** | – | 5.2.1932 | 6 | Metall | 9 | Feuer |
| Wasser-Affe | 6.2.**1932** | – | 25.1.1933 | 5/2 | Erde | 1 | Wasser |
| Wasser-Hahn | 26.1.**1933** | – | 13.2.1934 | 4 | Holz | 2 | Erde |
| Holz-Hund | 14.2.**1934** | – | 3.2.1935 | 3 | Holz | 3 | Holz |
| Holz-Schwein | 4.2.**1935** | – | 23.1.1936 | 2 | Erde | 4 | Holz |
| Feuer-Ratte | 24.1.**1936** | – | 10.2.1937 | 1 | Wasser | 5/8 | Erde |
| Feuer-Ochse | 11.2.**1937** | – | 30.1.1938 | 9 | Feuer | 6 | Metall |
| Erd-Tiger | 31.1.**1938** | – | 18.2.1939 | 8 | Erde | 7 | Metall |
| Erd-Hase | 19.2.**1939** | – | 7.2.1940 | 7 | Metall | 8 | Erde |
| Metall-Drache | 8.2.**1940** | – | 26.1.1941 | 6 | Metall | 9 | Feuer |
| Metall-Schlange | 27.1.**1941** | – | 14.2.1942 | 5/2 | Erde | 1 | Wasser |
| Wasser-Pferd | 15.2.**1942** | – | 4.2.1943 | 4 | Holz | 2 | Erde |
| Wasser-Schaf | 5.2.**1943** | – | 24.1.1944 | 3 | Holz | 3 | Holz |
| Holz-Affe | 25.1.**1944** | – | 12.2.1945 | 2 | Erde | 4 | Holz |
| Holz-Hahn | 13.2.**1945** | – | 1.2.1946 | 1 | Wasser | 5/8 | Erde |
| Feuer-Hund | 2.2.**1946** | – | 21.1.1947 | 9 | Feuer | 6 | Metall |
| Feuer-Schwein | 22.1.**1947** | – | 9.2.1948 | 8 | Erde | 7 | Metall |
| Erd-Ratte | 10.2.**1948** | – | 28.1.1949 | 7 | Metall | 8 | Erde |
| Erd-Ochse | 29.1.**1949** | – | 16.2.1950 | 6 | Metall | 9 | Feuer |
| Metall-Tiger | 17.2.**1950** | – | 5.2.1951 | 5/2 | Erde | 1 | Wasser |
| Metall-Hase | 6.2.**1951** | – | 26.1.1952 | 4 | Holz | 2 | Erde |

| Tierkreiszeichen | Geburtsjahr | | | Männer | | Frauen | |
|---|---|---|---|---|---|---|---|
| | | | | Kua-Zahl | Element | Kua-Zahl | Element |
| Wasser-Drache | 27.1.**1952** | – | 13.2.1953 | 3 | Holz | 3 | Holz |
| Wasser-Schlange | 14.2.**1953** | – | 2.2.1954 | 2 | Erde | 4 | Holz |
| Holz-Pferd | 3.2.**1954** | – | 23.1.1955 | 1 | Wasser | 5/8 | Erde |
| Holz-Schaf | 24.1.**1955** | – | 11.1.1956 | 9 | Feuer | 6 | Metall |
| Feuer-Affe | 12.1.**1956** | – | 30.1.1957 | 8 | Erde | 7 | Metall |
| Feuer-Hahn | 31.1.**1957** | – | 17.2.1958 | 7 | Metall | 8 | Erde |
| Erd-Hund | 18.2.**1958** | – | 7.2.1959 | 6 | Metall | 9 | Feuer |
| Erd-Schwein | 8.2.**1959** | – | 27.1.1960 | 5/2 | Erde | 1 | Wasser |
| Metall-Ratte | 28.1.**1960** | – | 14.2.1961 | 4 | Holz | 2 | Erde |
| Metall-Ochse | 15.2.**1961** | – | 4.2.1962 | 3 | Holz | 3 | Holz |
| Wasser-Tiger | 5.2.**1962** | – | 24.1.1963 | 2 | Erde | 4 | Holz |
| Wasser-Hase | 25.1.**1963** | – | 12.2.1964 | 1 | Wasser | 5/8 | Erde |
| Holz-Drache | 13.2.**1964** | – | 1.2.1965 | 9 | Feuer | 6 | Metall |
| Holz-Schlange | 2.2.**1965** | – | 20.1.1966 | 8 | Erde | 7 | Metall |
| Feuer-Pferd | 21.1.**1966** | – | 8.2.1967 | 7 | Metall | 8 | Erde |
| Feuer-Schaf | 9.2.**1967** | – | 29.1.1968 | 6 | Metall | 9 | Feuer |
| Erd-Affe | 30.1.**1968** | – | 16.2.1969 | 5/2 | Erde | 1 | Wasser |
| Erd-Hahn | 17.2.**1969** | – | 5.2.1970 | 4 | Holz | 2 | Erde |
| Metall-Hund | 6.2.**1970** | – | 26.1.1971 | 3 | Holz | 3 | Holz |
| Metall-Schwein | 27.1.**1971** | – | 14.2.1972 | 2 | Erde | 4 | Holz |
| Wasser-Ratte | 15.2.**1972** | – | 2.2.1973 | 1 | Wasser | 5/8 | Erde |
| Wasser-Ochse | 3.2.**1973** | – | 22.1.1974 | 9 | Feuer | 6 | Metall |
| Holz-Tiger | 23.1.**1974** | – | 10.2.1975 | 8 | Erde | 7 | Metall |
| Holz-Hase | 11.2.**1975** | – | 30.1.1976 | 7 | Metall | 8 | Erde |
| Feuer-Drache | 31.1.**1976** | – | 17.2.1977 | 6 | Metall | 9 | Feuer |
| Feuer-Schlange | 18.2.**1977** | – | 6.2.1978 | 5/2 | Erde | 1 | Wasser |
| Erd-Pferd | 7.2.**1978** | – | 27.1.1979 | 4 | Holz | 2 | Erde |
| Erd-Schaf | 28.1.**1979** | – | 15.2.1980 | 3 | Holz | 3 | Holz |
| Metall-Affe | 16.2.**1980** | – | 4.2.1981 | 2 | Erde | 4 | Holz |
| Metall-Hahn | 5.2.**1981** | – | 24.1.1982 | 1 | Wasser | 5/8 | Erde |
| Wasser-Hund | 25.1.**1982** | – | 12.2.1983 | 9 | Feuer | 6 | Metall |
| Wasser-Schwein | 13.2.**1983** | – | 1.2.1984 | 8 | Erde | 7 | Metall |
| Holz-Ratte | 2.2.**1984** | – | 19.2.1985 | 7 | Metall | 8 | Erde |
| Holz-Ochse | 20.2.**1985** | – | 8.2.1986 | 6 | Metall | 9 | Feuer |

| Tierkreiszeichen | Geburtsjahr | Männer | | Frauen | |
|---|---|---|---|---|---|
| | | Kua-Zahl | Element | Kua-Zahl | Element |
| Feuer-Tiger | 9.2.**1986** – 28.1.1987 | 5/2 | Erde | 1 | Wasser |
| Feuer-Hase | 29.1.**1987** – 16.2.1988 | 4 | Holz | 2 | Erde |
| Erd-Drache | 17.2.**1988** – 5.2.1989 | 3 | Holz | 3 | Holz |
| Erd-Schlange | 6.2.**1989** – 26.1.1990 | 2 | Erde | 4 | Holz |
| Metall-Pferd | 27.1.**1990** – 14.2.1991 | 1 | Wasser | 5/8 | Erde |
| Metall-Schaf | 15.2.**1991** – 3.2.1992 | 9 | Feuer | 6 | Metall |
| Wasser-Affe | 4.2.**1992** – 22.1.1993 | 8 | Erde | 7 | Metall |
| Wasser-Hahn | 23.1.**1993** – 9.2.1994 | 7 | Metall | 8 | Erde |
| Holz-Hund | 10.2.**1994** – 30.1.1995 | 6 | Metall | 9 | Feuer |
| Holz-Schwein | 31.1.**1995** – 18.2.1996 | 5/2 | Erde | 1 | Wasser |
| Feuer-Ratte | 19.2.**1996** – 6.2.1997 | 4 | Holz | 2 | Erde |
| Feuer-Ochse | 7.2.**1997** – 27.1.1998 | 3 | Holz | 3 | Holz |
| Erd-Tiger | 28.1.**1998** – 15.2.1999 | 2 | Erde | 4 | Holz |
| Erd-Hase | 16.2.**1999** – 4.2.2000 | 1 | Wasser | 5/8 | Erde |
| Metall-Drache | 5.2.**2000** – 23.1.2001 | 9 | Feuer | 6 | Metall |
| Metall-Schlange | 24.1.**2001** – 11.2.2002 | 8 | Erde | 7 | Metall |
| Wasser-Pferd | 12.2.**2002** – 31.1.2003 | 7 | Metall | 8 | Erde |
| Wasser-Schaf | 1.2.**2003** – 21.1.2004 | 6 | Metall | 9 | Feuer |
| Holz-Affe | 22.1.**2004** – 8.2.2005 | 5/2 | Erde | 1 | Wasser |
| Holz-Hahn | 9.2.**2005** – 28.1.2006 | 4 | Holz | 2 | Erde |
| Feuer-Hund | 29.1.**2006** – 17.2.2007 | 3 | Holz | 3 | Holz |
| Feuer-Schwein | 18.2.**2007** – 6.2.2008 | 2 | Erde | 4 | Holz |
| Erd-Ratte | 7.2.**2008** – 25.1.2009 | 1 | Wasser | 5/8 | Erde |
| Erd-Ochse | 26.1.**2009** – 13.2.2010 | 9 | Feuer | 6 | Metall |
| Metall-Tiger | 14.2.**2010** – 2.2.2011 | 8 | Erde | 7 | Metall |
| Metall-Hase | 3.2.**2011** – 22.1.2012 | 7 | Metall | 8 | Erde |
| Wasser-Drache | 23.1.**2012** – 9.2.2013 | 6 | Metall | 9 | Feuer |
| Wasser-Schlange | 10.2.**2013** – 30.1.2014 | 5/2 | Erde | 1 | Wasser |
| Holz-Pferd | 31.1.**2014** – 18.2.2015 | 4 | Holz | 2 | Erde |
| Holz-Schaf | 19.2.**2015** – 7.2.2016 | 3 | Holz | 3 | Holz |
| Feuer-Affe | 8.2.**2016** – 27.1.2017 | 2 | Erde | 4 | Holz |
| Feuer-Hahn | 28.1.**2017** – 15.2.2018 | 1 | Wasser | 5/8 | Erde |
| Erd-Hund | 16.2.**2018** – 4.2.2019 | 9 | Feuer | 6 | Metall |

Stelle sei darauf hingewiesen, dass es in der komplexen Lehre des Feng Shui verschiedene Herangehensweisen gibt. So ist es möglich, dass Ihnen in anderem Zusammenhang schon einmal eine andere Kua-Zahl oder ein anderes Element zugeordnet wurde. Lassen Sie sich dadurch nicht irritieren. So ist das Element des Jahres ein anderes als das zur Kua-Zahl gehörige. Und in der Astrologie, etwa im ▸ »Neun Sterne Ki«, werden bei der Festlegung des Elements für Frauen und Männer gleiche Kreisläufe genutzt. Bei der hier aufgeführten persönlichen Kua-Zahl mit dazugehörigem Element geht es um die Deutung auf der räumlichen Ebene des ▸ Pakua Lo Shu Feng Shui.

## Küchentür

In einem Haus führt die Küchentür oft als Hintertür in den Garten. Bei der Planung eines Hauses sollten Sie darauf achten, dass diese Tür möglichst nicht in direkter Flucht zur Haupteingangstür liegt, da sonst das meiste ▸ Chi, das durch die Eingangstür in die Wohnung gelangt, auf geradem Weg durch die Gartentür wieder aus dem Haus fließt.

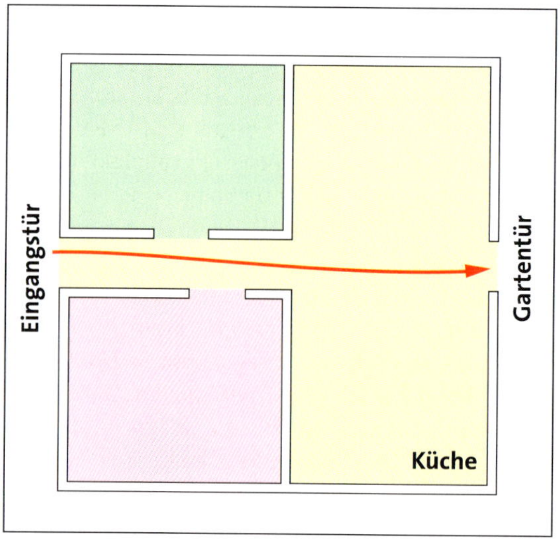


*Ungünstig: In diesem Beispiel fließt das Chi ungebremst von der Eingangstür aus durch den Flur der Wohnung in die Küche und dort durch die Gartentür nach außen.*

## Kuei

Chinesisches Wort für Dämonen. Ausführliches finden Sie unter dem Stichwort ▸ Geister.

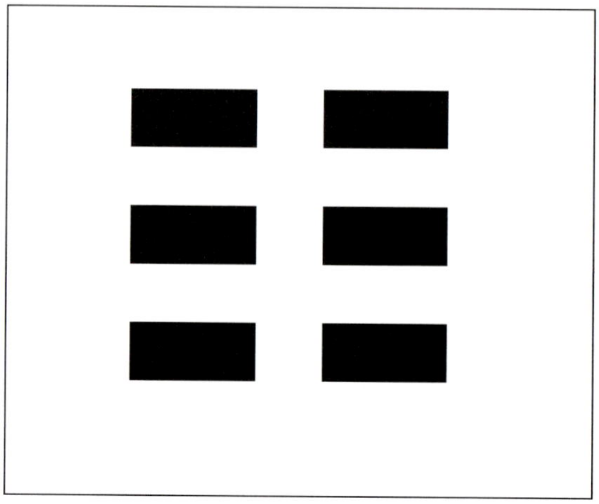

*Das Trigramm »Erde« steht für das vollkommene Yin-Prinzip. Seine Hauptwirkung ist hingebend. Es weist im Bild auf die Notwendigkeit hin, sich für neue Eindrücke zu öffnen.*

## Kun / Ku'n

Chinesisches Wort für ▸ Erde, auch als Bezeichnung für eines der ▸ Trigramme des ▸ I Ging bekannt. Das Trigramm »Erde« steht für das empfangende Prinzip. Es wirkt hingebend und nährend.

## Kunstobjekte

Über Kunst lässt sich bekanntlich streiten. Im Feng Shui wird immer einem Kunstwerk mit positiver Ausstrahlung der Vorzug gegeben. Wenn es darum geht, ein harmonisches Umfeld zu gestalten, können schwermütige Kunstobjekte zwar kurzfristig unserer Stimmung entsprechen, eignen sich jedoch nicht für eine langfristige Platzierung. Würde ein Objekt mit negativer Ausstrahlung in Ihrer Umgebung langfristig seinen Platz finden, müssten Sie damit rechnen, dass sich diese Stimmung auch im Raum manifestiert.

**Im Feng Shui geht es darum,** welche Ausstrahlung ein Kunstobjekt hat, ganz gleich, um welche Form von Kunst es sich handelt: Hat der Kunstgegenstand eine negative Ausstrahlung? Sind darin destruktive Elemente enthalten, wie z. B. eine Lanze, die einen Körper durchbohrt etc.? Wirkt die Kunst bedrohlich und beängstigend, dann ist das Objekt nicht für eine Feng-Shui-Gestaltung geeignet.

# L

## Landschaftsformen

Je nach ihrer Form und Beschaffenheit werden Landschaftsformen symbolisch den ▸ **Fünf Himmlischen Tieren** zugeordnet. Das sind der Drache im Osten, der Phönix im Süden, der Tiger im Westen, die Schildkröte im Norden und die Schlange im Zentrum. Aus der Beobachtung der Formen in der Umgebung und deren Einflüsse ist die Formen-Schule entstanden. Unter dem Stichwort ▸ **Formen-Schule** werden die Zuordnungen der Landschaftsformen zu den Tieren genau beschrieben.

*Landschaftsformen werden nach ihrer Form und Beschaffenheit den Fünf Himmlischen Tieren zugeordnet.*

## Langlebigkeit und reicher Nachwuchs

Übersetzung für den chinesischen Begriff »nien yen«. Findet Anwendung im ▸ **Bagua Lo Shu Feng Shui** und im ▸ **Neun-Sterne-Ki.** Mehr dazu finden Sie unter ▸ **Günstige und ungünstige Bagua-Bereiche** sowie unter ▸ **Beste Richtung.**

## Lärm

Starker Umwelteinfluss, der im Vergleich zu der Geschichte der Erde relativ jung ist. Viele Menschen haben sich so sehr an den Lärm gewöhnt, dass sie schon nicht mehr wissen, wie vollkommene Ruhe ist. Nicht selten reagieren sie mit enormer innerer Unruhe, wenn Sie z. B. im Urlaub an Plätze geraten, an denen völlige Ruhe herrscht und die permanenten Hintergrundgeräusche fehlen. Andererseits sind oft Menschen, die auf dem Land leben und dort mehr Ruhe gewöhnt sind, bereits nach einem kurzen Aufenthalt in einer Stadt erschöpft und empfinden den Lärm als Dauerstress.

Lärm wird durch Bewegung erzeugt. Die Luft wird dabei in Schwingung versetzt, und je nach Länge der Schwingungswellen empfinden wir die Geräusche als angenehm oder unangenehm. Um Harmonie in Ihrem Umfeld zu genießen, sollte dieses nicht durch Lärm belastet sein. Leider ist dies nicht für jeden Menschen erschwinglich oder umsetzbar. Je näher wir den Lärm erfahren, umso unangenehmer kann dies für die ganze Lebenssituation sein. Falls Sie einen Nachbarn haben, der sich oft mit lauten Geräuschen bemerkbar macht, gibt es eine einfache und doch verblüffende Lösung. Jedes Mal, wenn der Nachbar die erträgliche Lautstärke überschreitet, können Sie sich auf ihn konzentrieren und ihm positive Gedanken »schicken«. Diese Übung mag seltsam oder schwierig erscheinen. Versuchen Sie trotzdem beharrlich, Frieden zu schließen und gute Gedanken zu schicken. Mit dieser Übung ist schon so manchem ein Auszug erspart geblieben, da der Störenfried ruhiger wurde oder von selbst auszog.

## Lebensweg

Übliche Bezeichnung für einen der Lebensbereiche des ▸ **Bagua.** Der »Lebensweg« wird im Feng Shui auch »Karriere« oder »Reise« genannt und im Bagua bzw. ▸ **Lo Shu** durch das traditionell nach Norden gelegene Feld repräsentiert. Im Lo Shu ist diesem Bereich die ▸ **Kua-Zahl** 1 zugeordnet.

## Leylinien

Als Leylinien – oder auch geomantische Zonen – bezeichnet man Energielinien, die sich in geraden Bahnen über die Erde ziehen und dabei meistens mehrere sakrale Stätten miteinander verbinden.

**Geschichte gestern und heute –** Der Begriff »Ley« wurde von dem Engländer Watkins in den zwanziger Jahren für die Ausrichtung heiliger Plätze entlang einer Geraden eingeführt. Auch wurden damit wichtige alte, gerade verlaufende Handelswege beschrieben. Diese Linien sind in allen alten Kulturen zu finden, sei es bei der Anlage von Städten, Tempelanlagen oder Gräbern. Bereits zu Beginn der Sesshaftigkeit lassen sich Anordnungen entlang einer Geraden finden.

Heute versteht man darunter einen annähernd geraden Energiefluss, der – gleich den Meridianen des menschlichen Körpers – den Erdkörper mit so genannter Ätherenergie (der menschlichen ▸ **Aura**) versorgt und meist mehrere sakrale Stätten oder bedeutende Orte verbindet.

Die ▸ **Geomanten** unterscheiden mittlerweile verschiedene Arten von Leylinien, die bekanntesten davon sind die Kraft- und die Verbindungs-Leylinien. Weiterführende vertiefende Literatur zu diesem Thema ist im Anhang genannt.

**Kraft-Leylinien –** Energieströme, welche geradlinig durch die Landschaft verlaufen und dabei der Topografie der Erdoberfläche folgen. Die Ausdehnung der Kraftlinien ist unterschiedlich. Es gibt kleine von regionaler Bedeutung, die eine Länge von wenigen Kilometern erreichen, und größere Leylinien, die sich überregional über viele Hunderte von Kilometern erstrecken. Die Breite variiert entsprechend der Länge und kann von etwa 50 Zentimetern bis über acht Meter betragen. Die Kraft-Leylinien transportieren Ätherenergie, die sie in der Landschaft freisetzen. Um eine rhythmisch pulsierende Kernzone herum bilden sich eine Art Energiewirbel, die ihre feinstofflichen Kräfte in die Umgebung verteilen und diese dadurch beleben.

**Verbindungs-Leylinien –** Sind ein zentrales Verbindungs- und Verankerungssystem für Kraftpunkte oder Orte zentraler Bedeutung. So verbinden sie etwa einen Kraftpunkt strahlenförmig mit seiner Umgebung und stabilisieren diesen dadurch. Diese Verbindungslinien verlaufen ebenfalls geradlinig und reichen von recht kleinen lokalen Verbindungen bis hin zu überregionalen Systemen mit Linien, die sich über Hunderte von Kilometern durchs Land ziehen. Auch verschiedene Kraftzentren (etwa die Hauptkirchen einer Stadt) können so miteinander verbunden sein. Es sind sozusagen Linien feinstofflicher Energiebündel, die für Informationsaustausch zwischen Zentren oder Kraftorten sorgen. Die Verbindungs-Leylinien dienen dem Informationsaustausch und der Einbindung einzelner Orte in die Landschaft. Sie haben eine stabilisierende Funktion für den Stadt- und Landschaftsraum.

## Li

Chinesisches Wort für ▸ **Feuer.** Li ist auch als Bezeichnung für eines der ▸ **Trigramme** des ▸ **I Ging** bekannt. Das Trigramm »Feuer« steht für das haftende Prinzip. Es wirkt leuchtend und bewusst.

*Durch ein Prisma wird weißes Licht in die Spektralfarben aufgespalten.*

## Licht

Im physikalischen Sinne eine elektromagnetische Wellenstrahlung. Sie bewegt sich mit einer Wellenlänge zwischen 0,4 μ (Violett) und 0,75 μ (Rot).

Durch die Existenz und das Wahrnehmen von Licht eröffnet sich dem Menschen die optische Welt in ihrer ganzen Vielfalt. Je nach Menge, Farbe und Beschaffenheit des Lichts kommt es zu unterschiedlichen Auswirkungen auf unsere Stimmung. Im Sprachgebrauch gibt es Hinweise auf die Eigenschaft von Licht: Redewendungen wie z.B. die Dinge »von allen Seiten beleuchten«, etwas »ins rechte Licht rücken« oder »erleuchtet sein« geben Aufschluss über die Eigenschaft von Licht. Licht macht die Dinge sichtbar. Ein Erleuchteter, so glaubt man, kann alles sehen und verstehen.

**Licht und Chi –** In der Werbebranche wird Licht ganz gezielt eingesetzt, um die Aufmerksamkeit auf die beleuchtete Ware zu lenken. Wie die Aufmerksamkeit, so zieht das Licht auch das belebende ‣ **Chi** an. Das bedeutet, dass Raumecken mit wenig Energie mit Hilfe von gezielt gesetzten Lichtquellen auch mit Chi belebt werden können: Der Raum wirkt dann größer und gefälliger.

**Licht und Stimmung –** Die Stimmung von Räumen und unser Befinden darin kann durch den Einsatz der Beleuchtung erheblich beeinflusst werden.

Wohnbereiche mit düsterer Stimmung können Sie mit Hilfe von Licht erhellen. Wenn dabei Dinge zum Vorschein kommen – also ans Licht kommen –, die Sie als nicht angenehm empfinden, werden Sie durch das Sichtbarmachen aufgefordert, sich damit auseinander zu setzen.

Räume zum Entspannen sollten mit vielen indirekten Lichtquellen ausgestattet werden, die eine warme und weiche Optik erzeugen.

Räume, in denen gearbeitet wird, statten Sie am besten mit einer hellen, jedoch natürlich wirkenden Grundbeleuchtung aus. Aber auch dort sind zusätzlich punktuelle Lichtquellen direkt an den Arbeitsplätzen von Vorteil. Eine gute Beleuchtung ist hier ganz besonders wichtig, denn sie entscheidet letztlich darüber, ob die Augen schnell ermüden oder längere Zeit fit bleiben.

**Bagua –** Gezielte Beleuchtung kann auch fehlende Bereiche des ‣ **Bagua** ersetzen. Wenn z.B: ein Bagua-Feld kleiner ist oder ein Bereich ganz fehlt, dann kann eine Lichtquelle an der richtigen Stelle diese Lücke ausgleichen. Einige Beispiele für solch einen Ausgleich mit Licht können Sie den Illustrationen (Seiten 111ff.) zu dem Stichwort ‣ **Grundstücksformen** sehen.

**Licht- und Lampenarten –** Es gibt mittlerweile eine Unmenge an Leuchtmitteln auf dem Markt, die dem Licht ganz verschiedene Farbwirkungen geben. Man spricht dann z. B. von kaltem, hartem, warmem, weichem, punktgerichtetem, farbigem, grellem, diffusem und weit gestreutem Licht.

Generell gilt, dass kaltes Licht für unser Empfinden sehr unnatürlich wirkt. Der Mensch bevorzugt im Allgemeinen eher warmes Licht, das einen Raum behaglicher erscheinen lässt.

## PRAKTISCHE TIPPS ZUR BELEUCHTUNG

- Grundsätzlich sind Vollspektrumleuchten und die altbewährten Glühbirnen sehr empfehlenswert.
- Achten Sie darauf, dass das Licht im Raum nicht zu grell ist und an keiner Stelle blendet.
- Schaffen Sie neben einer angenehmen hellen Grundbeleuchtung mehrere indirekte Lichtquellen, die auch ohne Grundbeleuchtung Ihren Raum gut ausleuchten.
- Nutzen Sie Lichtquellen, um den ‣ **Chi-Fluss** in unbelebte Ecken zu lenken. Tote Ecken können mit einer schönen Stehleuchte belebt werden. Niedrige Raumdecken lassen sich mit Stehleuchten oder Wandstrahlern, die nach oben abstrahlen, optisch erhöhen.
- Eingangsbereiche ziehen über eine auffällige Beleuchtung Chi an – besonders wichtig ist das für Geschäfte. Je besser ein Eingang zu finden ist, umso mehr Chi kommt auch in den Räumen an. Eine gute Beleuchtung von der Straße bis zum Eingang gibt das Gefühl von Sicherheit und des Empfangenwerdens.
- Reparieren Sie defekte Lampen bzw. Leuchtmittel so schnell wie möglich.
- Vermeiden Sie Halogenlampen an Orten, an denen Sie sich länger aufhalten, denn Halogenleuchten erzeugen durch die Transformatoren sehr hohe ‣ **Elektrosmog**-Werte.

## Liunian

Chinesisches Wort für »fließende Jahre«. Liunian bezeichnet einen der drei Hauptaspekte des Bazi Suanming, der Schicksalsberechnung nach den acht Zeichen. Hinzu kommt die Betrachtung der Grunddisposition und des Großen Lebenszyklus. Ausführliches finden Sie unter ‣ **Bazi Suanming**.

## Liu Sha

Chinesischer Begriff für »sechs Morde«. Liu Sha bezeichnet den Dritten ungünstigen Bereich bzw. die Dritte ungünstige Richtung nach einer Methode des ▸ **Bagua Lo Shu Feng Shui,** die auch unter den Techniken des ▸ **Neun-Sterne-Ki** zu finden ist. Eine genauere Beschreibung zur Anwendung des Liu Sha finden Sie unter ▸ **Beste Richtung** und ▸ **Günstige und ungünstige Bagua-Bereiche.**

## Lo Ching

Chinesischer Begriff für einen bestimmten Feng-Shui-Kompass, mit magnetischer Nadel und diversen Unterteilungen. Mehr dazu unter ▸ **Lo Pan.**

## Logo

Bezeichnet in der Regel eine bildhafte Darstellung, die auf optischem Weg ein Unternehmen, ein Produkt oder eine Idee nahe bringen will. Der Grund, warum fast jedes Unternehmen ein Logo entwickeln lässt, liegt darin, dass der Mensch über die Augen am meisten Informationen aufnimmt und sich an optische Reize gut erinnern kann.

**Logos nach Feng Shui –** Die Gestaltung eines guten Logos ist eine Kunst für sich, und im modernen Feng Shui wird auch dieses Gebiet unter die Lupe genommen. Wichtig ist eine klare, schnell erfassbare und positive Aussage. Entscheidend ist hierbei die Symbolsprache, die von dem Logo ausgeht.

Logos, die nach Feng-Shui-Kriterien gestaltet werden, können die Lehre der ▸ **Fünf Elemente** bezüglich Form und Farbe zur Grundlage haben.

Manchmal werden auch die ▸ **Bagua**-Bereiche herangezogen, indem z.B. über das Logo das Raster mit neun Feldern gelegt wird, um zu sehen, welcher Teil des Logos in welchem Bagua-Bereich liegt. Mehr zum Thema finden Sie unter dem Stichwort ▸ **Symbole** sowie im Kapitel »Die Geschäftsräume« (Seite 270ff.) im Praxisteil des Buchs.

## Lo P'an

Bezeichnung für den Feng-Shui-Kompass. Mehr dazu unter ▸ **Lo Pan.**

## Lo Pan

Der Feng-Shui-Kompass, Lo Pan, auch bekannt als Luopan, Lo P'an, Lo Ching oder Chen P'an. »Lo« bedeutet so viel wie Spiralgehäuse z.B. bei einer Schnecke oder einer Helix. Es wird aber auch mit dem Wort »netzartig« übersetzt, da die Spiralen oder Kreise, die sich nach außen bewegen, an ein Netz erinnern. »Pan« bedeutet »Scheibe« oder »Teller«. Im Westen ist der Kompass nur als Gerät mit einer Nadel in der Mitte, die sich nach Norden und Süden ausrichtet bekannt. Nur wenige wissen, dass der Kompass sehr wahrscheinlich eine Erfindung der chinesischen ▸ **Geomanten** ist. Ein 2000 Jahre alter Grabfund eines Lo Pan, bekräftigt diese Theorie. Erst viel später wurde der Kompass als Orientierungshilfe bei Schifffahrt und Militär eingeführt.

**Anwendung –** Der chinesische Kompass ist ein Arbeitsgerät von Feng-Shui-Beratern, die nach der ▸ **Kompass-Schule** arbeiten. Der Kompass dient u.a. dazu, ein Gebäude so auszurichten, dass es Glück bringenden Einflüssen ausgesetzt ist.

**Aufbau des Kompass –** Ein Feng-Shui-Kompass besteht aus einer runden Himmelsscheibe und einer Erdscheibe als Basis. Die meist quadratische Basisplatte symbolisiert die Erde und trägt den Namen »Erdscheibe«. Hier befindet sich ein runder Ausschnitt, der eine drehbare Scheibe trägt. Diese innen liegende Scheibe symbolisiert den Himmel und nennt sich »Himmelsscheibe«.

### Aufbau des Lo-Pan

**Ring 1:** Die acht Trigramme (Hellgrün)
**Ring 2:** Die zwölf Tiere (Rot)
**Ring 3:** Die zwölf Erdzweige (Gelb)
**Ring 4:** Die Kompasspunkte (Blau)
**Ring 5:** Die 24 Teile des Solarjahres (Grün)
**Ring 6:** Die Fünf Elemente (Bunt)
**Ring 7:** Die zehn Stämme (Rosa)
**Ring 8:** Die zwölf Tagesäste (Violett)
**Ring 9:** Die 120 Drachen (Braun)
**Ring 10:** Die abendländischen Monate (Grau)
**Ring 11:** Die chinesischen Grade (Dunkelblau)

Um mit dem Lo Pan arbeiten zu können, braucht es einen Bezugspunkt gegenüber den Himmelsrichtungsachsen, der durch zwei rote Fäden geschaffen wird. Die Fäden sind im rechten Winkel kreuzweise über der Scheibe gespannt und an der Erdscheibe befestigt. In der Mitte der Himmelsscheibe sitzt die Kompassnadel. Der Kompass in der Mitte des Arbeitsgeräts wird auch »Himmelsteich« genannt.

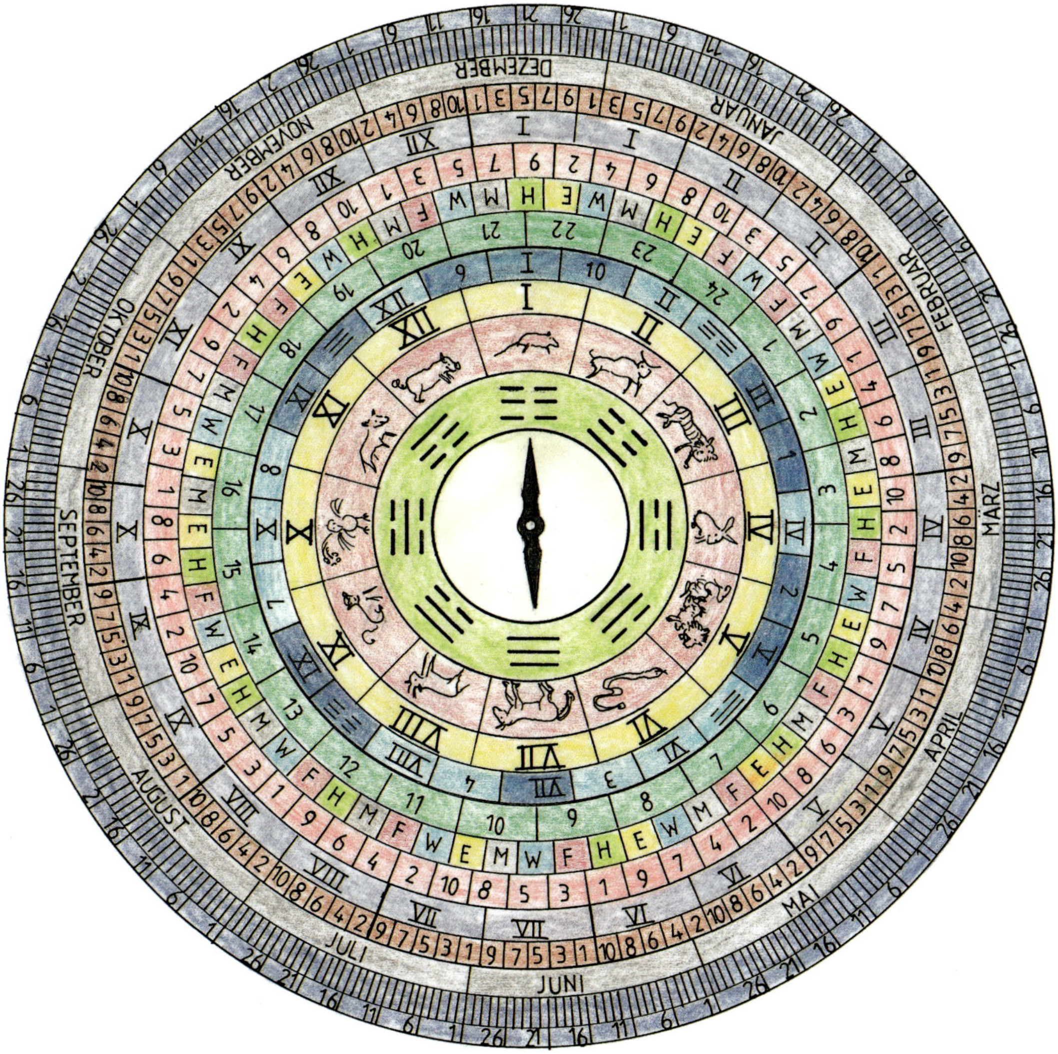


*Um die Kompassnadel herum sind viele Ringe angeordnet, die je Ring eine bestimmte Information tragen. Die Anzahl der Ringe variiert je nach Gerät.*
*Die ursprüngliche Beschriftung steht in chinesischen Schriftzeichen. Es gibt jedoch auch Lo Pan mit übersetzter Beschriftung, die Unkundigen der chinesischen Sprache den Gebrauch ermöglicht.*

*Der hierzulande übliche (abendländische) Kompass setzt sich aus den folgenden Ringen zusammen: Zentrum = Kompassnadel, 1. Ring = Die acht Trigramme, 2. Ring = Die zwölf Tierkreiszeichen, 3. Ring = Die zwölf Äste der Doppelstunden, 4. Ring = Die Kompasspunkte, 5. Ring = Die 24 Teile des Solarjahres, 6. Ring = Die Fünf Elemente, 7. Ring = Die 60 Drachen (auch 60-stelliger Zyklus), 8. Ring = Die zwölf Tagesäste, 9. Ring = Die 120 Drachen oder Feng Chin, 10. Ring = Die abendländischen Monate, 11. Ring = Einstellung in 365 1/4 chinesische Grade.*

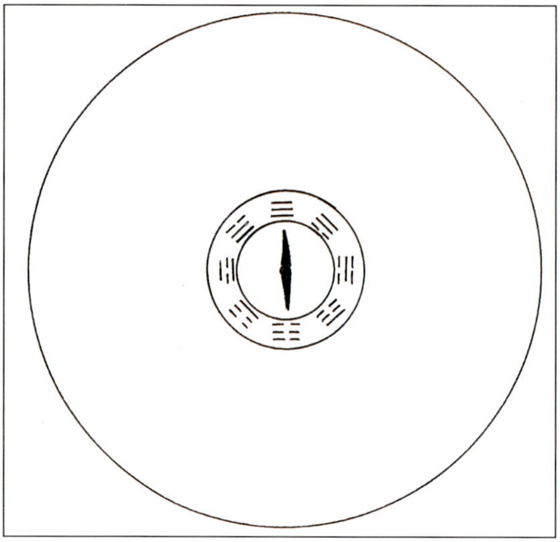

*Der 1. Ring zeigt die acht Trigramme.*

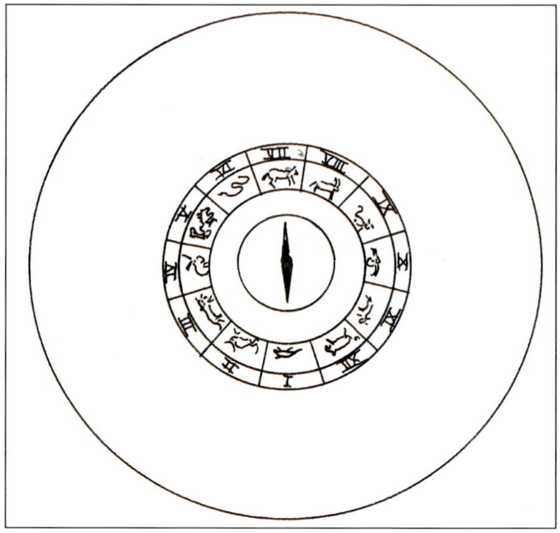

*2. Ring und 3. Ring – die zwölf Tiere und die zwölf Erdzweige.*

### Beschreibung der Ringe

**1. Ring = Die acht Trigramme** – Die ▸ **Trigramme** auf dem Feng-Shui-Kompass sind nach dem ▸ **Früheren Himmel** angeordnet. Sie beschreiben verschiedene Energiequalitäten, die als die Wandlungsphasen des ▸ **Chi** betrachtet werden können. Die Wandlungsphasen sind im ▸ **I Ging** beschrieben.

**2. Ring = Die zwölf Tierkreiszeichen** – Der chinesische Tag wird in zwölf Doppelstunden unterteilt, die wiederum nach den zwölf Tieren des chinesischen ▸ **Tierkreises** bezeichnet werden. Die Tiere sind die symbolische Darstellung der zwölf irdischen Äste oder ▸ **Erdzweige,** die ihrerseits im 3. Ring angeordnet sind.

> **Chinesischer Tierkreis** – Die zwölf Tiere des chinesischen ▸ **Tierkreises** sind Ratte, Ochse, Tiger, Hase, Drache, Schlange, Pferd, Schaf, Affe, Hahn, Hund und Schwein.

**3. Ring = Die zwölf Äste der Doppelstunden** – Die zwölf ▸ **Erdzweige** werden mit Hilfe der zwölf Tiere dargestellt und entsprechen den zwölf Doppelstunden. Im chinesischen ▸ **Mondkalender** wird jeder Tag in zwölf Doppelstunden eingeteilt. Dabei bilden Mitternacht und Mittag den Mittelpunkt der Doppelstunden. Demnach wird die Doppelstunde I von 23 Uhr nachts bis 1 Uhr morgens gerechnet. Die zwölf Erdzweige werden meist in römischen Ziffern von I bis XII dargestellt.

**4. Ring = Die Kompasspunkte** – Der chinesische Kompass wird – abweichend vom abendländischen Kompass – in 24 Teile je 15° eingeteilt. Da an dieser Stelle eine Beziehung zwischen Richtung und Zeit, den acht ▸ **Himmelsrichtungen** und den zwölf Stunden des Tages hergestellt wird, ist die 24-teilige Gliederung entstanden. In diesem Ring finden sich – meistens in römischen Ziffern von I bis XII dargestellt – die zwölf Doppelstunden. An den Kardinalpunkten werden die römischen Ziffern jeweils durch arabische Ziffern von 1 bis 10 ergänzt, den so genannten ▸ **Himmelsstämmen.**

Im Norden beispielsweise findet sich rechts der römischen Ziffer I dargestellt die arabische Ziffer 10 und links davon die arabische Ziffer 9.

Diese beiden Himmelsstämme gehören dem Element ▸ **Wasser** an, wozu auch die Himmelsrichtung Norden zählt.

**Die Himmelsstämme 1 und 2** werden hierbei dem Element ▸ **Holz** zugeordnet und liegen daher links und rechts vom östlichen Erdzweig IV, der ebenfalls dem Holz entspricht.

**Die Himmelsstämme 3 und 4** werden nach dem gleichen Prinzip zu dem Erdzweig VII, dem Element ▸ **Feuer** in Richtung Süden angeordnet.

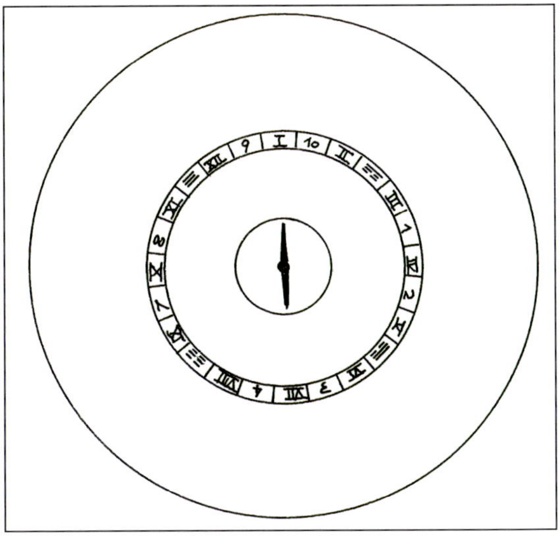

*Der 4. Ring stellt die Kompasspunkte dar.*

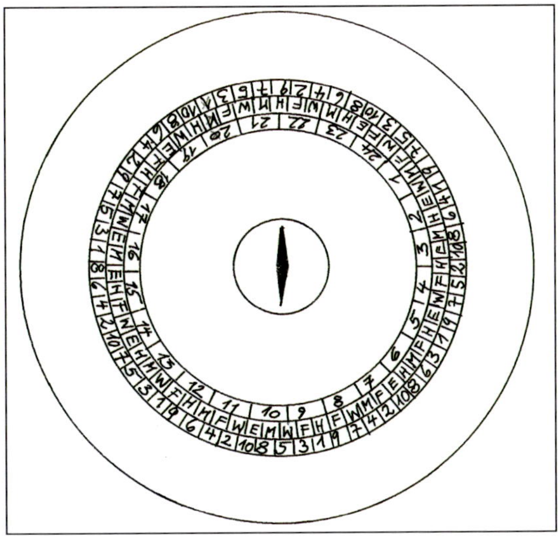

*Der 5. bis 7. Ring – Solarjahr, Fünf Elemente, 60 Drachen.*

**Die Himmelsstämme 7 und 8** sind sowohl zu beiden Seiten des Erdzweiges **X** angeordnet als auch dem Element ▸ Metall im Westen.

**Die Ziffern 5 und 6 fehlen** in dieser Darstellung, denn sie werden dem Element ▸ Erde zugeordnet, das für das Zentrum steht.

Die vier verbleibenden Plätze in den Eckpunkten sind mit den vier ▸ Trigrammen versehen, die den Himmelsrichtungen Nordosten, Südosten, Südwesten und Nordwesten entsprechen. Damit sind die 24 chinesischen Kompasspunkte komplett.

Viele der traditionellen Lo Pan haben zwei weitere Ringe, ebenfalls mit den 24 Kompasspunkten. Einer der Ringe ist um 7 1/2 ° im Uhrzeigersinn und der andere Ring um 7 1/2 ° gegen den Uhrzeigersinn von der Hauptrichtung verschoben.

Dies steht im Zusammenhang mit der Feng-Shui-Praxis, bei der sich jede der 24 Kompassrichtungen auf einen spezifischen Feng-Shui-Stern bezieht.

Wie bei den ▸ Günstigen und ungünstigen Bagua-Bereichen hat auch jeder der Kompasspunkte in Abhängigkeit seiner Ausrichtung vor Ort ein bestimmtes Vorzeichen. Dieser Bezug wird auch »die 24 Feng-Shui-Sterne« genannt. Weiterführende Literatur zu diesem Thema finden Sie im Anhang.

5. Ring = **Die 24 Teile des Solarjahres –** Das chinesische Jahr wird in 24 gleiche Teile aufgeteilt. Jeder Teil entspricht etwa 15 Tagen. Der Jahresbeginn richtet sich nicht nach dem 1. Monat des chinesischen Kalenders, sondern nach der Wintersonnenwende (zwei Monate vor Jahresanfang). Die 24 Teile werden in arabischen Ziffern von 1 bis 24 dargestellt.

6. Ring = **Die Fünf Elemente –** Hier findet man 60 Abschnitte vor, die mit den Symbolen der Elemente versehen sind. Mehr unter ▸ Fünf Elemente.

7. Ring = **Die zehn Himmelsstämme –** Die zehn Himmelsstämme sind auch unter den Bezeichnungen »Die 60 Drachen« oder ▸ 60-stelliger Zyklus bekannt. In diesem Ring befinden sich zehn Abschnitte, meist mit arabischen Ziffern von 1 bis 10 bezeichnet. Man geht davon aus, dass diese Einteilung von einer sehr alten Form der Zehn-Tage-Woche ausgeht. Sie stellen die zehn Tagesstämme des chinesischen Kalenders dar, die sich sechsmal in unregelmäßiger Reihenfolge wiederholen: daher auch die Bezeichnung »60 Drachen«.

Jeder Tag hat zur ▸ Erdzweig-Zahl auch eine ▸ Himmelsstamm-Zahl. Die zehn Himmelsstämme sind den ▸ Fünf Elementen zugeordnet, wobei jedes Element eine Gewichtung nach ▸ Yin und Yang erhält. Dies sind die Zahlen 1 und 2 für ▸ Holz, 3 und 4 für ▸ Feuer, 5 und 6 für ▸ Erde, 7 und 8 für ▸ Metall, 9 und 10 für ▸ Wasser.

Die Lage eines Gebäudes wird mit Hilfe dieses 7. Rings im Hinblick auf die günstigen Einflüsse des ▸ Drachen in der Umgebung untersucht.

**8. Ring = Die zwölf Tagesäste** – Die Tage des chinesischen Kalenders werden in regelmäßiger Folge in Zwölfersequenzen nummeriert. Das Prinzip wird im 8. Ring des chinesischen Kompasses dargestellt. Unsere übersetzte Version verwendet hierfür die römischen Ziffern **I – XII**, allerdings jeweils doppelt (durch die Doppelstunde). Dieser Ring wird zur Ermittlung von günstigen Richtungen und günstigen Tagen genutzt.

**9. Ring = Die 120 Drachen** – Wird auch »feng chin« oder »fen chin« genannt. Die zehn Tagesstämme werden hierbei weiter in je zwölf Teile unterteilt, wodurch insgesamt 120 Einteilungen je 3° entstehen. Bei einem einfachen Feng-Shui-Kompass wird auf diesen Ring verzichtet, da sich die 3° nur mit geschultem Auge messen lassen. Jeder kleine Fehler beim Ablesen oder Einstellen der Scheibe kann erhebliche Abweichungen in der Deutung von günstigen oder ungünstigen Einflüssen aus der Umgebung erbringen. Die Informationen aus diesem Ring geben Auskunft darüber, ob sich das ▸ **Chi** aus einer bestimmten Richtung in einem zunehmenden oder abnehmenden 60-tägigen Zyklus befindet. Dies kann z. B. für die Beurteilung des Baubeginns oder anderer wichtiger Ereignisse von Bedeutung sein.

**10. Ring = Die abendländischen Monate** – Hier findet man die uns bekannten zwölf Monate eingetragen. Dies ist eine Anpassung bezüglich der Nutzung des Lo Pan im Westen.

**11. Ring = Die 28 Mondhäuser bzw. Einteilung in chinesische Grade** – Die feinste Unterteilung besteht aus 365 1/4 Spalten. Jeder Grad entspricht dabei der täglichen Bewegung der Sonne.

Hier wird deutlich, wie umfangreich die Betrachtung der ▸ **Kompass-Schule** ist. Dieser Kompass wird auch zur Bestimmung des Sternstandes benutzt und entspricht dabei etwa einem Astrolabium der Antike. Zu der Gradeinteilung kommen 28 verschieden große Unterteilungen hinzu, die mit den 28 Häusern des Mondes aus der westlichen Astrologie vergleichbar sind. Die 28 Mondhäuser werden im Chinesischen »hsiu« genannt, was mit »großes, vornehmes Haus« übersetzt wird. Die Mondhäuser beschreiben 28 Sternbilder, die längs des himmlischen Äquators liegen. Sonne, Mond und die fünf Planeten durchwandern diese 28 Sternbilder und halten sich jeweils eine Weile dort auf. Mit diesem Ring kann man zusätzlich Aufschluss darüber erlangen, welche Zeiten sich am günstigsten auf einen Ort auswirken. Da es sich hierbei um ein weiteres sehr komplexes Thema handelt, wird dieser Ring in vielen Lo Pan ausgelassen und auch hier nicht als zusätzlicher Ring aufgenommen. Literatur dazu finden Sie im Anhang.

**Erwirbt man in China einen Lo Pan,** sollte man beachten, dass diese Geräte anders geeicht sind und nicht im Westen verwendet werden dürfen, da man sonst Abweichungen erhält. Weiterhin ist zu beachten, dass die Kompassnadel in China nach Süden hin markiert ist. Geräte, die bei uns erhältlich sind, sind bereits übersetzt und mit der Kompassnadel nach Norden hin markiert.

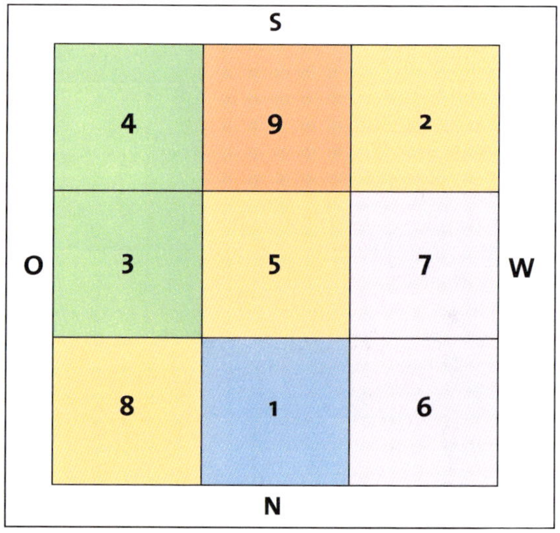


*Lo Shu, das »magische Quadrat«.*

## Lo Shu

Lo Shu (oder auch Luoshu) ist die chinesische Bezeichnung für ein magisches Quadrat mit neun gleichen Feldern. Den Feldern des Lo Shu sind die Zahlen 1 bis 9 zugeordnet, und zwar in einer Weise, dass die Summe einer Zeile, sowohl horizontal, vertikal als auch diagonal immer 15 ergibt.

**Geschichte –** Die Überlieferungen zur Entstehung des Lo Shu und der acht Trigramme des ▸ **I Ging** sind nicht ganz eindeutig und widersprechen sich zuweilen. Eine Legende besagt, dass nach einer großen Flut vor etwa 6.000 Jahren eine Schildkröte dem Fluss Lo entstieg, die eine ganz besondere Zeichnung auf ihrem Rückenpanzer trug.

Diese Maserung liegt der Zahlenanordnung des Lo Shu zugrunde. Die traditionelle Darstellung der Zeichen auf dem Rücken der Schildkröte aus dem Fluss Lo ist häufig als Glück bringendes Symbol zu finden, etwa auf Abbildungen des ▸ **Bagua,** um die acht ▸ **Trigramme** herum angeordnet.

**Anwendung –** Sie geschieht auf vielfältige Art: Die Zahlen des Lo Shu sind mit den Trigrammen des I Ging und damit mit den Lebensbereichen des Bagua verknüpft. Das Lo Shu findet Anwendung bei der Ermittlung der ▸ **Fliegenden Sterne,** einer Methode, die Feng Shui mit der ▸ **Chinesischen Astrologie** verbindet, oder in dem verwandten System der »hergeleiteten Töne« (chinesisch: »nayin«, auch bekannt als »Essenz der fünf Wandlungsphasen«). Im Feng Shui, speziell im ▸ **Bagua Lo Shu Feng Shui,** einer Ausrichtung der ▸ **Kompass-Schule,** wird auch mit dem »magischen Quadrat« gearbeitet. Es dient zur Ermittlung der ▸ **Günstigen und ungünstigen Bagua-Bereiche** und der ▸ **Besten Richtung.**

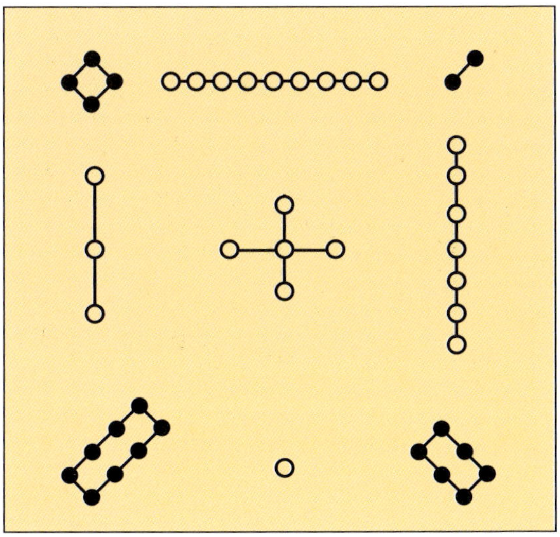

*Traditionelle Darstellung der Zeichen auf dem Panzer der legendären Lo-Shu-Schildkröte.*

## Lo-Shu-Nummer

Auch unter der Bezeichnung ▸ **Kua-Zahl** bekannt. Diese Nummer bezeichnet eine Zahl aus dem chinesischen »magischen Quadrat«, dem ▸ **Lo Shu.** Es gibt auch den Ausdruck »Persönliche Lo-Shu-Nummer«. Gemeint ist damit die Zuordnung einer der Zahlen des Lo Shu zu einer Person anhand deren Geburtsdatums. Da die Zahlen des Lo Shu auf die ▸ **Trigramme** des ▸ **I Ging** bezogen sind und diese auch als Kua bezeichnet werden, wird in diesem Buch der Begriff »Kua-Zahl« verwendet. Wie Sie Ihre persönliche Kua-Zahl finden, ist unter ▸ **Kua-Zahl** genau erläutert. Auch einem Haus oder einer anderen räumlich abgeschlossenen Einheit kann aufgrund seiner Ausrichtung eine Kua-Zahl (bzw. Nummer des Lo Shu) zugeordnet werden. Weitere Anwendungsbeispiele finden Sie unter den Stichworten ▸ **Sitz** und ▸ **Günstige und ungünstige Bagua-Bereiche.**

## Luft/Belüftung

Ein wichtiger Faktor im Feng Shui ist eine gute Raumluft. In Räumen mit schlechtem bzw. stagnierendem ▸ **Chi** herrscht meist schlechte Luft. Für das Wohlbefinden in einem Raum ist gute Luft jedoch unabdingbar. Räume mit frischer Luft verbessern das Chi und wirken sich auf Bewohner und Pflanzen äußerst wohltuend aus. Jeder Raum nimmt den Geruch seiner Bewohner an – auch wenn man es selbst nicht mehr wahrnimmt. Denken Sie deshalb daran, immer wieder Räume mit Frischluft zu versorgen.

**Beachten Sie beim Lüften folgende Punkte:**

**Ideal sind Stoßlüftungen –** drei- bis fünfmal täglich etwa fünf bis zehn Minuten die Fenster weit öffnen.

**Querlüftung –** Innen liegende Räume ohne Fenster stellen ein Problem dar. Die Lösung: Lüften Sie »quer«, indem Sie die Tür zu den umliegenden Räumen offen lassen.

**Lüften im Winter –** Da die Luft im Winter trocken ist, ist dies auch die beste Zeit, Räume, die zu feucht sind, durch Stoßlüftung zu trocknen. Vorher sollten Sie die Heizungsthermostate herunterdrehen, da sonst die Heizung durch die Lüftaktion die Information »kalt« erhält und anschließend die Räume überhitzen kann. Die warme und feuchte, gesättigte Luft entweicht aus dem Raum, und Frischluft nimmt anschließend schneller wieder Heizungswärme auf.

Wenn Sie manchmal in Räumen, die wohlig temperiert sind, trotzdem frieren: Nach einer solchen Lüftungsmethode wird das nicht mehr der Fall sein!

## Lung

Chinesisches Wort für Drache. Näheres dazu unter dem Stichwort ▸ **Drachen.**

## Lung Mei

Chinesisches Wort für Drachenadern. Mehr dazu unter dem Stichwort ▸ **Drachenadern.**

## Lung Shen

Chinesischer Begriff für Drachengeister.

## Luo Pan

Andere Schreibweise und Bezeichnung für den Feng-Shui-Kompass, den Lo Pan. Ausführliches dazu finden Sie unter dem Stichwort ▸ **Lo Pan.**

# M

## Magisches Quadrat

Mehr unter dem Stichwort ▸ **Lo Shu.**

## Mandala

Das Wort »Mandala« stammt aus dem Altindischen und bedeutet »Kreis«. Es wird heute für runde, auf einen Mittelpunkt zentrierte Abbildungen benutzt. Um einen Mittelpunkt herum sind, meist in konzentrischen Kreisen, grafische oder symbolische Elemente angeordnet. Ursprünglich entstanden die Kreisbilder auf dem Hintergrund östlicher Religionen als Meditationszeichen oder Träger religiöser Erfahrungen. Aber auch in historischen Bauwerken sind Mandalas zu finden, etwa die Fensterrosette einer alten Kathedrale – und selbst in der Natur kommen unzählige Mandalas vor, wie z. B. das Mandala einer aufgeblühten Rose.

**Mandalas im Feng Shui –** Durch die symmetrische runde Erscheinung haben Mandalas eine harmonisierende Ausstrahlung und werden gern im Feng Shui als ▸ **Hilfsmittel** eingesetzt.

**Energetisierung und Harmonisierung –** Abhängig von ihren Farben und ihren bildhaften Elementen eignen sich Mandalas sehr gut zur Energetisierung und Harmonisierung von Räumen.

**Stärkung einzelner Bagua-Bereiche –** Mandalas können auch gezielt zur Stärkung einzelner ▸ **Bagua-**Bereiche eingesetzt werden, beispielsweise ein in Blautönen gehaltenes Mandala mit silbernen Sternen und Monden um einen Mittelpunkt zentriert unterstützt in einem Ruhebereich die Entspannung. Außerdem wirken die Blautöne anregend auf den Bagua-Bereich »Lebensweg«, der mit dem Element ▸ **Wasser** verbunden ist.

Ein Mandala mit zarten Blumenmotiven in rosigen und gelblichen Farben stärkt dagegen eher den mit dem Element ▸ **Erde** verbundenen Bagua-Bereich »Partnerschaft«. Besonders das mittlere Bagua-Feld, die »Innere Mitte«, kann durch ein schönes Mandala in seiner zentrierenden Funktion unterstützt werden. In den Boden eingelassene Mandalas betonen ebenfalls die Mitte eines Raumes und können eine positive Ausstrahlung haben.

*Mandala bedeutet »Kreis« und gilt als Bezeichnung für zentrierte Darstellungen. Sie werden im Feng Shui zur Energetisierung und Harmonisierung von Räumen eingesetzt.*

## Mao

Das chinesische Wort für die Himmelsrichtung ▸ **Osten.**

## Maße

Zahlen und Maße faszinierten die Menschen schon seit frühester Geschichte, und die Baumeister der Antike haben mit ihrem Wissen um Proportionen Gebäude errichtet, deren starke Ausstrahlung bis heute nicht nachgelassen hat. In der modernen Welt mit ihren genormten Rastersystemen, in der alles rationalisiert und vereinheitlicht wird, kommt diese faszinierende Ausstrahlung kaum noch zustande.

Aus der Sicht von Feng Shui gibt es eine Theorie über günstige und ungünstige Maße. Diese spezielle Maßeinteilung geht wahrscheinlich auf einen Zimmermannsmeister aus der Sung-Dynastie (960 bis 1279 v. Chr.) zurück. Das Maßsystem wurde damals vermutlich aus Anlass des Umbaus des Kaiserpalastes entwickelt. Heute gibt es die Feng-Shui-Maße auf Maßstäben, Maßbändern oder Messlatten, um ein schnelles Ausmessen zu ermöglichen.

**Die Feng-Shui-Maße –** Dieses System basiert auf dem chinesischen Fuß. Die Feng-Shui-Maße werden in Abschnitten von 43 Zentimeter eingeteilt, die wiederum in je 5,4 Zentimetern unterteilt sind. Das Grundmaß von 43 Zentimetern wird im chinesischen »tschi« und die Abschnitte von 5,4 Zentimetern »tsun« genannt.

Es gibt acht sich wiederholende Abschnitte, die im Zusammenhang mit den acht ▸Trigrammen stehen. Die Länge der Diagonale eines Quadrates, dessen Seitenlänge einen chinesischen Fuß von 34,8 Zentimetern beträgt, entspricht wiederum 43 Zentimeter ($a^2 + b^2 = c^2$). Man unterscheidet zwischen vier günstigen und vier ungünstigen Abschnitten.

Nachfolgend sind die Feng-Shui-Maße aufgelistet. Die roten Zahlen entsprechen ungünstigen, die blauen Zahlen günstigen Maßen.

Je nachdem, in welcher Maßeinheit man sich laut Liste befindet, hat das Maß eine gute oder ungünstige Eigenschaft. Diese ist jeweils in der Liste unter »Symbolik« ablesbar.

Bitte beachten Sie dabei, dass die chinesische Symbolsprache oftmals für uns sehr dramatisch klingt und bewerten Sie von daher die negativen Aspekte nicht über. Der Begriff »Gerechtigkeit« wird vielfach auch mit »Großmut« bezeichnet, »Gutes Gelingen« heißt mitunter auch »Macht der Behörden«. »Ursprung« bezeichnet man auch mit »Kapital«.

## Feng-Shui-Maßsysteme

| Maß | chinesisch | Symbolik |
|---|---|---|
| 0,0 – 5,4 cm | Ts´ai | Reichtum |
| 5,5 – 10,7 cm | Ping | Krankheit |
| 10,8 – 16,1 cm | Li | Trennung |
| 16,2 – 21,4 cm | I | Gerechtigkeit |
| 21,5 – 26,8 cm | Kuan | Gutes Gelingen/ Beförderung |
| 26,9 – 32,1 cm | Chien | Raub/Verlust |
| 32,2 – 37,5 cm | Hai | Konfrontation |
| 37,6 – 42,9 cm | Pen | Ursprung/ Einheit |
| 43,0 – 48,4 cm | Ts´ai | Reichtum |
| 48,5 – 53,7 cm | Ping | Krankheit |
| 53,8 – 59,1 cm | Li | Trennung |
| 59,2 – 64,4 cm | I | Gerechtigkeit |
| 64,5 – 69,8 cm | Kuan | Gutes Gelingen/ Beförderung |
| 69,9 – 75,1 cm | Chien | Raub/Verlust |
| 75,2 – 80,5 cm | Hai | Konfrontation |
| 80,6 – 85,9 cm | Pen | Ursprung/ Einheit |

## Weitere günstige Maße

| Maß | chinesisch | Symbolik |
|---|---|---|
| 86,0 – 91,4 cm | Ts´ai | Reichtum |
| 102,2 – 107,4 cm | I | Gerechtigkeit |
| 107,5 – 112,8 cm | Kuan | Gutes Gelingen |
| 123,6 – 128,9 cm | | Ursprung/ Einheit |
| 129,0 – 134,4 cm | Ts´ai | Reichtum |
| 145,2 – 150,4 cm | I | Gerechtigkeit |
| 150,5 – 155,8 cm | Kuan | Gutes Gelingen |
| 166,6 – 171,9 cm | | Ursprung/ Einheit |
| 172,0 – 177,4 cm | Ts´ai | Reichtum |
| 188,2 – 193,4 cm | I | Gerechtigkeit |
| 193,5 – 198,8 cm | Kuan | Gutes Gelingen |
| 209,6 – 214,9 cm | Pen | Ursprung/ Einheit |

**Anwendung –** Die Feng-Shui-Maße können in allen denkbaren Bereichen angewendet werden. Die Maße werden z. B. auf Grundrisse, Möbel, Fenster und Türen, Räume, Bilder, Mauerdurchbrüche bis hin zu Briefpapier und Visitenkarten übertragen. Dem Anwendungsbereich sind kaum Grenzen gesetzt.

Unsere Normmaße entsprechen sehr oft nicht den »positiven« Feng-Shui-Maßen. Sie sollten jedoch genau abwägen, inwieweit Sie sich strikt an die Feng-Shui-Regeln halten und den Mehraufwand betreiben möchten, bereits bestehende Maße zu ändern.

Zu empfehlen ist die Ausrichtung nach Feng-Shui-Maßen, wenn Sie sich mit einer Neuanfertigung beschäftigen. Welche auch immer das sein mag – ob Haus oder Möbelstück –, Sie können die Maße im Voraus mit einplanen.

Beim Bau eines Hauses sollte der Wunsch nach Feng-Shui-Maßen vor der Planung geäußert werden, um u. a. bei den Angeboten über den Mehraufwand informiert zu werden. Bei Materialien mit genormten Maßen muss man von Fall zu Fall entscheiden, ob der Wunsch nach einem nach Feng-Shui »positiven« Maß die Kosten für eine Sonderanfertigung rechtfertigt.

Wer mit Feng-Shui-Maßen arbeitet, der sollte immer auch die praktikable Seite dabei bedenken. Folgt man etwa der Empfehlung, einen Schreibtisch in der Höhe des Idealmaßes von 84 Zentimetern anzufertigen, dann hat man zwar eine nach Feng-Shui-Maßen Glück bringende Schreibtischhöhe, aber wahrscheinlich Probleme mit der Tischkante. Ob in diesem Fall dann die Idee eines erhöhten Podestes im Stuhlbereich der Weisheit letzter Schluss ist, um einerseits das Idealmaß der Schreibtischhöhe beizubehalten und andererseits an diesem Tisch auch bequem sitzen zu können, ist allerdings fraglich.

**Gehen Sie überlegt an die Dinge heran –** Was die Maße nach Feng Shui betrifft, so ist es angeraten, »maßvoll« mit dem Thema umzugehen. Sie sollten – weder positive noch negative – Symbolik zu ernst nehmen und auch keine unpraktikablen Korrekturen durchführen, denn die Maße sind nur ein Steinchen von sehr vielen Bausteinen im Feng Shui.

## Materialien

Materialien können je nach ihren spezifischen Eigenschaften einem der ▸ Fünf Elemente und auch ▸ Yin- oder ▸ Yang-Aspekten zugeordnet werden. Bei der Auswahl sollten Sie außerdem darauf achten, dass die Materialien keine gesundheitsschädlichen Stoffe enthalten. Ausführliches dazu finden Sie unter dem Stichwort ▸ Baubiologie.

**Material und Baubiologie –** Mehr über Themen, die eng mit der Auswahl von Materialien in Verbindung stehen, finden Sie im Lexikon auch unter den Stichwörtern **▸ Fünf Elemente, ▸ Chi-Fluss, ▸ Bagua** und **▸ Baubiologie.**

### Die Materialien im Einzelnen

**Holz** gehört nach der Lehre der Fünf Elemente zum gleichnamigen Element ▸ Holz. Es gilt als ein neutraler Werkstoff, der weder Yin noch Yang zugeordnet ist.

**Metall** gehört laut der Lehre der Fünf Elemente zu dem Element ▸ Metall. Durch die glatte und harte Oberfläche hat es Eigenschaften, die dem Yang-Charakter entsprechen.

**Glas** wird dem Element ▸ Wasser zugeordnet. Die glatte, spiegelnde Oberfläche verleiht dem Werkstoff eine Yang-betonte Ausstrahlung.

**Keramik/Ton** gehören zum Element ▸ Erde. Bei diesem Material sind die Eigenschaften von Yin vorherrschend.

**Anwendung –** Im Allgemeinen besitzen Materialien mit harten und glatten Oberflächen mehr Yang und haben die Fähigkeit, den ▸ Chi-Fluss zu beschleunigen. Materialien mit weichen und rauen Oberflächen weisen mehr Yin-Charakter auf und bremsen den Chi-Fluss ab.

**Innen liegende Räume ohne Fenster** können durch die Ausstattung mit glatten Materialien profitieren. Das Chi wird bewegt, beispielsweise bei einem innen liegenden Badezimmer, das mit Marmor oder Fliesen ausgestattet wird.

**Für den Arbeitsbereich** kann man Yang-betonte Materialien vorziehen. Die Räume sollen aber trotzdem gemütlich wirken.

**Für den Wohnbereich** sollten eher Materialien mit mehr Gewicht auf Yin ausgewählt werden.

## Meditation

Der Begriff »Meditation« kommt vom lateinischen Wort »meditatio« für »Nachsinnen«. Meditation ist gebräuchlich für viele verschiedene Techniken der inneren Betrachtung, einer Art Innenschau mit dem Ziel der Bewusstwerdung des eigenen Selbst als Teil der Ganzheit. In der inneren Versenkung gewonnene Einsichten können sehr hilfreich für das menschliche Verständnis des Lebens sein.

Es sind heute viele unterschiedliche Methoden der Meditation bekannt, vom Rückzug in die totale Stille bis hin zu sehr bewegten, dynamischen Techniken. So kann Meditation im Zusammenhang mit Feng Shui unseren Entwicklungsprozess auf einer anderen Ebene erheblich unterstützen.

**Meditation und Feng Shui –** Voraussetzung für die Anwendung von Feng Shui ist das Wissen um den Zusammenhang aller Dinge. Wenn man mit Feng Shui arbeitet, ist es hilfreich, in dem Zusammenspiel zwischen Mensch und Umfeld nicht nur das Umfeld bewusster wahrzunehmen und zu verändern, sondern auch den Menschen und seine Wahrnehmung in die Betrachtung mit einzubeziehen.

Unsere Umgebung spiegelt unser Innenleben wider. Verändern wir diese Umgebung, so erreichen die dadurch gesetzten Impulse auch unsere Persönlichkeit und fordern auf zur Arbeit an uns selbst. Meditation ist ein Weg dazu.

*Kalligrafie für das Element Metall.*

## Metall

Bezeichnung für eines der Fünf Elemente bzw. der Fünf Wandlungsphasen. Das Element Metall steht für Verdichtung und Verfestigung sowie für geistige Sammlung. Da das chinesische Schriftzeichen für Metall Gold bedeutet, wird es auch mit materiellem Reichtum verbunden. Ausführliches finden Sie unter dem Stichwort ▸ **Fünf Elemente.**

## Methoden-Künste

Wird auch Quadrat-Künste, oder Fangshu genannt. Methoden-Künste ist ein zusammenfassender Begriff für die Deutungs- und Prognosetechniken zur Schicksalsberechnung mit den traditionellen chinesischen Wissenschaften. Die Methoden-Künste erstrecken sich u. a. über Techniken der Orakelbefragung, traditionelle ▸ **Chinesische Astrologie,** Feng Shui und traditionelle ▸ **Chinesische Medizin.**

## Methoden-Meister

Chinesisch »fangshi«. Darunter ist ein ausübender Experte in einer der ▸ **Methoden-Künste** gemeint.

## Ming Tang

Wird mit »hellem Saal« übersetzt und ist eine Bezeichnung für einen freien Platz vor einem Haus oder einem Anwesen, an dem ▸ **Chi** zirkulieren und sich sammeln kann. Wenn man vor dem Eintreten den Ming Tang durchschreitet, bringt man stets gutes Chi mit in das Gebäude. Vorzugsweise liegt der Ming Tang im Süden und gleichzeitig an der Eingangsseite eines Gebäudes. In der symbolischen Darstellung der Landschaftsformen entspricht der Ming Tang einem der Himmlischen Tiere, dem ▸ **Phönix.** Mehr unter ▸ **Himmlische Tiere.**

## Möbel

Nicht nur der Standort der Möbel hat Einfluss auf den Fluss des ▸ **Chi,** sondern auch die Form und Beschaffenheit der Möbel.

Wenn man sich bei antiken Möbeln umsieht, kann man feststellen, dass sich deren Design und die Kriterien des Feng Shui meist gut miteinander vertragen. Die früheren Betten haben hohe Kopf- und Fußteile und bieten eine gute ▸ **Rückendeckung.** Jeder, der schon einmal in solch einem Bett geschlafen

*Ein gutes Beispiel für das Thema »Rückendeckung«: Betten besaßen früher ein hohes Kopf- und Fußteil, die dem Schlafenden Schutz und Geborgenheit vermitteln.*

hat, wird sich gut an das geborgene Gefühl erinnern. Wenn man diese Art von Bett näher untersucht, wird man feststellen können, dass man durch die höheren Endteile vom ▸ Chi-Fluss geschützt liegt. Moderne Möbelentwürfe verzichten auf »altmodische« hohe Kopf- und Fußteile. Optisch sind moderne Betten auf den ersten Blick zwar gefälliger, da der Raum, in dem das Bett steht, größer wirkt, doch für den Schlafkomfort ist die antike Variante besser.

**Ungünstig sind Metallbetten,** denn das Erdmagnetfeld kann durch die Metalle in ungünstigem Maß abgelenkt werden. Denken Sie bei der Neuanschaffung eines Bettes daran, dass auch das Material des Bettes Einfluss auf Ihren Schlaf haben kann.

**Fünf Elemente –** Bei der Auswahl der Möbel können die ▸ Fünf Elemente in Bezug auf Material, Form und Farbe mit herangezogen werden, um ein ausgewogenes Verhältnis zu erhalten. So wird ein Holzmöbel nach dem Material dem Element ▸ Holz zugeordnet. Steht beispielsweise eine quadratische Kommode in ▸ Rot im Raum, hat man über die quadratische Form das Element ▸ Erde und über die ▸ Farbe das Element ▸ Feuer angeregt. Alle drei Elemente ergänzen sich somit. Das Holz nährt das Feuer, und das Feuer nährt die Erde. In einem konkreten Fall vor Ort ist eine Analyse wesentlich komplizierter, da alle Eindrücke zusammengefasst und gegeneinander abgewogen werden. Erst im Gesamtbild kann man erkennen, ob eines der Fünf Elemente fehlt und ergänzt werden sollte.

**Der Standort –** Für den Standort eines Möbels ist u.a. auch der Chi-Fluss entscheidend. Sitzplätze sollten Rückendeckung haben. Zudem ist wichtig, darauf zu achten, dass die Möblierungsanordnung so gewählt ist, dass keine spitzen Ecken auf in der Nähe liegende Sitzplätze gerichtet sind. Die meisten Sitzplätze sollten den Blick zur Tür haben. Mehr unter ▸ Chi-Fluss und ▸ Geheime Pfeile.

**Die Form der Möbel –** Mit Möbeln sollten Sie sich in erster Linie wohl fühlen. Möbel mit Rundungen oder mit abgerundeten Kanten eignen sich gut in Entspannungsbereichen, härtere Möbel mit klaren Formen dagegen besser in Arbeitsbereichen.

## Mobiles

Objekte, die aufgehängt werden und an denen mehrere dekorative oder künstlerische Teile baumeln. Man kennt Mobiles als Teil des Kinderzimmers oder aus Bastelstunden für Kinder.

Kleinkinder haben oft kleine Mobiles an ihren Kinderwagen, da die Faszination, die durch die bewegten Teile entsteht, die Kinder beschäftigt und die Augen trainiert. Seitdem Feng Shui sich auch im Westen größerer Beliebtheit erfreut, werden die schon fast in Vergessenheit geratenen Mobiles wieder entdeckt. Nach Feng Shui ist es empfehlenswert, Mobiles da anzubringen, wo sich so genannte tote ▸ Ecken befinden, die dadurch belebt werden. Im modernen Feng Shui sind hierfür ▸ Klangspiele oder ▸ Regenbogenkristalle vor Fensterflächen üblich, um den ▸ Chi-Fluss in den Räumen länger zirkulieren zu lassen. Diese Hilfsmittel haben eine sehr kräftige Ausstrahlung, doch nicht jeder kann sich damit anfreunden. Alternativ zu diesen Hilfsmitteln können Sie Mobiles aufhängen, die es in unzähligen Varianten gibt – von bunten, verspielten bis zu klaren, einfachen Formen.

Beliebtes Hilfsmittel im Feng Shui sind Mobiles. Sie lassen den Chi-Fluss im Raum länger zirkulieren.

In der Geldbörse oder im Bagua-Bereich »Reichtum und Wohlstand« sollen Münzen den Reichtum anziehen.

## Monatssäule

Bezeichnung aus dem Bazi Suanming, einer Prognosetechnik der ▸ **Chinesischen Astrologie.** In der Monatssäule werden die ▸ **Himmelsstämme** und die ▸ **Erdzweige** für den Geburtsmonat ermittelt, jeweils nach ▸ **Yin** und ▸ **Yang** unterschieden und mit einer Zuordnung zu einem der ▸ **Fünf Elemente.** Ausführliches hierzu auch unter ▸ **Bazi Suanming.**

## Mondkalender

Chinesischer Kalender, der sich nach den Mondphasen richtet und dessen Jahr jeweils mit dem zweiten Neumond nach der Wintersonnenwende beginnt. Der Mondkalender macht auch Angaben zu den chinesischen ▸ **Tierkreiszeichen,** den ▸ **Fünf Elementen** und zum Teil zu den ▸ **Himmelsstämmen** und den ▸ **Erdzweigen.** Diese Angaben werden u. a. im Feng Shui und im ▸ **Bazi Suanming,** einer Form der ▸ **Chinesischen Astrologie,** benutzt.

## Münzen

Werden im modernen Feng Shui als ▸ **Hilfsmittel** benutzt, um den Reichtum zu aktivieren. In China gibt es seit etwa 2.700 Jahren Münzen. Sie sind rund und mit einer quadratischen Öffnung im Zentrum versehen. Der Kreis steht für den Kosmos und die quadratische Öffnung im Zentrum für die Erde.

Chinesische Münzen werden an roten Bändern aufgefädelt und in die Geldbörse gelegt, um den Reichtum anzuziehen. Um den Bereich »Wohlstand und Reichtum« im ▸ **Bagua** zu unterstützen, werden die auf roten Bändern aufgefädelten chinesischen Münzen in diesem Bereich aufgehängt.

## Musik

Musik hat einen starken Einfluss auf die Stimmung eines Raumes. Da sich Feng Shui stets um ein harmonisches Umfeld bemüht, ist auch die Auswahl der Musik ein wichtiges Kriterium, das die Raumatmosphäre stark beeinflusst und die Stimmung von Mensch, Tier und Pflanze mitbestimmt. Dies wurde durch viele Tests bestätigt: Kühe z. B., die man regelmäßig mit klassischer Musik berieselte, erbrachten höhere Milcherträge als ihre Artgenossen, die man harter Rockmusik aussetzte.

Musik ist besonders interessant für Räume, in denen Sie sich intuitiv unwohl fühlen, ohne genau zu wissen, warum. Hier können Klänge sehr hilfreich sein und stimmungsaufhellend wirken.

**Reinigende Wirkung von Klang –** Töne von Klangschalen, Trommeln oder Trompeten haben die Eigenschaft, Räume zu klären und zu reinigen. Sehr wirksam sind dabei Klangschalen, die es in verschiedenen Tönen gibt. Sie sollten dabei stets solche

**Ihr Geschmack entscheidet –** Da der Mensch stark von seinen Vorlieben und Abneigungen abhängig ist, nützt es wenig, Musik aufzulegen, die zwar vom Feng-Shui-Standpunkt aus betrachtet positiv ist, die einem grundsätzlich jedoch nicht gefällt. Hier gilt: Das persönliche Empfinden zählt!

Schalen wählen, deren Töne Sie besonders ansprechen. Sie können damit auch in regelmäßigen Abständen Reinigungsrituale durchführen, die Sie mit Räucherwerk (▸ **Räuchern**) ergänzen können. Mehr hierzu unter dem Stichwort ▸ **Reinigungsrituale.**

# N

## Nachbarn

Sie haben ohne Zweifel Einfluss auf die Lebensqualität. Und das nicht nur dann, wenn man sich mit einem Nachbarn nicht gut versteht oder gar mit ihm in offenem Streit ist, wenn der Nachbar zur Lärmbelästigung geworden ist, sondern auch, wenn die baulichen Gegebenheiten des Nachbarn Sie stören.

**Geheime Pfeile –** Um die größten Unstimmigkeiten mit Nachbarn hinsichtlich der baulichen Situation im Voraus zu vermeiden, gibt es vonseiten des Bauamts viele Regeln, wie Abstandsflächen. Allerdings gibt es auch Störfaktoren, die den meisten nicht bewusst sind. Ist das Haus des Nachbarn z.B. so gebaut, dass eine Häuserecke genau auf das eigene Gebäude zielt, dann könnte es durch einen ▸ **Geheimen Pfeil** zu einer energetischen Trennung innerhalb des Hauses kommen. Dies kann bei bereits instabilen Hausgemeinschaften zu Spannungen oder sogar zu Trennung führen. Hier können Sie schnell mit Hilfe von ▸ **Spiegeln** oder einer Barriere in Form einer ▸ **Pflanze** oder Skulptur Abhilfe schaffen.

**Bagua –** Falls es Probleme mit dem Nachbarn gibt, dann kann man im Garten oder auch in den Wohnräumen in den Bereichen des ▸ **Bagua** »Partnerschaft« und »Hilfreiche Freunde« Maßnahmen ergreifen, die dafür sorgen, dass diese Bagua-Bereiche harmonisiert werden.

*Zurückwerfen von Geheimen Pfeilen eines Nachbardaches mit Hilfe eines Bagua-Spiegels.*

**Tipps zum Thema Nachbarn** finden Sie unter ▸ **Geheime Pfeile,** ▸ **Bagua,** ▸ **Fünf Elemente,** ▸ **Lärm,** ▸ **Spiegel** sowie im Kapitel »Außenraum« (Seite 288) im Praxisteil.

## Nachhimmlische Reihenfolge

Der Begriff stammt von dem chinesischen Wort »houtian«, das übersetzt »Später Himmel« oder »Späte Tage« heißt, und wird auch »Späterer Himmel« oder »Nachgeburtliche Reihenfolge« genannt. Nachhimmlische Reihenfolge ist eine Bezeichnung für die Sequenz der ▸ **Trigramme** des I Ging, in der Reihenfolge der chinesischen Gelehrten König ▸ **Wen Wang** und dem Herzog von Chou. In dieser zyklischen dynamischen Reihenfolge werden die universellen Prinzipien nach ihrem Erscheinen im Jahreslauf geordnet. Mehr dazu unter ▸ **I Ging.**

## Nährungszyklus

Gebräuchlicher Ausdruck für die aufbauende Reihenfolge im Kreislauf der ▸ **Fünf Elemente** (auch Fünf Wandlungsphasen genannt). Holz nährt Feuer, Feuer nährt Erde, diese nährt das Metall, Metall nährt Wasser, und Wasser wiederum nährt das Holz. Zuweilen wird diese Folge auch als Schöpfungszyklus oder Fütterungszyklus bezeichnet.

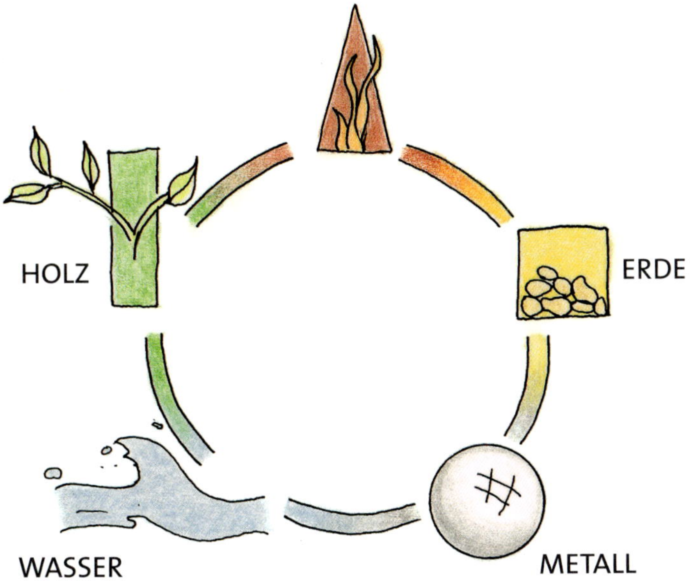


*Nährungszyklus im Kreislauf der Fünf Elemente (Fünf Wandlungsphasen): Holz nährt Feuer, Feuer nährt Erde, Erde nährt Metall, Metall nährt Wasser, und Wasser nährt Holz.*

## Naturgeister

Informationen zum Thema finden Sie unter den Stichwörtern ▸ **Elementarwesen** und ▸ **Geister.**

## Neogeomantie

Bezeichnung für die westliche ▸ **Geomantie** in der heute angewandten Form. Dazu gehört u. a. das Erspüren von ▸ **Wasseradern** und anderen Störeinflüssen in geobiologischen Haus- und Schlafplatzuntersuchungen. Meistens können ▸ **Rutengänger** oder ▸ **Geomanten** mittels einer ▸ **Rute** Plätze aufzeigen, die einem störenden Einfluss unterliegen, der den Menschen bei dauerhaftem Aufenthalt schwächen kann. Auch in größeren räumlichen Zusammenhängen wie Parkanlagen oder städtebaulichen Projekten spielt die Neogeomantie heutzutage eine Rolle. Das feinstoffliche energetische Gefüge wird untersucht und zuweilen durch gezielte Maßnahmen, wie etwa eine Steinsetzung, harmonisiert. Wird die Neogeomantie bereits in die Planung mit einbezogen, so können starke Störzonen für den Daueraufenthalt gemieden werden. Ebenso können auch kraftvolle Einflüsse in die Gestaltung integriert werden und zur Stärkung der Gesamtanlage genutzt werden. Ausführliches unter ▸ **Geomantie.**

## Neun Paläste

Übersetzung für das chinesische Wort »jiugong«. Bezeichnet eine der ▸ **Palast-Methoden** als Teil der Prognosetechniken der ▸ **Chinesischen Astrologie.**

## Neun-Sterne-Ki

Eine der Prognosetechniken der ▸ **Chinesischen Astrologie.** Auch im Neun-Sterne-Ki spielen die ▸ **Trigramme** des ▸ **I Ging** eine wichtige Rolle, was auf die chinesische Herkunft hinweist. In der traditionellen Chinesischen Astrologie wird jedoch zur Ermittlung einer tiefergehenden Prognose des Lebens eher die Methode des ▸ **Bazi Suanming** benutzt. Angewendet wird das Neun-Sterne-Ki weit häufiger in Japan als in China, weshalb die Lebensenergie auch die japanische Bezeichnung »ki« hat. Eine klare Trennung der chinesischen und japanischen Techniken ist kaum möglich.

**Grundlagen –** Grundlegend für das Neun-Sterne-Ki ist ein wiederkehrender Kreislauf, der durch neun verschiedene atmosphärische Konditionen geprägt ist. Die energetische Qualität dieser neun Einflüsse wird auch mit den neun Planeten unseres Sonnensystems assoziiert, daher stammt auch die Bezeichnung Neun-Sterne-Ki.
Ausgehend davon, dass die Atmosphäre der Erde regelmäßig diese neun Energiequalitäten durchläuft, ergeben sich verschiedene Kreisläufe, deren Einflüsse alle neun Jahre sowie alle neun Monate und sogar alle neun Tage wiederkehren.
Somit wird jedem Jahr eine andere der neun Qualitäten zugeschrieben, ebenso jedem Monat und auch jedem Tag. Anhand der hier beschriebenen Zeitzyklen erhält man Aufschluss über die Energiequalität z. B. zum Zeitpunkt der eigenen Geburt, den vorherrschenden Einfluss in einem bestimmten Jahr und das Zusammenwirken beider. Entsprechend der Geburtsdaten wird jeder Person einer der Neun Sterne zugeordnet. Diese neun Qualitäten werden mit Nummern von 1 bis 9 bezeichnet, entsprechend den Nummern des ▸ **Lo Shu** (= magisches Quadrat), die auch ▸ **Kua-Zahlen** genannt werden.
Um die verschiedenen Zyklen, welche die Neun Sterne durchlaufen, darzustellen, wird das Lo Shu genutzt, ähnlich der Anwendung für die Berechnung der ▸ **Fliegenden Sterne.** Über das Lo Shu wird auch die Verbindung der »Sterne« zu den ▸ **Trigrammen** des ▸ **I Ging** deutlich, da jede Nummer, außer der 5, mit einem Trigramm assoziiert wird.
Daraus ergibt sich dann wiederum die Verbindung zu den ▸ **Fünf Elementen.** So steht beispielsweise das Jahr 2001 unter dem Einfluss der Zahl 8 mit dem Element ▸ **Erde.**
Anhand der Geburtsdaten ergeben sich nun verschiedene Einflüsse, die einen Charakter beschreiben. Hierbei gilt das Geburtsjahr als prägend für die Grundkonstitution und eine übergreifende Tendenz beschreibend.
Die Jahreszeit sowie der Geburtsmonat werden eher als zweitrangig betrachtet und zeigen sich in äußerlichen Merkmalen.
**Anwendung –** Die Deutungsmöglichkeiten des Neun-Sterne-Ki sind außerordentlich vielfältig und erstrecken sich auf alle Aspekte des Lebens.
Wichtig ist, dass diese Vorgehensweise nicht mit der Methode zur Ermittlung der positiven Kua-Zahl übereinstimmt. In der Tabelle der ▸ **Kua-Zahl** (Seite 135ff.) können Sie den Einfluss Ihres Geburtsjahres nachlesen. Als Tag des Jahreswechsels wird – anders als bei der Ermittlung der persönlichen Kua-Zahl für das Feng Shui – jeweils der 4. Februar angesehen.
Für diese astrologische Betrachtung entfällt die Unterscheidung zwischen männlich und weiblich, so dass Sie – gleich welchen Geschlechts – in der Spalte für Männer nachschauen können.
Die gewonnenen Erkenntnisse können nun in Bezug gesetzt werden zu den aktuellen Einflüssen etwa dieses Jahres oder eines bestimmten Tages oder auch den Daten einer anderen Person.
Werden Sie nach der oben beschriebenen Vorgehensweise nun dem Element ▸ **Metall** zugerechnet, so müsste sich beispielsweise das Jahr 2002, das mit dem Einfluss der Zahl 8 zum Element ▸ **Erde** gezählt wird (siehe hierzu Tabelle Seite 137), allgemein als förderlich für Sie erweisen, da nach dem Kreislauf der ▸ **Fünf Elemente** Erde das Metall unterstützt.

**Für eine hilfreiche Interpretation** des ▸ **Neun-Sterne-Ki** bedarf es u. a. fundierter Kenntnisse der ▸ **Trigramme** und der Wandlungsphasen der ▸ **Fünf Elemente**. Im Einzelnen können wir hier nicht auf die Interpretation eingehen. Wenn Sie sich näher mit dieser Prognosetechnik beschäftigen möchten, finden Sie weiterführende Literatur im Anhang.

## Nien Yen

Chinesisches Wort für »Langlebigkeit« und »reichen Nachwuchs«. Es bezeichnet den Drittbesten Bereich bzw. die Drittbeste Richtung nach einer Methode des ▸ **Bagua Lo Shu Feng Shui,** die auch unter den Techniken des ▸ **Neun-Sterne-Ki** zu finden ist. Mehr dazu unter ▸ **Beste Richtung** und ▸ **Günstige und ungünstige Bagua-Bereiche.**

## Norden

In der ▸ **Kompass-Schule** des Feng Shui ist dieser Himmelsrichtung das ▸ **Trigramm** »kan«, das Abgründige, das Wasser, zugeordnet. Kan wird

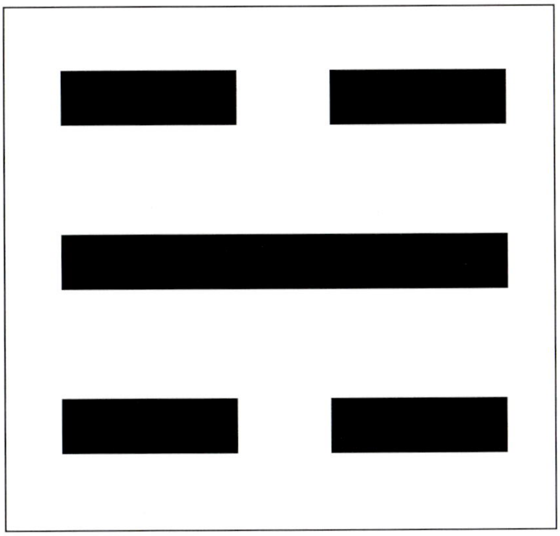

*Der Norden ist dem Trigramm »kan«, dem Wasser, zugeordnet. »Kan« weist auf die Tiefen des Unterbewusstseins hin und ist auch mit dem Bagua »Lebensweg« verbunden.*

im ▸ **Bagua** dem Bereich »Lebensweg« zugeordnet. Außerdem ist die Himmelsrichtung Norden auch mit dem Element ▸ **Wasser** verbunden und wird im ▸ **Lo Shu** durch die Zahl 1 bezeichnet. Siehe hierzu auch unter dem Stichwort ▸ **Fünf Elemente.**

## Nordosten

In der ▸ **Kompass-Schule** des Feng Shui ist dieser Himmelsrichtung das ▸ **Trigramm** »ken«, das Stillhalten, der Berg, zugeordnet sowie der ▸ **Bagua**-Lebensbereich »Wissen«.

Die Himmelsrichtung Nordosten wird mit dem Element ▸ **Erde** verbunden und im ▸ **Lo Shu** durch die Zahl 8 bezeichnet. Siehe hierzu auch unter dem Stichwort ▸ **Fünf Elemente.**

## Nordwesten

In der ▸ **Kompass-Schule** des Feng Shui wird der Himmelsrichtung Nordwesten traditionell das ▸ **Trigramm** »chien«, das Schöpferische, der Himmel, zugeordnet sowie der ▸ **Bagua**-Lebensbereich »Hilfreiche Menschen«.

Der Nordwesten ist mit dem Element ▸ **Metall** verbunden und wird im ▸ **Lo Shu** durch die Zahl 6 bezeichnet. Mehr hierzu finden Sie auch unter dem Stichwort ▸ **Fünf Elemente.**

## Numerologie

Kunde von der Bedeutung, die Zahlen in bestimmten Zusammenhängen beigemessen wird. Im Feng Shui kommt den Zahlen durch das »magische Quadrat«, das ▸ **Lo Shu,** eine besondere Bedeutung zu. In der ▸ **Kompass-Schule** wird viel mit dem Lo Shu gearbeitet, ebenso bei der Ermittlung der ▸ **Fliegenden Sterne** oder im ▸ **Neun-Sterne-Ki.**

Die Nummern des Lo Shu sind dabei Träger vielschichtiger Informationen: Sie sind sowohl mit den ▸ **Trigrammen** des ▸ **I Ging** als auch mit den ▸ **Fünf Elementen** verbunden, wobei die Qualität der Fünf Elemente weiter differenziert wird.

**Beispiel –** Die Nummer 3 steht hierbei für das Element ▸ **Holz** und ist mit dem Trigramm ▸ **Donner** verbunden. Die 3 repräsentiert das »Große Holz«, da der »Donner« dem erregenden Prinzip entspricht, und ist daher eher ▸ **Yang.**

Die Nummer 4 steht ebenfalls für das Holz-Element, ist mit dem Trigramm ▸ **Wind** verbunden. Die 4 symbolisiert das »Kleine Holz«, welches mit dem sanften »Wind« eher eine ▸ **Yin**-betonte Kraft beschreibt.

Kombiniert man nun mehrere dieser Zahlen, wie es zur Ermittlung der Fliegenden Sterne erforderlich ist, so ist die Wechselwirkung der Zahlen untereinander zu beachten. Daher verlangt eine Interpretation gute Kenntnisse über die Wandlungsphasen der Fünf Elemente und über die dem ▸ **Bagua** zugrunde liegenden Trigramme des I Ging.

Unabhängig vom Feng Shui gibt es in der chinesischen Tradition ebenso wie in der westlichen eine symbolische Bedeutung der verschiedenen Zahlen. Die Zahl 4 beispielsweise steht im Westen für die vier ▸ **Himmelsrichtungen,** für Stabilität und das irdische Materielle, im Chinesischen dagegen hat das Wort »vier« einen ähnlichen Klang wie das Wort »Tod« und wird als Unheil bringend betrachtet. Das gilt auch für alle Zahlen mit der Quersumme 4. Die Zahl 8 hingegen ist besonders beliebt. Sie gilt als Glück bringend und unterstützt Wandlungsprozesse.

**Eine ausführliche Erörterung** der Numerologie ist im Rahmen dieses Buchs nicht möglich. Weiterführende Literatur im Anhang.

# O

## Ordnung

Ordnung ist ein sehr wichtiger Aspekt im Feng Shui. Die Lehre des Feng Shui beschäftigt sich intensiv mit der Lebensenergie ▸ **Chi,** mit ihrem Fluss, ihren verschiedenen Erscheinungsformen, ganz allgemein ihren Ausprägungen in Raum und Zeit. Ordnung bzw. Unordnung spielen dabei eine bedeutende Rolle, da sie den ▸ **Chi-Fluss** stark beeinflussen können. Unordnung kann das Chi am Fließen hindern.

In einem sehr voll gestopften Raum kann die Bewegung der Energie sogar ganz zum Erliegen kommen. Aber Chi, das unbewegt in irgendeiner Ecke hängen bleibt, verliert seine Kraft. Es dümpelt vor sich hin, wie Wasser in dem abgetrennten Seitenarm eines Flusses, schließlich fängt es an zu modern und verbreitet schlechte Luft; das bedeutet, aus gutem Chi wird ▸ **Sha** bzw. negatives Chi.

Daher ist es wichtig, immer wieder ein gewisses Maß an Ordnung herzustellen, um den Chi-Fluss nicht zu bremsen. Besonders Zimmerecken, voll gestopft mit Zeitungen, Papieren und anderen Dingen, verströmen eine muffige, staubige Ausstrahlung, und damit Sha, im Raum.

Mit Ordnung ist nicht gemeint, eine immer akkurate, bis in jeden Winkel blank geputzte und sterile Wohnung anzustreben. Lebendigkeit darf auch ihre Spuren hinterlassen. Aber wenn es zu chaotisch wird, sollten Sie sich dazu aufraffen, gründlich aufzuräumen und somit für frischen Wind – und für frisches Chi – zu sorgen.

**Innere und äußere Ordnung –** Feng Shui basiert auf dem Zusammenspiel von äußerer Umgebung und innerem Wohlbefinden, Zufriedenheit etc. Wenn Sie die Ordnung unter diesem Aspekt betrachten, wird klar, dass Ordnung im Äußeren auch Klarheit im Inneren fördert. Fehlt es an Durchblick, Überblick und Orientierung, so kann es sehr hilfreich sein, erst mal in den eigenen Räumen für Durchblick und Klarheit zu sorgen. Weiß man nicht mehr, wo oben und unten ist und wie es weitergehen soll, so ist die Energie, das ▸ **Chi,** meist ins Stocken geraten, nichts läuft mehr. In so einer Situation im äußeren Bereich erst mal Ordnung zu schaffen hilft oft auch, das innere Chaos zu ordnen – und kann so ein Impuls sein, den ▸ **Chi-Fluss** wieder in Schwung zu bringen.

**Ordnung und Feng-Shui-Hilfsmittel –** Möchten Sie einige ▸ **Hilfsmittel** aus dem Feng Shui zur Anwendung bringen, so ist ein klarer, aufgeräumter Raum von Vorteil. Ein Hilfsmittel soll oft einen Akzent setzen, eine Betonung geben und braucht von daher seinen Platz, um wirken zu können.

In einem unordentlichen, überfüllten Raum nützt z.B. ein frischer Blumenstrauß zur Anhebung der Raumenergie recht wenig. Seine positive Energie verliert sich jedoch in dem zerstreuten Durcheinander des Raums.

Stellen Sie sich hingegen einen fast leeren Raum mit nur einem Tisch und einem schönen Sessel vor. Stellen Sie nun denselben Blumenstrauß in diesen Raum, so wird die positive Wirkung der Blumen den ganzen Raum verändern.

Natürlich sind Wohn- oder Arbeitsräume in der Regel nicht leer. Das Beispiel soll nur verdeutlichen, dass zur Ordnung immer auch gehört, den Dingen ihren Platz zu geben.

**Ordnung und Bagua-Bereiche –** Ein weiteres Beispiel der Kraft, die durch ▸ **Aufräumen/Ausmisten** freigesetzt werden kann, ist die gezielte Klärung der neun Lebensbereiche des ▸ **Bagua.**

Vielleicht gibt es einen Bagua-Bereich in Ihrer Wohnung, der Ihnen wichtig ist und der längere Zeit nicht mehr verändert wurde. Wird dieser Bereich gründlich aufgeräumt und ausgemistet, dann wird dadurch auch das ▸ **Chi** in diesem Bereich aktiviert.

**Weitere Tipps zum Thema »Ordnung«** finden Sie unter den Stichwörtern ▸ **Aufräumen/Ausmisten,** ▸ **Bagua,** ▸ **Chi** bzw. ▸ **Chi-Fluss** sowie ▸ **Hilfsmittel.**

## Osten

In der ▸ **Kompass-Schule** des Feng Shui wird traditionell dieser ▸ **Himmelsrichtung** das ▸ **Trigramm** »chen«, das Erregende, der ▸ **Donner,** zugeordnet und der ▸ **Bagua-**Bereich »Familie und Gemeinschaft«. Der Osten ist mit dem Element ▸ **Holz** (siehe auch unter ▸ **Fünf Elemente**) verbunden und wird im ▸ **Lo Shu** durch die Zahl 3 bezeichnet.

## Ostgruppe

Die Ostgruppe bezeichnet einen Teil der ▸ **Kua-Zahlen** oder ▸ **Lo-Shu-Nummern** im ▸ **Pakua Lo Shu Feng Shui.** Bei dieser Methode werden die Zahlen der Ostgruppe zur Bestimmung der ▸ **Günstigen und ungünstigen Bagua-Bereiche** sowie zur Ermittlung der ▸ **Besten Richtung** verwendet.

Auch im ▸ **Neun-Sterne-Ki** wird diese Einteilung genutzt. Hierzu werden die neun Kua-Zahlen, die auch im Lo-Shu-Quadrat dargestellt sind, in zwei Gruppen, und zwar die Ost- und die Westgruppe, aufgeteilt. So gehören die Kua-Zahlen 1, 3, 4 und 9 zur ▸ **Ostgruppe** und die Kua-Zahlen 2, 5, 6, 7 und 8 zur ▸ **Westgruppe.**

Bei der Ermittlung der günstigen Bagua-Bereiche stellen immer die Kua-Zahlen, die sozusagen zur eigenen Gruppe gehören, die günstigen Bereiche dar. Die zur anderen Gruppe gehörigen Kua-Zahlen entsprechen dann den ungünstigen Bereichen. Ähnlich verhält es sich auch mit den Besten Richtungen.

**Beispiel –** Eine Person mit der persönlichen Kua-Zahl 3 wird zur Ostgruppe gerechnet. Dementsprechend werden ihre günstigen Bereiche durch die Kua-Zahlen 1, 3, 4 und 9 symbolisiert, ihre ungünstigen Bereiche durch die Kua-Zahlen 2, 6, 7 und 8. Die Zahl 5 gehört zwar zur Westgruppe, bleibt aber neutral, da sie im Bagua bzw. Lo Shu in der Mitte steht.

# P

## Pa kua

Der chinesische Begriff für die acht ▸ **Trigramme** des ▸ **I Ging.** Weiteres dazu auch unter ▸ **Bagua.**

## Pakua Lo Shu Feng Shui

Auch Bagua Lo Shu Feng Shui genannt – bezeichnet einen Teil der ▸ **Kompass-Schule,** in der viel mit dem ▸ **Bagua** und dem ▸ **Lo Shu** gearbeitet wird.

**Inhalt der Lehre –** Bei der Projektion des Bagua-Rasters auf den Grundriss bleibt dieses immer in der traditionellen, an den Himmelsrichtungen orientierten Ausrichtung. Das bedeutet, dass das nach Norden gelegene Feld des Bagua in jedem Fall dem ▸ **Trigramm** »Wasser« mit dem Bereich »Lebensweg« entspricht, das nach Süden gelegene Feld dem Trigramm »Feuer« mit dem Lebensbereich »Ansehen und Erleuchtung« entspricht, usw.

Diese Zuordnung ist anders als in der ▸ **Drei-Türen-Methode.** Die traditionelle Handhabung des Bagua speziell auf Grundrisse bezogen – auch der Drei-Türen-Methode – ist unter ▸ **Bagua** genauer erläutert. Unter Zuhilfenahme des Pakua Lo Shu Feng Shui lassen sich besonders die ▸ **Günstigen und un-**

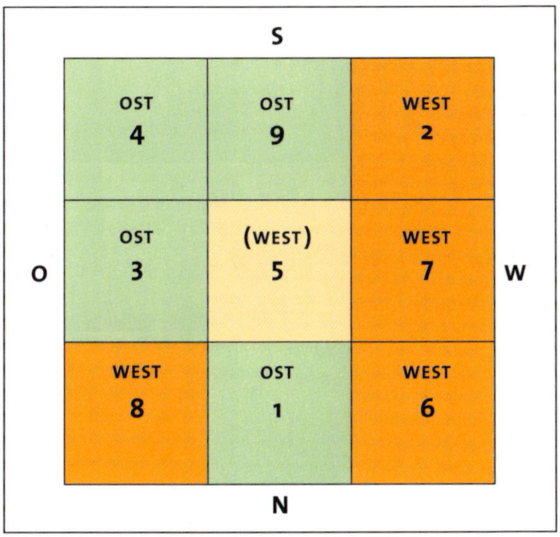


*Nummern der Ostgruppe (hier grün dargestellt) und der Westgruppe (hier orange dargestellt).*

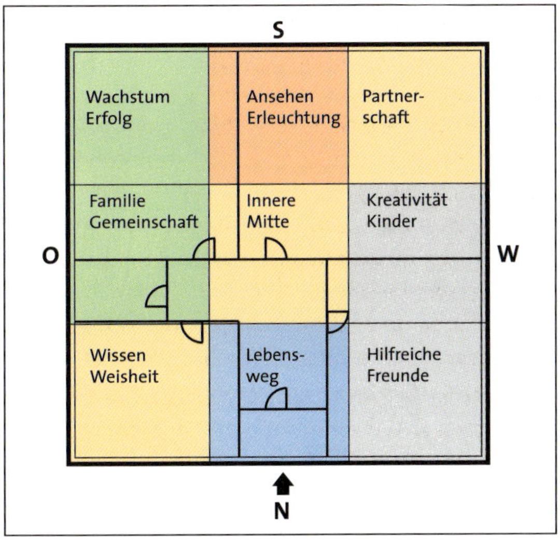


*Beispielgrundriss einer Wohnung mit den einzelnen Lebensbereichen des Bagua-Rasters.*

günstigen Bagua-Bereiche eines Hauses oder der Wohnung (auch ▸ A- bis H-Bereiche) ermitteln sowie die persönlich ▸ Beste Richtung.

**Anwendung –** Aus der Ermittlung dieser Einflüsse und deren Kombination kommt es zu vielfältigen Interpretationen und Deutungsmöglichkeiten.

So kann beispielsweise festgestellt werden, welche Wohnung zu einer Person besser passt und wo die Stärken und Schwächen der Wohnung liegen.

Die günstigen Bereiche können für wichtige Funktionen wie Schlafen und Arbeiten genutzt werden. Ungünstige Bereiche können ausgeglichen und mit untergeordneten Funktionen belegt werden.

Wenn Sie noch in der Planungsphase für ein Vorhaben sind, können Sie negative Bereiche durch Abflüsse und Kamine neutralisieren.

Zudem kann man ermitteln, welcher Raum für welches Familienmitglied am besten geeignet ist. Dann lassen sich die Positionen der Familienmitglieder, entsprechend ihrer günstigen Richtungen, ermitteln, was vor allem für den Schlaf- und Arbeitsplatz wichtig ist.

Natürlich ist diese Vorgehensweise auch auf die Arbeitswelt anzuwenden. Hier würde man prüfen, welcher Teil einer Firma in welchem Bereich des Bagua am besten aufgehoben ist, wo Schwachstellen ausgeglichen werden müssen, ob die ▸ Kua-Zahl des Gebäudes zum Unternehmen und zu seinem Angebot passt, in welche Richtung die Arbeitsplätze am besten ausgerichtet werden u.s.w.

**Die Nutzungsmöglichkeiten** des Pakua Lo Shu Feng Shui sind sehr vielfältig. Kombiniert man diese Methoden mit dem Aspekt der Zeit, etwa mit den Zeitzyklen der ▸ **Fliegenden Sterne** oder mit anderen Aspekten der ▸ **Chinesischen Astrologie,** wie z. B. dem ▸ **Neun-Sterne-Ki,** so entsteht ein komplexes Informationsgebilde, das fast alle Bereiche des Lebens erfasst.

## Palast-Methoden

Der Begriff entspricht dem chinesischen Wort »gongfa« und ist eine Bezeichnung verschiedener Prognosemethoden der ▸ Chinesischen Astrologie. Die Palast-Methoden beinhalten die Berechnung nach den Zwölf Palästen (shi'ergong), nach den Neun Palästen (jiugong) sowie nach den Acht Palästen (ba gong).

## Paravent

Bekanntes ▸ Hilfsmittel, das im Feng Shui zum Umlenken des ▸ Chi und zum Abblocken und Zerstreuen von attackierender Energie eingesetzt wird. Mehr dazu finden Sie unter ▸ Sha oder ▸ Geheime Pfeile.

**Beispiel Schlafbereich –** Befindet sich der Schlafplatz direkt gegenüber der Tür, also direkt im ▸ Chi-Fluss, kann er durch einen Paravent von dieser gezielten, zu starken Energie abgeschirmt werden. Die gerade Bahn des Chi wird dadurch gebremst, es umspielt den Paravent und kann den restlichen Raum in seichten Bahnen durchfließen.

**Beispiel Raumfluchten –** Auch in großen lang gestreckten Räumen oder ineinander übergehenden Raumfluchten kann ein Paravent von Nutzen sein. Liegen sich dann auch noch Tür und Fensterfront direkt gegenüber, so verhindert ein Paravent – oder ein anderer Raumteiler –, dass die Energie geradlinig durch den Raum und sofort wieder zum Fenster hinausfließen kann.

**Beispiel Großraumbüro –** Manchmal kann man nicht nur mit einem Paravent, sondern auch mit einem anderen Raumteiler, beispielsweise in Form

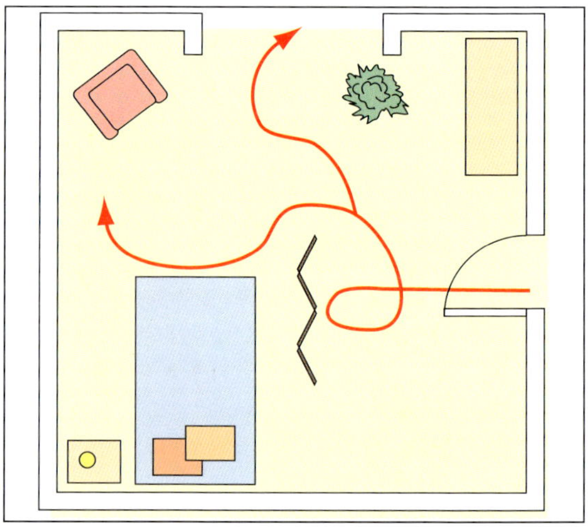

*Schlafplatz mit einem Paravent, der die Energie gleichmäßig im Raum verteilt und den Schlafplatz schützt.*

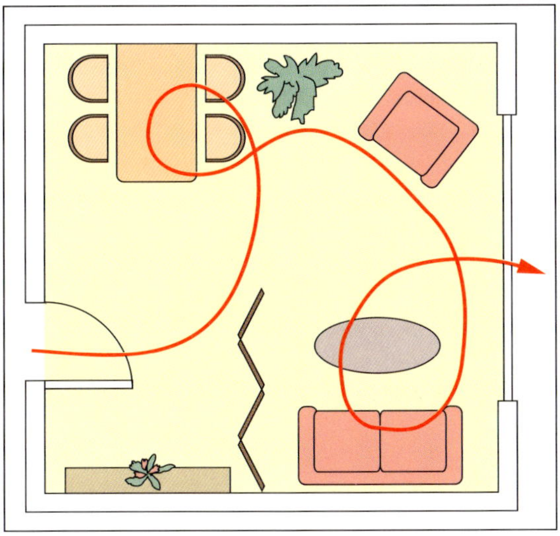

Der Chi-Fluss wird durch einen Paravent harmonisiert.

Unterschiedliche Formen von Pendeln.

eines Regals, die fehlende ▸ **Rückendeckung** ersetzen. In einem Großraumbüro, in dem nicht jeder Arbeitsplatz eine schützende Wand hinter sich hat, kann ein Raumteiler für Rückendeckung sorgen und den Arbeitsplatz dadurch erheblich verbessern.

## Partnerschaft

Üblicher Begriff für einen der Bereiche des Bagua (auch »Ehe« oder »Beziehung«). Er wird im Bagua bzw. Lo Shu durch das traditionell nach Südwesten gelegene Feld repräsentiert und ist unter dem Stichwort ▸ **Bagua** genau erläutert. Im ▸ **Lo Shu** wird diesem Bereich die ▸ **Kua-Zahl** 2 zugeordnet.

## Pendel

Werkzeug zum Aufspüren von verborgenen Einflüssen auf einen Ort. So ein Einfluss kann etwa eine Wasserader sein. Meist konzentriert sich der Suchende durch mentale Einstimmung auf eine bestimmte Schwingung. Anhand der Pendelbewegung kann er ablesen, wo sich die gesuchte Ausstrahlung befindet. Durch diese Form der mentalen Abfrage kann eine geübte Person auch anstelle der negativen Einflussfaktoren nach dem besten Platz in einem Raum suchen. Natürlich gibt es weitere Möglichkeiten, mit dem Pendel Befindlichkeiten von Orten oder Personen zu erspüren, ähnlich dem Vorgehen mit der ▸ **Rute.**

**Hier sind Experten gefragt –** Der Umgang mit Rute und Pendel ist keine Spielerei. Es ist daher sinnvoll, sich bei Bedarf über Fachliteratur oder Seminare kundig zu machen oder einen Fachmann zurate zu ziehen.

## Persönliches Element

Bezeichnet die Zuordnung zu einem der ▸ **Fünf Elemente,** die einer Person aufgrund ihres Geburtsdatums zugewiesen wird. Dabei gibt es verschiedene Methoden im Feng Shui und der ▸ **Chinesischen Astrologie**, die mit dieser Zuordnung arbeiten und dabei auf unterschiedliche Methoden zur Ermittlung des Persönlichen Elementes zurückgreifen. Dies führt oft zur Verwirrung, da sich interessierte Leser in einem Buch als Erde-Typ erkennen und in einem anderen Buch als Metall-Typ. Im Folgenden werden die unterschiedlichen Techniken kurz beschrieben:

**Pakua Lo Shu Feng Shui –** Im ▸ **Pakua Lo Shu Feng Shui** spielt die persönliche ▸ **Kua-Zahl** (auch ▸ **Lo-Shu-Nummer**) eine Rolle. Sie können diese Nummer in der Tabelle Seite 135ff. unter ▸ **Kua-Zahl** nachlesen. Jede dieser Kua-Zahlen hat ihren Platz im ▸ **Lo Shu,** dem »magischen Quadrat«, und ist dadurch auch einem der ▸ **Fünf Elemente** zugeordnet. In der Tabelle sind für Frauen und Männer unterschiedliche Nummern und somit auch Elemente genannt.

Zur Ermittlung ist das Geburtsjahr ausschlaggebend, welches allerdings genau nach dem chinesischen ▸ **Mondkalender** festzustellen ist. Da sich im Feng Shui verschiedene Richtungen entwickelt haben, gibt es auch den Ansatz, zur Bestimmung des Persönlichen Elementes den Geburtsmonat mit einzubeziehen, was ein anderes Ergebnis hervorbringt. Einige modernere Veröffentlichungen zum Feng Shui orientieren sich auch an dem Element des Jahres, welches mit dem ▸ **Tierkreiszeichen** zusammen genannt wird.

So steht beispielsweise das Jahr 2001 im Zeichen der Feuer-Schlange, also im Element ▸ **Feuer**. Für eine in diesem Jahr geborene Frau wäre die ▸ **Kua-Zahl** 7 mit dem dazugehörigen Persönlichen Element ▸ **Metall.**

Ein im gleichen Jahr geborener Mann hätte die Kua-Zahl 8 mit dem Persönlichen Element ▸ **Erde.**

**Chinesische Astrologie des Bazi Suanming –** Sie untersucht zur Erstellung eines persönlichen Horoskops die ▸ **Erdzweige** und die ▸ **Himmelsstämme.** Daraus wird ebenfalls – unter vielen anderen – eine Hauptzuordnung zu einem der ▸ **Fünf Elemente** abgeleitet, die jeweils durch einen ▸ **Yin-** oder **Yang-**Aspekt differenziert wird.

**Neun-Sterne-Ki –** In der Technik des ▸ **Neun-Sterne-Ki** wird das Persönliche Element, ähnlich der Vorgehensweise des ▸ **Pakua Lo Shu Feng Shui,** entsprechend dem Geburtsjahr ermittelt.

Allerdings wird hierbei für Frauen und Männer die gleiche Zuordnung vorgenommen. Außerdem liegt dem Jahreswechsel nicht das exakte Datum des Mondkalenders zugrunde, sondern das Fest des Frühlingsanfangs, welches zwischen dem 3. und 5. Februar stattfindet.

Ein Junge, der zum Beispiel am 26. Januar 2001 geboren wurde, wird auch nach dem Mondkalender dem Jahr 2001 zugeordnet und bekommt somit die Kua-Zahl 8 mit dem Persönlichen Element ▸ **Erde** zugeteilt (das Jahr 2001 beginnt nach dem traditionellen Mondkalender am 24. Januar).

Im Neun-Sterne-Ki dagegen berechnet man den 4. Februar als den Jahresbeginn. Von daher würde dem Jungen dann in diesem Fall das Geburtsjahr 2000 mit der Kua-Zahl 9 und dem Element ▸ **Feuer** entsprechen.

**Anwendung –** Allgemein wird im Feng Shui die Stärkung des Persönlichen Elementes in der unmittelbaren Umgebung zur Unterstützung der jeweiligen Person herangezogen. So ist beispielsweise für eine Frau mit dem Element ▸ **Erde** ein roter oder gelber Schreibtischstuhl förderlich, die Kollegin mit dem Element ▸ **Holz** dagegen kann durch einen blauen oder grünen Stuhl gestärkt werden.

Ausführliches finden Sie hierzu auch unter dem Stichwort ▸ **Fünf Elemente.**

Zudem werden aus der Betrachtung der Umgebung und dem Zusammenspiel mit dem Persönlichen Element Rückschlüsse auf Harmonie bzw. Disharmonie einer Situation geschlossen und entsprechende Feng-Shui-Maßnahmen vorgeschlagen. Ausführliches finden Sie unter ▸ **Formen-Schule.**

Im Neun-Sterne-Ki, einer Technik der ▸ **Chinesischen Astrologie,** wird das Persönliche Element zur Beurteilung der unterschiedlichsten Lebensfragen herangezogen. So spielt es etwa auch bei der Partnerwahl eine Rolle zu erfahren, welchem Element ein potenzieller Partner zugerechnet wird. Nach dem Kreislauf der Fünf Elemente versucht man hier abzuschätzen, ob sich eine unterstützende oder eine eher disharmonische partnerschaftliche Verbindung der Elemente daraus entwickeln kann. Auch bei geschäftlicher Zusammenarbeit und anderen wichtigen Entscheidungen wird die Zugehörigkeit zu den Fünf Elementen mit berücksichtigt.

Da die Lehre der Fünf Elemente (oder auch Fünf Wandlungsphasen) grundlegend für viele Bereiche der chinesischen Kultur ist, ist es schwierig in diesem Rahmen, bezogen auf individuelle Daten, die ganze Bandbreite der Vielfalt ihrer Anwendungsmöglichkeiten zu erläutern. Weiterführende Literatur dazu finden Sie im Anhang.

**Ein komplexes Gebilde –** Natürlich nehmen noch viele weitere Faktoren Einfluss auf die Persönlichkeitsstruktur, wie beispielsweise unsere Sozialisation, die hier völlig unberücksichtigt bleiben. Man sollte daher auch eine Disharmonie, etwa in der Elementekonstellation von Personen, die zusammenarbeiten, nicht überbewerten.

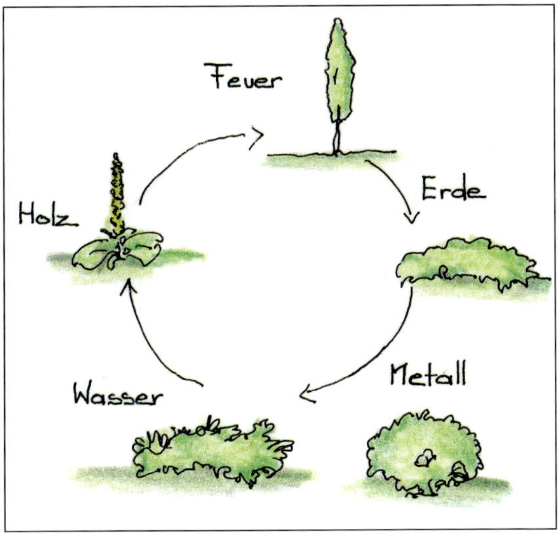


*Die Pflanzen und ihre Zuordnung zu den Fünf Elementen in Abhängigkeit von ihrer Wuchsform und Blütenfarbe.*

## Pflanzen

Pflanzen werden im Feng Shui den ▸ **Fünf Elementen** zugeordnet und gezielt zum Energetisieren und Erzeugen von ▸ **Chi** eingesetzt.

**Grundsätzliche Wirkung von Pflanzen –** Nicht nur im Freien, sondern auch innerhalb von Räumen entfalten Pflanzen ihre positiven Eigenschaften, vorausgesetzt, sie sind gesund und gepflegt.

Pflanzen können ohne den Menschen existieren, der Mensch jedoch nicht ohne Pflanzen, denn sie produzieren den lebensnotwendigen Sauerstoff für alle Lebewesen. Der Mensch kann den Zyklus des Lebens an der Natur ablesen. Er kann beobachten, wie eine Pflanze aus der Erde sprießt, zur Blüte oder Frucht heranreift und ihre Energien im Winter zusammenzieht, um dann im Frühjahr das Spiel von neuem zu beginnen. In der Natur können wir uns erholen und Energien auftanken und erfahren Schönheit und Vielfältigkeit.

**Der richtige Standort von Pflanzen –** Es gibt Pflanzen, die sich untereinander nicht unbedingt vertragen, und so kann es hilfreich sein, die Plätze von geschwächten Pflanzen zu wechseln. Nicht nur Licht- und Temperaturverhältnisse entscheiden über das Wohlbefinden von Pflanzen, auch andere feinstoffliche Standortqualitäten nehmen Einfluss. Es kann sein, dass eine Pflanze einen bestimmten Standort

> **Nur gesunde und kräftige Pflanzen** können den erwünschten Nutzen bringen. Vertrocknete Blüten oder Blätter sollten daher entfernt werden. Wenn die Pflanze krank ist, sollten Sie sofort etwas dagegen unternehmen und sie gesund pflegen – wenn möglich ohne giftige Chemikalien.

gut verträgt, obwohl sich z. B. eine ▸ **Wasserader** darunter befindet, was für eine andere Pflanze Gift wäre. Es gibt wie unter Tieren auch bei Pflanzen Strahlensucher und Strahlenflüchter. Die Strahlensucher bevorzugen ▸ **Störzonen** mit Wasseradern oder Kreuzungspunkten von ▸ **Gitternetzen** und gedeihen an solchen Plätzen gut.

Strahlenflüchter gedeihen besser an störungsfreien Plätzen. Zu den Strahlenflüchtern zählen z. B. Zimmerlinde, Zimmerazalee und die Birkenfeige. Strahlensucher sind z. B. Zierananas. In der freien Natur kann man diese Eigenschaft sehr gut beobachten, wenn man darauf achtet, welche Pflanzenarten sich gern in der Nähe von verdrehten Bäumen aufhalten. Die verdrehten Bäume sind meist ein Hinweis auf eine Störungszone. Es lohnt sich also, eine Pflanze zu beobachten, wenn Sie einen neuen Standort erhalten hat, und gegebenenfalls diesen nach ein paar Wochen zu wechseln, wenn sie nicht richtig gedeiht.

**Anwendung –** Außerhalb unseres gewohnten Umgangs mit Pflanzen gibt es im Feng Shui gezielte Einsatzmöglichkeiten für Pflanzen.

**Energetisierung von Räumen –** Pflanzen haben allgemein die Eigenschaft, das ▸ **Chi** anzuziehen und die Raumenergie zu erhöhen.

**Abbremsen des Chi –** Unter ▸ **Chi-Fluss** ist beschrieben, wie sich die Energie in den Räumen bewegt. Fließt etwa zu viel Chi direkt zum Fenster hin und von dort aus dem Raum, können Pflanzen vor dem Fenster den Chi-Fluss aufhalten. So zirkuliert das Chi länger im Raum.

**Umlenken des Chi –** Soll der ▸ **Chi-Fluss** umgelenkt werden, um z. B. einen Sitzplatz vor einem ▸ **Sha-Pfeil** zu schützen, kann eine große Pflanze helfen, dass das Chi nicht auf geradem Wege den Platz stört. Durch die Pflanze wird der Chi-Fluss zerstreut. Die Energie fließt um die Pflanze herum weiter in den Raum.

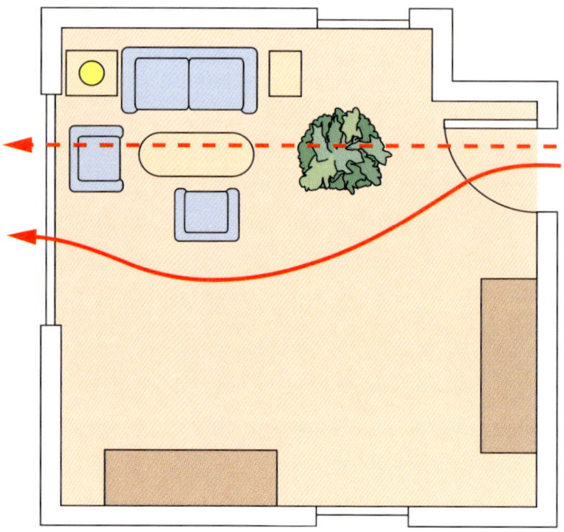

Eine Pflanze schützt hier den Sitzbereich, indem sie den geraden Chi-Fluss umlenkt und im Raum verteilt.

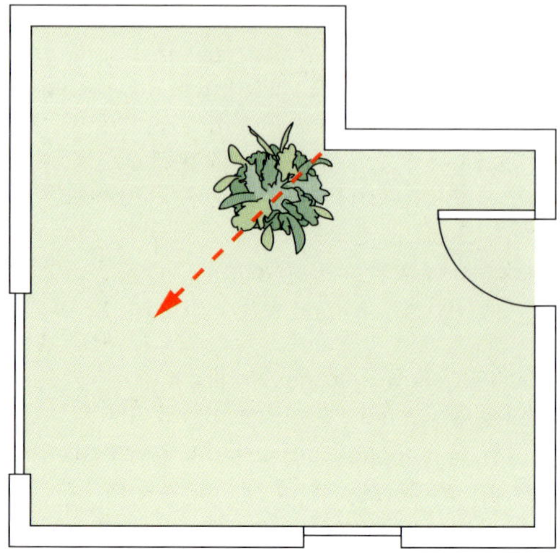

Die Pflanze vor der scharfen Wandkante verhindert die Entstehung eines Geheimen Pfeils.

**Ecken entschärfen** – Raumecken beschleunigen den ▸ **Chi-Fluss,** bzw. senden ▸ **Geheime Pfeile** aus. So kann eine Ecke an manchen Stellen als störend empfunden werden. Hier hilft eine Pflanze, die Ecke zu entschärfen, gleich ob es eine innen liegende oder außen liegende Ecke ist. Auch eine Pflanze vor einer scharfkantigen Möbelecke, die auf einen Sitzplatz gerichtet ist, kann wohltuend wirken.

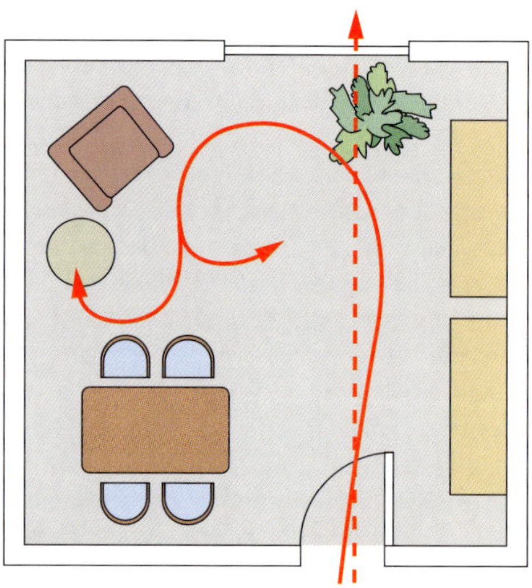

An einem Fenster wird hier der Chi-Fluss durch eine Pflanze gebremst. Die Energie verteilt sich im Raum.

**Auswahlkriterien für Pflanzen –** Beachten Sie die folgenden Kriterien für die Auswahl von Pflanzen:

**Pflanzen in der Nähe eines Sitzplatzes –** Ziehen Sie abgerundete Blätter den spitzen vor. Spitze Blätter beschleunigen an den Blattenden das ▸ **Chi** und verteilen Unruhe in ihrer unmittelbaren Nähe. Pflanzen mit spitzen Blättern, z. B. Yukka-Palmen, eignen sich für Standorte mit viel Platz. Sie sollten nicht dort stehen, wo sich ein Durchgang, ein Arbeits-, Schlaf- oder Sitzplatz in der Nähe befindet.

**Pflanzen im Schlafbereich –** Üppige Pflanzen im Schlafbereich haben den Nachteil, dass sie in der Nacht keinen Sauerstoff produzieren und die Raumluft eventuell negativ beeinträchtigen. Zwar ist dieses Kriterium relativ niedrig zu bewerten, doch in jedem Fall strahlen Pflanzen aktive Energie aus, die im Übermaß für den Schlafbereich zu ▸ **Yang-**betont ist. Auch können Pilzsporen aus der Erde die Luft verschlechtern. Besonders nachts sollten wir zum Regenerieren reine Luft einatmen können.

**Der richtige Standort für eine Pflanze –** Nicht zu unterschätzen sind die Bedürfnisse der Pflanze selbst. Haben Sie für Ihre neue Pflanze einen sonnigen oder eher schattigen Standort? Sind Sie öfter unterwegs und kann die Pflanze auf tägliches Gießen verzichten? Ist sie pflegeaufwändig und haben Sie Zeit, sie intensiv zu pflegen?

**Für den Pflanzenkauf –** Lassen Sie sich beim Kauf einer neuen Pflanze beraten, und geben Sie dem Verkäufer so viele Informationen wie möglich über Ihre Gewohnheiten und den neuen Standort Ihrer Wunschpflanze. Dann werden Sie auch lange Freude an ihr haben.

**Pflanzen und Bagua-Bereiche –** Ein Kriterium für die Auswahl einer Pflanze ist zudem der Bereich des ▸ **Bagua,** in dem die Pflanze zukünftig stehen soll. Mit der richtigen Auswahl können Sie die Bagua-Bereiche energetisieren, denn jeder Lebensbereich des Bagua sowie auch die Pflanzen werden einem ganz bestimmten Element zugeordnet.

**Pflanzen und die Fünf Elemente –** Es gibt zwei Methoden, die Pflanzen nach den ▸ **Fünf Elementen** einzuteilen. Eine Möglichkeit besteht darin, die Pflanzen nach Wuchsform und Blütenfarbe den Elementen zuzuordnen. In der zweiten Variante werden die Pflanzen intuitiv und mit radiästhetischen Mitteln den Elementen zugeordnet.

Sie können selbst wählen, welche Einteilung Ihnen mehr einleuchtet, und experimentieren, was Ihrer Meinung nach für Sie selbst stimmig ist. Auch hier gilt: Es gibt keine absolute Wahrheit, und jede Richtung für sich übt eine Wirkung aus. Gehen Sie selbst intuitiv an die Auswahl, und spüren Sie nach, welche Pflanze für Sie eine positive oder negative Ausstrahlung hat. Oft hat man eine Abneigung gegen eine bestimmte Pflanze, da bestimmte Erinnerungen damit verbunden sind. Wenn Sie Ihre Lieblingspflanzen ausgewählt haben, können Sie deren Element ermitteln. Ist dann beispielsweise auffällig, dass Ihre Lieblingspflanzen häufig einem bestimmten Element angehören, könnte es sein, dass Sie selbst zu diesem Element gehören.

Es kann aber auch eine Pflanze mit dem Element sein, das Sie unterstützt. Ihre persönlichen Vorlieben oder Abneigungen können in diesem Fall einen interessanten Hinweis darauf geben, womit Sie sich intensiv auseinander setzen können.

Bemerken Sie z. B., dass Ihnen gehäuft Feuerpflanzen unangenehm auffallen, so könnten Sie sich mit den Eigenschaften des Elements ▸ **Feuer** beschäftigen: Ist es eventuell schwierig für Sie, Ihr eigenes Temperament zuzulassen? Schlucken Sie manches, anstatt Ihrer Stimmung freien Lauf zu lassen? Vielleicht suchen Sie sich ganz bewusst eine Feuer-Pflanze aus, die Ihnen einigermaßen gefällt, und pflegen Sie diese Pflanze absichtlich besonders liebevoll. Dies kann sich auf Dauer auch ausgleichend auf Ihre Persönlichkeit auswirken.

### Zuteilung der Pflanzen nach den Fünf Elementen

**1. Nach dem Pflanzenwuchs und der Blütenfarbe –** Im Folgenden werden die unterschiedlichen Pflanzen je nach Wuchsform und Blütenfarbe den einzelnen Elementen zugeordnet.

**Pflanzen nach dem Element Holz –** Pflanzen, die nach oben aufstrebend wachsen, wie z. B. Rankgewächse, werden dem Element ▸ **Holz** zugeordnet. Die Farbe für das Element Holz ist grün. Daher ist hier keine Blütenfarbe zuzuordnen.

Die Lebensbereiche des Bagua, wie »Familie und Gemeinschaft« sowie »Wachstum und Erfolg«, liegen im Holzbereich.

Holzpflanzen sind beispielsweise Immergrüner Laubbaum (*Eugryphia*), Ginster (*Genista*), Fieberstrauch (*Lindera benzoin*), Steppenkerze (*Eremurus himalaicus*), Schwarze Königskerze (*Verbascum nigrum*), Binsenlilie (*Sisyrinchium striatum*), Schildfarn (*Polystichum setiverum*), Rippenfarn (*Blechnum tabulare*), Ziertabak und Bambus.

**Pflanzen nach dem Element Feuer –** Pflanzen mit nach oben züngelnden Formen repräsentieren das Element ▸ **Feuer.** Die Blütenfarbe ist Rot und Orange. Das Feuer-Element findet man im Bagua-Bereich für »Ansehen und Erleuchtung«.

Pflanzen, die dem Element Feuer entsprechen, sind z. B. Zypressen, viele Nadelhölzer, Buschrosen (Rosa-Sorten), Sonnenblume (Helianus annuus), Prachtspiere mit roter Blüte (*Astilbe*), Inkalilie – Knollengewächs (*Alstromeria*), Sonnenbraut (*Helenium*), Indianernessel (*Monarda*), Montbretie (*Crocosmia*), Kletterrosen (Rosa-Sorten), Klatschmohn (*Papaver*), Großes Löwenmaul (*Antirrhinum majus*), Salbei, rot (*Salvia splendens*) und die Flamingoblume.

**Pflanzen nach dem Element Erde –** Gewächse mit am Boden kriechendem Wuchs entsprechen dem Element ▸ **Erde**. Die Blütenfarbe ist Gelb. Die Bereiche, die zum Element Erde gehören, sind »Partnerschaft«, »Innere Mitte«, »Wissen und Weisheit«.

Wenn Sie eine Pflanze für den Bagua-Bereich »Partnerschaft« suchen, wählen Sie am besten immer zwei solcher Pflanzen, also ein »Paar«.
Pflanzen, die dem Element Erde entsprechen, sind beispielsweise Johanniskraut (Hypericum-Arten), Elfenbeinginster bei Blütenstand (*Cytisus praecox*), Ochsenauge, gelb (*Buphthalmum salicifolium*), Mädchenauge, gelb (*Coreopsis*), Felssteinkraut (*Alyssum saxatille*), Sonnenhut (*Rudbeckia fulgida*), Jelängerjelieber, gelb (*Lonicera caprifolium*), Schlafmützchen (*Eschscholzia californica*), Sonnenblume (*Helianthus annuus*), Pantoffelblume und Frauenmantel.
**Pflanzen nach dem Element Metall –** Gewächse des Elements ▸ **Metall** sind in ihrer Form rund und kugelig, wie z. B. der Buchsbaum. Die Blütenfarbe ist Weiß. Die Lebensbereiche für Metall sind »Kreativität und Kinder« sowie »Hilfreiche Freunde«. Pflanzen, die dem Element Metall entsprechen, sind z. B. Hortensie weiß (*Hydragea*), Rhododendron mit weißer Blüte, Buchsbaum (*Buxus*) in Kugelform, Hornkraut, weiß (*Cerastium tomentosum*), Margeriten (*Chrysanthemum*), Silberwurz (*Dryas octopetala*), Puschkinie, weiß (*Puschkinia scilloides*), Schleierkraut (*Gypsophila*), Christrosen, die weiß blühen, Levkojen (*Matthiola*), Kapkörbchen, weiß (*Dimorphotheca ecclonis*) und weiße Malve (*Lavatera*).
**Pflanzen nach dem Element Wasser –** Durch geschwungene Formen wird das Element ▸ **Wasser** repräsentiert. Die Blütenfarbe ist Blau. Der dazugehörige Lebensbereich ist der »Lebensweg«.
Dieses Element finden Sie zum Beispiel bei den Pflanzen Buschklee (*Lespedeza thunbergii*), Schmetterlingsstrauch während der Blüte (*Buddleja*), sibirischer Blaustern (*Scilla sibenrica*), Traubenhyazinthe (*Muscari aucheri*), Gedenkemein (*Omphalodes cappadocica*), Ysop (*Hyssopus officinalis*), Schneestolz mit blauer Blüte (*Chinodoxa luciliae*), Ringelblume (Calendula), Blaues Gänseblümchen (*Brachycome iberidifolia*), Flachs (*Linum usitatissimum*), Männertreu (*Lobelia*),Trauerweide (*Salix alba*), Veilchen und Ehrenpreis.
**2. Intuitive Zuordnung der Pflanzen –** Hier werden die Pflanzen intuitiv den Elementen zugeordnet. Diese Auswahl richtet sich weniger nach den Blütenfarben und der Wuchsform, sondern mehr nach energetischen Eigenschaften.
**Intuitive Zuordnung zum Element Feuer –** Pflanzen, die dem Element ▸ **Feuer** entsprechen, lieben meist einen sonnigen Platz. Ihnen werden ▸ **Yang-**Eigenschaften zugeschrieben, wie dynamisches Wachstum, starker Blütendrang und Fülle.
**Intuitive Zuordnung zum Element Erde –** Pflanzen des Elements ▸ **Erde** lieben feuchte und warme Standorte. Sie entwickeln einen kräftigen Duft und haben eine bodenständige Ausstrahlung.
**Intuitive Zuordnung zum Element Metall –** Pflanzen des Elements ▸ **Metall** weisen eine Verdichtung auf, entweder im Wuchs und/oder im Blütenstand. Hier findet man auch öfter Pflanzen, die im Halbschatten oder im Schatten gedeihen.
**Intuitive Zuordnung zum Element Wasser –** Pflanzen des Elements ▸ **Wasser** haben die Eigenschaften, dass sie Wasser speichern können und genügsam sind. Ihre Blüten fallen nicht ganz so üppig aus wie bei Pflanzen anderer Elemente, und sie haben meist eine zarte, phantasievolle Ausstrahlung. Einige dieser Pflanzen werden bevorzugt zu Trockenblumen verarbeitet. Im Feng Shui verwendet man allerdings nicht so gern Trockenblumen. Ausführliches dazu unter ▸ **Blumen.**
**Intuitive Zuordnung zum Element Holz –** Bei den Pflanzen, die zum Element ▸ **Holz** zählen, finden sich meistens starke, biegsame Grünpflanzen. Sie lieben sonnige Plätze mit feuchtem Boden. Holz-Pflanzen weisen vorwiegend ▸ **Yang-**Eigenschaften auf und wachsen kräftig und schnell.
**Pflanzen, die die Raumluft reinigen können –** Manche Pflanzen nehmen Giftstoffe auf und wandeln die Luft in gereinigte, frische Luft um. Eine der häufigsten Raumluftbelastungen sind Zigarettenrauch und Formaldehyd.
Räume, in denen ein neuer Teppich verlegt wurde, Möbel mit Spanplattenkernen oder Kleber von Holz- und Parkettböden können eine erhebliche Formaldehydbelastung aufweisen. Kopfschmerzen und Augenreizungen sind oft die Folge davon. In diesen Fällen hilft stoßweises Lüften und eine Unterstützung durch spezielle Pflanzen.
Sollten die Beschwerden nicht nachlassen, ist jedoch eine Raumluftmessung zu empfehlen, welche Art und Grad der Belastung genau definieren und weitere Schritte vorgeben kann. Die einfachste Me-

*Bestimmte Pflanzen im Wohnbereich bringen nicht nur Energie, sondern können auch die Raumluft reinigen.*

thode, sich vor solchen Belastungen zu schützen, wäre, bereits beim Einkauf auf gute und gekennzeichnete Qualität der Materialien zu achten.

**Pflanzen, die Formaldehyd aus der Luft filtern –** Formaldehyd dünstet aus Spanplatten, Leimen und Lacken aus. Diese Pflanzen sind hilfreich: Grünlilie (*Chlorophytum comosum*), Schwertfarn (*Nephrolepis exaltata*), Baumfreund (*Philodendron selloum*), Efeu (*Hedera helix*), Birkenfeige (*Ficus benjamina*), Drachenbaum (*Dracaena draco*), Aloe, Efeutute (*Epipremnum aureum*), Gerbera (*Gerbera Jamesonii*).

**Pflanzen, die Zigarettenrauch ausfiltern –** Zu diesen Pflanzen gehören Efeutute (*Epipremnum aureum*), Bogenhanf (*Sansevieria trifasciata*).

**Pflanzen, die Benzol, Xylol und Toluol ausfiltern –** Bei diesen Schadstoffen handelt es sich um Kohlenwasserstoffe, die aus Lösungsmitteln, Lacken und Kunststoffen sowie Teppichklebern ausdünsten. Günstig sind hier: Birkenfeige (*Ficus benjaminia*), Dieffenbachie (*Dieffenbachia maculata*), Einblatt (*Spatiphyllum*), Efeu (*Hedera helix*), Drachenbaum (*Dracaena draco*), Efeutute (*Epipremnum aureum*), Bogenhanf (*Sansevieria trifasciata),* Kolbenfaden (*Aglaonema modestum*).

**Pflanzen, die Trichloräthylen ausfiltern –** Hier handelt es sich um einen Kohlenwasserstoff, der z. B. in Haushaltsreinigern vorkommt. Dagegen helfen: Gerbera (*Gerbera jamesonii*) , Bogenhanf (*Sansevieria trifasciata*) sowie Efeu (*Hedera helix*).

**Pflanzen, die Ammoniak ausfiltern –** Dieser Schadstoff kommt u. a. in vielen Haushaltsreinigern vor. Hier sind hilfreich: Birkenfeige (*Ficus benjaminia*), Azalee (*Rhododendron simsii*), Strauchmargerite.

**Pflanzen, die den Raum energetisch reinigen –** So eine energetische Reinigung kann beispielsweise nach Streit, bei schlechter Stimmung im Raum oder bei einer belastenden Vorgeschichte des Raums, der Wohnung oder eines ganzen Hauses helfen. Pflanzen, die Sie dabei unterstützen: Alpenveilchen (*Cyclamen persicum*), Birkenfeige (*Ficus benjaminia*), Dattelpalme (*Phoenix canariensis*), Ginster (*Genista*).

**Pflanzen, die eine gute Stimmung erzeugen –** Es gibt Pflanzen, die als aufmunternd gelten. Dazu zählen Topfheide (*Erica gracilis*), Bogenhanf (*Sansevieria trifasciata*), Bougainvillea , Bubikopf (*Soleirolia soleirolii*), Dickblatt (*Crassula*), Elefantenfuß (*Beaucarnea recurvata*), Fensterblatt (*Monstera deliciosa*), Jasmin (*Jasminum*), Orangenbaum (*Citrus*), Weihnachtsstern (*Euphorbia pulcherrima*).

**Pflanzen, die Elektrosmog abschwächen –** Solche Pflanzen sind für einen Arbeitsraum mit vielen elektrischen Geräten besonders interessant. Dazu gehören Agave, Aloe, Drachenbaum (*Dracaena draco*), Zierananas, Bergpalme (*Chamaedorea elegans*) und Birkenfeige (*Ficus benjamina*). Einige Pflanzen wandeln sogar die nachteilige ▸ **Ionisierung** durch Elektrogeräte um, wie Säulenkaktus (*Cereus*), Spindelkaktus (*Paodia*), Feigenkaktus (*Opuntia*).

**Pflanzen, die bevorzugt auf Störzonen wachsen –** einige Pflanzen wachsen auf ▸ **Störzonen** und können die Auswirkungen solcher Zonen teilweise abschwächen, wie Zierananas und Buchsbaum (*Buxus*). Für die wirksame Platzierung dieser Helfer ist es jedoch angeraten, einen Fachmann einzubeziehen.

**Gesundes Wohnen –** Ihr Körper und Ihre Pflanzen werden es Ihnen danken, wenn Sie auf gesunde Wohnmaterialien achten. Mehr Informationen zu diesem Thema erhalten Sie unter dem Stichwort ▸ **Baubiologie.** Weitere Themenbereiche finden Sie unter den Stichworten ▸ **Bonsai** und ▸ **Blumen.**

# Pflanzen als Begleiter des Menschen

Pflanzen sind aus der modernen Umgebung des Menschen oftmals fast ganz verschwunden. Dabei können grüne Gewächse in vielfacher Hinsicht sehr unterstützend wirken. So helfen Pflanzen zum Beispiel, die Lebensbereiche des Bagua zu stärken sowie die Raumluft und Raumatmosphäre zu erfrischen.

*Bambus (oben) und Ginster stärken u. a. das Element Holz, den Bagua-Bereich »Familie und Gemeinschaft« sowie »Wachstum und Erfolg«.*

*Klatschmohn (oben), Zypresse und Kletterrose regen das Element Feuer an und den Bagua-Bereich »Ansehen und Erleuchtung«.*

*Ringelblume (oben), Johanniskraut und Sonnenblume unterstützen das Element Erde und die Bereiche »Partnerschaft« und »Innere Mitte«.*

*Flachs (oben), Buschklee, Trauerweide und Veilchen betonen das Element Wasser und stehen für den Bagua-Bereich »Lebensweg«.*

*Orangenbaum (oben), Jasmin, Topfheide, Weihnachtsstern und Bogenhanf muntern auf und erzeugen gute Stimmung.*

*Hortensie (oben) und Schleierkraut stärken das Element Metall und die Bereiche »Kreativität und Kinder« und »Hilfreiche Freunde«.*

*Aloe (oben), Grünlilie, Schwertfarn, Efeu und Gerbera mindern die Formaldehydbelastung.*

*Alpenveilchen (oben), Ginster und Birkenfeige helfen, Räume energetisch zu reinigen.*

*Zierananas (oben), Drachenbaum und Bergpalme können Elektrosmog abschwächen.*

*Pflanzen und Wasser im Garten – ein ideale Kombination.*

## Intuitive Zuordnung der Pflanzen zu den Fünf Elementen

In der nachfolgenden Liste finden Sie Pflanzenbeispiele, die den verschiedenen Bagua-Feldern bzw. den Elementen intuitiv zugeordnet sind. Die Liste enthält noch weitere Informationen über den bevorzugten Standort, Lichtverhältnisse sowie Blütenfarben.

### Pflanzen für die Bagua-Bereiche »Familie und Gemeinschaft« und »Wachstum und Erfolg«

**Element**
**Holz**

Abkürzungen: G = Garten, Z = Zimmer, SB = Schnittblume, S = sonnig, SC = schattig, HS = halbschattig

| Deutscher Name | Lateinischer Name | Ort | Licht | Farbe |
|---|---|---|---|---|
| Balkan-Anemone | Anemone blanda | G | HS | Violett |
| Bayrischer Eisenhut | Aconitum x cammarum »Bicolor« | G | HS | Violett |
| Blauzungen-Lauch | Allium karataviense | G | S | Weiß |
| Efeuaralie | Fatshedera lizei | Z | HS | |
| Fleißiges Lieschen | Impatiens-Hybride | Z | S | Rosa |
| Garten-Sonnenblume | Helianthus decapetalus | G | S | Gelb |
| Hoher Phlox | Phlox paniculata »Landhochzeit« | G | S | Rosa |
| Hyazinthe | Hyacinthus-Hybride »Pink Pearl« | G/Z | S | Rosa |
| Klivie | Clivia miniata | Z | S | Rot |
| Königsfarn | Osmunda regalis | G | HS | |
| Kroton | Codiaeum variegatum | Z | S | Bunt |
| Lebensbaum | Thuja occidentalis | G | S/HS | |
| Lorbeer | Laurus nobilis | G | S | |
| Pracht-Fetthenne | Sedum spectabile »Carmen« | G | S | |
| Rippenfarn | Blechnum gibbum | Z | HS | |
| Rittersporn »Percival« | Delphinium-Pacific-Hybride | G | S | |
| Scharlach-Lilie | Lilium davidii | G | S | Orange |
| Sonnenhut »Goldsturm« | Rudbeckia fulgida var. sulliv. | G | S | Gelb |
| Spaltblume | Schizanthus-Hybride | Z | S | Rot |

## Pflanzen für den Bagua-Bereich »Ansehen und Erleuchtung«

Element **Feuer**

| Deutscher Name | Lateinischer Name | Ort | Licht | Farbe |
|---|---|---|---|---|
| Agave | Agave | G/Z | S | |
| Amaryllis | Hippeastrum-Hybride | Z | S | Rot |
| Dattelpalme | Phoenix roebelenii | Z | S | Rot |
| Färberkamille | Anthemis tinctoria | G | S | Gelb |
| Feuerlilie | Lilium bulbiferum | G/SB | S/HS | Orange |
| Flamingoblume | Anthurium scherzerianum | Z | S | Rot |
| Fünferling | Phygelius capensis | G | S | Rot |
| Gartengladiole | Gladiolus-Hybride | G | S | Rosa, Weiß |
| Gold-Fetthenne | Sedum floriferum | G | S | Gelb |
| Hibiscus | Hibiscus rosa-sinensis | G/Z | S | Gelb |
| Krokus »Victor Hugo« | Crocus-Hybride | G | S/HS | Violett |
| Löwenmäulchen | Antirrhinum majus | G | S | Rosa |
| Pfaffenhütchen | Euonymus europaea | G | S/HS | Rosa |
| Pfingst-Nelke | Dianthus grationopolitanus | G | S | Rosa |
| Riesen-Alant | Inula magnifica | G | S | Gelb |
| Riesen-Lauch | Allium giganteum | G/SB | S | Violett |
| Ruhmeskrone | Gloriosa rothschildiana | Z | S | Rot-Gelb |
| Schwertlilie »Amethyst« | Iris-Barbata-Elatior-Hybride | G | S | Flieder |
| Sommer-Margerite | Leucanthemum maximum | G/Z | S | Weiß |
| Sonnenblume | Helianthus annuus | G/SB | S | Gelb |

## Pflanzen für die Bagua-Bereiche »Partnerschaft«, »Wissen und Weisheit« und »Innere Mitte«

Element **Erde**

| Deutscher Name | Lateinischer Name | Ort | Licht | Farbe |
|---|---|---|---|---|
| Alokasie | Alocasia lowii | Z | HS | |
| Azur-Salbei | Salvia patens | G | S | Blau |
| Bougainvillea | Bougainvillea-Hybride | Z | S | Lilarot |
| Clematis | Clematis-Hybr. »Vyvyan Pennell« | G | HS | Violett |
| Drachenbaum | Dracaena fragrans | Z | S | |
| Edelflieder | Syringa-Vulgaris-Hybride | G | HS | Violett |
| Errötender Baumfreund | Philodendron erubescens | Z | HS | |
| Felssteinkraut | Alyssum saxatile | G | S | Gelb |
| Fensterblatt | Monstera deliciosa | Z | S | |
| Frühlingsknotenblume | Leucojum vernum | G | HS | Weiß |
| Gold-Türkenband | Lilium hansonii | G | HS | Gelb |
| Hauswurz | Sempervivum-Hybride | G | S | |
| Heiligenkraut | Santolina chamaecyparissus | G | HS | Gelb |
| Hibiskus | Hibiscus rosa-sinensis | Z | S | Rot, Rosa |
| Himalaja-Storchenschnabel | Geranium himalayense | G | HS | Violett |
| Knäuel-Glockenblume | Campanula glomerata | G | S/HS | Violett, Weiß |
| Kreuzkraut | Senecio-Hybriden | Z | S | Lila |
| Schwalbenschwanz-Enzian | Gentiana asclepiadea | G | HS | Violett |
| Schleier-Sonnenhut | Rudbeckia triloba | G | S | Gelb |
| Schmuckkörbchen | Cosmos bipinnatus | G | S | Rosa |

## Pflanzen für die Bagua-Bereiche »Kreativität und Kinder« und »Hilfreiche Freunde«

Element **Metall**

| Deutscher Name | Lateinischer Name | Ort | Licht | Farbe |
|---|---|---|---|---|
| Akelei | Aquilegia vulgaris | G | HS | Rot |
| Aloe | Aloe | G/Z | S | |
| Bartnelke | Dianthus barbatus | G | S | Weiß, Rot |
| Birkenfeige | Ficus benjamina | Z | HS | |
| Blaustrahlhafer | Helictotrichon sempervirens | G | S | |
| Dalmatinerglockenblume | Campanula portenschlagiana | G | S/HS | Violett |
| Edel-Pfingstrose | Paeonia lactiflora | G | S | Weiß, Rot |
| Gardenie | Gardenia jasminoides | Z | S | Weiß, Rot |
| Ginster | Genista | G/Z | S | Gelb |
| Glyzine | Wisteria sinensis | G | S | Violett |
| Kissen-Aster | Aster-Dumosus-Hybride | G/SB | S/HS | Rosa |
| Kletter-Philodendron | Philodendron scandens | Z | HS | |
| Lampenputzergras | Pennisetum alopecuroides | G | S | Weiß |
| Leberbalsam | Ageratum houstonianum | G | S | Rosa |
| Moos-Steinbrech | Saxifraga-Arendsii-Hybriden | G | HS | Weiß, Rot |
| Pampasgras | Cortaderia selloana | G | S | Weiß |
| Pracht-Goldrute | Solidago-Hybride | G | S | Gelb |
| Salomonssiegel | Polygonatum-Hybride | G | HS | Weiß |
| Spinnenblume | Cleome spinosa | G | S | Weiß, Rot |
| Spornblume | Centranthus rubber | G | S/HS | Rot |

## Pflanzen für den Bagua-Bereich »Lebensweg«

Element **Wasser**

| Deutscher Name | Lateinischer Name | Ort | Licht | Farbe |
|---|---|---|---|---|
| Aufrechte Pelargonie | Pelargonium zonale | Z | S | Rot, Rosa |
| Bubikopf | Soleirolia soleirolii | Z | HS | |
| Efeublume-Alpenveilchen | Cyclamen hederifolium | G/Z | HS | Rosa |
| Feinstrahlaster | Erigeron-Hybride | G | S | Rosa, Violett |
| Fingerhut | Digitalis purpurea | G | SC/HS | Rosa, Weiß |
| Garten-Stiefmütterchen | Viola-Wittrockiana-Hybriden | G | S | Violett |
| Garten-Strohblume | Helichrysum bracteatum | G/SB | S | Rosa |
| Grünlilie | Chlorophytum comosum | Z | S | Weiß |
| Igelfichte | Picea glauca »Echiniformis« | G | HS | Rot |
| Jakobsleiter | Polemonium x richardsonii | G | S/HS | Violett |
| Kiwi, Strahlengriffel | Actinidia chinensis | G | S | Weiß |
| Lavendel | Lavadula angustifolia | G | S | Violett |
| Maiglöckchen | Convallaria majalis | G | HS | Weiß |
| Netz-Iris | Iris reticulata | G | S | Violett |
| Osterglocke | Narcissus pseudonarcissus | G/SB | SC/HS | Gelb |
| Rauhblatt-Aster | Aster novae-angliae | G | S | Rosa |
| Ringelblume | Calendula officinalis | G | S | Gelb |
| Schlüsselblume | Primula elatior | G | S/HS | Gelb |
| Sommeraster | Callistephus chinensis | G/SB | S | Rot |
| Weigelie | Weigela-Hybride | G | SC/HS | Rosa |

*Der Phönix zählt in der Formen-Schule des Feng Shui zu den Fünf Himmlischen Tieren und repräsentiert den Weitblick in Richtung Süden.*

## Phönix

**1.** Der Phönix ist bei uns bekannt als Sagenvogel der ägyptischen Mythologie, der Auferstehung und Unsterblichkeit verkörpert. Der Sage nach soll der Vogel Phönix alle hundert Jahre von Indien aus in seine Heimat Ägypten zurückgeflogen sein.
Dort angekommen habe er sich selbst auf einem Scheiterhaufen verbrannt, um nach drei Tagen aus der Asche neugeboren wieder aufzusteigen.
**2.** In der chinesischen Mythologie ist der Vogel Phönix ein Symbol für den Wind. Im Landschafts-Feng-Shui, auch ▸ **Formen-Schule** genannt, ist der rote Phönix eines der Himmlischen Tiere und steht für den Weitblick in Richtung Süden. Ausführliches zum Phönix finden Sie unter dem Stichwort ▸ **Himmlische Tiere.**

## Planung mit Feng Shui

Feng Shui bietet die Möglichkeit, Projekte im Einklang mit ihrem Umfeld zu verwirklichen. Ideal ist es, bereits bei der Planung eines Projekts, sei es die Gestaltung eines Raumes, eines Gebäudes, einer Gartenanlage oder einer Siedlung, die Kriterien des Feng Shui zu berücksichtigen. So besteht nicht nur die Möglichkeit, größere Fehler und Disharmonien zu vermeiden, sondern auch die Chance, dass das Projekt sich zum Nutzen aller Beteiligten entwickelt. Die Planung lässt sich dabei individuell auf die Nutzer abstimmen. Auch die Funktion, die ein Gebäude erfüllen soll, kann durch Feng Shui erheblich unterstützt werden.
Nicht zuletzt hat die ganzheitliche Betrachtungsweise der chinesischen Feng-Shui-Lehre den Vorteil, dass alle umgebenden Einflüsse dabei berücksichtigt werden und somit immer die Harmonie des Ganzen gestärkt wird.

## Postnataler Himmel

Bezeichnung für eine Sequenz der ▸ **Trigramme** des ▸ **I Ging.** Mehr dazu finden Sie unter dem Stichwort ▸ **Späterer Himmel.**

## Power-Feng-Shui

Moderne Bezeichnung für Feng-Shui-Maßnahmen, die darauf ausgelegt sind, das Umfeld – und damit besonders die Nachbarn – zu schwächen, um selbst konkurrenzfähig zu bleiben.
Nicht nur in Hongkong, sondern überall auf der Welt kann man mittlerweile Bauten sehen, die ganz bewusst mit scharfen Gebäudekanten (▸ **Geheime Pfeile)** auf die umliegenden Gebäude weisen, um die Nachbarunternehmen damit zu attackieren und zu schwächen. Allerdings besteht die Gefahr, dass der Nachbar mit Hilfe von Feng-Shui-Hilfsmitteln, wie beispielsweise verspiegelten Flächen, die Angriffe wieder zurücklenkt. Zudem wird sich solches Verhalten ohnedies irgendwann gegen den Verursacher selbst wenden. In seriösen Feng-Shui-Kreisen, die den ursprünglichen Gedanken des Feng Shui, Mensch und Umgebung in Harmonie zu bringen, anstreben, wird daher diese Vorgehensweise des Power-Feng-Shui strikt abgelehnt.

## Prana

Der indische Ausdruck für die alles durchströmende Lebensenergie Chi. Ausführliches dazu finden Sie unter dem Stichwort ▸ **Chi.**

## Pränataler Himmel

Bezeichnung für eine Sequenz der ▸ **Trigramme** des ▸ **I Ging,** dem Buch der Wandlungen. Mehr dazu finden Sie unter dem Stichwort ▸ **Früherer Himmel.**

*Die Übungen aus dem Qi Gong arbeiten gezielt mit dem Chi-Fluss im Körper.*

# Q

## Qi
Eine andere Schreibweise für Chi. Ausführlicheres dazu finden Sie unter dem Stichwort ▸ **Chi.**

## Qi Zheng
Der chinesische Begriff für die Schicksalsberechnung nach den sieben Planeten, eine der Methoden aus der ▸ **Chinesischen Astrologie.**

## Qi Gong
Körperübungen zur gezielten Arbeit mit dem ▸ **Chi-Fluss** im Körper. Qi Gong ist Teil der ▸ **Chinesischen Medizin.**

## Quadrat-Künste
Deutsche Übersetzung für das chinesische Wort »fangshu«. Mehr dazu unter ▸ **Methoden-Künste.**

## Quadrat-Meister
Übersetzung für das chinesische Wort »fangshi«. Ein Fangshi ist Experte in einer der Quadrat-Künste bzw. ▸ **Methoden-Künste.** Das kann ein Feng-Shui-Meister, ein Astrologe oder Heilkundiger sein.

# R

## Radiästhesie
Der Begriff leitet sich vom lateinischen Wort »radiare«, »Strahlen aussenden«, ab. Unter Radiästhesie versteht man die Lehre von der Strahlenfühligkeit des Menschen. Gemeint ist damit die Fähigkeit, meist mit Hilfe einer ▸ **Rute** oder eines anderen Instrumentes, die unsichtbare Ausstrahlung feinstofflicher Energien wie etwa einer ▸ **Wasserader,** eines ▸ **Gitternetzes** oder eines ▸ **Kraftortes** zu erspüren. Praktizierende der Radiästhesie werden als Radiästheten, ▸ **Rutengänger** oder ▸ **Geomanten** bezeichnet. Auch einige Feng-Shui-Experten beherrschen zum Teil diese Technik. Ausführliches dazu unter dem Stichwort ▸ **Geomantie.**

## Radiästhet
Ein Ausübender der ▸ **Radiästhesie.**

## Räuchern
Verbreitetes Ritual vieler alter Kulturen, meist mit religiösem Hintergrund. In der christlichen Tradition wird in den Kirchen u. a. mit Weihrauch geräuchert. Räuchern dient dem atmosphärischen Reinigen, Anregen des Geistes und vielen anderen spirituellen oder religiösen Zwecken. Die Möglichkeiten, mit dem Räuchern zu arbeiten, sind vielfältig.
Anhand eines Beispiels wird Ihnen im Folgenden eine Variante der atmosphärischen Reinigung vorgestellt. Natürlich können auch andere Essenzen als die hier vorgestellten für ein Räucherritual benutzt werden. Besonders günstig für eine Räucherung ist der Zeitpunkt um den Neumond, da dann energetisch eine neue Phase beginnt.

**Reinigen durch Rauch –** Im Feng Shui wird das Räuchern gern als Mittel zur Raumreinigung genutzt, z. B. um alte Energien, die sich im Lauf der Jahre in einem Haus angesammelt haben, freizusetzen. Räuchern bietet eine gute Möglichkeit, Räumlichkeiten, die man neu bezieht, energetisch zu klären.

*Für ein Räucherritual benötigen Sie Räucherkohle, ein Gefäß aus Metall oder Keramik und getrocknete Pflanzenbestandteile oder Harze als Räucherwerk.*

**Beispiel –** Wenn Sie eine neue Wohnung beziehen wollen, so können Sie diese einfach und effektiv mit Salbei ausräuchern. Das Gefühl, in die Fußstapfen des Vormieters zu treten und mit dessen Schwingungen zu leben, kann sich dadurch verflüchtigen. Dazu benötigen Sie getrocknete Salbeiblätter oder wahlweise Salbeitee, ein feuerfestes Gefäß, das sich problemlos tragen lässt, und etwas Zeit.

**Der Räuchervorgang –** Legen Sie ein Häufchen der Salbeiblätter in das Gefäß, und zünden Sie diese an, um sie dann gleich wieder auszupusten; so entsteht die gewünschte Rauchentwicklung. Im Laufe des Rituals sollten Sie diese Prozedur öfter wiederholen, da der Salbei leicht verglimmt. Mit dem räuchernden Salbei in dem Gefäß ziehen Sie nun von einem Raum in den nächsten. Dabei sollten Sie langsam jede Ecke abschreiten, damit der Rauch auch überall hinzieht. Erst wenn Sie alle Winkel eines Zimmers erfasst haben, gehen Sie zum nächsten.

So wird Raum für Raum die ganze Wohnung geräuchert, samt Abstellkammer und sonstiger untergeordneter Bereiche. Gedanklich können Sie den Räuchervorgang mit der Vorstellung begleiten, dass sich alte verstaubte oder sonstige ungünstige Schwingungen in diesem Rauch fangen mögen. Nach einigen Minuten werden dann in gleicher Abfolge alle Räume gelüftet. Beim Öffnen der Fenster wird der Rauch mitsamt den schlechten Energien aus dem Raum geschickt. Da Salbei nicht sehr gut riecht, sollten Sie hier eine längere Weile lüften und anschließend einen angenehmen frischen Duft, etwa einen Zitrusduft mittels Duftlampe, in die Räume strömen lassen. Die Wohnung ist somit geklärt.

Es unterstützt die Nachhaltigkeit der Reinigung, wenn Sie eine neue, positiv anregende Information in die Räume tragen. Das kann in einer Meditation oder im Gebet geschehen. Oder Sie schreiben Ihre Wünsche für jeden Raum auf einen Zettel, der eine Weile in dem Raum verbleibt. Vielleicht finden Sie auch eine eigene rituelle Form, Ihre Wünsche bei einem Räucherritual einzubringen.

**Mehr über reinigende Räucherrituale –** Wenn Sie sich für den Einsatz von Räuchermitteln interessieren, finden Sie weiterführende Literatur dazu im Anhang. Rituale zur Reinigung sind auch unter dem Stichwort ‣ **Reinigungsrituale** nachzulesen.

## Raumteiler

Sie werden im Feng Shui eingesetzt, um den ‣ **Chi-Fluss** umzulenken, negative Energie abzublocken oder einem unruhigen Platz Schutz zu bieten. Mehr dazu unter dem Stichwort ‣ **Paravent.**

## Regenbogenkristalle

Aus Glas geschliffene Kristalle. Meist sind diese mit einem facettenartigen Schliff versehen, der bei direkter Sonneneinstrahlung das Sonnenlicht in die Spektralfarben zerlegt und bunte Lichtpunkte in der Wohnung erzeugen kann. Regenbogenkristalle gibt es in verschiedenen Materialien und Formen.

**Anwendung –** Regenbogenkristalle werden den modernen ‣ **Hilfsmitteln** im Feng Shui zugeschrieben und oft in Fenster gehängt, um den Chi-Fluss zu bremsen. Sie erhöhen auch die Raumenergie und werden an Fehlflächen im ‣ **Bagua** eingesetzt, um sie auszugleichen.

**Formen –** Im Handel sind Kristalle in vielen Formen erhältlich. Es gibt auch spezielle Kristalle in Rautenform, die ‣ **Drachentränen** genannt werden.

*Räucherrituale wirken wohltuend auf Körper, Geist und Seele. Rauch stärkt und balanciert Körper und Psyche, fördert eine intensivere Wahrnehmung auf der spirituellen Ebene und sorgt für mehr innere Stabilität.*

**Materialien –** Es ist wichtig, dass Sie bei den Materialien darauf achten, keine Bleikristallkugeln zu verwenden. Denn der Bleianteil schränkt die positive Wirkung des Kristalls ein. Am wirkungsvollsten sind Kristalle aus echtem Bergkristall, der aus einem ganzen Stück geschliffen wurde. Kostengünstigere Exemplare bestehen oft aus pulverisiertem, gepresstem Bergkristall, der deutlich weniger Wirkung hat. Alternativ können Sie auch Kristallglas verwenden.

**Bergkristall ist nicht gleich Bergkristall –** Es gibt verschiedene Qualitäten – mit verschiedener Wirkkraft. Beim Kauf eines Regenbogenkristalls sollten Sie genau nachfragen, um welche Art Bergkristall es sich handelt.

## Reichtum

Zuweilen übliche Bezeichnung für einen der neun Lebensbereiche des Bagua. In diesem Buch wird der traditionell nach Südosten gelegene Bagua-Bereich mit »Wachstum und Erfolg« bezeichnet.

Im ▸ Lo Shu ist diesem Bagua-Lebensbereich die Zahl 4 zugeordnet, das zugrunde liegende ▸ Trigramm ist der »Wind«. Wie Sie den Bagua-Bereich »Reichtum« stärken können, ist unter dem Stichwort ▸ Bagua erläutert.

## Reinigungsrituale

Neben dem handfesten Saubermachen bieten Reinigungsrituale eine weitere Möglichkeit, Räume atmosphärisch zu klären. Im Feng Shui weiß man um den ungünstigen Einfluss, den z. B. eine leidvolle Geschichte der Vorbesitzer in einem Haus hinterlassen kann. Charaktereigenschaften, Lebensweg und Schicksal der Menschen prägen auch den energetischen Zustand der Räume, in denen Sie gelebt haben. Um sich von diesen manchmal hinderlichen Schwingungen zu befreien und die neuen Räumlichkeiten sozusagen ganz in Besitz zu nehmen, können verschiedene Reinigungsrituale eingesetzt werden. Aus der Vielzahl der Möglichkeiten sind im Folgenden nur einige kurz beschrieben.

**Reinigender Rauch –** Beliebt und effektiv ist das Reinigen mit Rauch. Hierzu werden in einem Ritual meist Kräuter oder Harze mittels Räucherkohle oder direkter Flamme zum Räuchern gebracht.

Der Rauch zieht in alle Ecken des Raumes, bindet die »negativen« Energien und wird später zum Fenster hinausgelüftet. Mehr dazu unter ▸ Räuchern.

**Reinigen mit Salz –** Eine weitere Möglichkeit stellt das Ausstreuen von Salz dar. Möchten Sie gerade eine Wohnung neu beziehen, so können Sie diese sehr gut in leerem Zustand mit Salz reinigen. Streuen Sie zu diesem Zweck Salz innen entlang der begrenzen-

den Mauern eines Raumes oder Hauses und in alle seine Ecken. Das Salz muss mindestens eine Nacht einwirken und kann am nächsten oder übernächsten Tag zusammengefegt und entsorgt werden.
Wenn Sie mögen, können Sie dieses Ritual durch eine Meditation oder ein Gebet verstärken, in dem Sie den Vormietern oder Vorbesitzern für alles danken, was diese für den Ort getan haben, und ihnen Glück und beste Wünsche mit auf den Weg geben.

**Reis und Glück** – Reis steht in der chinesischen Kultur symbolisch für die Saat von Glück und Wohlstand. Das Ritual mit Reis wird auch als »yu wie« – äußerer Segen – bezeichnet.

**Reinigen mit Reis** – Ein ganz ähnliches Ritual kann mit Reis durchgeführt werden. Reis soll neben der Reinigung auch zur Anregung neuen Wachstums in den Räumen dienen. Der Reis wird zu Beginn des Rituals gesegnet, dann ebenfalls wie das Salz entlang der Wände im Haus verstreut, zusätzlich aber auch einmal außen um das Haus herum. Auch der Reis sollte wenigstens eine Nacht liegen bleiben, bevor er entsorgt werden kann.
**Reinigen mit Klang** – Auch die rituelle Nutzung von Klang kann sehr gut zum Lösen alter, festgesetzter Schwingungen genutzt werden. So können etwa Klangschalen, Zimbeln oder Trommeln, die mit ihrem Klang die Räume erfüllen, eine Klärung bewirken. Kommen mehrere Menschen zusammen und stimmen sich meditativ auf die Schwingung eines Raumes oder Ortes ein, so können diese durch Tönen, das ist eine intuitive Art des Summens oder Singens, der feinstofflichen Stimmung des Raumes Ausdruck geben, diese in Schwingung bringen und schließlich auflösen. Wenn Sie Spaß am Klang haben, können Sie sich selbst ein Ritual ausdenken. Solange es von Herzen mit den besten Wünschen für Vorgänger und Nachfolger begleitet ist, wird es seine Wirkung nicht verfehlen.

*Klangschalen werden auch zum Reinigen von Räumen eingesetzt und können alte Schwingungsmuster auflösen.*

**Reinigen durch Meditation** – Eine weitere Möglichkeit bietet die ‣ **Meditation** oder das Gebet. Auch hier gibt es unterschiedliche Herangehensweisen. So können Sie in der Meditation die Räume mit violettem Licht durchfluten, anschließend »Mutter Erde« bitten, das Licht aufzunehmen, und die Räume dann mit einem strahlend weißen Licht ausfüllen. Blockierte Energien lassen sich aber auch lösen, indem Sie in stiller Versenkung die Schwingung des Ortes wahrnehmen, die Geschichte des Hauses und seiner Bewohner achten und sich bei den Vorgängern mit guten Wünschen bedanken.

**Das persönliche Reinigungsritual finden** – Gehen Sie nach Ihrem Gefühl, und lassen Sie Ihre Intuition entscheiden, welches Reinigungsritual für Sie und den Ort stimmig ist. Beim Einzug in neue Räume ist eine Reinigung auf jeden Fall anzuraten. Zudem wirkt sie unterstützend für jeden Neubeginn.

## Richtungs-Schule

Erläuterungen zum Thema unter den Stichwörtern ‣ **Kompass-Schule** und ‣ **Himmelsrichtungen.**

## Rosenkugeln

Darunter versteht man Kugeln – traditionell aus Glas –, die unten eine Öffnung besitzen, um sie auf einen Stock zu stecken, der in die Erde gestoßen wird. Diese Spiegelkugeln gibt es in vielen Farben. Sie eignen sich für die Anwendung im Garten, auf dem Balkon oder in Pflanzkübeln etwa neben dem

Eingang. In früheren Zeiten wurden die Rosenkugeln in Bauerngärten zwischen die Rosen gestellt und sollten dort böse Geister vertreiben.

**Anwendungsmöglichkeiten**

**Sha zerstreuen –** Auf der spiegelnden Oberfläche von Rosenkugeln bildet sich die gesamte Umgebung ab, und auftreffendes ▸ **Sha** wird sozusagen in alle Winde zerstreut.

> **Die spiegelnde Wirkung** von Rosenkugeln wird auch im modernen Feng Shui genutzt. Ausführliches dazu finden Sie unter dem Stichwort ▸ **Spiegel.**

**Unterstützung für Bagua-Bereiche –** Wissen Sie, in welchem Bereich des ▸ **Bagua** Sie Rosenkugeln einsetzten möchten, dann sollten Sie eine farblich diesen Bereich unterstützende Kugel auswählen.

**Paarweise angeordnete Rosenkugeln –** Sie wirken wie ein Tor und kennzeichnen die Trennung zweier Bereiche, wie z. B. öffentlich und privat.

Ist dieses »Tor« aber zu eng (z. B. zwei größere Pflanzen mit zwei Rosenkugeln direkt rechts und links der Eingangstür), so wird es zum bedrückenden Spalier und kann den ▸ **Chi-Fluss** behindern.

## Rot

Die Farbe Rot wird laut dem Kreislauf der ▸ **Fünf Elemente** dem Element ▸ **Feuer** zugeordnet. Mehr dazu unter dem Stichwort ▸ **Farben.**

## Rückendeckung

Sie beschreibt eines der wichtigsten Prinzipien im Feng Shui. Gemeint ist damit die psychologische Komponente, dass ein »geschützter« Rücken, dem keine Gefahr droht, eine gewisse Ruhe und Gelassenheit gibt und die eigene Position stärkt.

Ein »offener« Rücken dagegen bewirkt Unruhe und Unsicherheit, da der Mensch das Geschehen nicht vor Augen hat, nicht weiß, was hinter seinem Rücken geschieht, und jederzeit in »Alarmbereitschaft« bleibt, falls ihm jemand in den Rücken fällt. Die Aufmerksamkeit ist geteilt und die Position der Person eher geschwächt. Natürlich wird im wirklichen Leben im Normalfall keiner von hinten über Sie herfallen, wenn etwa Ihr Arbeitsplatz mit dem Rücken zum Geschehen orientiert ist, aber unbewusst sind Sie in so einer Situation ständig angespannt, sozusagen allzeit bereit aufzuspringen. Das kostet Sie jedoch viel Kraft und Konzentration, die Sie besser für Ihre Arbeit nutzen könnten.

**Anwendung –** Das Prinzip der Rückendeckung ist für alle wichtigen Tätigkeiten von Bedeutung:

**Arbeitsbereich –** Besonders am Arbeitsplatz sollte darauf geachtet werden, dass sich hinter dem Rücken eine Wand, ein ▸ **Paravent** oder ein Objekt, das Schutz symbolisiert, befindet.

**Schlafbereich –** Auch der Schlafplatz benötigt eine Rückendeckung: Das Kopfende des Bettes sollte möglichst durch ein Objekt mit Schutzsymbolik, eine Wand oder einen ▸ **Paravent** geschützt sein.

**Außenraum –** Nicht nur im Innenraum spielt die Rückendeckung eine Rolle. Auch größere Zusammenhänge wie die Lage der Gebäude in der Landschaft oder Stadtlandschaft werden unter diesem Aspekt beleuchtet. Die ▸ **Schildkröte** steht mit ihrem harten, kaum verwundbaren Panzer symbolisch für den Schutz, den Rückendeckung geben kann. So spricht man auch von der Schildkröte des Hauses und meint damit z. B. einen Hügel hinter dem Haus, der diesen Bereich sichert und damit zur Stabilität des Hauses beiträgt. In der Stadt werden die Proportionen der umliegenden Bebauung betrachtet, um festzustellen, ob benachbarte Gebäude übermächtig sind oder gerade einer guten Rückendeckung entsprechen. Ausführliches dazu finden Sie unter ▸ **Himmlische Tiere.**

> **Ausführlichere Erläuterungen** rund um das Thema »Rückendeckung im Arbeits- und Schlafzimmer« finden Sie auf den Seiten 237f. und Seite 245f. im Praxisteil des Buchs.

## Ruhm

Bezeichnung für einen der neun Lebensbereiche des ▸ **Bagua.** In diesem Buch wird der traditionell nach Süden gelegene Bagua-Bereich mit »Ansehen und Erleuchtung« bezeichnet. Im ▸ **Lo Shu** ist ihm die Zahl 9 zugeordnet, das zugrunde liegende ▸ **Trigramm** ist »Feuer«. Wie Sie diesen Bereich stärken können, ist unter dem Stichwort ▸ **Bagua** erläutert.

*Rutengänger bei der Suche nach einer Wasserader.*

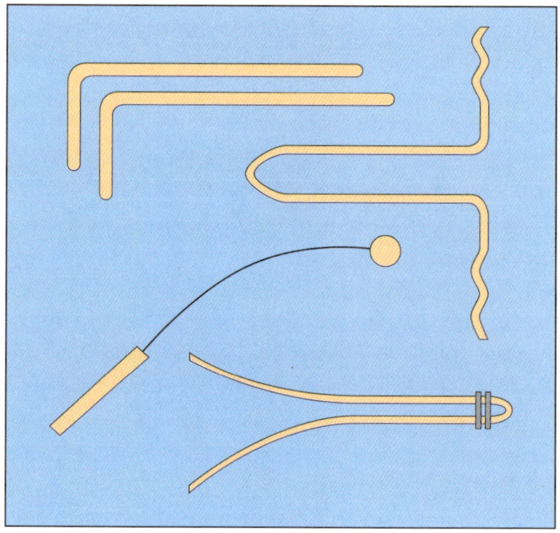

*Verschiedene Formen von Ruten.*

## Rute

Eine Rute – auch Wünschelrute genannt – wird als Indikator genutzt, um verborgene Einflüsse zu muten (von »vermuten«). Die Rute ist das Handwerkszeug von ▸ **Rutengängern,** ▸ **Geomanten** und ▸ **Radiästheten** zum Auffinden entsprechender Ausstrahlungen. Solche Einflüsse können unterirdisch verlaufende ▸ **Wasseradern** oder ▸ **Gitternetz-**Strukturen sein.

**Geschichte –** Bereits seit dem 13. Jahrhundert ist die Methode bekannt, mit einem frisch geschnittenen, gegabelten Weidenzweig Wasser aufzuspüren, um einen Brunnen zu bauen.

Schon Goethe spricht in diesem Zusammenhang vom »magischen Reis« (von Reisig) und bezeichnet den Menschen als den größten und genauesten physikalischen Apparat, den es geben kann.

Auch die Meister des alten China nutzten diese Technik, wie etwa der Kaiser Yü, der Begründer der Hsia-Dynastie, 2200 v. Chr. Er war bekannt als Aufspürer von Quellen und Erzgängen.

**Rutenformen –** Es gibt unterschiedliche Ruten. Die heute gebräuchlichsten Formen sind die Winkelrute (L-Rute) und die gegabelte Kunststoffrute.

**Winkelrute oder L-Rute –** Die Winkelrute wird aus einem dünnen Metallstab gefertigt, der im rechten Winkel abgeknickt wird. Als Metall werden Kupfer, Messing oder andere Legierungen verwendet.

**Kunststoffrute –** Sie besteht aus einem Kunststoffstab, der wie eine Astgabel oder wie ein V gegabelt ist und sich flexibel auf Spannung bringen lässt. Auf ihren Kunststoffästen können mit farbigen Ringen unterschiedliche Grifflängen markiert werden, die je ein Vielfaches der Wellenlänge der zu suchenden Strahlung betragen. Die Kunststoffrute wird auch zur Arbeit in der so genannten Grifflängentechnik genutzt.

**Anwendung –** Nimmt der ▸ **Rutengänger** eine Rute in geeigneter Weise in die Hand und überschreitet er eine gesuchte Zone, so wird diese durch einen Rutenausschlag angezeigt.

Die Rute dient dabei als Zeiger oder Verstärker, der die Schwingung, welche der ▸ **Geomant** subtil wahrnimmt, sichtbar macht. Dabei gibt es noch weitere Möglichkeiten und unterschiedliche Rutenformen, die bei geübten Personen gleichermaßen zu nützlichen Ergebnissen führen. Die hier genannten dienen nur als Beispiel. Weiterführende Literatur finden Sie im Anhang. Siehe auch unter ▸ **Geomantie** und ▸ **Störzonen.**

## Rutengänger

Ein so genannter Rutengängers (auch Radiästhet) versucht, mit der ▸ **Rute** mögliche ▸ **Störzonen** aufzuspüren. Mehr dazu finden Sie unter den Stichworten ▸ **Rute,** ▸ **Geomantie** und ▸ **Radiästhesie.**

*Die ungünstige Auswirkung einer Sackgasse wird durch eine Hecke und einen versetzt liegenden Eingang ausgeglichen. Das Chi wird durch Beleuchtung ins Grundstück gelenkt.*

*Durch die Bepflanzung in der Mitte des Wendekreises kann die Entstehung von Geheimen Pfeilen am Ende einer Sackgasse abgewendet werden.*

# S

## Sackgasse

Am Ende einer Sackgasse wird der ▸ **Chi-Fluss** zur Bildung von ▸ **Geheimen Pfeilen** angeregt. Häuser am Ende einer Straße werden von dem direkten, die Straße entlangfließenden Chi-Fluss attackiert.
Abhilfe schafft beispielsweise eine dichte Hecke als Abschirmung. Günstig ist auch, wenn der Zugang zum Grundstück nicht in der Flucht der Straße liegt.
Ein weiterer Nachteil von Sackgassen und auch von Wendeplätzen liegt darin, dass dort das ▸ **Chi** nicht mehr weiterfließen kann und an der verbreiterten Wendestelle durch die Stagnation seine belebende Wirkung verliert.
Mit einer Beleuchtungsreihe von der Grundstückszufahrt bis zum Haus kann das Chi jedoch in Richtung Haus weitergeleitet werden. Voraussetzung dafür ist jedoch, dass sich der Zufahrtsweg in geschwungener Bahn über das Grundstück bewegt.
Noch besser ist, wenn die Stadtplanung diesen Nachteil bereits bei der Planung des Straßenzugs bedenkt und in der Mitte des Wendekreises eine Bepflanzung vorsieht, die den Chi-Fluss umlenkt.

## Salzkristallleuchten

Eine Salzkristallleuchte besteht, wie der Name schon sagt, aus Salzkristallen. Kleinere Blöcke aus Salzkristall werden ausgehöhlt und zu Lampen verarbeitet, die entweder elektrisch mit einer Glühbirne betrieben oder auch mit einem Teelicht beleuchtet werden können. Die Farbpalette der Salzkristallleuchten bewegt sich von Weiß über Rosa bis zu Orangetönungen. Es gibt qualitative Unterschiede, so dass man bei enorm günstigen Leuchten ruhig nachfragen sollte, ob der Abbau durch Sprengung erfolgte, was qualitativ eher minderwertig wäre. Wenn Sie keine zufrieden stellende Antwort darauf erhalten, sollten Sie Abstand vom Kauf nehmen und eine hochwertigere Leuchte besorgen.
**Anwendung –** Salzkristallleuchten erzeugen eine angenehme Atmosphäre durch ihr warmes Licht. Außer der Optik gibt es jedoch noch weitere entscheidende Vorteile.

> **Qualitätstest –** Manchmal wird Salzkristall mit Rosenquarz verwechselt, da sich beide ähneln. Fährt man mit angefeuchtetem Finger über das Salzkristall und macht einen Geschmackstest, ist das Salz deutlich zu schmecken.

**Negative Ionisierung der Raumluft** – Die meisten Räume sind durch viele elektrische Geräte nicht nur mit ▸ **Elektrosmog** belastet, sondern auch mit einer ▸ **Ionisierung** von positiv geladenen Ionen. Medizinische Untersuchungen bestätigen mittlerweile, dass allgemeine Beschwerden wie Müdigkeit, Konzentrationsmangel, Antriebslosigkeit und Kopfschmerzen oftmals mit diesem Phänomen zusammenhängen.

Positiv geladene Ionen sind nicht etwa positiv im gesundheitlichen Sinn, wie das Wort irrtümlich vortäuschen kann. Wohltuend sind die negativ geladenen Ionen, die durch den Einfluss elektrischer Geräte umgepolt werden.

Salzkristallleuchten haben die außergewöhnliche Eigenschaft, diesen Vorgang wieder auszugleichen. So tragen die Salzkristallleuchten entscheidend dazu bei, das Raumklima zu verbessern, und erhöhen außerdem die Lebensenergie und ▸ **Chi** in Räumen.

**Am effektivsten sind Salzkristallleuchten,** wenn sie in Betrieb sind, da durch die Erwärmung noch mehr negative Ionen freigesetzt werden. Besonders empfohlen werden die Leuchten im Schlafzimmer und im Büro.

*Salzkristallleuchten strahlen bei Erwärmung gesundheitsfördernde negativ geladene Ionen ab, die ein wohltuendes Klima für Arbeits- und Wohnräume schaffen.*

## Schildkröte

1. In der Mythologie verschiedener Kulturen steht die Schildkröte als Symbol für Unsterblichkeit.
2. In Nordamerika und Südasien symbolisiert das Rückenschild der Schildkröte den Himmel, der Körper die Erde und der Bauchpanzer das Wasser.
3. In der chinesischen Mythologie zählt die Schildkröte zu den ▸ **Himmlischen Tieren.**

## Schlafplatz

Näheres zum Thema »Schlafplatz« finden Sie im Kapitel »Die Privaträume« (Seite 236ff.) im Praxisteil dieses Buchs unter »Schlafzimmer«.

## Schlange

Sie symbolisiert unterschiedlichste Merkmale:

1. Die Schlange verkörpert in einigen Kulturen Unsterblichkeit und kosmische Energie. Bei den Griechen galt sie als Schutzsymbol.
2. Im christlichen Abendland ist die Schlange durch die biblische Geschichte der Verführung im Paradies in Verruf geraten.
3. In der chinesischen Mythologie zählt die Schlange zu den ▸ **Himmlischen Tieren,** die im Zentrum über die umliegenden Tiere Drache, Tiger, Schildkröte und Phönix wacht. Ausführliches dazu unter dem Stichwort ▸ **Himmlische Tiere.**

## Schöpfungszyklus

Gebräuchlicher Ausdruck für die aufbauende Reihenfolge im Kreislauf der Fünf Elemente (auch Fünf Wandlungsphasen). Holz nährt Feuer, Feuer nährt Erde, diese nährt das Metall, Metall nährt Wasser, und Wasser wiederum nährt das Holz. Zuweilen wird diese Folge auch als Nährungszyklus oder Fütterungszyklus bezeichnet. Ausführlicher erläutert unter dem Stichwort ▸ **Fünf Elemente.**

## Schornstein

Er dient im Haus zum Ableiten der Heizungsluft. Dabei wird auch ▸ **Chi** nach oben gezogen und durch den Schornstein nach draußen befördert. Es ist daher nicht ratsam, den Schornstein genau im Zentrum eines Hauses anzuordnen. Man geht davon aus, dass dadurch das Zentrum und auch die eigene Innere Mitte geschwächt werden.

## Schrägen

Unterhalb von Dachschrägen kann sich das ▸ **Chi** nicht ausbreiten und wird an den Schrägen niedergedrückt. Die Raumenergie ist in solchen Räumen niedriger als in Räumen ohne Dachschrägen. Je steiler die Dachschräge ist, umso größer ist der Energiesog nach oben und damit auch der Energieverlust im Dachbereich (siehe Illustration unten).

**Abhilfemaßnahmen –** Im Feng Shui gibt es viele Möglichkeiten, um das Problem »Energieverlust durch Dachschrägen« abzuschwächen:

**Dachgauben –** Achten Sie beim Ausbau eines Dachgeschosses auf Ausgleichsmaßnahmen. Eine solche Maßnahme könnte beispielsweise eine ausreichende Anzahl von Gauben sein, die auch Flächen ohne Schrägen aufweisen.

**Indirekte Beleuchtung –** Eine weitere Ausgleichsmaßnahme ist das Anbringen von Beleuchtungskörpern, die nach oben leuchten.

**Aufstrebende Formen –** Einbaumöbel, glatte Flächen sowie die Verkleidung von Sparren und Deckenbalken machen die Räume ruhiger und lassen das Chi besser zirkulieren.

**Flöten aufhängen –** Eine Ausgleichsmaßnahme kann auch das Aufhängen von Flöten sein. Dieses klassische Hilfsmittel im Feng Shui ist unter dem Stichwort ▸ **Flöten** genauer beschrieben.

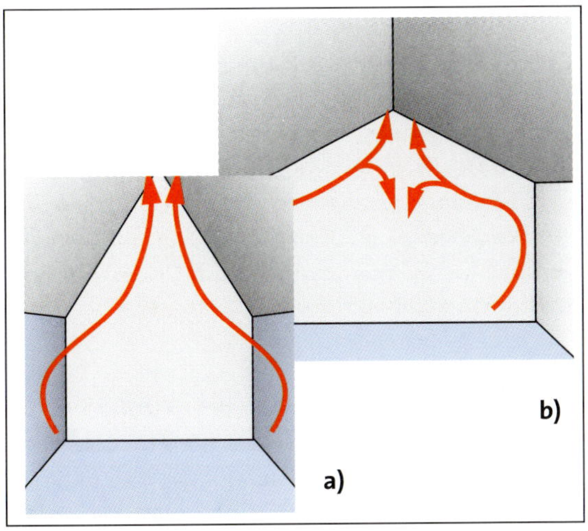


*a) Bei einem Steildach wird der Energieverlust im Dachbereich durch den Energiesog nach oben erzeugt. b) Bei einem flacheren Dach entsteht weniger Energieverlust.*

*Der Schreibtisch ist günstig im Raum positioniert, denn er besitzt einerseits eine gute Rückendeckung und bietet andererseits auch den freien Blick zur Tür.*

## Schreibtisch

Ein Schreibtisch kann auch nach Feng-Shui-Prinzipien aufgestellt werden. Ein wichtiges Kriterium ist dabei, dass der Schreibtisch so steht, dass er ▸ **Rückendeckung** bietet. Der zweite entscheidende Punkt ist, dass Sie vom Schreibtisch aus Blick zur Tür haben. Mehr hierzu in den Kapiteln »Die Privaträume« (Seite 246ff.) sowie »Die Geschäftsräume« (Seite 279ff.) im Praxisteil des Buchs.

## Schutz

Im Feng Shui wird gern mit Schutzsymbolen gearbeitet, wie dem ▸ **Bagua-Spiegel.** Ausführliches dazu finden Sie unter dem Stichwort ▸ **Symbole.** Eine wichtige Rolle spielt der Schutz auch für das Prinzip der ▸ **Rückendeckung.**

## Schwarz

Schwarz wird nach dem Kreislauf der ▸ **Fünf Elemente** dem Element ▸ **Wasser** zugeordnet. Mehr hierzu finden Sie unter dem Stichwort ▸ **Farben.**

## Schwarzhut-Tradition

Richtung im Feng Shui, die eng mit dem tantrischen Buddhismus verbunden ist und sich durch einige Neuerungen vom traditionellen Feng Shui unter-

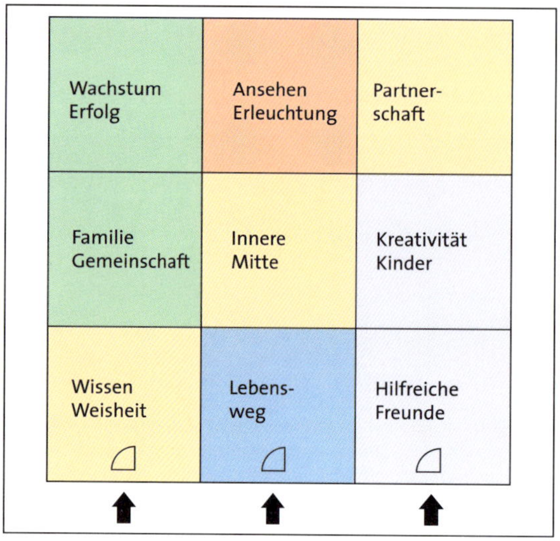


*Die Anwendung des Bagua nach der Drei-Türen-Methode ist eine vereinfachte Methode ohne Einsatz des Kompass.*

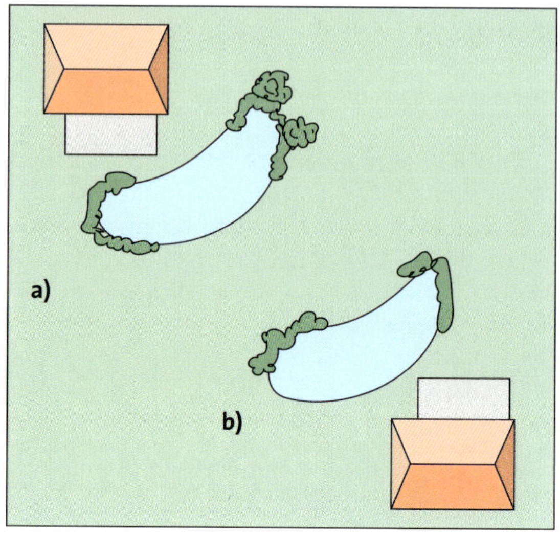


*a) Günstige Form: Der Teich »umarmt« das Haus. b) Ungünstige Form: Der Teich wendet sich vom Haus ab.*

scheidet. Den Unterschied stellt eine vereinfachte Anwendung des Bagua dar, bei der auf die Nutzung des Kompasses verzichtet wird. Ausgehend von der Annahme, dass in heutiger Zeit, in der viele Menschen in den Ballungsräumen der Großstädte leben, die Orientierung an den ▸ **Himmelsrichtungen** nicht mehr die Rolle spielt wie früher in ländlichen Lebensformen, entstand ein neuer Ansatz.

Die daraus resultierende ▸ **Drei-Türen-Methode** (Drei-Pforten-Methode) nutzt zwar weiter das auf dem ▸ **I Ging** basierende Bagua, löst sich aber von der traditionellen Zuordnung zu den Himmelsrichtungen. Näheres unter ▸ **Bagua**. Das Bagua wird bei der Projektion auf den Grundriss immer so gedreht, dass der Eingang in einem der drei Felder »Lebensweg«, »Hilfreiche Menschen« oder »Wissen« zu liegen kommt, unabhängig von der tatsächlichen Himmelsrichtung. Anders als im ▸ **Pakua Lo Shu Feng Shui** kommt es nicht zur Ermittlung der ▸ **Günstigen und ungünstigen Bagua-Bereiche** und der darauf basierenden Interpretation eines Grundrisses.

**Ein Ziel der Schwarzhut-Linie** liegt in der Modernisierung des Feng Shui für die westliche Welt. Der Schwerpunkt liegt auch auf Intuition und spiritueller Entwicklung.

## Schwimmteiche

Teiche im Gartenbereich, die so angelegt sind, dass man darin auch schwimmen kann. Ein Schwimmteich bietet gegenüber einem Swimmingpool im klassischen Sinn viele Vorteile.

**Nachteile eines Swimmingpools –** Sowohl aus ökologischer als auch aus ökonomischer Sicht haben Swimmingpools entscheidende Nachteile. Die pflegeintensiven geometrischen Becken sind nicht nur bei der Anschaffung kostspielig, sondern auch langfristig, da das Wasser ständig gereinigt und beheizt werden muss. Das Erwärmen des Wassers verursacht Kosten, weswegen viele Pools nicht beheizt werden. Nicht selten bleiben diese Art von Swimmingpools ungenutzt.

Das Wasser muss außerdem mit Chlor versetzt werden und kann daher im Garten für Fauna und Flora nicht verwendet werden.

**Vorteile des Schwimmteichs –** Richtig angelegt, reinigen die Pflanzen das Wasser von alleine, so dass sich der Zusatz von Chlor erübrigt.

Die natürliche Form des Schwimmteiches bietet u. a. auch der Tier- und Pflanzenwelt Platz. Die Pflanzen als Bestandteil einer solchen Anlage fügen sich in das natürliche Bild eines Teiches ein. Abgerundete oder geschwungene Formen (siehe hierzu auch Illustration oben) geben zudem dem Ganzen ein angenehmes und einladendes Bild. Interessant ist die Beobachtung, dass Menschen das ungeheizte Wasser eines Swimmingpools meistens als unangenehm empfinden, das unbeheizte Wasser eines natürlich angelegten Teichs aber wird nicht als so unangenehm empfunden. Und noch ein Vorteil des Schwimmteichs: Auch in der kalten Jahreszeit bleibt, im Gegensatz zu einem abgedeckten oder leeren Swimmingpool, der natürlich angelegte Schwimmteich stets ein schöner Anblick im Garten.

**Ein Schwimmteich** ist auch energetisch für Sie von Vorteil, denn das Wasser im Garten erzeugt positives, belebendes ▸ **Chi.** Mehr dazu finden Sie unter dem Stichwort ▸ **Teich.**

## Sechs Morde

Die etwas dramatische Übersetzung für den chinesischen Begriff »liu sha«. Dieser Begriff findet Anwendung im ▸ **Bagua Lo Shu Feng Shui** und im ▸ **Neun-Sterne-Ki.** Weitere Informationen finden Sie unter den Stichworten ▸ **Günstige und ungünstige Bagua-Bereiche** und ▸ **Beste Richtung.**

## 60-stelliger Zyklus

Bezeichnung aus dem Bazi Suanming, einer Prognosetechnik der ▸ **Chinesischen Astrologie.** Die so genannten zehn ▸ **Himmelsstämme** und zwölf ▸ **Erdzweige** ergeben in ihrer Kombination 60 unterschiedliche Möglichkeiten. Dieser 60-stellige Zyklus wird im ▸ **Mondkalender** auf Jahr, Monat, Tag und Stunde bezogen, und zwar jeweils unabhängig voneinander. Ausführliches dazu finden Sie unter dem Stichwort ▸ **Bazi Suanming.**

## See

**1.** Der See steht als Bild für eines der ▸ **Trigramme** aus dem ▸ **I Ging.** Die chinesische Entsprechung ist »tui«. Die Kraft des Sees ist leicht, froh und reflektierend. Er beschreibt das Prinzip des Heiteren. Näheres finden Sie auch unter ▸ **Bagua** und ▸ **I Ging.**

**2.** Ein kleiner See in der Nähe der Hauses belebt das ▸ **Chi** der Umgebung. Ist dieser gepflegt und gesund, profitieren davon auch die Bewohner des Hauses. Mehr dazu unter dem Stichwort ▸ **Teich.**

## Sha

Chinesischer Ausdruck für gestörtes ▸ **Chi**. In der wörtlichen Übersetzung bedeutet Sha so viel wie »Sand« oder »angeschwemmte Erdhaufen«. Der Ausdruck ist aber auch gebräuchlich für »giftiger Atem«, »töten« oder »zerstören«. Sha steht für negative feinstoffliche Einflüsse wie zu schnelles oder stagnierendes Chi, ▸ **Geheime Pfeile** oder Einflüsse aus der Vorgeschichte eines Raums.

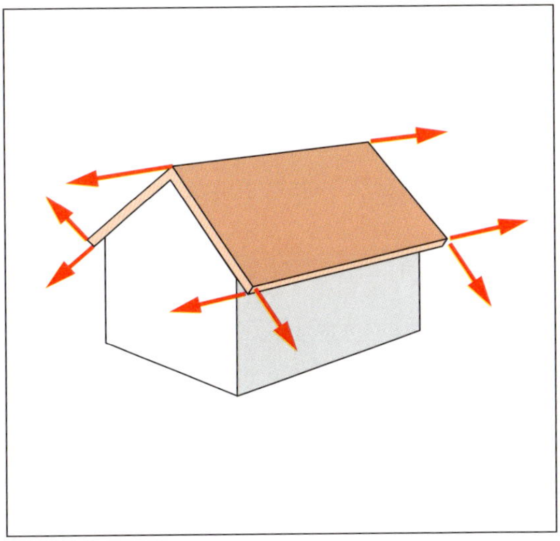

*Auch von den Dachkanten eines Hauses geht Sha, beschleunigtes Chi, aus und erzeugt Geheime Pfeile.*

*Extrembeispiel für scharfe Gebäudeecke, die Sha erzeugt.*

**Zu schnelles Chi –** ‣ Chi kann durch eine geradlinige Ausrichtung sehr schnell werden und so eine Bedrohung darstellen, ähnlich einem reißenden Fluss.
**Wodurch wird Sha verursacht? –** Sha entsteht auch durch Hauptverkehrsstraßen, Häuserschluchten, Dächer oder lange, gerade Flure. Möblierung und Gestaltung eines Raumes können das ‣ Chi ebenfalls in eine Gerade führen und Sha verursachen.
**Auswirkungen von Sha –** Wer sich beispielsweise am Ende eines geraden, lang gestreckten Flurs befindet, in dem ‣ Chi zu schnell fließt, ist einer Art ‣ Geheimem Pfeil ausgesetzt. Das bringt Unruhe, stört die Konzentration und die innere Gelassenheit. Auch Entspannung und Erholung sind unter diesem nervösen Einfluss gemindert.
**Abhilfe gegen Sha –** Alles, was den geraden, gerichteten ‣ Chi-Fluss unterbricht oder in seichte geschwungene Bahnen umlenkt. Innerhalb des Hauses kann ein Möbelstück den Verlauf des ‣ Chi in eine andere Richtung nötigen. Ein von der Decke herabhängendes Kunstobjekt, das deutlich das Zentrum eines Flures betont und dadurch die lange Gerade teilt, kann das Chi ebenfalls umlenken. Bei Platzmangel können Sie auch einen etwas größeren ‣ Regenbogenkristall verwenden.
**Geheime Pfeile –** Die Energie, die von spitzen Ecken ausgeht, kann sehr unangenehm sein; sie wird als ‣ Geheime Pfeile oder Giftpfeile bezeichnet. Auch hier gibt es einige gestalterische Möglichkeiten, mit Feng Shui das Sha abzuwenden.
**Gestautes Chi –** Ein weiterer Aspekt des Sha ist das kaum bewegte, gestaute oder stagnierende ‣ Chi. Ähnlich wie das Wasser verhält sich auch die feinstoffliche Energie. Sie will fließen, tanzen, in Bewegung sein. Ist die Bewegung stark eingeschränkt oder unterbunden, so fängt sie an zu modern oder stirbt ab. Große Unordnung, zugestellte Bereiche und verschlossene Räume sind dafür ein Beispiel. Auch in toten Ecken sammelt sich abgestandene Energie wie Staub und verbreitet »schlechte Luft«. Hier gilt es aufzuräumen, Luft und Licht hereinzulassen und dem Chi wieder Raum zu geben. Reinigen und liebevolles Gestalten gehören ebenso dazu.
**Einfluss aus der Vorgeschichte –** Die Vorgeschichte eines Ortes trägt oft erheblich zu seiner energetischen Qualität bei. Heilige Plätze und Kultstätten bewahren sich bis heute ihre sonderbar ergreifende, vielleicht erhebende Ausstrahlung. Andererseits gibt es natürlich auch negative Einflüsse: Jeder kann sich vorstellen, dass ein Platz, an dem grausame Gewalttaten verübt wurden, noch heute eine unangenehme Ausstrahlung hat. Ein solcher negativer Einfluss aus der Vorgeschichte wird ebenfalls als Sha bezeichnet. So ist es im Kleinen auch mit unseren Wohn- und Arbeitsräumen. Was in einem Haus oder einer Wohnung vorher geschehen ist und wie dort gelebt wurde, hinterlässt feine Spuren im Raum, deren Einfluss weiterhin wirkt. Zur Vermeidung von Sha sollten Sie daher Räume vor dem Einzug reinigen. Mehr dazu finden Sie auch unter den Stichwörtern ‣ Reinigungsrituale, ‣ Räuchern und ‣ Umzug.

*Pflanzen schaffen Abhilfe bei Geheimen Pfeilen, die durch Ecken oder Kanten erzeugt werden.*

**Weitere Tipps zum Umlenken von Sha** finden Sie unter dem Stichwort ‣ **Hilfsmittel.** Mehr zum Thema des stagnierenden ‣ **Chi** können Sie unter dem Stichwort ‣ **Aufräumen/Ausmisten** nachlesen.

## Sha Chi

Der chinesische Begriff für giftiges ‣ Chi. Mehr dazu finden Sie unter den Stichwörtern ‣ Sha und ‣ Geheime Pfeile.

### Shan
Das chinesische Wort für Berge.

### Shan-Shui
Der chinesische Begriff für Berg-Gewässer.

### Shen
Das chinesische Wort für ▸ Geister.

### Sheng Chi
Der chinesische Begriff für »belebender Atem«. Er bezeichnet den Besten Bereich bzw. die Beste Richtung nach einer Methode des ▸ Bagua Lo Shu Feng Shui, die auch unter den Techniken des ▸ Neun-Sterne-Ki zu finden ist.
Eine genaue Beschreibung zur Anwendung des Sheng Chi finden Sie unter ▸ Beste Richtung sowie unter ▸ Günstige und ungünstige Bagua-Bereiche.

### Shi'ergong
Der chinesische Begriff für »Zwölf Paläste«. Er bezeichnet eine der ▸ Palast-Methoden, als Teil der Prognosetechniken der ▸ Chinesischen Astrologie.

### Shi'ershou
Die chinesische Bezeichnung für die ▸ Zwölf Tierkreiszeichen, einen Begriff aus der ▸ Chinesischen Astrologie.

### Shi'ershu
Das chinesische Wort für »Zwölf Zuordnungen«; entspricht den ▸ Zwölf Tierkreiszeichen.

### Shi'erxiao
Die chinesische Bezeichnung für »Zwölf Bildnisse«; entspricht den ▸ Zwölf Tierkreiszeichen.

### Shui
Das chinesische Wort für ▸ Wasser und Wasserwege. Wasser spielt im Feng Shui eine sehr große Rolle. Ausführliches dazu finden Sie unter dem Stichwort ▸ Wasserdrache.

### Shui-lung
Die chinesische Bezeichnung für Wasserdrache. Mehr dazu finden Sie unter ▸ Wasserdrache.

### Sieben Vorzeichen
Die Sieben Vorzeichen werden auch »Acht Hausscheiben« oder zuweilen »Acht Paläste« genannt. Sie bezeichnen eine im Westen nicht so verbreitete Methode zur Bestimmung günstiger und ungünstiger Einflüsse auf die einzelnen Felder des ▸ Bagua. Diese Methode ist vergleichbar mit der Bestimmung der günstigen und ungünstigen Bagua-Bereiche der Hokkien-Kompass-Schule, führt jedoch zu unterschiedlichen Resultaten.
Die Verteilung dieser Sieben Vorzeichen auf dem Bagua-Raster ist allerdings häufig abweichend von der in diesem Buch beschriebenen Methode.
Die Benennung dieser Einflüsse ähnelt einander mit einigen Abweichungen: Bei den Sieben Vorzeichen spricht man von »Quelle des Chi«, »Langlebigkeit« und »Himmlische Monade« für die günstigen Bereiche und von »Sechs Flüche«, »Unfälle und Missgeschick«, »Fünf Geister« und »Lebensende« für die weniger günstigen Bereiche.
Die Bezeichnungen der ▸ Hokkien-Kompass-Schule sowie die Vorgehensweise und Deutung sind unter dem Stichwort ▸ Günstige und ungünstige Bagua-Bereiche beschrieben.
Bei den Sieben Vorzeichen ist die Richtung, in die das Bagua-Feld mit dem Eingang weist, ausschlaggebend, und der Eingangsbereich wird immer als neutral bis günstig betrachtet. In der Hokkien-Kompass-Schule hingegen ist der ▸ Sitz, gegenüberliegend vom Eingang, maßgebend, und dieses Bagua-Feld wird immer als leicht günstig betrachtet. Den übrigen Bereichen werden in beiden Vorgehensweisen Glück bringende und ungünstige Einflüsse in unterschiedlichen Abstufungen zugeschrieben.

### Sitz
Wird auch Sitz der Wohnung, Sitz des Hauses oder Sitz einer anderen räumlich abgeschlossenen Einheit, z. B. des Gartens, genannt bzw. ▸ Kua der Wohnung, Kua des Hauses oder Kua einer anderen räumlich abgeschlossenen Einheit.
Der Sitz bezeichnet eine Art hinteren Schwerpunkt der Wohnung bzw. des Hauses. Der Sitz kann auch als Gegenpol zum Eingang beschrieben werden. Die Lage des Sitzes wird benötigt, um im ▸ Bagua Lo Shu Feng Shui die günstigen und ungünstigen Ba-

gua-Bereiche zu ermitteln. Wie bei der Bestimmung der persönlich ▸ **Besten Richtung,** so gibt es auch für die Wohnung die Möglichkeit, positive und negative Aspekte der einzelnen Lebensbereiche des ▸ **Bagua** zu ermitteln. In Abhängigkeit der Richtung, aus welcher der ▸ **Chi-Fluss** in die Räume strömt, ergibt sich eine unterschiedlich starke Förderung der einzelnen Bagua-Bereiche.
Wurde der Sitz der Wohnung ermittelt, können Sie die unterschiedliche Bewertung der Bagua-Felder in einer Tabelle zu den günstigen und ungünstigen Bereichen nachlesen. Diese Tabelle und Hinweise, wie man mit der Bewertung weiter umgeht, finden Sie unter ▸ **Günstige und ungünstige Bagua-Bereiche** (Tabelle auf Seite 119). In der Regel liegt der Sitz meist in der gegenüberliegenden ▸ **Himmelsrichtung** zum einströmenden Chi-Fluss.
**Beispiel 1 –** Wenn Sie aus der Haustür treten und dann in Richtung Süden schauen, so befindet sich der Sitz des Hauses in dem Bagua-Feld mit der Bezeichnung »Kan«, das der Himmelsrichtung Norden zugeordnet ist und das für den Bagua-Lebensbereich »Lebensweg« steht.
Im ▸ **Lo Shu** trägt dieses Bagua-Feld die ▸ **Kua-Zahl** 1. In der gängigen Literatur würde dieses Haus dann auch als Kan-Haus bezeichnet werden oder als Haus mit der Kua-Zahl 1 (siehe Illustration unten).

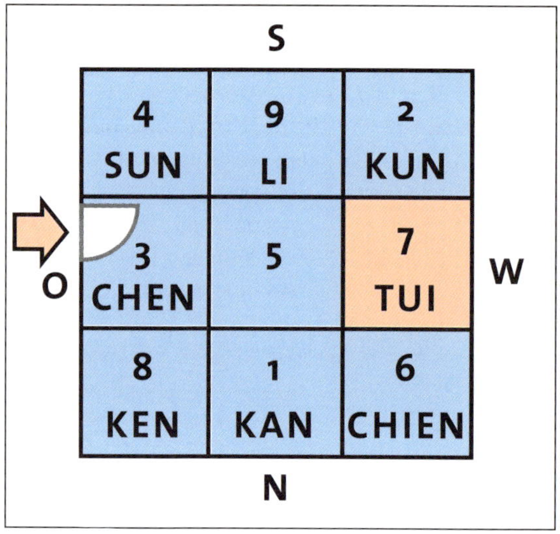

*Beispiel 2: Der Sitz des Hauses und die Kua-Zahl sind rot angelegt. Tui-Haus mit dem Sitz im Westen.*

**Beispiel 2 –** Blicken Sie jedoch aus der Haustür nach Osten, so befindet sich der Sitz des Hauses in dem Bagua-Lebensbereich, der dem Westen zugeordnet ist. Demnach handelt es sich um ein Tui-Haus mit der Kua-Zahl 7. Es ist also immer genau die Richtung zu beachten, in die man blickt, wenn man aus der Tür tritt, und nicht so sehr die Lage der Eingangstür (siehe Illustration oben).

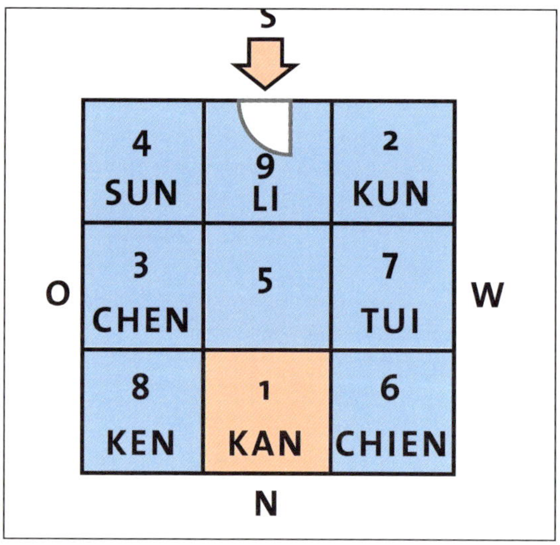

*Beispiel 1: Kan-Haus mit dem Sitz im Norden. Kua-Zahl und Sitz des Hauses sind rot angelegt.*

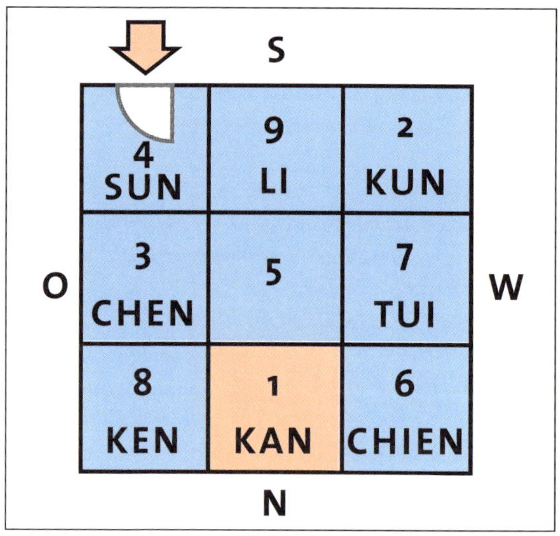

*Beispiel 3: Der Sitz des Hauses und die Kua-Zahl sind rot angelegt. Kan-Haus mit dem Sitz im Norden und der Kua Zahl 1.*

**Beispiel 3 –** Hier blickt man in Richtung Süden aus der Haustür, obwohl der Eingang in dem Bagua-Bereich liegt, der nach Südosten orientiert ist.
Da die Blickrichtung für die Ermittlung des Sitzes entscheidend ist, handelt es sich in diesem Fall trotzdem um ein Haus mit dem Sitz im Norden und der Kua-Zahl 1 (siehe Illustration Seite 178 unten).
**Beispiel 4 –** Erst wenn der Blick aus der Haustür heraus – wie in der Illustration unten – eindeutig nach Südosten ausgerichtet ist, dann liegt auch der Sitz des Hauses dementsprechend im Nordwesten, und bei dem Haus handelt es sich um ein Chien-Haus mit der Kua-Zahl 6.

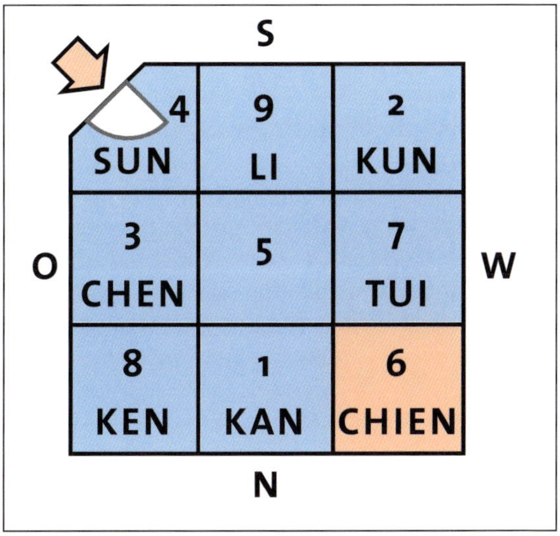


*Beispiel 4: Der Sitz des Hauses und die Kua-Zahl sind hier rot angelegt. Chien-Haus mit dem Sitz im Nordwesten.*

**Hier sind Experten gefragt –** Die Ermittlung des Sitzes und der dazugehörigen ▸ **Kua-Zahl** eines Hauses oder einer Wohnung ist recht schwierig. Von daher ist es sehr ratsam, im Zweifelsfall immer einen erfahrenen Feng-Shui-Experten zurate zu ziehen. Denn nur Berater mit viel Erfahrung und Übung sind in der Lage, direkt vor Ort zu ermitteln, wo sich der Sitz des Hauses befindet und welche Kua-Zahl und damit welche Grundkonstitution einer Wohnung oder einem Haus entsprechen.

**Einflüsse und Unregelmäßigkeiten –** Die vielen Möglichkeiten der Architektur, ein Gebäude zu erschließen, können hier nicht beschrieben werden. Zudem folgt die Realität nicht immer den beschriebenen Regeln. Gewichtige Einflüsse, die beispielsweise auch den ▸ **Chi-Fluss** im Haus betreffen, können zuweilen den Schwerpunkt, also den Sitz des Hauses, verschieben.
Auch die Nutzung der Räume kann Einfluss nehmen. Ist etwa eine Seite eines Gebäudes fast ungenutzt, die andere sehr belebt, so kippt das Gleichgewicht zwischen beiden, und der Sitz würde sich wahrscheinlich diagonal zum Eingang befinden. Oft kommt es vor, dass die Hauptnutzung der Wohneinheit einen Schwerpunkt bildet, der so eine Anziehung besitzt, dass dadurch ebenfalls der Sitz verschoben ist. Mit viel Übung und Erfahrung kann man in den Räumlichkeiten vor Ort spüren, wo der Sitz ist. Zum Teil wird dieses Thema von Fachkundigen unterschiedlich gehandhabt und bewertet.
Nicht immer ist der Schnitt eines Hauses, einer Wohnung oder eines Grundstücks so gleichmäßig und rechteckig wie in den Beispielen. Es gibt Grundrisse in L-Form mit Ausschnitten und anderen Unregelmäßigkeiten. Wo der Sitz dann angenommen werden kann, zeigen die folgenden Beispiele.

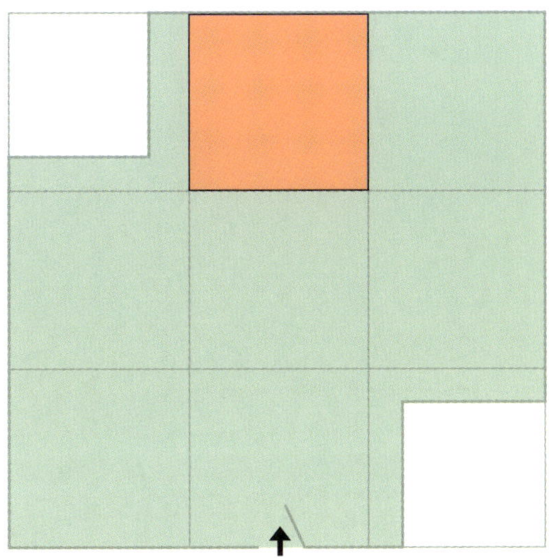

*Der »Sitz« (hier rot angelegt) auf einem unregelmäßigen Grundriss mit Fehlflächen.*

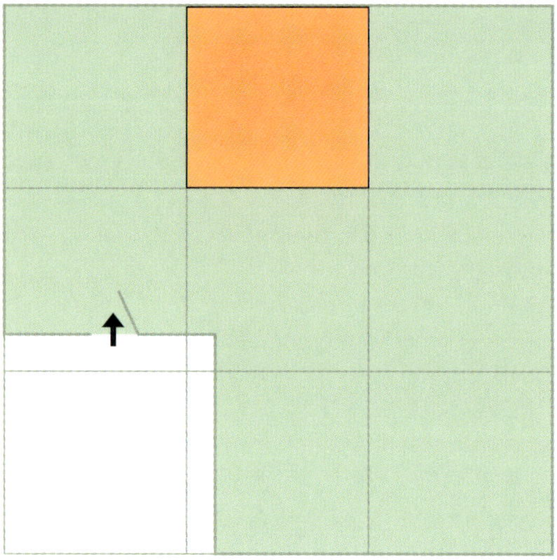

*Der Sitz des Hauses (hier rot angelegt) auf einem unregelmäßigen Grundriss mit Fehlfläche.*

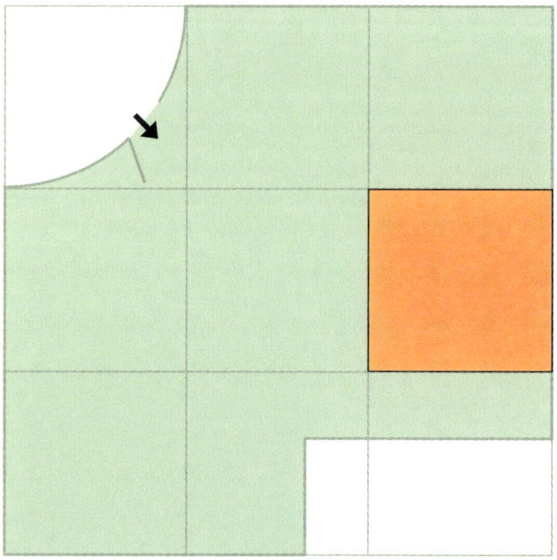

*Der Sitz des Hauses (hier rot angelegt) auf einem unregelmäßigen Grundriss mit Fehlflächen.*

## Sitzplatz

Nach der Lehre des Feng Shui hat der Sitzplatz Einfluss auf das Wohlbefinden der Person, die diesen nutzt. Ein guter Sitzplatz, etwa bei der Arbeit, kann den Erfolg der dort verrichteten Tätigkeit erheblich fördern. Grundsätzlich sind Sitzplätze, an denen man sich länger aufhält, von Bedeutung. Ein Sitzplatz sollte immer ▸ **Rückendeckung** bieten, Blick auf das Geschehen im Raum vor sich und die Tür geben sowie ausreichend mit ▸ **Chi** versorgt sein. Mehr zu diesem Thema finden Sie unter dem Stichwort ▸ **Rückendeckung** sowie im Kapitel »Die Privaträume« (Seiten 228, 245, 247, 252, 261) im Praxisteil des Buchs.

## Sizhu Suanming

Die chinesische Bezeichnung für die »Schicksalsberechnung nach den Vier Säulen« und ein anderer Begriff für die »Schicksalsberechnung nach den acht Zeichen«, eine Methode der ▸ **Chinesischen Astrologie.** Ausführliches dazu finden Sie unter dem Stichwort ▸ **Bazi Suanming.**

## Späterer Himmel

Übersetzung für das chinesische Wort »houtian«. Neben Späterer Himmel sind hierfür auch die Bezeichnungen »Späte Tage«, »Später Himmel«, »Nachhimmlische Reihenfolge« und »Nachgeburtliche Reihenfolge« bekannt. Der Begriff »Späterer Himmel« steht für die Sequenz der ▸ **Trigramme** des I Ging, in der Reihenfolge der chinesischen Gelehrten König ▸ **Wen Wang** und des Herzogs von Chou. In dieser zyklischen dynamischen Reihenfolge werden die universellen Prinzipien nach ihrem Erscheinen im Jahreslauf geordnet. Ausführliches dazu finden Sie unter dem Stichwort ▸ **I Ging.**

## Spiegel

Beliebtes ▸ **Hilfsmittel** bei der Arbeit mit Feng Shui. Es gibt viele unterschiedliche Anwendungsmöglichkeiten für Spiegel. Zum Teil werden in der Fachliteratur auch unterschiedliche Auffassungen zum Gebrauch von Spiegeln vertreten. Allgemein kann festgestellt werden, dass Spiegel eine starke Ausstrahlung haben und in ihrer Wirkung nicht zu unterschätzen sind. Sie sollten daher nicht achtlos aufgehängt, sondern mit Bedacht platziert werden.

**Der Gebrauch von Spiegeln –** Spiegel reflektieren unser Abbild und geben uns damit die einzige Möglichkeit, uns selbst zu betrachten. Die ganze Welt können wir beobachten, nur unsere eigene Person bliebe unseren Augen verborgen, gäbe es die Spiegel nicht. Es ist daher für unser Selbstverständnis sehr wichtig, wie ein Spiegel unser Bild reflektiert.

**Keine geteilten Spiegel verwenden –** Spiegelfliesen etwa zerstückeln Ihr Abbild in viele kleine Kästchen. Auch ein Spiegel mit einem Sprung im Glas zerteilt Ihr Bild. Ein derart gebrochenes Bild von Ihnen selbst ist psychologisch gesehen keine Unterstützung. Im Gegenteil: Wenn Sie sich morgens als Erstes im Spiegelschrank dreigeteilt erleben, kann das destabilisierend wirken.

**Ein Spiegel, der die volle Körpergröße abbildet –** Ein solcher Spiegel kann Ihr gesundes Selbstverständnis unterstützen. Ideal ist es, wenn so ein Spiegel etwas größer ist als Sie selbst, damit um den Körper herum noch ein bisschen Freiraum bleibt. Ansonsten könnten Sie sich leicht beengt fühlen, denn schließlich reicht Ihre Ausstrahlung ja weit über den Körper hinaus, auch wenn Sie das mit den Augen nicht wahrnehmen können.

**Spiegel, die hauptsächlich den Kopf abbilden –** Solche Spiegel sollten wenigstens den Oberkörper bis zur Herzgegend mit einschließen.

**Scharfe Kanten –** Da Spiegel aus Glas sind, haben sie auch scharfe Kanten, von deren Ecken ▸ **Geheime Pfeile** (gebündeltes negativiertes ▸ **Chi**) ausgehen; diese Kanten sollten möglichst nicht auf wichtige Plätze zeigen. Gerahmte Spiegel sind nicht so scharfkantig und daher grundsätzlich vorzuziehen.

**Spiegelformen –** Für die Wirkung eines Spiegels spielt auch seine Form eine Rolle:

**Ein runder oder ovaler Spiegel** hat eine geschlossene Begrenzungslinie, produziert keine Geheimen Pfeile und hat eine harmonisierende ▸ **Yin**-betonte Ausstrahlung.

**Rechteckige Spiegel** wirken eher ▸ **Yang**-betont.

**Ein dreieckiger Spiegel, mit der Spitze nach oben** symbolisiert durch seine Form das Element ▸ **Feuer** und durch seine reflektierende bewegte Ausstrahlung das Element ▸ **Wasser** (siehe auch ▸ **Fünf Elemente**). Diese Kombination wird als ungünstig betrachtet, weil sie Unruhe mit sich bringt. Zudem hat das Dreieck noch drei spitze Ecken, deren Ausrichtung Sie beachten sollten.

**Platzieren von Spiegeln –** Achten Sie beim Aufhängen eines Spiegels darauf, dass er weder zu hoch noch zu tief hängt. Wenn Sie hier nicht nur die eigene Körpergröße berücksichtigen, fühlen sich auch Ihre Gäste wohl. Hängt der Spiegel zu tief, so dass der Haarschopf nicht mehr ganz zu sehen ist, kann das bedrückend auf den Betrachter wirken. Dieser muss sich ständig kleiner machen, um sich ganz zu sehen. Hängt der Spiegel dagegen zu hoch, so muss man sich auf die Zehen stellen – und kann sich so zu klein vorkommen. Wichtig: Kinder wollen gern ihr Ebenbild kennen lernen und freuen sich über einen Spiegel, in dem auch sie sich betrachten können.

**Spiegel reflektieren Chi –** Spiegel reflektieren nicht nur unser Bild, sondern auch alles andere, jeden Lichtstrahl und auch jede feinere Energie, wie das ▸ **Chi.** Daher sind sie ein beliebtes Mittel, um den ▸ **Chi-Fluss** aufzuhalten und in einen Raum zurückzuspiegeln. Es kommt beispielsweise vor, dass das WC oder die Kellertreppe direkt gegenüber dem Eingang eines Hauses liegen. Das zur Tür herein-

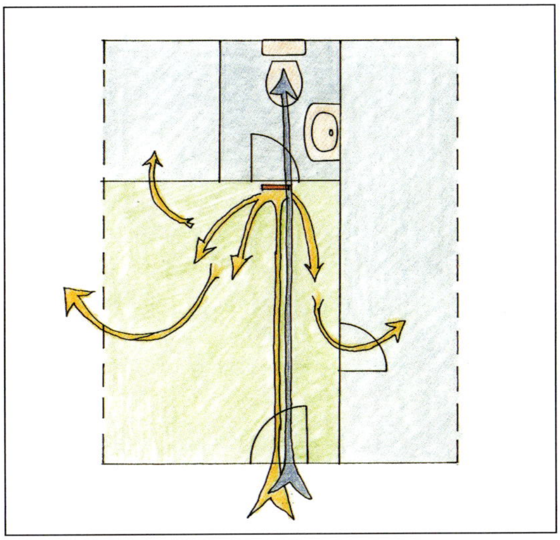

*In Blau unterlegt: Chi-Fluss ohne Spiegel an WC-Tür. In Gelb unterlegt: Chi-Fluss, nachdem ein Spiegel an der WC-Tür angebracht wurde.*

strömende Chi würde auf geradem Wege in Bad oder Keller verschwinden, und das restliche Haus wäre nicht ausreichend belebt. Ein kleiner Spiegel auf oder über der WC-Tür kann Abhilfe schaffen. Er reflektiert die Energie, die sich dann weiter in der Wohnung verteilen kann. Da Spiegel eine starke Wirkung haben, ist bei ihrer Nutzung immer auf Größe und Abstände zu achten. Gerade im Eingangsbereich könnte ein zu großer Spiegel den Chi-

Fluss auch geradewegs wieder zur Tür hinausschicken, was den gewünschten Effekt gänzlich zunichte macht (siehe Seite 265 im Praxisteil des Buchs).

**Positiver Effekt –** Speziell in Bädern, insbesondere in fensterlosen, innen liegenden Räumen, sind Spiegel sehr günstig. Sie beleben den Raum und verhindern, dass die Energie direkt im ▸ Abfluss verschwindet. Ausführliches dazu im Kapitel »Die Privaträume«, »Das Bad« (siehe Illustrationen Seite 265) im Praxisteil des Buchs.

**Negativer Effekt –** Allgemein ist die reflektierende Kraft der Spiegel nicht überall gleichermaßen als günstig einzuschätzen. Diese Eigenschaft bringt die Energie in Bewegung und sorgt auch für Unruhe, weshalb auf Spiegel im Schlafzimmer lieber verzichtet werden sollte.

Zuweilen können auch störende Einflüsse wie zum Beispiel Elektrosmog durch die Spiegelung »verdoppelt«, umgeleitet oder verstreut werden.

**Spiegel zum Umlenken des Chi-Flusses –** Die reflektierende Eigenschaft der Spiegel gibt die Möglichkeit, dem ▸ Chi-Fluss einen Weg zu weisen.

**Positiver Effekt –** Ein Zimmer, das von einem langen Flur abgeht und so ungünstig liegt, dass normalerweise der ▸ Chi-Fluss einfach vorbeirauschen würde, kann mit Hilfe eines Spiegels belebt werden. Dazu muss der Spiegel im Flur so aufgestellt werden,

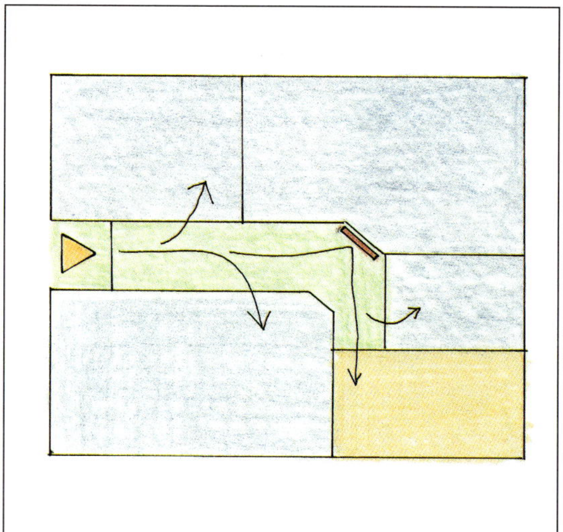

*Günstig: Der Spiegel im Flur lenkt den Chi-Fluss so um, dass er die Räume gleichmäßig mit Energie versorgt.*

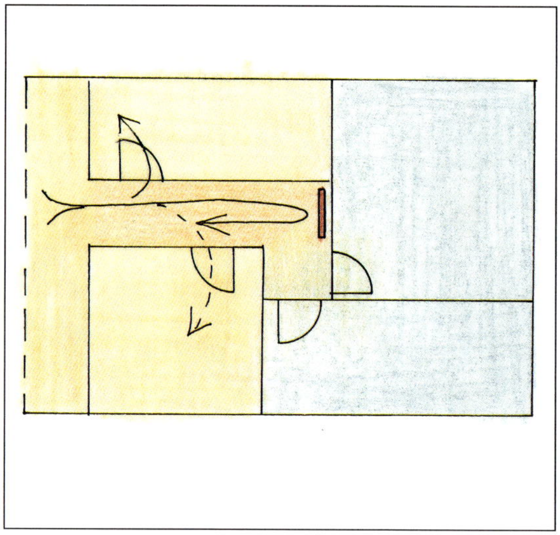

*Ungünstig: Der Spiegel im Flur behindert den Chi-Fluss am Weiterfließen. Nachfolgende Räume sind unterversorgt.*

dass er einen Teil des Chi-Flusses in Richtung Zimmertür lenkt, also meist gegenüber der Tür. Zu beachten sind hierbei allerdings auch die anderen Räume. Die Illustration links unten verdeutlicht den positiven Effekt, den ein Spiegel haben kann.

**Negativer Effekt –** Ist der Spiegel allerdings zu groß, so kann es passieren, dass er die meiste Energie in eine Richtung umlenkt und nun die nachfolgenden Räume mit Energie unterversorgt bleiben.

Es ist von daher wichtig, immer die Gesamtsituation zu betrachten. Die Illustration oben verdeutlicht den negativen Effekt eines Spiegels im Flur.

**Spiegel können Sha zerstören –** Negativierte Energie in gebündelter Form, wie etwa von ▸ Geheimen Pfeilen, kann durch Spiegel abgeblockt und geschwächt werden. Trifft z. B. ▸ Sha auf den Spiegel, so wird es zurückgeworfen oder von einer gewölb-

**Wirkung eines Spiegels –** Sie können davon ausgehen, dass ein 20 Zentimeter breiter Spiegel den ▸ **Chi-Fluss** ca. einen Meter in den Raum zurückreflektiert, ein 40 Zentimeter breiter Spiegel etwa das Doppelte. Natürlich spielen noch weitere Faktoren eine Rolle, wie z. B. die Breite der Tür, durch die das Chi in die Wohnung strömt, und die Stärke der Energie.

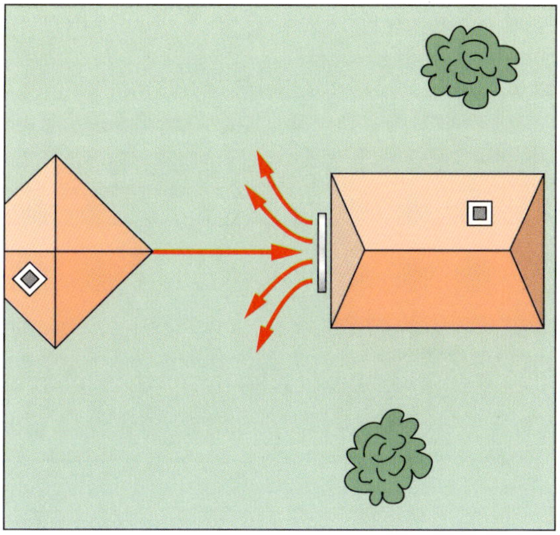

*Ein konkaver Bagua-Spiegel über einer Haustür zerstreut das Sha der gegenüberliegenden Dachkante.*

ten Oberfläche zerstreut (siehe Illustration oben). Zu bedenken ist allerdings die Verhältnismäßigkeit der Mittel. Ist beispielsweise der Haupteingang eines kleinen Hauses direkt durch eine massive spitzwinklige Bebauung gegenüber bedroht, so können weitere Abhilfemaßnahmen erforderlich sein. Ein kleiner Spiegel reicht hier nicht aus; es empfiehlt sich, den Sha-Pfeil schon vor der Tür abzufangen und den geraden Weg zu unterbrechen, durch geeignete Bepflanzung o.Ä.

**Bagua-Spiegel –** Ein gutes Beispiel sind ▸ **Bagua-Spiegel.** Sie werden gern genutzt, um negative Einflüsse vom Haus fern zu halten. Hängt man einen Bagua-Spiegel außen an oder über der Haustür auf, so wird dieser ▸ **Sha** abblocken, zurückstrahlen und die bösen Geister erschrecken, so sagt man.

Es gibt diese kleinen Spiegel, die meist von den acht ▸ **Trigrammen** des ▸ **I Ging** umgeben sind, auch in gewölbter Form. Diese konkav und konvex gewölbten Bagua-Spiegel haben eine starke Wirkung und sollten möglichst nur außen am Haus zur Anwendung kommen. Im Innenraum würden sie für zu viel Unruhe sorgen und eventuell die gewünschte Wirkung sogar verhindern.

**Ist der Spiegel konkav –** Nach innen gewölbte Spiegel verkleinern die Dinge und stellen sie auf den Kopf. Damit nimmt er großen, bedrohlich erscheinenden Objekten, wie etwa einem hohen Mast oder einem großen Turm, ihre Kraft und Mächtigkeit. Der konkave Bagua-Spiegel wird außen am Haus so angebracht, dass er in Richtung des unangenehmen Objektes weist.

**Ist der Spiegel konvex –** Nach außen gewölbte Spiegel können auftreffendes ▸ **Sha** durch Zerstreuung unschädlich machen. Auf diese Weise werden ▸ **Geheime Pfeile,** etwa durch spitze Ecken eines Daches hervorgerufen, entschärft.

**Glänzende Kugeln –** Befindet sich ein ▸ **Sha** verbreitendes Objekt unmittelbar vor dem Fenster, so können auch spiegelnde glänzende Kugeln in die Fensterdekoration aufgenommen werden.

## Spiegel zur Raumerweiterung

**Positiver Effekt –** Ein kleiner Raum wirkt durch einen größeren Spiegel optisch erweitert und aufgehellt. Der Raum bekommt mehr Tiefe und öffnet sich sozusagen in die Richtung des Spiegels. Besonders im öffentlichen Leben von Geschäften oder Restaurants wird diese Tiefenwirkung gern genutzt, um Verkaufsräume und Angebote üppiger erscheinen zu lassen. Zudem hat das Glitzern und Funkeln der Spiegel eine anziehende Wirkung. Mit einem geschickt platzierten Spiegel kann ein schönes Motiv aus dem Außenraum im Wohnraum abgebildet werden. Die belebende Energie einer blühenden Wiese kann so zur Erfrischung des Raums beitragen.

**Negativer Effekt –** Spiegelflächen hinter dem Rücken des Personals, etwa an der Kasse, sind zu vermeiden, da sie die ▸ **Rückendeckung** schwächen. Auch Spiegel gegenüber eines Sitzplatzes erzeugen meist Unbehagen bei dem, der auf diesem Platz sitzt und sich ständig im Spiegel betrachten muss.

**Auch andere glänzende Materialien** können neben Spiegeln zum Schutz des Eingangs beitragen. Ein poliertes Namensschild aus Metall oder der Hochglanzlack der Tür reflektieren ebenfalls und können negative Einflüsse zurückschicken, zumindest in begrenztem Maße. Eine sehr schöne dekorative Variante des Spiegels stellen außerdem Rosenkugeln dar. Ausführliches dazu finden Sie unter dem Stichwort ▸ **Rosenkugeln.**

**Spiegel und Bagua-Bereiche –** Es kommt vor, dass ein Teil oder auch ein ganzer ▸ **Bagua-Bereich** außerhalb des Grundrisses liegt; man spricht dann von Fehlbereichen (genauer erläutert unter ▸ **Bagua**). Dieser Mangel kann energetisch durch einen Spiegel ausgeglichen werden. Zu diesem Zweck wird ein größerer Spiegel an der Wand angebracht, hinter welchem der Fehlbereich liegt.

Ist beispielsweise im Südwesten des Grundrisses eine Ecke ausgespart, so wäre der Bagua-Bereich »Partnerschaft« verkleinert. Zum Ausgleich müsste der Spiegel an der Wand, die zum Südwesten gelegen ist, aufgehängt werden. Der Raum wäre damit in diese Richtung erweitert und der Fehlbereich energetisch wieder eingebunden.

**Spiegel zur Verdoppelung –** Jeder Gegenstand vor einem Spiegel ist durch sein Spiegelbild zweimal zu sehen. Daher wird dem Spiegel die Eigenschaft zugeschrieben, dass er Dinge verdoppeln bzw. vermehren kann.

**Positiver Effekt –** In chinesischen Geschäften werden gern Spiegel hinter oder neben der Kasse angebracht, um den Geldfluss zu mehren. Im häuslichen Bereich ist der Herd mit Wohlstand assoziiert, auf ihm werden die Speisen bereitet, die uns nähren. Ein Spiegel hinter dem Herd sollte die Speisen verdoppeln – und damit den Wohlstand der Familie.

**Negativer Effekt –** Aus dem beschriebenen Grund gibt es auch Plätze, die man zum Anbringen eines Spiegels vermeiden sollte, wie etwa gegenüber der WC-Tür oder dem Mülleimer.

> **Allgemein gilt –** Spiegel sollten möglichst nicht schmutzig, zerkratzt oder trübe sein, sonst verbreiten sie entsprechend trübe oder kratzige Energie bzw. Stimmung.

## Sponsoren

Bezeichnung für einen der neun Bereiche des Bagua. In diesem Buch wird der traditionell nach Nordwesten gelegene Bagua-Bereich mit »Hilfreiche Freunde« bezeichnet. Im ▸ **Lo Shu** ist ihm die Zahl 6 zugeordnet, das zugrunde liegende ▸ **Trigramm** ist der »Himmel«. Wie man diesen Bereich stärken kann, ist unter dem Stichwort ▸ **Bagua** genau erläutert.

## Springbrunnen

Beliebtes ▸ **Hilfsmittel** im Feng Shui, um den ▸ **Chi-Fluss** in ihrer Umgebung anzuregen. Springbrunnen können auch zum Bremsen von ▸ **Geheimen Pfeilen** eingesetzt werden.

**Große Brunnen –** Größere Springbrunnen sind bestens geeignet, Parkanlagen oder größere Plätze im innerstädtischen Raum zu beleben. Je größer der Brunnen, umso stärker ist seine belebende Wirkung. In direkter Nähe zu einem Wohnhaus kann ein Springbrunnen mit einer hohen Fontäne aber auch zu mächtig sein und zu viel Unruhe verbreiten, eventuell sogar die innere Stabilität des Hauses stören. Ausführlicher unter dem Stichwort ▸ **Brunnen.**

**Kleine Brunnen –** Ein kleiner plätschernder Brunnen im Vorgarten belebt das zum Haus fließende ▸ **Chi.** Er sollte stets gepflegt sein und über sauberes Wasser verfügen.

**Zimmerbrunnen –** Sehr beliebt sind seit einiger Zeit auch kleinere Springbrunnen, die im Haus aufgestellt werden können. Sie haben ebenfalls eine angenehm belebende Wirkung. Auch hier ist auf Sauberkeit zu achten und zu prüfen, ob alle Bewohner des Hauses sich mit dem sprudelnden Nass wohl fühlen. Was für den einen beruhigendes Plätschern ist, empfindet der andere möglicherweise als nervös machendes Rauschen.

*Ein Springbrunnen zwischen Pool und Haus bremst den Geheimen Pfeil, der von der Kante des Beckens ausgeht.*

**Platzierung –** Natürlich spielt es im Haus oder der Wohnung auch eine Rolle, an welcher Stelle ein solches Wasserobjekt aufgestellt wird. Betrachtet man das ▸ **Bagua,** so sind die Bereiche, die nach der Lehre der ▸ **Fünf Elemente** dem Element ▸ **Wasser** oder dem Element ▸ **Holz** zugerechnet werden, gut geeignet für einen Springbrunnen. Dieser stärkt das Element und somit auch den entsprechenden Bagua-Bereich. Allerdings sollten Schlaf- und Ruheräume eher durch andere Objekte unterstützt werden, das bewegte Wasser ist zu unruhig. Weitere Informationen finden Sie unter ▸ **Zimmerbrunnen**.

## Steine

Steine zählen zu den modernen ▸ **Hilfsmitteln** des Feng Shui und werden nach der Lehre der ▸ **Fünf Elemente** dem Element ▸ **Erde** zugeordnet. Steine, auch Mineralien genannt, werden eingesetzt, um in Räumen eine bestimmte Qualität zu unterstützen.
Je nach Art und Beschaffenheit eines Steines gibt es verschiedene Wirkungsweisen, die Sie nutzen können. Wenn Sie wissen, welche Wirkung ein Stein haben kann, können bestimmte Steine seelisch und körperlich eine Unterstützung sein.
Menschen sind seit jeher von Steinen fasziniert. Steine ziehen den Menschen intuitiv an. Bei dem Umgang mit ihnen sollten Sie stets Ihr Gefühl mitsprechen lassen. Finden Sie einen Stein besonders anziehend, entspricht er entweder Ihrer eigenen Stimmung oder dem Gegenteil davon, also genau dem, was Sie zum Ausgleich benötigen. Es kann sein, dass Sie an einem Tag einen Stein gern bei sich haben und einen Tag später nicht mehr. Geben Sie Ihrem Gefühl nach, und bewahren Sie diesen Stein an einer schönen Stelle auf, bis Sie ihn wieder aktiv nutzen möchten; oder verschenken Sie den Stein, wenn Sie das Gefühl haben, eine andere Person kann nun genau diesen Stein gebrauchen.
**Entstehungsgeschichte –** Steine entstehen im Erdinneren, aus der flüssigen Magma. Das Verhältnis der harten Erdkruste zum flüssigen und bewegten inneren Teil der Erde gleicht der Schale eines Apfels. Glücklicherweise ist diese äußere Schale der Erde mehrere Kilometer dick. Unterhalb dieser Kruste ist die Erde durch aufsteigende Hitze, Abkühlung, Absenkung etc. immer in Bewegung. Durch die ständigen Spannungsverhältnisse gerät bisweilen auch die oberste Schicht in Bewegung. So entstanden ursprünglich Berge und Landschaftsformationen. In heißer Flüssigkeit lösen sich feste Bestandteile, und bei der Abkühlung geschieht es, dass eine »gesättigte Lösung« entsteht, in der sich die überschüssigen Bestandteile absetzen bzw. kristallisieren. Daraus entstehen Mineralien. Die Zusammensetzung des Magmas zum Zeitpunkt der Abkühlung entscheidet, zu welchem Mineral sich die Kristalle entwickeln. Wie sich ein Mineral weiterentwickelt, hängt von Temperatur, Geschwindigkeit der Abkühlung, Druckverhältnissen sowie zeitlichen und örtlichen Bedingungen ab. Diese Einflüsse entscheiden auch darüber, welches Potenzial in dem Stein steckt und welche Wirkung von ihm ausgeht.

*Beliebte Hilfsmittel: Die heilende und stärkende Kraft der Steine wird auch im Feng Shui genutzt.*

**Wie kann man einen Stein auswählen? –** Ihren persönlichen Stein können Sie nach verschiedenen Methoden für sich ausfindig machen.
**Auswahl nach Liste –** Es gibt Listen mit den spezifischen Eigenschaften von Steinen, aus denen Sie Steine mit den für Sie passenden Qualitäten heraussuchen, die Sie unterstützen möchten.
**Auswahl nach Intuition –** Welcher Stein fasziniert Sie besonders in der Auslage eines Mineraliengeschäftes? Wo fühlen Sie sich besonders hingezogen? Nehmen Sie den Stein zuerst in die linke Hand, und

versuchen Sie, ihn so gut wie möglich zu erfühlen. Wechseln Sie dann den Stein in die rechte Hand. Bemerken Sie einen Unterschied? Wenn Sie einen Stein entdeckt haben und ihn erwerben, können Sie anschließend herausfinden, wofür der Stein förderlich ist, und Rückschlüsse auf Ihre Wahl ziehen.

**Karten mit Steinabbildungen –** Sie können die Karten (z.B. das Kartenset »Die Botschaft der Edelsteine« von Antje Hofmann) vor sich ausbreiten und mit geschlossenen Augen eine Karte auswählen. Mit dem Stein, den die jeweilige Karte darstellt, können Sie dann wie oben beschrieben in einem Fachgeschäft weiter testen oder so verfahren wie nachfolgend erläutert.

**Auswahl mit Hilfe einer zweiten Person –** Sie können sich bei der Auswahl auch von jemandem helfen lassen. Die Steine werden ausgebreitet, und Sie greifen so spontan wie möglich nach dem ersten Stein, der Sie optisch anspricht, das ist Stein Nr. 1. Nachdem Sie die Augen geschlossen haben, legt Ihr Helfer den Stein wieder irgendwo zwischen die anderen. Mit geschlossenen Augen wandern Sie mit Ihrer Hand über die Steine und nehmen wieder intuitiv einen Stein, Nr. 2.

Nun nennt Ihnen Ihr Helfer nacheinander Eigenschaften der einzelnen Steine, ohne dass er dabei die Steine beim Namen nennt, und Sie wählen aus, was Sie anspricht. Das ist Stein Nr. 3. Den letzten Stein, Nr. 4, wählen Sie aus, indem der Helfer die Steine in eine Reihe legt und für Sie verdeckt. Er gibt jedem Stein eine Ziffer und nennt Ihnen die gesamte Anzahl. Sie nennen eine Zahl, die Sie bevorzugen. Mit dem Stein Nr. 1 haben Sie dann den Seelenstein, mit Nr. 2 den Körperstein, mit Nr. 3 den Verstandesstein und mit Nr. 4 den Geiststein gewählt.

Dieses Prinzip können Sie auch mit den bereits erwähnten Steinekarten durchführen.

Der Seelenstein kann Ihr Unterbewusstsein ansprechen und Ihre Ängste, Wünsche und Fähigkeiten verdeutlichen. Der Körperstein verbindet Sie mit Ihren körperlichen Bedürfnissen und kann den Selbstheilungsprozess fördern.

Mit dem Verstandesstein kommen Sie Ihrer aktuellen Realität näher, und er hilft Ihnen, Lösungen zu entwickeln. Der Geiststein soll Ihre Fähigkeiten fördern und Sie Ihrem Selbst näher bringen.

**Kleiner Einkaufsratgeber –** Leider werden viele Steine gefälscht bzw. eingefärbt. Phantasie und Täuschungsmanövern scheinen hier kaum Grenzen gesetzt. Manche Steine sind sogar radioaktiv bestrahlt, um deren Glanz zu verbessern. Besonders beliebt ist diese Methode bei Tigerauge, Bergkristall, Topas und Aquamarin. Auf diese Art und Weise kann eine Kette aus Aquamarin das Zwanzigfache der Strahlung bei einer Röntgenuntersuchung aufweisen.

Fragen Sie ruhig nach, wenn Ihnen ein Stein besonders »leuchtend und strahlend« erscheint, und prüfen Sie anhand der Reaktion des Befragten seine Glaubwürdigkeit.

Kaufen Sie in namhaften Steinfachhandlungen, und sprechen Sie auch dort ruhig diese Problematik an. Wenn Ihnen ein Stein gefällt, dennoch irgendein Gefühl in Ihnen zögert, ihn zu erwerben, vertagen Sie Ihren Einkauf, und prüfen Sie nach, ob die gleiche Steinsorte in einem anderen Geschäft auch ein Zögern verursacht. Wenn ja, dann kann es sein, dass Sie sich eine subtile Veränderung wünschen, vor den Ihnen noch unbekannten Konsequenzen jedoch zurückschrecken. Dann wäre gerade dieser Stein eine Herausforderung.

**Zwei-Steine-Specials**

**Boji's –** Diese Steine gibt es immer paarweise. Den runden Stein (weiblicher Stein) nimmt man in die rechte Hand und den rauen Stein (männlicher Stein) in die linke Hand. Die eigenen ▸ Yin- und ▸ Yang-Anteile werden dadurch harmonisiert.

**Marmor –** Auf Marmorplatten kann der Energiegehalt von Lebensmitteln erhöht werden. Spezialisten pendeln aus, wo die Nordpolung des Steins ist, um ihn wieder in seine ursprüngliche Wuchsrichtung auszurichten. Damit erhöht sich seine Eigenschaft, Nahrungsmittel aufzuladen.

**Steine am Körper tragen –** Es gibt sehr viele verschiedene Möglichkeiten, Steine zu verwenden. Die wirksamste ist, Steine am Körper zu tragen. Die bekannteste Art und Weise ist es dabei, Steine als

**Gehen Sie behutsam mit Steinen um –** denn die Wirkung von Steinen wird gern unterschätzt. Weiterführende Literatur zu diesem Thema finden Sie im Anhang.

Schmuck verarbeitet zu tragen. Eine Möglichkeit, Steine am Körper zu tragen, ist, sie in die Hosen- oder Jackentasche zu stecken.

**Auflegen von Steinen –** Sie können Steine auch direkt auf Körperstellen auflegen.

**Meditation mit Steinen –** Mit Steinen können Sie meditieren, indem Sie sich eine ruhige, gemütliche Atmosphäre schaffen, den Stein fixieren und versuchen, in Kontakt mit ihm zu treten.

**Steine in Wasser legen –** Wenn Sie Steine über Nacht in klares Wasser legen, können Sie das Wasser auf den Tag verteilt schluckweise einnehmen. Sie können das Wasser ebenso zum Reinigen (z. B. im Wischwasser) benutzen, was Räumen eine erstaunliche Klarheit verschafft. Man hat festgestellt, dass auch Pflanzen solches Wasser lieben und den Edelsteinfreund mit reichem Wachstum belohnen.

**Steine aufstellen zum Energetisieren –** Räume mit niedriger Raumenergie, in denen man sich ständig schlapp fühlt, können durch gezieltes Aufstellen von Steinen aufgewertet werden.

Da Kristalle zum Teil eine hohe energetische Abstrahlung besitzen, sollte man nicht zu viele Steine neben dem Schlafplatz platzieren.

**Steine zur Bagua-Stärkung –** Da Steine dem Element ▸ **Erde** angehören, kann man die Bagua-Bereiche des Erde-Elements, wie »Partnerschaft«, »Zentrum«, »Wissen und Weisheit« durch das Aufstellen von Steinen oder Steingruppen energetisieren. Dies gilt ebenso auch für die Bagua-Bereiche des Elements ▸ **Metall,** d. h. »Kreativität und Kinder« sowie »Hilfreiche Freunde«, da Erde das Metall nährt.

Genauere Informationen zum Thema finden Sie unter den Stichworten ▸ **Bagua** und ▸ **Fünf Elemente.**

**Reinigung von Steinen –** Steine sollten in regelmäßigen Abständen gereinigt werden, damit sie ihre Wirksamkeit bewahren. Es gibt auch Steine, die so viele negative Schwingungen aufnehmen, dass sie ganz stumpf werden, wenn sie nicht gereinigt werden. Zu dieser Gruppe gehört Malachit.

**Reinigungsbeispiel –** Es gibt verschiedene Möglichkeiten der Reinigung, die eingehender Erklärung bedürfen. Deshalb wird hier nur eine unkomplizierte Variante beschrieben.

Reinigen Sie den Stein unter fließendem Wasser, und legen Sie ihn anschließend in die Sonne. Vermeiden Sie dabei jedoch, den Stein während der Mittagszeit in der Sonne zu trocknen. Denn dann ist die Sonneneinstrahlung zu stark für den Stein.

**Steine-Steckbrief –** Nachfolgend werden in einer Tabelle die wichtigsten und bekanntesten Heilsteine aufgelistet mit Erläuterungen über ihre Wirkung im Allgemeinen sowie im physischen, psychischen oder feinstofflichen Bereich.

*Der Malachit soll auf der psychischen Ebene die Emotionen stärken und Spiritualität und Meditation fördern.*

# Die wichtigsten Heilsteine und ihre Wirkung

## Achat

**Physisch:** Schutzstein, lindert Beschwerden bei Fieber, Magen- und Augenleiden.

**Psychisch:** fördert die Feinfühligkeit und die Kommunikation.

## Amethyst

**Physisch:** beruhigt den Schlaf und mindert Migräne, wirkt angsthemmend, beruhigt die Haut und reinigt das Blut.

**Psychisch:** fördert Spiritualität, Demut und Transformation.

## Aquamarin

**Physisch:** positive Wirkung bei Augen-, Haut-, Hals-, Zahn-, Magen- und Leberleiden.

**Psychisch:** fördert den inneren Frieden, Toleranz, Harmonie und Verständnis.

## Aventurin

**Physisch:** stärkt Herz und Nerven, hilft gegen Hautleiden.

**Psychisch:** Gelassenheit, Geduld und Heiterkeit werden positiv beeinflusst.

## Bergkristall

**Physisch:** gut bei Augenleiden, Schilddrüsenproblemen, Schlafstörungen, Schwindelgefühlen; mindert Blutungen.

**Psychisch:** verhilft zu Klarheit, Harmonie, Intuition und Erkenntnis.

## Bernstein

**Physisch:** lindert Beschwerden bei Hals-, Fieber- und Ohrenentzündungen; hilft auch bei Augenleiden und Asthma.

**Psychisch:** kräftigt, reinigt, fördert die Weisheit, Reichtum und das Wohlbefinden.

## Beryll

**Physisch:** reinigend, stärkt die Leber, das vegetative Nervensystem und die Augen.

**Psychisch:** lindert Nervosität, Stress und Antriebslosigkeit.

## Chrysoberyll, Alexandrit

**Physisch:** hilft bei Magen-, Darm-, Augen- und Leberleiden.

**Psychisch:** fördert Sanftmut, eine positive Entwicklung und die Nachsicht.

## Diamant

**Physisch:** Schutzstein, bringt Frieden und Stärke.

**Psychisch:** wirkt sich positiv aus auf Meditation, Klarheit, Vollkommenheit und Erleuchtung.

## Granat

**Physisch:** hilft bei Anämie, Rheuma, Arthritis und Depressionen.

**Psychisch:** weckt Freude, Lebenskraft, Liebe und fördert den Mut.

## Hämatit

**Physisch:** unterstützt die Blutbildung und die allgemeine Genesung.

**Psychisch:** schafft Mut, stärkt das Gefühl für das Hier und Jetzt, hilft bei Problembewältigungen.

## Heliotrop

**Physisch:** gut für die Leber, Niere, Milz, zur Entgiftung und stärkt das Herz.

**Psychisch:** fördert die emotionale Reinigung, das Mitgefühl und den Intellekt.

## Jade

**Physisch:** wohltuend für Herz, den Schlaf und angenehm zur Entspannung.

**Psychisch:** schafft Freude sowie Dankbarkeit und unterstützt die Meditation.

## Karneol

**Physisch:** reinigt das Blut, hilft der Verdauung, hilft bei Rheuma, fördert die Heilung bei Verletzungen und beruhigt die Nerven.

**Psychisch:** steigert die Aktivität, steigert Leistungsfähigkeit, Kreativität und fördert den inneren Antrieb.

## Lapislazuli

**Physisch:** wohltuend für den Kehlbereich, bei Entzündungen, Nervenschmerzen, Menstruationsbeschwerden.

**Psychisch:** unterstützt die Klarheit des Denkens, fördert den Idealismus, die Meditation und die Inspiration.

## Larimar

**Physisch:** stärkt die Selbstheilungskraft, den Brust-, Hals- und Kopfbereich.

**Psychisch:** hilft bei Angstzuständen und emotionellen Problemen.

## Die wichtigsten Heilsteine und ihre Wirkung

### Malachit

**Physisch:** heilt Wunden, lindert Schmerzen und Entzündungen.

**Psychisch:** stärkt im positiven Sinn die Emotionen, das Unterbewusstsein, die Spiritualität und die Meditation.

### Marmor

**Physisch:** die Kalziumverwertung des Körpers wird verbessert.

**Psychisch:** das Bewusstsein und die seelische Ausgeglichenheit werden gefördert.

### Mondstein

**Physisch:** hilft bei Drüsen- und bei Lymphstauungen.

**Psychisch:** wirkt beruhigend auf Träume, Intuition und schafft Ausgeglichenheit.

### Onyx

**Physisch:** Schutzstein, gut für die Bauchspeicheldrüse und den Solarplexus.

**Psychisch:** stärkt, lindert Melancholie und führt zur Transformation.

### Opal

**Physisch:** belebt, vitalisiert.

**Psychisch:** macht das Negative und das Positive bewusster.

### Pyrit

**Physisch:** beschleunigt die Heilung, hilft gegen Schmerzen und Entzündungen der Luftwege

**Psychisch:** fördert Erkenntnis und Entwicklung.

### Rosenquarz

**Physisch:** stärkt das Herz.

**Psychisch:** schafft Vertrauen, Nächstenliebe, Sanftmut und entspannt bei Stress.

### Rubin

**Physisch:** wohltuend bei Viruskrankheiten, Gicht, Fieber; fördert die Blutzirkulation.

**Psychisch:** schafft Liebe, Harmonie und ist ein Schutzstein.

### Saphir

**Physisch:** beruhigt den Geist, hilft bei Jähzorn, Schmerzen und lindert Augenleiden.

**Psychisch:** fördert innere Wandlung, Zuversicht, Vertrauen und das Wahrnehmen von Schönheit.

### Schneeflockenobsidian

**Physisch:** lindert Schmerzen, Verspannungen und Gefäßkrankheiten; Wunden heilen besser.

**Psychisch:** erhöht die Eigenschwingung, das Realitätsbewusstsein und die Standfestigkeit.

### Smaragd

**Physisch:** Augen-, Herzleiden und Diabetes werden positiv beeinflusst.

**Psychisch:** fördert die Liebe, Weisheit, Naturverbundenheit und Meditation.

### Sodalith

**Physisch:** beruhigt das Nervensystem.

**Psychisch:** Selbstvertrauen, Standfestigkeit und das innere Gleichgewicht werden gestärkt.

### Sonnenstein

**Physisch:** regt die Selbstheilungskräfte an, das vegetative Nervensystem und die Organe werden gestärkt.

**Psychisch:** weckt die Lebensfreude, wirkt antidepressiv und schafft Selbstvertrauen.

### Tigerauge

**Physisch:** beruhigend

**Psychisch:** fördert Konzentration, Anpassungsfähigkeit, Weitblick und Toleranz

### Topas

**Physisch:** hilft bei Herz-, Kopfschmerzen, Verdauungs- und Wirbelsäulenbeschwerden.

**Psychisch:** Depressionen werden vermindert und die Konzentration gefördert.

### Türkis

**Physisch:** Herz, Lunge, Kehle und Augen profitieren von diesem Stein.

**Psychisch:** unterstützt Reinheit, Weisheit, Kreativität und das Vorstellungsvermögen.

### Turmalin

**Physisch:** hilft bei Lungenleiden und Allergien.

**Psychisch:** Frieden und Harmonie sowie Bewusstheit werden gefördert.

### Zirkon

**Physisch:** anregend für die Verdauung, hilft gegen Infektionen.

**Psychisch:** hilfreich bei Diabetes und gegen Depressionen.

## Störzonen

Ein nicht genau definierter Begriff für Zonen, die durch feinstoffliche Einflüsse in ihrer Energie gestört sind. Man könnte den Bereich oberhalb einer starken ▸ Wasserader oder einer ▸ Gitternetz-Kreuzung als Störzone bezeichnen.

Störzonen werden im Allgemeinen von ▸ Rutengängern, ▸ Geomanten oder fachkundigen Feng-Shui-Experten mit einer ▸ Rute oder anderen Hilfsmitteln erspürt. Starke Störzonen sollten für einen längeren Aufenthalt und für wichtige Tätigkeiten gemieden werden. Teilweise werden auch Mittel oder Techniken zur Neutralisierung und Harmonisierung der störenden Einflüsse angeboten, die sich leider öfter als langfristig nicht effektiv herausstellen. Damit soll nicht eine wirksame Entstörung durch kompetente Fachleute in Abrede gestellt werden. Im Zweifel ist es jedoch ratsam, die Störzone möglichst zu meiden.

**Nicht jede Wasserader bedeutet Gefahr,** denn Wasseradern gehören zu unserem natürlichen Umfeld. Eine fachkundige Untersuchung zeigt, wo es sich tatsächlich um schwächende Einflüsse handelt. Mehr dazu finden Sie unter dem Stichwort ▸ **Geopathische Zonen.**

## Stundensäule

Bezeichnung aus dem Bazi Suanming, einer Prognosetechnik der ▸ Chinesischen Astrologie. In der Stundensäule werden die ▸ Himmelsstämme und ▸ Erdzweige für die Geburtsstunde ermittelt, jeweils nach ▸ Yin und ▸ Yang unterschieden und einem der ▸ Fünf Elemente zugeordnet. Ausführliches dazu unter dem Stichwort ▸ Bazi Suanming.

## Süden

In der ▸ Kompass-Schule ist dieser Himmelsrichtung traditionell das ▸ Trigramm »li«, das Haftende, das Feuer, und der ▸ Bagua-Bereich »Ansehen und Erleuchtung« zugeordnet.

Zudem ist der Süden mit dem Element ▸ Feuer (siehe hierzu auch unter dem Stichwort ▸ Fünf Elemente) verbunden. Der Süden wird im ▸ Lo Shu durch die Zahl 9 bezeichnet.

## Südosten

In der ▸ Kompass-Schule ist dieser Himmelsrichtung traditionell das ▸ Trigramm »sun«, das Sanfte, Wind/Holz, und der ▸ Bagua-Bereich »Wachstum und Erfolg« zugeordnet. Zudem ist der Südosten mit dem Element ▸ Holz (▸ Fünf Elemente) verbunden; wird im ▸ Lo Shu durch die Zahl 4 bezeichnet.

## Südwesten

In der ▸ Kompass-Schule ist dieser Himmelsrichtung traditionell das ▸ Trigramm »kun«, das Empfangende, die Erde, und der ▸ Bagua-Bereich »Partnerschaft« zugeordnet. Zudem ist der Südwesten mit dem Element ▸ Erde (▸ Fünf Elemente) verbunden und wird im ▸ Lo Shu durch die Zahl 2 bezeichnet.

## Sun

Chinesisches Wort für ▸ Wind bzw. ▸ Holz und Bezeichnung für eines der ▸ Trigramme des ▸ I Ging. Das Trigramm »Wind« steht für das sanfte Prinzip. Es wirkt durchdringend und allmählich.

## Symbole

Das Wort »Symbol« stammt aus dem Griechischen und heißt wörtlich übersetzt »Zeichen«. Symbole dienen zur Kommunikation nicht nur zwischen Menschen, sondern auch zwischen Mensch und Kosmos. Es ist zu unterscheiden zwischen Symbolen des täglichen Lebens, wie die Abbildung eines Fisches, um ein Fischlokal anzukündigen, und Symbolen mit weiteren nicht sofort für jeden erkennbaren Aussagen. Da Symbole nicht in allen Kulturen den gleichen Inhalt vermitteln, gibt es viele Diskussionsansätze, wie weit einige der chinesischen ▸ Hilfsmittel und deren Symbolgehalt auch auf den Westen übertragen werden können.

Ein Beispiel dafür ist der ▸ Drache, der in der westlichen Welt als Ungeheuer dargestellt wird und in China als außerordentliches Glückssymbol gilt. Fast jeder Gegenstand unseres Alltags ist nicht nur Gebrauchsgegenstand, sondern bereits mit einem Symbolgehalt behaftet.

»Ein Wort oder Bild ist symbolisch, wenn es mehr enthält, als man auf den ersten Blick erkennen kann. Es hat dann einen weiteren, unbewussten Aspekt, den man wohl nie ganz genau definieren kann«,

*Bekannte Glückssymbole: a) die Herzform, b) das Hufeisen, das mit der Rundung nach unten aufgehängt werden soll, c) das Glückskleeblatt.*

**Die Wirkung von Symbolen –** Die vordergründige Aussage eines Symbols kann sich ändern, wenn man ihm einen neuen Inhalt gibt. Verwenden Sie Symbole, so ist es sehr wichtig, dass bei Ihnen persönlich keine negative Empfindung damit hervorgerufen wird. Die allgemein positive Wirkung des Symbols ist ansonsten nämlich meistens hinfällig.

sagt C. G. Jung in seinem Buch »Der Mensch und seine Symbole«. Überlegen Sie daher bewusst, wenn Sie einen Gegenstand, eine Dekoration oder ein Bild ansehen, was es Ihnen vermittelt. Welche Gefühle und Erinnerungen löst es in Ihnen aus?
Symbole sind in unserem Leben ständig gegenwärtig. Gleich, ob sie zur Kommunikation, Orientierung, Warnung oder zur Anregung einer Stimmung benutzt werden, ist es sinnvoll, bewusster damit umzugehen. Wir sind durch verschiedene Bauformen, ein buntes Straßenbild, Fassadengestaltung, Werbeflächen und die Medien täglich einer Flut von Symbolen ausgesetzt. Viele Menschen haben daher heute den Bezug zu vielen Symbolen verloren. Wenn Sie jedoch den tieferen Sinn von Symbolen wahrnehmen und kennen, können Sie damit ganz bewusst Ihr Umfeld gestalten.

**Tiersymbolik, Beispiel Fisch –** Fische stehen in der psychologischen Symbolik für das Unterbewusste, da sie sich in den Tiefen des Meeres bewegen. Das Christentum hat seit jeher den Fisch als Symbol verwendet. Er steht für Erneuerung und wird mit Christus, der Taufe und der Ewigkeit eng in Beziehung gebracht. Im Feng Shui – aber nicht nur da – gelten Fische als Glücksbringer und werden als Zeichen des Wohlstandes und der Fruchtbarkeit betrachtet.
**Das Dreieck –** Im Feng Shui wird das Dreieck dem Element ▸ **Feuer** zugeordnet. Dreiecksabbildungen aus dem 7. Jahrhundert v. Chr. zeigen, wie alt die Tradition ist, mit dieser Form – und mit Zeichen im Allgemeinen – zu arbeiten.
Je nachdem, in welche Richtung die Spitze des Dreiecks zeigt, hat es eine andere Bedeutung. Ein nach oben weisendes Dreieck entspricht dem männlichen Prinzip. Eine nach unten gerichtete Spitze wird mit dem weiblichen Schoß und der Fruchtbarkeit in Verbindung gebracht. Im Feng Shui gilt das Dreieck als ungünstige Form, da die drei spitzen Ecken Unruhe und beschleunigtes ▸ **Chi** (▸ **Sha,** ▸ **Geheimer Pfeil**) erzeugen. Dreieckformen werden daher als Grundrissform für Häuser oder Grundstücke nicht gern verwendet. Auch in der Alchimie wird nach der Ausrichtung der Dreieckspitze unterschieden. Mit der Spitze nach oben entspricht es Feuer, mit der Spitze nach unten Wasser.

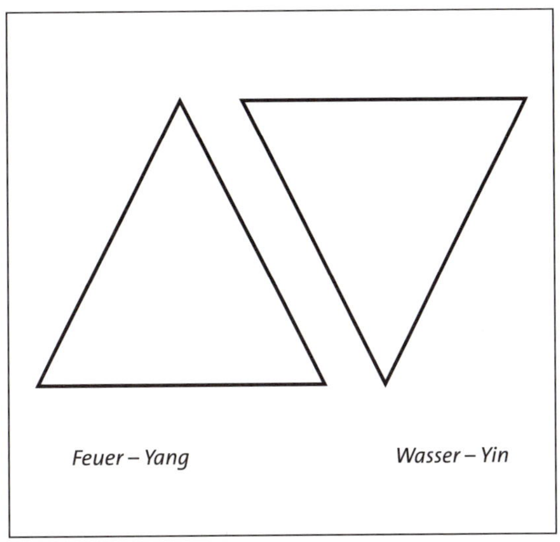


*Das Dreieck: Symbol für Feuer (Yang) und Wasser (Yin).*

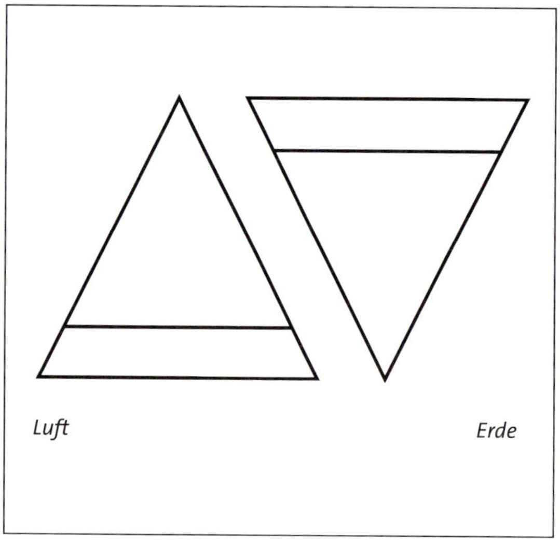


*Das Dreieck als Symbol für die Elemente Luft und Erde.*

Im Christentum entspricht das Dreieck der Dreifaltigkeit, Vater, Sohn und Heiliger Geist. Oft wird durch das Dreieck auch das Auge Gottes dargestellt. Schiebt man beide Dreiecke übereinander, so erhält man den sechszackigen Stern, auch unter dem Namen »Davidstern« bekannt, der auch zur Abwehr des Bösen benutzt wurde.

Eine Variante beschreibt das ▸ **Hexagramm,** welches sich aus den vier Symbolen der Alchimie zusammensetzt, den vier Elementen Feuer, Wasser Luft und Erde. Es ist darin auch die Dualität beschrieben, sehr ähnlich dem ▸ **Yin-und-Yang-**Zeichens des Ostens.

**Der Kreis –** Im Feng Shui entspricht der Kreis dem Element ▸ **Metall.** Diese Form wird mit der Sonne und dem Mond gleichgesetzt. Der Kreis gilt als vollkommene Form, da die Kreislinie keinen Anfang und kein Ende hat.

In den meisten Kulturen gilt er als Schutzsymbol. Die runde Form des Kreises ist Sinnbild für den Himmel, das Geistige und Spirituelle.

Der Kreis mit Punkt im Zentrum symbolisiert in der Astrologie die Sonne und in der Alchimie das Gold, was auch für die Sonne steht. Der Kreis ist die Außenform des taoistischen ▸ **Yin-und-Yang-**Zeichens. Hier wird die Bedeutung der Vollkommenheit deutlich, da der Kreis zwei gegensätzliche Aspekte beinhaltet, die wiederum ein Ganzes bilden.

**Anwendung –** Der Kreis kann dort eingesetzt werden, wo Harmonie und Ruhe zum Ausdruck kommen sollen und wo man sich eine Schutzzone wünscht. Manche Feng-Shui-Schulen stellen ungünstige Zahlen in einem Kreis dar, um deren negative Eigenschaften zu neutralisieren. Auch bei uns gibt es den Brauch, zu bestimmten Zeiten einen gebundenen Kranz am Eingang aufzuhängen, der traditionell negative Energien abwehren soll.

**Sonderformen –** Abwandlungen der Kreisform gibt es in vielen Darstellungsweisen. In der Antike beispielsweise wird die Kreisform durch eine gewundene Schlange gebildet, welche mit Kopf und Schwanzende verbunden ist. Mandalas oder Meditationsbilder werden meist in einer Kreisform dargestellt und zentrieren den Geist.

**Das Quadrat/Rechteck –** Laut Feng Shui gehören Quadrat und Rechteck zum Element ▸ **Erde.** Sie gelten als stabile Formen, die Ruhe und Sicherheit ausstrahlen. Diese Form verkörpert das Irdische und das Materielle. Das Quadrat oder Rechteck symbolisiert durch seine vier Ecken die Zahl 4, die für Wohlstand und Reichtum steht ( ▸ **Bagua**-Bereich »Wachstum und Erfolg«). Das Quadrat ist eine Orientierungshilfe für den Menschen, denn die vier Ecken werden mit den vier ▸ **Himmelsrichtungen** assoziiert.

Im Feng Shui wird eine Grundrissform im Quadrat oder Rechteck sehr begrüßt, da sich darin meist alle Bagua-Felder in einem ausgewogenen Verhältnis zueinander befinden. Ruhe, Geborgenheit und Stabilität werden in einem quadratischen Grundriss besonders deutlich empfunden.

**Sonderformen –** In der Verbindung der Formen Kreis und Quadrat drückt sich die Sehnsucht des Menschen aus, Erde und Himmel zu verbinden. Die Verbindung dieser beiden Formen ist im Pekinger Bauplan des Himmelstempels angewendet worden, aber auch in manchen Bauten in der Antike.

**Das Achteck –** Ist eine weitere Form, die Kreis und Quadrat in Verbindung bringt. Im Feng Shui kommt dem Achteck eine besondere Stellung zu, deren Ursprung im ▸ **I Ging** liegt.

**Symbolik –** Dieses Zeichen hat eine hohe Schutzwirkung und ist in China in vielen Dekorationsgegenständen zu finden, wobei der ▸ **Bagua-Spiegel** eine besondere Erwähnung verdient.

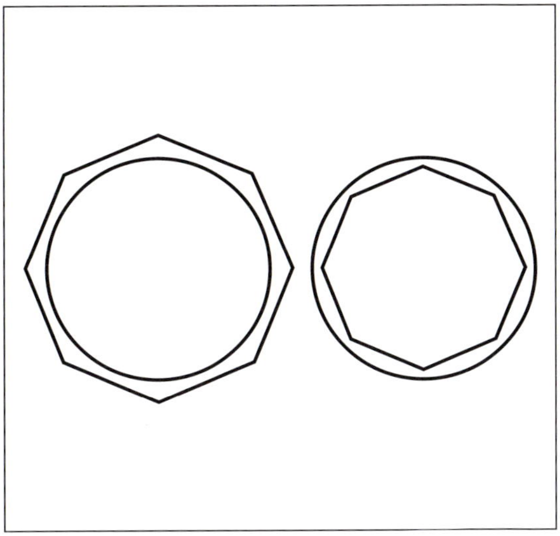

*Das Achteck, das im Bagua und in der Form der Bagua-Spiegel aufgegriffen wird, gilt als starkes Schutzsymbol.*

*Kreuzformen: a) Urkreuz, b) Hochkreuz, c) Rotes-Kreuz-Symbol, d) Andreaskreuz, e) Radkreuz, f) Keltisches Kreuz.*

**Sonderformen –** Auch das ▸ **Bagua** ist ein Achteck. In dem Bagua werden alle vier Haupthimmelsrichtungensowie die vier Nebenhimmelsrichtungen mit den ▸ **Trigrammen** des ▸ **I Ging** verbunden. Meist wird dieses Achteck mit einem Kreis oder dem ▸ **Yin-und-Yang-**Zeichen in der Mitte abgebildet. Bei manchen Achtecken, die als Schutzsymbol verwendet werden, befindet sich im Zentrum ein runder Spiegel.

> **Das Achteck –** »Indische Mandalas, die auf einem Vielfachen der Zahl 8 beruhen, sind häufig eine Reflexion der spirituellen Welt auf der Erde ... die Zahl 8 wird mit der Wiedergeburt assoziiert, weil sich die Summe der Zahlen 1 (das Göttliche), 3 (Seele) und 4 (Körper) darstellt. Christliche Taufbecken besitzen oft eine achteckige Form.« (Clare Gibson: »Zeichen und Symbole«).

**Das Kreuz –** Zwei Linien, die sich rechtwinklig kreuzen, sind auch in der Natur oft zu finden. Funde aus der Steinzeit mit Abbildungen von Kreuzen machen deren Symbolgehalt als Schutzzeichen deutlich. Die gegenläufige Bewegung horizontaler und vertikaler Achsen symbolisiert Gegensätze wie Erde und Himmel, Leben und Tod, ▸ **Yin und Yang** etc. Mit den vier Enden des Kreuzes ist der Bezug zur stofflichen, materiellen Welt mit den vier Himmelsrichtungen und den vier westlichen Elementen gegeben. Die traditionelle chinesische Feng-Shui-Lehre erwähnt das Kreuz kaum. Das Kreuz kann dennoch gut als Schutzsymbol genutzt werden.

**Sonderformen –** Es gibt viele Kreuzvariationen aus allen Kulturen mit verschiedener Deutung.
Durch die Kreuzigung Christi hat das Kreuz in Form des Hoch-Kreuzes seine heutige Symbolik des Leidens Christi, aber auch der Auferstehung und Überwindung des Weltlichen erhalten. Im westlichen Feng Shui wird diese Kreuzdarstellung nicht so gern verwendet, da sie eine negative Assoziation mit sich bringen kann. Das griechische symmetrische Kreuz, auch Ur-Kreuz genannt, wird hingegen gern als Schutzzeichen verwendet. Es ist ein starkes Symbol, das für Hoffnung, Zuversicht und Freude steht.
Das **Rad-Kreuz** stellt die vier Jahreszeiten dar und wurde bei Stadtgründungen als Wappen verwendet.
Das **keltische Kreuz** ist mit einem Kreis ausgestattet, der die Sonne versinnbildlicht. Es stammt ursprünglich aus heidnischer Zeit und war ein Symbol für Fruchtbarkeit und Leben, welches Männlichkeit und Weiblichkeit vereint.
Das **Ankh-Kreuz** stammt aus Ägypten und bedeutet übersetzt »vollkommener Mensch«. Es gilt als Glück bringendes Symbol und hat eine starke Energie-

*Das Ankh-Kreuz, ursprünglich Symbol der ägyptischen Göttin Hathor, gilt als Symbol des Lebens und der Unsterblichkeit sowie der Elemente Luft und Wasser.*

schwingung, die man mit einer Messung von negativen Ionen nachweisen konnte. Unter ‣ **Ionisierung** erfahren Sie mehr zu diesem Thema.

**Die Spirale –** Die Spiralform ist für uns so faszinierend, da ihre Form der unseres ureigenen Bausteins, der DNS-Spirale, entspricht. Die Spirale ist eine natürliche Form, die in Wasserstrudeln, Schneckengehäusen, Luftwirbeln, Blütenformen etc. auftaucht.

*Die Spirale symbolisiert die zyklischen Abläufe des Lebens.*

Sie findet sich in unserem gesamten Universum. Spiralnebel im Kosmos, spiralförmige Galaxien, um nur einige zu nennen, weisen diese Form auf.

**Symbolik –** Die Spirale wird mit Vitalität und Wasser in Verbindung gebracht. Sie ist entweder eine sich nach außen ausdehnende oder umgekehrt eine sich nach innen bewegende Form. Daher wird ihr die Symbolik der zyklischen Abläufe zugeschrieben.

Man hat festgestellt, dass Blumenbeete in Spiralform besseres Wachstum aufweisen als Pflanzungen, die unter gleichen Bedingungen in anderen Formen wachsen. Im Feng Shui wird die Spirale auch in Form von zwei ineinander gewundenen Spiralen benutzt. Mehr dazu unter ‣ **DNS-Spirale.** Das Thema Symbole ist so umfangreich, dass an dieser Stelle nur einige der häufig vorkommenden Symbole aufgelistet werden konnten. Im Anhang finden Sie weiterführende Literatur.

# T

## T'ien

T'ien oder Chien ist das chinesische Wort für Himmel. Es ist auch als Bezeichnung für eines der ‣ **Trigramme** des ‣ **I Ging** bekannt.

## Tagessäule

Bezeichnung aus dem Bazi Suanming, einer Prognosetechnik der ‣ **Chinesischen Astrologie.** In der Tagessäule werden die ‣ **Himmelsstämme** und ‣ **Erdzweige** für den Geburtstag ermittelt, jeweils nach ‣ **Yin** und ‣ **Yang** unterschieden und einem der ‣ **Fünf Elemente** zugeordnet. Ausführliches dazu finden Sie unter ‣ **Bazi Suanming.**

## T'ai-Chi

T'ai-Chi (auch Tai Chi oder Taiji) ist das chinesische Wort für »Das große Absolute« oder »Äußerstes Äußerste«. Vielleicht ist T'ai-Chi zu beschreiben als die einzige konstante Kraft, die hinter dem steten Wandel aller Dinge steht, wie es einer buddhistischen Weltsicht entspricht. Manchmal wird in der Literatur auch das Feld in der Mitte des ‣ **Bagua** als T'ai-Chi bezeichnet.

## Tai Chi Chuan
Chinesische Kampfsportart (auch als Schattenboxen bekannt), die sich u. a. mit dem körpereigenen ▸ **Chi-Fluss** beschäftigt.

## T'ai Yang
Chinesisches Wort für Sonne.

## T'ai Yin
Chinesisches Wort für Mond.

## Tang
Chinesisches Wort für den Platz vor einer Grabstätte, der meistens niedrig und flach ist.

## TAO
Formloser Urgrund, aus dem, in der taoistischen Weltsicht, alle Dinge erschaffen sind. Aus dem TAO werden durch das Zusammenspiel der Polaritäten ▸ **Yin** und ▸ **Yang** alle Formen geschaffen. Yin und Yang differenzieren sich in die ▸ **Fünf Elemente,** die ▸ **Trigramme** des ▸ **I Ging** und schließlich in die ▸ **Zehntausend Dinge.** Alles, was existiert, ist aus dem TAO hervorgegangen und dauerndem Wandel unterworfen, entsprechend den regelmäßigen Zyklen der Natur. Das TAO ist nicht substanziell und sich seiner Stellung nicht bewusst. Alle aus dem TAO hervorgegangenen Formen bleiben dem Wesen nach eins mit dem TAO. Ziel eines Taoisten ist es, sich in Einklang mit dem TAO und damit auch der Natur zu bringen. Laotse, der Begründer des Taoismus, schreibt in einem Vers, der an das I Ging angelehnt ist: »Alle Dinge sind im Prozess des Entstehens und Zurückkehrens. Die Pflanzen blühen nur, um wieder zur Wurzel zurückzukehren. Die Rückkehr zur Wurzel ist wie ein Suchen der Ruhe. Ruhe zu suchen ist, wie seinem Schicksal entgegengehen. Dem Schicksal entgegen gehen ist, wie der Ewigkeit gewahr werden. Die Ewigkeit erkennen ist Erleuchtung, und wer sie nicht erkennt, schafft Unordnung und Übel. Die Ewigkeit erkennen macht weit. Weite macht großzügig. Großzügigkeit gebiert Geistesadel. Geistesadel ist dem Himmel ähnlich. Der Himmel ist wie das TAO. TAO ist ewig. Der Verfall des Körpers ist nicht zu fürchten.« (aus: Lama Anagarika Govinda, »Die innere Struktur des I Ging«).

*Darstellung von Lao Tse, Begründer des Taoismus.*

## TCM
Gängige Abkürzung für die Traditionelle Chinesische Medizin, näher erläutert unter dem Stichwort ▸ **Chinesische Medizin.**

## Teich
Wasser ist das Lebenselixier schlechthin, und Wachstum ist ohne Wasser nicht denkbar. In der chinesischen Symbolik wird das Element ▸ **Wasser** der Fülle und dem Reichtum zugesprochen. Besonders Glück bringend sollen Teiche mit Fischen sein, wobei allerdings die Anzahl der Fische auch eine Rolle spielen kann. Mehr dazu finden Sie unter ▸ **Fische.** Neben den besonderen Qualitäten, die dem Wasser laut Feng Shui zugesprochen werden, hat ein Teich viele Vorteile: Der ganze Garten – Flora und Fauna – wird belebt. Und im Hochsommer bietet der Teich ein kühles Plätzchen, denn das verdunstende Wasser kühlt und erfrischt die Luft. Erste Priorität bei der Anlage eines Teiches ist es, sich vorher zu überlegen, ob genügend Zeit und Freude vorhanden sind, den Teich zu pflegen. Schöne und gesunde Pflanzen, sauberes Wasser und eine insge- samt gepflegte Anlage sind ausschlaggebend für die vorteilhafte Wirkung des Teiches. Sie können einen Teich mit Hilfe einer Fachberatung auch so anlegen, dass das Wasser in Bewegung und auch ohne große Pflege frisch bleibt. Dies kann z. B. durch die Kombination mit einem

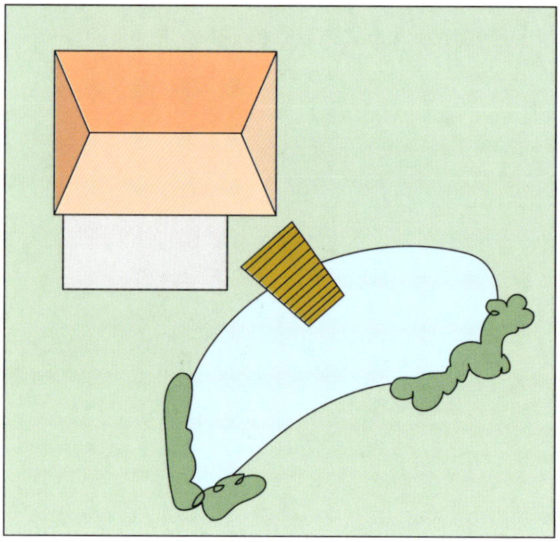

*Ein Steg kann optisch Abstand schaffen, wenn ein Teich zu nah an einem Haus liegt. Die konisch zulaufende Form des Stegs unterstützt die Wirkung.*

*Liegt der Teich zu weit vom Gebäude entfernt, dann schafft ein leicht geschwungener Weg zwischen Teich und Haus eine gute Verbindung.*

kleinen integrierten Wasserfall oder einer Wasserfontäne erreicht werden – das verhindert übrigens zudem übermäßige Insektenbildung.

Auch die Pflanzenauswahl beeinflusst das Klima in und rund um die Teichanlage. Bei einem großen Grundstück können Sie sich auch überlegen, ob Sie einen ▸ **Schwimmteich** anlegen.

**Lage des Teichs –** Grundsätzlich ist ein Teich zu nah am Gebäude ungünstig. Allerdings sollte der Teich auch nicht zu weit vom Gebäude entfernt sein, da sich sonst das ▸ **Chi** zu weit entfernt vom Gebäude sammelt. Ist der Teich aus irgendeinem Grund zu weit vom Haus entfernt, dann kann man mit Hilfe eines Pfades, z. B. aus natürlichen Steinplatten, eine Verbindung zwischen Teich und Haus schaffen (siehe Illustrationen oben).

**Bagua –** Nach der Lehre von den ▸ **Fünf Elementen** nährt das Element ▸ **Wasser** das Element ▸ **Holz.** Ist ein Teich in einem der anderen ▸ **Bagua**-Felder geplant, wäre es günstig, wenn das Verhältnis des Elements dieses Feldes mit dem Element Wasser in einen nährenden Zyklus gebracht wird: Ein Teich im Bagua-Bereich »Partnerschaft« oder »Wissen und Weisheit« liegt in einem von dem Element ▸ **Erde** geprägten Bereich. Hier kann das Zufügen des Elements ▸ **Metall** ausgleichend sein. Dies können Sie z. B. dadurch erreichen, dass Sie den Teich kreisförmig anlegen oder ihn mit vielen runden Steinen oder kugelförmigen Pflanzen ergänzen. Gegenstände in dem Material Metall, z. B. eine Figur oder ein Kunstobjekt, können diesen Zweck ebenso erfüllen.

**Wenn Sie traditionell vorgehen,** finden Sie die dem Element ▸ Holz entsprechenden ▸ **Bagua**-Bereiche, »Wachstum und Erfolg«, im Südosten sowie »Familie und Gemeinschaft« im Osten des Grundstücks. In diesen Bereichen ist ein Teich besonders förderlich. Auch im Bagua-Feld, das dem Element ▸ **Wasser** zugeordnet ist, nämlich im Norden, kann man den dazugehörigen Bereich »Lebensweg« mit einem Teich stärken.

**Die Größe des Naturteiches –** Ein Teich, der ohne Umwälzanlage auskommen soll, ist am vorteilhaftesten, wenn er ca. 25 Quadratmeter groß und 84 Zentimeter bis einen Meter tief ist.

Unter dem Stichwort ▸ **Maße** finden Sie Hinweise zum Anlegen eines Teiches nach Feng-Shui-Maßen. Feng-Shui-Maße wären beispielsweise bei einer Tiefe von 84 Zentimetern eine Breite von 6,35 Metern und eine Länge von 4,25 Metern.

*Je nachdem, in welchem Feld des Bagua der Teich liegt, wird der dazugehörige Lebensbereich aktiviert. Im Beispiel liegt der Teich im Bagua-Feld für »Wachstum und Erfolg«.*

*Zwei Gartenteiche sollten annähernd die gleiche Größe haben. Noch besser ist es, wenn beide Teiche mit einer Brücke verbunden sind.*

Erst ab einer Größe von etwa 25 Quadratmetern kann das Gewässer Stoffwechselprozesse und ein biologisches Gleichgewicht ausbilden. Dies ist eine Voraussetzung dafür, dass das Wasser ohne großen zusätzlichen Aufwand klar und sauber bleibt. Berücksichtigen Sie dies bei Ihrer Planung nicht, dann müssen Sie unter Umständen mit brackigem Wasser und einer Mückenplage rechnen – und mit ungünstigen Wirkungen nach Feng Shui.

Sollten Sie diese Fläche für einen Teich in Ihrem Garten nicht zur Verfügung haben, dann bleibt die Möglichkeit, den Teich mit einer elektrischen Umwälzpumpe auszustatten. Eine bessere Alternative ist in diesem Fall jedoch der Verzicht auf einen Teich. Stattdessen können Sie einen Wasserbrunnen oder einen ▸ **Springbrunnen** im Garten installieren, die wenig Platz beanspruchen.

**Die Größe eines Teiches –** Ein Teich sollte kleiner als die Grundrissfläche des Hauses sein. Wenn Sie bereits einen Gartenteich haben, der diese Größenangaben überschreitet, dann können Sie diesen Teich mit Hilfe einer üppigen Uferbepflanzung, einer dekorativen Steininsel oder einer Brücke optisch verkleinern.

Planen Sie zwei Teiche in Ihrem Garten, dann sollten Sie darauf achten, dass diese in etwa die gleiche Größe haben. Noch besser ist es, wenn beide Teiche mit einer Brücke verbunden sind.

Wenn sich die Feng-Shui-Kriterien für Größe und Lage mit den Gegebenheiten vor Ort vereinbaren lassen, stellt sich noch die Frage nach der Teichform.

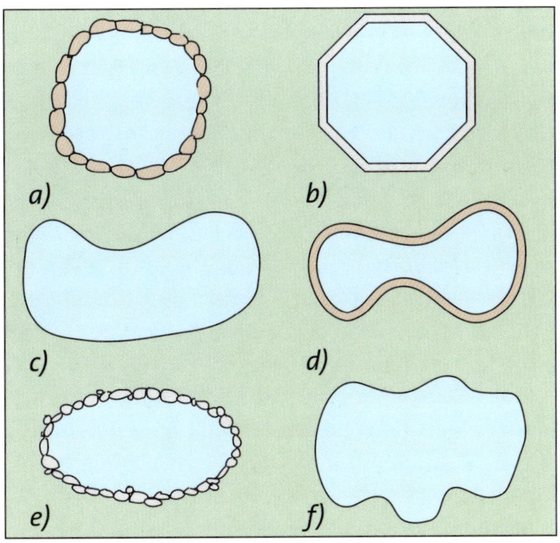


*Günstige Formen: a) Kreisform, b) Achteckform, c) Nierenform, d) Achterform, e) ovale Form, f) freie natürliche Form.*

Vorher: Die Situation ist ungünstig, denn die scharfe Ecke des Gartenteichs zeigt direkt auf das Haus und erzeugt Geheime Pfeile, die das Haus attackieren.

Nachher: Die Situation ist entschärft. Ein Springbrunnen bremst das beschleunigte Chi, das durch die Teichecke entsteht, ab und lenkt es in sanften Bahnen um.

**Natürliche Teichformen** – Nach den Feng-Shui-Regeln haben Teiche in natürlichen Formen Vorrang. Runde, ovale oder nierenartige Formen werden oft bei kleineren Flächen gewählt, größere Teiche bilden oft freie Formen. Ein geschwungener Teich sollte das Haus »umarmen« und sich nicht in seiner Form vom Gebäude abwenden (siehe dazu auch Illustrationen unter dem Stichwort ▸ Schwimmteiche).
Integrieren Sie einen Wasserfall in Ihren Teich, dann sollte seine Fließrichtung zum Haus hin verlaufen, damit das ▸ Chi nicht vom Haus weggespült wird. Mehr dazu unter dem Stichwort ▸ Wasserdrache.
**Geometrische Teichformen** – Quadratische oder rechteckige Becken werden im Feng Shui nur dann in Betracht gezogen, wenn sie ein gestalterisches Element innerhalb einer Bepflanzung bilden oder den bewusst gesetzten Teil eines Kontrastes.
Die Ecken des geometrisch geformten Teichs sollten dabei nicht in Richtung Haus zeigen, da sonst durch die Ecken ▸ Geheime Pfeile entstehen, die das Haus ständig attackieren und schwächen können (siehe Illustrationen oben).
Unter den geometrischen Formen bildet jedoch das Achteck eine Ausnahme, da es als sehr Glück bringende Form bewertet wird.

## Tiangan

Chinesisches Wort für ▸ Himmelsstamm. Ein Begriff aus der ▸ Chinesischen Astrologie.

## Tien Yi

Chinesische Bezeichnung für »Himmlischer Heiler«. Steht für den Zweitbesten Bereich bzw. die Zweitbeste Richtung nach einer Methode des ▸ Bagua Lo Shu Feng Shui, die auch unter den Techniken des ▸ Neun-Sterne-Ki zu finden ist.
Beschreibung zur Anwendung des Tien Yi finden Sie unter dem Stichwort ▸ Beste Richtung sowie unter ▸ Günstige und ungünstige Bagua-Bereiche.

## Tierkreiszeichen

Bezeichnung aus der Astrologie, die sowohl im Westen wie in der chinesischen Kultur verwendet wird. Die chinesischen Bezeichnungen für die Tierkreiszeichen sind von den westlichen gänzlich verschieden. Die Benennung ist auch meist nicht, wie im Westen, auf Sternbilder zurückzuführen.
Die chinesischen Tierkreiszeichen bezeichnen hauptsächlich den zugeordneten ▸ Erdzweig des jeweiligen Jahres. Sie heißen Ratte, Ochse, Tiger, Hase, Drache, Schlange, Pferd, Ziege, Affe, Huhn, Hund

und Schwein. Jedem Jahr wird außerdem noch ein ▸ **Himmelsstamm** zugeordnet, der durch eines der ▸ **Fünf Elemente** beschrieben wird. Daraus ergeben sich die Bezeichnungen wie Holz-Tiger, Feuer-Tiger, Erd-Tiger, Metall-Tiger und Wasser-Tiger. Ausführliche Informationen dazu finden Sie unter dem Stichwort ▸ **Zwölf Tierkreiszeichen.**

## Tiger

**1.** Der Tiger steht in allen Kulturen für Kraft, Mut und gilt als unbesiegbar. Bei den Hindus wird der Tiger mit der Unberechenbarkeit in Verbindung gebracht. Indische Götter sind auf Tigern geritten, als sie den Drachen besiegten.

**2.** In der chinesischen Mythologie steht der Tiger für den Beschützer der Gräber und ist Wächter der Jagd. Der Tiger ist eines der ▸ **Himmlischen Tiere.**

## Totaler Verlust

Übersetzung für den chinesischen Begriff ▸ **Chueh Ming.** Er findet Anwendung im ▸ **Bagua Lo Shu Feng Shui** und im ▸ **Neun-Sterne-Ki.** Mehr dazu finden Sie unter den Stichworten ▸ **Günstige und ungünstige Bagua-Bereiche** und ▸ **Beste Richtung.**

## Transformation

Der Begriff »Transformation« kommt von dem lateinischen Wort »transformare«, was man mit umgestalten, umwandeln, verwandeln, verändern übersetzen kann. Im Feng Shui geht es genau darum. Mit Hilfe dieser chinesischen Lehre können Sie Ihr Umfeld verändern und dessen Wirkung auf Sie verwandeln. Befinden Sie sich zum Beispiel in einer schwierigen Lebenssituation, erhalten Sie die Chance, sie umzuwandeln.

Feng Shui lehrt uns, dass wir selbst unseres Glückes Schmied sind und die Verantwortung für unser Leben und die Glück bringenden oder nicht Glück bringenden Ereignisse übernehmen sollten.

Das größte Hindernis auf dem Weg der persönlichen Veränderungen sind frühere Erlebnisse und Erfahrungen. Auf diesen beruhen unsere Glaubensmuster, die wir meistens auch noch versuchen zu verteidigen. Denn der Mensch möchte gern Recht haben. Er möchte auch damit Recht haben, dass die Dinge so funktionieren, wie sie es seiner Erfahrung nach bisher getan haben. Die Transformation verlangt genau das Gegenteil. Um eine Wandlung herbeizuführen, muss man sich von seinen Glaubensmustern freimachen und eine andere Möglichkeit zulassen als die gewohnte.

Feng Shui bietet erst einmal die Grundlage zur Anregung einer Veränderung und bringt die Energien in Fluss. Je nachdem, wie stark Sie in Ihren Glaubensmustern verhaftet sind, kann sich eine Feng-Shui-Maßnahme positiv bemerkbar machen oder aber Widerstände in Ihnen auslösen. Manchmal werden zwar Feng-Shui-Beratungen durchgeführt, die Bewohner setzen aber trotz Begeisterung und Übereinstimmung mit den Vorschlägen die Informationen nicht um, obwohl sie überzeugt sind, dass sie sich anschließend in ihren Räumen wohler fühlen würden. Dies verdeutlicht, dass Widerstände eine Veränderung oder Transformation blockieren.

> **Transformation im Äußeren** bedingt auch einen Wandel im Inneren und umgekehrt. Ist man sich dessen bewusst, dann kann man viel an sich und der Umwelt bewirken.

**Ausgangssituation –** Jemand führt in seiner Wohnung im ▸ **Bagua**-Bereich »Wachstum und Erfolg« Veränderungen durch, die sich positiv auf seine finanzielle Situation auswirken sollen. Diese Person hat allerdings im Elternhaus ständig wiederkehrende finanzielle Probleme erlebt. Zudem gab es in dieser Familie unterschwelligen Neid auf Menschen, die es anscheinend besser hatten. Das Motto lautete hier: »Geld verdirbt den Charakter« und »Nur mit harter Arbeit verdient man Wohlstand«. Da es eine menschliche Eigenschaft ist, sich im späteren Leben in den Stimmungen zu bewegen, die man von früher her kennt, werden oft unbewusst diese Stimmungen wieder erzeugt, selbst wenn sie negativer Natur waren. Wenn ein Mensch mit diesen Erlebnissen sich eine Veränderung im finanziellen Bereich wünscht und Feng Shui anwendet, können zwei Bedürfnisse aufeinander prallen: Das eine möchte die finanzielle Situation verbessern, und das andere Bedürfnis ist es, sein Glaubensmuster zu verteidigen. Er möchte z. B. Recht behalten, dass man nur mit harter Arbeit Wohlstand erreichen kann.

**Beispiel Nr. 1** – Eine Person gilt als fleißiger und zuverlässiger Arbeitnehmer, der oft Überstunden macht. Er trifft einen Freund, der ein Unternehmen hat und mit viel Spaß viel Geld verdient. Der Freund bietet ihm eine Arbeitsstelle an. Der Mann kündigt seine Stelle und fängt bei seinem Freund an. Seine Aufgabe gleicht sehr der aus seiner alten Firma, nur dass es eine andere Branche ist, mit kürzeren Arbeitszeiten, netteren Kollegen und besserem Einkommen. Doch nun macht er wiederholt Fehler und besteht die Probezeit nicht. Er ist davon überzeugt, dass die Probleme dadurch entstanden sind, weil er keine Ausbildung in der neuen Branche nachweisen konnte bzw. er sich die Thematik nicht hart erarbeitet hat. Sein Glaubensmuster hat ihn in eine Situation geführt, die ihm bestätigt, dass man Geld nur mit harter Arbeit verdienen kann. Er hätte sich aber auch seines Glaubensmusters bewusst werden und die Einstellung zulassen können, dass Arbeit Spaß machen darf und er trotzdem viel Geld damit verdienen kann. An dem Punkt, wo ihm die Fehler unterlaufen sind, hätte er bewusst aufmerken und sich sagen können: »Früher habe ich keine Fehler dieser Art gemacht – kann es sein, dass ich es nicht wahrhaben will, dass Arbeit auch leicht fallen und Spaß bringen kann und ich nun deshalb die Fehler mache?« Würde es ihm gelingen, sich dieses Musters immer wieder bewusst zu werden, könnte er seine alten Glaubensmuster transformieren und die neue Situation annehmen. Dadurch gelänge es ihm, Veränderungen langfristig anzunehmen.

**Beispiel Nr. 2** – Die Ausgangssituation ist wie im Beispiel Nr. 1, nur lehnt der Mann das Angebot des Freundes ab – obwohl er damit mehr Geld und mehr Spaß hätte, als dies bei seiner bisherigen Arbeit der Fall ist. Er hat Angst, dass er die neue Aufgabe nicht erfüllen kann, da er keine Ausbildung in diesem Bereich hat. Er begründet die Ablehnung damit, dass er hart dafür gearbeitet hat, die jetzige Position zu erreichen und diese nicht aufgeben könne.

Wäre er offen für eine Veränderung gewesen, hätte er das Angebot annehmen können und seine finanzielle Situation verbessert. Er hätte dann die Veränderungen, die durch die Feng-Shui-Maßnahme in Fluss geraten sind, annehmen und in sein Leben integrieren können.

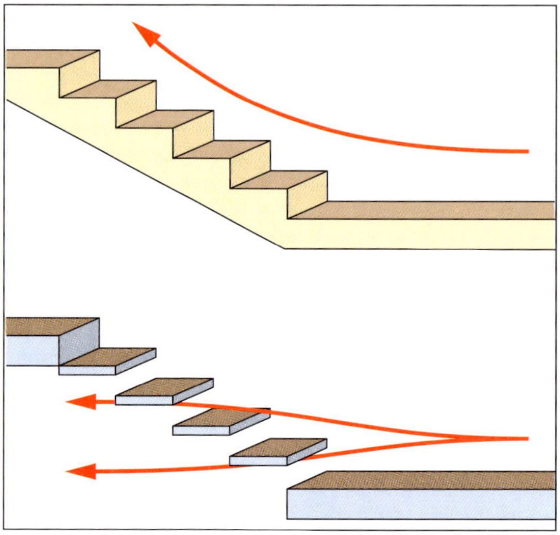

*Geschlossene Stufen sind günstiger als offene, denn bei offenen Stufen fließt das Chi nicht so leicht nach oben.*

## Treppen

Treppen verbinden Stockwerke miteinander. Nicht nur der Mensch, auch das ▸ **Chi** nimmt den Weg über die Treppe, um in die oberen Stockwerke zu gelangen. Eine Aufgabe besteht darin, möglichst viel Chi nach oben zu befördern, da obere Stockwerke, ohne direkte Verbindung zum Außenraum, nicht automatisch gleich gut mit Energie versorgt sind wie die unteren. Dieses Problem kann man sehr gut in öffentlichen Gebäuden beobachten, besonders dort, wo sich Läden befinden.

In Einkaufszentren werden daher die Flächen in oberen Stockwerken zu günstigeren Konditionen angeboten als die Erdgeschossflächen, da oben geringere Umsätze zu erwarten sind. Es gehen einfach weniger Menschen nach oben, wenn nicht besondere Maßnahmen getroffen wurden, diesen Nachteil auszugleichen.

**Frühere Baumeister** haben es oft verstanden, hervorragende Treppen zu bauen, die sich auch mit den Feng-Shui-Kriterien vereinbaren lassen. Besonders in herrschaftlichen Gebäuden oder Schlössern kann man die erhebende Wirkung einer gut gestalteten Treppenanlage nachempfinden.

**Treppen positiv gestalten** – Es gibt gestalterische Möglichkeiten, eine Treppe vorteilhaft anzulegen:
**Ideallösung** – Breite Treppen in leicht geschwungener Form gelten als die beste Lösung.
**Zwischenräume** – Offene Zwischenräume sollten Sie möglichst vermeiden, da sonst das ▸ Chi zwischen den Treppenstufen durchfließt und nicht den Weg nach oben nimmt.
**Setzstufen** – Gestalten Sie Setzstufen der Treppe so, dass die Aufmerksamkeit und damit die Energie nach oben gezogen wird. Halbkreise, Farbverläufe und spezielle Muster ziehen die Aufmerksamkeit an und lenken Sie nach oben.

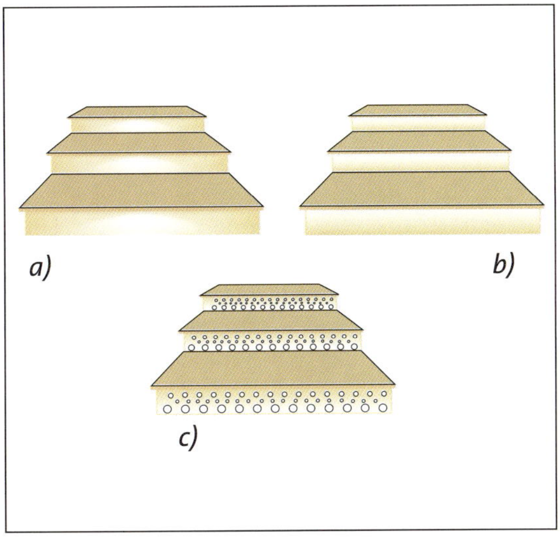


*Die Gestaltung der Setzstufen kann die Aufwärtsbewegung der Treppe optisch unterstützen und Chi nach oben ziehen: a) Halbkreisform, b) Farbverlauf, c) Muster.*

**Licht** – Ob privat oder öffentlich genutzt, Treppen sollten möglichst gut beleuchtet sein. Außerdem kann mit Hilfe von Licht der ▸ Chi-Fluss nach oben verstärkt werden. Ein Lichtband unterhalb des Handlaufs oder die Treppenstufen begleitend, Deckenlampen, die in der Flucht der Treppensteigung angebracht sind, lenken vermehrt ▸ Chi nach oben.
**Wendeltreppen** – Sie werden im Feng Shui nicht besonders positiv erwähnt. Einerseits werden sie mit Korkenziehern verglichen, welche die Stockwerke durchbohren, andererseits wird ihnen nachgesagt, dass man durch die Wendelung die Orientierung verliert. Letzteres lässt sich nachvollziehen, denn wer eine Wendeltreppe einmal zu schnell gegangen ist, der weiß, dass einem davon leicht schwindlig werden kann. Dieses Problem hat man besonders bei Wendeltreppen mit kleinem Radius.
Andererseits ist eine Wendeltreppe mit einer Spiralform vergleichbar, die als positive und natürliche Form gilt (siehe ▸ DNS-Spirale).
Auch die Kreisbewegung kann nützlich sein: Kinder z. B. drehen sich gern um sich selbst und laden dabei unbewusst ihre ▸ Chakren auf. Im Yoga werden gezielt Drehübungen zu diesem Zweck praktiziert. Als Abhilfemaßnahme für die negativen Effekte oder Störungen, die von einer Wendeltreppe verursacht werden, wird das Anbringen einer Deckenleuchte im Treppenauge der Wendeltreppe empfohlen.
**Gerade und steile Treppen** – Auch gerade verlaufende oder steile Treppen werden im Feng Shui nicht besonders positiv bewertet, denn hier kann sich das ▸ Chi zu schnell nach oben bzw. nach unten bewegen und zu einem ▸ Geheimen Pfeil werden. Je steiler die Treppe, umso ungünstiger ist sie. Gerade steile Außentreppen kann man sehr gut mit Kübelpflanzen oder einer festen Bepflanzung dekorieren, damit der ▸ Chi-Fluss abgebremst wird.
**Lage der Treppe** – Die Lage des Hauses und einzelner Zimmer ist im Feng Shui ebenfalls wichtig.
**Lage zum Haus** – Liegt ein Haus auf einer Anhöhe, so kann das ▸ Chi leicht den Abhang hinunterrollen. Um dies zu verhindern, wird mit einer Bepflanzung neben der Treppe das Chi gebremst. Liegt ein Haus vor einer Anhöhe, kann man vor dem Haus eine Außenleuchte aufstellen. Diese sollte an der vom Hang abgewandten Seite angebracht werden und den Giebel des Hauses anstrahlen.
**Lage der Zimmer** – Eine Treppe sollte sich möglichst nicht direkt gegenüber von Türen befinden, ganz besonders nicht gegenüber der Eingangstür. In diesem Fall bewegt sich der ▸ Chi-Fluss sofort geradeaus in Richtung Treppe hinauf, und die Erdgeschossräume würden unterversorgt bleiben.
Auch gegenüber der Schlafzimmertür sollte keine Treppe liegen. Ein Schlafzimmer würde ansonsten durch den Chi-Fluss von der gegenüberliegenden Treppe ständig unter Beschuss liegen und ständiger Unruhe ausgesetzt sein.

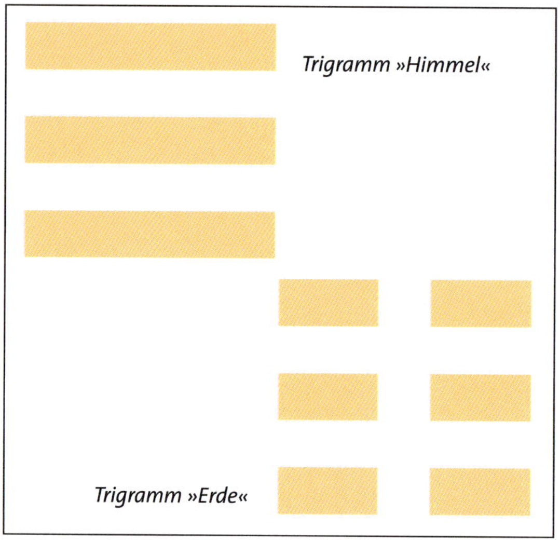


*»Himmel« steht für schöpferische, kreative und gestalterische Wirkung. »Erde« für das Hingebende, Empfangende.*

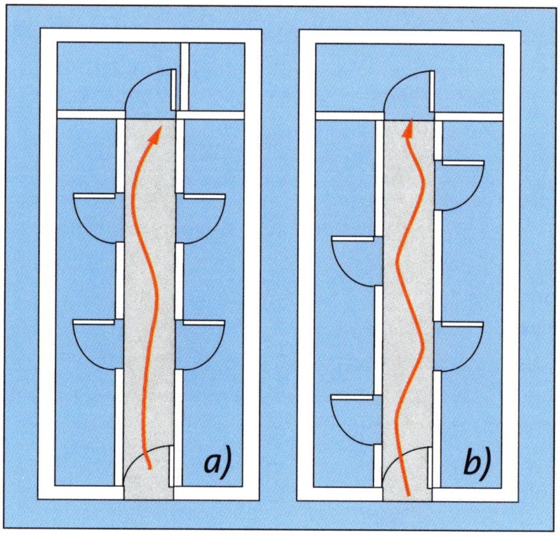


*a) Chi-Fluss in einem Flur mit gegenüberliegenden Türen.*
*b) Chi-Fluss in einem Flur mit versetzt angeordneten Türen.*

## Trigramme

Aus drei untereinander gestellten Linien bestehende Einheiten, welche die Grundlage des ▸ **I Ging**, des Buches der Wandlungen, darstellen. Die Linien der Trigramme sind entweder gebrochene — — oder durchgehende Linien — — und entsprechen damit den polaren Qualitäten von ▸ **Yin** und auch ▸ **Yang**. Aus der Kombination der gebrochenen und ungebrochenen Linien zu Dreiheiten ergeben sich die acht verschiedenen Trigramme. Es sind dies Himmel und Erde, Feuer und Wasser, Donner und Wind sowie Berg und See.

Im I Ging stehen die acht Trigramme sinnbildlich für die unterschiedlichen Qualitäten, die alles Leben durchläuft. Die Trigramme werden auch als ▸ **Kuas** oder Guas bezeichnet und sind unter dem Stichwort ▸ **I Ging** ausführlich beschrieben.

**Beispiele –** Das Trigramm »Himmel« ist aus drei ungebrochenen starken Yang-Linien zusammengesetzt, das Trigramm »Erde« besteht aus drei gebrochenen, weichen Yin-Linien (siehe Illustration oben).

## Tui

Das chinesische Wort für ▸ **See**. Tui ist auch als Bezeichnung für eines der ▸ **Trigramme** des ▸ **I Ging** bekannt. Das Trigramm »See« steht für das heitere Prinzip. Es wirkt froh, leicht und reflektierend.

## Tür

Sie markiert den Platz, wo das ▸ **Chi** in den Raum eintritt. Türen sollte man möglichst so anordnen, dass nach dem Eintreten genügend Platz vorhanden ist. Wenn man nach dem Eintreten gleich auf eine Wand blickt, ist das nicht nur unangenehm, sondern blockiert auch den ▸ **Chi-Fluss**.

**Die Haupteingangstür –** Sie ist besonders wichtig, denn sie entscheidet darüber, wie gut das Haus mit ▸ **Chi** versorgt wird. Zudem ist die Eingangstür ausschlaggebend für die Ermittlung der günstigen und ungünstigen Bagua-Bereiche. Die Verteilung der einzelnen Bagua-Bereiche fällt abhängig von der Anordnung der Türe im Grundriss unterschiedlich aus. Bei dem Neuentwurf eines Gebäudes ist die frühzeitige Ermittlung des Eingangs dringend zu empfehlen, da hiermit die Energieverhältnisse der einzelnen Bereiche festgelegt werden (siehe ▸ **Günstige und ungünstige Bagua-Bereiche**).

**Türen im Haus –** Auch innerhalb eines Hauses ist die Anordnung der Türen wichtig. So sollen beispielsweise Türen und Fenster einander nicht unmittelbar gegenüberliegen, um das ▸ **Chi** in den Räumen länger zirkulieren zu lassen. In langen Fluren sind versetzt angeordnete Türen besser als gegenüberliegende Türen, da ein zu schneller ▸ **Chi-Fluss** dadurch gebremst wird.

**Die richtige Tür –** Verwenden Sie eher helle als dunkle Türen. Diese sind einladender und dezenter. Dunkle Türen wirken oftmals bedrückend und wie ein Fremdkörper.

## Tür versiegeln

Das Versiegeln der Tür ist eine Methode, die aus der ▸ Schwarzhut-Tradition des Feng Shui stammt und ein Haus oder eine Wohnung vor ungünstigen Einflüssen schützen soll.

Negative Strömungen etwa aus der Umgebung oder durch zurückliegende Ereignisse sollen mit dem Versiegeln der Tür draußen gehalten werden. Sie können diese Technik auch für einen einzelnen Raum anwenden oder bei einem Haus gleich für alle nach außen führenden Türen, um eine Art Rundumschutz zu erhalten, der auch vor Eindringlingen schützen soll.

**Anwendung –** Geben Sie einen Teelöffel Zinnober (Ju-sha) in ein Gefäß, und fügen Sie tropfenweise hochprozentigen Alkohol zu, und zwar genau einen Tropfen mehr, als Ihr Alter beträgt.

Gemischt wird alles mit dem Mittelfinger und dann punktweise von innen an den jeweiligen Türrahmen angebracht. Jeder Türrahmen erhält vier Punkte (siehe Illustration unten). Die übrig gebliebene Lösung wird in den Räumen versprüht. Unterstützt wird diese Methode mit rituellen Gesten, Sprechgesängen und einer Art von Gebeten, die einem bestimmten Modus folgen und wichtig sind für die Wirksamkeit des gewünschten Schutzes.

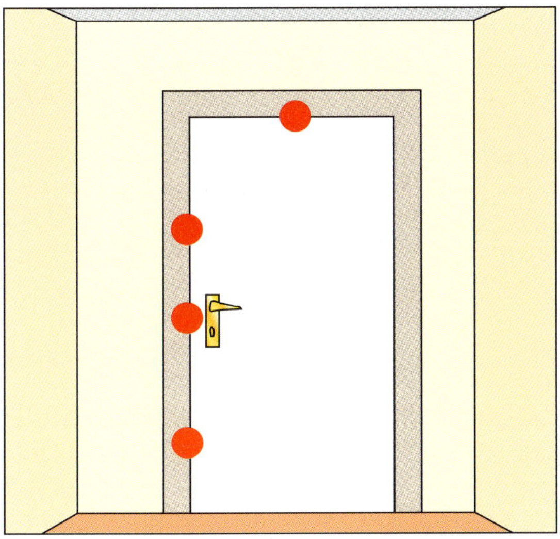

*Punkte, die beim Versiegeln einer Tür markiert werden. Jeder Türrahmen erhält an der Innenseite vier Punkte.*

Gerade wegen des rituellen Anteils dieser Technik sollten Sie bei Bedarf einen erfahrenen Experten mit einbeziehen.

## Tzu

Chinesisches Wort für ▸ Norden.

# U

## Umzug

Ein Umzug ist immer eine Zeit starker Veränderung. Sich in neuen Räumen zu orientieren und einzurichten ist eine Aufgabe, die mit Bedacht und Hinwendung ausgeführt werden sollte. Die Lehre des Feng Shui kann dabei eine große Hilfe sein.

**Auszug –** Je länger Sie in einer Wohnung oder einem Haus gewohnt haben, umso mehr sind die Räume, vielleicht über Jahre, durch Ihre persönliche Ausstrahlung und die Dinge, die Sie dort erlebt haben, geprägt. Sie sollten daher die Räume nicht nur von Schmutz befreien, sondern auch im Energetischen reinigen, um dem Nachmieter »Platz zu machen«.

**Reinigen der alten Wohnung –** Beim letzten Kehren, wenn alle Möbel und Helfer aus der Wohnung verschwunden sind, können Sie mit dem Staub auch die verstaubten alten Energien aus den Ecken fegen, alte Gedankenmuster, die vielleicht noch in den Räumen hängen, auflösen und so die ganze Wohnung für den Nachmieter klären und freimachen.

**Ist Altes abgeschlossen,** kann die Aufmerksamkeit auf Neues gerichtet werden: Bevor es ans Einrichten in den neuen Räumen geht, sollten Sie die alten Räume gebührend verabschieden und die neuen entsprechend begrüßen und »in Besitz nehmen«. Im Feng Shui kennt man einige Rituale, welche die bewegten Energien in dieser Zeit harmonisieren.

**Dank und Besinnung** – Es ist gut, sich bei der Wohnung und, wenn Sie mögen, bei den dort angestammten »Geistwesen« zu bedanken für Schutz und Herberge in der gemeinsamen Zeit.
Halten Sie kurz inne, gönnen Sie sich ein paar Momente der Besinnung und des Rückblicks auf die hier durchlebte Zeit. Vielleicht sammeln Sie diese Gedanken in einer Meditation oder einem Gebet, die Form bleibt natürlich Ihnen überlassen. Schließen Sie diese Besinnung damit ab, dem Nachmieter Frieden und Glück in diesen Räumen zu wünschen.
Wenn Sie Lust haben, dann lassen Sie noch einen frischen Zitrusduft in der Wohnung verströmen zur Harmonisierung der bewegten Atmosphäre.
**Abschiednehmen** – Nun verabschieden Sie sich von der alten Wohnung, lassen möglichst alle Gedanken los, die noch am Gewohnten hängen, schließen die Tür hinter sich und können sich ganz den neuen Räumen zuwenden.
**Einzug in die neue Wohnung** – Auch die neue Behausung ist geprägt durch ihre Vorgeschichte und die Menschen, die darin gelebt haben. Daher ist es sehr zu empfehlen, die Räume, noch vor der Renovierung und vor dem Einzug, auch atmosphärisch zu reinigen. Hierzu bietet das ▸ **Räuchern** mit Kräutern oder Harzen eine effektive Möglichkeit.
Es gibt jedoch auch viele andere ▸ **Reinigungsrituale,** die zum Einzug für eine harmonische Atmosphäre sorgen und sich förderlich auf Wachstum und eigene Entfaltung auswirken.
Die Gestaltungsmöglichkeiten für ein Reinigungsritual sind vielfältig und sollten sich an Ihren persönlichen Vorstellungen orientieren. Verlassen Sie sich dabei ganz auf Ihre Intuition.
**Der richtige Zeitpunkt** – Wenn Sie sich bezüglich des richtigen Zeitpunkts für einen Umzug nicht auf Ihre Intuition verlassen wollen, bieten einige Techniken der ▸ **Chinesischen Astrologie** Hinweise für einen günstigen Zeitpunkt: ▸ **Bazi Suanming,** die ▸ **Fliegenden Sterne** oder das ▸ **Neun-Sterne-Ki.**
**Der richtige Ort** – Mit der Technik zur Ermittlung der ▸ **Besten Richtung** können Sie Rückschlüsse über günstige und weniger günstige Richtungen für einen Umzug ziehen. Daher ist es förderlich, wenn die Himmelsrichtung von der alten zur neuen Wohnung einer Ihrer persönlich Besten Richtungen entspricht.

## Unfälle und Missgeschick

Übersetzung für den chinesischen Begriff ▸ **Ho Hai.** Ho Hai findet Anwendung im ▸ **Bagua Lo Shu Feng Shui** und im ▸ **Neun-Sterne-Ki.** Mehr Informationen zu diesem Begriff finden Sie auch unter den Stichwörtern ▸ **Günstige und ungünstige Bagua-Bereiche** und ▸ **Beste Richtung.**

# V

## Vastu Vidya

Bezeichnung für die ▸ **Geomantie** in Indien.

## Ventilatoren

Ventilatoren können in Räumen, in denen geringe Luftumwälzung herrscht, das ▸ **Chi** erhöhen. Es ist jedoch wichtig, den ▸ **Elektrosmog**-Anteil des Ventilators zu prüfen, keine brummenden oder lauten Motoren einzusetzen und die Geräte mit einer Sicherungskette zu versehen.
Ventilatoren sollten auch nicht über Sitzplätzen angeordnet werden und auch nicht über Stellen, an denen man sich längere Zeit aufhält, wie z. B. in Wartezonen.

## Verwerfung

Wird auch Bruchzone oder Erdbruch genannt und bezeichnet in der ▸ **Radiästhesie** eine geologische Bruchlinie oder eine Verschiebung in der Oberfläche der Erdkruste, beispielsweise Sprünge in benachbarten Gesteinsschichten oder Höhendifferenzen im Erdschichtenaufbau.
Der Verlauf dieser Bruchlinien kann von Fachkundigen wie ▸ **Rutengängern** oder ▸ **Geomanten** festgestellt werden. Diese geologische Störung kann – ähnlich einer ▸ **Wasserader** – bei entsprechender Intensität die Gesundheit der darüber schlafenden oder arbeitenden Personen beeinträchtigen.
Speziell, wenn sich in diesem Bereich mehrere Phänomene überlagern, wie etwa Wasserader, Verwerfung und eine ▸ **Gitternetz**-Kreuzung, dann ist dieser Standort nicht als Schlaf- oder als Dauerarbeitsplatz zu empfehlen.

*Eine Verwerfungszone kann bei entsprechender Intensität die Gesundheit darüber schlafender oder arbeitender Menschen beeinträchtigen.*

## Vier-Säulen-Astrologie

Chinesisch »sizhu suanming« genannt; ist eine weitere Bezeichnung für die Schicksalsberechnung nach den acht Zeichen, eine Methode der ▸ **Chinesischen Astrologie.** Mehr dazu unter ▸ **Bazi Suanming.**

## Vintana

Bezeichnung für die ▸ **Geomantie** auf Madagaskar.

## Vorfahren

Sie spielen in der chinesischen Gesellschaft eine wichtige Rolle. Ausführliches dazu unter ▸ **Ahnen.** Besonders interessant ist in China auch die Ausrichtung der ▸ **Grabstätten** nach Feng Shui.

# W

## Wachstum und Erfolg

Auch »Reichtum oder glückliche Fügung« genannt. Bezeichnung für einen der Bereiche des Bagua. Er wird im Bagua bzw. ▸ **Lo Shu** durch das traditionell nach Südosten gelegene Feld repräsentiert und ist unter dem Stichwort ▸ **Bagua** erläutert. Im Lo Shu ist diesem Bereich die ▸ **Kua-Zahl** 4 zugeordnet.

## Wächter

Beliebtes Feng-Shui-Hilfsmittel zum Schutz der Bewohner. Wächter sind meist Figuren aller Art, die neben Eingängen platziert werden. Bekannt sind u.a. Löwenpaare oder Hundepaare. Wächterfiguren sollen den Eingangsbereich vor ungebetenen Besuchern und negativen Energien schützen. In der Tat empfindet man eine leichte Zurückhaltung und Achtung gegenüber den Bewohnern eines Gebäudes, wenn man einem Wächterpaar vor einem Eingang begegnet. Beispiele sind uns vor allem aus der Antike bekannt. Kaum jemand kann sich der Faszination der Wächterfiguren in Ägypten vor Tempeln oder Pyramiden entziehen.

Werden Wächter eingesetzt, sollten sie nicht zu mächtig wirken, da sie sonst den ▸ **Chi-Fluss** zum Haus blockieren. Wächter können auch in ungünstigen Situationen im Schlafbereich hilfreich sein. Steht das Bett zu nah an einer Tür und lässt es sich nicht anders platzieren, dann kann der Schlaf dadurch beeinträchtigt werden, denn man schläft mit dem Wissen ein, es könnte jederzeit eine Person in den Raum eintreten und sofort neben dem Bett stehen. Meist ist jedoch noch Platz, um eine Wächterfigur zwischen Tür und Bett zu platzieren. Alternativ können Figuren oder Elemente anderer Kulturen oder das Bild einer geliebten Person Wächterfunktion haben.

*Eine Wächterfigur vor dem Bett verleiht das Gefühl von Schutz und bremst den beschleunigten Chi-Fluss ab.*

## Wannianli

Auch »Kalender der 10.000 Jahre« genannt. In China gibt es viele variierende Ausgaben dieses umfangreichen Kalendariums. Im Allgemeinen beinhaltet der Wannianli die Daten des chinesischen Mondkalenders, Angaben zu den Solareinheiten (Klimaphasen), die ▸ Himmelsstämme und ▸ Erdzweige für Stunde, Tag, Monat und Jahr sowie die zugeordneten Zahlen des ▸ Lo Shu und einen Bezug zum westlichen Kalender. Das umfangreiche Werk wird im Feng Shui u. a. für die Berechnung der ▸ Fliegenden Sterne und der persönlich ▸ Besten Richtung benötigt. Auch viele Methoden der ▸ Chinesischen Astrologie greifen auf den Wannianli zurück.

## Wasser

1. Aus chemischer Sicht ist Wasser in reiner Form eine Verbindung von Wasserstoff und Sauerstoff, als Formel ausgedrückt $H_2O$. In reiner Form kommt Wasser heute selten vor. Es kann seine Form ändern und wird bei 0° C zu Eis, bei 100° C zu Wasserdampf.

2. Wasser bezeichnet eines der Fünf Elemente (Fünf Wandlungsphasen). Das Element Wasser steht für Flexibilität und Bewegung, für Klarheit und Individualität, wird aber auch mit Dunkelheit und Tiefe assoziiert. Parallelen zwischen den ▸ Trigrammen und den Fünf Elementen sind zwar zu finden, sie sind aber keineswegs gleichzusetzen. Mehr dazu unter ▸ Fünf Elemente und ▸ Bagua.

3. Wasser steht als Bild für eines der Trigramme aus dem I Ging. Die chinesische Entsprechung ist ▸ Kan. Die Kraft des Wassers ist gefährlich und schwierig, es beschreibt das Prinzip des Abgründigen. Ausführliches dazu finden Sie unter den Stichwörtern ▸ Bagua und ▸ I Ging.

**Wasser und Feng Shui –** Im Feng Shui hat Wasser eine besondere Bedeutung. Ohne Wasser wäre Leben nicht möglich. Wasserläufe werden untersucht und Rückschlüsse darauf gezogen, ob ein Ort Glück, Gesundheit und Wohlstand bringen kann.

Je nach Flussrichtung, Wassermenge oder Verlauf in der Landschaft kann Wasser förderlich oder zerstörend wirken.

**Wohlstand –** Wasser kann aus physikalischer Sicht bestimmte Stoffe wie Metalle, Mineralien usw. aufnehmen, weitertransportieren und wieder abgeben. Daher werden im Feng Shui dem Wasser die Vorteile des Transportmittels zugeteilt. In früheren Zeiten wurde daher ein Wohnsitz nah dem Wasser immer mit Reichtum verbunden, denn über das Wasser wurden die Waren transportiert und mit ihm die Felder bewässert.

**Chi und Wasser –** Wasser hat die Eigenschaft, ▸ Chi zu binden und wieder an das Umfeld abzugeben. Bestätigt wird diese Eigenschaft z. B. in der Nähe von Wasserfällen, wo besonders viele negativ geladene Ionenteilchen frei werden, die sich nachweislich positiv auf die Natur und den Menschen auswirken. Mehr dazu unter ▸ Ionisierung.

Grundstücke an Gewässern sind begehrte Standorte, was die positiven Eigenschaften, die ihnen im Feng Shui zugeschrieben werden, bestätigt.

**Der Wasserlauf als Kriterium –** Zur Beurteilung eines Standortes werden verschiedene Kriterien herangezogen. Im Idealfall fließt das Wasser gleichmäßig in leicht geschwungenen und natürlichen Bahnen und ist klar und sauber. Das Gewässer sollte sich in der Richtung zur Vorderfront des Hauses befinden. Zu schnelle und reißende Wasserläufe in der Nähe von Behausungen sollten vermieden werden, da dort Sha-Energie in Form von Überschwemmungen zerstörerisch wirken kann. Die klassischen Regeln für die Gesetzmäßigkeiten von Wasserläufen finden sich unter dem Stichwort ▸ Wasserdrache.

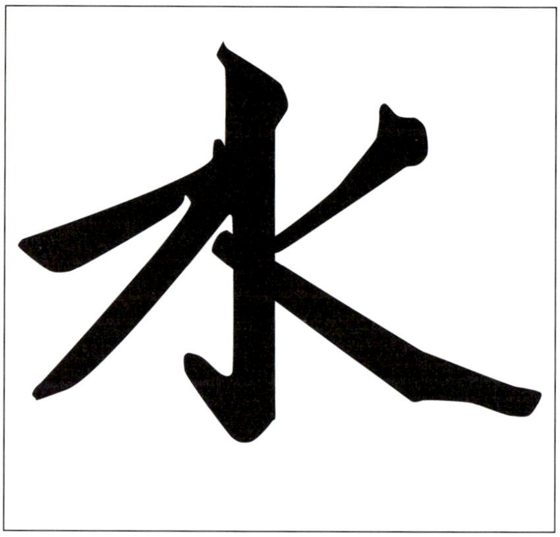

*Kalligrafie für Wasser.*

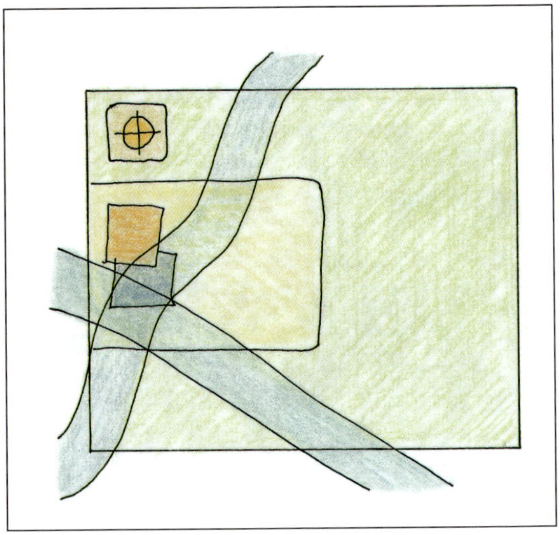

*Ein Schlafplatz direkt über einer Wasseraderkreuzung.*

## Wasseradern

Sie bilden sich aus dem im Erdboden versickernden Regenwasser. Das Wasser trifft auf undurchlässige Bodenschichten, sammelt sich und fließt schließlich in unterirdischen Strömen ab. Diese Grundwasserströme liegen meist im Bereich grobporigen Bodens wie Sand und Kies oder in Spalten und Rissen, wie sie manchmal auch bei ▸ **Verwerfungen** vorzufinden sind. Die Größe der Wasseradern reicht vom kleinen Rinnsal bis zu großen Wasser führenden Schichten, deren Wasserströme mehrere Meter Breite betragen können. Sie verursachen oberhalb des Erdbodens eine charakteristische Ausstrahlung, die von ▸ **Geomanten** oder ▸ **Radiästheten** mit ▸ **Rute** oder dem ▸ **Pendel** aufgespürt werden kann.

**Einfluss von Wasseradern –** Wasseradern kommen mehr oder weniger überall vor und stellen somit einerseits einen natürlichen Einfluss aus unserem Umfeld dar, den wir nicht unbedingt zu fürchten brauchen. Andererseits aber wird die oberirdische Ausstrahlung der Wasserader als Irritation oder Einfluss auf das menschliche Wohlergehen betrachtet. Natürlich ist der Einfluss einer Wasserader immer auch abhängig von ihrer Größe, der Menge und der Geschwindigkeit des durchfließenden Wassers sowie der Polarisation. Auch die Dauer des Aufenthaltes an einem Ort spielt dabei eine Rolle. Halten Sie sich acht Stunden jeden Tag an einem Platz auf, so beeinflusst Sie dieser Ort natürlich viel stärker, als wenn Sie dort nur eine Stunde verbringen. Eine kleine Wasserader etwa, die nur unser Fußende streift oder durch den Essplatz läuft, ist keineswegs bedenklich, eine größere Wasserader hingegen, deren Ausstrahlung unser ganzer Körper auf viele Stunden am Tag oder in der Nacht ausgesetzt ist, kann negative Wirkung haben.

**Links- und rechtsdrehende Wasseradern –** Die meisten Wasseradern, etwa 80 Prozent, sind linksdrehend und daher abladend, etwa 20 Prozent sind rechtsdrehend und somit aufladend.

So ist es beispielsweise nicht günstig, einen Schlafplatz direkt über einer starken linksdrehenden Wasserader zu errichten. Im Schlaf regeneriert sich der Körper und sammelt neue Kräfte für den nächsten Tag, die abladende Energie der Wasserader läuft dem jedoch zuwider. An so einem Schlafplatz fühlt man sich oft müde und abgeschlagen, auf Dauer kann der Gesundheitszustand durch den ständigen Einfluss beeinträchtigt und das Abwehrsystem geschwächt werden.

**Kreuzungen von Wasseradern –** Am bedenklichsten sind Wasseradern, die sich kreuzen, oder aber eine Wasserader mit anderen Störfaktoren, wie ▸ **Gitternetzen** und deren Kreuzungspunkte.

Solche Kreuzungen von Wasseradern können am Schlafplatz auf Dauer zu erheblichen Gesundheitsschäden beitragen.

**Wasseradern und Schlafstörungen –** Natürlich gibt es für Schlafstörungen oder eine angegriffene Gesundheit auch andere Gründe außer Wasseradern. Kann jedoch weder Arzt noch Heilpraktiker die gesundheitlichen Beschwerden lindern oder treten sie nach erfolgreicher Behandlung ständig erneut auf, so sollte man das Bett und seine Umgebung einmal genauer betrachten. Um im Zweifelsfall Klarheit zu gewinnen über die Einflüsse am Schlafplatz, sollten Sie einen erfahrenen Experten befragen und eine Schlafplatzuntersuchung von einem ▸ **Rutengänger,** ▸ **Radiästheten,** ▸ **Geomanten** oder Feng-Shui-Berater durchführen lassen.

## Wasserdrache

Ein Philosoph der Ming-Dynastie, Chiang Ping-chieh, hat im 13. Jahrhundert das Wissen vom Wasserdrachen aufgezeichnet. In diesem Buch sind die Gesetzmäßigkeiten über den Verlauf der Gewässer genau beschrieben.

Da man ursprünglich der Annahme war, dass in flachen Landschaftsregionen keine ▸ Drachen in Form von Bergen oder Hügeln zu finden sind, musste es theoretisch dort an ▸ Chi fehlen.

Chiang Ping-chieh beschäftigte sich mit dieser Theorie und konnte auch in flachen Gegenden die Energie des Chi in der Nähe von Wasserläufen jeglicher Art – in Form von Wasser-Chi – ausfindig machen. So entstand vermutlich der Begriff des Wasserdrachen. Das Chi in den Bergen bezeichnete er als Erd-Chi. Ein Zitat aus dem Buch des Wasserdrachen lautet: »Wenn Wasser rasch von einem Ort abfließt, entschwindet es – wie kann sich hier Reichtum ansammeln? Wenn es gerade herabfließt, muss es da nicht die Menschen verletzen?«

### Wasser, das sich positiv auswirken kann

**Positivbeispiel 1 –** Das Wasser liegt vor dem Haus. Die Hausfront liegt zum Süden hin, und vor dem Haus läuft ein Fluss, der das Haus förmlich umarmt (siehe Illustration Seite 217).

**Positivbeispiel 2 –** Die Front des Hauses blickt auf einen Wasserfall. Der Wasserfall steht für Fülle und Reichtum.

**Positivbeispiel 3 –** Zwei Flüsse fließen zusammen. Eine kleine Insel, die sich dadurch bildet, ist vorteilhaft. Das Haus liegt über der Formation. Ein leichter Hügel hinter dem Haus macht die positive Wirkung dieser Wasserlage des Hauses perfekt (siehe hierzu Illustration Seite 217).

**Positivbeispiel 4 –** Das Haus liegt direkt an der Biegung eines Flusses (siehe Illustration Seite 217).

**Positivbeispiel 5 –** Das Haus liegt in einer Bucht. Die Situation ist nur dann positiv, wenn das Wasser bei der Bucht nicht zu hoch ansteigen kann (siehe Illustration Seite 217).

### Wasser, das sich negativ auswirken kann

**Negativbeispiel 1 –** Das Wasser liegt zwar vor dem Haus, fließt jedoch zu mächtig und zu schnell davon und kann das Haus daher nicht mit Chi beleben, sondern reißt das Chi eher mit sich fort.

**Negativbeispiel 2 –** Der Fluss liegt vor dem Haus, doch seine Fließrichtung wendet sich vom Haus ab. Diese Situation saugt förmlich gute Energie vom Haus und seinen Bewohnern ab (siehe hierzu Illustration Seite 217).

**Negativbeispiel 3 –** Zwei Flüsse umspülen das Haus, bewegen sich letztlich jedoch vom Haus weg. Die Bewohner haben zwar einen schönen Blick auf energiereiches Wasser, doch es entstehen Verwirbelungen, und die Energie wird mitgerissen. Bei den Bewohnern verbleibt nicht genug ▸ Chi, und dies führt zu Verlusten (siehe hierzu Illustration Seite 217).

**Negativbeispiel 4 –** In dieser Situation ist die Flussrichtung entscheidend. Fließt die Strömung vom Haus weg, dann ist die Situation für diesen Standort und seine Bewohner nicht förderlich (siehe Illustration Seite 217).

**Negativbeispiel 5 –** Hier liegt ein ähnlicher Fall wie bei Negativbeispiel 4 vor. Sobald der Fluss seine Richtung vom Haus entfernt, ist der Standort ungünstig (siehe Illustration Seite 217).

**Negativbeispiel 6 –** Der Flusslauf zielt direkt auf das Haus. Dies wird als Sha bezeichnet, denn das Haus wird durch den beschleunigten Chi-Fluss ständig attackiert (siehe unter dem Stichwort ▸ Sha).

## Wasserfallbilder

Sie bringen die positive und lebendige Ausstrahlung eines Wasserfalls in die Räume. Bei solchen Bildern sollten Sie darauf achten, dass das Auffangbecken des Wasserfalls groß ist und im Bild nicht zu viel Wasser wieder daraus abfließt.

Da Wasser im Feng Shui für Fülle und Reichtum steht, werden diese Abbildungen besonders gern in Arbeitszimmern genutzt. Generell sollte man Wasserfallposter nicht im Rücken eines Sitzplatzes anbringen, da die ▸ Rückendeckung geschwächt wird und Wasser im Rücken Unruhe ausstrahlt.

In Schlafräumen wird von Wasserfallbildern abgeraten, da sie unter Umständen zu unruhig wirken.

Da ein Wasserfallbild eines der ▸ Fünf Elemente vertritt, nämlich das ▸ Wasser, wäre es von Vorteil, es in einen ▸ Bagua-Bereich zu hängen, zu dem dieses Element passt. Räume, die dem Element Wasser oder dem Element ▸ Holz entsprechen, vertragen die Wasserfallbilder in den meisten Fällen sehr gut.

# Wasserdrache – die Wirkung von Wasser

**Positivbeispiel 1:** *Der Fluss vor dem Haus fließt in einem sanften Bogen um das Haus und umarmt es förmlich.*

**Positivbeispiel 3:** *Zwei Flüsse fließen zusammen. Die kleine Insel und der Hügel hinter dem Haus bieten Schutz.*

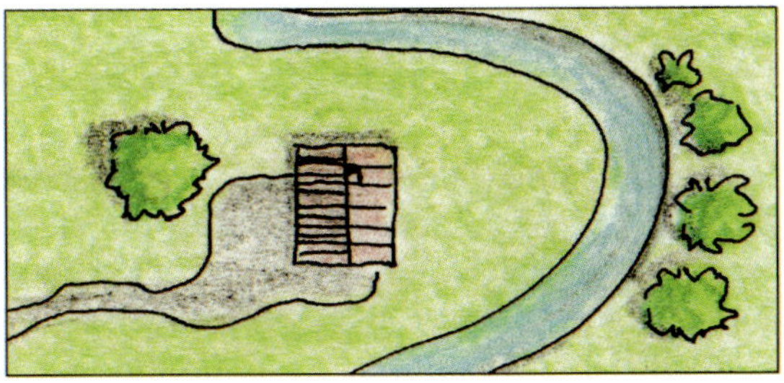

**Positivbeispiel 4:** *Das Haus liegt günstigerweise genau in der Biegung eines Flusses.*

**Positivbeispiel 5:** *Die Lage in der Bucht ist nur dann günstig, wenn das Wasser in der Bucht nicht zu hoch ansteigen kann.*

**Negativbeispiel 1:** *Der gerade Flussverlauf kann das Haus nicht mit Chi beleben, sondern spült es eher fort.*

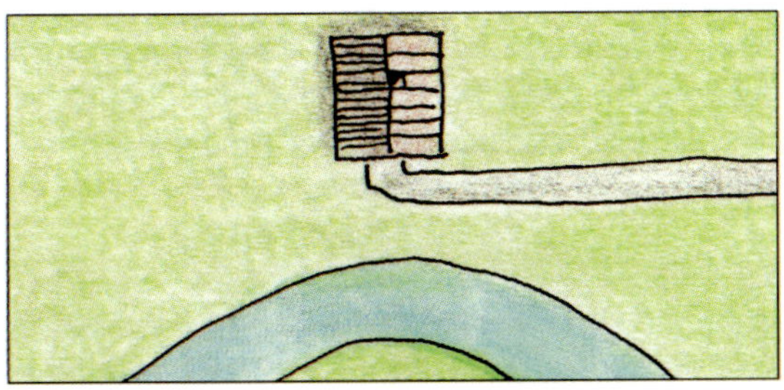

**Negativbeispiel 2:** *Der Fluss liegt zwar direkt vor dem Haus, wendet sich aber in der Fließrichtung vom Haus ab.*

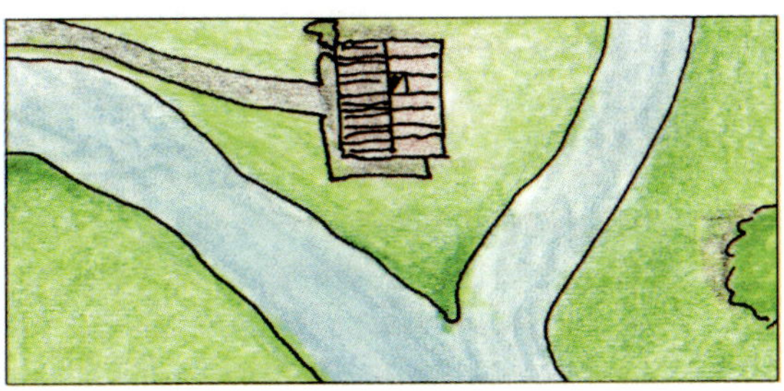

**Negativbeispiel 3:** *Zwei Flüsse umspülen zwar das Haus, aber fließen vom Haus weg, was Energieverlust bedeutet.*

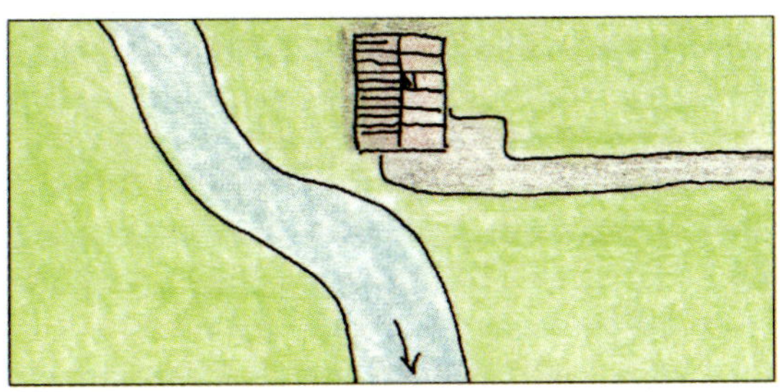

**Negativbeispiel 4:** *Die Lage am Fluss wäre günstig, doch der Fluss strömt vom Haus weg und nimmt Energie mit.*

## Wegeführung

Informationen zum Thema »Wegeführung« finden Sie im Kapitel »Der Außenraum« im Praxisteil des Buchs (Seite 229 und Seite 296).

## Weisheit

Informationen zum Thema finden Sie unter dem Stichwort ▸ **Wissen und Weisheit.**

## Weiß

Im Kreislauf der ▸ **Fünf Elemente** wird Weiß dem Element ▸ **Metall** zugeordnet. Mehr dazu finden Sie unter dem Stichwort ▸ **Farben.**

## Weitblick

Im Feng Shui meint man damit einen freien Platz vor einem Gebäude. Mehr dazu finden Sie unter ▸ **Ming Tang,** ▸ **Phönix** und ▸ **Himmlische Tiere.**

## Wen Wang

König Wen Wang war der Begründer der Chou-Dynastie (ca. 11. Jahrhundert bis 256 v. Chr.). Er entwickelte zusammen mit dem Herzog von Chou auf der Grundlage der ▸ **Trigramme** des ▸ **Fu Hi** die Ordnung des ▸ **Späteren Himmels** (auch Nachhimmlische Reihenfolge). Es handelt sich hierbei um die dynamische zyklische Reihenfolge der Trigramme des I Ging, die nach ihrem Erscheinen im Jahreslauf geordnet sind. Mehr dazu unter ▸ **I Ging.**

## Westen

In der ▸ **Kompass-Schule** ist dieser ▸ **Himmelsrichtung** traditionell das ▸ **Trigramm** »tui«, das Heitere, der See, zugeordnet und der ▸ **Bagua**-Bereich »Kreativität und Kinder«. Der Westen ist mit dem Element ▸ **Metall** (siehe ▸ **Fünf Elemente**) verbunden und wird im ▸ **Lo Shu** durch die Zahl 7 bezeichnet.

## Westgruppe

Sie bezeichnet einen Teil der ▸ **Kua-Zahlen** oder der ▸ **Lo-Shu-Nummern,** etwa bei der Bestimmung der ▸ **Günstigen und ungünstigen Bagua-Bereiche** sowie bei der Bestimmung der ▸ **Besten Richtung.** Auch im ▸ **Neun-Sterne-Ki** wird die Einteilung genutzt. Die zur Westgruppe gehörenden Nummern sind 2, 7, 6, 8 und 5. Mehr dazu unter ▸ **Ostgruppe.**

## Wind

Der Wind steht als Bild für eines der ▸ **Trigramme** aus dem I Ging. Die chinesische Entsprechung dazu ist »sun«. Die Kraft des Windes ist durchdringend und allmählich. Der Wind beschreibt das Prinzip des Sanften. Das Trigramm »Wind« wird teilweise auch als »Holz« bezeichnet. Mehr dazu finden Sie unter den Stichwörtern ▸ **Bagua** und ▸ **I Ging.**

## Windspiele

Spielerische Gegenstände für den Außenbereich, deren einzelne Teile durch den Wind in Bewegung gebracht werden. Windspiele haben die Eigenschaft, beschleunigtes ▸ **Chi** abzubremsen und wieder zu verteilen oder in wenig belebten Ecken den ▸ **Chi-Fluss** zum Zirkulieren zu bringen. Unter den verschiedenen ▸ **Hilfsmitteln** kennt man im Feng Shui auch ▸ **Klangspiele,** die den Chi-Fluss abbremsen. Es gibt in unserem Kulturraum viele bekannte Windspiele, die auf dem Balkon oder im Garten ebenfalls im Sinn von Feng Shui benutzt werden können.

*Ein Windrad im Garten bringt Chi in unbelebte Ecken.*

## Winkelrute

Handwerkszeug zum Muten von ▸ **Wasseradern** oder anderen feinstofflichen ▸ **Störzonen.** Sie besteht aus einem im rechten Winkel abgebogenem Draht, meist Kupfer, Messing oder eine andere Legierung. Ausführliches dazu unter ▸ **Rute.**

## Wintergarten

Diese gläserne Form von Anbauten kann sehr vorteilhaft sein. An dieser Stelle kann sich die positive Wirkung von Feng Shui und ▸ **Baubiologie** vereinen. Ein nach Osten, Südosten oder Süden ausgelegter Wintergarten ist eine Art Klimapuffer und spart Heizkosten.

Im Feng Shui gilt der Wintergarten meist als Erweiterung des Bagua-Bereichs, an den er sich anschließt, und dient damit als Stärkung dieses Lebensbereichs. Mehr zum Thema »Erweiterung« und »Bagua« finden Sie unter dem Stichwort ▸ **Bagua.**

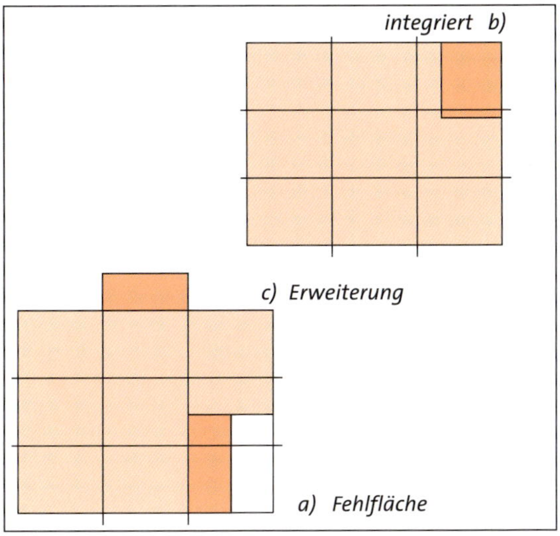


*Im Beispiel a) wird der Wintergarten als Bagua-Fehlfläche gewertet. Im Fall b) ist der Wintergarten in das Bagua-Feld integriert. Im Fall c) entspricht er einer Erweiterung.*

## Wissen und Weisheit

Eine übliche Bezeichnung für einen der Lebensbereiche des Bagua. Er wird im Bagua bzw. im ▸ **Lo Shu** durch das traditionell nach Nordosten gelegene Feld repräsentiert. Er ist unter dem Stichwort ▸ **Bagua** genauer erläutert. Im Lo Shu ist diesem Bereich die ▸ **Kua-Zahl** 8 zugeordnet.

## Wu

Wu ist ein chinesisches Wort für ▸ **Süden.**

## Wu Hsing

Chinesische Bezeichnung für die ▸ **Fünf Elemente.**

## Wu Kuei

Chinesisches Wort für ▸ **Fünf Flüche/Fünf Geister.** Wu Kuei bezeichnet den Zweiten ungünstigen Bereich bzw. die Zweite ungünstige Richtung nach einer Methode des ▸ **Bagua Lo Shu Feng Shui,** die auch unter den Techniken des ▸ **Neun-Sterne-Ki** zu finden ist. Beschreibungen zur Anwendung finden Sie unter den Stichwörtern ▸ **Beste Richtung** sowie ▸ **Günstige und ungünstige Bagua-Bereiche.**

## Wünschelrute

Ältere Bezeichnung für eine ▸ **Rute,** das Werkzeug der ▸ **Rutengänger** und ▸ **Geomanten** zum Auffinden von ▸ **Wasseradern** oder ▸ **Störzonen.**

# X

## Xingming

Chinesisches Wort für die Berechnung des Schicksals aufgrund der Sterne. Es ist ein Sammelbegriff für verschiedene Methoden der ▸ **Chinesischen Astrologie.** Xing bedeutet »Stern«, kann aber auch mit »Einfluss« übersetzt werden. Xingming steht daher auch für »Einfluss auf das Schicksal«.

# Y

## Yang

Ein Teil zweier universeller Gegensätze. Mit Yang beschreibt man die aktive Energie wie Helligkeit, Ausdehnung etc. Den Gegensatz hierzu bildet ▸ **Yin,** die passive Variante; sie beschreibt Dunkelheit, Verengung etc. Beide Teile zusammen ergeben ein Ganzes. Ausführlicheres hierzu finden Sie unter dem gemeinsamen Stichwort ▸ **Yin und Yang.**

## Yang Chai

Chinesische Bezeichnung für die Häuser und Wohnstätten der Lebenden. Für die Häuser der Toten (▸ **Yin Chai**) siehe ▸ **Grabstätten** und ▸ **Ahnen.**

## Yattara

Bezeichnung für die ▸ **Geomantie** in Myanmar.

## Yijing

Andere Schreibweise für das berühmte Buch der Wandlungen, das ▸ **I Ging.**

## Yin

Ein Teil zweier universeller Gegensätze. Mit Yin beschreibt man die passivere Energie, wie z. B. Dunkelheit und Verengung etc. Den Gegensatz hierzu bildet ▸ **Yang,** die aktivere Variante; sie beschreibt Helligkeit, Ausdehnung etc. Beide Teile zusammen ergeben ein Ganzes. Mehr hierzu unter dem gemeinsamen Stichwort ▸ **Yin und Yang.**

## Yin Chai

Yin Chai ist die chinesische Bezeichnung für Häuser der Toten, d. h. Gräber. Mehr dazu finden Sie unter den Stichwörtern ▸ **Grabstätten** und ▸ **Ahnen.**

## Yin und Yang

Das Yin-und-Yang-Zeichen ist das wichtigste Symbol des Taoismus, der Lehre von Lao-Tse (ca. 604 v. Chr. geboren). Lao-Tse fasste seine Philosophie im »TAO-te-king«, zusammen, übersetzt mit »Das Buch vom Wirken des TAO« oder auch »Der Weg«. Der Begriff ▸ **TAO** findet keine direkte Übersetzung; »TAO« bedeutet vermutlich »der geistige Urgrund der Welt«.

### Das Yin-und-Yang-Zeichen in seiner Entstehung

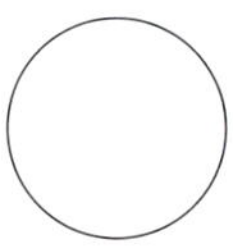

*a) Die Urenergie oder Leere, aus der alles entspringt.*

*b) Ein Funke, ein Same oder eine Idee ist der Anfang der Entwicklung.*

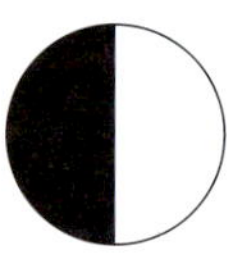

*c) Die Teilung macht eine Energieverteilung möglich, deren Kräfteverhältnis ausgeglichen ist.*

*d) Die Bewegung, die Zyklen, bringen ständige Veränderungen hervor. In Yin ist Yang, in Yang Yin enthalten.*

**Das Yin-Yang-Symbol –** Das Yin-und-Yang-Symbol wird auch ▸ **T'ai-Chi** genannt. Es bildet einen Kreis, der zwei ineinander bewegte Flächen enthält (hell und dunkel), die jeweils den Samen des Gegenteils in sich tragen, was mit einem Punkt dargestellt wird. **Symbolik –** Yin und Yang symbolisieren die Dualität. Das duale Yin-und-Yang-Prinzip beschreibt, dass alles durch die Polaritäten erst in Erscheinung treten kann. Aus ihnen sind die Elemente, die ▸ **Trigramme** und die ▸ **Zehntausend Dinge** hervorgegangen.

Es gibt verschiedene Möglichkeiten, diese Dualität darzustellen. In den Trigrammen bedeutet die durchgezogene Linie beispielsweise Yang und eine unterbrochene Linie die Energie des Yin.

Die Dualität haben auch andere Kulturen symbolisch dargestellt, wie beispielsweise im christlichen Kreuzzeichen und im Hexagramm.

Die Dualität von Yin und Yang beschreibt das Prinzip, das die Welt erfahrbar macht. Helligkeit kann erst durch Dunkelheit in Erscheinung treten. Gibson Clare sagt dazu in seinem Buch »Zeichen und Symbole«: »Yin kommt stets vor dem Yang, da es die Urmacht vor der Schöpfung symbolisiert.«

Erst durch das absolute Yin oder auch die Leere und das Entstehen oder Hinzukommen von Yang ist eine Verwandlung, ein Prozess oder eine Bewegung möglich. Dieser Prozess äußert sich durch Zyklen und einen ständigen Wechsel von Yin zu Yang.

Diese Zyklen können Sie z. B. an den Übergängen vom Tag zur Nacht sowie an den Jahreszeiten beobachten. Befinden sich beide Kräfte im Gleichgewicht, herrscht Harmonie.

**Anwendung im Feng Shui –** Eines der Ziele im Feng Shui ist es, diese Harmonie zu schaffen. Im Feng Shui drückt sich dieses Bestreben nach Harmonie darin aus, Farben, Materialien, Formen etc., also im Grunde alles, was den Menschen umgibt, in ein ausgewogenes Verhältnis zu bringen. Es handelt sich um ein dynamisches Gleichgewicht. Eine absolute Ausgewogenheit würde Stillstand bedeuten, man könnte sie auch mit Tod bezeichnen. Ein minimales Übergewicht eines Aspektes hingegen bringt Bewegung und damit das Leben. Im Yin-und-Yang-Zeichen wird dies durch die jeweiligen Punkte innerhalb der hellen oder der dunklen Fläche dargestellt.

# DIE EIGENSCHAFTEN VON YIN UND YANG

Yin und Yang sind immer im Verhältnis zueinander zu betrachten und nicht absolut. So entspricht z. B. Wasser zwar vorwiegend der Eigenschaft von Yin. Ein Gewitter mit heftigen Regengüssen hingegen wird der Eigenschaft von Yang zugeordnet.

| YIN | YANG | YIN | YANG |
|---|---|---|---|
| Erde | Himmel | dünn | dick |
| dunkel | hell | zentripetal | zentrifugal |
| Nacht | Tag | Intuition | Intellekt |
| Mond | Sonne | unbestimmt | bestimmt |
| weiblich | männlich | Tal | Gipfel |
| Ruhe | Aktivität | empfangen | geben |
| kalt | warm | Raum | Zeit |
| schwarz | weiß | sein | werden |
| rund | eckig | minus | plus |
| kurvig | geradlinig | statisch | dynamisch |
| weich | hart | schlafen | wachen |
| nass | trocken | Füße | Kopf |
| Winter | Sommer | links | rechts |
| schwer | leicht | Moll | Dur |
| innen | außen | Personal | Verwaltung |
| Stille | Bewegung | Erholung | Arbeit |
| leise | laut | unbewusst | bewusst |
| Mutter | Vater | Seele | Geist |
| Wasser | Feuer | Ganzheit | Differenziertheit |
| zusammenziehen | ausdehnen | urteilsfrei | verurteilend |
| unten | oben | Vergangenheit | Zukunft |
| hinten | vorne | | |
| weit | eng | | |

**Himmelsrichtung –** Auch die Himmelsrichtung entscheidet, ob ein Raum eher aktiven Yang-Einfluss ausstrahlt (Südräume) oder ob er passivem Yin-Einfluss, wie z. B. in Nordräumen, ausgesetzt ist.
**Raumformen –** Raumformen haben Einfluss auf die Wirkung von Yin und Yang. Kommt man in einen Raum, dessen längliche Form sich von der breiten Seite erschließt, wirkt der Raum eher ruhig und stabil. Dies wäre von der Form her ein Yin-Raum. Ein länglicher Raum, der sich von der schmalen Seite erschließt, wäre ein aktiver und dynamischer Raum, also von der Form her ein Yang-Raum.

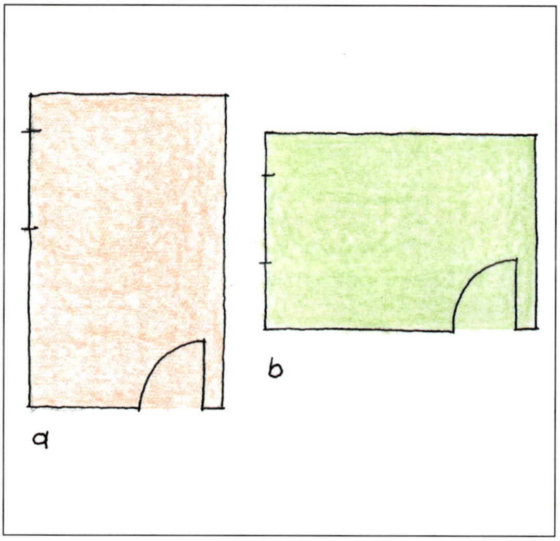


*Raumformen: a) Ein Yang-Raum, b) ein Yin-Raum.*

**Beispiel Arbeitsbereich –** Würden Sie nun etwa einen Raum mit zu starkem Yin-Charakter als Arbeitsraum nutzen, besteht die Gefahr, dass Sie schnell müde werden und vielleicht keine rechte Lust zum Arbeiten verspüren.
Ein enormer Kraftaufwand wäre nötig, um die Arbeiten zu erledigen. Besser ist es, wenn Sie bereits in der Planung bestimmen, welche Räume sich für aktive oder passive Funktionen eignen, und das Raumprogramm danach ausrichten.
Bei schon bestehenden Räumen können Sie versuchen, den Arbeitsraum mit Yang-Elementen auszustatten. Dafür eignen sich beispielsweise aktive Farben wie Orange, Gelb, rote Akzente etc. Klare und glatte Formen entsprechen ebenfalls mehr dem Yang-Charakter.

**Beispiel Erholungsbereich –** Anders wäre es, wenn ein Erholungsraum, beispielsweise ein Schlafzimmer, zu Yang-betont ist. Sie könnten dort schlecht zur Ruhe kommen. Weiche Formen, zurückhaltende Formen und beruhigende Farben oder sanftes Licht sind geeignete Yin-Elemente, die den Raum ausgleichen können.
**Beispiel Geschäftsbereich –** Hier sollten Sie ebenfalls darauf achten, wo sich aktive Flächen oder Räume passiver Nutzung befinden. Dann können Sie diese dementsprechend ausstatten.
Ein Kosmetikstudio beispielsweise ist im Empfangsbereich durch eine aktive Yang-Zone geprägt und braucht im Behandlungsbereich dagegen eher eine entspannte Yin-Atmosphäre.

## Yu

Chinesisches Wort für ▸ **Westen.**

# Z

## Zahlen

Informationen zu diesem Thema finden Sie unter dem Stichwort ▸ **Numerologie.**

## Zehntausend Dinge

Bezeichnung für die Vielfältigkeit des Lebens, abgeleitet von den ▸ **Trigrammen** des I Ging, die in ihrer Kombination zu 64 ▸ **Hexagrammen** führen. Aus ihrem Zusammenspiel entstehen die Zehntausend Dinge. Am Anfang steht die unbeschreibliche Leere, die zugleich die Gesamtheit, das Alles, darstellt. Aus ihr werden ▸ **Yin und Yang** geboren, die sich ergänzenden Dualitäten. Kombiniert man nun diese beiden, so erhält man vier Paare.
Aus ihrer Kombination wiederum, mit einer dritten Linie, entstehen die acht Trigramme. Die drei Linien eines Trigrammes stehen dabei für die Trinität von Erde, Mensch und Himmel. Die acht Trigramme in ihrer Kombination ergeben schließlich die 64 Hexagramme des I Ging, welche zu den Zehntausend Dingen führen. So beschreibt das I Ging, das Buch der Wandlungen, alle Veränderungen und Bewegungen, in denen sich Leben vollzieht (siehe hierzu auch unter ▸ **I Ging**).

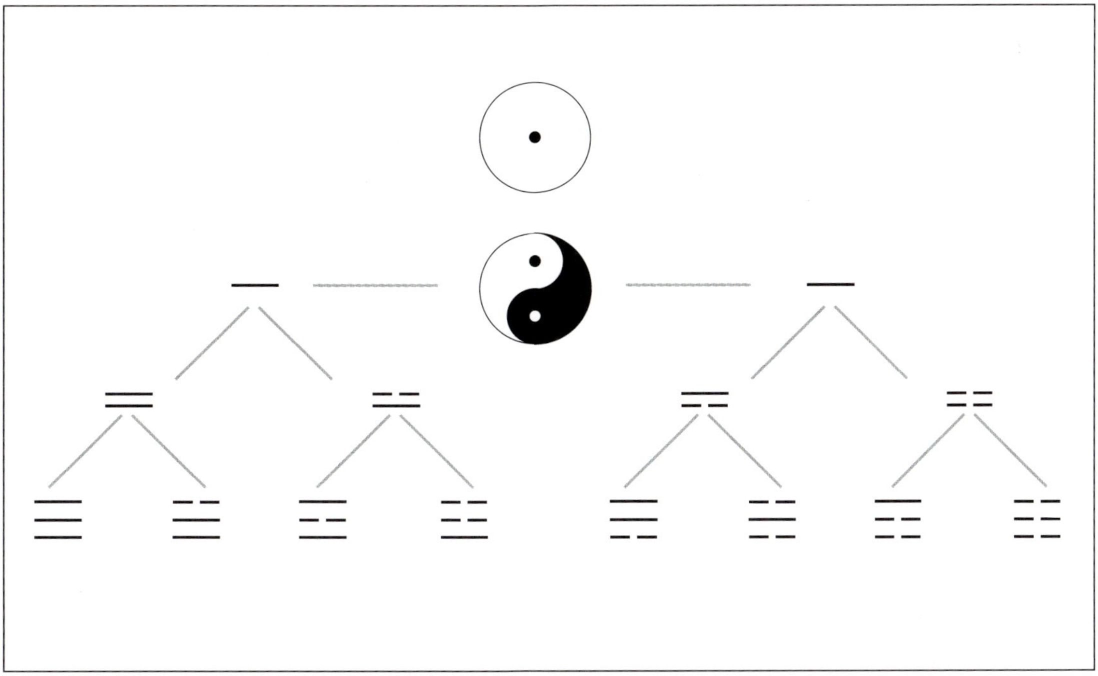

*Die Entwicklung von der unbeschreiblichen »Leere« zu den »Zehntausend Dingen«.*

## Zeitzyklus

Darunter versteht man einen Teilaspekt des ▸ **Neun-Sterne-Ki** und der ▸ **Fliegenden Sterne.**

## Zentrum

Mitunter eine Bezeichnung für den mittleren Bereich des Bagua. In diesem Buch wird dieses Bagua-Feld »Innere Mitte« benannt und unter dem Stichwort ▸ **Bagua** erläutert. Die Besonderheit des Bereichs liegt darin, dass hier alles zusammenläuft. Die Mitte hat Anteile aller acht umliegenden Bagua-Bereiche und verbindet sie miteinander.

Gleichzeitig ist eine starke, ausgewogene Mitte Garant für die Stabilität des Ganzen und belebt die umliegenden Bereiche. Jedes Zentrum, des Körpers, der Wohnung oder einer anderen abgeschlossenen Einheit, ist von zentraler Bedeutung für die Harmonie des Ganzen.

Die Ruhe im Zentrum verleiht die Kraft, bewegt und flexibel in den Randbereichen zu agieren, ohne das Gleichgewicht zu verlieren. In diesem Sinn stabilisieren Sie mit dem Zentrum Ihrer Wohnung auch die eigene innere Mitte. Auch wenn wenig Platz vorhanden ist, setzen Sie einen Punkt, d. h. einen Dreh- und Angelpunkt, um den sich das bewegte Leben (das ist die zyklische Ordnung der ▸ **Trigramme** des ▸ **Späteren Himmels**) zentrieren kann.

## Zerstörungszyklus

Gebräuchlicher Ausdruck für die kontrollierende bis zerstörende Reihenfolge im Kreislauf der Fünf Elemente (auch Fünf Wandlungsphasen). Holz kontrolliert Erde, Erde kontrolliert Wasser, Wasser kontrolliert Feuer, Feuer kontrolliert Metall und dieses wiederum das Holz. Diese Folge wird auch als Kontrollzyklus bezeichnet. Ausführliches dazu finden Sie unter dem Stichwort ▸ **Fünf Elemente.**

## Zi Wei Tong

Chinesische Bezeichnung für »Herrscher des Nordabschnittes des Polarsterns«; stellt eine Prognosemethode der ▸ **Chinesischen Astrologie** dar.

## Zimmerbrunnen

Sie besitzen eine sehr belebende Wirkung für die Raumenergie. Sie befeuchten die Luft, wodurch das Klima im Raum verbessert wird. Diese positive Wirkung kann sich allerdings nur dann einstellen, wenn

der Zimmerbrunnen stets sauberes Wasser enthält. Man kann durch das Aufstellen eines Zimmerbrunnens gezielt Bereiche des ▸ **Bagua** stärken.
Am günstigsten wird ein Zimmerbrunnen dort aufgestellt, wo laut der Lehre der ▸ **Fünf Elemente** das Element ▸ **Wasser** oder auch das Element ▸ **Holz** vorzufinden sind. Nicht geeignet sind Zimmerbrunnen im Schlafzimmer.
Beim Kauf eines Zimmerbrunnens sollten Sie auf die Qualität der Wasserpumpe achten, da manche Pumpen laute, störende Brummgeräusche von sich geben. Unter dem Stichwort ▸ **Springbrunnen** sind ergänzende Informationen zu finden.

## Zwölf Paläste

Übersetzung für das chinesische Wort »shi'ergong«. Bezeichnet eine der ▸ **Palast-Methoden** als Teil der Prognosetechniken der Chinesischen Astrologie.

## Zwölf Tierkreiszeichen

Die Übersetzung des chinesischen Begriffs »shi'ershou«, auch bekannt als »Zwölf Bildnisse« (»shi'erxiao«) oder als »Zwölf Zuordnungen« (»shi'ershu«). Die Deutung nach den Zwölf Tierkreiszeichen ist eine Methode der ▸ **Chinesischen Astrologie.**
Die Arbeit mit den Zwölf Tierkreiszeichen macht nur einen kleinen Teil der Chinesischen Astrologie aus. Trotzdem ist es sehr beliebt, bei Partnerschaften oder anderen wichtigen Zusammenschlüssen zu erkunden, ob die Tiere der jeweiligen Geburtsjahre der Partner miteinander harmonieren. Auch wird von den zwölf Tierkreiszeichen abgeleitet, welche Vor- und Nachteile beispielsweise ein bestimmtes Jahr für eine unter einem bestimmten Zeichen geborene Person bietet. Ausführliches dazu finden Sie unter den Stichwörtern ▸ **Chinesische Astrologie** und ▸ **Bazi Suanming.**
Dem chinesischen Kalenderjahr ist jeweils ein Zeichen zugeordnet, das den ▸ **Erdzweig** des Jahres beschreibt. Weiter sind jedem Tier auch ein Monat zugeordnet und eine ▸ **Himmelsrichtung.** Den einzelnen Tierkreiszeichen werden u.a. die Qualitäten der ▸ **Fünf Elemente** jeweils in einer ▸ **Yin-** oder einer ▸ **Yang-**betonten Ausprägung und weitere charakteristische Eigenschaften zugeschrieben. Im Folgenden werden die Zwölf Tierkreiszeichen der chinesischen Astrologie im Einzelnen kurz charakterisiert.

**Ratte –** Gilt als Tier, das sich im Dunkeln zurechtfindet. Sie ist ▸ **Yang**-betont und gerissen, ihre Richtung ist ▸ **Norden**, dem die Winterzeit entspricht.

**Ochse –** Er ist friedlich und nützlich bei der Feldarbeit. Er ist ▸ **Yin**-betont, seine Richtung Nordnordost, entspricht ebenfalls der Winterzeit.

**Tiger –** Er ist gefährlich, mutig, wild und ▸ **Yang**-betont. Seine Richtung ist Ostnordost, und er entspricht dem Vorfrühling.

**Hase –** Er ist romantisch veranlagt, erfreut sich reichen Nachwuchses und ist ▸ **Yin**-betont; die Richtung des Hasen ist der ▸ **Osten** mit dem Frühlingsbeginn als Jahreszeit.

**Drache –** Er ist ein mächtiges Tier, fliegt oft hoch zwischen den Wolken und ist dem Himmel nah. Der Drache ist ▸ **Yang**-betont, seine Richtung ist Ostsüdost mit der Jahreszeit Frühling.

**Schlange –** Sie wirkt unauffällig und arbeitet eher zurückgezogen und im Verborgenen. Die Schlange ist ▸ **Yin**-betont; sie steht im Südsüdosten im späten Frühling.

**Pferd –** Es besitzt eine eher unruhige, schreckhafte Natur und kann jederzeit davonstürmen, trotzdem zeichnet es sich auch durch Treue aus.
Das Pferd ist ▸ **Yang**-betont, seine Himmelsrichtung ist der ▸ **Süden,** und es entspricht der Sommerzeit.

**Ziege –** Sie ist gesellig und mag die Wärme, ist ▸ **Yin**-betont, ihre Richtung ist Südsüdwest, und sie wird mit der Sommerzeit assoziiert.

**Affe –** Er vereint in sich ein sehr scheues Wesen mit Freude an kreativem Spiel und Spaß. Er ist ▸ **Yang**-betont, seine Richtung ist Westsüdwest, entsprechend ist die Jahreszeit der Spätsommer.

**Hahn bzw. Huhn –** Der Hahn (das Huhn) ist diszipliniert, wacht über seine Stellung in der Gruppe und gibt gern den Ton an, auch am frühen Morgen. Er (es) ist ▸ **Yin**-betont, steht im ▸ **Westen** und entspricht dem Beginn des Herbstes.

**Hund** – Er steht für Gehorsamkeit, Treue und Fairness. Er ist ▸ Yang-betont, seine Richtung ist Westnordwest und seine Jahreszeit der Herbst.

**Schwein** – Es ist nicht besonders anspruchsvoll und erscheint unscheinbar. Es ist allerdings sehr intelligent und weise. Das Schwein ist ▸ Yin-betont, seine Himmelsrichtung ist Nordnordwest, die zugeordnete Jahreszeit der späte Herbst bzw. frühe Winter.

### Zyklus der Wandlung

Bezeichnung für die Wandlungsphasen der Fünf Elemente, auch Kreislauf der Fünf Elemente genannt. Das Element ▸ Feuer, das Element ▸ Erde, das Element ▸ Metall, das Element ▸ Holz und das Element ▸ Wasser bedingen einander.
Die Fünf Elemente fördern sich gegenseitig, können sich bremsen und sogar zerstören. Mehr dazu finden Sie unter dem Stichwort ▸ Fünf Elemente sowie Illustration auf Seite 102).

## Die Zwölf Tierkreiszeichen der chinesischen Astrologie

*Auch in der westlichen Astrologie gibt es Zwölf Tierkreiszeichen, die jedoch den chinesischen nicht entsprechen! Wenn hier von den Zwölf Tierkreiszeichen die Rede ist, sind die der Chinesischen Astrologie gemeint.*

*Die Zwölf Tierkreiszeichen in ihrer zeitlichen Reihenfolge sind: Ratte, Ochse, Tiger, Hase, Drache, Schlange, Pferd, Ziege, Affe, Huhn, Hund und Schwein.*

土

PRAXIS

# Die Privaträume

## Eingang und Empfang

Der erste Eindruck ist der entscheidende, sagt man. Meist können wir schnell sagen, ob wir uns an einem Ort wohl fühlen oder nicht. Wenn wir ein Haus oder eine Wohnung betreten, ist der Eingangsbereich oft prägend für unser Wohlbehagen. Der Eingang ist die Öffnung nach außen, durch die eine Räumlichkeit hauptsächlich mit ▸ **Chi** versorgt wird. Im Vergleich mit dem menschlichen Körper entspricht der Eingang eines Hauses dem Mund, durch den wir Nahrung aufnehmen. Daher kommt dem Eingang im Feng Shui eine sehr wichtige Rolle zu.

### Kann das Chi den Eingang finden?

Schon der Weg zu einer Haustür ist von Bedeutung. Es ist gut, wenn der Eingang leicht zu finden ist, denn eine versteckt liegende Eingangstür wird nicht nur Besuchern Schwierigkeiten bereiten, sondern auch das ▸ **Chi** wird diesen Weg nicht so leicht finden und daher weniger energetisieren. Wohnung oder Haus sind dann möglicherweise unterversorgt.

*Ein Eingang, der liebevoll gestaltet ist, wirkt nicht nur einladend für Gäste, sondern auch für das belebende Chi.*

Bietet die Lage eines Hauses nicht die Möglichkeit, den Eingang schon von der Straße aus zu erkennen, so sollte man den Energiefluss und auch die Besucher bewusst lenken.

Das kann mit Hilfe von Hinweisschildern, einem einladenden Weg mit ansprechender Bepflanzung, Beleuchtung oder anderen, die Aufmerksamkeit erregenden Elementen geschehen. Wo Blick und Aufmerksamkeit hingezogen werden, da fließt auch Energie, denn das Chi folgt der Aufmerksamkeit. Eine beleuchtete Haustür lässt sich außerdem im Dunkeln leichter finden.

Natürlich gilt das Gesagte ebenso im negativen Fall: Sind auf dem Weg zur Eingangstür die Mülltonnen das Erste, was Sie beim Betreten eines Grundstücks sehen, oder versperren abgestellte Gartenmöbel, alte Bretter oder sonstige unhandliche Gegenstände den Weg, dann wirkt sich das nicht unbedingt positiv aus. Die auf dem Weg abgestellten Dinge werden gut mit Chi versorgt, und ihre Energie wird mit dem passierenden ▸ **Chi-Fluss** ins Haus hineingetragen. Daher ist es ratsam, den Eingangsbereich immer sauber und ordentlich zu halten.

Die Mülltonnen sind beispielsweise oft aus praktischen Erwägungen im Bereich zwischen Tür und Straße untergebracht; man kann sie aber auch hinter einem Holzzaun oder einer berankten Pergola verbergen. Andere abgelegte Gegenstände gehören in den Abstellraum und sollten den Weg zum Haus nicht versperren. Alles, was bremst, worüber man steigen muss oder stolpern könnte – alles, was einen aufhält –, behindert den Chi-Fluss und damit die Belebung des Hauses mit lebensspendender Energie.

**Was für den Eingangsbereich gilt,** das ist auch für den Abstellraum wichtig: Ist der Abstellraum ständig vollgestellt und kein Platz mehr vorhanden, ist es höchste Zeit, aufzuräumen und die Dinge, welche man nicht mehr benötigt, zu entsorgen – Loslassen bringt die Energie wieder ins Fließen.

Der Chi-Fluss wird auf dem geraden Eingangsweg beschleunigt und attackiert den Eingang des Hauses.

Der geschwungene Energiefluss zum Eingang des Hauses wirkt wohltuend und belebend.

## So fließt die Energie richtig

Namensschilder, sei es an der Tür oder auf dem Weg dorthin, zeigen deutlich an, wo Ihr »Raum« beginnt. Wollen Sie, dass das ▸ Chi in Ihren Räumen ausreichend fließt, dann sollten Sie auch anzeigen, wo sie zu finden sind. Ein wohltuender Energiefluss verläuft in natürlich geschwungenen, nicht in schnurgeraden Bahnen (siehe Illustrationen oben). Wenn Sie Einfluss darauf haben, sollten Sie die Wege zum Haus oder zur Wohnung möglichst geschwungen anlegen. Laufen die Wege jedoch bereits in gerader Linie auf den Eingang zu, so können Sie wenigstens die Aufmerksamkeit von einer Seite zur anderen wandern lassen. Blumenkübel, große Steine, eine geschwungene Linie in der Bodenpflasterung oder interessante Bilder in einem kahlen Hausflur bewirken viel.

## Ein freundlicher Empfang

Optimal ist, wenn schon der Vorbereich einen freundlichen Empfang beschert. Sobald man ein Haus oder ein Grundstück betritt, sollte das Auge etwas Erfreuliches erblicken, etwas, das aufatmen lässt, im Idealfall ein Gefühl von Endlich-zu-Hause-angekommen vermittelt. Vielleicht können Sie einen Blickfang schaffen, der diese Begrüßung übernimmt. Wenn Sie kaum Einfluss auf die Gestaltung haben, etwa in einem Mehrfamilienhaus, dann sollten die Fußmatte und das Namensschild diese Funktion übernehmen. Auch eine schöne Topfpflanze neben der Tür kann eine angenehme Begrüßung sein. Achten Sie darauf, ausschließlich gepflegte, kräftige Pflanzen zu verwenden. Eine verkümmerte oder kranke Pflanze würde ihre entsprechende negative Energie in den ▸ Chi-Fluss mit hineingeben.

## Hereinspaziert und willkommen!

Haben Sie die Eingangstür erreicht und betreten Sie das Haus oder die Wohnung, gilt auch dort: Der erste Eindruck ist entscheidend. Achten Sie einmal darauf, was Sie beim Hineingehen zuerst sehen.

**Hindernisse –** Wie steht´s mit der Bewegungsfreiheit im Eingangsbereich? Der Eingangsbereich sollte den nötigen Platz zum Eintreten bieten. Wenn Sie und Ihre Gäste erst über Schuhe stolpern und über alte Zeitungsstapel hinwegsteigen müssen, können

Sie davon ausgehen, dass auch der Fluss des ▸ Chi hier gebremst ist oder gar versickert. Wie einen alten Freund, so sollte man auch das Chi mit offenen Armen empfangen. Dazu gehört außerdem, dass sich die Tür vollständig öffnen lässt und nicht durch Dinge, die hinter ihr stehen, blockiert ist.
Selbst akustisch sollte der Empfang in einer Wohnung so harmonisch wie möglich gestaltet werden. Ein unangenehmer Klang, auch wenn man sich schon längst daran gewöhnt hat, löst jedes Mal beim Nachhausekommen unbewusst ein Unbehagen aus und bildet sozusagen eine Hemmschwelle für uns selbst, für Gäste und für den Energiefluss. Eine klemmende oder quietschende Tür sollte daher unbedingt in Ordnung gebracht werden.

### Der Energiefluss in der Wohnung

Oft befindet sich direkt gegenüber dem Eingang eine weitere Tür, so dass das eintretende ▸ Chi gleich durch diese Tür in den dahinterliegenden Raum weitergeleitet wird (siehe auch Illustration Seite 265 oben). Das kann für die Energieverteilung im Wohnbereich sehr nachteilig sein, besonders dann, wenn dieser gegenüberliegende Raum ein Bad oder eine Küche ist – Räume mit Abflüssen. Da das Chi gern durch Abflüsse davonfließt (▸ Abflüsse), kann es zu einem starken Energieverlust kommen, bevor die Wohnung belebt werden konnte.
Es empfiehlt sich in einem solchen Fall, die Tür gegenüber des Eingangs möglichst geschlossen zu halten und das Chi vor der Tür abzubremsen oder umzuleiten. Mehr dazu finden Sie im Kapitel »Bad und WC« auf Seite 264.

**Ein guter Eindruck** – Allgemein sollte der Eingangsbereich möglichst hell und freundlich gestaltet werden. Sorgen Sie dafür, dass Sie unbeschwert und leicht eintreten können – ohne Hindernisse. Dazu gehören auch akustische Hindernisse: Quietschende Türen sollten unbedingt vermieden werden. Wenn Sie so auf einen angenehmen Empfang achten, dann werden nicht nur liebe Gäste angezogen, sondern auch das belebende **▸ Chi.**

## Flur und Erschließung

Entscheidend für die Versorgung aller Räume in Haus, Wohnung oder am Arbeitsplatz sind natürlich die Wege, die dort hinführen. Ist ein Raum in direkter Nähe zum Eingang, so wird er besser mit Energie versorgt als ein Raum am Ende eines langen, mehrfach abgewinkelten Flures.
Lenken Sie die Energie so, dass möglichst alle Räume ausreichend belebt werden. Dies erreichen Sie, indem Sie Licht in einen dunklen Flur bringen, welches auch auf das letzte Zimmer aufmerksam macht. Oder Sie unterbrechen eine lange gerade »Rennstrecke« (attackierendes ▸ Sha) durch quer verlaufende Muster im Bodenbelag oder Blickpunkte an den Wänden. Ist die Kellertür direkt gegenüber dem Eingang, sollten Sie den Chi-Fluss durch ein passendes ▸ Hilfsmittel vor dem sofortigen Verschwinden durch die Kellertür bewahren und in den Wohnbereich umleiten. Mehr dazu finden Sie unter dem Stichwort ▸ Chi-Fluss im lexikalischen Teil.

### Ein Zentrum schafft Stabilität

Gibt es in einer Wohnung energetisch stark benachteiligte Räume, so wählen Sie für wichtige Funktionen, wie etwa Schlafen und Arbeiten, die Plätze aus, die gut mit ▸ Chi versorgt werden.
Oftmals liegen die Flure in der Mitte aller Räume und haben eine zentrale Verteilerfunktion. Es ist daher gut, diese »Mitte« zu betonen, sozusagen zu zentrieren, wenn der Raum es zulässt. Ein solches Zentrum könnten Sie vielleicht mit einem runden Teppich oder einer Art ▸ Mandala in den Bodenfliesen schaffen. Außerdem kann eine besondere Beleuchtung oder Hervorhebung in der Wandgestaltung das Zentrum betonen. Oft entspricht diese Mitte dem mittleren Bereich des Bagua, der damit unterstützt werden kann.
Für den Flur gilt wie für den gesamten Außen- und Innenbereich: Kein Hindernislauf in Räumen! Der Flur als Energieverteiler sollte aufgeräumt und sauber gehalten werden. Auch hier sind abgestellte, zwischengeparkte Bretter, Kartons oder Papierstapel eine Behinderung für das freie Fließen des belebenden Chi. Mehr dazu unter ▸ Bagua.

# Der Wohnbereich

Da unsere heutige Wohnform über die klassische Variante der Großfamilie hinaus viele Varianten hervorgebracht hat, muss das Wohnzimmer unterschiedliche und individuelle Bedürfnisse befriedigen. Prüfen Sie Ihre eigenen Ansprüche an Ihren Wohnbereich, und gestalten Sie ihn dementsprechend individuell.

## WIE NUTZEN SIE IHR WOHNZIMMER?

**Entspannungsraum –** Gehören Sie eher zu den Leuten, bei denen das Wohnzimmer fast ausschließlich der Entspannung dient? Hierzu zählen vor allem Single-Haushalte – und Haushalte ohne Kinder.

**Arbeitsraum –** Für viele ist dieser Raum mit einer Arbeitsecke gekoppelt wie bei nebenberuflich Arbeitenden oder Selbstständigen.

**Esszimmer –** Manchmal ist das ▸ Esszimmer in den Wohnbereich integriert. Das stellt zusätzliche Anforderungen an den Wohnraum.

**Hauptaufenthaltsraum –** Oft ist das Wohnzimmer der Hauptaufenthaltsraum, der zum Lesen, Fernsehen, Musikhören und zum Rückzug bzw. zur Entspannung dient. Für viele Menschen ist dies der Übergang von den aktiven Tätigkeiten des Tages zum eher passiven Entspannen.

**Salon –** Eine traditionelle Funktion für das Wohnzimmer ist heute noch erhalten, nämlich der eines Repäsentationszimmers. Dahinter steckt das Bedürfnis, einen Raum zu bieten, um Familie, Freunde und fremde Menschen zu empfangen und sich mit ihnen auszutauschen. In der Ausstattung wurde deshalb ursprünglich meist das Wohnzimmer vorrangig behandelt – das gilt auch heute noch.

Eine starre und repräsentative Einrichtung kann schnell den gemütlichen Aspekt zunichte machen. Vergessen Sie dabei nicht, dass das Wohnzimmer hauptsächlich eigene Bedürfnisse befriedigen sollte, und dass es nicht in erster Linie für den Aufenthalt mit Besuchern eingerichtet und genutzt wird.

## Die ideale Lage für das Wohnzimmer

Das Wohnzimmer wird in westlichen Hausentwürfen gern in den Süden gelegt. Meist ist daran der Garten angeschlossen, und durch diese Lage erhält der Raum tagsüber Wärme, die er speichern kann und abends wieder abstrahlt.

Der Süden bringt eine ▸ Yang-Energie mit sich, die eine aktivierende Grundstimmung beinhaltet und mit der Nutzung eines Wohnzimmers harmoniert. Aus der Sichtweise von Feng Shui liegt dieses Zimmer am besten im Bereich »Familie und Gemeinschaft«, »Wachstum und Erfolg«, »Ansehen und Erleuchtung« oder »Partnerschaft« des ▸ Bagua. Diese Bereiche liegen zwischen Osten und Südwesten und entsprechen einer aufsteigenden Energie. Diese aufsteigende Energie wird auch als ▸ Yang-Energie bezeichnet und ist mit den aktiven Tätigkeiten in einem Wohnzimmer im Einklang.

**Bagua-Bereiche –** Ein weiterer Aspekt bei der Planung der Wohnbereichlage ist der jeweilige Lebensbereich. Falls in einem Wohnzimmer viel Kreativität gewünscht ist oder dort die Kinder eine Spielecke haben sollen, kann auch der Bereich »Kreativität« und »Kinder« des ▸ Bagua als Lage für das Wohnzimmer gewählt werden. Hier ist zu beachten, dass diese Bereiche im Westen liegen und bereits eine ruhige bzw. ▸ Yin-Ausstrahlung besitzen. Dies lässt sich auch an den – im Vergleich zu den ▸ Yang-Bereichen – gedämpfteren Lichtverhältnissen ablesen.

## Möbel günstig platzieren

Auch beim Betreten eines Raumes entscheidet der erste Eindruck darüber, ob man sich dort wohl fühlen wird oder nicht. Wenn z. B. beim Eintreten der Blick durch eine abweisende Rückenansicht einer Sofagruppe geprägt ist, wird man sich nicht sehr eingeladen fühlen, dort Platz zu nehmen. Für die positive Wirkung eines Wohnraums ist es wichtig, dass die Anordnung der Sitzgruppe zum Hinsetzen animiert. Auch wenn der direkte Blick auf ein herrliches Panoramafenster verlockend anmutet und es dazu erforderlich ist, das Sofa mit dem Rücken zur Tür zu stellen: Eine solche Anordnung nutzt Ihnen wenig, wenn sie nicht zum Verweilen einlädt.

*Ungünstig: Die Sofagruppe steht mitten im Raum, der Arbeitsplatz im Chi-Fluss. Beide haben keine Rückendeckung.*

*Ungünstig: Die Sofagruppe hat nur zum Teil, der Arbeitsplatz dagegen überhaupt keine Rückendeckung.*

*Günstig: Sofaecke und Arbeitsplatz haben Rückendeckung.*

Beim Aufstellen der Möbel sollten Sie darauf achten, dass die spitzen Ecken der Möbel nicht auf Eingänge oder auf Plätze gerichtet sind, an denen man sich länger aufhält (▸ **Geheime Pfeile**).

Die vorwiegend rechtwinklige Anordnung von Möbeln können Sie durch Pflanzen oder Beistelltische auflockern. Wählen Sie möglichst quadratische Formen, z. B. bei Teppichen, Bilderrahmen, Couchtischen etc., anstelle rechteckiger Formen, da das Quadrat als Form mehr Ruhe ausstrahlt. Und setzen Sie Kontraste ein, wie Enge und Weite, hell und dunkel, kalte Farben und warme Farben etc. Sie lockern das Raumbild auf. Folgende Feng-Shui-Regeln sollten Sie bei der Möblierung Ihres Wohnzimmers beachten:

**Rückendeckung –** Oberste Priorität bei der Platzierung der Sofaecke oder von Sitzplätzen hat die Regel der ▸ **Rückendeckung.** Diese Regel besagt, dass die Sitzplätze stets so angeordnet werden sollten, dass die Sofarückenseiten zur Wand zeigen.

**Der freie Blick zur Tür –** Wird die zweite wichtige Feng-Shui-Regel, der freie Blick zur Tür, vom Sitzplatz aus, eingehalten, dann hat Ihr Wohnzimmer auch die besten Voraussetzungen dazu, richtig gemütlich zu wirken.

**Gruppierung der Möbel –** Für die Gruppierung der Sofaecke mit mehreren Sitzmöbeln ist eine U-Form einer L-Form vorzuziehen.

**Günstige Bagua-Bereiche –** Wenn möglich, stellen Sie die Sitzecke im Wohnzimmer in die Bereiche »Reichtum« oder »Partnerschaft« des ▸ **Bagua.**

## Von der Harmonie der Formen

Nach Prinzipien des Feng Shui einzurichten hat vielerorts die Vorstellung geprägt, dass alles rund und geschwungen sein soll. Dies ist insofern richtig, als runde Formen den organischen Formen näher kommen, die uns wiederum mit der Natur verbinden. Weiche Formen empfinden wir meist als angenehm, und sie vermitteln ein Gefühl von Geborgenheit. Doch es ist nicht unbedingt jedermanns Geschmack, nur runde Formen um sich zu haben. Außerdem sind unsere Grundrisse und Möbelsysteme oft nach der Geometrie ausgerichtet. Wenn Sie jedoch einige Regeln beachten, kann selbst eine geometrisch beeinflusste Einrichtung durchaus gemütlich wirken.

*Günstig: Der Sitzplatz liegt geschützt in einer Zimmerecke. Der Chi-Fluss verteilt sich gleichmäßig im Raum.*

## Der Chi-Fluss im Wohnzimmer

Ganz gleich, ob Sie runde oder rechtwinklige Formen oder eher einen Stilmix von beiden bevorzugen: Immer ist der ▸ **Chi-Fluss** für den Behaglichkeitsgrad ausschlaggebend. Das Chi sollte weich fließen und möglichst in jede Raumecke gelangen.

**Tür und Fenster in einer Achse –** Die Regel, nicht zwischen Tür und Fenster zu sitzen, wenn sich diese genau gegenüberliegen, ist hier nicht zu vernachlässigen. Wollen Sie vermeiden, dass ein Sitzplatz unruhig auf Sie wirkt oder Sie sogar nervös macht, so dass Sie sich nicht richtig konzentrieren, dann unterbrechen Sie den geraden Chi-Fluss beispielsweise durch eine Pflanze vor dem Fenster.

**Unbelebte Ecken –** Der Chi-Fluss wird entscheidend von Licht beeinflusst. Daher können mit Hilfe der Beleuchtung unterversorgte Raumecken mit Chi belebt werden. Effektiv sind Leuchtkugeln am Boden. Eine helle Grundbeleuchtung sollte durch viele kleinere Lichtquellen ergänzt werden, die den Raum gemütlicher machen. Auch mit Pflanzen oder Eckmöbeln lässt sich ▸ **Chi** in unbelebte Ecken ziehen.

## Der persönliche Einrichtungsstil

Richten Sie Ihr Wohnzimmer so ein, dass er Ihre Persönlichkeit unterstreicht. Es reicht nicht, Einrichtungsstile zu kopieren, um Stimmungen zu erzeugen, die Sie auf Bildern gesehen haben. Suchen Sie sich am besten ein persönliches Motto, das Ihre Bedürfnisse an den Raum am besten beschreibt. Für den einen kann es Klarheit, Weite, Frische sein, für den anderen Weichheit, Geborgenheit oder Wärme. Steht das Motto fest, lässt sich der Raum besser gestalten, und Sie können sich leichter von Dingen trennen, die schon lange nicht mehr zu Ihnen passen.

## Farbgebung im Wohnbereich

Fällt die Nutzung unterschiedlich aus, kann dem Raum über die Wahl der Wand- und Bodenfarben eine zurückhaltende Grundstimmung gegeben werden, z. B. durch vanillefarbene Wände, einen naturfarbenen Boden und farbige Akzente für die einzelnen Nutzungsbereiche. Eine Ton-in-Ton-Einrichtung kann kuschelig wirken, braucht aber punktuelle Kontraste, um nicht in den Farbtönen zu versinken. Allgemein gilt eine helle Grundstimmung mit dunkleren und farbigen Akzenten als wohltuend. Weiß kann für Wände vorgesehen werden, doch meist wird es als wohnlicher empfunden, wenn man bei der Innenausstattung Mut zur Farbe zeigt. Bei aktiven Bereichen sind anregende Farben wie rötliche, gelbe oder orange Töne geeigneter als beruhigende Töne. In Bereichen, die hauptsächlich der Entspannung dienen, können vorwiegend beruhigende Farben wie Blau und Grün zum Einsatz kommen. Brauntöne sind ebenfalls beruhigend, sollten aber nur in Akzenten vorkommen (ausgenommen davon ist Naturholz).

## Gutes Raumklima durch Pflanzen

Behaglichkeit im Wohnbereich unterstützen sehr gut ▸ **Pflanzen.** Sie reinigen die Luft und können sogar Giftstoffe umwandeln (siehe Seite 163f.). Achten Sie darauf, dass die Blätter der Pflanzen, die neben einem Sitzplatz stehen, eher rund als spitz sind. Sie können den Unterschied erspüren. Vermutlich werden Sie sich in der Nähe rundblättriger Pflanzen wohler fühlen. Auch Pflanzen habe ihre Aura. Die Form ihrer Blätter bestimmt ihre Chi-Ausstrahlung.

**WOHNZIMMER** VORHER

Durch die vielen Fenster ist die Möblierung des Raumes sehr schwierig. Hier wurden die Möbel ungünstig platziert. Beide Sofas zeigen mit den Rückenlehnen zu den Fenstern hin. Zwei Plätze auf den Sofas befinden sich zudem im ▸ Chi-Fluss. In dieser Sofaecke wird keine gemütliche Situation zum Sitzen entstehen können. Der Esstisch steht ebenfalls ungünstig im Raum, da die meisten Plätze um den Tisch herum keine Rückendeckung haben. Die Farbgebung ist zu bunt und wirkt unruhig.

**WOHNZIMMER NACHHER**

Trotz schwieriger Raumsituation ist es möglich, eine gemütliche Sitzecke einzurichten. Eines der beiden Sofas hat volle Rückendeckung, da es mit der Rückseite zur Wand stehen kann. Das zweite Sofa steht zwar mit einem Teil mit dem Rücken zum Fenster, ist jedoch durch die Pflanzen im Rücken geschützt. Alle Sitzplätze sind aus dem ▸ Chi-Fluss herausgerückt. Auch der Essplatz hat jetzt viele Plätze mit Rückendeckung. Die klare Raumaufteilung und eine ruhige Farbgebung lassen den Raum luftig wirken und schaffen eine erholsame Atmosphäre.

# Der Schlafbereich

Einer der wichtigsten Plätze im Haus oder in der Wohnung ist das Schlafzimmer. Etwa ein Drittel seines Lebens verbringt der Mensch an diesem Ort. Nun verwenden wir die Zeit, in der wir uns dort aufhalten, zum Großteil zum Schlafen – und halten demzufolge meist die Augen geschlossen. Man könnte daher meinen, dass wir die Umgebung in diesem Bereich nicht so intensiv wahrnehmen und deshalb der Gestaltung dieses Raumes auch nicht so viel Aufmerksamkeit schenken müssen wie etwa der eines repräsentativen Wohnzimmers oder einer funktionellen Küche. Doch weit gefehlt!

## Rückzug und Regeneration

Der Schlafbereich dient der Regeneration und Entspannung – ein Faktor, dem in unserer hektischen, schnelllebigen Zeit eine immer größere Bedeutung zukommt. Zudem ist der Mensch im unbewussten Schlafzustand schutzloser als sonst – daher hat auch die Stimmung dieses Raums einen sehr großen Einfluss auf unser Wohlbefinden.
Frisch ausgeruht und gestärkt den Tag zu beginnen ist eine gute Basis, um den Alltagsanforderungen der heutigen Zeit gerecht zu werden. Deshalb ist die richtige Gestaltung Ihres Schlafbereichs besonders wichtig. Hier können Sie sich zurückziehen und die nötigen Kräfte für den nächsten Tag sammeln.

## So belebt Chi den Schlafbereich

Das Schlafzimmer ist ein intimer Ort, der vor den Augen der Öffentlichkeit geschützt sein sollte; daher empfiehlt es sich, es nicht unmittelbar in der Nähe des Eingangs anzuordnen. Gleichzeitig ist es wichtig, darauf zu achten, dass besonders dieser Raum ausreichend mit der Lebensenergie ▸ **Chi** versorgt wird. Befindet sich der Schlafraum beispielsweise am Ende eines langen verwinkelten Flures, so sollten Sie unbedingt geeignete Maßnahmen ergreifen, um mehr belebendes Chi in diesen hinteren Bereich zu lenken. Das kann mit Hilfe eines Kunstgegenstandes, eines ▸ **Mandalas,** durch ▸ **Licht** oder andere ▸ **Hilfsmittel** erreicht werden.

*Flöten über der Tür ziehen das Chi in den Schlafbereich.*

**Flöten –** Mit Flöten können Sie mehr ▸ **Chi** in einen energetisch benachteiligten Raum oder an einen bestimmten Platz ziehen. Zu diesem Zweck werden zwei Bambusflöten im 45°-Winkel oberhalb der Tür innerhalb des Raumes befestigt, in den das Chi gezogen werden soll. Flöten über dem Bett sorgen für Chi im eigentlichen Schlafbereich. Übrigens: Flöten gelten als ein Symbol für Langlebigkeit. Mehr dazu finden Sie unter dem Stichwort ▸ **Flöten.**
**Bilder –** Ein schönes Bild, das Aufmerksamkeit erregt, zieht auch das ▸ **Chi** an. Wenn Sie so ein Kunstwerk dann auch noch mittels Beleuchtung »ins rechte Licht setzen«, so werden Sie – und sicher auch andere – den bisher vielleicht unbelebten Bereich (hinterer Flur) anders wahrnehmen.
**Licht –** Die richtige Beleuchtung allein kann bereits einen gewissen Grad an Aufmerksamkeit hervorrufen. So können Sie mit Hilfe von Leuchten oder Lampen gezielt Betonungen an unbelebten Stellen setzen und das ▸ **Chi** anziehen.

## Wie man sich bettet ...

Im Schlafzimmer ist die Stellung des Bettes sehr bedeutend. Im Schlaf möchten wir uns geborgen fühlen. Wir haben dann, sozusagen instinktiv, ein besonders starkes Bedürfnis nach Schutz, um uns tief entspannen und regenerieren zu können.
Dieser Rückzugsbereich sollte ein Ort sein, an dem wir die Anspannung des Tages loslassen, um unseren Körper und unseren Geist der Entspannung hinzugeben.

**Rückendeckung** – Wichtig ist daher, Ihrem Unterbewusstsein bildlich gesprochen den größtmöglichen Grad an Sicherheit zu bieten. Dies können Sie erreichen, indem Sie Ihr Bett so platzieren, dass es mit dem Kopfende an einer Wand steht. Das vermittelt dieses Gefühl der Sicherheit. Ihr Urinstinkt empfindet das so: »Ist der Kopf bzw. der Rücken geschützt, so kann mir niemand in den Rücken fallen.« Natürlich können Sie einwenden, dass real gar keine Bedrohung vorhanden ist. Es geht hier aber um ein psychologisches Moment, das im ungünstigen Fall Ihr Alarmsystem unterbewusst in ständiger Bereitschaft hält. Und damit geht der angestrebte Entspannungsfaktor gegen null.

Ist es Ihnen aus räumlichen Gründen nicht möglich, mit dem Kopfende zur Wand zu schlafen, so sollten Sie das Bett wenigstens mit einer Seite an der Wand platzieren. Schutz für das Kopfende kann neben der Wand und einem ganz persönlichen Schutzobjekt auch durch einen ▸ Paravent oder einen herabhängenden oder gespannten Stoff erreicht werden.

**Symbolischer Schutz** – Ein Objekt, das Sie ganz persönlich mit Schutz assoziieren, kann die Funktion der ▸ Rückendeckung übernehmen. Allerdings ist so ein Objekt mit Bedacht zu wählen, da seine Schwingung in direkter Nähe zu Ihrem Kopf Ihren Schlaf beeinflussen kann. Dieser kleine »Schutz« sollte weder aggressiv noch zu anregend oder hoch energetisch sein oder auf andere Weise Ihre Ruhe stören. Ob ein Objekt aus dem östlichen Kulturkreis, etwa eine Schildkröte, oder aus dem westlichen Kulturkreis, z. B. ein Engel, gewählt wird, sollten Sie individuell entscheiden. Auch das Bild einer nahe stehenden Person kann Geborgenheit vermitteln.

**Doppelbetten** – Diese sollte man nach Möglichkeit immer so stellen, dass beide Partner, jeweils von ihrer Seite, Zugang zum Bett haben. Steht das Bett mit einer Seite an der Wand, so muss immer einer über den anderen hinwegsteigen; das stört die Gleichberechtigung in der Partnerschaft und ist unbequem.

**Fenster und Bett** – Achten Sie darauf, das Bett nicht mit dem Kopfteil unter ein Fenster zu stellen. Bekanntlich verlässt das ▸ Chi den Raum zum größten Teil durch die Fenster. Es entsteht ein Luftzug und auch ein energetischer Zug. Schlafen Sie nun mit dem Kopf unter einem Fenster, so wird Ihnen, dem energetischen Sog folgend, ständig Energie abgezogen. Hinzu kommt die stark geschwächte ▸ Rückendeckung, die ein Gefühl der Geborgenheit nur schwer aufkommen lässt und Sie ständig in »Alarmbereitschaft« hält. Natürlich ist die Reaktion auf äußere Gegebenheiten individuell. Einige Menschen fühlen sich mit einem Fenster seitlich neben dem Bett (nicht hinter dem Kopf) wohl. Das Bedürfnis nach Schutz und Geborgenheit kann auch der Blick in den Himmel oder auf einen Baum bieten.

*Günstig: Bett mit Rückendeckung.*

*Ungünstig: Das Bett steht direkt vor dem Fenster.*

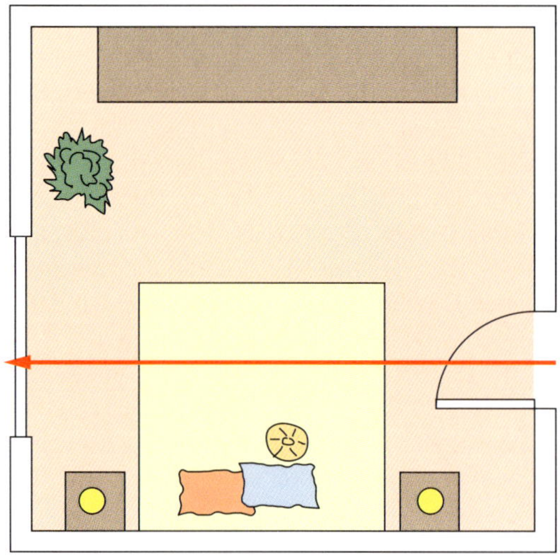

*Ungünstig: Das Bett steht direkt im Chi-Fluss.*

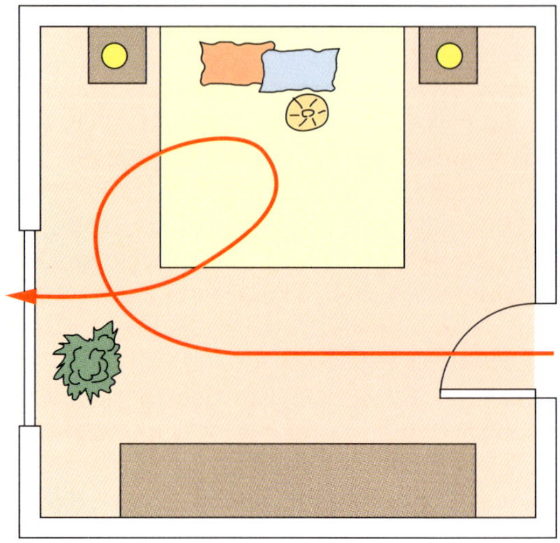

*Günstig: Das Bett steht geschützt, das Chi wird abgebremst.*

**Türen und Bett –** In der Feng-Shui-Lehre spielt die Lage des Bettes zur Tür mindestens eine ebenso große Rolle wie die Achse Bett – Fenster. Können Sie die Tür vom Bett aus sehen, werden Sie das als beruhigend empfinden, Sie haben sozusagen die Kontrolle über den Raum. Das Bett sollte sich aber nicht direkt gegenüber der Tür befinden, also nicht in einer Linie mit dem zur Tür einströmenden ▸ **Chi,** denn das bringt Unruhe. Im ungünstigen Fall kann die Energie auch attackierend wirken **(▸ Sha).**

**Bett und Himmelsrichtung –** Im ▸ **Pakua Lo Shu Feng Shui** gibt es differenzierte Aussagen über gute und schlechte Richtungen zum Aufstellen eines Bettes. In Abhängigkeit vom Geburtsjahr der jeweiligen Person wird ermittelt, welche Himmelsrichtungen günstig und ungünstig für den Schlaf sind (mehr dazu finden Sie unter ▸ **Beste Richtung**).

**Abhilfe in kleinen Räumen –** Oft ist nicht genug Raum, um das Bett optimal zu platzieren, weil das Fenster direkt gegenüber der Tür liegt oder der Raum so klein ist, dass das Bett im ▸ **Chi-Fluss** steht.

Die direkte Linie zwischen Tür und Fenster sollte jedoch in jedem Fall unterbrochen werden, da das ▸ **Chi** den Raum sonst zu schnell wieder verlässt, ohne ihn richtig zu beleben. Hier empfiehlt sich, entweder das Chi direkt am Fenster durch ein ▸ **Klangspiel** oder ▸ **Regenbogenkristalle** aufzuhalten oder die Möbel so zu stellen, dass der direkte Weg zum Bett versperrt ist und das Chi in geschwungene Bahnen gelenkt wird. Der Energiefluss, der direkt auf das Bett zuläuft, kann auch durch einen von der Decke hängenden Kristall zerstreut werden.

**Der ideale Platz für Ihr Bett –** Stellen Sie Ihr Bett möglichst in den diagonal zur Tür liegenden Raumabschnitt und – soweit es der Platz in Ihrem Schlafzimmer erlaubt – möglichst weit von der Tür entfernt auf. Das Kopfteil des Bettes sollte dabei stets an einer Wand liegen, um ▸ **Rückendeckung** zu haben. Optimal ist es, wenn Sie von Ihrem Bett aus die Zimmertür im Blick haben.

**Expertenstreit zum Thema »Tür und Bett« –** Es gibt im Feng Shui mehrere Auffassungen über die ideale Position des Bettes im Raum. Einige Feng-Shui-Experten vertreten die Auffassung, die unterbewusste »Gefahr«, die von der Tür ausgehen kann, sei am besten auszuschließen, wenn man die Tür vom Bett aus nicht einsehen kann und so erst gar nicht mit diesem Thema belastet wird. Wir halten es jedoch für schlüssiger, wenn die Tür vom Bett aus sichtbar ist. Aber wie immer sollte das individuelle Gefühl entscheiden: Wer im Zweifel ist, möge selbst ausprobieren, welche Variante die innere Ruhe besser fördert.

## Kleiner Einrichtungsratgeber

**Atmosphäre** – Ausschlaggebend für die Gestaltung eines Raumes ist neben dem individuellen Geschmack immer seine Funktion. So empfiehlt es sich, für diese eher passive Ruhezone eine ▸ Yin-betonte Gestaltung zu wählen. Weiche Formen passen besser in ein Schlafzimmer als dynamische oder aggressive Formen. Spitze Kanten, die auf das Bett zeigen, sind zu vermeiden (▸ Geheime Pfeile).

**Pflanzen** – Große Pflanzen in direkter Nähe zum Schlafplatz werden nicht als günstig angesehen. Mit ihrem Wachstum symbolisieren Pflanzen das Element ▸ Holz und sind daher eher ▸ Yang-betont. Auch ein stark duftender Blumenstrauß mindert die Frischluft im Raum und kann die Ruhe stören.

**Kunstwerke** – Feng Shui heißt, bewusst wahrzunehmen, mit welchen Gegenständen, welchen Inhalten und Gedankenschwingungen man sich umgibt. Ein Kunstwerk mit melancholischem Ausdruck oder einem streitbaren Inhalt gibt seine vielleicht bedrückende Aussage auch in die Umgebung ab und hat somit Anteil an der Stimmung im Raum.

**Bücher** – Ähnlich wie mit Kunstwerken verhält es sich auch mit Büchern. Haben Sie viele Bücher in der Nähe Ihres Bettes, so sollten Sie nach Möglichkeit Literatur mit belastenden Themen meiden. Denn im Schlafbereich sollte generell auf alles, was mit schwerer Symbolik (▸ Symbole) behaftet ist oder der Harmonie zuwiderläuft, verzichtet werden.

**Über dem Bett** – Meiden Sie alles, was unterbewusst als Gefahr gedeutet werden kann – das ist eine wichtige Voraussetzung für einen wirklich ungestörten und erholsamen Schlaf. Schwere Gegenstände an der Wand oberhalb des Kopfendes, wie etwa ein Bücherregal, eine wuchtige Leselampe oder ein Bild in sehr schwerem Rahmen, bergen in sich die Gefahr herunterzufallen. Zudem sammeln sich auf einer Ablage oder einem Regal schnell allerlei Dinge an. Der Schlafplatz sollte jedoch möglichst aufgeräumt sein. Unordnung kann das ▸ Chi im Extremfall so stark zerstreuen, dass kein belebender Energiefluss mehr möglich ist. Außerdem kann das äußere Chaos in der näheren Umgebung des Bettes im Inneren des Menschen gespiegelt werden – an ruhigen Schlaf ist dann nicht mehr zu denken.

**Unter dem Bett** – Nicht nur der Platz über Ihrem Bett ist entscheidend für die Schlafqualität, Sie sollten auch darauf achten, was sich unter Ihrem Bett befindet. Nutzen Sie diesen Raum nicht als Ablage für alle unliebsamen Dinge, die Sie sonst nirgends unterbringen können. Alte Bücher, Familienfotos, verstaubte Decken oder Aktenordner sind kein sanftes Ruhekissen. Denken Sie einmal an die damit verbundenen Geschehnisse, und fragen Sie sich dann, ob Sie sich wirklich darauf ausruhen mögen.

**Spiegel** – Das Schlafzimmer ist der Ort, an dem wir die Hektik des Tages hinter uns lassen und zur Ruhe kommen möchten. Die weit verbreitete Gewohnheit, große ▸ Spiegel im Schlafraum zu platzieren, wirkt dieser Ruhe allerdings entgegen.

Spiegel reflektieren das Licht, unser Bild und auch die im Raum zirkulierende Energie, das ▸ Chi. Besonders die Kraft größerer Spiegel, in denen man sich ganz sehen kann, sollte nicht unterschätzt werden. Ein Spiegel, der zum Bett gerichtet ist, bringt angeblich Unglück für die Schlafenden, denn er schickt ständig einen Energiestrom Richtung Bett, unabhängig davon, ob es hell ist oder nicht.

Am besten ist es, auf Spiegel im Schlafraum ganz zu verzichten. Wenn Sie jedoch unbedingt einen Spiegel in diesem Raum haben möchten, so stellen Sie ihn so auf, dass er vom Bett aus nicht einsehbar ist, oder benutzen Sie einen Spiegel auf Rollen, dessen Position man nach Belieben verändern kann.

Natürlich spielen dabei Größe des Spiegels und die Entfernung vom Bett eine entscheidende Rolle. Ein handgroßer Spiegel etwa, drei Meter vom Bett entfernt, hat keinen so großen Einfluss.

Eine verspiegelte Schrankwand gegenüber dem Bett kann dagegen erheblich zu einem unruhigen Schlaf beitragen.

Sind Sie sich unsicher, was in punkto Spiegel zu tun ist, dann probieren Sie aus, den Spiegel einige Zeit – zumindest nachts – mit einem schönen Tuch abzuhängen, und prüfen Sie selbst, wie sich diese Veränderung anfühlt.

Früher gab es bei uns Schlafzimmerschränke, deren Spiegel ganz bewusst auf der Innenseite der Schranktüren angebracht waren. In Indien beispielsweise kennt man die Tradition, nachts die Spiegel mit Vorhängen zu verdecken.

## Die Wirkung der Nachbarzimmer

Auch die Einflüsse aus baulichen Gegebenheiten, etwa Bad oder WC in unmittelbarer Nachbarschaft zum Schlafzimmer, beeinflussen die Schlafqualität. Bad und WC dienen der Reinigung und sollten nicht direkt mit dem Ruhebereich verbunden sein. Wird das Bad genutzt, dann ist eine Belästigung für eine Person, die nebenan schläft, nicht zu vermeiden. Günstigenfalls sollte dies bereits bei der Planung eines Hauses beachtet werden.

**Tür an Tür** – Liegen Schlafzimmer und Bad und/oder WC aber bereits nebeneinander, so kann man versuchen, wenigstens energetisch eine Trennung der zwei Bereiche herzustellen.

Damit das »unreine« ▸ **Chi** (▸ **Sha)** aus Bad und WC auch direkt im Raum abfließt und nicht in den Schlafraum hinein, kann auf oder oberhalb der Tür zum Schlafraum die Energie gebremst werden.

Zu diesem Zweck können Sie auf der Seite des Waschraums einen kleinen ▸ **Spiegel** anbringen, der die Energie in den Raum zurückreflektiert.

Auch ein ▸ **Wächter,** etwa ein Engel, ein Buddha, ein Drache oder ein persönliches ▸ **Symbol** mit Schutzwirkung kann diese Aufgabe übernehmen.

Möchten Sie zudem verhindern, dass zu viel Chi vom Schlafraum in Richtung der ▸ **Abflüsse** im Bad gezogen wird, so können Sie außerdem auf der Schlafzimmerseite der Tür einen Schutz oder eine Blockade für das Chi anbringen.

**Wand an Wand** – Selbst wenn keine Tür die Räume verbindet, so liegt der Schlafraum doch häufig Wand an Wand mit dem Bad oder der Küche, was im Feng Shui als ungünstig angesehen wird. Auf jeden Fall zu vermeiden ist es, das Bett mit dem Kopfende an die Wand zu stellen, in der die Installationen angebracht sind: Das führt zu Unruhe und Energieverlust.

## Schlafraum unter dem Dach

In der heutigen Architektur ist es sehr beliebt, die Dachkonstruktion eines Hauses sichtbar zu lassen. Was im Allgemeinen dekorativ aussehen kann, ist aber besonders im Schlafbereich von Nachteil. Das ▸ **Chi,** das sich im Raum verteilt und auch entlang aller Begrenzungsflächen fließt, wird im Bereich der Dachbalken heruntergedrückt. Schlafen Sie also direkt unter so einem Deckenbalken, dann bewirkt das möglicherweise einen ständigen Druck auf Ihren Kopf, wenn der Balken sich über diesem befindet. Meistens hat man nicht die Möglichkeit, an einer solchen Konstruktion etwas zu verändern, aber man kann die störenden Deckenbalken abhängen. Ein Stoffsegel über dem Bett beispielsweise bildet eine Art neuen Himmel und versteckt die drückende Konstruktion der Dachbalken. Mehr dazu finden Sie unter dem Begriff ▸ **Balken** im lexikalischen Teil.

## Elektrosmog

Bei der Betrachtung des Schlafplatzes sind natürlich auch mögliche Belastungen wie ▸ **Elektrosmog** mit einzubeziehen. Fernsehgeräte, Stereoanlagen und ähnliche Stromabnehmer verbreiten eher quirlige aktive Energie – und außerdem jede Menge Elektrosmog. Möchten Sie auf diese Geräte nicht verzichten, so sollte das Bett in ausreichendem Abstand zu den Geräten stehen.

Auf Halogenleuchten direkt am Bett sollte verzichtet werden, denn ihre Transformatoren sorgen für hohe Elektrosmogwerte. Hilfreich für alle Schlaf- und Ruhezonen ist ein Netzfreischalter, der den Stromkreis des jeweiligen Raumes nachts ausschaltet und vom übrigen Netz abtrennt. Gerade dann, wenn viele Stromabnehmer installiert sind, kann der Schlafplatz somit strahlungsarm gehalten werden.

## Baubiologie

In diesen wichtigen Bereich fallen alle ▸ **Materialien,** mit denen wir uns umgeben. Je natürlicher die Materialien von Bett, Teppich, Zubehör und anderen Stoffen im Schlafraum sind, umso mehr entspricht das unserer naturgemäßen Umgebung.

Ein Bettgestell aus dem Material Metall sollten Sie vermeiden, denn Metall kann das Erdmagnetfeld ablenken, was wiederum Irritationen verursacht. Außerdem werden durch die Leitfähigkeit des Metalls vorhandene ▸ **Störzonen** (▸ **Gitternetz**-Strukturen etc.) verstärkt. Mit einem ▸ **Kompass** können Sie testen, wie stark die Kompassnadel in der Nähe leitfähiger Metallgegenstände abgelenkt wird.

## Geobiologie

Auch geobiologische Faktoren beeinflussen unseren Schlaf. Damit sind standortbedingte Einflüsse wie ▸ **Wasseradern**, ▸ **Gitternetze**, ▸ **Kraftorte** und andere Phänomene gemeint.
Ein ▸ **Geomant** oder ▸ **Rutengänger** (Radiästhet) und auch mancher Feng-Shui-Berater verstehen es, diese Einflussfaktoren aufzuspüren. Wenn Sie ständig unter Schlafstörungen leiden oder häufig krank sind und ärztliche Betreuung keine Fortschritte mehr erzielt, empfiehlt es sich, den Schlafplatz von einem Fachkundigen untersuchen zu lassen.

## Farbgebung im Schlafbereich

Die Wirkung der ▸ **Farben** auf den Menschen ist nicht zu unterschätzen. Auch nachts, wenn unsere Augen geschlossen sind und der Raum dunkel ist, beeinflusst die Schwingung der Farben die Stimmung des Raumes und unser Wohlbefinden.
Im Ruhebereich sind bei der Wahl der Farben sanfte Töne zu bevorzugen. Ein starker Rotanteil sowie schrille Farbtöne sind anregend und können den Schlaf stören. Besonders Rot, wenn es leuchtet, hat eine stark munter machende Wirkung, es erhöht auch den Blutdruck, steigert Aktivität und Aggression, wenn eine Neigung dafür vorhanden ist. Ein hoher Rotanteil, eventuell in Kombination mit Schwarz, sorgt für einen sehr unruhigen Schlaf.
**Individuelle Farbgestaltung –** Die Farben im Schlafzimmer sollten den ganz persönlichen Bedürfnissen angepasst sein. Beachten Sie daher bei der Wahl der Farbe, welche Personen sich in dem jeweiligen Schlafraum aufhalten.
Menschen mit hohem Blutdruck, die täglich starkem Stress ausgesetzt sind, brauchen eine andere Farbstimmung in ihrem Ruhebereich als kleine Kinder oder eine melancholisch veranlagte Person, der es schwer fällt, morgens wach zu werden.
**Grün und Rosa –** Die Farbe Grün und der Farbton Rosa beruhigen das Herz, haben eine friedliche, entspannende Ausstrahlung und mildern Aggressionen. Für Menschen mit niedrigem Blutdruck, die morgens nur schwer in Gang kommen, ist die Farbe Grün besonders gut.
**Apricot –** Dieser Farbton hat eine ausgleichende Wirkung und wird als leicht wärmend empfunden. Wie Grün, so eignet sich auch ein Apricotton im Schlafbereich für Menschen, die unter niedrigem Blutdruck leiden und mit Startschwierigkeiten am Morgen zu kämpfen haben.
**Blau –** Diese Farbe fühlt sich kühl an und wirkt klärend. Zudem hat Blau eine beruhigende Wirkung auf das Nervensystem.
Dunkelblau ist für größere Flächen weniger geeignet, der Raum wirkt dann zu kalt und dunkel. Aber in Maßen, wie etwa als Bettwäsche, kann Dunkelblau beim Einschlafen helfen, denn es wirkt entspannend und leicht blutdrucksenkend.
**Weiß –** Weiß ist von seiner Wirkung her eher neutral und kann etwas kühl wirken, wenn es nicht mit anderen Farben kombiniert wird.
Bettwäsche in einem schlichten Weiß oder Cremeton wirkt angenehm klärend und frisch.
**Flieder –** Dieser Farbton besänftigt und wirkt wie Rosa und Grün aggressionshemmend.
**Rot, Orange, Gelb –** Ungeeignet für den Schlafbereich sind die Farben Rot, Orange und ein intensiv leuchtendes Gelb. Sie sollten, wenn überhaupt, eher sparsam verwendet werden.
Ein ganz helles, pastellig abgetöntes Gelb dagegen passt sehr gut in den Schlafbereich.

## Ihr Geschmack entscheidet

Nicht nur für die farbliche, sondern auch für die gesamte Gestaltung Ihres Schlafbereichs gilt: Ihr ganz persönliches Wohlbefinden sollte der Maßstab für die Einrichtung Ihres Schlafbereichs sein.
Versuchen Sie, sich nicht zu sehr am Zeitgeschmack und an vorgefertigten Bildern zu orientieren.
Der Zeitgeschmack und die hier beschriebenen Regeln nach Feng Shui treten dann von selbst in den Hintergrund, wenn es Ihnen gelingt zu erspüren, was Ihnen ganz persönlich gut tut.
Die Hauptsache ist schließlich, dass Sie gut schlafen können und morgens ausgeruht und gestärkt den Tag beginnen. Ist dies nicht der Fall, dann finden Sie hier einige Anregungen, wie Sie den Entspannungs- und Erholungswert in Ihrem Schlafzimmer erhöhen können.

**SCHLAFRAUM** **VORHER**

Die Situation ist ungünstig. Der ▸ **Chi-Fluss** strömt geradlinig durch den Raum, ohne den Schlafplatz zu beleben. Die Farben sind zu anregend für den Ruhebereich, und die Muster bringen eine zerstreuende, nervöse Energie mit sich. Die Schlafposition mit dem Kopf zur Tür verhindert eine tiefe Entspannung. In diesem Raum kann man nur schwer zur Ruhe kommen.

**SCHLAFZIMMER NACHHER**

Der gleiche Raum nach Feng-Shui-Kriterien gestaltet. Der ▸ Chi-Fluss wird durch Möblierung, Pflanze und Klangspiel am Fenster gebremst, zirkuliert im Raum und belebt auch den Schlafplatz. Die Position des Bettes bietet Rückendeckung und den Überblick. Die Farbgebung sorgt für eine ruhige, entspannte Atmosphäre im Raum. Hier kann man sich gut entspannen und schlafen.

# Der Arbeitsplatz

Der Platz, an dem wir arbeiten, ist wesentlich für das gute Gelingen der Tätigkeit, der wir dort nachgehen. Der Arbeitsplatz kann sowohl positiven als auch negativen Einfluss haben: Er stärkt die innere Ruhe oder macht nervös; er kann Gedanken zerstreuen oder die Konzentration fördern, Überblick vermitteln oder den Horizont einschränken. Daher ist es wichtig, den Arbeitsplatz so einzurichten, dass er unterstützend wirkt. Natürlich sind die Anforderungen entsprechend der jeweiligen Tätigkeit und Räumlichkeit sehr unterschiedlich. Trotzdem gibt es grundlegende Prinzipien in der Feng-Shui-Lehre, die Sie berücksichtigen und anwenden können.

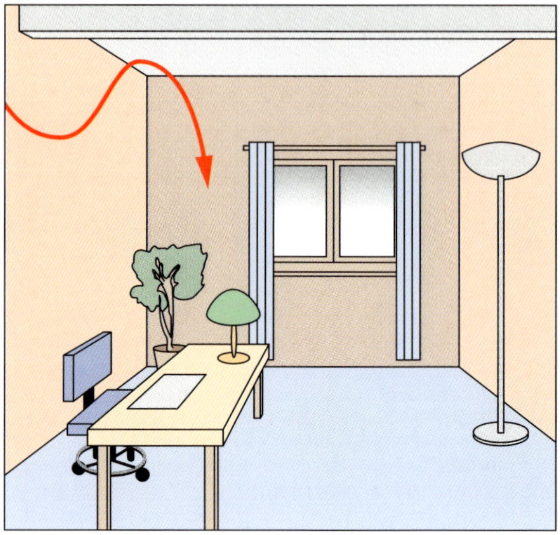

*Ungünstig: Direkt über dem Schreibtisch befindet sich ein Deckenbalken, der den Chi-Fluss stört. Der Balken kann Unruhe erzeugen und bedrückend wirken.*

## Die Lage des Arbeitsplatzes

Auch für das Arbeitszimmer ist es sehr wichtig, dass ein harmonischer ▸ **Chi-Fluss** den Raum belebt. Es muss daher sichergestellt werden, dass die Lage des Arbeitsplatzes innerhalb der Wohnung oder des Hauses so günstig ist, dass ihm ausreichend ▸ **Chi** zufließen kann.

Ein Raum am Ende eines Flurlabyrinths, die hinterste Ecke unter dem ▸ **Dach** oder ein ungenutzter Kellerraum sind nicht die beste Wahl für einen Arbeitsplatz, an dem Sie konzentriert und kreativ sein möchten. Suchen Sie sich einen Raum, der vom Eingang leicht zu erreichen ist und vom Energiefluss gut belebt ist. Wenn es sich gar nicht umgehen lässt, dass sich der Arbeitsplatz in einem abgelegenen Raum befindet, so sollten Sie wenigstens versuchen, das Chi in diesen Winkel des Hauses zu führen.

*Dieser Arbeitsplatz ist hell, freundlich und besitzt Rückendeckung, die ein konzentriertes Arbeiten unterstützt.*

## Schreibtisch und Tür

Innerhalb des Arbeitsraumes ist der Schreibtisch am wichtigsten und sollte besonders gut vom ▸ Chi belebt werden. Wenn möglich, sollten Sie vermeiden, dass der Schreibtisch direkt in dem zur Tür hereinfließenden ▸ Chi-Fluss liegt, denn ein gerade auf den Tisch zuströmender, beschleunigter Energiefluss bringt Unruhe auf den Schreibtisch: Die Energie wäre zu stark, sozusagen attackierend (▸ Sha).
Besser ist es, wenn der Schreibtisch diagonal zur Tür steht, so dass die Energie erst, nachdem sie durch Raumform, Möblierung oder Gestaltung in geschwungene Bahnen gelenkt wurde, den Arbeitsplatz erreicht und sich dort wohltuend verteilen kann. Lässt sich aber die Positionierung von Tisch und Tür in einer Achse nicht vermeiden, so ist eine Unterbrechung der geraden Linie zwischen Tür und Arbeitsplatz zu empfehlen.
Das kann mittels Möbeln, ▸ Pflanzen oder Leuchten geschehen. Spätestens direkt auf der Arbeitsplatte sollte beispielsweise ein Schutzobjekt den Chi-Fluss abbremsen und zerstreuen, so dass seine attackierende Wirkung verloren geht.

## Fenster und Tür

Zu beachten ist auch die Lage der Fenster zur Tür. Liegen sich diese direkt gegenüber, so fließt das Chi von der Tür aus auf geradem Wege zum Fenster hinaus. In so einem Fall sollte der Energiefluss am Fenster gebremst werden, so dass er sich erst im Raum verteilen kann, bevor er diesen wieder verlässt. Mehr zum Thema finden Sie unter den Stichworten ▸ Chi und ▸ Chi-Fluss im lexikalischen Teil.

## Rückendeckung am Arbeitsplatz

Die ▸ Rückendeckung ist ein sehr wichtiges Prinzip im Feng Shui. Ein Platz, an dem wir arbeiten, sollte so ausgerichtet sein, dass hinter unserem Rücken eine Wand oder eine andere Abschirmung vorhanden ist. Das bietet Schutz und stärkt unsere Position. Es geht dabei nicht um realen Schutz vor Angriffen, die in unserer heutigen Zivilisation in dieser Form nicht zu befürchten sind, sondern vielmehr um das

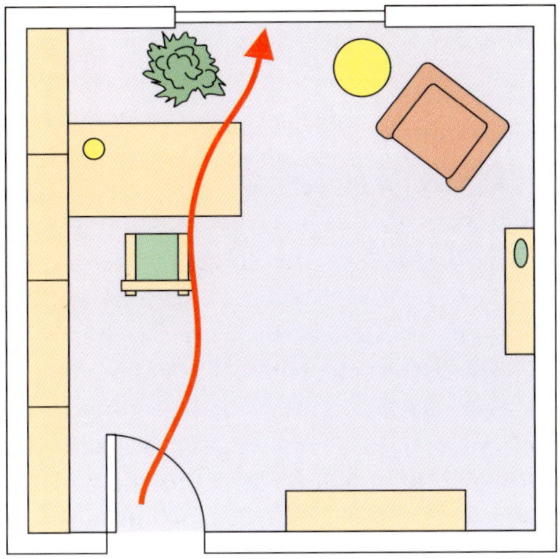

*Ungünstig: Dieser Arbeitsplatz besitzt keine Rückendeckung. Der Schreibtischstuhl steht direkt im Chi-Fluss.*

*Günstig: Ein Arbeitsplatz mit Rückendeckung. Hinter dem Schreibtisch befindet sich eine Wand, die Schutz bietet.*

Gefühl der Sicherheit, das nach wie vor an unsere Urinstinkte gebunden ist. Sie können es selbst ausprobieren und werden feststellen, dass eine Wand im Rücken sich tatsächlich behaglicher anfühlt als der offene Raum. Mit einer guten Rückendeckung hat man eine gelassenere Ausstrahlung und kann auch mehr erreichen. Mehr zum Thema »Rückendeckung« finden Sie im Kapitel »Die Geschäftsräume« auf den Seiten 277, 279, 280.

## Haben Sie den Überblick?

Ein weiterer sehr wichtiger Aspekt ist der Überblick in einem Raum. Sie sollten darauf achten, dass der Schreibtisch so positioniert wird, dass ein guter Überblick über den Raum gegeben ist und die Tür sich im vorderen Blickfeld befindet.
Der Blick zur Tür und in den Raum gewährleistet Kontrolle über das Geschehen. Wenn Sie das auf Ihre Arbeit übertragen, so können Sie davon ausgehen, dass Sie auch dabei inhaltlich den Überblick behalten. Außerdem gestattet die genannte Position mehr Konzentration auf die eigentliche Arbeit, da keine Überraschungen durch eine Tür, die wir nicht im Blick haben, zu erwarten sind. Es muss sich dabei keineswegs um tatsächliche Überraschungen handeln, es reicht die theoretische Möglichkeit, dass uns jemand überraschen oder stören könnte. Unser Unterbewusstsein hält uns sozusagen in Alarmbereitschaft. Das kostet Energie und Konzentration. Aber auch tatsächliche Unterbrechungen, z. B. durch den Postboten, sind aus einer guten Raumposition heraus viel weniger irritierend. Nicht zu sehen, wer den Raum betritt oder bereits hinter einem steht, kann sehr nervös machen und schwächt Konzentration und Gelassenheit – und das wirkt sich negativ auf die Arbeit aus.

## Weitblick statt Brett vorm Kopf

Hinzu kommt bei einer guten Raumposition, die Ihnen einen Überblick bietet, dass es wohltuend ist, direkt vor dem Schreibtisch Freiraum zu haben. Freiraum, um Gedanken kreisen zu lassen, in die Ferne zu schweifen, sozusagen mit »Weitsicht« an die Arbeit zu gehen. In der Lehre der ▸ **Fünf Himmlischen Tiere** wird dieser Aspekt durch den sagenumwobenen Vogel Phönix dargestellt, der sich im Süden in die Lüfte erhebt. Ist der Raum vor Ihrem Schreibtisch sehr begrenzt, so fühlen wir uns ebenfalls eingeengt. Fällt der Blick vom Schreibtisch aus direkt auf eine Wand oder ein voll gestopftes Regal, kann das manchmal wie ein »Brett vor dem Kopf« wirken.
Gönnen Sie sich am Schreibtisch etwas Erfreuliches als Gegenüber, auf das Ihr Blick fällt, wenn Sie von der Arbeit aufschauen.

## Die Form des Schreibtisches

Auch bei der Wahl des Schreibtisches sind einige Aspekte zu beachten. So entsprechen rechteckige Formen mehr dem kaufmännischen Prinzip und geschwungene, runde Formen mehr dem künstlerischen. Sie können mit der Wahl der Schreibtischform also auch Ihre Tätigkeit unterstützen.
Bei einem rechteckigen Tisch ist es gut, wenn die Ecken leicht abgerundet sind, so dass von den Kanten kein schneidendes ▸ **Chi** (▸ **Sha**) ausgeht. Achten Sie darauf, dass die Ecken des Tisches nicht ständig auf eine andere Person weisen, dann ist auch ein rechteckiger Tisch mit scharfen Kanten in Ordnung.

## Die Oberfläche des Schreibtisches

Die Oberfläche Ihres Schreibtisches sollte nicht spiegeln oder in anderer Form die Augen irritieren. Auch die Wahl einer zu dunklen oder zu knalligen Farbe für die Tischoberfläche ist nicht empfehlenswert. Eine schwarze Schreibplatte bildet beispielsweise einen sehr starken Kontrast zu dem meist weißen Schreibpapier: Das ermüdet die Augen und beeinträchtigt die Leistungsfähigkeit. Ebenso wirkt eine gläserne Schreibtischoberfläche irritierend, da sie das Gefühl vermittelt, die auf dem Tisch befindlichen Sachen müssten hindurchfallen. Es ist besser, seiner Arbeit eine stabile Unterlage zu geben.

## Symbole am Arbeitsplatz

Wenn Sie Ihr Arbeitszimmer nach den Prinzipien des Feng Shui einrichten wollen, sollten Sie sich folgende Frage stellen: Welche Aussagen verbergen sich in den Accessoires meiner Umgebung? Denn nach der Feng-Shui-Lehre ist es wichtig, bei der Gestaltung des Arbeitszimmers auf die ▸ **Symbolik** in Bildern und Objekten zu achten.
Umgeben Sie sich nur mit Dingen, die in ihrer Aussage ausgeglichen sind oder besser noch, die Sie in Ihrer Arbeit unterstützen.
Ein Foto, das die baufälligen Häuser in einem kleinen Fischerdorf zeigt, mag zwar an den letzten Urlaub erinnern und durchaus romantisch sein, steht aber nicht für Wachstum und Wohlstand, den Sie

möglicherweise mit Ihrer Arbeit anstreben. Natürlich kommt es immer auf den Zusammenhang an. Wenn Sie in der Reisebranche tätig sind, kann so ein Bild dagegen sehr wohl passend sein.

Fragen Sie sich, welche Aussage Sie mit einem Bild oder einem bestimmten Objekt verbinden, dann werden Sie schnell herausfinden, ob es Sie in Ihrem Vorhaben unterstützt oder nicht.

**Hinter dem Schreibtisch –** Dem Platz hinter Ihrem Schreibtisch sollten Sie besondere Aufmerksamkeit schenken. Wenn Sie dort ein Bild aufhängen möchten, sollten Sie eher ein ausgeglichenes, ruhiges Motiv wählen, das Ihnen symbolisch den Rücken stärkt. Nach der Lehre der ‣ **Fünf Himmlischen Tiere** entspricht das dem Prinzip der ‣ **Schildkröte,** die mit ihrem Panzer unsere ‣ **Rückendeckung** darstellt.

In der Betrachtung einer Landschaft käme dies dem Motiv eines großen Berges gleich. Ähnlich stabil oder schützend sollte ein Objekt ausfallen, das hinter dem Schreibtisch hängt.

**Das richtige Platzieren von Objekten –** Beachten sollten Sie, dass Objekte oder Accessoires mit einer positiven Symbolik (‣ **Symbole**) auch ihren Platz brauchen, um zu wirken und ihre Ausstrahlung richtig entfalten zu können. Ein bereits voll gestopftes Regal wird, selbst wenn dort ein schöner ‣ **Kristall** liegt, weiterhin seine Schwingung von Enge und Unordnung im Raum verbreiten. Es nützt also wenig, überall hilfreiche Dinge nach den Regeln des Feng Shui zu verteilen, wenn man vorher nicht aufgeräumt hat (siehe auch unter ‣ **Aufräumen/Ausmisten**).

**Positive Wirkung von Symbolen –** Setzen Sie an Ihrem Arbeitsplatz gezielt ‣ Symbole ein, um eine positive Anregung zu erzielen. Schon die alten Kaufleute in unseren Breiten wussten kraftvolle Symbole zu nutzen, etwa in ihren Familienwappen. Auch heute sollte das Layout von Briefkopf oder Firmenlogo oder die Gestaltung einer Homepage auf vielleicht nur versteckte symbolische Aussagen hin betrachtet werden. In Ihrem Arbeitszimmer sollten Sie ebenfalls Ihrem persönlichen Geschmack entsprechende Symbole zur Unterstützung Ihrer Arbeit nutzen.

*Günstig: Der Computer steht auf einem eigenen Tisch.*

## Der Schreibtisch

Auch auf dem Schreibtisch, der immer gut aufgeräumt sein sollte, können die neun Lebensbereiche des ‣ **Bagua** gezielt angewendet werden. Legen Sie das Raster des Bagua auf die Schreibtischfläche, dann können Sie leicht erkennen, wo sich die jeweiligen Lebensbereiche befinden. Es ist spannend zu sehen, wo dann z. B. das Telefon – der Kontakt nach außen – zu stehen kommt oder welcher Bereich mit unaufgeräumten Papierstapeln belegt ist.

**Computer –** Da ein ‣ **Computer** viel Platz einnimmt und somit einen kompletten Lebensbereich auf dem Tisch belegt, sollte er möglichst auf einem separaten Tisch neben der Schreibplatte stehen.

**Telefon –** Pflegen Sie Kontakte hauptsächlich telefonisch, könnte das Telefon im Bagua-Bereich für »Wachstum und Erfolg« stehen. Somit fördern Sie telefonische Anfragen und eingehende Aufträge.

**Rechnungseingang und Rechnungsausgang –** Rechnungen, die Sie noch bezahlen sollen, legen Sie besser nicht in den Bereich für »Wachstum und Erfolg«. Forderungen an Kunden jedoch könnten hier dafür sorgen, dass sie schneller bezahlt werden. Am besten ist es jedoch, viel freien Platz zu lassen, damit für Neues Raum vorhanden ist.

**Fotos –** Das Familien- oder Partnerfoto könnte in der Familien- oder Partnerecke stehen.

*Schreibtisch mit den neun Lebensbereichen des Bagua.*

**Blumen –** Blumen sind im Bereich »Familie« vorteilhaft. Sie erzeugen im Osten Wachstumsenergie, die am Arbeitsplatz kostbar ist.

**Edelsteine –** Wenn die Kollegialität zu einem Mitarbeiter nicht die allerbeste ist, können Sie mit einem ▸ Kristall oder einem Rosenquarz in der Südwestecke des Schreibtischs für mehr Harmonie sorgen, denn hier liegt der Partnerschaftsbereich.

**Ordnung –** Im Allgemeinen sollte der Schreibtisch immer gut aufgeräumt sein. Nichts ist schlimmer, als wenn sich vor einem unerledigte Stapel auftürmen. Dies hemmt jegliche Motivation. Mehr dazu finden Sie unter dem Stichwort ▸ **Phönix.**

Benötigen Sie Ablagefächer, dann sollten sie besser links von Ihnen stehen, um der Regel des ▸ Drachen zu entsprechen. Sie besagt, dass die Gegenstände links höher sein sollten als rechts, denn links haben wir unsere Herzseite und die ▸ Yin-Seite, die mehr Schutz bedarf als unsere rechte Körperseite.

## Ordnung muss sein

Das Thema »Ordnung« nimmt im Arbeitszimmer einen wichtigen Stellenwert ein. Schaffen wir Ordnung und Klarheit im Äußeren, so wird es uns auch leichter fallen, im Inneren klar zu sehen. Dann ist es einfacher, stets den Überblick über die zu bewältigenden Arbeiten zu behalten. Außerdem sind große Stapel unerledigter Dinge, die sich vor einem auf dem Schreibtisch türmen, sehr demotivierend. Befreien Sie sich von all den Stapeln Papier um sich herum, räumen Sie auf, und trennen Sie sich von Dingen, die Sie hier nicht benötigen.

Wenn Sie viel Arbeit haben, so nutzen Sie ein gutes Ablagesystem, in dem Sie zu erledigende Projekte je nach Fälligkeit einsortieren, so dass auf Ihrem Schreibtisch schließlich nur noch die Arbeit für den heutigen Tag auf Sie wartet.

Sie werden staunen, wie viel angenehmer es ist, sich an die Arbeit zu machen, wenn die Aufgabe übersichtlich ist und Platz zum Ausbreiten vorhanden ist. Auch das ▸ Chi kann in einem »freieren« Raum besser zirkulieren, als wenn es sich in verstaubten Zeitungsstapeln, Bergen von Aktenordnern und Büchertürmen verfängt.

**Ordnung ist das halbe Leben –** Innere und äußere Klarheit bedingen sich gegenseitig. Stapel unerledigter Dinge nehmen Ihnen die Lust an der Arbeit. ▸ **Aufräumen/Ausmisten** wirkt dagegend befreiend und motivierend.

## Sich wohl fühlen

Für ein entspanntes, konzentriertes Arbeiten ist es bedeutend, dass man sich am Arbeitsplatz wohl fühlt. Denn Freude bei der Arbeit steigert die Leistungsfähigkeit. Gestatten Sie sich daher in diesem Raum ein wenig Behaglichkeit, etwa ein paar frische Blumen, einen schönen ▸ Duft oder eine ▸ Kerze in der trüben Jahreszeit. Es muss nicht unbedingt immer hart gearbeitet werden. Arbeit darf ruhig Spaß bringen. Meist gelingt sie dann viel besser.

## Frischer Wind am Arbeitsplatz!

Wichtig bei der Arbeit ist es, stets mit ausreichend frischer Luft versorgt zu sein. Denn Frischluft unterstützt das ▸ Chi dabei, den Raum zu beleben, und kann außerdem Müdigkeit vorbeugen. Öffnen Sie daher öfter mal ein Fenster, und sorgen Sie für Luftaustausch. Sauerstoffmangel sowie elektronische Geräte, die heute zur Ausrüstung der meisten Arbeitsplätze gehören, sorgen für einen erhöhten Gehalt an positiven Ionen in der Luft. Dies führt zu schnellerer Ermüdung und schwächt die Leistungsfähigkeit. Abhilfe schafft tägliches Staubwischen mit einem feuchten Lappen, zumindest aller glatten Flächen wie Schreibtisch, ▸ Computer oder Kopiergerät in Ihrer Umgebung. Dadurch wird der Anteil an negativen Ionen in der Luft erhöht und ein besseres Raumklima hergestellt. Wirkungsvoll ist auch das Aufstellen einer ▸ Salzkristallleuchte. Sie gibt bei Erwärmung negativ geladene Ionen ab und sorgt am Arbeitsplatz für gesündere Luft.

## Beleuchtung am Arbeitsplatz

Natürlich darf ausreichendes ▸ Licht bei der Arbeit nicht fehlen. Dabei sind unterschiedliche Anforderungen und der Wechsel im Tageslicht zu berücksichtigen. Wenn die Räumlichkeiten es zulassen, ist Tageslicht als natürliche Lichtquelle immer dem Kunstlicht vorzuziehen. Die Beleuchtungsmittel sind so zu wählen, dass unterschiedliche Bedürfnisse erfüllt werden können. Ein sehr hell ausgeleuchteter Raum etwa, dessen Licht nur zentral geschaltet werden kann, ist auf die Dauer für die Augen ebenso anstrengend wie ein unzureichend ausgeleuchteter Schreibtisch, der Sie schnell ermüden lässt. Das Auge braucht Abwechslung, deshalb werden unterschiedliche Lichtverhältnisse innerhalb eines Raumes, der Wechsel von Helligkeit und Schatten als sehr angenehm empfunden. Außerdem haben verschiedene Menschen natürlich verschiedene Ansprüche an eine gute Beleuchtung, die durch individuelle Arbeitsplatzleuchten am besten zu erfüllen sind. Bei der Wahl des Leuchtmittels ist darauf zu achten, dass es nicht blendet oder zu viel Hitze abstrahlt. Auch ▸ Elektrosmog, der etwa von Halogensystemen oder dem Starter der Leuchtstoffröhren ausgeht, sollte berücksichtigt und entsprechende Quellen auf Abstand gehalten werden.

*Am Arbeitsplatz sollte eine Tischlampe nicht fehlen.*

**Lichtfarbe** – Für die Behaglichkeit ist außerdem die Lichtfarbe zu bedenken. Das kalte Licht von Leuchtstoffröhren wirkt sehr hart und unnatürlich – und das Brummen mancher älteren Modelle macht zudem schnell nervös. Auch die Tageslicht-Leuchtstofflampen mit dem tatsächlichen Tageslichtspektrum werden oft als zu kühl empfunden. Da hier bereits unterschiedliche Farbabstufungen erhältlich sind, kann man eine wärmere auswählen.
Allgemein wird ein leicht gelbliches Licht, wie das der Glühbirne, als angenehm empfunden. Am besten Sie probieren selbst aus, was Ihnen zusagt.

**Lichtbasics** – Abwechslung zwischen hell und dunkel tut den Augen gut, Eintönigkeit dagegen ermüdet. Das Licht sollte Sie auf keinen Fall blenden oder die Augen anstrengen.

## Bagua im Arbeitsbereich

Haben Sie innerhalb des Hauses mehrere Räume für die Gestaltung eines Arbeitsbereiches zur Verfügung, so kann man mit Hilfe des Bagua den Bereich auswählen, der die entsprechende Tätigkeit am besten unterstützt.
Wie Sie das Bagua über einen Grundriss legen, ist unter dem Stichwort Bagua beschrieben.
**Die individuelle Nutzung entscheidet** – Allgemein ist Arbeit meist vom aktiven Tun geprägt, d.h. eher der ▸ Yang-Energie entsprechend, und daher in den Bereichen des ▸ Bagua zum Osten, Südosten und Süden gut aufgehoben. Besonders der Südosten mit dem Lebensbereich »Wachstum und Erfolg« entspricht oft auch inhaltlich den Zielen und

Wünschen, die mit der Arbeit verbunden werden. Ein Künstler dagegen mag für seine Arbeit den Bereich »Kreativität und Kinder« im Westen viel geeigneter finden. Und eine Person wiederum, die eine soziale Dienstleistung anbietet, entscheidet sich vielleicht eher für das Bagua-Feld »Partnerschaft« im Südwesten. So sollten Sie also anhand der geplanten vorwiegenden Nutzung abwägen, welcher Platz, etwa innerhalb eines größeren Gebäudes, für Ihre Arbeit am besten geeignet ist.

**Beste Richtung im Haus –** Im ▸ **Bagua Lo Shu Feng Shui** werden zudem die persönlich Beste Richtung bzw. der persönlich Beste Bereich berücksichtigt. Dabei geht es nicht in erster Linie um die inhaltliche Resonanz der Arbeit zu den Lebensbereichen, sondern um den persönlichen Bezug, der aus dem Geburtsdatum abgeleitet wird.

Dabei wird aus dem Geburtsdatum die ▸ **Kua-Zahl** errechnet, die einem der acht ▸ **Trigramme** entspricht, welche den Bagua-Bereichen zugrunde liegen. Aus der persönlichen Kua-Zahl wiederum ergeben sich förderliche und weniger förderliche Bereiche innerhalb des ▸ **Bagua.**

Kennen Sie Ihre Kua-Zahl, so können Sie Ihren Arbeitsplatz in einem der für Sie persönlich besten Bereiche platzieren. Wie Sie Ihre Kua-Zahl ermitteln und weiter mit ihr arbeiten können, ist unter dem Stichwort ▸ **Beste Richtung** nachzulesen.

**Beste Richtung im Raum –** Oft genug hat man aus Platzgründen gar nicht die Wahl zwischen mehreren Räumen. Aber auch innerhalb des Arbeitszimmers können Sie sich das Prinzip der Besten Richtung zunutze machen. Haben Sie diese für Sie Glück bringenden Richtungen einmal ermittelt, so können Sie Ihren Schreibtisch danach ausrichten.

Sie stärken Ihre Position, wenn Sie von Ihrem Schreibtischplatz aus in eine dieser guten Richtungen schauen. Das gilt natürlich nicht nur zu Hause, sondern auch an jedem anderen Arbeitsplatz. Diese Methode der Ausrichtung nach der Besten Richtung bietet eine wirkungsvolle Möglichkeit, sich einen stärkenden Arbeitsplatz zu kreieren.

**Die Schreibtischstellung –** Natürlich sollten Sie darüber nicht andere Aspekte des Feng Shui, insbesondere die bereits beschriebene ▸ **Rückendeckung** und den Blick zur Tür, vergessen.

Ein Arbeitsplatz mit dem Rücken zum Geschehen ist destabilisierend und kräftezehrend, auch wenn Sie dabei in Ihre Beste Richtung blicken.

**Ordnung auf dem Schreibtisch –** Die Ordnung auf dem Schreibtisch sollte nicht aufgrund der genannten Aspekte unpraktisch sein. Wichtig ist, dass Sie mit Konzentration und Freude arbeiten können.

## Farbe am Arbeitsplatz

Die Kraft der ▸ **Farben** sollten Sie nicht unterschätzen. Mit ihr haben wir ein starkes Gestaltungselement zur Verfügung, das wir gut zur eigenen Stärkung und Motivation einsetzen können. Arbeiten ist ein aktiver Vorgang, der durch aktive Farben unterstützt werden kann. Die Farbwahl sollte aber nicht zu aufregend (leuchtende Rottöne oder grelle Muster auf großen Flächen) ausfallen und dadurch hektisch und nervös machen. Eine sehr zurückhaltende Farbgebung, vielleicht mit hohem Blau- und Grauanteil, wirkt dagegen entspannend bis einschläfernd. Um hier das richtige Maß zu finden, muss die individuelle Situation betrachtet werden. Unterschiedliche Tätigkeiten erfordern unterschiedliche Farben. Auch das Temperament der Menschen, die in einem Raum arbeiten, ist zu berücksichtigen.

**Gelb –** Eine ruhige, ausgeglichene Person, die häufig geistig anstrengende Aufgaben zu erledigen hat, kann sich gut mit einer anregenden Farbe unterstützen. Ein heller warmer Gelbton etwa unterstützt geistige Arbeiten und stärkt die Konzentration.

**Orange –** Bei Menschen, die oft müde und verstimmt sind, ist ein mildes Orange ein guter Muntermacher und wirkt zudem erheiternd auf das Gemüt und unterstützend bei starkem Leistungsdruck.

**Grün, Türkis –** Für hektische Menschen, die leicht in Rage kommen, sind anregende Farben nicht zu empfehlen. Ein sanftes, helles Maigrün wirkt ausgleichend. Grün, insbesondere Türkis, ist gut geeignet für Bildschirmarbeitsplätze, da sie den Sehpurpur anregen und die Augen entlasten.

**Blau –** Ein klares Blau unterstützt die Ausdrucksfähigkeit, etwa bei langen Telefonaten. Es kann in einem Bild oder durch Accessoires ins Blickfeld gesetzt werden. Dominiert es jedoch als Wandfarbe, wirkt der Raum zu kühl und eventuell zu entspannend.

## Das Kinderzimmer

Die heute übliche Aufteilung von Wohnungen und Häusern sieht meist recht kleine Kinderzimmer vor. Um ihre junge Persönlichkeit entfalten zu können, brauchen Kinder jedoch viel Raum. Sie haben zudem einen viel stärkeren Bewegungsdrang als Erwachsene, sie wollen toben, herumtollen und sich selbst ausprobieren. Für die Entwicklung ihres kreativen Potenzials brauchen sie Bereiche, die sie selbst immer wieder neu gestalten können. In unserer heutigen stark leistungs- und konkurrenzorientierten Gesellschaft wird von den Heranwachsenden sehr viel erwartet. Umso wichtiger ist ein geschützter Bereich, der Geborgenheit und Rückzug bietet, aber auch Freiraum für Phantasie und Spiel lässt. Geben Sie Ihrem Kind daher einen möglichst großen Raum!

### Komplexe Nutzung

Das Kinderzimmer muss viele verschiedene Aufgaben gleichzeitig erfüllen. Persönlichkeit und Alter des Kindes sind dabei zu berücksichtigen, denn ein Kleinkind braucht eine andere Umgebung als ein Jugendlicher. Im Kinderzimmer wird geschlafen, gespielt und gearbeitet. Diesen unterschiedlichen ruhigen und aktiven Bedürfnissen in einem Raum gerecht zu werden, ist nicht leicht.

Die Gestaltung des Raumes muss entsprechend unterschiedliche Qualitäten aufweisen und doch einen harmonischen Gesamteindruck geben.

Die Möblierung für ein Kinderzimmer sollte möglichst viel Freiraum für Bewegung und Spiel lassen. Möbel mit weichen Formen und abgerundeten Ecken verhindern blaue Flecke und das Entstehen von ▸ **Geheimen Pfeilen** gleichermaßen.

Sehr dunkle Möbel oder schwere ▸ **Antiquitäten** gehören nicht in ein Kinderzimmer. Sie wirken bedrückend und tragen oft Schwingungen ihrer Geschichte mit in den Raum hinein. Auch Fotos der Familie sind an anderer Stelle besser aufgehoben.

### Der Schlafplatz

Für Kinder ist ein guter Schlafplatz wichtig. Besonders bei Kleinkindern ist das Bedürfnis nach Geborgenheit und Schutz sehr stark. Der Aspekt der ▸ **Rückendeckung** ist hier zentral.

Das Bett sollte nicht frei im Raum stehen, sondern stets eine Wand als Schutz hinter dem Kopf oder an der Seite haben. Zusätzlichen Schutz und das Gefühl von Geborgenheit bringt kleineren Kindern auch ein aus Stoff gespannter Himmel oder ein das Bett überspannendes Mückennetz. Genaueres zur Positionierung des Bettes im Raum finden Sie im Kapitel »Das Schlafzimmer« (Seite 236ff.).

*Entwicklung braucht Freiraum. Das Kinderzimmer sollte Platz für Bewegung und Spiel, aber auch für Rückzug bieten.*

*Ungünstig: Der Schreibtisch vor dem Fenster hat keine Rückendeckung und steht im Chi-Fluss.*

*Ungünstig: Der Schreibtisch steht direkt vor einer Wand und besitzt keine Rückendeckung.*

*Günstig: Der Schreibtisch hat Rückendeckung, bietet den Blick in den Raum und besitzt natürliches Licht.*

**Einzel- oder Hochbett? –** Hochbetten sparen Platz. Ist nur ein Schlafplatz erforderlich, so ergibt sich darunter Raum für eine kuschelige Spielhöhle. Schlafen die Kinder übereinander, so wirkt der obere Platz mit zunehmendem Alter der Kinder jedoch mehr bedrückend. Einzelbetten oder eine größere Liegefläche oben sind dann günstiger.
**Die Bettwäsche –** Zur Gestaltung des Schlafplatzes gehört auch die Bettwäsche. Rot, die Lieblingsfarbe vieler Kinder, ist nicht zu empfehlen; sie wirkt stark anregend und hindert einen ruhigen Schlaf. Auch wilde, sehr bunte, knallige oder dynamische Muster und Motive auf der Bettwäsche sorgen für Unruhe.
**Rund ums Bett –** Sorgen Sie dafür, dass der Schlafplatz eine ruhige Nische im täglichen Durcheinander bleibt. Bilder und Motive im Bereich des Bettes sollten keine Aussage in den Raum schicken, die der Ruhe zuwiderläuft.

## Der Schreibtisch

Spätestens dann, wenn die Kinder zur Schule kommen, brauchen sie einen Schreibtisch. Hier gelten die gleichen Prinzipien wie für das Arbeitszimmer (Seite 245f.). Da Kinder meist noch intuitiv spüren, was ihnen gut tut, kann man erleben, dass ein angebotener Platz von ihnen nicht angenommen wird und etwa die Schularbeiten stattdessen ständig in der Küche oder anderswo gemacht werden. Probieren Sie aus, was passiert, wenn Sie einen unterstützenden Arbeitsplatz im Kinderzimmer anbieten.
**Rückendeckung und Weitblick –** Es ist förderlich, mit dem Rücken zur Wand und dem Blick in den Raum und zur Tür zu sitzen **(▸ Rückendeckung).** Hat das Kind an seinem Schreibtisch ständig die Tür im Rücken, sitzt es direkt im **▸ Chi-Fluss** und kann das Geschehen im Raum nicht überblicken (siehe Illustration links oben), wird es leicht unter nervöser Unruhe zu leiden haben. Das Kind kann sich schwer konzentrieren, wird zappelig und zerstreut.
Auch in kleinen Räumen sollten Sie einen Schreibplatz mit dem Gesicht zur Wand möglichst vermeiden. Hat man vor sich direkt die Wand, so wirkt das fast wie das sprichwörtliche Brett vor dem Kopf: Die Gedanken brauchen Raum zum Zirkulieren (siehe Illustration links Mitte und unten).

**Tisch und Fenster –** Steht der Schreibtisch direkt vor dem Fenster, so kann der Blick nach draußen schnell interessanter sein als die Schularbeiten. Ein Fenster seitlich vom Tisch bringt Tageslicht auf die Arbeitsplatte, das ist sehr zu begrüßen (siehe Illustration Seite 252). Ansonsten sollte der Schreibtisch eine ausreichende, blendfreie Beleuchtung haben.

**Bagua-Anwendung im Kleinen –** Mit dem Bagua können Sie im Großen wie im Kleinen arbeiten. Das Raster lässt sich über den Grundriss eines ganzen Gebäudes, aber auch über einen einzelnen Raum legen. Innerhalb eines Raumes können die einzelnen Bereiche des Bagua durch Accessoires oder ▸ Symbole angeregt werden. Wie diese Bereiche unterstützt werden, erfahren Sie unter dem Stichwort ▸ Bagua.

**An Kinder und Jugendliche** werden in der heutigen Zeit immer höhere Anforderungen gestellt. Das Zuhause stellt die Basis für Kinder und Jugendliche dar und sollte ihnen daher so viel Unterstützung wie möglich geben. Dazu gehört auch eine Gestaltung des Kinderzimmers, die stärkend wirkt. Ein Arbeitsplatz im Kinderzimmer, an dem sich ein Kind wohl fühlt und konzentriert arbeiten kann, hat positiven Einfluss auf schulische Leistungen.

## Farbgebung im Kinderzimmer

In einem Kinderzimmer spielen sich viele verschiedene Aktivitäten ab: Der Schlafbereich soll entspannend und ruhig gestaltet werden, während der Platz für die Schularbeiten anregend und nicht ermüdend sein sollte – und meist spielt sich das alles auf engstem Raum ab. Die farbliche Gestaltung von Kinderzimmern fällt oft recht bunt aus. Kinder lieben leuchtende Farben, vor allem Rot.

Generell wirken leuchtende oder grelle Farben anregend, zu viel davon kann jedoch auch leicht nervös machen. Besonders Rot ist stark aktivierend und verstärkt möglicherweise Hypermotorik, Aggressionen und Nervosität. Großflächig sollten Sie daher die ▸ Farbe Rot nur stark abgetönt, beispielsweise als helles Apricot, verwenden. Kinder haben in den meisten Fällen genug eigene Energie und bedürfen keiner besonderen farblichen Anregung. Zudem finden sich durch Spielzeug und andere Accessoires ohnehin viele bunte Farbkleckse im Kinderzimmer.

**Farben und ihre Wirkung –** Helle Pastelltöne eignen sich sehr gut für die Gestaltung des Kinderzimmers. Bei Pastelltönen dürfen ruhig auch mehrere Farben gleichzeitig benutzt werden.

Wird der Raum jedoch zu bunt, so kann dies auch zerstreuend und unruhig wirken: Es fehlt an Geborgenheit, und die Konzentration – vor allem bei den Hausaufgaben – kann dadurch erschwert werden. Auch Kindertapeten mit vielen bunten Motiven oder Figuren aus der Märchen- oder Comicwelt sowie große kontrastreiche Muster haben leicht den gleichen negativen Effekt. Eine bebilderte Tapete hinterlässt einen prägenden Eindruck und kann die eigene Phantasie des Kindes zurückdrängen.

Für die farbliche Gestaltung des Kinderzimmers sind helle und klare Farbtöne wie Gelb, Apricot, Rosa, zartes Grün und helles Blau sowie Cremeweiß empfehlenswert.

Sehr lebhafte Kinder mit einer Neigung zu Hyperaktivität fühlen sich mit kühleren und beruhigenden Farben aus dem Blau- und Grünspektrum wohl.

Kinder mit einem eher phlegmatischen Temperament vertragen im Kinderzimmer dagegen auch eine Farbgestaltung mit einem aufheiternden, belebenden Orangeton oder mit anregenden Akzenten in roten Farbtönen.

Zur Unterstützung der Konzentration bei den Hausaufgaben kann die Farbe Gelb in der Nähe des Schreibtisches eingesetzt werden. Das Sprachzentrum wird durch Türkis angeregt.

Dunkle Farbtöne wie Schwarz, Grau oder Braun sind für die Gestaltung eines Kinderzimmers wenig geeignet. Wenn überhaupt, dann sollten sie dort nur eine untergeordnete Rolle spielen, denn sie wirken bedrückend und beklemmend und sind für die Entwicklung von Kindern nicht sehr förderlich.

**Die Wünsche der Kinder respektieren –** Auch kleine Kinder haben bereits ihre Vorlieben. Stimmen Sie die Farbwahl des Kinderzimmers möglichst mit Ihren Kindern ab. Kann Ihr Kind eine Farbe überhaupt nicht leiden, dann sollten Sie darauf eingehen. Es lässt sich bestimmt eine andere farbliche Lösung finden, die Sie beide zufrieden stellt.

**KINDERZIMMER VORHER**

Das Bett steht fast direkt im ▸ **Chi-Fluss**, es hat daher eine unruhige Position. Das ▸ **Chi** fließt weitgehend in gerader Linie von der Tür direkt zum Fenster und verlässt den Raum, ohne ihn ausreichend zu beleben. Der Schreibtisch steht so, dass das Kind am Schreibtisch immer das Geschehen im Raum hinter sich hat. Das Kind kann nicht sehen, wenn jemand zur Tür hereinkommt. Außerdem blickt es direkt gegen die Wand. Auch das Fenster ist außerhalb des Blickfeldes. Tagsüber sitzt das Kind sich selbst im Licht, zudem ermüdet die dunkle Arbeitsplatte. Die Bettwäsche wirkt in Farbe und Muster einer tiefen Entspannung entgegen.

**KINDERZIMMER** **NACHHER**

Die Stellung der Möbel und der Pflanze ist so gewählt, dass der ▸ **Chi-Fluss** zum Zirkulieren angeregt wird. Das Bett ist gut mit ▸ **Chi** versorgt, wird aber von diesem nicht attackiert. Der Schlafplatz bietet den Blick zur Tür und Schutz an zwei Seiten. Die Farbgebung unterstützt die Entspannung. Der Schreibtisch hat ebenfalls eine gute Position mit Rückendeckung, Blick zur Tür und Tageslicht von links. Mit dem roten Stuhl und dem gelben Teppich sind anregende Farben in den aktiveren Bereichen vertreten.

# Die Küche

Die Küche ist seit jeher ein zentraler Ort für die Familie. Früher war sie oft der wärmste Ort im Haus und deshalb auch ein geselliger Platz des Zusammenseins. Die gute Stube hingegen – die in etwa unserem heutigen Wohnzimmer entspricht – wurde nur selten geheizt und für besondere Anlässe oder Besuch genutzt.

Durch unser modernes Leben verlor die Küche als Raum an Bedeutung. Bereits in den Bauten nach 1900 verschwindet die Wohnküche mehr und mehr und wird in den Wohnungsgrundrissen der letzten 50 Jahre zum untergeordneten Raum degradiert, in dem nur noch die Hausfrau Platz finden kann.

In den Städten ist jeder Quadratmeter kostbar. Der größte Raum wird deshalb meistens bei der Planung eines Hauses dem repräsentativeren Wohnzimmer zugeschlagen und nicht der Küche.

Erst jetzt entdecken wir langsam wieder die zentrale Bedeutung der Küche als Lebensraum. In der Küche sitzt man buchstäblich an der Quelle von Essen und Trinken. Dort stellt sich automatisch Geselligkeit ein – vorausgesetzt natürlich, der Platz ist vorhanden. Sicher haben Sie ebenfalls schon die Erfahrung bei einer Party gemacht: Die Küche ist trotz eines schönen oder geräumigen Wohnzimmers immer von den Partygästen gut besucht.

*Ist die Küche nicht optimal geplant, lassen sich im Nachhinein mit Hilfsmitteln viele Nachteile ausgleichen.*

## Die richtige Planung ist alles!

Ist eine Küche ungünstig geplant, dann wundert es nicht, wenn das Frühstück am Morgen nur schnell im Stehen eingenommen wird und keine Lust zum Kochen entsteht. Fühlt man sich aber in einer Küche wohl und wird sie nicht nur rein funktional als Arbeitsraum betrachtet, dann steigert sich unweigerlich auch die Lebensqualität. Ein zusätzlicher positiver Le-

*Liebevoll und praktisch sollte eine Küche eingerichtet sein. Dann wird sie auch zu einem zentralen Wohnraum.*

bensraum entsteht, in dem es Spaß macht, sich niederzulassen und die Speisen in Ruhe und Liebe zuzubereiten. Manchmal lassen sich jedoch nicht alle Feng-Shui-Empfehlungen umsetzen. Je früher bei der Planung auf einige Punkte geachtet wird, umso leichter können die meisten Nachteile umgangen werden. Und selbst wenn Sie in einer fertig eingerichteten Küche beginnen, sich mit den Feng-Shui-Regeln zu beschäftigen, können Sie immer noch viele Fehler ausgleichen. Eines ist in jedem Fall eine wirksame Regel: Halten Sie Ihre Küche rein, aufgeräumt und den Herd blitzblank.

**Chinesische Küchentradition –** In China gilt die Küche als Ort der Fülle und des Reichtums. Dies lässt sich leicht nachvollziehen, wenn man bedenkt, dass uns die Speisen nähren und deren Qualität darüber bestimmt, wie leistungsfähig wir sind. Dies wiederum kann sich dann positiv auf unsere Verdienstmöglichkeiten auswirken und schafft die Möglichkeit, eine gesunde Ernährung zu finanzieren. In China werden auch gern ▸ **Spiegel** hinter dem ▸ **Herd** angebracht, um die Speisen optisch zu verdoppeln und das Gefühl von Fülle und Reichtum zu vermitteln.

## Küche und Lebensmittel

Da die Küche der Aufbewahrung von Nahrungsmitteln und deren Zubereitung dient, ist sie auch von großer Wichtigkeit für unsere Gesundheit.
Fühlen wir uns in einer Küche wohl, so halten wir uns gern dort auf und gehen auch sorgfältiger mit dem um, was wir dort zu uns nehmen.
Dabei gilt die einfache Regel: Je besser eine Küche mit der belebenden Raumenergie ▸ **Chi** versorgt ist, desto höher ist die Qualität der Lebensmittel und deren Zubereitung. In einem Zimmer mit schlechtem Chi verlieren die Nahrungsmittel, die dort lagern, ebenfalls schnell an Energie.
Selbst wenn manche Gemüsesorten, beispielsweise Nachtschattengewächse, gern in dunklen Kammern gelagert werden, ist die Raumqualität dieser Kammer ebenfalls von Bedeutung für den positiven Energiegehalt des Gemüses.

## Küche und Nachbarzimmer

Im Feng Shui gibt es verschiedene Kriterien, die bei der Planung einer Küche berücksichtigt werden. So sollte nach Möglichkeit die Küche nicht gegenüber dem Eingangsbereich angeordnet sein.
Der ▸ **Chi-Fluss** kann sich in so einem Fall sonst von der Eingangstür aus geradewegs in die Küche bewegen und das Chi dort in den ▸ **Abflüssen** der Küche sofort wieder verschwinden, ohne dass der Raum genügend mit Energie belebt wurde.
Als weiteres Kriterium bei der Planung ist zu beachten, dass die Küche nicht unmittelbar in das Badezimmer führen sollte.
Badezimmer und Küche sind mit ganz unterschiedlichen Funktionen belegt. Dem Gedanken der Hygiene nach gilt das Bad eher als »schmutziger« Raum. In China geht man davon aus, dass in solch einem Fall durch die vielen Abflüsse im Badezimmer der Wohlstand der Küche weggespült wird.
Lässt sich räumlich die Situation jedoch nicht verändern, dann sollten Sie zumindest ein ▸ **Klangspiel** zwischen Badezimmer und Küche hängen und die Verbindungstür möglichst geschlossen halten.

## Was bei Abflüssen zu beachten ist

Der Energieverlust durch die ▸ **Abflüsse** kann sich in einer Küche ungünstig auswirken.
**Das rote Band –** Abhilfe schafft da nach Feng-Shui-Regeln ein rotes Band, das über der Spüle angebracht wird: Es soll verhindern, dass Geld den Abfluss hinuntergespült wird. Diese Methode wurde schon oft mit Erfolg eingesetzt, wenngleich die Wirkungsweise nicht erklärt werden kann. Auf der uns bekannten Ebene kann zumindest das rote Band uns ständig daran erinnern, mit dem Wasserverbrauch sparsamer umzugehen.
**Chi-Fluss-Ablenkung –** Wem die Lösung mit dem roten Band nicht zusagt, der kann auch den in die Küche strömenden ▸ **Chi-Fluss** von den Abflüssen ablenken. Möglich ist dies beispielsweise durch eine Dekoration oder Beleuchtung. Dekoration und Beleuchtung ziehen die Aufmerksamkeit auf sich, sobald man den Raum betritt. Der Chi-Fluss wird abgelenkt, und die Energie verteilt sich im Raum.

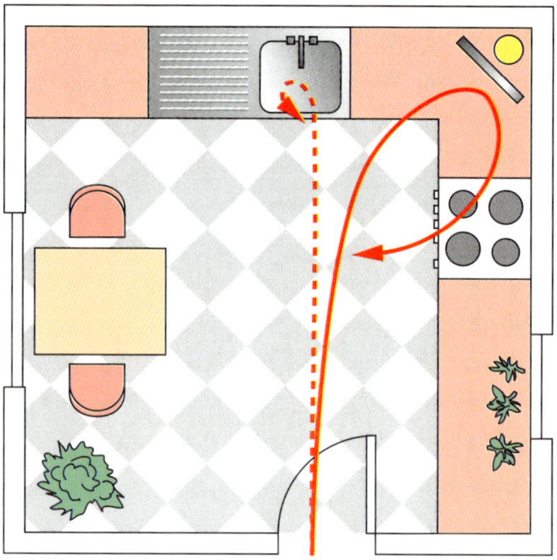

*Der Chi-Fluss wird in der Küche von den Abflüssen mit Hilfe von Licht (in der Ecke!) oder einer Dekoration abgelenkt.*

## Kriterien der Einrichtung

**Herd und Spüle –** Das Verhältnis von Herd und Spüle spielt in der Feng-Shui-Lehre eine wichtige Rolle. Ratsam ist, bei der Anordnung der Einrichtungsgegenstände darauf zu achten, dass die Spüle nicht direkt neben dem Herd steht – dies betrifft übrigens auch die Anordnung von Herd und Kühlschrank. Lässt sich ein direktes Nebeneinander von Herd und Spüle aufgrund der bereits festgelegten Anschlüsse nicht mehr verändern, dann kann man eine Holzplatte zwischen Herd und Spülbecken einbauen. Die Holzplatte steht für das Element ▸ **Holz.** Dieses Element hat die Eigenschaft, das Wasser aufzunehmen, bevor es den Herd erreicht. So ist auch der Kreislauf der ▸ **Fünf Elemente** an dieser Stelle wieder geschlossen (siehe Illustration auf Seite 102), denn das Wasser nährt das Holz und das Holz nährt das Feuer (Elektrizität).

**Ein Fall aus der Praxis –** Nicht nur aus theoretischer Sicht des Feng Shui löscht im Kreislauf der Fünf Elemente Wasser das Feuer.

Bei einer Feng-Shui-Beratung bestätigte sich auch in der Praxis der Nachteil einer Herd-Spüle-Anordnung in der Küchenzeile.

Im authentischen Fall, in dem Herd und Spüle nebeneinander standen, war oft beim Hantieren am Spülbecken unbemerkt etwas Wasser in die Elektrik des Herdes gekrochen. Jedes Mal trat daraufhin einige Stunden später beim Bedienen der Herdplatten ein Kurzschluss auf. Erst, wenn das Wasser einen Tag später aus der Elektrik verdunstet war, funktionierte der Herd wieder. Hier hatte sich der Spruch, dass Wasser das Feuer löscht, im wahrsten Sinn des Wortes bewahrheitet.

*Günstig: Herd und Arbeitsflächen haben Rückendeckung. Die Spüle liegt nicht direkt neben dem Herd.*

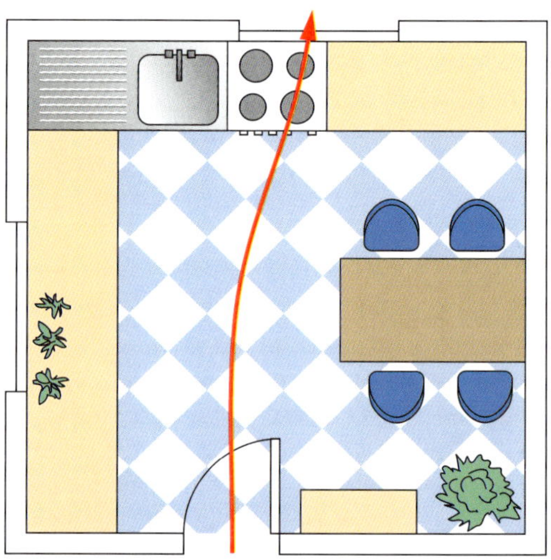

*Ungünstig: Die Spüle liegt direkt neben dem Herd. Das bedeutet symbolisch, dass Wasser das Herdfeuer löscht.*

*Ein im Raum platzierter Herd mit integrierter Arbeitsfläche rückt die Zubereitung der Speisen in den Mittelpunkt.*

## Raumluft

Da in der Küche durch Lagerung und Kochen viele Gerüche sowie Feuchtigkeit entstehen, ist dort eine gute Belüftung unumgänglich. Die Raumluft wird u. a. von elektrischen Geräten beeinflusst. Die praktische Angewohnheit, viele Geräte am Stromnetz angeschlossen zu lassen, belastet zum einen unseren Geldbeutel, zum anderen werden negativ geladene Ionenteilchen in der Luft in positiv geladene Teilchen umgewandelt (▸ **Ionisierung**). Und das macht die Raumluft stickig. Beide ungünstigen Auswirkungen finden auch dann statt, wenn die Geräte nicht direkt in Betrieb sind. Deshalb gilt: Öfter mal für »frischen Wind« in der Küche sorgen!

## Rückendeckung

Auch bei der Küchenplanung ist es gut, darauf zu achten, dass der Herd und die Hauptarbeitsflächen so angeordnet sind, dass man eine ▸ **Rückendeckung** hat. Es gibt nichts Unangenehmeres, als wenn die Familienmitglieder in die Küche kommen und sofort im Rücken der Köchin stehen und ihr prüfend über die Schulter sehen. Die Unfallgefahr spielt in diesem Fall auch eine Rolle, da wir uns meistens automatisch umdrehen, sobald wir Geräusche im Rücken hören. Wer gerade dabei ist, mit dem Messer zu hantieren und sich spontan umdreht, kann sich dabei leicht verletzen.

**Gestaltungstrick –** Steht die Einrichtungsanordnung Ihrer Küche jedoch bereits fest und Sie können die Küchenmöbel nicht nach der Regel der Rückendeckung umstellen, dann ist auch ein ▸ **Spiegel** an der Wand hinter dem Herd sehr hilfreich.
Im Spiegel können Sie, während Sie am Herd arbeiten, die eintretenden Personen sehen, ohne sich umzudrehen, und werden nicht unliebsam überrascht. Das vermittelt Ihnen ein Gefühl der Sicherheit – und erhöht den Wohlfühlfaktor in Ihrer Küche!

## Weitere Gestaltungstipps

Beim Möbelkauf entscheiden nicht nur das Design und der Geschmack über die positive Stimmung in der Küche. Sie können gezielt nach Feng-Shui-Prinzipien auf Möbelsuche gehen – und so viel zu einer guten Wohnatmosphäre in Ihrer Küche beitragen.

**Formen –** Achten Sie bei der Auswahl Ihrer Kücheneinrichtung darauf, scharfe Ecken und Kanten zu vermeiden (▸ **Geheime Pfeile**).
Laut Feng Shui macht das den Raum ruhiger und behaglicher. Außerdem sind scharfe Ecken auch beim Putzen unvorteilhaft. Weiterer Tipp: Wählen Sie vorwiegend geschlossene Flächen, denn auch das sorgt für mehr Wohlfühlatmosphäre.

**Glas –** Wenn Ihnen Glastüren gefallen, dann gehen Sie damit in Ihrer Küche eher sparsam um und zeigen Sie nur besonders schönes und ausgefallenes Geschirr in einem Glasschrank. Zu viele optisch offene Schränke bringen Unruhe in den Raum.
Tipp: Statt einem Glasschrank können Sie auch auf sandgestrahltes, nur leicht durchsichtiges Glas zurückgreifen. Von innen beleuchtet, sehen solche verkleideten Fronten sehr hübsch aus.
**Pflanzen –** Wer ▸ **Pflanzen** liebt, der kann in der Küche – sofern dort gute Lichtverhältnisse sind – Kräuter züchten, die dann gleichzeitig einen praktischen und einen gesundheitsfördernden Nutzen haben. Auf dem Fensterbrett haben sie zudem den Vorteil, mit den Kräutertöpfen das ▸ **Chi** zu bremsen und im Raum zu halten.
**Ordnung –** Natürlich gilt auch in der Küche wie für den Rest in Haus oder Wohnung: Vermeiden Sie Chaos! Halten Sie in Ihrer Küche Ordnung ein, die Ihnen das Arbeiten erleichtert, und achten Sie darauf, dass der Raum immer sauber und aufgeräumt ist.

### Farbgebung in der Küche

Auch in der Küche können Sie mit Hilfe von ▸ **Farbe** viel zum Wohlfühlen beitragen. Bestimmte Farbtöne beeinflussen nicht nur Stimmungen, sondern können auch den Appetit anregen!
**Gelb, Orange –** Diese Farbtöne können den Appetit steigern – und wer am Morgen nur langsam in Schwung kommt, dem kann eine Farbgestaltung in Orange beim Frühstück auf die Sprünge helfen.
**Hellblau, Violett, Mint oder Flieder –** Kühle Farben sollten Sie in der Küche nicht verwenden, denn sie wirken eher appetithemmend.
**Rot –** Zu viele Rottöne in der Küche sind ungünstig, da die Farbe Rot dem Element ▸ **Feuer** entspricht, welches durch den Herd und den ständigen Kochvorgang bereits genügend vorhanden ist.
**Schwarz und Grau –** Schwarz und Grau sollten in der Küche nur als Farbakzente vorkommen.
**Weiß –** Die Küche kann auch gut in Weiß gestaltet werden. Auf weißen Flächen kommen Speisen gut zur Geltung. Dies gilt auch für weißes Geschirr. Sie sollten allerdings darauf achten, dass der Raum durch das Weiß nicht kalt und ungemütlich wirkt.

## Der Essplatz

Der Essplatz ist entweder in die Küche integriert, oder es steht ein eigener Raum zur Verfügung, in dem die Speisen eingenommen werden.
Liegt das Esszimmer separat, dann sollte der Raum dafür möglichst nah an der Küche geplant werden. Esszimmer, die zu weit von der Küche entfernt sind, werden oft nur mehr zu feierlichen Anlässen oder wenn Gäste erwartet werden genutzt.
Der Essplatz verlagert sich dann aus pragmatischen Gründen direkt in die Küche, die oft viel zu beengt ist. Die größere Entfernung zwischen Küche und Essplatz führt langfristig zu einer Imbiss-Esskultur: Weil man zu bequem ist, den langen Weg von der Küche zum Esszimmer zu gehen, nimmt man die Mahlzeiten gleich in der Küche im Stehen zu sich. Für unsere Gesundheit ist es jedoch durchaus entscheidend, in welcher Art und Weise wir unsere Nahrung einnehmen. Ein Tag, der mit einem schönen Frühstück anfängt, das in Ruhe und im Sitzen eingenommen wird, gibt mehr Kraft als ein Tag, der mit einem eilig heruntergeschlungenen Frühstück im Stehen beginnt. Es ist altbekannt, dass Essen in Hast zu Magenproblemen führen kann. Ist ein gemütlicher und einladender Essplatz in Küchennähe vorhanden, dann wird er auch gern genutzt.

*Der Essplatz sollte einladend und gemütlich gestaltet sein.*

## Die Platzierung

Wenn mehrere Menschen zusammenleben, ist ein gemütlicher Essplatz der Ort für Austausch und Geselligkeit. Achten Sie darauf, dass so viele Stühle wie möglich ▸ **Rückendeckung** haben; so kommt es nicht zu einer »Hierarchie«, was gute und weniger gute Plätze betrifft.
Oft hat die Hausfrau den schlechtesten Platz, da sie sich einen Stuhl aussucht, den sie schnell verlassen kann, um noch etwas aus der Küche zu holen – und sie nimmt oft als Letzte Platz, weil sie die Speisen serviert. Dieser Platz hat in den meisten Fällen auch keine Rückendeckung. Einem ausgewogenen Familienleben dient es, wenn alle Personen gestärkte Plätze einnehmen oder sie bessere Plätze öfter mal untereinander tauschen.

## Der Esstisch

Bei der Planung des Essplatzes sollten Sie runde oder ovale Esstische auswählen, da diese die Geselligkeit fördern. Lässt sich der Tisch ausziehen, sollten Sie darauf achten, dass der Tisch auch in der vergrößerten Variation stabil bleibt. Ein variabel nutzbarer Tisch hat den Vorteil, dass nur der Platz gebraucht wird, den die Personenanzahl vorgibt. Wird Besuch erwartet, kann die angepasste Tischgröße vermeiden, dass eine Person an der Ecke des Tisches sitzen muss. Nach Feng Shui könnte eine solche Platzierung Streitigkeiten begünstigen.

**Im Allgemeinen** ist ein heller und freundlich gestalteter Essplatz zu wählen. Die Tischdekoration darf ruhig zurückhaltend sein, so kommen die Speisen besser zur Geltung.

## Farbauswahl für den Essplatz

Auch am Essplatz haben ▸ **Farben** ihre Wirkung. So hat die Wahl der passenden Farbe Einfluss auf das Essverhalten: Manche Farben regen den Appetit an, andere wiederum bremsen ihn. Orange etwa wirkt appetitanregend, ein Fliederton dagegen eher hemmend, und Grün verhält sich neutral.

*Für ein Esszimmer sind die Nähe zur Küche, gute Lichtverhältnisse und die Rückendeckung der Sitzplätze wichtig. Ein runder Esstisch unterstützt Geselligkeit und Gemütlichkeit.*

**KÜCHE VORHER**

Ungünstig: In diesem Beispiel liegen Herd und Spüle direkt nebeneinander, was besonders ungünstig ist, da elektrische Kurzschlüsse auftreten können. Offene Regalfächer schaffen Unruhe, und es gibt keinen geschützten Platz zum Arbeiten. Dort, wo man sich am meisten aufhält, hat man schließlich auch noch die Tür im Rücken. Ungünstig sind auch die Sitzplätze, deren Rücken zum Fenster gerichtet sind. Die Farbgebung wirkt kalt und steril. Eine insgesamt ungemütliche Küche.

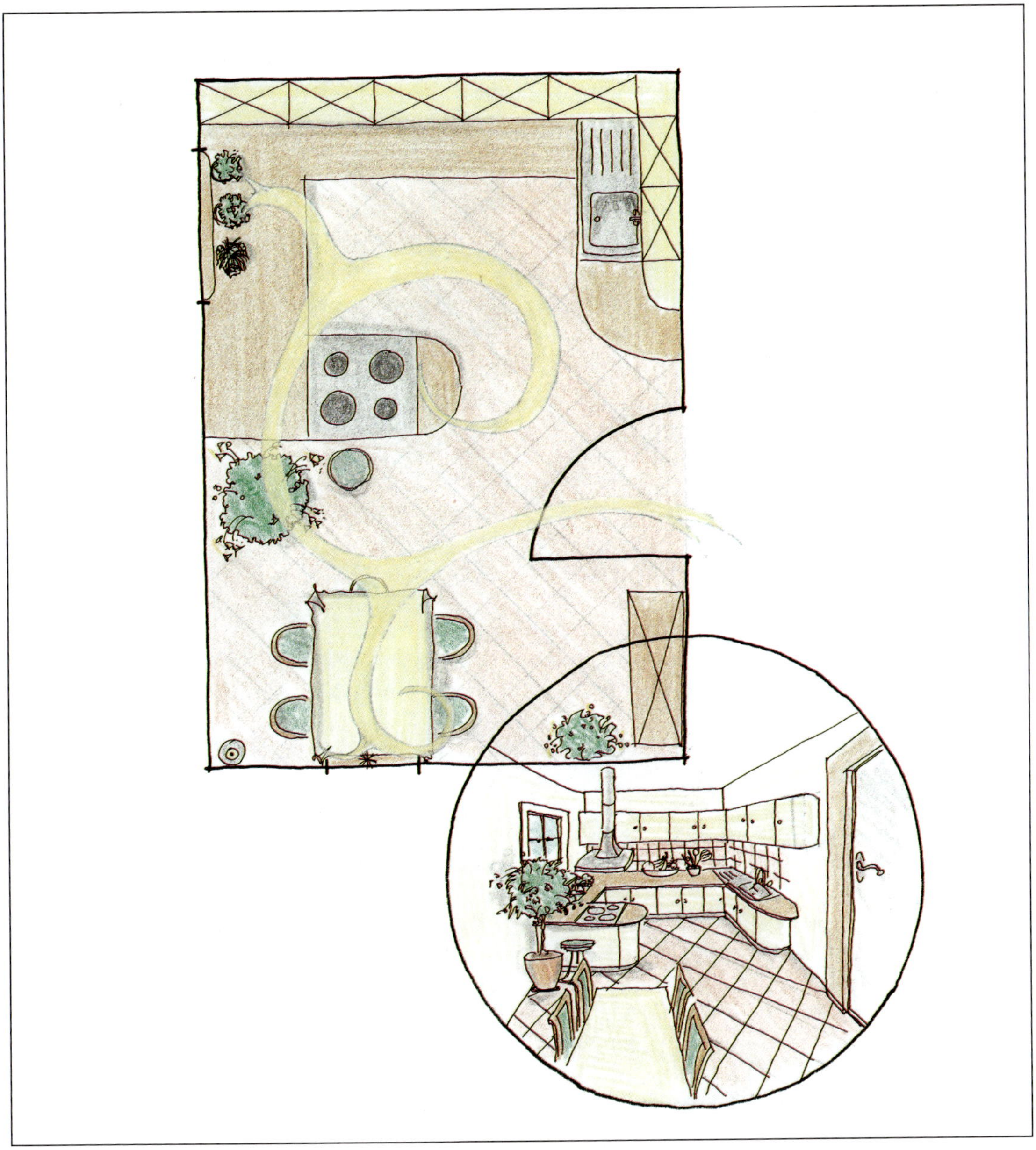

**KÜCHE NACHHER**

Die geänderte Einrichtungsanordnung schafft die Möglichkeit, mit ▸ **Rückendeckung** zu kochen und gleichzeitig den Blick zur Tür und zu weiteren Personen in der Küche zu haben. Die Regale sind geschlossen und schaffen Ruhe. Herd und Spüle sind voneinander getrennt angeordnet, so dass Wasser und Elektrizität nicht in Berührung kommen. Die Sitzplätze haben alle Rückendeckung, und so kann eine gemütliche Atmosphäre entstehen. Die warmen Farben und Materialien unterstützen dies.

# Bad und WC

Bad und WC gelten als untergeordnete Räume. Natürlich kommt ihnen nicht die Bedeutung zu wie Aufenthaltsräumen, trotzdem sollten Sie hier auf wohltuende Gestaltung Wert legen. Immerhin beginnen Sie meist im Bad Ihren Tag, und ein guter Start am Morgen ist wichtig für den weiteren Fortgang des Tages. Außerdem kann ein entspannendes Bad nach einem anstrengenden Arbeitstag den Stress fortspülen. Der Entspannungswert eines schönen Badezimmers ist nicht zu unterschätzen.

*Für angenehme Raumluft und Wohlbehagen im WC sorgt auch eine Schale mit Duftwasser und frischen Blüten.*

## Abflüsse

Von großer Bedeutung im Feng Shui ist die Lage von Bad und WC bzw. der ▸ **Abflüsse** innerhalb des Hauses, der Wohnung oder des Büros.
Im Vergleich mit dem menschlichen Körper können wir den Eingangsbereich als Mund auffassen, der zur Energieaufnahme dient. Alle weiteren Öffnungen, wie Hintertür, Fenster und Abflüsse, fungieren sozusagen als Ausscheidungsorgane und lassen die Energie nach ihrer Nutzung wieder abfließen. Daher spielt die Lage der Abflüsse eine große Rolle für die Energieverteilung im gesamten Haus.
**WC im Eingangsbereich** – Befindet sich das WC in unmittelbarer Nähe zum Eingang oder sogar dem Eingang direkt gegenüber, so verlässt ein Großteil der Energie die Wohnung bereits, bevor die übrigen Räume ausreichend mit belebt werden konnten.
Die Abflüsse in Bad und in der Küche schlucken ebenfalls das ▸ **Chi.** Hierbei wirkt der Abfluss im WC jedoch wegen der Größe am gravierendsten.
Die Lage der Abflüsse ist in den meisten Fällen vorgegeben, und ohne großen Aufwand lassen sie sich nicht ändern. Haben Sie Sorge, dass der Chi-Fluss zu schnell im WC verschwindet, ohne wichtige Bereiche der Wohnung mit Energie zu versorgen, so kann Abhilfe geschaffen werden.
**Spiegel als Hilfsmittel** – Liegen Eingang und WC-Tür sich direkt gegenüber, so dass der ▸ **Chi-Fluss** nach Betreten der Wohnung gleich in diesem Raum verschwindet, so kann ein kleiner ▸ **Spiegel,** außen an der WC-Tür angebracht, dies verhindern. Der Spiegel blockt den Chi-Fluss und lässt nur einen kleineren Teil in das WC hinein. Zu beachten ist aber unbedingt die Größe des Spiegels und der Abstand zum Eingang. Ein großer Spiegel hat eine starke Reflexionswirkung. Hängt der Spiegel zu nahe am Eingang und weist er direkt auf die Eingangstür, so wird das Chi sogleich wieder zur Eingangstür hinausgedrängt, ohne die Wohnung zu beleben. Der Spiegel sollte deshalb klein sein; je kleiner der Abstand zwischen Eingang und WC-Tür, umso kleiner sollte auch der Spiegel sein.
**Weitere Hilfsmittel** – Handelt es sich um einen engen Flur mit einem Abstand von nur etwa eineinhalb Metern zwischen WC und Eingang so können Sie andere ▸ **Hilfsmittel** zu nutzen. Um die Energie vor dem WC umzulenken, eignen sich ▸ **Fächer** oder in die Richtung weisende Bilder und Objekte. Wollen Sie das Türblatt nicht beschädigen, bleibt noch der Türsturz oberhalb der Tür als Wegweiser für das Chi. Durch gezielte Beleuchtung und Gestaltung des Eingangsbereichs ziehen Sie die Aufmerksamkeit und damit das Chi in eine andere Richtung. Setzen Sie einen Blickfang, der das Chi von der WC-Tür weglenkt.

**Eine Grundregel für die Planung** – Bad und WC sollten möglichst weit vom Eingang entfernt platziert werden.

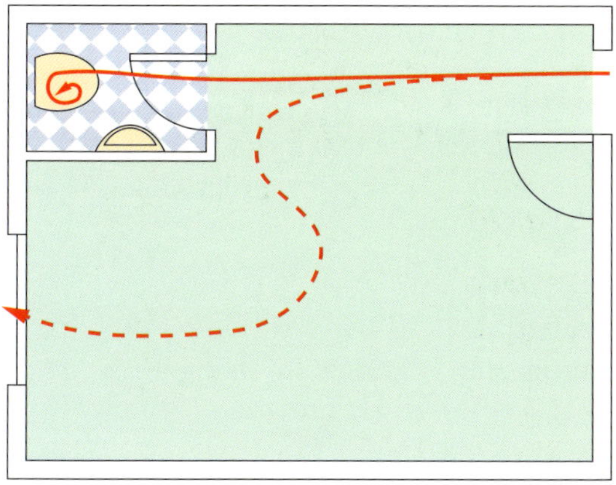

*Ungünstig: Das WC liegt direkt dem Eingang gegenüber. Das Chi fließt sofort durch den WC-Abfluss weg.*

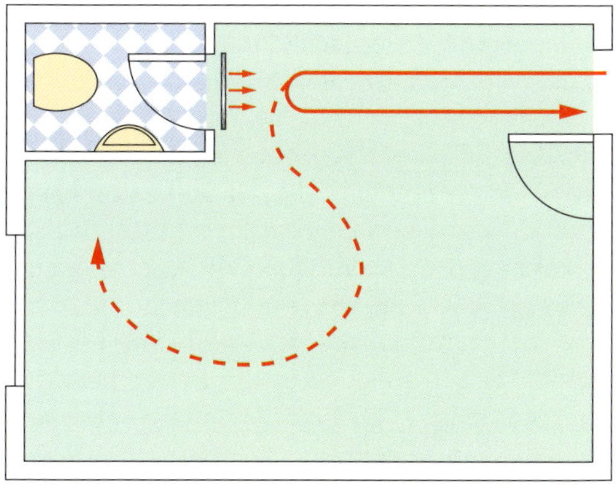

*Ungünstig: Der Spiegel an der WC-Tür hängt zu dicht am Eingang. Das Chi wird zur Eingangstür hinausgedrängt.*

*Günstig: Der Chi-Fluss wird durch einen Fächer vor der WC-Tür abgelenkt und verteilt sich sanft in der Wohnung.*

## Bagua-Felder

Bei der Gestaltung dieser Räume sollte Ihr individueller Geschmack vorherrschen. Achten Sie darauf, in welchem Bagua-Bereich Bad und das WC liegen. Der dem Bagua entsprechende Lebensbereich verliert das belebende ▸ **Chi** durch die ▸ **Abflüsse** und ist somit auch geschwächt. Durch farbliche Gestaltung und Accessoires kann dieser Bereich jedoch gezielt unterstützt werden.

**Bereich »Wissen« –** Liegt Ihr Bad im Bagua-Bereich »Wissen« (Trigramm »Berg«, Element ▸ **Erde**), so kann dieser Bereich mit gelben Handtüchern, erdfarbenen Fliesen, Steinen, Kristallen oder auch mit Keramikgefäßen unterstützt werden.

**Bereich »Wachstum und Erfolg« –** Als besonders ungünstig gilt es, wenn das WC im Bagua-Bereich »Wachstum und Erfolg« liegt.

Wasser ist ein lebenswichtiges Element und wird daher im Feng Shui auch mit Wohlstand in Verbindung gebracht. Befindet sich nun im Bereich »Wachstum und Erfolg« (▸ **Trigramm** »Wind«, Element ▸ **Holz**), der mit seiner alles durchdringenden steten Wachstumsenergie Wohlstand bildet, ein großer ▸ **Abfluss,** so fließt der Wohlstand sozusagen den Bach hinunter. Das Wachstum bedarf des Elements ▸ **Wasser,** das ausgerechnet hier davonfließt und das Sammeln von »Wohlstand« wegschwemmt.

Es empfiehlt sich daher, möglichst wenig Energie in den eigentlichen WC-Raum hineinzulassen, also den ▸ **Chi-Fluss** schon vor der WC-Tür abzubremsen. Außerdem sollte dieser Bagua-Bereich sowohl im WC als auch außerhalb des WC-Raumes ganz gezielt unterstützt werden.

Wie Sie die einzelnen Lebensbereiche des Bagua stärken und die Fünf Elemente einsetzen, wird unter den Stichwörtern ▸ **Bagua** und ▸ **Fünf Elemente** im lexikalischen Teil genauer beschrieben.

**Eine wichtige Grundregel –** Achten Sie darauf, dass die Türen von Bad und WC möglichst immer geschlossen bleiben. Durch die geschlossenen Türen können Sie den Energieverlust im Lebensbereich des ▸ **Bagua** , in dem Bad und WC liegen, mindern.

## Das Bad im Zentrum der Wohnung

Eine sehr problematische Lage für die Sanitärräume ist die Mitte des Hauses oder der Wohnung, entsprechend dem Bagua-Feld »Innere Mitte«.
Dieser zentrale Bereich, der mit allen anderen Feldern des ▸ **Bagua** verbunden ist und der für die innere Stabilität steht, wird durch den ständigen Verlust der Energie, die durch die ▸ **Abflüsse** wegfließt, sehr gestört.
Zudem erzeugen Reinigung und Abwasser sozusagen »unreines« ▸ **Chi,** was dem mittleren Bagua-Feld, das für unsere Gesundheit wichtig ist, sehr schadet. Empfindliche Menschen reagieren darauf teilweise mit Anfälligkeit für Infektionen. Ist die »Innere Mitte« geschwächt, kann sich das auf alle anderen Bereiche auswirken.
**Licht und Luft –** In der Mitte des Hauses gelegene Räume haben oft kein ▸ **Fenster** und bekommen somit keine Frischluft und kein Sonnenlicht.
Belüftungsanlagen sind oft nicht so perfekt, dass nicht doch etwas verbrauchte Luft und damit schlechtes Chi im Raum hängen bleibt. Außerdem verursachen die Lüftungsanlagen mitunter störende Geräusche und werden deswegen oft weniger als erforderlich genutzt.
Sind Sie gerade auf der Suche nach einer neuen Wohnung oder planen Sie gerade Ihr eigenes Haus, so ist von einem Grundriss mit dem WC oder Bad in der Mitte auf jeden Fall abzuraten.
**Abhilfe –** Ist die Situation aber schon gegeben, so helfen ▸ **Licht** und ▸ **Spiegel,** den Schaden zu begrenzen. Um fehlendes Sonnenlicht auszugleichen, ist hier eine recht helle, freundliche Beleuchtung angeraten. Spiegelflächen lassen das Bad größer erscheinen und aktivieren das Chi.
Auch bewegte Objekte, ein ▸ **Mobile** oder kleine Kunstwerke bringen Abwechslung ins Bad. Pflegen Sie gerade diesen Raum besonders gut, und gestalten Sie ihn so angenehm wie möglich. Auch ▸ **Hilfsmittel** wie eine ▸ **DNS-Spirale,** ▸ **Kristalle,** ▸ **Düfte** oder Blütenschalen helfen, die Energie anzuheben, und schaffen eine angenehme Atmosphäre.
**Feuchtigkeit –** So regulieren Sie die Feuchte innen liegender Bäder: Fliesen Sie die Wände nicht bis unter die Decke, sondern nur bis zur Höhe des Spritzwassers. Der obere Teil der Wände kann dann, sofern keine wasserundurchlässige Ölfarbe verwendet wird, Feuchtigkeit aufnehmen und langsam wieder in den Raum abgeben. Es kommt nicht so schnell zu nassen Wänden und Schimmelbildung. Eine gute Belüftung ist jedoch trotzdem erforderlich.

## Spiegel im Bad

Generell sind ▸ **Spiegel** im Bad günstig, da sie außer dem Spiegelbild auch das ▸ **Chi** reflektieren. Mehrere Spiegel verteilen das Chi eine Weile im Raum, bevor es im ▸ **Abfluss** verschwinden kann: Der Raum wird besser mit Energie versorgt.
Allerdings ist bei Spiegeln darauf zu achten, in welcher Weise sie unser Bild reflektieren. Spiegelfliesen oder der dreiteilige Spiegelschrank zerlegen unser Bild möglicherweise in viele kleine Teile. Wir erhalten ein zerschnittenes Bild von uns selbst, was auf Dauer dem Selbstwertgefühl schadet.
Spiegel, die zu hoch oder zu tief aufgehängt sind, vermitteln dem Benutzer das Gefühl, zu klein zu sein, oder sie drücken auf den Kopf, so dass man in die Knie gehen muss, um sich im Spiegel zu sehen. Beide Varianten stören das Wohlbefinden.
Zu viele Spiegel bringen Unruhe in den Raum, es kann eine nervöse, gereizte Stimmung entstehen; der Entspannungswert dieses Raumes ist verloren.

*Wichtig: Spiegel sollten in der für den Betrachter richtigen Höhe aufgehängt werden.*

## Abstellraum und Keller

In der Regel werden Abstellkammern und ähnlich untergeordnete Räume kaum in die Gestaltung der Wohnung mit einbezogen. Ihnen wird wenig Bedeutung beigemessen, und wir betrachten sie höchstens unter dem Aspekt der Zweckmäßigkeit.

*Abstellkammern sollten Sie in Ordnung halten und regelmäßig aufräumen und ausmisten.*

### Zwischen Chaos und Ordnung

Doch der Einfluss einer Abstellkammer oder eines Kellers auf unser Wohlbefinden sollte keineswegs unterschätzt werden. Es ist wichtig und gut, sich einen Fleck in der Wohnung auszusuchen, der die Dinge aufnimmt, die gerade nicht gebraucht werden. Es sollte durchaus eine »Kramecke« oder »Rumpelkammer« geben, die unserem Bedürfnis entgegenkommt, etwas schnell aus den Augen zu bekommen, ohne sich lang damit zu beschäftigen.

**Ordnung in Maßen –** Die äußere ▸ Ordnung ist, wie schon beschrieben, wichtig und verhilft auch zu innerer Klarheit. Wer aber Ordnung zwanghaft bis in den letzten Winkel seiner Umgebung durchsetzen möchte, quasi das Ungeordnete um sich und in sich nicht mehr zulassen kann, erzeugt Druck, der der eigenen freien Entfaltung und dem Wohlbefinden nicht förderlich ist. Gönnen Sie sich eine »Chaosecke«, die Sie nur von Zeit zu Zeit aufräumen.

### Stauraum und Energiestau

Es kommt natürlich auch bei der »Chaosecke« wie immer auf das rechte Maß an. Gemeint ist hier nicht, große Teile der Wohnung oder eines Zimmers als Rumpelkammer zu nutzen. Es geht lediglich um eine Abstellkammer oder eine Abstellecke.

Flächen, die ständig mit abgestellten Dingen belegt sind, behindern den ▸ Chi-Fluss und verursachen einen Energiestau. Daher ist es besonders wichtig, auch in diesen Stauräumen immer wieder für frischen Wind zu sorgen, aufzuräumen und den alten Staub zu entfernen. Seltsamerweise scheint sich das Bedürfnis nach Abstellfläche nach den räumlichen Gegebenheiten zu richten. Je mehr Stauraum in einem Haus oder einer Wohnung vorhanden ist, umso mehr Dinge sammeln sich an.

Häuser mit großen Keller- und Dachbodenflächen sind oft mit Gerümpel voll gestopft bis in die letzten Ecken. Dinge, die wir oft nicht mehr brauchen, aber von denen wir uns nicht trennen wollen, nehmen somit einen recht großen Platz in unserem Leben ein. Das sollten Sie vermeiden, indem Sie Ordnung im Chaos schaffen und unnütze Dinge entsorgen.

**Von unnötigem Ballast befreien –** Entscheiden Sie, wie viel Platz der mitunter alte Plunder in Ihrem Leben einnehmen soll. Seien Sie dabei mutig und beginnen Sie den Berg an Dingen, die keinen Platz mehr in Ihrem Leben haben, abzutragen – Schritt für Schritt.

Sie werden bald feststellen, dass die Arbeit sich lohnt und Sie sich ein Stück weit unbelasteter und freier fühlen.

### Bagua

Sehr interessant ist es, mit Hilfe des Bagua-Rasters zu untersuchen, in welchem der neun Lebensbereiche sich in Ihrer Wohnung oder in Ihrem Haus die größten »Stau«-Flächen befinden.

Wenn Sie das Bagua auf den Grundriss projizieren, können Sie rasch ablesen, in welchem Bereich sich bei Ihnen der Abstellraum oder die Chaosecke befindet. Eine Anleitung dazu finden Sie unter unter dem Stichwort ▸ Bagua im lexikalischen Teil.

# Die Geschäftsräume

Die meisten Menschen verbringen den Großteil des Tages am Arbeitsplatz. Da sich die Umgebung stark auf unser Wohlbefinden und unsere Leistungsfähigkeit auswirkt, sollte es selbstverständlich sein, der Einrichtung von Geschäftsräumen eine hohe Bedeutung beizumessen.
Die Anforderungen und der Konkurrenzdruck im Berufsleben steigen heute stetig. Umso wichtiger ist daher ein Arbeitsplatz, der uns unterstützt und an dem wir uns wohl fühlen.

## Sparen Sie nicht an der Einrichtung

Leider messen viele Arbeitgeber der Arbeitsplatzgestaltung nur geringe Bedeutung bei. Ein Unternehmen hat es meist nicht leicht, kostendeckend und gewinnbringend zu wirtschaften. So wird gern an der Einrichtung gespart und nur das Notwendigste an Einrichtungselementen angeschafft. Dass Mobbing, Krankmeldungen und Burn-out-Syndrom sich heute sprunghaft mehren, zeigt, dass viele Menschen in ihrer Arbeitsumgebung unzufrieden sind.

*Einrichtung und Gestaltung eines Büros fördern ihre Leistungsfähigkeit und Ihr Wohlbefinden während der Arbeit.*

Nicht nur die Erfüllung der Grundbedürfnisse des Menschen wie ausreichend Licht, ein ergonomisch angepasster Arbeitsplatz und das Einhalten von Sicherheitsbestimmungen haben Einfluss darauf, ob sich ein Mitarbeiter mit dem Unternehmen identifiziert und gern dort arbeitet.
Auch Kriterien wie eine konsequent betriebene Firmenphilosophie, die richtige Möblierungsanordnung, eine bewusst gewählte Farbgestaltung, Formen, Blickrichtung etc., beeinflussen die Leistungsfähigkeit der Mitarbeiter und tragen somit entscheidend zum Erfolg eines Unternehmens bei.

## Feng Shui weltweit

In China finden heute kaum noch Neugründungen von Firmen statt, bei denen nicht bereits zuvor der neue Standort von einem Feng-Shui-Berater überprüft wurde. Nicht nur in China, sondern weltweit haben sich bereits renommierte Unternehmen von Feng-Shui-Experten beraten lassen, darunter Shell, The Body Shop, British Airways und Marks & Spencer, um nur einige zu nennen.
Nach Feng Shui werden heute Restaurants, Hotels, Banken, Verkaufsräume, Versicherungsgebäude und Büroräume aus allen Branchen in aller Herren Länder eingerichtet.
Sogar Bill Clinton ließ sich bei der Einrichtung des »Oval Office« im Weißen Haus von einem Feng-Shui-Experten beraten.
**Feng Shui entscheidet –** In China ist es schon vorgekommen, dass ein Unternehmen ein Firmengebäude ohne einen Feng-Shui-Berater bauen ließ und anschließend große Probleme hatte, die Mitarbeiter dazu zu bewegen, in das neue Haus einzuziehen. Erst nachdem ein Feng-Shui-Berater beauftragt worden war und nachträglich Korrekturmaßnahmen nach Feng Shui vorgenommen hatte, waren die Mitarbeiter bereit, ihre Arbeit in den neuen Räumlichkeiten aufzunehmen.

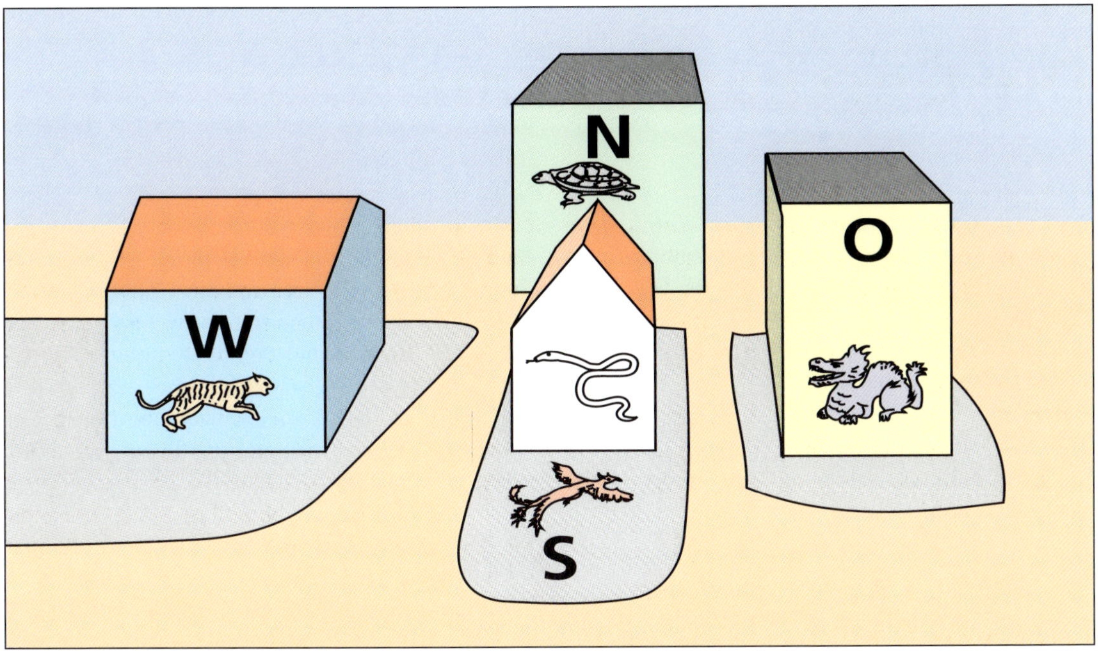


*Der günstigste Standort eines Unternehmens nach der Lehre der Fünf Himmlischen Tiere.*

## Der Standort

»Feng Shui beschäftigt sich nicht nur mit der Einrichtung von Arbeitsräumen, sondern auch mit dem Standort von Firmengebäuden, denn zwischen Gebäuden und ihrer Umgebung besteht eine Wechselwirkung. Die Umgebung wiederum hat einen unmittelbaren Einfluss auf die Art und Weise, wie man den Aufenthalt in einem Gebäude erfährt. Eine verkehrsreiche Straße, der Gestank von Industrieanlagen in der Nähe oder aber eine schöne Aussicht – dies alles übt einen Einfluss auf das Maß an Komfort im Inneren aus.«
(Ronald Faber, in: »Feng Shui für Seminar- und Arbeitsräume«, Seite 15).

### Die himmlischen Tiere

Im traditionellen Feng Shui wird der Standort meist von den ▸ **Fünf Himmlischen Tieren,** der Schildkröte, dem Tiger, dem Drachen, dem Phönix und der Schlange, bestimmt. Die Fünf Himmlischen Tiere stehen symbolisch für die Landschaftsformen in der Umgebung, die entweder günstig oder ungünstig zueinander angeordnet sind. Dabei stellt die Schlange immer den Betrachter selbst bzw. das Gebäude dar. Da ein Firmengebäude meist nicht inmitten einer weiten Landschaft liegt, sondern in städtischem Umfeld, werden diese Fünf Himmlischen Tiere auf die umliegenden Gebäudeformen übersetzt.

**Die optimale Lage –** Ein günstiger Fall liegt dann vor, wenn im Rücken, also der Hinterseite des Gebäudes, ein sehr hohes und stabiles Bauwerk steht, welches die Schildkröte repräsentiert.

Rechts von dem Gebäude wäre ein größeres Gebäude als auf der linken Seite ideal, was im Feng Shui als Drache bezeichnet wird.

Auf der linken Seite des Gebäudes dagegen sollte symbolisch der Tiger stehen – ein etwas niedrigeres Gebäude, als es rechter Hand steht.

Vorzugsweise liegt an der Vorderfront des Baus ein offener Platz mit Weitblick oder aber einem Brunnen, einem Wasserlauf oder einem Teich. Diese Konstellation wird als Phönix bezeichnet.

Im Idealfall findet sich die Schildkröte im Norden, der Drache im Osten, der Tiger im Westen und der Phönix im Süden und die Schlange in der Mitte (siehe Illustration oben).

## CHECKLISTE FÜR DIE LAGE DES GEBÄUDES

| | Ja | Nein |
|---|---|---|
| Haben Sie auf dem Weg zum Gebäude und beim Näherkommen positive Assoziationen? | ☐ | ☐ |
| Haben Sie den Haupteingang sofort gefunden? | ☐ | ☐ |
| Ist der Weg zum Eingang geschwungen gestaltet? | ☐ | ☐ |
| Gibt es störende Geräusche in unmittelbarer Nähe des Gebäudes? | ☐ | ☐ |

| | Ja | Nein |
|---|---|---|
| Stellen Sie sich vor den Eingang, und fühlen Sie nach, ob Sie gern und ohne Zögern das Haus betreten. Versuchen Sie Positives wie Negatives wahrzunehmen. Gibt es ein Gefühl, das Sie zögern lässt? | ☐ | ☐ |
| Gehen Sie zu verschiedenen Tages- und Nachtzeiten am Gebäude vorbei. Gibt es zu bestimmten Zeiten Störfaktoren, die Ihnen bei der Erstbesichtigung nicht auffallen konnten? | ☐ | ☐ |

### Kriterien für Geschäftsräume

Da selten eine ideale Feng-Shui-Lage für neue Räumlichkeiten vorliegt, sollten Sie einfach auf Ihr Gefühl vertrauen. Wir haben für Sie auf den folgenden Seiten einen Kriterienkatalog zusammengestellt, an dem Sie sich bei der Wahl eines Standorts und eines Gebäudes für Büro- und Geschäftsräume orientieren können. Vielleicht haben Sie ein Diktiergerät. Sprechen Sie Ihre Empfindungen auf Band. Später können Sie herauskristallisieren, ob sich Störendes verändern lässt, z. B. durch Farbgestaltung, oder dass Sie manches hinnehmen müssen, zum Beispiel den schlechten Geruch von einer nahe gelegenen Fabrik? Mit Hilfe Ihrer Datensammlung können Sie abwägen, ob es sich lohnt, Kompromisse zu machen, oder ob der Preis dafür zu hoch ist.

### Umgebungsfaktoren

**Wasserläufe und Straßen –** Im klassischen Feng Shui spielt der Wasserlauf eine große Rolle. Die Lehre besagt, dass Wasser für die Chancen auf Reichtum bestimmend sein soll. In einer Stadt ersetzen Straßen oder Bahnlinien die Wasserläufe. Ein Gebäude sollte weder attackiert (▸ Sha) werden noch zu wenig ▸ Chi erhalten. Zu wenig Chi bekäme das Gebäude, wenn die Straßenzuwegung oft abwinkelt und immer schmaler wird (siehe Illustration unten). Ungünstig wäre zu schnell fließendes Chi, was der Fall ist, wenn eine große Straße direkt auf das Gebäude zuführt. Auch ▸ Sackgassen haben ungünstige Auswirkung auf Büro- und Geschäftsräume.

**Spitze Winkel –** Achten Sie darauf, dass keine spitzen Ecken auf den Haupteingang gerichtet sind (▸ Geheime Pfeile). Dies könnten Gebäudeecken oder aber Dächer der Nachbargebäude sein.

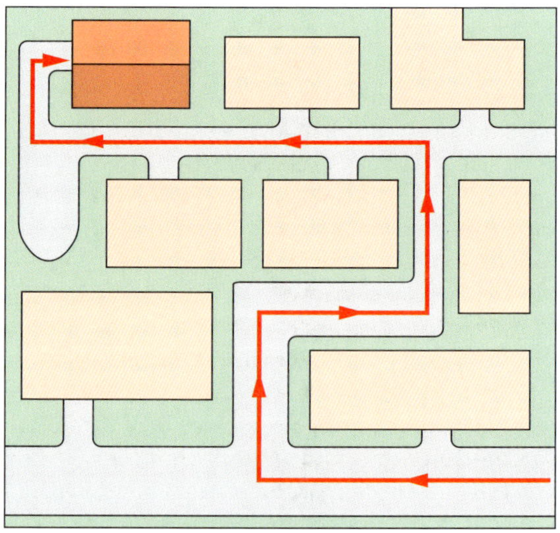

*Ungünstig: Zu oft abgewinkelte Zufahrtswege mindern den Zufluss von Chi in das Gebäude.*

**Bäume –** Auch Bäume, die zu nah vor dem Eingang stehen, werden als störend empfunden und verringern eventuell die Besucherzahlen in einem Geschäft, da sie den Eingang optisch verdecken.
**Nachbarn –** Mit ausschlaggebend ist zudem, welche Branchen sich in ummittelbarer Nachbarschaft des Gebäudes befinden. Meiden Sie beispielsweise die Nähe von Schlachthöfen, Fabriken oder Kraftwerken, da diese unter anderem mit negativen Assoziationen behaftet sind und ungünstige Energie ausstrahlen können.
**Strom –** Hochspannungsleitungen in der Nähe sind sehr ungünstig, da von diesen eine hohe Belastung durch ▸ **Elektrosmog** ausgeht.

## Der Eingangsbereich

Wenn sich in einem Gebäude mehrere Firmen befinden, muss man zwei Eingänge unterscheiden. Zum einen gibt es den Eingang in das Gebäude selbst, den Haupteingang, und zum anderen gibt es den Eingang in das Unternehmen. Bei Ladengeschäften fallen diese Eingänge meist zusammen.

### Der erste Eindruck

Nicht umsonst gibt es das Sprichwort, dass der erste Eindruck zählt. Haben Sie Entscheidungsprobleme bei der Wahl der Büro- oder Geschäftsräume, dann stellen Sie sich vor, Sie würden als Kunde das von Ihnen ausgewählte Gebäude sehen und betreten. Wie würde der Eingang auf Sie wirken?
**Proportionen –** Die Größe des Eingangsbereichs sollte im richtigen Verhältnis zur Gebäudegröße stehen. Große Gebäude brauchen großzügige Eingänge.
**Vordächer –** Gern werden Vordächer am Gebäude angebracht, um den Besucher vor Regen zu schützen und um den Bereich optisch auffälliger zu gestalten. Vordächer sind hilfreich, solange keine spitzen Formen auf Besucher oder zu Nachbarn hin aufweisen.
**Türen –** Türen, die sich nach innen öffnen, sollten nach außen schlagenden Türen vorgezogen werden, soweit es vom Bauamt erlaubt ist. Es ist einladender, wenn man beim Öffnen der Tür nicht erst einen Schritt zurücktreten muss.

**Gestaltung des Eingangsbereichs –** Weit verbreitet ist die Methode, zwei Bäume neben den Eingang zu stellen. Diese Bäume können jedoch zur Blockade werden, wenn der Eingang dadurch zu sehr verdeckt wird. Werden neben dem Eingang Elemente zur optischen Verstärkung eingesetzt, sollten sie dezent sein und den Kundenweg im Fluss belassen.

## Der Chi-Fluss

Für den ▸ **Chi-Fluss** ist eine geschwungene Zuwegung wichtig. Falls der Weg jedoch gerade auf das Gebäude zuführt, dann prüfen Sie, ob die Zuwegung nicht mit Hilfe von Leuchten oder einer Bepflanzung links und rechts vom Weg in geschwungene Formen gebracht werden kann. Wenn es Ihnen möglich ist, bauen Sie bei Ladengeschäften eine Drehtür an Stelle einer normalen Eingangstür ein, da diese mehr belebendes ▸ **Chi** in das Gebäude bringt.

### Der Chi-Fluss innen

Was im Außen wirkt, wirkt auch im Innen. Deshalb ist der Weg des ▸ **Chi** auch im Gebäudeinneren wichtig. Allgemein gilt die Regel, dass der ▸ **Chi-Fluss** geschwungen sein sollte. Lange, schmale Flure beschleunigen das Chi und wirken sich ungünstig aus.

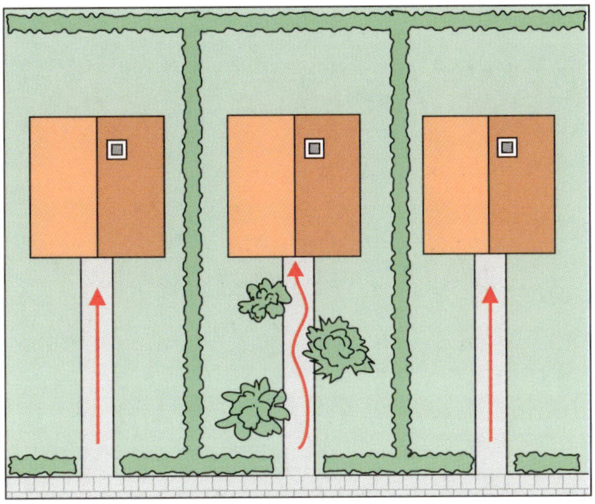

*Günstig: Durch eine lockere Bepflanzung auf beiden Seiten des geraden Zugangswegs wird der Chi-Fluss in geschwungenen Bahnen zum Haus hin geleitet.*

## CHECKLISTE FÜR DEN EINGANGSBEREICH

**Folgende Fragen sollten Sie ehrlich beantworten. Überlegen Sie, ob es möglich ist, ungünstige Einflüsse abzuschwächen oder zu entfernen. Denken Sie daran, mit Ihrem Vermieter über eventuelle Veränderungen zu sprechen. Wichtig ist, dass sich der Besucher willkommen fühlt und Sie sich um ihn bemühen.**

| | Frage | Ja | Nein |
|---|---|---|---|
| 1. | Fällt Ihnen zuerst etwas ins Auge, und haben Sie dabei ein positives Gefühl? | ☐ | ☐ |
| 2. | Ist der Name des Unternehmens deutlich zu sehen? | ☐ | ☐ |
| 3. | Wirkt der erste Eindruck seriös? | ☐ | ☐ |
| 4. | Passt der Eindruck zur Branche? Ein verspielter Eingang passt z. B. nicht unbedingt zu einem Versicherungsunternehmen, sondern eher zu einer kreativen Branche. | ☐ | ☐ |
| 5. | Ist der Eingangsbereich gut beleuchtet? | ☐ | ☐ |
| 6. | Ist der Klingelknopf einfach zu finden? | ☐ | ☐ |
| 7. | Ist irgendetwas defekt, wie z. B. eine Treppenplatte lose oder eine Leuchte nicht intakt? | ☐ | ☐ |
| 8. | Ist die Zuwegung eher geschwungen? | ☐ | ☐ |
| 9. | Liegt ein schöner Platz an der Vorderfront? | ☐ | ☐ |
| 10. | Steht links vom Gebäude ein höheres Bauwerk als rechts davon, wenn Sie aus der Haustür treten? | ☐ | ☐ |
| 11. | Befindet sich rechts vom Gebäude ein niedrigerer Bau als links davon, wenn Sie aus der Haustür treten? | ☐ | ☐ |
| 12. | Sind störende Branchen in der Nähe, wie ein Krankenhaus oder ein Schlachthof? | ☐ | ☐ |
| 13. | Gibt es spitze Elemente, die auf den Eingang gerichtet sind? | ☐ | ☐ |
| 14. | Passt die Formensprache des Gebäudes zu den Nachbargebäuden (▸ **Fünf Elemente**) ? | ☐ | ☐ |
| 15. | Entspricht die Eingangstür 20 bis 30 Prozent der Gebäude- oder Geschäftsfrontgröße? | ☐ | ☐ |
| 16. | Wirkt der Eingangsbereich sauber und einladend? | ☐ | ☐ |
| 17. | Ist der Eingangsbereich gut zugänglich? | ☐ | ☐ |
| 18. | Ist der Eingang frei oder versperren ihn Pflanzen? | ☐ | ☐ |
| 19. | Hat der Eingang einen optischen Balken über der Tür? | ☐ | ☐ |
| 20. | Ist die Beleuchtung vor, am und im Gebäude ausreichend? | ☐ | ☐ |
| 21. | Ist das Gesamterscheinungsbild anziehend? | ☐ | ☐ |
| 22. | Gibt es ein kleines Vordach als Regenschutz für Besucher? | ☐ | ☐ |
| 23. | Lassen sich einige der oben genannten Punkte, die mit Nein beantwortet wurden, nachträglich verbessern? | ☐ | ☐ |
| 24. | Ist es möglich, eine geobiologische Untersuchung durchführen zu lassen? | ☐ | ☐ |
| 25. | Liegt der Eingang in Ihrer ▸ **Günstigen Richtung**? | ☐ | ☐ |
| 26. | Ist das Firmenlogo gut zu sehen? | ☐ | ☐ |
| 27. | Hat das Firmenlogo eine positive Ausstrahlung? | ☐ | ☐ |

Rechnen Sie aus, wie viel Prozent die Fragen entsprechen, die Sie mit Nein beantwortet haben. 27 Fragen entsprechen 100 Prozent. Hätten Sie z. B. 18 Fragen mit Ja beantwortet, entspräche das ca. 67 Prozent (18 x 100 : 27). Sie können dann selbst entscheiden, ob die Nachteile prozentual zu hoch sind. In jedem Fall sollten Sie mindestens 60 Prozent der Fragen mit Ja beantworten können.

## CHECKLISTE KRITERIEN FÜR DEN CHI-FLUSS

| | Ja | Nein |
|---|---|---|
| 1. Ist der Weg des Chi-Flusses in den Räumen geschwungen? | ☐ | ☐ |
| 2. Liegen sich Türen und Fenster in den Räumen direkt gegenüber? | ☐ | ☐ |
| 3. Liegen die wichtigen Räume in Räumen oder Bereichen, die gut mit Energie versorgt sind? | ☐ | ☐ |
| 4. Gesetzt den Fall, dass der Chi-Fluss nicht optimal fließt: Lassen sich dann nachträglich noch in den Räumlichkeiten bauliche Veränderungen durchführen (bedenken Sie dabei Statik, Kosten, Vorschriften, Vermieter, Zeit)? | ☐ | ☐ |
| 5. Liegen die Fußbodenmuster in Laufrichtung der Kunden? | ☐ | ☐ |
| 6. Sind der Empfangsbereich oder die Kasse gut mit Energie versorgt? | ☐ | ☐ |
| 7. Liegen die Räumlichkeiten eher im Erdgeschoss oder in höher liegenden Geschossen des Gebäudes? | ☐ | ☐ |
| 8. Gibt es die Möglichkeit, Rückzugsbereiche für die Mitarbeiter in den Räumen zu schaffen? | ☐ | ☐ |
| 9. Gibt es in den Räumen eine ▸ **Hintertür**, durch die das Chi das Gebäude verlassen kann? | ☐ | ☐ |

Prüfen Sie den Grundriss auf den Weg des Chi hin, und achten Sie darauf, welche Räume gut und welche Räume unterversorgt sind.
Nachdem Sie ein erstes Raumnutzungsprogramm aufgestellt haben, können Sie vergleichen, ob Räume mit wichtiger Funktion, wie das Chefzimmer und die Arbeitsbereiche, auch in gut versorgten Räumen des Gebäudes liegen können.
**Schlecht versorgte Räume –** Schlecht versorgte Räume sollten für weniger wichtige Nutzungen vorgesehen werden, wie zum Beispiel für Lagerräume, WC oder Laufwege.

### Chi und Intuition

Sie können den Verlauf des ▸ Chi selbst abschreiten, indem Sie vom Eingang aus, ohne nachzudenken, die Räume abschreiten und sich von der inneren Intuition führen lassen.
Beobachten Sie dabei, welche Räume Sie intuitiv zuerst betreten und welche Räume Sie eher links liegen lassen. Dadaurch gewinnen Sie bereits Aufschluss darüber, welche Räume mehr und welche weniger Chi aufnehmen.

## Yin und Yang

Der Aspekt von ▸ Yin und ▸ Yang zeigt sich in verschiedener Hinsicht. Es gibt Räume oder Bereiche in Geschäftsräumen, die für eine aktive Tätigkeit, und andere Räume, die eher für eine ruhigere Nutzung vorgesehen sind.
**Beispiel Büro –** In einem Bürohaus gibt es die Arbeitsbereiche, wie Büros oder Konferenzräume, die eher Yang-betont sind. Daneben gibt es Pausenzonen wie Kantine oder Küche, die Yin-betont sind.
**Beispiel Kosmetikstudio –** Hier gibt es einen Empfangsbereich, in dem man ankommt, sich anmeldet oder erkundigt, aber auch an der Kasse bezahlt. Er gilt als Yang-Bereich. Dieser Bereich sollte aktiv gestaltet werden. Farben können dies unterstützen, wie Rot, Orange und Gelb. Dann gibt es den Yin-Bereich, in dem es für den Kunden darum geht, zu entspannen und zur Ruhe zu kommen. Den Yin-Aspekt unterstützen sanftes Licht, weiche Formen und Farben wie Blau oder Grün.
**Beispiel Einkaufszentrum –** Hier gibt es Kundenbereiche (▸ Yang) und Räume für den Rückzug der Mitarbeiter, wie Umkleide-und Pausenräume (▸ Yin).

## Himmelsrichtungen

Wer sich eingehender mit Feng Shui befasst hat, der weiß auch Bescheid über die Grundenergien der Himmelsrichtungen, die bei der Wahl von Räumen ins Spiel kommen (Näheres finden Sie unter dem Stichwort ▸ Himmelsrichtung).
Stimmt die Nutzung eines Raumes oder eines Bereichs nicht mit der Energie der Himmelsrichtungen überein, so kann es beispielsweise in einem ungünstig eingerichteten Geschäftsraum geschehen, dass der Kunde sich nicht entspannen kann und nicht zur Ruhe kommt. Das würde sich im Behandlungsraum eines Kosmetikstudios, der ▸ Yin-betont sein sollte, negativ auswirken. Hier ist es wichtig, einen Ausgleich der Energien über ▸ Farben und ▸ Formen der Einrichtung zu schaffen.
Auch in einem Geschäftsraum, der von der Nutzung her ein ▸ Yang-Bereich ist, jedoch von seiner Himmelsrichtung die Grundenergie von ▸ Yin aufweist, sollte ein Ausgleich geschaffen werden. Der Raum wirkt sonst schnell ermüdend und bremst dadurch auch den Umsatz. Ein solcher Verkaufsraum sollte mit hellen Farben und Akzenten in anregenden Farben wie Orange und Rot gestaltet werden, damit die Mitarbeiter und Kunden aktiv bleiben.

## Das Bagua

Bei der Einrichtung von Geschäftsräumen kann das Raster des ▸ Bagua ein hilfreiches Werkzeug sein, um ein Raumprogramm zu erstellen.
Aber auch bei schon bestehenden Räumlichkeiten ist es sinnvoll, die Stimmigkeit der neun Bagua-Bereiche mit Hilfe des Baguarasters zu überprüfen und gegebenenfalls zu korrigieren.
Das Bagua kann aufdecken, welche Lebensbereiche geschwächt sind. Falls man feststellt, dass beispielsweise der Baguabereich »Wachstum« völlig fehlt oder sich dort eine überfüllte Rumpelkammer befindet, dann wird man mit hoher Wahrscheinlichkeit diesen Mangel in der eigenen Unternehmensbilanz wiederfinden können. Sobald hier räumliche Korrekturen durchgeführt werden, kann sich das sehr positiv auf das ganze Unternehmen auswirken.

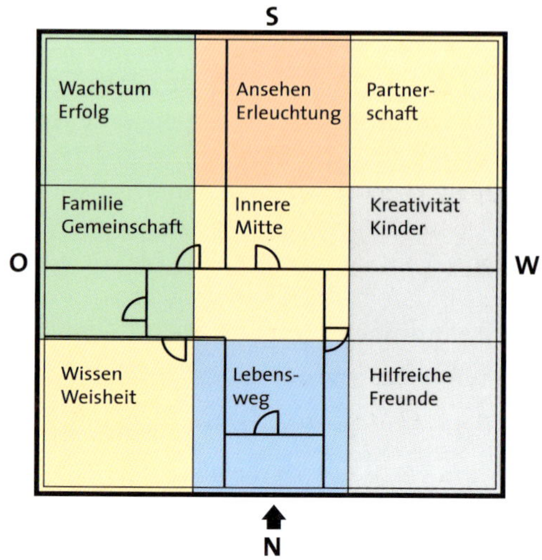


*Ein Beispielgrundriss mit dem neunteiligen Baguaraster.*

## Die Fünf Elemente

Wie unter dem Stichwort ▸ Fünf Elemente im lexikalischen Teil des Buchs beschrieben, werden die Elemente Feuer, Erde, Metall, Wasser und Holz verschiedenen ▸ Farben, ▸ Formen und ▸ Materialien zugeordnet. Bei der Büroeinrichtung sollten Sie darauf achten, dass ein ausgewogenes Verhältnis bei Farben, Formen und Materialien entsteht. Wenn das Element, das dem Bagua-Bereich eines Raumes entspricht, feststeht, kann mittels der Lehre der Fünf Elemente durch passende Zugabe von Farben, Formen oder Materialien der entsprechende Lebensbereich gestärkt werden.
Farben, Formen und Materialien sollten sich in einem aufbauenden ▸ Nährungszyklus befinden. Das Element ▸ Holz (Grün, lange säulenartige Gegenstände) nährt das Element ▸ Feuer (Rot, dreieckige Gegenstände, Kerzenlicht) und Feuer nährt ▸ Erde (Gelb, quaderartige Gegenstände, Keramik) etc.
In einem Raum, der dem Element Holz entspricht und evtl. im Wachstumsbereich des Baguas liegt, könnten Sie mit der Farbe Grün das Holzelement stärken. Es kann auch das nährende Element Wasser zum Einsatz kommen, denn Wasser nährt Holz. Das Wasserelement kann durch blaue Farben vertreten werden, durch einen Zimmerbrunnen, ein Wasserbild oder geschwungene Formen.

## Farben

Die Wahl der ▸ Farben bei der Ausstattung eines Unternehmens wird durch die Branchenzugehörigkeit, die Lehre der ▸ Fünf Elemente und die Firmenphilosophie mitbestimmt. Jede Branche wird auch einem Element zugeordnet und kann so durch die vorrangige Farbwahl vom ▸ Logo bis hin zur Einrichtung in ihrem Wiedererkennungswert unterstützt werden (siehe hierzu Tabelle Seite 278).

### Die einzelnen Farben und ihre Wirkung

**Weiß** – Gilt als ▸ Yang-Farbe und ist für Büros und Geschäftsräume geeignet. Allerdings ist Weiß sehr neutral und stimmungsarm.
Gelb und Vanilletöne regen die geistige Tätigkeit an und wirken wohnlicher und gemütlicher. Außerdem unterstützten diese Farben das Element ▸ Erde.
**Grün** – Grüntöne werden dem Element ▸ Holz und zugleich dem »Wachstum und Erfolg« zugeordnet. Diese Farbe kann vorwiegend im Osten oder Südosten eingesetzt werden. Je heller und frischer das Grün ist, umso mehr repräsentiert es die Energie des Frühlings und des Wachstums.
**Rot** – Rot ist die Farbe des ▸ Südens und steht für das Element ▸ Feuer. Sie ist besonders an der Südwand eines Unternehmens für den Lebensbereich »Ansehen und Erleuchtung« positiv.
Unter den Rottönen reicht die Palette von Altrosa, Terrakotta, Apricot bis hin zum Bordeaux und dem klaren Rot, die eingesetzt werden können, um Boden und Wände auszustatten oder Akzente zu setzen. Da Rot eine starke Leuchtkraft besitzt, kann die Wirkung einer roten Wand jedoch die Gemüter aufwühlen. Daher erfordert der Umgang mit Rot mehr Fingerspitzengefühl als mit anderen Farben.
**Blau** – Diese Farbe sollte in geballter Form eher in den ▸ Yin-Bereichen, wie in Behandlungszimmern und Erholungsbereichen etc. Verwendung finden oder im Norden eines Gebäudes. Der Norden wird dem Element ▸ Wasser zugeordnet, das durch die Farbe Blau symbolisiert wird.
Die Tabelle auf der folgenden Seite beschreibt, welchen Elementen die einzelnen Branchen nach der Lehre der ▸ Fünf Elemente zugeordnet werden und welche Farben die Branchen unterstützen. Diese Liste kann Ihnen jedoch nur Anhaltspunkte geben, denn die Wahl der passenden Farbe ist von vielen Faktoren abhängig.

*Die Trendtöne Weiß und Vanille gelten als Yang-betont und neutral und sind daher für Büroausstattungen gut geeignet.*

**Im Allgemeinen gilt** für die Wahl der ▸ **Farben,** dass sie in den Kreislauf der ▸ **Fünf-Elemente** eingepasst und nach der farbpsychologischen Wirkung ausgewählt werden sollten.

## Die Möblierung

Bevor Sie sich für neue Räume entscheiden, ist es sinnvoll, den Grundriss nach Ihren Bedürfnissen zu möblieren. Erst dann können Sie erkennen, wo und welche Schwachstellen die Räumlichkeiten aufweisen. Falls Sie auf ungünstige Punkte stoßen, können Sie Umbaumaßnahmen prüfen und kalkulieren.
**Rückendeckung** – Eine der wichtigsten Regeln am Arbeitsplatz ist die ▸ Rückendeckung. Prüfen Sie, ob Sie die Sitzplätze in einem Büro so einrichten können, dass der Rücken des am Schreibtisch Sitzenden zu einer festen Wand gerichtet ist oder anderweitig geschützt ist. Vermeiden Sie Plätze, an denen der Rücken des Sitzplatzes zum Fenster hin zeigt.

## TABELLE DER BRANCHEN UND IHRER ELEMENTZUGEHÖRIGKEIT

| BRANCHE | ELEMENT | GÜNSTIGE FARBEN |
|---|---|---|
| Argrikultur | Holz | Grün, Blau |
| Architekturbüros | Erde | Gelb, Rot |
| Banken | Metall | Grau, Weiß, Gelb |
| Bauunternehmen | Erde | Gelb, Rot |
| Bibliotheken | Feuer | Rot, Grün |
| Bildhauerei | Feuer | Rot, Grün |
| Brauereibetriebe | Wasser | Blau, Weiß, Grau |
| Chemische Industrie | Feuer | Rot, Grün |
| Computertechnik | Wasser | Blau, Weiß, Grau |
| Eisenwaren | Metall | Grau, Weiß, Gelb |
| Elektroinstallation | Wasser | Blau, Weiß, Grau |
| Forschung | Wasser | Blau, Weiß, Grau |
| Gießereien | Metall | Grau, Weiß, Gelb |
| Immobilienhändler | Erde | Gelb, Rot |
| Journalismus | Wasser | Blau, Weiß, Grau |
| Keramik, Töpferhandwerk | Erde | Gelb, Rot |
| Kindergärten | Holz | Grün, Blau |
| Kommunikationstechnik | Wasser | Blau, Weiß, Grau |
| Krankenhäuser | Holz | Grün, Blau |
| Künstlerstudios | Holz | Grün, Blau |
| Lederwaren | Feuer | Rot, Grün |
| Literaturwesen | Wasser | Blau, Weiß, Grau |
| Maler | Feuer | Rot, Grün |
| Maurer | Erde | Gelb, Rot |
| Medien | Wasser | Blau, Weiß, Grau |
| Musik | Wasser | Blau, Weiß, Grau |
| Psychologie | Wasser | Blau, Weiß, Grau |
| Restaurationsbetriebe | Holz | Grün, Blau |
| Schauspielerei | Feuer | Rot, Grün |
| Schriftsteller | Feuer | Rot, Grün |
| Schmuckwaren | Metall | Grau, Weiß, Gelb |
| Textverarbeitung | Wasser | Blau, Weiß, Grau |
| Tierpfleger, Tierarzt | Feuer | Rot, Grün |
| Versicherungen | Metall | Grau, Weiß, Gelb |
| Werbung | Wasser | Blau, Weiß, Grau |
| Zimmermannshandwerk | Holz | Grün, Blau |

Bücherregale im Rücken werden nicht als empfehlenswert eingeschätzt, da sie Vergangenes symbolisieren sollen. Seinen Kunden will man sicher weder »den Rücken kehren«, noch sollen sie einem im »Nacken sitzen«. Wenn man sich mit dieser These nicht anfreunden kann, dann vermeiden Sie zumindestens, dass spitze Gegenstände oder viele offene Fächer Ihren Rücken attackieren.
Offene Regalfächer erzeugen durch die vielen Kanten eine Beschleunigung des ▸ **Chi,** so dass in unmittelbarer Nähe Unruhe entsteht. Papierstapel, volle Papierkörbe und überquellende Aktenordner tragen ebenfalls nicht zur Harmonisierung bei.
**Blick zur Tür –** Auch die zweite, wichtige Feng-Shui-Regel sollten Sie für die Gestaltung Ihres Einzelbüros unbedingt beherzigen. Achten Sie darauf, dass Sie von Ihrem Arbeitsplatz aus die Tür sehen können. So sind Sie in der Lage, bereits mit einem kurzen Blick eintretende Personen wahrzunehmen. Das vermittelt ein Gefühl der Sicherheit, aus dem heraus Sie konzentrierter arbeiten können.

## Großraumbüro

Geht es um die Einrichtung eines Büroraums, in dem mehrere Menschen zusammen arbeiten, dann sind bei der Planung der Einrichtung dieselben Punkte zu beachten wie beim Einzelbüro: Nach Möglicheit sollten alle Plätze eine ▸ **Rückendeckung** haben und der Blick zur Tür möglich sein.
Lässt es sich in einem Raum nicht vermeiden, dass einige Plätze benachteiligt sind, so sollten die, die größere Verantwortung tragen, die besseren Plätze erhalten. Es ist beispielsweise für ein Unternehmen nicht förderlich, wenn der Sekretär immer »den Ton angibt« und die Chefin nicht weiß, was »hinter ihrem Rücken gespielt« wird. Ist ausreichend Platz vorhanden, so ist es am besten, wenn alle Beteiligten einen guten Platz bekommen, der sie stärkt. Es sollte möglichst keiner dem anderen im Rücken sitzen und ihn kontrollieren. Eine reibungslosere Zusammenarbeit und ein gutes Arbeitsergebnis werden den gewonnenen Vorteil zeigen.
**Einzelraum –** Aber auch, wenn Sie ganz allein in Ihrem Arbeitszimmer sitzen, ist die Rückendeckung für ein entspanntes und erfolgreiches Arbeiten sehr wichtig. Schauen Sie in den Raum und haben Sie dabei das Fenster im Rücken, so ist Ihre Position ebenfalls geschwächt. Wählen Sie eher eine feste Wand, oder dekorieren Sie auf der Fensterbank ein Objekt, das Ihren Schutz sozusagen übernimmt.

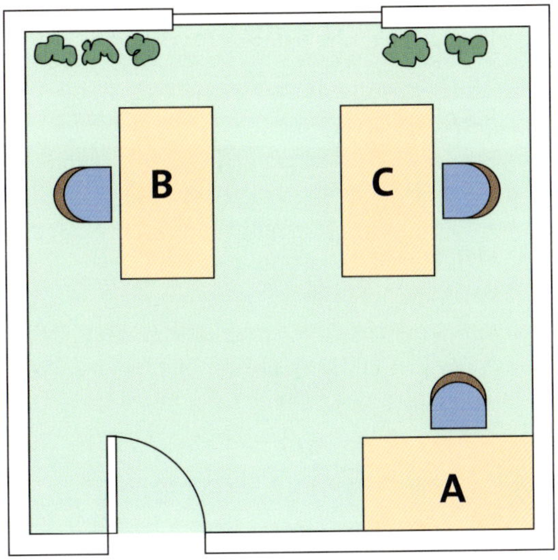

*Position A besitzt keine Rückendeckung und wird nicht genug mit Chi versorgt. Position B ist zu unruhig. Position C besitzt Rückendeckung und wird gut mit Chi versorgt.*

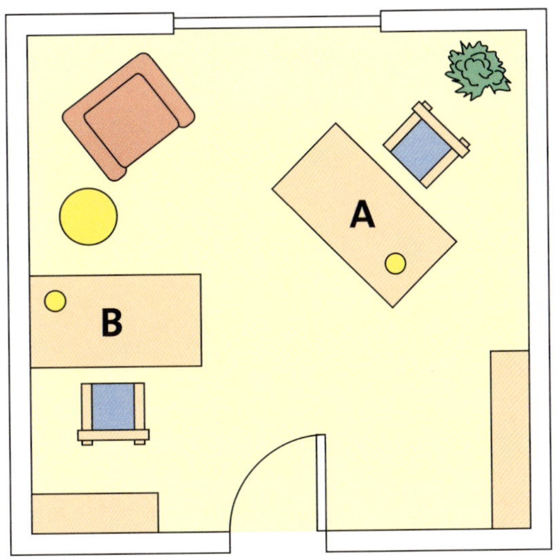

*Position A und B besitzen Rückendeckung. A ist gegenüber B jedoch im Vorteil, denn A hat den Blick zur Tür.*

Das kann real oder symbolisch umgesetzt werden, etwa mit dem Bild eines Freundes, einer Buddha-Statue oder aber einer ▸ Pflanze (allerdings eine ohne spitze Blätter!).

**Trennelemente** – Können nicht alle Schreibtische mit dem Rücken zur Wand stehen, dann lässt sich mit halbhohen Trennelementen oder aber mit einem ▸ Paravent die nötige Rückendeckung schaffen. Es können auch Pflanzen eingesetzt werden, vorausgesetzt sie haben runde Blätter, denn Pflanzen mit spitzen Blättern sollten nicht in der Nähe von Sitzplätzen stehen (siehe Seite 38).

## Gegenüberliegende Schreibtische

Häufig stehen sich zwei Schreibtische direkt gegenüber. Diese Position ist in einem Arbeitsraum nicht so förderlich. Sie erleichtert vielleicht die Kommunikation der Kollegen, führt aber zu einer ständigen Konfrontation und beengt den beschriebenen Aspekt des Weitblicks und manchmal auch die Konzentration der sich gegenüber Sitzenden.

Hierbei spielt natürlich die Größe der Tische eine Rolle: Je kleiner die Tische ausfallen, umso dichter rückt man zusammen.

Können Sie aus Platzgründen diese Anordnung nicht auflockern, dann schaffen Sie in der Mitte der beiden Tische einen Fokus. Dieser markiert den Übergang zwischen den zwei Arbeitsbereichen und kann einen schönen Blickfang bieten.

Ob Sie dafür ein Objekt (▸ Mobile, ▸ Regenbogenkristall) von der Decke herabhängen lassen, eine Figur oder einfach frische Blumen in die Mitte stellen, entscheidet der persönliche Geschmack.

## Konferenz- und Seminarräume

Auch die Konferenz- und Seminarräume brauchen besondere Bedingungen, um die Grundlage für erfolgreiche Gespräche zu bieten.

**Rückendeckung** – Geben Sie so vielen Plätzen wie möglich eine ▸ Rückendeckung, und verhindern Sie, dass der ▸ Chi-Fluss ungebremst mitten über den Tisch fließt (siehe auch unter ▸ Geheime Pfeile). Trennt der Chi-Fluss die Gesprächsteilnehmer energetisch, können lange Gespräche geführt werden,

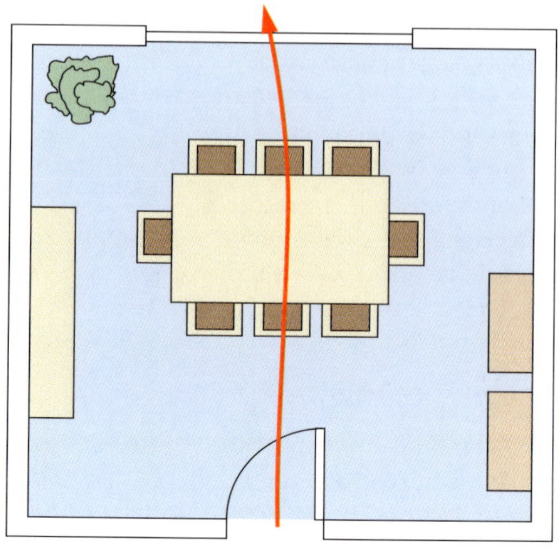

*Der Chi-Fluss durchschneidet den Besprechungstisch und trennt dadurch die Gesprächsteilnehmer energetisch. Diese Positionierung erschwert konstruktive Gespräche.*

ohne dass diese zu einem zufriedenstellenden Ergebnis kommen (siehe Illustration oben). Wenn Sie einen Besprechungstermin haben, kann der Standort Ihres Sitzplatzes mit dafür verantwortlich sein, ob Sie kraftvoll und überzeugend auftreten oder nicht. An einem schlechten Platz laufen Sie Gefahr, nicht ausreichend zu Wort zu kommen und von den anderen Gesprächsteilnehmern nicht richtig wahrgenommen zu werden.

**Wer zuerst kommt ...** – Menschen, die gerade noch pünktlich oder schon zu spät zu einem Meeting kommen, können dieses Phänomen oft bestätigen. Die besten Plätze werden meist von den ersten Teilnehmern eingenommen, und wer später kommt, erhält die Plätze, die noch übrig geblieben sind.

Hat man dann Türe, Fenster, die Ecke eines Mauervorsprungs oder, noch schlimmer, die Tischecke auf sich gerichtet, wird man in der Gesprächsrunde benachteiligt sein. Achten Sie darauf, rechtzeitig zu einem Termin zu erscheinen und sich einen guten Platz auszusuchen. Reservieren Sie sich in aller Ruhe den Platz, indem Sie beispielsweise einen Terminkalender und einen Stift parat legen. Sie können sich auch Ihre ▸ Beste Richtung ermitteln und so Ihren Arbeitsplatz oder Besprechungsplatz nach Ihrer Glück bringenden Richtung aussuchen.

**Tische –** Verwenden Sie keine durchsichtigen Tischplatten aus Glas oder Acryl. Der Blick auf alles unter dem Tisch bringt Unruhe mit sich und wirkt instabil. Interessant ist die Beobachtung, dass an ovalen oder runden Tischen Besprechungen schneller zum Ergebnis führen als an rechteckigen Tischen. Die rechteckige Form trennt wohl durch die Ecken die Gesprächsteilnehmer. An einem runden Tisch kann die Energie frei zu allen Personen fließen.

### Möbel nach Feng-Shui-Maßen

Falls Sie es in der Hand haben sollten, die Größe Ihrer Schreibtischplatte und alle weiteren Maße selbst zu bestimmen, wäre es vielleicht der richtige Zeitpunkt, die Anfertigung nach positiven Feng-Shui-Maßen vorzunehmen. Wie Sie diese Maßangaben handhaben, erfahren Sie unter dem Stichwort ▸ **Maße.** Viele Feng-Shui-Berater arbeiten mit diesen speziellen Maßen.

### Möbelkauf

Beim Einkauf Ihrer Büromöbel sollten Sie immer einen Spickzettel bei sich haben, auf dem Sie die wichtigsten Kriterien für eine nach Feng Shui korrekte Auswahl notiert haben. Überlegen Sie sich zudem genau, für welchen Zweck Sie das jeweilige Möbel hauptsächlich nutzen wollen.

**Formen –** Vermeiden Sie spitze und scharfkantige Elemente, die das ▸ **Chi** nur unnötig beschleunigen. Oft kursiert der Irrtum, dass in einer Einrichtung nach Feng Shui alles rund sein muss. Das stimmt nicht immer, denn so lange die Gegenstände richtig aufgestellt sind und spitze Ecken nicht auf einen Sitzplatz zielen, können ohne Weiteres rechteckige Tische verwendet werden.

Folgende Regel sollten Sie beachten: Rechteckig geschnittene Möbel sind eher ▸ **Yang-**betont, runde oder oval geformte Möbel eher ▸ **Yin-**betont. Die Wahl der Formen hängt daher von der geplanten Nutzung eines Raums ab.

**Flächen –** Achten Sie auch auf die Oberfläche von Möbeln: Ziehen Sie geschlossene Flächen offenen vor, da sie mehr Ruhe ausstrahlen und so mehr zur Harmonisierung des Raums beitragen.

## Die Beleuchtung

Eine gute Beleuchtung eines Raums ist unabdingbar für eine gute Atmosphäre und erhöht die Konzentrationsfähigkeit – und das ist in Büro- und Geschäftsräumen sehr wichtig. Außerdem haben die Lichtverhältnisse in einem Raum auch einen entscheidenden Einfluss auf die Gesundheit unserer Augen – besonders bei Computerarbeitsplätzen.

### Lichtarten und Lichtsysteme

Allgemein wird in Geschäftsräumen zwar meist für genügend Helligkeit gesorgt, doch beherrschen immer noch Leuchtstoffröhren das Bild.

**Leuchtstoffröhren im Büro –** Diese Beleuchtungsart ist jedoch für die Augen anstrengend und lässt sie schnell ermüden.

Ein Vergleich des Strahlenspektrums von herkömmlichem Kunstlicht mit dem der Sonne liefert die Erklärung. Neben starken Abweichungen bei allen sichtbaren Farben, fehlen dem Kunstlicht die für das menschliche Auge nicht sichtbaren Farben Ultraviolett und Infrarot, die in richtiger Dosierung auch einen beträchtlichen gesundheitlichen Wert des Lichts ausmachen. Wenn gewöhnliche Leuchtstoff-

*Ungünstig: Zu viele offene Flächen, wie diese freien Regalböden, sollten Sie vermeiden, denn sie wirken unruhig. Günstiger sind geschlossene Flächen.*

*Ungünstig: Grelle Leuchtstoffröhren und eine fehlende Tischlampe schaffen eine ungemütliche, kühle Atmosphäre und mindern die Konzentrationsfähigkeit.*

*Günstig: Der Raum ist sehr hell und freundlich, was durch die weißen Büromöbel unterstützt wird. Die Arbeitsleuchte auf der Tischplatte bildet eine zusätzliche Lichtquelle.*

röhren eingesetzt werden, können sie in hohen Räumen Verwendung finden, da die größere Entfernung bis zum Betrachter das kalte Licht angenehmer macht. Die hohe Belastung durch ▸ **Elektrosmog** kann somit ebenfalls auf genügend Abstand gebracht werden, so dass sie sich nicht mehr so ungünstig auswirkt.

**Tischleuchten** – Zur Grundbeleuchtung sowohl im Einzel- wie im Großraumbüro gehört außerdem immer eine eigene am Tisch befindliche Arbeitsleuchte. Achten Sie dabei darauf, dass sie nicht zu kaltes Licht abstrahlt.

**Energiesparleuchten** – Sie sparen zwar Strom, sind jedoch im Hinblick auf die Farbe ihres Lichts und die Elektrosmog-Abstrahlung nicht vorteilhaft.

**Glühbirnen** – Die altbewährte Glühbirne ist heute immer noch die beste Lichtquelle für Augen und den Körper, denn die Elektrosmog-Abstrahlung einer Glühbirne ist sehr gering und ihr Licht angenehm warm.

**Halogenleuchten** – Auch wenn sie noch so beliebt sind: Halogenleuchten sind als Lichtquelle am Arbeitsplatz nicht besonders zu empfehlen, denn sie verbreiten, bedingt durch die Trafos, einen extrem hohen Elektrosmog. Viele Halogenlampen haben bereits eine Glasplatte als Schutzscheibe eingebaut. Halogensysteme werden mittlerweile auch zum Selbstbau angeboten. Dabei sollten Sie unbedingt die Schutzscheiben verwenden, da sonst ein erhöhtes Hautkrebsrisiko bestehen kann. Zudem wird ein Mindestabstand von 30 Zentimetern von der Lampe bis zum Betrachter empfohlen.

## Lichtfarbe und Wirkung

Auch die Farbe des Lichts spielt in Büro- und Geschäftsräumen eine große Rolle, denn sie trägt entscheidend zur Atmosphäre eines Raums bei.

Gelbes ▸ **Licht** empfinden wir allgemein als das angenehmste und wärmste Licht. Wenn Sie es in Ihren Geschäftsräumen verwenden, dann sorgen Sie so für eine gute Grundstimmung.

Tageslicht-Leuchtstofflampen, auch »True-Lite« oder »Vollspektrumlampen« genannt, wirken etwas kühl. Sie können aber trotzdem an ausgewählten Arbeitsplätzen zum Einsatz kommen, vor allem an solchen Arbeitsplätzen, an denen viel mit ▸ **Farben** gearbeitet wird, die ansonsten durch gelbes Licht eher verfälscht würden.

Es werden mittlerweile viele unterschiedliche Farbabstufungen für Leuchtstofflampen im Handel angeboten.

## Pflanzen

In Büro- oder Geschäftsräumen sorgen ▸ Pflanzen nicht nur für ein besseres Raumklima und eine ansprechendere Atmosphäre. Richtig platziert lenken sie auch den ▸ Chi-Fluss positiv um. Pflanzen können überall dort stehen, wo sich spitze Raum- oder Möbelecken befinden (siehe Illustrationen Seite 164). Stehen Möbel mit scharfen Kanten so, dass eine der Möbelecken einen Sitzplatz ständig attackiert (▸ Geheime Pfeile), dann können Sie eine Hängepflanze auf das Möbel stellen, die diese scharfe Kante verdeckt. Die Pflanze rankt über diese spitze Möbelecke und entschärft den Chi-Fluss.

*Frische Blumen oder gesunde und blühende Pflanzen verbessern das Raumklima und wirken anregend.*

Angenehm wirken Pflanzen auch in Räumen, in denen Tür und Fenster unmittelbar einander gegenüber liegen und in denen zwischen Tür und Fenster ein Arbeitsplatz oder ein Besprechungsplatz eingerichtet ist. Werden Pflanzen hier direkt vor dem Fenster platziert, dann bremsen sie den beschleunigten Chi-Fluss dort ab und verteilen ihn sanft im Zimmer. Dadurch verbessert sich das Raumklima. Eine Pflanze, die im ▸ Südosten, im ▸ Osten oder aber auf einem Tisch im südöstlichen Sektor platziert wird, kann sich positiv auf den ▸ Bagua-Bereich »Wachstum und Erfolg« auswirken.

## Das Firmenlogo

Wir nehmen meist die ersten Informationen über das Auge war. Dies ist auch der Grund, warum viele Firmen ein Firmenlogo mit bildhaften Emblemen erstellen. Bilder können wir uns besser einprägen als Worte. Deshalb sollten Sie bei der Erstellung Ihres Firmenlogos mit Sorgfalt vorgehen und darauf achten, dass es eine positive Symbolsprache beinhaltet.

### Symbole

Nicht nur in China, auch in unserer westlichen Geschichte gibt es eine große Auswahl an ▸ Symbolen für die verschiedenen Branchenbereiche, die man abwandeln und auf das eigene Unternehmen zuschneiden kann. In den meisten Fällen ist das Gewohnte, was die Menschen in ihrem eigenen Kulturkreis kennen, besser geeignet für ein Logo und einprägsamer als etwas Fremdes und Neuartiges.
Symbole sollten etwas über das Gewerbe verraten und möglichst einfach sein. Vermeiden Sie dabei spitze Ecken und Kanten.
**Tiersymbole** – In China verwendet man gern Tiersymbole, die eine äußerst positive Kraft mit sich bringen, wie z. B. der ▸ Drache.
Aber auch bei uns werden diese positiven Assoziationen gern eingesetzt, z. B. beim Esso-Tiger oder dem Peugeot-Löwen.
**Pflanzensymbole** – Pflanzen sollten so dargestellt werden, dass sie sich im Wachstum befinden. Eine Knospe, die bald aufspringen und eine zarte, frische Blütenpracht enhüllen wird, wirkt positiver als eine bereits voll aufgeblühte Blume, die dem Zeitpunkt des Verblühens bereits nah ist.
**Sonne** – Ein Sonnenaufgang, der einen neuen Tag ankündigt, wirkt positiver als ein Sonnenuntergang.
**Symmetrie und aufsteigende Diagonalen** – Bei der Gestaltung von Logos sind grundsätzlich symmetrische Formen asymmetrischen vorzuziehen. Sollten diagonale Formen vorkommen, achten Sie darauf, dass sie stets von links unten nach rechts oben verlaufen. Dies ist für das Unterbewusstsein eine Aufwärtsbewegung. Sehen wir ein Straßenschild mit Gefällehinweis , wissen wir sofort, dass es eine Straße ist, die nach unten bzw. nach oben führt.

*Positive Wirkung: Diagonale aufwärts.*

*Negative Wirkung: Diagonale abwärts.*

### Farben für das Logo

Auch die ▸ **Farben** spielen eine Rolle und können so ausgewählt werden, dass vorrangig der Symbolcharakter eines ▸ **Bagua**-Bereichs betont wird. Grün unterstreicht den Bagua-Bereich »Wachstum« und repräsentiert den Frühling und das Wachsen der Natur. Rot steht für den Sommer, wenn alles in der höchsten ▸ **Yang**-Kraft steht. Da Rot eine extrovertierte Farbe ist, können Branchen unterstützt werden, die »nach außen treten«, wie die Mode-, oder Ausstellungsbranche. Rot ist eine Signalfarbe und fördert die Aufmerksamkeit. Die Herbstfarben symbolisieren, dass sich die Energie zusammenzieht; sie sind eher für Dienstleistungsfirmen passend, die sich mit Themen der Entspannung oder esoterischen Inhalten beschäftigen.

## Zahlensymbolik

Zahlen haben in China eine besondere Bedeutung. In der chinesischen ▸ **Numerologie** gibt es Zahlen, die sich günstig auswirken und solche, die sich weniger günstig auswirken. Einige Ziffern haben in der chinesischen Tradition positive Bedeutung, da ihr Klang der Aussprache bestimmter Worte ähnelt. So klingt die Zahl acht ähnlich wie das Wort für Reichtum. In China ist die Auswahl der Zahlen von so großer Bedeutung, dass sogar viel Geld dafür ausgegeben wird, eine bestimmte Zahlenkombination zu erhalten. Für den Fall, dass man selbst Einfluss auf eine Auswahl von Zahlen hat, beispielsweise bei der Telefonnummer oder einer Zahl in einem Logo, können Sie die chinesische Numerologie nutzen.

### Yin und Yang

Zahlen werden unterteilt in ▸ **Yin**- und ▸ **Yang**-Zahlen. Yin-Zahlen sind gerade, Yang-Zahlen ungerade. Bei Zahlenkombinationen wäre es vorteilhaft, gerade und ungerade Zahlen zu mischen, so dass die Zahl weder zu Yin- noch zu Yang-lastig wird.

### Günstige Zahlen

Günstige Zahlen und Nummern enden mit 1, 6, 7, 8 und 9. Warum diese Zahlen so günstig sind, erfahren Sie unter ▸ **Zahlensymbolik.** Eine besonders glückverheißende Stellung besitzt die Zahl neun. Neun symbolisiert die Fülle von Himmel und Erde, da sie die vollkommene Zahl ist. Zudem ergibt die Quersumme einer mit neun multiplizierten Zahl immer wieder neun. Beispiele: 9 x 2 = 18; 1 + 8 ist 9; 9 x 5 = 45 und 4 + 5 ist 9. Die Zahlen 1, 6 und 8 bringen Glück, egal wie sie kombiniert werden.

### Ungünstige Zahlen

Die Zahl Vier ist eine unbeliebte Zahl, da sie im Chinesischen in der Aussprache dem Wort »Tod« ähnelt. Dies sollten Sie jedoch nicht unbedingt zu eng sehen: Denn gleichzeitig steht die Zahl Vier auch für Reichtum. Die Zahl Fünf klingt in der chinesischen Sprache wie das Wort »Nichts« und wird daher oft als ungünstige Zahl interpretiert. Wird die Zahl fünf wieder mit zwei, vier, sechs oder acht kombiniert, wird sie als Glück bringende Zahl angesehen.
An dieser Stelle können lediglich einige Hinweise gegeben werden, da das Thema Numerologie sehr umfangreich ist. Wer sich eingehender damit beschäftigen möchte, findet im Literaturverzeichnis weiterführende Werke.
Unter ▸ **Fliegende Sterne** und ▸ **Neun-Sterne-Ki** können Sie über den Zusammenhang von Zahlen und über deren zeitliche Einflussnahme nachlesen.

## Ladengeschäft und Verkauf

Für die Gestaltung von Ladengeschäften oder Verkaufsflächen gelten dieselben Empfehlungen, die bereits beschrieben wurden. Allerdings gibt es zusätzlich noch besondere Anforderungen.

### Die Kasse

Die Kasse ist der zentrale Punkt in einem Verkaufsgeschäft. Dort findet der Geldfluss zwischen Verkäufer/Besitzer oder Kunden statt. Der Platz für die Kasse spielt daher eine besondere Rolle. Sie sollte an einer günstigen Stelle stehen und nicht direkt gegenüber dem Eingang platziert sein. Die Kassenbedienung sollte mit ▸ **Rückendeckung** unterstützt werden und von ihrem Platz aus Blick auf den Eingangsbereich haben.
**Der Weg zur Kasse –** Gut ist es, wenn das natürliche Bedürfnis des Menschen, den Rundgang rechts zu beginnen, berücksichtigt wird. Die Wege durch den Laden sollten so geführt sein, dass sie dezent den Kunden durch den Laden leiten. Der Kunde sollte mehr durch einen Blickfang und Effekte neugierig gemacht werden und dadurch das Bedürfnis verspüren, den Laden bis in die hinterste Ecke erforschen zu wollen. Kunden, die bereits wissen, was sie möchten, sollten im Idealfall die Gelegenheit haben, auf kurzem Wege zur gewünschten Ware und wieder zur Kasse zu gelangen.
Es gibt zwar die Strategie, den Kunden an möglichst viel Ware vorbeizuzwingen, doch langfristig merkt der Kunde den Trick und fühlt sich unwohl. Schlendert der Kunde mit Freude durch den Laden, stimmt der Energiefluss. Achten Sie auf ordentlich eingeräumte Ware, und gehen Sie so oft wie möglich selbst durch den Laden, um immer wieder alles in Ordnung zu bringen.

### Spiegel

Traditionell werden ▸ **Spiegel** gern in der Nähe der Kasse angeordnet, um optisch die Kasse und das Geld zu vermehren. Allerdings ist bei der Platzierung von Spiegeln Vorsicht geboten. Sie sind störend, wenn sie direkt auf einen Platz zeigen, der für einen längeren Aufenthalt gedacht ist.
**Licht und Hitze –** Bei der Beleuchtung eines Schaufensters sollte die Hitzeabstrahlung beachtet werden, da Auslagen sonst beschädigt werden können.
**Ins rechte Licht rücken –** Nehmen Sie im Schaufensterbereich die Position eines Kunden ein und prüfen Sie, ob die Ware ins rechte Licht gerückt wird und ob der Laden aus der Ferne Anziehung ausübt.

### Guter Service prägt die Atmosphäre

Vergessen Sie nie, dass sich der Kunde wohl fühlen soll und neben der Einrichtung die Freundlichkeit des Personals eine enorme Rolle spielt. Versuchen Sie etwas von dem Feng-Shui-Gedanken in die Mitarbeitermotivation mit einfließen zu lassen.
Oft wird beobachtet, dass sich Kunden schon fast dafür entschuldigen müssen, wenn sie eine Frage haben oder die Bedienung beim Plauderstündchen stören. Negativ ist es jedoch auch, wenn der Kunde das Gefühl bekommt, den Verkäufern wurde ein Kopfgeld für überredete Kunden ausgesetzt. Das richtige Maß und Fingerspitzengefühl sind wichtig, damit der Kunde den Laden zufrieden verlässt und der Verkäufer Spaß an seiner Arbeit hat.

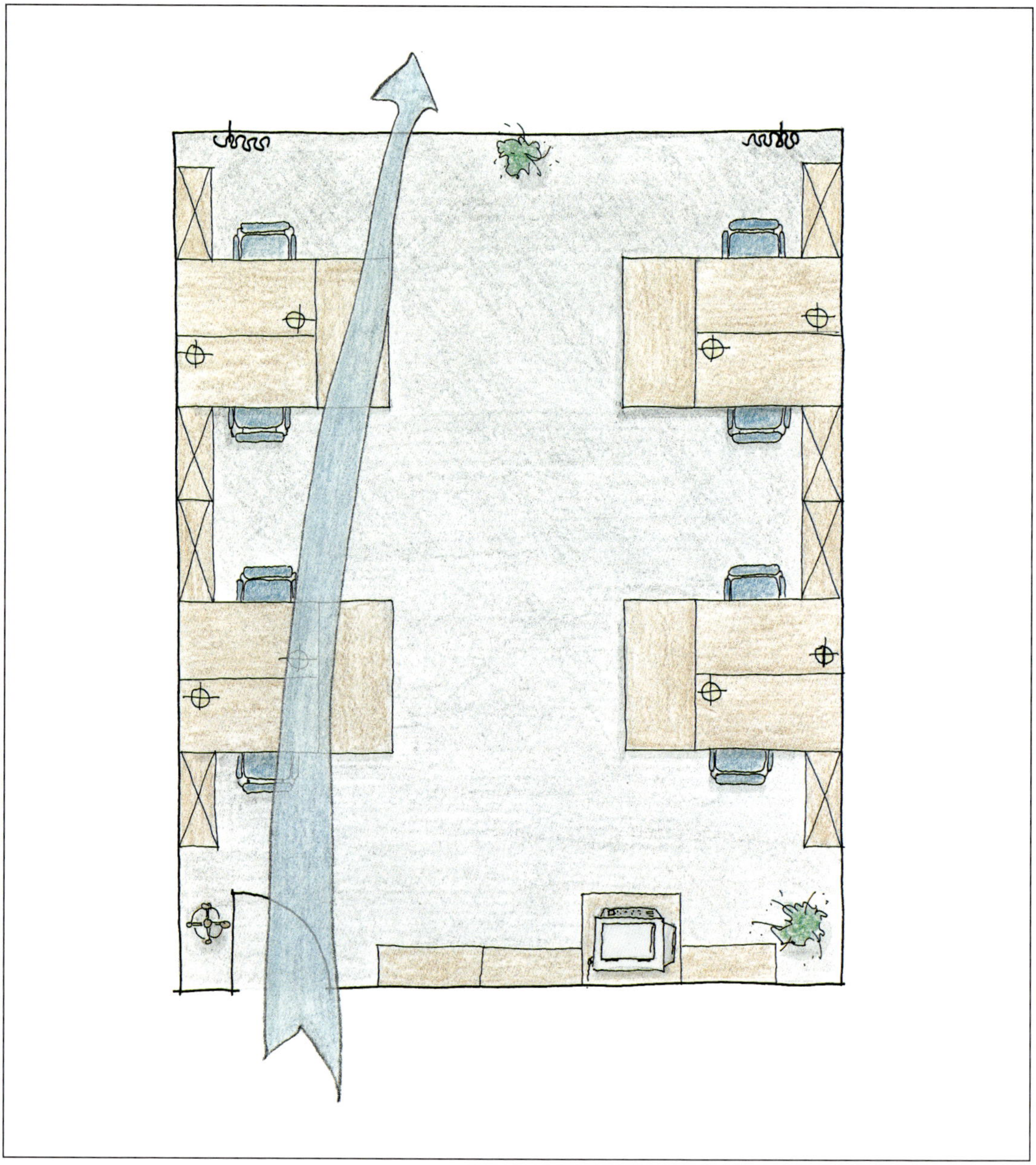

**GESCHÄFTSRÄUME VORHER**

Ungünstig: Die parallele Aufstellung von Arbeitsplätzen ist weit verbreitet. Viele Möbel auf wenig Raum hintereinander zu stellen, erzeugt erhebliche Nachteile. Die Arbeitsplätze besitzen keine ▸ **Rückendeckung,** zudem strömt der ▸ **Chi-Fluss** geradeaus durch den Raum und sofort über die Fensterfläche wieder aus dem Raum. Die Regale sind zwar so angeordnet, dass die Plätze nicht verlassen werden müssen, wenn ein Ordner gebraucht wird. Doch fördert dies eher Unbeweglichkeit und verhindert Kommunikation.

**GESCHÄFTSRÄUME NACHHER**

Günstigere Positionierung der Möbel im Raum: Die Arbeitsplätze sind so angeordnet, dass jeder Mitarbeiter über ▸ Rückendeckung verfügt. Zudem wurde ganz bewusst darauf geachtet, dass keine Regale im Rücken zu finden sind. Die gegenüber liegenden Plätze sind versetzt. So entsteht Freiraum vor jedem Platz (▸ Phönix). Der Kopierer steht zentral und ist leicht für alle zu erreichen. Der ▸ Chi-Fluss verteilt sich gut im Raum und versorgt alle Arbeitsplätze mit Energie.

# Der Außenraum

Durch die Beobachtung des Außenraumes bzw. der Natur, der Himmelskörper und deren Abläufe ist Feng Shui entstanden. Hinzu kam die gesamtheitliche Weltsicht, in der der Makrokosmos dem Mikrokosmos entspricht und umgekehrt und alles Leben den gleichen Naturzyklen folgt. Wir wissen, dass sich die ersten Menschen Chinas im Norden und im Süden des Landes angesiedelt hatten. Die Lebensbedingungen in diesen beiden Landesteilen sind sehr unterschiedlich, bedingt durch verschiedene Umweltfaktoren. Der Norden ist eher flach, karg und windig, der Süden hügelig und vielseitig.

## Die Formenlehre des Südens

Im Süden Chinas hatte man angefangen, die unterschiedlichen Landschaftsformen und deren Auswirkungen auf die Bewohner eingehend zu studieren. Die Angst vor Unglück durch Hungersnöte, Erdbeben, Überschwemmungen oder Taifune verlangte die richtige Lage eines Hauses und – was für Chinesen von besonderer Bedeutung war – die richtige Lage der Grabstätten ihrer ▸ **Ahnen.**

Deshalb war das Wissen um den Verlauf der Flüsse, der Landschaftsformen und aller zyklischen Begebenheiten in der Natur äußerst geschätzt.

**Die Formenschule –** In der südlichen chinesischen Provinz Kwangsi lebte ein Gelehrter namens Yang Yün-Sung (ca. 840 bis 888 n. Chr.). Er verfeinerte die Lehre über die Formen der Landschaften, die so genannte ▸ **Formenschule.** In der Formenschule wurden die umgebenden Hügel und Erscheinungen den Formen der ▸ **Fünf Elemente** zugeordnet. Hier gilt wie bei der Lehre der Fünf Elemente, dass es förderlich für die Energie der Gegend ist, wenn die Landschaftsformen in einem harmonischen Zusammenhang stehen.

## Die Kompasslehre des Nordens

Da der flache Norden Chinas wenig unterschiedliche Landschaftsformen wie Berge oder Hügel besitzt, konzentrierten sich die Naturbeobachtungen der dort lebenden Menschen mehr auf die Einflüsse der Himmelsrichtungen.

Im Norden Chinas entwickelt etwa 100 Jahre nach der Formenschule von Yang Yün-Sung ein Gelehrter namens Wang Chih aus der Provinz Fukien die so genannte ▸ **Kompassschule.**

## Kombination beider Schulen

Erst gegen Ende des 19. Jahrhunderts flossen die Theorien des Südens und Nordens zusammen, nachdem zuvor jede Provinz die eigene Schule als die »richtige« und maßgebliche vertreten hatte.

Beide Schulen zusammen betrachtet bilden ein Ganzes, da beides, Formen und Himmelsrichtungen, die Menschen auf der ganzen Erde beeinflussen.

*Traditionelle Darstellung der südchinesischen Landschaft mit ihren unterschiedlichen Formationen.*

# Die Grundstückssuche

Bis heute ist es ein Grundbedürfnis des Menschen, einen guten Ort zu finden, an dem er wohnen kann, ganz gleich, ob es sich um ein Haus auf dem Lande oder um eine Stadtwohnung handelt. Feng-Shui lässt sich auf beide Wohnformen übertragen.

## Prüfen Sie sich genau!

**Wünsche** – Bevor Sie sich um ein Grundstück bemühen, ist es sinnvoll, die eigenen Wünsche möglichst klar zu formulieren. Dies ist dann besonders wichtig, wenn sich mehrere Bewohner das zukünftige Grundstück teilen.

**Bedürfnisse** – Es ist gut, zunächst einmal unbeeinflusst die eigenen Bedürfnisse aufzulisten. Sie geraten dann nicht in Gefahr, sich beispielsweise vom günstigen Preis eines Grundstücks täuschen zu lassen. Wenn Sie Pech haben, müssen Sie im Nachhinein feststellen, dass sich Ihre Vorstellung von einem Leben in idyllischer, ruhiger Natur – die auf den ersten Blick im Grundstück realisiert schien – nicht verwirklichen lässt, da sich in der Nähe ein Freibad befindet und es im Sommer durch die Badegäste dort laut zugeht.

## Der ideale Bauplatz

Seitdem Feng-Shui-Ratgeber in unseren Buchläden gut vertreten sind, träumen viele Menschen vom perfekten Grundstück. Leider ist diese Vorstellung unrealistisch, und es kommen nur wenige in den Genuss eines optimalen Bauplatzes.

Entweder bedarf es dafür einer unberührten Natur, bei der man sich den guten Platz nach langem Studium der Landschaft einfach aussuchen kann. Oder man muss schon ein chinesischer Kaiser sein, der es sich leisten kann, seine Residenz samt Umgebung umzugestalten, indem er Berge und Hügel auf seine Bedürfnisse zuschneidet, am passenden Ort aufschütten lässt, und Flussläufe verlegt.

Da Feng Shui die Kunst ist, unser Umfeld so zu gestalten, dass alle Einflüsse in Harmonie gebracht werden, gibt es viele Ausgleichsmaßnahmen, um zum Beispiel auch ohne Hügel hinter dem Haus gut leben zu können. Letztlich bleibt immer noch festzustellen, welche Vorteile bereits vorhanden sind und wie sich vorhandene Nachteile ausgleichen lassen. Bei der Suche nach einem guten Ort sind viele Faktoren zu beachten und bedürfen einer sehr komplexen Untersuchung.

Für die Qualitätsbestimmung entscheidend sein können unter anderen die Landschaftsformen, Gebäudeformen, die Himmelsrichtung, das Bagua, die Lehre der Fünf Elemente, das Lo Shu und der Chi-Fluss (siehe im Lexikon unter ▸ **Himmelsrichtung**, ▸ **Bagua**, ▸ **Lo Shu**, ▸ **Fünf Elemente**, ▸ **Chi**).

Diese Faktoren sind in einer Checkliste auf der folgenden Seite zusammengefasst, mit der Sie eine Bestandsaufnahme des Grundstücks Ihrer Wahl erstellen können.

## Lageplan

Besorgen Sie sich einen Lageplan des Grundstücks, den Sie auf einen angenehmen Maßstab vergrößern lassen (z. B. Maßstab 1:100 oder 1:50), und tragen Sie alle Informationen der Checkliste ein. Sie erhalten durch diese Zeichnung einen guten Überblick über den Zustand des Grundstücks.

## Die Grundstücksform

Unter dem Stichwort ▸ **Grundstücksformen** finden Sie heraus, ob die Form Ihres Grundstücks positiv ist und ob sich eine ungünstige Grundstücksform ausgleichen lässt.

Sehen Sie anschließend die in der Checkliste mit »Ja« beantworteten Punkte unter den entsprechenden Stichworten nach, um festzustellen, ob sich diese Einflüsse günstig oder ungünstig auswirken. Lassen sich die ungünstigen Punkte ausgleichen? Nehmen Sie anschließend zwei farbige Stifte, und markieren Sie die Faktoren, die ungünstig sind, mit roter Farbe. Prüfen Sie anschließend, ob sich die rot gekennzeichneten Faktoren später ausgleichen lassen, und umranden Sie diese mit einem grünen Stift. Die günstigen Faktoren können Sie mit grüner Farbe auf Ihrer Zeichnung verdeutlichen. Sie bekommen dadurch einen Überblick, wie groß die Vor- oder Nachteile sind.

## CHECKLISTE DER UMGEBUNGSFAKTOREN

**Sind natürliche Umgebungsfaktoren vorhanden? Wenn ja: Wie sind sie beschaffen?**

| | Ja |
|---|---|
| 1. **Flüsse:** Wie ist der Verlauf und die Fließrichtung? | ☐ |
| 2. **Seen:** Wo liegt der See und welche Form hat er? | ☐ |
| 3. **Wasserfälle:** Lage und Größe? | ☐ |
| 4. **Bäume:** Lage und Beschaffenheit einzelner Bäume oder Baumgruppen? | ☐ |
| 5. **Berge, Hügel:** Lassen sich die Umgebungsformen den ▸ **Fünf Himmlischen Tieren** zuordnen? | ☐ |
| 6. **Täler und Senken:** Lage und Ausdehnung? | ☐ |
| 7. **Sonstige:** Gibt es sonstige auffällige Außenfaktoren, z. B. Lichtungen? | ☐ |

**Sind künstliche Umgebungsfaktoren zu erkennen? Wenn ja: Wie sind sie beschaffen?**

| | Ja |
|---|---|
| 1. **Kanäle:** Lage und Verlauf der Fließrichtung? | ☐ |
| 2. **Teiche:** Lage, Form und Größe? | ☐ |
| 3. **Brunnen:** Lage, Form und Größe? | ☐ |
| 4. **Brücken:** Lage, Form und Größe? | ☐ |
| 5. **Gebäudeformen:** Anzahl, Entfernung, Formen, Höhen, Nutzung? | ☐ |
| 6. **Dachformen:** Worauf sind spitze Dachformen gerichtet? | ☐ |
| 7. **Telefon und Strommasten:** Entfernung und Stromstärke in der Umgebung? | ☐ |
| 8. **Hecken:** Lage, Größe, Form, Höhe etc. ? | ☐ |
| 9. **Straßen:** Lage, Verläufe, Breite, Nutzungsart? | ☐ |
| 10. **Autobahnen:** Lage, Verläufe, Breite, Verbindungsrichtung? | ☐ |
| 11. **Flughäfen:** Lage, Flugrichtungen, Größe? | ☐ |
| 12. **Wege:** Lage, Verläufe, Breite, Nutzungsart? | ☐ |
| 13. **Garten- oder Parkanlagen:** Lage, Größe, Inhalt, Zustand? | ☐ |
| 14. **Laternenpfähle:** Lage, Höhe? | ☐ |
| 15. **Eisenbahnlinien:** Lage und Entfernung? | ☐ |
| 16. **Schulen:** Lage, Größe, Gebäudeform? | ☐ |
| 17. **Krankenhäuser:** Lage, Größe, Gebäudeform? | ☐ |
| 18. **Friedhöfe:** Lage, Größe, Grundstücksform? | ☐ |
| 19. **Tunnel:** Lage, Länge, Form etc. ? | ☐ |
| 20. **Sonstige:** Steinbrüche, Bergwerke, Holzschlag, Obelisken, Tore, Bögen, Besondere Gebäudeanlagen, Burgen, Festungen, Denkmäler, Speichertanks, Kamine, Kühltürme | ☐ |

## Amtliche Daten einsehen

Versuchen Sie sich über das Grundstück ein genaues Bild zu machen. Nicht zu vergessen sind selbstverständlich Informationen, die Sie vom Grundbuchamt und vom Bauamt erhalten. Sie bekommen dadurch Aufschluss, ob und wie ein Grundstück bebaut werden darf oder ob an einem bestehenden Gebäude eine Erweiterung durchführbar ist.

## Die Vorgeschichte des Grundstücks

Versuchen Sie, etwas über die Vorgeschichte des Grundstücks zu erfahren. Wer waren die Vorbesitzer, und wurde das Grundstück schon oft weitergereicht? Welches Schicksal erlebten die Bewohner, und gibt es vielleicht Gegebenheiten, die sich ähneln oder sich wiederholen?

## Persönlicher Check-up

Besuchen Sie das Grundstück zu verschiedenen Tages- und Nachtzeiten. Welche Stimmungen kommen in Ihnen auf, wenn Sie das Grundstück betreten? Gibt es Störfaktoren, die sich nicht verändern lassen, wie z. B. ein nahe gelegener Flughafen, eine Autobahn, Hochspannungsleitungen oder eine Mülldeponie? Wer sind Ihre zukünftigen Nachbarn?

## Auffinden der Fünf Himmlischen Tiere

Durch lange Beobachtung in der Natur wurden verschiedene Kriterien der umgebenden Landschaftsformen als förderlich für das Wohlergehen der Bewohner erkannt. Um einen guten Standort zu beschreiben, werden dort sinnbildlich die ▸ **Fünf Himmlischen Tiere** eingesetzt.

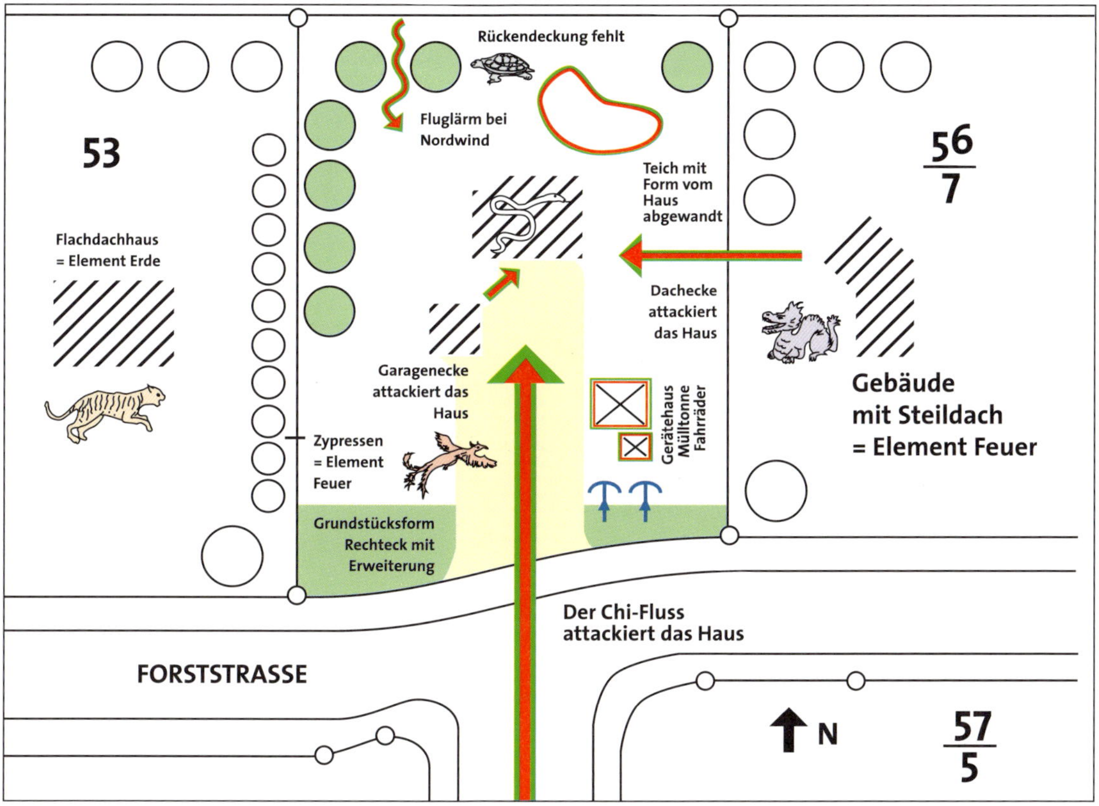


*Lageplan mit eingetragenen Umgebungsfaktoren. Rot gekennzeichnet sind Nachteile. In Grün gerahmt sind Nachteile, die sich ausgleichen lassen. Nur in Grün gekennzeichnet sind die Vorteile des Grundstücks (siehe Checkliste Seite 290).*

## Die Fünf Himmlischen Tiere

Für die Analyse eines Grundstücks nach den Regeln von Feng Shui brauchen Sie die genaue ▸ **Himmelsrichtung,** insbesondere dann, wenn Sie nach der traditionellen Weise die Bereiche des ▸ **Bagua** ermitteln wollen. Verwenden Sie einen ▸ **Kompass** und verlassen Sie sich nicht auf die Eintragung des Nordpfeils in Ihrem Lageplan. In der Praxis hat sich schon oft herausgestellt, dass Pläne nicht genau eingezeichnete Nordpfeile aufweisen.

Können Sie die Himmelsrichtungen genau festlegen, dann tragen Sie diese Information in Ihren Lageplan ein. Diesen Eintrag brauchen Sie, um herauszufinden, ob die ▸ **Himmlischen Tiere** und die entsprechende Häuserfront in deren ursprüngliche Himmelsrichtung zeigen. Falls Sie die Himmlischen Tiere nicht wie im folgenden Kapitel beschrieben auffinden, wäre Ihr Betrachterstandort bzw. der des Hauses ausschlaggebend. In diesem Fall liegt die Schildkröte im Rücken, der Drache linker Hand, der Tiger rechter Hand und der Phönix direkt vor Ihren Augen.

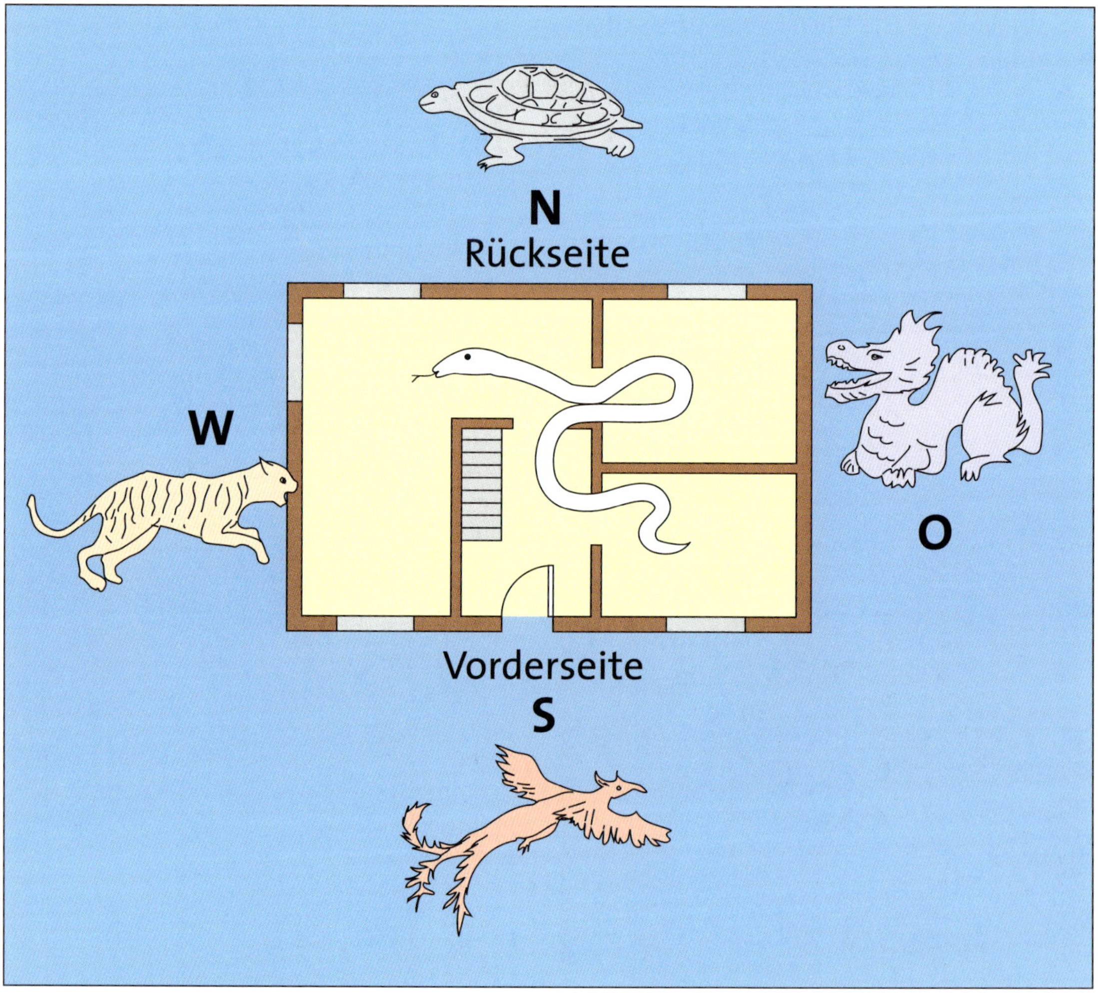


*Die Himmlischen Tiere: 1. Die Schildkröte, die Schutz symbolisiert. 2. Der Drache, der für Stabilität, Weisheit und Kraft steht. 3. Der Tiger, der physische Stärke symbolisiert, die man zur Verteidigung braucht. 4. Der Phönix, der das Bedürfnis nach geistigem Freiraum versinnbildlicht und für Weitblick steht. 5. Die wachsame Schlange, die das Zentrum bildet.*

Man geht davon aus, dass sich die Eigenschaften der Fünf Himmlischen Tiere in einer Landschaft, aber auch in einem Stadtbild, auffinden lassen. Die Himmlischen Tiere stehen eng mit den ▸ Fünf Elementen in Zusammenhang und haben deshalb jeweils ihre spezifische Farbe als Zuordnung.
Wenn man die im Folgenden beschriebene Situation vorfindet, dann kann man sich schon sehr glücklich schätzen. Fehlt der eine oder andere Aspekt in einem Grundstück, kann mit Hilfe der Gartengestaltung nachgeholfen werden. Sollte Sie keinerlei Einflussmöglichkeiten auf das äußere Umfeld haben, können die Fünf Himmlischen Tiere auch in Innenräumen ersetzt werden. Ein Bild mit einem hohen Berg steht beispielsweise für die Schildkröte.

*Schildkröte: Ein Berg dient hier zur Rückendeckung.*

*Schildkröte: Hier ist die Rückendeckung ein Wald.*

## Die Schildkröte

Sie steht bedingt durch ihren Rückenpanzer symbolisch für den Schutz. Daher ist es ideal, wenn sie sich im Norden des Grundstücks in Form einer ▸ Rückendeckung befindet. Den Aspekt der Rückendeckung könnte etwa ein hoher Berg oder alternativ dazu ein hohes Gebäudes erfüllen. Die ▸ Farbe der Schildkröte ist in der Feng-Shui-Lehre Schwarz und entspricht dem Element ▸ Wasser des ▸ Nordens.

## Der Drache

Im ▸ Osten liegt der Drache. Seine ▸ Farbe ist Grün und steht für das Element ▸ Holz. Im Stadtbild kann man vielleicht ein etwas niedrigeres Gebäude, eine Mauer oder eine Baumreihe als Drache finden.
In einer Landschaft könnte der Drache in Form eines Hügels oder einer Bepflanzung auftauchen.
Möglicherweise gibt es hier sogar eine kleine Hügelformation, die mit etwas Phantasie einem Drachen ähnelt.
**Traditionelles Feng Shui –** Im traditionellen Feng Shui hat man die auslaufenden geschwungenen Formen des Berges begutachtet, um festzustellen, ob eine der Gliedmaßen des Drachens fehlt oder durchtrennt ist. Man war darauf bedacht, in keinem Fall ein Gebäude auf einem seiner nach Feng Shui gedeuteten Körperteile zu bauen.
Mit viel Phantasie werden Bäume als die Augenbrauen der Drachens und Gesteinsrinnen als seine Adern gedeutet. Je vollkommener der Drache, umso besser soll das Baugrundstück sein.
Das folgende Beispiel macht deutlich, dass die chinesische Sprache sehr stark mit Bildern arbeitet. Manches, was sich für uns fast unverständlich anhört, bekommt einen tieferen Sinn, wenn die Hintergründe mit dem einfachem Menschenverstand nachvollzogen werden.
»Das schlimmste Unglück jedoch erwartet jene Frevler, welche die Blutgefäße des Drachen durchschneiden, das heißt, den Drachen töten. Diese tief verwurzelte Überzeugung könnte man auf die Tatsache zurückführen, dass die Blutgefäße des Drachen sich gewöhnlich über Jahrhunderte hinweg als Kanäle in Zeiten starker Regenfälle gebildet haben.

*Ein guter Standort für ein Haus: eine gute Rückendeckung, seitlicher Schutz und freier Blick nach vorn.*

Obgleich diese Adern nur relativ selten Wasser führen, ist die Tatsache, dass sie schon so lange existieren, ein stiller Indikator dafür, dass es an einer solchen Stelle auch in Zukunft zu Überflutungen kommen kann.
Häuser, Felder oder Straßen, die an solchen Orten erbaut oder angelegt werden, mögen täuschend fruchtbar und malerisch wirken, doch ihre Fundamente sind so unsicher, als wären sie auf Treibsand gebaut.« (Derek Walters, in »Die Kunst des Wohnens«, Seite 31f.).

## Der Tiger

Im ▸ **Westen** wird sich der Tiger auffinden lassen. Es heißt, dass Drache und Tiger unzertrennlich seien, und so bald man einen der beiden gefunden hat, muss es auch unweigerlich den anderen geben. Im Idealfall, wenn die Kräfte dieser beiden Tiere ausgeglichen sind, ist der Tiger etwas kleiner als der Drache. Der Tiger kann auf dem Land in Form eines kleineren Berges, eines Hügels, einer Baumgruppe oder einer Hecke auftauchen.
Im Stadtbild könnte der Tiger als Gebäude oder Pflanzreihe etc. in Erscheinung treten. Er ist dem Element ▸ **Metall** zugeordnet und wird somit auch in der ▸ **Farbe** Weiß dargestellt.

## Der Phönix

Wenn ein Gebäude durch die Schildkröte, den Drachen und den Tiger geschützt liegt, braucht man nach vorn den Weitblick, dargestellt durch den Phönix im ▸ **Süden.** Er kann durch eine freie Fläche oder einen Platz verkörpert sein. Seine ▸ **Farbe** ist Rot und sein Element das ▸ **Feuer.**

## Die Schlange

Die Schlange, die unseren Standort bzw. das Gebäude, idealerweise in der Mitte des Grundstücks, beschreibt, sitzt im Zentrum. Hier herrscht das Element ▸ **Erde** vor, weshalb die Schlange auch die ▸ **Farbe** Gelb trägt. Die Schlange symbolisiert Wachsamkeit und soll von den umliegenden Tieren beschützt werden, die sie gleichzeitig beherrscht.

## Himmelsrichtung und Himmlische Tiere

Was tun, wenn sich die Fünf Himmlischen Tiere nicht in ihrer entsprechenden Himmelsrichtung finden lassen? Diese Frage hat bei Feng-Shui-Beratern Verwirrung gestiftet und zu unterschiedlichen Meinungen geführt. Die Himmlischen Tiere stehen für den Schutz eines Gebäudes. Daher macht es wenig Sinn, den Vordereingang der Schildkröte zuzuweisen, damit sie im Norden steht. Maßgeblich ist der Standort des Betrachters. Deshalb dreht sich an dieser Stelle das Bild, und der Vorgarten entspricht dem Phönix. Die Rückseite des Hauses wird mit der Schildkröte gleichgesetzt.

## Prüfen Sie das Grundstück

Zeichnen Sie die Tiere in Ihren Lageplan ein. Markieren Sie mit einem grünen Stift, wenn eines der Tiere vorhanden ist, mit einem roten Stift fehlende Tiere. Das verschafft Ihnen Überblick, wo und in welchem Maß Veränderungen vorgenommen werden sollten. Somit lässt sich eine grobe Kostenschätzung veranschlagen, welche Ausgleichsmaßnahmen zusätzlich zum Grundstückskauf anfallen, wie das Anpflanzen von Bäumen, das Setzen einer Hecke oder Mauer.

*Ungünstig: Ein Haus liegt am Hang (Beispiel 1 und 2). Das Haus auf der Anhöhe wird nicht gut mit Chi versorgt.*

*Abhilfe bei Hanglage (Beispiel 1 und 2): Flankierende Bepflanzung der Treppe oder Mauer mit Außenleuchten.*

*Ungünstig: Ein Haus liegt im Tal. Der beschleunigte Chi-Fluss wird vor dem Haus nicht abgebremst.*

*Abhilfemaßnahme für die Lage im Tal: Eine Mauer oder eine Baumgruppe hinter dem Haus bremsen den Chi-Fluss ab.*

## Die Lage auf dem Grundstück

Für die Lage des Hauses gilt folgende Regel: Es liegt im Idealfall in der Mitte eines Grundstücks.

**Das Gebäude am Hang –** Falls das Gebäude auf einer Anhöhe steht, kann sich das ▸ **Chi** dort nicht so gut ansammeln und in das Haus gelangen.

**Beispiel 1 –** Führt vom Haus aus eine Treppe den Hang hinunter, können Sie mit versetzt aufgestellten Pflanzen neben der Treppe einen Ausgleich schaffen. Der abwärts fließende ▸ **Chi-Fluss** wird abgebremst. Auch eine terrassenförmige Abstufung des umliegenden Geländes kann in Frage kommen.

**Beispiel 2 –** Eine Zufahrt führt vom Haus den Hang hinunter. Hier können Sie einen Ausgleich schaffen, indem Sie eine Mauer oder Hecke an das Ende des Abhangs setzen. Alternativ oder zusätzlich dazu können etwas höhere Außenleuchten hilfreich sein (siehe Illustrationen ganz oben links und rechts).

**Gebäude im Tal –** Das Haus liegt im Tal. Eine Mauer, Hecke oder Baumgruppe kann diese Situation harmonisieren (Illustrationen oben links und rechts).

### Chi und Wasser

Wasser und Wind sind förderlich, wenn sie sich gleichmäßig bewegen. Weht der Wind in Sturmstärke, kann er viel Schaden anrichten und die Mühe einer Jahresernte zunichte machen, wenn sie nicht geschützt liegt. Auf der anderen Seite bringt der Wind Regen, der alles am Boden gedeihen lässt. Im Feng Shui spricht man auch vom ▸ **Wasserdrachen.**

**Der Wasserdrache –** Er symbolisiert das ▸ Wasser in seinen verschiedenen Erscheinungsformen. Einmal lebt der Drache in der Luft in Form von Wolken, und er geht nieder zur Erde in Form von Regen. Auf der Erde sammelt sich der Aspekt des Wasserdrachens in Flüssen, Seen und dem Meer.

**Wind und Wasser auf dem Grundstück –** Die richtige Menge des Wassers ist entscheidend für den Erfolg der Ernte. Liegt ein Gelände so, dass nach einem starken Regen alles Wasser sich an der flachen Stelle sammelt, ertrinken die Felder und Häuser.

Liegen Haus und Felder an zu steilen Hängen, wird sich dort das Wasser zu schnell nach unten bewegen und kann ganze Grundstücke mit Haus und Hof mit sich reißen. Ist die Lage eines Grundstücks so beschaffen, dass weder Wind noch Wasser zirkulieren können, kann dort nichts gedeihen, alles verkümmert. Es ist demnach wichtig, wie das Grundstück beschaffen ist, woher der Wind bläst und wo sich das Wasser bewegt.

## Chi und Straßen

So, wie in einer Landschaft die Wasserläufe ▸ Chi mit sich führen und die Qualität und Eigenschaften der Wasserläufe untersucht werden, wird dieses Prinzip im Feng Shui auch auf die Straßen in einer Stadtlandschaft übertragen.

Die Wege, auf denen sich Mensch und Auto bewegen, entsprechen Energiebahnen, die sich verzweigen und verteilen und dafür sorgen, dass wir überall hinkommen.

**Zu langsames Chi –** Sehr kleine Straßen, die »im Nichts« enden, also vor allem Sackgassen, sind nach Feng-Shui-Prinzipien nicht ideal, z. B. besonders ungünstig sind solche Straßen für die Lage von Geschäftsräumen oder Läden.

Denn wie an einem Flusslauf, der immer dünner wird und irgendwann ausgetrocknet ist und an dem alle Pflanzen verkümmern, verkümmert auch ein Ladengeschäft, das sich in einer winzigen Straße befindet, die immer unwegsamer wird.

**Zu schnelles Chi –** Befindet sich ein Gebäude dagegen am Ende einer großen, stark befahrenen T-Kreuzung, an der die Autos direkt auf das Gebäude zufahren und erst kurz davor nach rechts oder links abbiegen können, dann wird dieses Haus ständig von zu schnellem Chi (▸ Sha) attackiert. Die Nachteile durch die Lärmbelästigung und die schlechte Luft durch die Abgase kommen hier noch hinzu.

Beobachtungen bestätigen, dass Häuser dieser Art nicht selten ungebetene Gäste in Form von Unfallfahrzeugen im Vorgarten haben.

An solchen gefährlichen Stellen können Sie Abhilfe schaffen: Bremsen Sie das zu schnelle Chi beispielsweise durch eine feste Mauer oder eine stabile Anpflanzung (Hecke) ab. Eine elegante Lösung wäre auch die Unterbrechung des beschleunigten Chi-Fluss mit Hilfe einer Skulptur.

Besser noch ist es allerdings, die Straßenführung so zu verändern, dass sie sich in weichen Kurven bewegt. Dies lässt sich jedoch in einem fest gefügten Stadtplan nicht einfach verwirklichen.

Auffällig ist allerdings, dass Planungssünden durch eine zu gerade und zu breite Straßenführung in vielen Gebieten nachträglich wieder durch Bollwerke oder Straßenschwellen gebremst werden müssen. Es mussten jedoch erst Menschen zu Schaden kommen, bevor man diese Maßnahmen nachträglich ergriffen hat. Die verschiedenen Straßenläufe und Abhilfemaßnahmen finden Sie unter den Stichworten ▸ Straßen und ▸ Geheime Pfeile.

## Die Zuwegung auf dem Grundstück

Bei der Zuwegung von der Grundstücksgrenze bis zu einem Gebäude gilt im Allgemeinen alles, was bereits zu dem Thema Straßen gesagt wurde.

Eine Zufahrtsstraße für das Auto oder auch einen schmalen Weg, der direkt zur Haustür führt, empfinden wir am angenehmsten, wenn sie in weichen, geschwungenen Formen angelegt sind.

Das ▸ Chi sollte sich auf diesen Wegen möglichst gleichmäßig bewegen und somit viel gute Energie mit in das Haus bringen.

Ist jedoch bereits ein gerade angelegter Weg vorhanden, und lässt sich dieser aus verschiedenen Gründen nicht verändern, dann kann man mit Hilfe einer geschwungenen Bepflanzung rechts und links des Weges die Zuwegung optisch ausgleichen und den Energiefluss in sanfte Bahnen lenken (siehe Illustration Seite 229).

# Die Fünf Elemente

Ein weiterer Aspekt bei der Prüfung eines Grundstücks ist die Zuordnung der Umgebungsfaktoren zu den ▸ **Fünf Elementen** Holz, Feuer, Erde, Metall und Wasser. Je nachdem welche Form die Landschaft in und um das Grundstück aufweist, wird sie einem Element zugewiesen. Finden Sie heraus, welchem der Elemente die Umgebungsfaktoren Ihres Grundstücks zuzuordnen sind. Unter ▸ **Formenschule** und ▸ **Stadtlandschaftsformen** finden Sie detailliertere Informationen.

**Erde –** Formen, die dem Element ▸ **Erde** entsprechen können Hügel mit einem Plateau und flache Ebenen sein sowie Gebäude in Würfel- oder Kastenformen mit flachen ▸ **Dächern.**

**Metall –** Formen, die dem Element ▸ **Metall** entsprechen, sind Hügel oder Berge mit runden Kuppen. Die Gebäude sind meist Kuppelgebäude und versetzt mit Rundbögen. Alle kugelförmigen Gebilde und Gegenstände aus Metall zählen dazu.

**Wasser –** Formen, die dem Element ▸ **Wasser** entsprechen, sind unregelmäßig geformt. Gebäude mit unregelmäßigen Grundrissen und geschwungenen Dächern, sanft geschwungene Berglandschaften sowie Seen und Flüsse gehören zu diesem Element.

**Holz –** Das Element ▸ **Holz** erkennt man an langen, aufstrebenden Formen. Das können hohe und lang gestreckte Hochhäuser, Türme, Obelisken und Laternenpfähle sein, sowie hohe Berge und Wälder.

**Feuer –** Zum Element ▸ **Feuer** gehören stark nach oben gerichtete spitze Formen, die man in höheren Berglagen häufig antreffen kann, und Vulkane. Die Gebäude des Feuers sind Satteldächer oder Bauten mit spitzen Türmen, wie Kirchen und Schlösser.

**Umgebungsfaktoren –** Wichtig ist nun für Sie zu erfahren, welche Elemente sich untereinander vertragen und welche Elementkombinationen nicht vorteilhaft sind. Das trifft vor allem dann zu, wenn auf Ihrem Grundstück bereits ein Gebäude steht, das einem der Elemente zugeordnet werden kann.

In der Tabelle auf den folgenden Seiten können Sie nachlesen, ob bei Ihrem Grundstück die Elemente der Umgebung (Landschaft, Nachbarhäuser etc. ) und das Element des Standortes (eigenes Gebäude) in harmonischer Abfolge stehen.

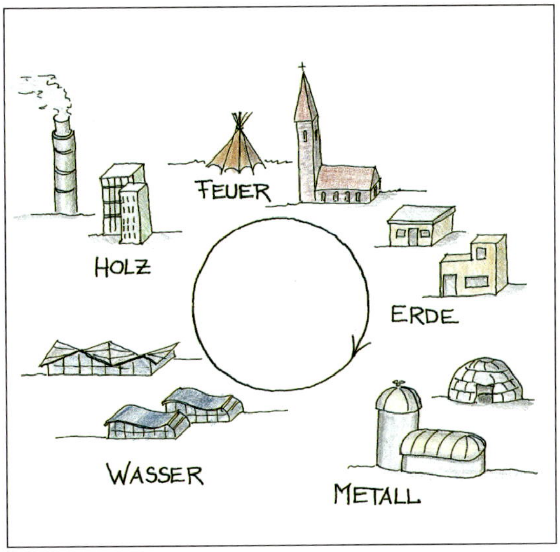


*Landschafts- und Gebäudeformen nach den Elementen.*

Die Untersuchung eines Grundstücks mit allen Einflüssen ist komplex. Wenn Sie sich die Eigenschaften der Fünf Elemente zu eigen machen, können Sie nachvollziehen, wie die Elemente des Standortes und der Umgebung zusammenwirken.

## Übungen zur Tabelle

Wählen Sie eine Kombination aus der Tabelle aus, und versuchen Sie, diese zeichnerisch darzustellen. Wie würde beispielsweise die Kombination Metall-Standort und Holz-Umgebung aussehen?

Eine Holz-Umgebung ist geprägt durch eine Waldfläche oder durch viele hoch aufstrebende Elemente oder Gebäude. Der Metall-Standort wird sich durch ein Gebäude auszeichnen, das ein Kuppeldach trägt. Jede Kombination der Elemente besitzt eine spezifische Ausstrahlung. Interessant wird es, wenn Sie die Elemente austauschen, d. h. aus dem Metall-Standort eine Metall-Umgebung machen. Dies ergibt eine Landschaft mit vielen halbkugelförmigen Hügeln. Der Holz-Standort darin wird ein hohes schlankes Gebäude sein. Das Bild wirkt sehr unausgewogen. Durch das Hinzufügen eines Wasserelements kann es ausgeglichen werden. Zeichnen Sie z. B. dem Holz-Gebäude einen Ausgleich in Form eines Eingangs in Bogenform ein (Wasser-Element), wirkt das Bild sofort harmonischer.

## DAS ZUSAMMENSPIEL VON STANDORT UND

STANDORT (GEBÄUDE)

| UMFELD | HOLZ | FEUER |
|---|---|---|
| <br>HOLZ | **Holz-Standort/Holz-Umgebung**<br>Diese Kombination strahlt Beständigkeit aus. Es gedeihen besonders gut Nutzungen, die mit Ernährungsthemen und der Pflege von Menschen betraut sind, da das Holzelement Wachstum symbolisiert. | **Holz-Standort/Feuer-Umgebung**<br>Holz nährt Feuer. Die Umgebung wird von dem Haus genährt. Schulen oder soziale Einrichtungen sind an diesem Ort passend. Wohnen, ohne sich mit dem Element Wasser zu stärken, sollte man vermeiden. |
| <br>FEUER | **Feuer-Standort/Holz-Umgebung**<br>Holz nährt Feuer – aus diesem Grund ist diese Situation sehr günstig. Dieses Grundstück ist für Wohnzwecke und Geschäfte geeignet. | **Feuer-Standort/Feuer-Umgebung**<br>Diese Konstellation ist beständig und günstig, allerdings nicht für lange Zeit. Es ist lediglich für kurzfristige Projekte gedacht.<br>Abhilfe: Das Feuer mit Erde-Element bremsen. |
| <br>ERDE | **Erde-Standort/Holz-Umgebung**<br>Die vorherrschende Energie ist Wachstum, da das Holz aus der Erde Nährstoffe nimmt. Die Erde wird langfristig ausgelaugt. Fügen Sie Feuer hinzu. | **Erde-Standort/Feuer-Umgebung**<br>Feuer nährt Erde – deshalb ist diese Kombination sehr gut. Langfristige Projekte zum Wohnen und auch zum Arbeiten profitieren von diesem Standort. |
| <br>METALL | **Metall-Standort/Holz-Umgebung**<br>Holz wird durch Metall geschwächt. Der Standort birgt die Gefahr, das Umfeld zu schädigen. Das ausgleichende Element ist das Wasser. | **Metall-Standort/Feuer-Umgebung**<br>Die Feuer-Umgebung wird sich ungünstig auf das Gebäude auswirken. Abhilfe wäre das ergänzende Erde-Element. |
| <br>WASSER | **Wasser-Standort/Holz-Umgebung**<br>Das Haus nährt das Umfeld. Gebäude, die dem Wohl der Gemeinschaft dienen, wären besonders geeignet. | **Wasser-Standort/Feuer-Umgebung**<br>Wasser löscht Feuer, und somit wäre der Standort, bzw. das Gebäude überlegen. Da das Umfeld oder die Nachbarn das Nachsehen hätten, kann das Element Holz ausgleichen. |

## UMFELD NACH DEN FÜNF ELEMENTEN

| ERDE | METALL | WASSER |
|---|---|---|
| **Holz-Standort/Erde-Umgebung** Holz entzieht der Erde Nahrung. Der Standort zehrt demnach das Umfeld aus. Zur Harmonisierung kann das Element Erde durch Ergänzung des Feuers die Kraft des Holzes nutzen. | **Holz-Standort/Metall-Umgebung** Hier besteht ein Ungleich-gewicht, da Metall mächtiger als Holz ist. Damit das Umfeld nicht nachteilig auf die Bewohner wirkt, wäre das Hinzufügen vom Wasser-Element der Ausgleich. | **Holz-Standort/Wasser-Umgebung** Holz wird von Wasser genährt. Wachstum und Wohlstand werden für den Standort charakteristisch sein. Ein insgesamt sehr günstiger Standort. |
| **Feuer-Standort/Erde-Umgebung** Das Feuer-Haus im Erde-Umfeld ist sehr günstig. Projekte, die dem Gemeinwohl dienen, werden hier unterstützt. | **Feuer-Standort/Metall-Umgebung** Da sich diese Elemente nicht vertragen, sollte man sich umsehen, ob das verbindende Erde-Element zu finden ist. Das Feuer ist sonst für das Metall zu mächtig. | **Feuer-Standort/Wasser-Umgebung** Wasser löscht Feuer. In einer vom Wasser geprägten Landschaft sollte man keine Feuer-Gebäude bauen. Als Abhilfe wäre das verbindende Element Holz gut möglich. |
| **Erde-Standort/Erde-Umgebung** Eine sehr stabile Ausstrahlung, jedoch besteht die Gefahr, dass sich Weiterentwicklung kaum einstellt. Abhilfe mit dem Feuerelement. | **Erde-Standort/Metall-Umgebung** Zwar stärkt Erde das Metall, doch ist dies kein guter Ort für ein Geschäft. Die Kombination eignet sich zum Wohnen und für die Ausbildung junger Menschen. | **Erde-Standort/Wasser-Umgebung** Erde ist stärker als das Wasser. Erfolg kann sich hier einstellen, aber nur über die Ausbeutung des Umfelds. Mit Metall kann die Situation ausgeglichen werden. |
| **Metall-Standort/Erde-Umgebung** Hier würde der Wohlstand für eine Familie oder ein Unternehmen gefördert werden. | **Metall-Standort/Metall-Umgebung** Diese Kombination ist günstig, allerdings sehr selten anzutreffen. Falls dieser Ort dazu führt, dass die Bewohner über Einseitigkeit klagen, kann Erde helfen. | **Metall-Standort/Wasser-Umgebung** Für ein Unternehmen eher nicht so förderlich, aber für Nutzung mit spirituellem Hintergrund eher förderlich. |
| **Wasser-Standort/Erde-Umgebung** Diese Konstellation ruft viele Probleme hervor. Die Umgebung kann sich destruktiv auf die Bewohner auswirken. Hier braucht es das Element Metall als Mittler. | **Wasser-Standort/Metall-Umgebung** Die Umgebung nährt das Haus. Dieser Ort ist somit zum Wohnen wie auch für geschäftliche Nutzung von Vorteil. | **Wasser-Standort/Wasser-Umgebung** Dieser Standort unterstützt die Flexibilität. Besonders Künstler, Musiker und bewegte Gemüter können sich hier wohl fühlen. Es könnte Metall hinzugefügt werden. |

## Das Bagua

Ist Ihr Grundstück rechteckig, quadratisch oder hat eine völlig andere Form?. Bei unregelmäßigen Formen (siehe auch unter dem Stichwort ▸ **Grundstücksformen**) sollten Sie zuerst darauf achten, ob Sie nach dem Auflegen des ▸ **Bagua** einen Fehlbereich oder aber eine Erweiterung vorliegen haben. Das lässt sich feststellen, wenn Sie das Verhältnis des fehlenden Ausschnitts zur Grundstücksgröße betrachten (siehe Illustrationen unten).

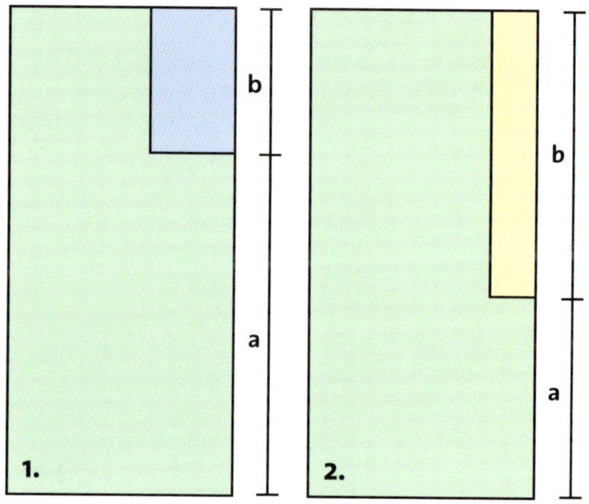


*1. Fehlbereich des Bagua: Die Grundstückslinie a ist länger als die Linie b. 2. Erweiterung des Bagua: Die Grundstückslinie a ist kürzer als die Linie b.*

### Sind alle Bagua-Bereiche vorhanden?

Legen Sie die neun Felder der ▸ **Bagua**-Bereiche – »Familie und Gemeinschaft«, »Wachstum und Erfolg«, »Ansehen und Erleuchtung«, »Partnerschaft«, »Kreativität und Kinder«, »Hilfreiche Freunde«, »Lebensweg«, »Wissen und Weisheit« sowie die »Innere Mitte« – auf den Lageplan der Grundstücksfläche. Wenn Ihre Zeichnung durch zu viele Einträge zu unübersichtlich wird, können Sie das Baguaraster auch auf ein Transparentpapier übertragen und über den Lageplan legen. Nun sehen Sie auf einen Blick, welche Bagua-Felder Fehl- oder Erweiterungsbereiche haben. Im Beispielplan auf Seite 301 sehen Sie, wie Sie mit dem Baguaraster arbeiten können.

**Zu 1.** Hier liegt der Bagua-Bereich »Partnerschaft«. Zwei Pflanzen stärken diesen Bereich. Eine Sitzbank für zwei Personen lädt zum Verweilen ein.

**Zu 2.** Der ▸ **Brunnen** erfüllt mehrere Funktionen. Er steht im vorderen Teil des Grundstücks für den Phönix der ▸ **Fünf Himmlischen Tiere.** Zugleich bremst er den ▸ **Chi-Fluss**, der von der T-Kreuzung zu schnell in das Grundstück strömt.

**Zu 3.** In der Ecke des Bagua-Bereichs »Wachstum und Erfolg« steht ein großer Busch, der Fülle symbolisiert, besonders wenn er schön dicht ist.

**Zu 4.** Die Terrasse liegt im Bereich der »Familie«, so dass dort eine schöne Sitzecke Platz findet. Durch den Holzbelag der Terrasse wird das Element ▸ **Holz** dieses Bagua-Feldes gestärkt.

**Zu 5.** Eine Hecke bietet Schutz vor der spitzen Dachkante des Nachbarn. Zudem wird dadurch der Aspekt des ▸ **Drachen** aufgenommen.

**Zu 6.** Der Bereich »Wissen« wird dem Element ▸ **Erde** zugeordnet. Der Teich belebt zwar, doch seine Form ist nicht dem Haus zugewandt. Zudem steht er für Wasser, das nach der Lehre der ▸ **Fünf Elemente** die Erde nicht unterstützt. Um die positive Energie des Teiches zu nutzen, wird seine Form so verändert, dass der ▸ **Teich** das Haus »umarmt«. Zudem könnten viele runde Steine und ▸ **Rosenkugeln** das Element ▸ **Metall** anregen.

**Zu 7.** Hier sollte die ▸ **Rückendeckung** des Grundstücks sein. Da ein rückwärtiger Schutz fehlt, wird er durch neue Bäume und große Findlinge geschaffen.

**Zu 8.** Der Geräteschuppen steht in der Ecke für »Kreativität und Kinder«. Hier können das Kricketspiel und Gartengeräte ihren Platz finden. Ein gepflegter Schuppen lädt zur kreativen Gestaltung ein.

**Zu 9.** Leider gibt es für den Fluglärm keine Abhilfemaßnahme. Etwas Erleichterung schafft eine hohe Holzwand, die hinter den Bäumen versteckt steht. Der Lärm ist so nur bei Nordwind zu hören.

**10.** Die Einfahrt liegt im Bagua-Bereich »Ansehen und Erleuchtung«. Die Außenleuchten (siehe ▸ **Beleuchtung**) dienen als Markierung für die Einfahrt und verhindern, dass der beschleunigte Chi-Fluss der T-Kreuzung in das Grundstück schießt.

Im nachfolgenden Kapitel zum Thema »Garten« finden Sie Tipps, wie Sie die einzelnen Lebensbereiche des Bagua stärken können.

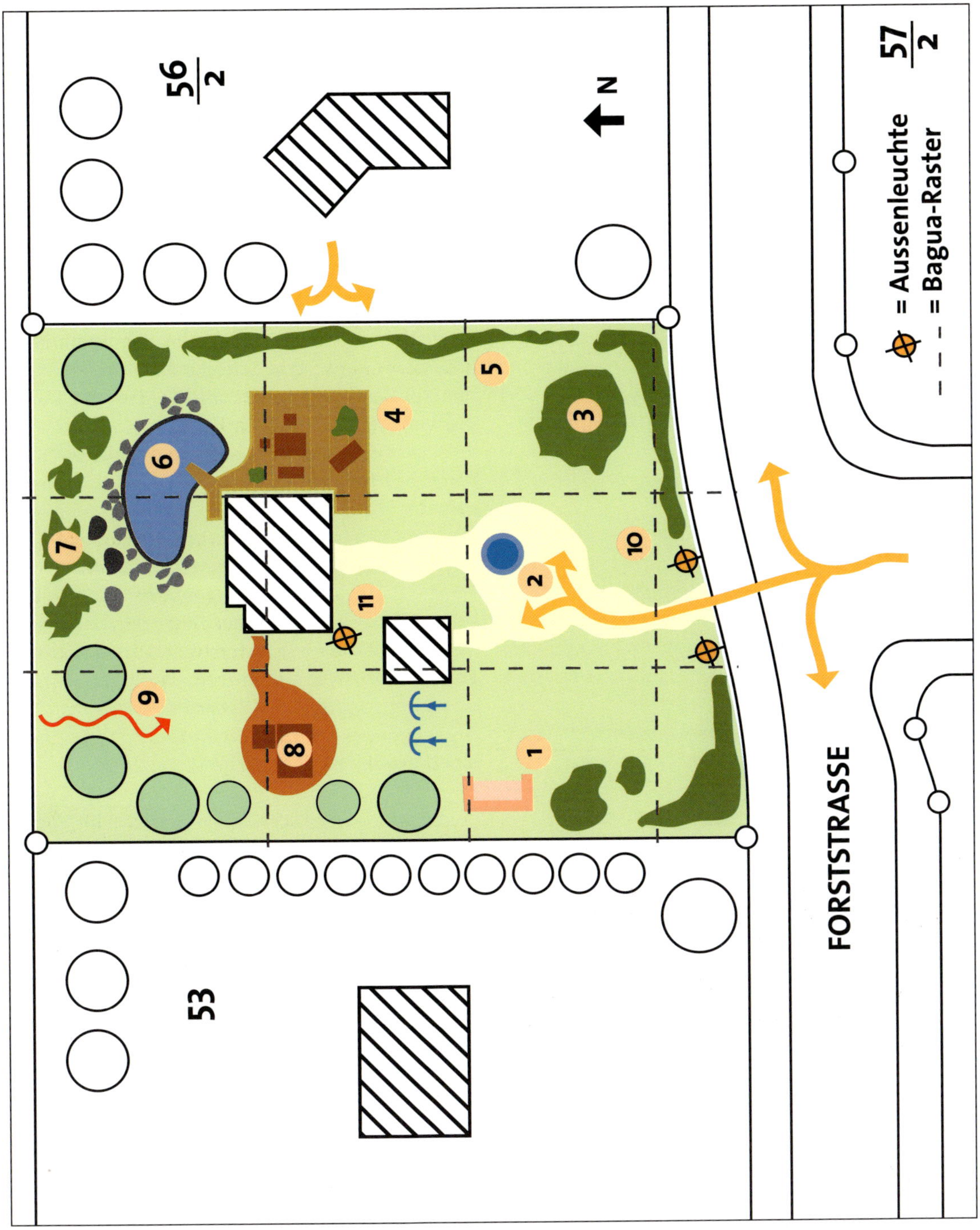


*Beispielplan mit allen eingetragenen Umweltfaktoren und dem Raster des Bagua. Rot eingezeichnet sind alle ungünstigen Umgebungsfaktoren, die sich nicht verändern lassen, wie zum Beispiel der Lärm des nahe gelegenen Flughafens.*

# Der Garten

Wer sich mit den Pflanzen beschäftigt und ihre Schönheit wahrnimmt, kann sich für ihre positive Energie mehr und mehr öffnen. Ein Spaziergang durch den Wald, eine schöne Landschaft oder einen hübsch angelegten Garten ist umso intensivere Erholung, je mehr wir die Natur in uns wirken lassen. Nutzen Sie den Geschmack und die heilende Kraft der Kräuter, die sich auch auf kleinstem Raum anpflanzen lassen. Ein Garten braucht zwar Pflege und Liebe, doch das Geschenk, das wir zurückbekommen, ist unbezahlbar.

## Wegeführung zum Haus

Es macht einen entscheidenden Unterschied, wie die Zuwegung durch einen Garten zu einem Gebäude gestaltet ist. Stellen Sie sich vor, Sie betreten einen Garten, bei dem lediglich ein schnurgerader Weg direkt zum Hauseingang führt. Links und rechts wird der Weg von einer simplen, gerade angelegten Pflanzenreihe flankiert, und ein paar karge Büsche stehen vereinzelt auf der Rasenfläche.

Durch diesen wenig einladenden Garten werden Sie vermutlich rasch gehen, ohne zu verweilen, und Sie werden die Hetze des Tages mit in das Haus tragen. In einem anderen Fall betreten Sie einen sanft geschwungenen Weg, der durch einen liebevoll angelegten Garten führt. Zwischendurch passieren Sie einen kleinen Vorplatz mit einem Springbrunnen, und immer wieder erhalten Sie interessante Ansichten und Durchblicke, erleben Kontraste wie dichte Bepflanzung und Weite und bekommen eine Vielfalt von blühenden ▸ **Pflanzen** zu sehen.

Diesen Garten werden Sie wahrscheinlich sehr viel gemächlicher durchschreiten, vielleicht beim Vorplatz mit dem ▸ **Brunnen** stehen bleiben und die vielen interessanten Sinneseindrücke genießen.

Sie erreichen das Haus entspannt und wach – wenn auch nicht so schnell wie auf einem geraden Weg. Den Alltagsstress haben Sie vermutlich hinter sich gelassen, wenn Sie am Haus angekommen sind.

Sie sehen, es lohnt sich, sich bei der Gestaltung eines Zugangsweges Mühe zu geben. Feng Shui gibt hierfür etliche Hilfestellungen und Anregungen.

*Ein Teich im Garten symbolisiert das Lebenselixier Wasser und vitalisiert Flora und Fauna.*

## Die Fünf Himmlischen Tiere

Wie bereits beim Thema Außenraum unter dem Punkt »Fünf Himmlische Tiere« beschrieben, kann die Anlage der Gartengestaltung an die Theorie dieser Fünf Tiere angelehnt sein. Das heißt, eine etwas höhere Bepflanzung im Rücken und Norden eines Gebäudes symbolisiert die Schildkröte, links und rechts vom Gebäude befinden sich etwas niedrigere Büsche, die Tiger und Drache entsprechen, und nach vorne, zum Süden hin, liegt ein kleiner freier Platz, der den Phönix darstellt. Wenn im bestehenden Gelände die Himmlischen Tiere nicht oder nur teilweise aufzufinden sind, können sie in der Planung der Gartengestaltung ersetzt werden.

*Ein guter Standort in der Stadt: Ein freier Platz vor dem herrschaftlichen Gebäude symbolisiert Phönix. Schildkröte, Drache und Tiger sind ebenfalls vorhanden.*

*Ein guter Standort entsteht hier mit Hilfe von Bäumen.*

## Das Bagua im Garten

Ein gut angelegter Garten kann viel ▸ **Chi** ansammeln. Je mehr Chi im Garten fließt, umso mehr Chi kann auch in das Haus gelangen. Wenn das Bagua auf dem Lageplan liegt, kann man erkennen, welche Lebensbereiche gut und welche weniger gut mit Chi versorgt sind. Sie können die einzelnen Bereiche gezielt stärken. Unter dem Stichwort ▸ **Bagua** finden Sie Genaueres über die Eigenschaften der Lebensbereiche, die sich auf die Gartenplanung übertragen lassen. Nachfolgend erhalten Sie Tipps, mit welchen Gestaltungsformen die einzelnen Bereiche des Gartens gestärkt werden. Sicher können Sie mit Phantasie viele alternative Möglichkeiten finden, die Ihrem persönlichen Geschmack entsprechen.

**Bereich »Familie und Gemeinschaft« –** Hier wäre ein Platz zum Niederlassen sehr passend, an dem Ihre Familie zusammen sitzt und Sie Gäste empfangen können. Denken Sie auch an die ▸ **Rückendeckung** der Sitzplätze, damit der Platz gemütlich wird. Dieser Bereich wird dem Element ▸ **Holz** zugeordnet, wofür sich Holzmöbel und Pflanzen mit aufstrebenden Wuchseigenschaften, wie z. B. Rankgewächse, besonders eignen.
Das Element ▸ **Wasser** nährt das Holz. Mit einem Springbrunnen oder einem plätschernden Wasserlauf kann der Bereich gefördert werden.

**Bereich »Wachstum und Erfolg« –** Eine besonders üppige Bepflanzung steht für Fülle, die den Bereich »Wachstum« gut vertritt. Auch ein Gemüse- und Kräuterbeet oder Obststräucher, die für eine reiche Ernte sorgen, stärken diesen Bereich des ▸ **Bagua.** Vermeiden Sie es, hier die Müll- und Kompostecke einzurichten.
Da hier ebenfalls das Element ▸ **Holz** vorherrscht, sind Rankpflanzen und die Einplanung von Wasser führenden Objekten sehr willkommen.

**Bereich »Ansehen und Erleuchtung« –** Die Energie in diesem Gartenabschnitt ist sehr nach außen gerichtet und verlangt nach Aufmerksamkeit.
Eine ausgewählte Skulptur, ein kleiner freier Platz mit einem zentralen Gestaltungselement bzw. alles,

was sich nach außen präsentieren kann, so dass es von jedem Passanten gesehen wird, unterstützt diesen Lebensbereich am besten. Da hier das Element ▸ **Feuer** bestimmend ist, können Pflanzen mit roter Blüte und nach oben züngelnden Formen sowie der Grillplatz hier ihren Standort finden.
Da Feuer von Holz gestärkt wird, können auch alle dem Element ▸ **Holz** zuzuordnenden ▸ **Pflanzen** oder Formen zur Stärkung eingesetzt werden.

**Bereich »Partnerschaft« –** Skulpturen, die aus zwei Objekten bestehen, sozusagen ein »Paar« sind, stellen den Bereich »Partnerschaft« gut dar. Ein kleines Teehaus für den Plausch zu zweit oder eine einladende Sitzbank ist ebenfalls geeignet. Es können aber auch zwei größere Findlinge aufgestellt werden, da sie dem Element ▸ **Erde** angehören, das dieses Feld des ▸ **Bagua** bestimmt. Alles, was dem Element Erde oder dem Element ▸ **Feuer** zugeordnet werden kann, ist hier richtig platziert.
Nutzen Sie Ihre eigene Phantasie und Ihren persönlichen Geschmack, um Objekte zu finden, die sich in diesen Bereich einfügen.

**Bereich »Kreativität und Kinder « –** Haben Sie Kinder? Dann wäre dort die Spiel- oder Sandkastenecke sinnvoll. Doch auch die Erwachsenen sollten nicht vergessen, wie wichtig es ist, sich der Leichtigkeit des Spiels hinzugeben. Sorgen Sie dafür, dass diese Ecke Ihre Hobbys unterstützt. Vielleicht liegt hier der Geräteschuppen mit Gartenutensilien. Oder der Bereich wird einfach nur besonders kreativ gestaltet. Das Feld gehört dem Element ▸ **Metall** an und kann mit runden kugeligen Formen versehen werden. Da Metall von dem Element ▸ **Erde** genährt wird, ist auch dieses Element von Vorteil.

**Bereich »Hilfreiche Freunde« –** Günstig ist, wenn Sie in diesem Teil eine Sitzecke einrichten, in der Sie Ihre Freunde treffen können. Wenn kein geeigneter Platz dafür vorhanden ist, können Sie z. B. ein besonders schönes Blumenbeet zusammenstellen, das Sie wie Ihre guten Freunde pflegen und hegen. Hier herrscht das ▸ **Metall** vor, welches von dem Element ▸ **Erde** genährt wird. Metallene Gegenstände oder Tontöpfe können diese Elemente vertreten.

**Bereich »Lebensweg« –** Dieser Bereich wird vom Element ▸ **Wasser** bestimmt, welches durch weiche und fließende Formen dargestellt wird. Geschwungene Wege oder Anpflanzungen, die durch nichts blockiert sind, wie beispielsweise durch alte Zweige oder abgestellte Gegenstände, können diesen Bereich stärken. Auch Wasser kann unterstützend wirken. Da die Rückseite des Gebäudes den Schutz in Form der symbolisch dargestellten ▸ **Schildkröte** benötigt, kann zu viel Wasser die Rückendeckung schwächen. Eine große Natursteinmauer, die mit einem kleinen Wasserplateau und einem Rinnsal über die Mauer und in Richtung Garten versehen ist, kann beide Aspekte geschickt vereinen.
Wenn Sie ab und zu gern allein im Garten verweilen und die Gedanken schweifen lassen, können Sie hier eine Sitzgelegenheit einrichten, die Ihnen Ruhe bietet, über Wünsche und Lebensziele nachzudenken.

**Bereich »Wissen und Weisheit« –** Da Ihnen im Garten in dem Bereich »Wissen« kaum ein Bücherregal zur Verfügung steht, können Sie die Gelegenheit nutzen, das Wissen und die Weisheit aus der Beobachtung der Natur zu ziehen.
Sie können Plätze für Tiere einrichten, die Sie anschließend beobachten, oder einen stillen geschützten Ort zum Meditieren schaffen und den Geräuschen der Natur lauschen.
Dieser Gartenteil gehört zum Element ▸ **Erde** und kann auch mit den Elementen Erde und ▸ **Feuer** verstärkt werden.

**Bereich »Innere Mitte« –** Eine günstige Situation würde man antreffen, wenn das Gebäude im Zentrum des Grundstücks liegt.
Wenn dies nicht der Fall ist, betonen Sie das Zentrum, indem sie dort ein auffälliges Element, welches für ▸ **Erde** steht, platzieren.
Sie können einen großen Findling oder ein altes Steinwagenrad aufstellen. Das Zentrum kann außerdem durch eine freie Fläche oder durch ein rundes Blumenbeet betont und gestärkt werden. Aber auch das Element ▸ **Feuer** kann auf den Bereich der inneren Mitte unterstützend wirken, wenn es zum Beispiel in Form einer besonderen Außenleuchte das Zentrum bildet.

## Die Farben im Garten

Die ▸ **Farben** blühender ▸ **Pflanzen** können Sie nach dem Prinzip der ▸ **Fünf Elemente** unterscheiden. Da jedem ▸ **Bagua**-Bereich immer ein Element zugeordnet ist, wirkt die zum Element passende Farbe hier unterstützend. Auch die Farbe des nährenden Elements ( siehe hierzu unter ▸ **Nährungszyklus**) stärkt den Bagua-Bereich. Schaffen Sie punktuell Akzente und Abwechslung, indem Sie mit Kontrasten arbeiten. Leere und Fülle, Enge und Weite, sonnige und schattige Eindrücke etc. schaffen Spannung und öffnen die Sinne. Bedenken Sie: Der eigene Geschmack hat immer Vorrang vor einer Feng-Shui-Empfehlung, denn es hat wenig Sinn, eine Farbe zu wählen, die zwar einen Bereich stärkt, Ihnen jedoch zuwider ist. Weitere Aspekte, die Sie bei der Gartengestaltung nach Feng Shui beachten können, finden Sie unter den Stichwörtern ▸ **Steine**, ▸ **Kunstobjekte**, ▸ **Teiche**, ▸ **Brücken**, ▸ **Bäume**, ▸ **Rosenkugeln**, ▸ **Windspiel**, ▸ **Schwimmteiche**, ▸ **Brunnen**, ▸ **Springbrunnen**, ▸ **Fische**, ▸ **Wächter**.

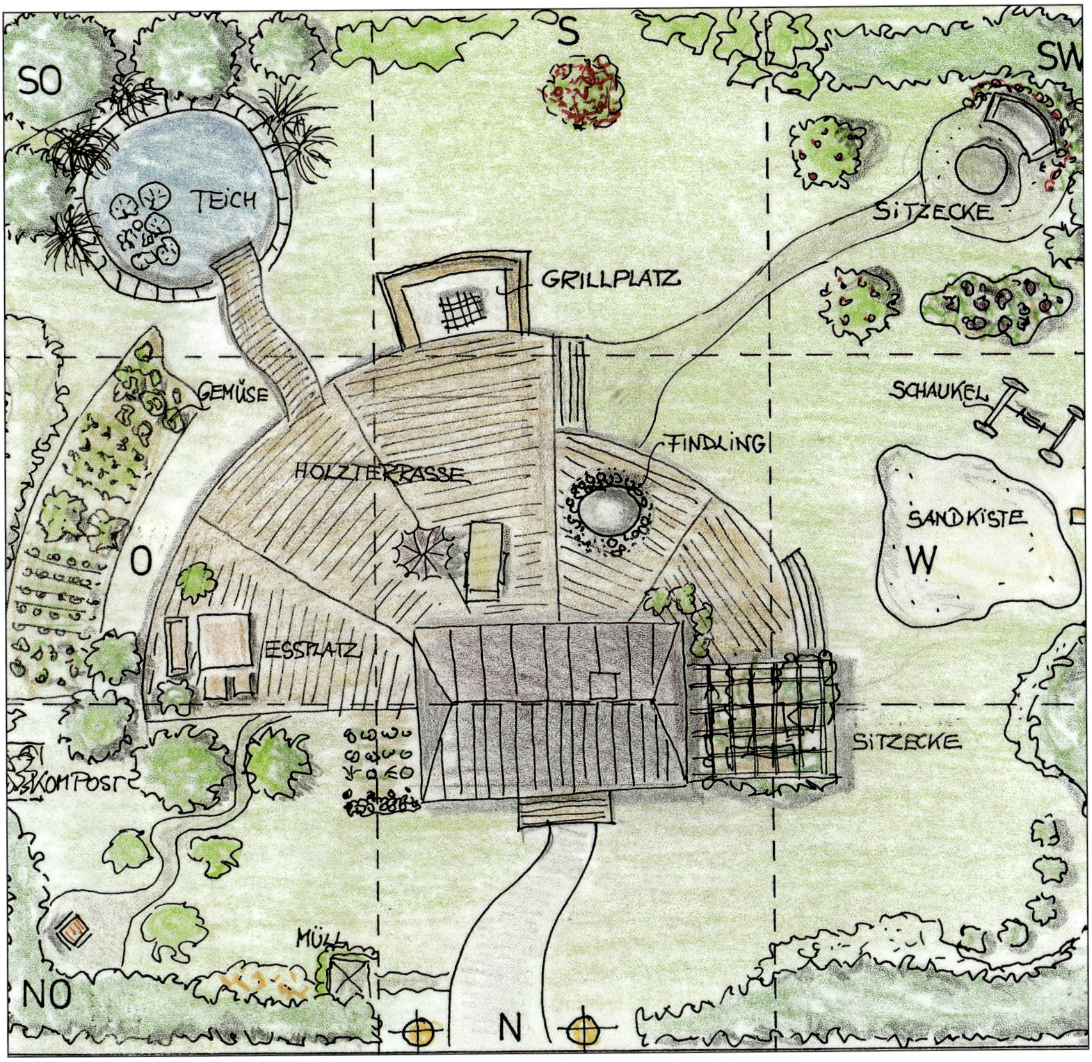


*Ein Gartenplan nach den Kriterien von Feng Shui angelegt.*

# Die Autorinnen

**Dipl.-Ing. Eva Prignitz**

**Dipl.-Ing. Petra Ruf**

Eva Prignitz wurde 1957 in Hamburg geboren. Nach ihrem Architekturstudium war sie in verschiedenen Architekturbüros sowie freiberuflich tätig und sammelte langjährige Erfahrung in Entwurf, Planung, und Projektorganisation (Arbeitsschwerpunkt u. a. Wohnhäuser, Krankenhausbau, Altenpflegeheime und Projektentwicklung). 1995 wurde ihr Sohn Johannes geboren.

Eva Prignitz ist ausgebildete Feng-Shui-Beraterin und Geomantin und verbindet Disziplinen aus dem östlichen und westlichen Kulturkreis zu einer ganzheitlichen Gestaltung von Lebensräumen.

Sie ist Mitglied der Deutschen Gesellschaft für Geobiologie mit der Fachschaft Deutscher Rutengänger. Von 1999 bis 2001 wirkte Eva Prignitz als Mitbegründerin und Schulungsleiterin am Anima Loci Institut für westliche und östliche Geomantie in Hamburg mit. 2002 gründete sie zusammen mit Petra Ruf und Gitta Fischer das ORBIS-Institut für Feng Shui in Lehre und Forschung für angehende Feng Shui-Berater. Neben individuellen Beratungen im Wohn- und Geschäftsbereich gibt Eva Prignitz Seminare und bietet ganzheitliche Planung von Neu- und Umbaumaßnahmen im In- und Ausland an.

Petra Ruf wurde 1963 in München geboren. Nach dem Studium der Innenarchitektur und dem Aufbaustudium Architektur war sie fünf Jahre in den Bereichen Entwurf, Planung, Projektleitung bis hin zur Baustellenleitung tätig (darunter im Neu- und Umbau von Wohnhäusern, bei Krankenhaus- und Hotelplanung).

Ihre Themenbereiche erweiterte Petra Ruf durch eine zweijährige Feng-Shui- und eine Neo-Geomantie-Ausbildung sowie durch ein Baubiologie-Studium.

1997 gründete Petra Ruf ihr eigenes Planungsbüro SINN und RAUM in Hamburg.

Seitdem plant und berät sie europaweit Kunden im privaten und geschäftlichen Bereich – von kleineren Unternehmen bis hin zu Wellnesshotels und Banken. Zudem leitet sie verschiedene Workshops, u. a. in der AMD-Akademie Modedesign – Interiordesign in Hamburg. 2002 gründete sie zusammen mit Eva Prignitz und Gitta Fischer das ORBIS-Institut für Feng Shui in Lehre und Forschung mit der Ausbildungs-Akademie für angehende Feng Shui-Berater.

Für größere Projekte bilden die beiden Autorinnen eine Arbeitsgemeinschaft und können auf ein eingespieltes Team zurückgreifen. Dabei verbinden sie durch ihr Fachwissen die Aspekte des Feng Shui mit der westlichen Wohnkultur. Oberste Priorität in der Arbeit von Prignitz/Ruf hat das Schaffen einer Wohn- und Lebensatmosphäre, die die Lebensqualität erheblich fördert und in der sich die Menschen wohl fühlen.

# Kontaktadressen

**LEBENSRAUM**
**Planungsbüro für ganzheitliche Gestaltung**
Dipl. – Ing. Eva Prignitz
Wieckstraße 30
22527 Hamburg
Tel. 0 40/43 27 41 29
Fax 0 40/43 27 41 28
e-Mail:
Lebensraum@evaprignitz.de
homepage: www.evaprignitz.de

**Planungsbüro SINN und RAUM**
Baubiologin (IK)
Dipl.-Ing. Petra Ruf
Martin-Luther-Straße 10a
20459 Hamburg
Tel. 0 40/20 85 21
Fax 0 40/36 09 08 91
e-Mail:
SINNundRaum20459@aol.com
homepage:
www.fengshui-hamburg.de

**Erfahrene Radiästheten (Rutengänger):**
Deutsche Gesellschaft für Geobiologie e.V.
Mit der Fachschaft Deutscher Rutengänger
Nelkenweg 39
46395 Bocholt

**Schadstoffmessungen aller Art und Gutachten:**
Ingenieurbüro für Messtechnik und Umweltschutz
Ingenieurbüro VDI – Kirchner GmbH
Andreas Kirchner
Tel. 0 40/41 78 34
Hochallee 49
20149 Hamburg

**Elektrosmogmessungen und Messgeräte:**
Soll-Indurstrievertretungen
Herr Soll
Tel. 0 41 01/6 18 04
Vogt-Ramcke-Straße 16
25421 Pinneberg

# Danksagung

Die Autorinnen möchten sich an dieser Stelle bei allen herzlich bedanken, die ihre Arbeit an diesem Werk unterstützt haben. Insbesondere gilt unser Dank Frau Tina Peuker, für die unermüdliche geduldige Korrektur des Manuskriptes. Sowie den vielen Menschen, die sich in Beratungen vertrauensvoll an uns gewandt haben und für unsere Ideen stets offen waren.
Eva Prignitz bedankt sich bei Monna Peuker, die sie in den anstrengenden Phasen des Projektes mit sehr wohltuenden Shiatsu-Massagen unterstützt hat und bei Nsubiligwa und Ipyana Mwakalambo, für die liebevolle Betreuung ihres Sohnes. Ihr herzlicher Dank gilt nicht zuletzt ihrem Sohn Johannes und dessen Vater, Mike Webb, ohne deren Geduld sie dieses umfangreiche Projekt nicht hätte durchführen können.
Petra Ruf dankt ihrem Freund Jürgen Erndt für regen geistigen Austausch, der sie schließlich zur Feng Shui Ausbildung geführt hat. Sie dankt ihren Eltern, Erika und Wilhelm Ruf, für ihre unendliche Liebe und ihr Vertrauen, die ihr stets den Mut gegeben haben, auch ungewöhnliche Wege zu beschreiten. Für die literarische Beratung dankt sie ihrem Bruder, Herbert Ruf. Für viel Geduld und Unterstützung während der intensiven Arbeitsphasen möchte sie sich bei ihrem Partner Ronald Pagel und ihren engen Freunden bedanken.

# Literaurhinweise


## ASTROLOGIE

*Kubny, Manfred:*
Traditionelle chinesische Astrologie, Heidelberg 2000

*Kubny, Manfred:*
Traditioneller chinesischer Mondkalender, Heidelberg 2000

*Kushi, Michio:*
Nine Star Ki, Introducing Oriental Astrology, Becket, MA 01223 USA 1995

## CHINESISCHE MEDIZIN

*Porkert, Prof. Dr. Manfred:*
Die chinesische Medizin, Düsseldorf, Wien 1982

*Kaptchuk, Ted J.:*
Das große Buch der chinesischen Medizin, Bern, München, Wien 1983

## ELEKTROSMOG

*Fiedler Klaus:*
Alles über gesundes Wohnen, Wohnmedizin im Alltag, München 1997

*Maas, Wolfgang:*
Streß durch Strom und Strahlung, Institut für Baubiologie

## ERNÄHRUNG

*Kunkel, Dr. med. Christoph:*
Chinesische Fünf-Elemente-Ernährung, Niedernhausen/Ts. 1997

*Temelie, Barbara/Trebuth, Beatrice:* Das Fünf Elemente Kochbuch, Sulzberg 1993

## FARBENLEHRE

*Amber, Reuben:*
Farbe ist Leben, Synthesis Verlag

*Hunkel Karin:*
Das Arbeitsbuch zur richtigen Farbentscheidung, Kailash Verlag 1994

*Kraaz von Rohr, Ingrid:*
Formen, Farben und Symbole, Bern 1995

*Matthaei, Rupprecht:*
Goethes Farbenlehre, Ravensburg 1987

## FENG SHUI

*Brown, Simon:*
Feng-Shui-Praxis, München 1998

*Eitel, Ernest J.:*
Feng Shui, The Science of Sacred Landscape in Old China, Bonsall, Ca. 92003 USA, 1993

*Faber, Ronald:*
Feng Shui für Seminar- und Arbeitsräume, Amsterdam 1999

*Fröhling, Thomas/Martin Katrin:*
Feng Shui heute, München 2000

*Gärtner, Brigitte:*
Wenn Räume erwachen, Aitrang 1997

*Jordan, Harald:*
Räume der Kraft schaffen. Der westliche Weg ganzheitlichen Wohnens und Bauens, Freiburg i. Brsg. 1998

*Lam Kam Chuen:*
Das Feng Shui Handbuch, Sulzberg 1996

*Low, Albert:*
Practical Feng Shui for the Home, Malaysia 1996

*Meyer, Hermann/Sator, Günther:*
Besser leben mit Feng Shui, München 1997

*Prignitz, Eva:*
Feng Shui, Wohnen und Leben in Harmonie mit der Natur, Rastatt 1999

*Rossbach, Sarah:*
Feng Shui, die chinesische Kunst des gesunden Wohnens, München 1989

*Skinner, Stephen:*
Chinesische Geomantie, die Lehre des Feng Shui von der geheimen Kraft der Erde, Waldeck 1983

*Spear, William:*
Die Kunst des Feng Shui, München 1996

*Thompson Angel:*
Feng Shui in der Praxis, Wettswil 2. Auflage 1997

*Too, Lillian:*
Applied Pa-Kua and Lo Shu Feng Shui, Oriental Publications, Australien 1993

*Walters, Derek:*
Feng Shui, Kunst und Praxis der chinesischen Geomantie, Wettswil 1992

*Walters, Derek:*
Das Feng Shui Praxisbuch, Bern, München, Wien 1996

*Walters, Derek:*
Die Kunst des Wohnens, Feng Shui, London 1995

## FÜNF ELEMENTE

*Eckert, Achim:*
Das heilende Tao, Gesund im Gleichgewicht der fünf Elemente, Freiburg im Breisgau 1989

## GEOMANTIE

*Belle, Mauren L.:*
Gaimantie, Saarbrücken 2000

*Graves, Tom:*
Radiästhesie, Pendel und Wünschelrute, Theorie und praktische Anwendung, Freiburg 1978

*Lüdeling, Hartmut:*
Handbuch der Radiästhesie, Nienburg 1998

*Pennick, Nigel:*
Handbuch der angewandten Geomantie, Saarbrücken 1985

*Pogacnik, Marko:*
Schule der Geomantie, München 1996

*Pogacnik, Marko:*
Die Erde heilen, München 1989

*Pogacnik, Marko:*
Elementarwesen, München 1995

## I GING

*Chu-San, D. Bölter:*
Yi Jing, Das Buch der Wandlungen, Berlin 1997

*Govinda, Lama Anagarika:*
Die innere Struktur des I Ging, das Buch der Wandlungen, Braunschweig 1983

*Werle, Fritz:*
I-Ging, Das Buch der chinesischen Weissagung, Originaltitel: »Le Maitre Yüang-Kang«, Bern/München/Wien 1975

*Wilhelm, Richard:*
I-Ging, das Buch der Wandlungen, München 1956

## PFLANZEN UND GARTENPLANUNG

*Hammelmann, Iris:*
Energiepflanzen, München 2000

*Kislinger, Elisabeth; Hofmann, Helga:* Feng Shui im Garten, München 1999

*Lancaster, Roy:*
Wo pflanze ich Was? Köln 1996

*Sator, Günther:*
Feng Shui Kraftquelle Zimmerpflanzen, München 2001

*Sator, Günther:*
Feng Shui – Garten für die Sinne, München 1999

## STEINHEILKUNDE

*Hofmann, Antje und Helmut G.:*
Die Botschaft der Edelsteine, München 1988

*Gienger, Michael:*
Die Heilsteine der Hildegard von Bingen, München 1998

*Gienger, Michael:*
Die Steinheilkunde, Saarbrücken 1995

## SYMBOLE

*Bauer Wolfgang/Dümotz, Irmtraud/Golowin, Sergius:*
Lexikon der Symbole, München 1996

*Biedermann, Prof. Dr. Hans:*
Knaurs Lexikon der Symbole, München 1998

*Frutiger, Adrian:*
Der Mensch und seine Zeichen, Paris 1978

*Gärtner, Brigitte:*
Feng Shui Glücksbringer, Aitrang 1999

*Gibson, Clare:*
Zeichen und Symbole, Köln 2000

*Jung, G. G.:*
Der Mensch und seine Symbole, Olten, 10. Auflage 1987

*Kraaz von Rohr, Ingrid:*
Formen, Farben und Symbole, Bern-München-Wien 1995

## SONSTIGE

*Doczi, György:*
Die Kraft der Grenzen, harmonische Proportionen in Natur, Kunst und Architektur, München 1987

*Hensch, Eike Georg:*
Elektrosmog, Wiesbaden 1996

*Laotse:*
Tao te king, München 1978

*Linn Denise:*
Die Magie des Wohnens, München 1996

*Lux,*
Volkslexikon, Murnau, München, Innsbruck. Olten, 10 Auflage 1955

*Sabersky, Dipl. Oec. Troph. Annette:*
Gesund Wohnen, München 2000

*Tomm, Arwed:*
Ökologisch Planen und Bauen, Braunschweig/Wiesbaden 1994

*Wormer, Dr. med. Eberhard:*
Gifte im Haus, München 1996

**Bildnachweis**

Agentur Walter Holl, Aachen: 70 (Hans Georg Leiendecker); AKG, Berlin: 32/148 (N. N.), 75 (Werner Forman); Bildarchiv Steffens, Mainz: 71 re., 203, 225, 288 (Bridgeman Art Library); Botanik-Bildarchiv Laux, Biberach a. d. Riß: 168 (8); Botanik-Diaarchiv Spohn, Uhingen-Holzhausen: 168 Mi. (Dr. Roland Spohn); Corbis: 183 u. (JL de Zorzi); Fotoarchiv, Essen: 178 li. (Wolfgang Schmidt); Gettyimages, München: 167 (Tim Davis); IFA-Bilderteam, Taufkirchen: 251 (Wolf), 256 o., 266 (DIAF/SDP), 282 li. (Amthor), 302 (Ypsilon); Jahreszeiten-Verlag, Hamburg: 237 o. (F. Stöckel), 237 Mi., 259, 269 (G. Zimmermann); Laif, Köln: 107 (Miquel Gonzales), 121 Mi. (C. Emmler); Okapia, Frankfurt: 13 (Dr. P. A. Zahl), 62 (Francois Gohier); Photonica, Hamburg: 244 u., 249, 256 u., 264, 270, 277, 281/282 re. (Neo Vision); Premium, Düsseldorf: 260 (I. Snitt/Inside), 261 (Home/D. Frazier); Picture Press, Hamburg: 29 u. (Sarie Visi), 152, 267 (N. N.), 169 (Becker); Südwest-Verlag; München: 29 o. (Susanne Kracke), 50 Mi., 175 (Ulrich Kerth), 176 (Michael Nagy), 66 (Matthias Tunger), 82 (Rainer Hofmann), 55, 126 u. (Werner), 132, 153 li. (Sabine Berthold), 173 (Moritz Teichmann), 174, 180, 193, 195 (Siegfried Sperl), 228 (Frank Heuer); Transglobe, Hamburg: 50 o. (Reichelt), 140 (Power Stock); Zefa, Düsseldorf: 11 (Koch), 30 (Zawodsky), 283 (B. Sporrer)

**Impressum**



Redaktion: Constanze Lüdicke
Korrektorat: Christian Wolf

**Illustrationen**

Alle Ilustrationen von Detlev Seidensticker, München, mit Ausnahme von:
Seite 123 (2), 124 (2), 125, 172 von Roger Kausch.
Seite 16 (2), 17 (3), 18 (3), 19 (2), 21 (3), 22 (3), 23 (2), 24 (2), 25 (3), 26 (4), 33 (2), 34 (2), 35 (3), 41, 51, 58, 68, 72, 76 (2), 77 (2), 84, 85, 87 re., 99 (2), 100, 101 (2), 109 (2), 110, 120, 121, 126 re., 153 re., 138 (2), 147, 151, 178 re., 186 (3), 187 li., 199 re., 200, 201 li., 209, 210 li., 214, 220, 223, 276, 291, 300, 301 von Marcus Nerger.
Seite 43 (2), 44, 48 (2), 57, 63, 71 li., 87 li., (2), 93 (3), 94 (2), 95 (2), 96 (3), 97, 98, 102, 126 li., 128 (2), 133, 143, 144 (2), 145 (2), 155, 157, 163, 179 (2), 189, 190 (2), 201 re., 210 (2), 213 re., 215, 217 (8), 218, 222, 229 (2), 232 (3), 233, 234, 235, 236, 242, 243, 247, 254, 255, 262, 263, 286, 287, 293 (2), 294, 295 (4), 297, 303 (2) 305 von Eva Prignitz/Petra Ruf.
Seite 14 von Anja Schwarz.

Herzlicher Dank für die Bereitstellung von Bildmaterial geht an:
Feng Shui-Quelle
Groß- und Einzelhandel
mit Feng Shui-Zubehör und Literatur
Springer Straße 31
42287 Wuppertal
Tel/Fax: 02 02/57 26 78
www.feng-shui-quelle.de

Layout: Marcus Nerger
Covergestaltung: Christian M. Weiß, München
DTP/Satz: Marcus Nerger, Till Eiden
Infografik: Marcus Nerger
Bildredaktion: Sabine Weber
Druck und Bindung: Těšínská tiskárna, Český Těšín

Printed in the Czech Republic

Gedruckt auf chlor- und säurearmen Papier

ISBN 3-517-06940-X

817 2635 4453 6271